그대도 엑셀의 고수가 되어 칼퇴를 하는 꽃길만 걸을 수 있다-!
과
누... 누구세요...?
보아하니 일일히 노가다로 수정하고 있군.
이런 건 간단히 기본적인 엑셀수식만 응용하면 1초 안에 끝낼 수 있지-!!!
EXCEL
EXCEL
EXCEL
EXCEL
EXCEL
대박이다. 한 손으로 단축키를 쓰고 엑셀을 하고 있어!!
완벽해...
밤새서 해야 할 업무들을 1초 안에 끝내다니...
정말 감사드려요...!! 성함이라도...!!

? 어디 가셨지...?
이게 뭐지...? 엑셀의 신과 함께하는... 실무엑셀 속성과외...?

회사에서 진짜로 사용하는 예제 187개가 포함된 예제 파일 다운로드하는 방법

1 책을 구입하고 황금부엉이 그룹사 홈페이지(www.cyber.co.kr → '도서몰' 선택)에 접속한 후 회원 가입을 한다.

2 로그인을 한 후 화면 왼쪽에 있는 '부록CD'를 클릭한다.

3 '부록CD' 화면이 나타나면 목록에서 '난생처음 실무엑셀 속성과외'를 클릭한다.

4 페이지가 열리면 '자료 다운로드 바로가기'를 클릭한다.

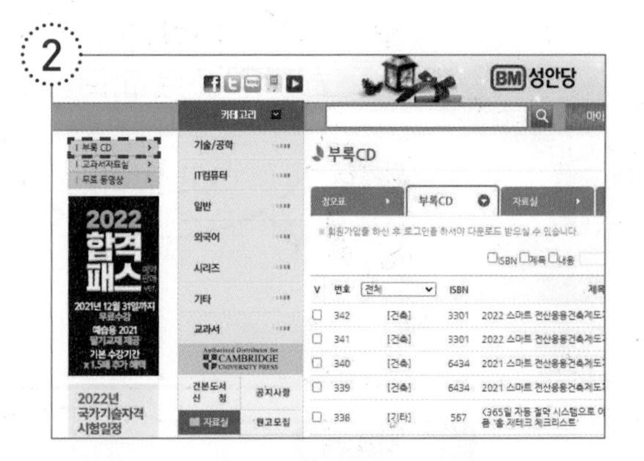

Q&A 궁금해요! 질문하기

책을 보다가 궁금한 점이 생겼다면 저자의 블로그에 질문을 올리세요. 책의 내용만큼이나 친절하고 자세한 답변을 얻을 수 있습니다.

블로그 http://blog.naver.com/hisookorea

책+동영상 '2중 학습시스템'을 만나보세요. 실무에서 많이 쓰이는 기능과 업데이트된 엑셀 팁이 담긴 무료 동영상 강의를 유튜브에서 만나볼 수 있습니다.

유튜브 '엑셀의 신' 또는 '심컴퍼니' 검색

머리말

《난생처음 실무엑셀 속성과외》는 더 이상 삽질로 시간을 낭비하지 않도록, 더 많은 사람들과 엑셀의 신세계를 나누기 위해 집필되었습니다. 독자가 실제 업무에 엑셀을 응용할 수 있도록 기초 원리부터 설명하고, 예제의 실용성을 높이는 데 주력했습니다.

재능 기부로 시작했던 소규모 강의를 통해 엑셀을 다루는 실무진들을 가까이에서 볼 수 있었습니다. 일일이 수동으로 입력했던 작업을 엑셀로 자동화해서 보여드리면 탄성과 탄식이 들려왔습니다.

'이렇게 쉬운 방법이 있는데 그동안 X고생했구나!'

저 역시 엑셀과 인연이 시작된 회사 생활에서 많은 우여곡절을 겪었습니다. '매출이 인격'이라는 말처럼 몸과 마음을 다칠 정도로 힘든 시기였지만, 그 치열한 경험들이 이 책의 풍부한 재료가 되었습니다. 마케팅/영업/회계/무역 등 다양한 부서에서 문서를 다뤄온 저는 업무 시스템을 정형화하기 위해 자동화 서식을 만들기 시작했습니다. 그 현장감을 토대로 이 책의 예제 파일을 완성했습니다. 실무에서 겪었던 시행착오 또한 독자의 궁금증이나 실수를 설명하는 좋은 예시가 되었습니다.

엑셀은 수학에 약한 저를 대신해 반복적인 계산 업무를 빠르게 처리해줬습니다. 수입이 없을 때는 엑셀로 통장 거래내역을 분석해서 수시로 재무 상태를 확인했고, 그 서식은 저의 첫 수업 주제가 되었습니다.

무엇보다도 엑셀은 독자 여러분을 만날 수 있게 해 준 고마운 도구입니다. 이 책을 통해 여러분이 하는 일에도 엑셀이 훌륭한 도구가 되었으면 합니다. 업무시간을 효율적으로 줄여서 남은 시간은 더 소중한 사람들과 함께 보내시길 기도하겠습니다.

끝으로 저에게 힘이 되어준 소중한 분들과 황금부엉이 편집부에 감사의 마음을 전합니다. 사랑하는 할머니, 엄마, 아빠, 동수 삼촌, 오랜 시간 희로애락을 함께 한 Her윤정, 람이, 그 외에도 이 책을 만드는 데 다양한 영감을 준 '엑기스' 수강생과 VIP 리뷰어님들 모두에게 진심으로 감사드립니다.

심지은 드림

이 책 미리보기

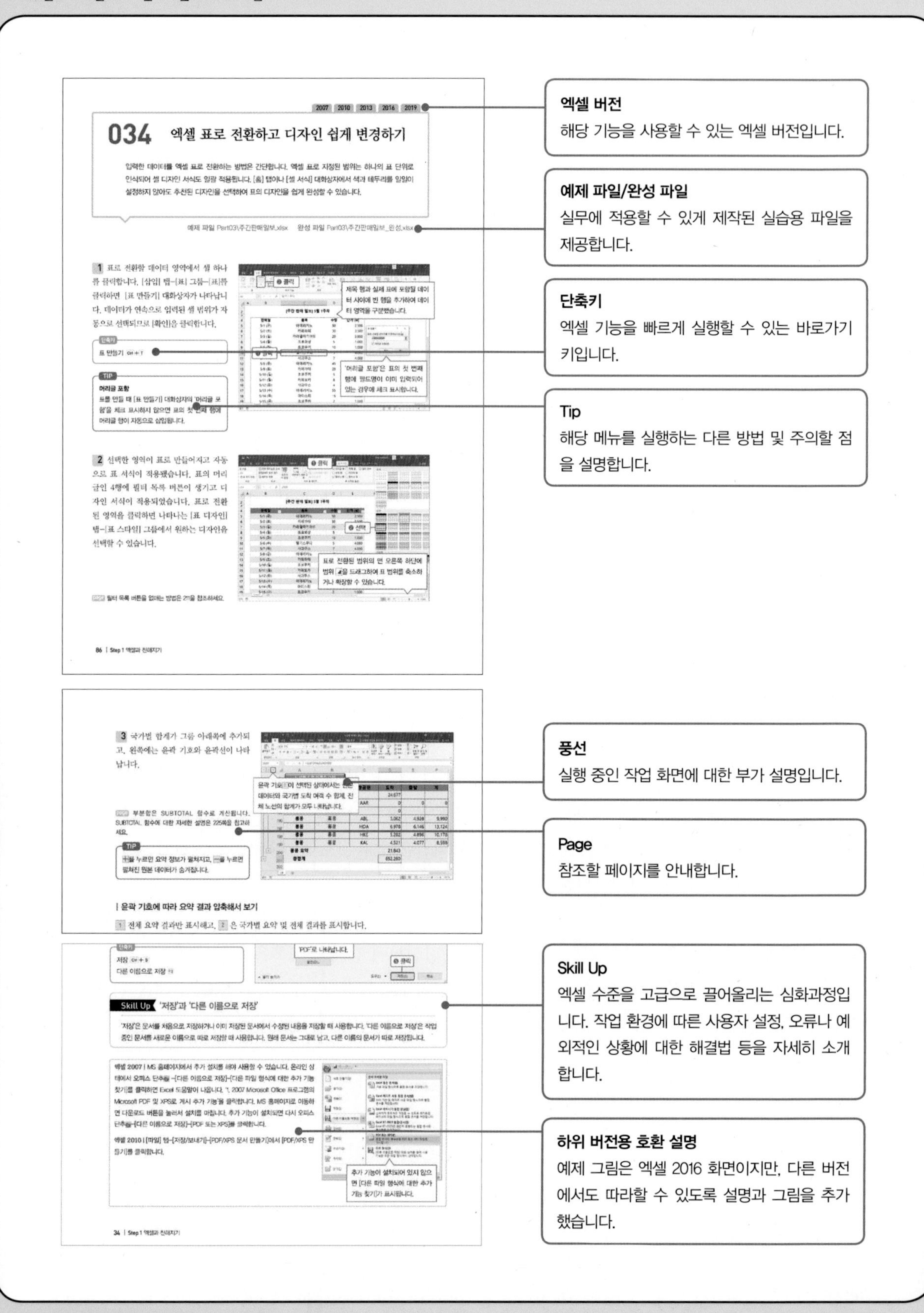
2007 2010 2013 2016 2019
034 엑셀 표로 전환하고 디자인 쉽게 변경하기
입력한 데이터를 엑셀 표로 전환하는 방법은 간단합니다. 엑셀 표로 지정된 범위는 하나의 표 단위로 인식되어 셀 디자인 서식도 일괄 적용됩니다. [홈] 탭이나 [셀 서식] 대화상자에서 색과 테두리를 일일이 설정하지 않아도 추천된 디자인을 선택하여 표의 디자인을 쉽게 완성할 수 있습니다.
예제 파일 Part03\주간판매일보.xlsx 완성 파일 Part03\주간판매일보_완성.xlsx
1 표로 전환할 데이터 영역에서 셀 하나를 클릭합니다. [삽입] 탭-[표] 그룹-[표]를 클릭하면 [표 만들기] 대화상자가 나타납니다. 데이터가 연속으로 입력된 셀 범위가 자동으로 선택되므로 [확인]을 클릭합니다.
단축키
표 만들기 Ctrl+T
TIP
머리글 포함
표를 만들 때 [표 만들기] 대화상자의 '머리글 포함'을 체크 표시하지 않으면 표의 첫 번째 행에 머리글 행이 자동으로 삽입됩니다.
제목 행과 실제 표에 포함될 데이터 사이에 빈 행을 추가하여 데이터 영역을 구분했습니다.
'머리글 포함'은 표의 첫 번째 행에 필드명이 이미 입력되어 있는 경우에 체크 표시됩니다.
2 선택한 영역이 표로 만들어지고 자동으로 표 서식이 적용됐습니다. 표의 머리글인 4행에 필터 목록 버튼이 생기고 디자인 서식이 적용되었습니다. 표로 전환된 영역을 클릭하면 나타나는 [표 디자인] 탭-[표 스타일] 그룹에서 원하는 디자인을 선택할 수 있습니다.
표로 전환된 범위의 맨 오른쪽 하단에 범위 조절 핸들을 드래그하여 표 범위를 축소하거나 확장할 수 있습니다.
필터 목록 버튼을 없애는 방법은 211을 참조하세요.
86 | Step 1 엑셀과 친해지기
3 국가별 합계가 그룹 아래쪽에 추가되고, 왼쪽에는 윤곽 기호와 윤곽선이 나타납니다.
윤곽 기호 3이 선택된 상태에서는 원본 데이터와 국가별 도착 예정 수 합계, 전체 노선의 합계가 모두 나타납니다.
부분합은 SUBTOTAL 함수로 계산됩니다. SUBTOTAL 함수에 대한 자세한 설명은 225쪽을 참고하세요.
TIP
+를 누르면 요약 정보가 펼쳐지고, -를 누르면 펼쳐진 원본 데이터가 숨겨집니다.
| 윤곽 기호에 따라 요약 결과 압축해서 보기
1 전체 요약 결과만 표시하고, 2 은 국가별 요약 및 전체 결과를 표시합니다.
단축키
저장 Ctrl+S
다른 이름으로 저장 F12
Skill Up '저장'과 '다른 이름으로 저장'
'저장'은 문서를 처음으로 저장하거나 이미 저장된 문서에서 수정된 내용을 저장할 때 사용합니다. '다른 이름으로 저장'은 작업 중인 문서를 새로운 이름으로 따로 저장할 때 사용합니다. 원래 문서는 그대로 남고, 다른 이름의 문서가 따로 저장됩니다.
엑셀 2010 | [파일] 탭-[저장/보내기]-[PDF/XPS 문서 만들기]에서 [PDF/XPS 만들기]를 클릭합니다.
추가 기능이 설치되어 있지 않으면 [다른 파일 형식에 대한 추가 기능 찾기]가 표시됩니다.
34 | Step 1 엑셀과 친해지기
엑셀 버전
해당 기능을 사용할 수 있는 엑셀 버전입니다.
예제 파일/완성 파일
실무에 적용할 수 있게 제작된 실습용 파일을 제공합니다.
단축키
엑셀 기능을 빠르게 실행할 수 있는 바로가기 키입니다.
Tip
해당 메뉴를 실행하는 다른 방법 및 주의할 점을 설명합니다.
풍선
실행 중인 작업 화면에 대한 부가 설명입니다.
Page
참조할 페이지를 안내합니다.
Skill Up
엑셀 수준을 고급으로 끌어올리는 심화과정입니다. 작업 환경에 따른 사용자 설정, 오류나 예외적인 상황에 대한 해결법 등을 자세히 소개합니다.
하위 버전용 호환 설명
예제 그림은 엑셀 2016 화면이지만, 다른 버전에서도 따라할 수 있도록 설명과 그림을 추가했습니다.

Step 1 엑셀과 친해지기

아직은 낯선 엑셀, 왜 입력한 것과 다르게 표시되지? 왜 모니터 화면과 다르게 출력되지? 그 원인을 알기 위해 엑셀의 구조와 원리부터 살펴봅니다. 엑셀과 조금 친해졌다면 단축키와 채우기 핸들로 업무의 속도를 높여보세요. 또한 시간과 용지를 절약하는 법을 통해 근사한 보고서를 완성해 보세요.

| 전화번호에 구분기호 표시하기

1 전화번호 사이에 하이픈(-)을 넣어보겠습니다. [E5] 셀을 클릭한 후 Ctrl + 1 을 누릅니다. [셀 서식] 대화상자–[표시 형식] 탭에서 '사용자 지정'을 선택합니다. [형식]에 000-0000-0000을 입력하고 [확인]을 클릭합니다.

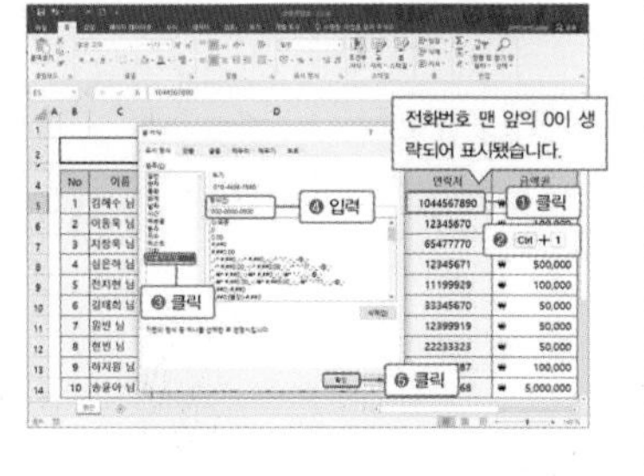

2 전화번호의 4자릿수마다 하이픈이 표시됐습니다. 이번에는 010을 제외한 8자리 번호만 입력했을 때에도 010과 하이픈이 자동 표시되도록 해보겠습니다. [E6:E14] 셀을 드래그한 후 Ctrl + 1 을 누릅니다. [셀 서식] 대화상자–[표시 형식] 탭에서 '사용자 지정'을 선택한 후 [형식]에 010-####-####을 입력하고 [확인]을 클릭합니다.

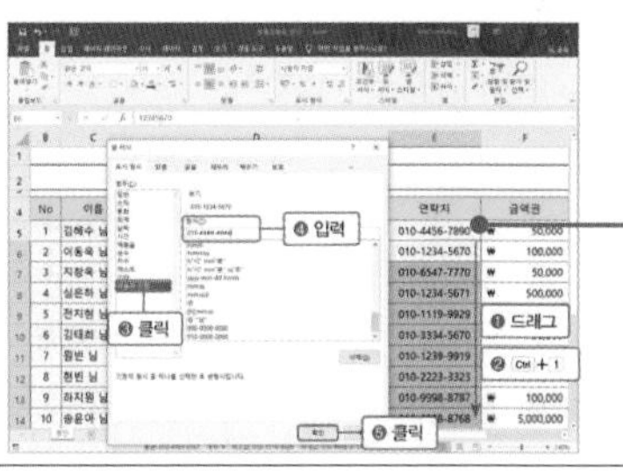

▲ 표시 형식 : 전화번호의 010과 하이픈(-) 반복 표시하기

전화번호를 입력할 때마다 숫자(010)와 기호(-)를 입력한다면, '표시 형식'을 설정해 보세요. 이 외에도 입력 작업을 최소화하는 필수 기능이 정리되어 있으니 꾸준히 따라해 보세요.

Step 2. 폼 나는 서식과 차트로 데이터 시각화하기

숫자로 가득 찬 보고서의 피로감을 덜기 위해 조건부 서식이나 차트, 스파크라인을 활용합니다. 도형이나 스마트아트, 워드아트는 문자를 시각화하기에 좋습니다. 캡처와 하이퍼링크까지 추가하면 보고서를 폼 나게 완성할 수 있습니다.

1 '증감률'의 데이터 값이 '반품수량'에 비해 너무 작아 막대그래프가 거의 X축에 붙어 있습니다. 보조 축을 추가해서 증감률을 꺾은선형 차트로 변경해 보겠습니다. 차트 위에서 마우스 오른쪽 버튼을 클릭한 뒤 단축 메뉴에서 [차트 종류 변경]을 선택합니다.

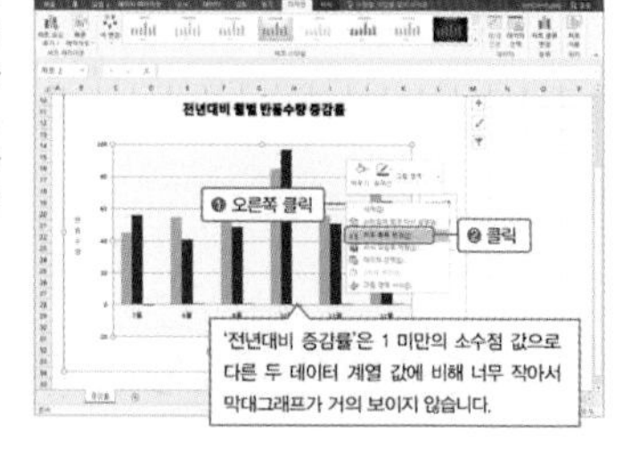

2 [차트 종류 변경] 대화상자–[모든 차트] 탭에서 '콤보'를 선택합니다. '증감률'의 차트 종류가 '꺾은선형'으로 되어 있습니다. 증감률의 '보조 축'에 체크 표시를 하고 [확인]을 클릭합니다.

선택한 차트의 모습을 미리보기로 확인할 수 있습니다.

❶ 클릭 ❷ 클릭 ❸ 클릭

엑셀 2007/2010 | 콤보 차트가 없기 때문에 차트 종류를 따로 설정해줘야 합니다.
1. 범례에서 '증감률' 위에서 마우스 오른쪽 버튼으로 클릭한 뒤 [계열 차트 종류 변경]을 선택합니다.
2. 꺾은선형 차트를 선택하고 [확인]을 클릭합니다.
3. 범례에서 '증감률'을 마우스 오른쪽 버튼으로 클릭한 뒤 [데이터 계열 서식]을 선택합니다. [계열 옵션]에서 '보조축'을 선택하고 [확인]을 클릭합니다.

▲ 콤보 차트 : 단위가 다른 데이터를 이중 축 그래프로 나타내기

숫자 단위가 다른 데이터 계열을 하나의 차트에 나타낼 수 있도록 이중 축 그래프를 만듭니다. 이 외에도 보고서 목적에 따라 다양한 차트를 만들어 보세요.

일부 기능은 버전에 따라 사용법이 다를 수 있어서 모든 버전에서 따라할 수 있는 설명을 제공합니다. 엑셀 2013 이상은 그림 예제를 따라하고, 하위 버전에서는 호환용 표기를 참조합니다.

Step 3. 친절한 엑셀의 똑똑한 데이터 관리법

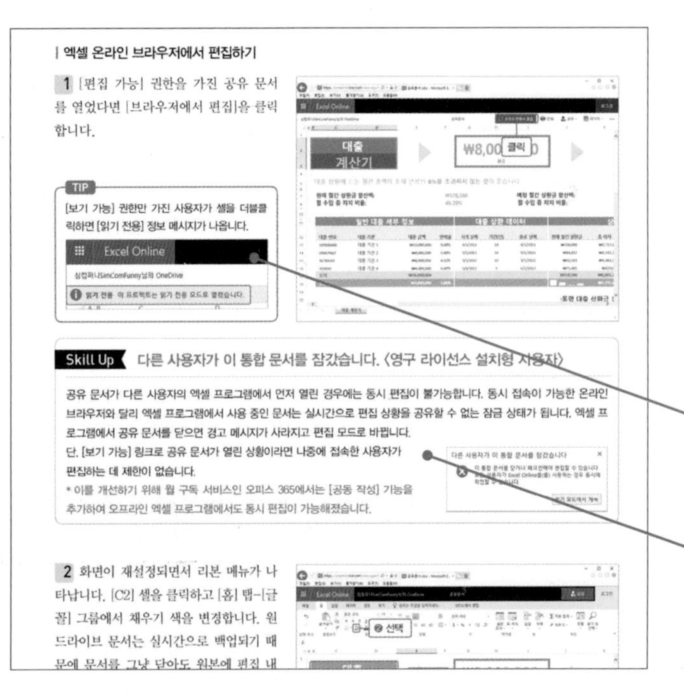

| 엑셀 온라인 브라우저에서 편집하기

1 [편집 가능] 권한을 가진 공유 문서를 열었다면 [브라우저에서 편집]을 클릭합니다.

TIP
[보기 가능] 권한만 가진 사용자가 셀을 더블클릭하면 [읽기 전용] 정보 메시지가 나옵니다.

Skill Up 다른 사용자가 이 통합 문서를 잠갔습니다. (영구 라이선스 설치형 사용자)

공유 문서가 다른 사용자의 엑셀 프로그램에서 먼저 열린 경우에는 동시 편집이 불가능합니다. 동시 접속이 가능한 온라인 브라우저와 달리 엑셀 프로그램에서 사용 중인 문서는 실시간으로 편집 상황을 공유할 수 없는 잠금 상태가 됩니다. 엑셀 프로그램에서 공유 문서를 닫으면 경고 메시지가 사라지고 편집 모드로 바뀝니다.
단, [보기 가능] 링크로 공유 문서가 열린 상황이라면 나중에 접속한 사용자가 편집하는 데 제한이 없습니다.
* 이를 개선하기 위해 월 구독 서비스인 오피스 365에서는 [공동 작성] 기능을 추가하여 오프라인 엑셀 프로그램에서도 동시 편집이 가능해졌습니다.

2 화면이 재설정되면서 리본 메뉴가 나타납니다. [C2] 셀을 클릭하고 [홈] 탭-[글꼴] 그룹에서 채우기 색을 변경합니다. 원드라이브 문서는 실시간으로 백업되기 때문에 문서를 그냥 닫아도 원본에 편집 내

▲ 원드라이브/공유 : 다른 사용자와 온라인에서 문서 같이 편집하기

대용량 데이터를 관리하고 분석하는 방법을 소개합니다. 정렬, 부분합, 필터는 데이터를 정리하고 구분하는 데 기본이 됩니다. 공유 서식을 만들 때 유효성 검사로 입력 값을 제한하면 데이터를 취합하기가 수월해집니다. 파일을 공유할 일이 많다면 원드라이브나 모바일 앱 사용법도 익혀두세요.

원드라이브에 저장된 문서는 엑셀이 설치되지 않은 PC에서도, 다른 사용자와 동시에 온라인으로 편집할 수 있습니다.

원드라이브의 '공유' 기능은 최신 기능입니다. 여러 번의 테스트를 거친 각종 오류와 자세한 활용법을 볼 수 있습니다.

Step 4. 보고서 요약의 끝판왕

무겁고 복잡한 데이터를 빠르게 요약하는 피벗 테이블, 보고서 업무가 많은 사용자라면 반드시 마스터해야 할 스텝입니다. 피벗 차트까지 삽입하면 요약과 검산 기능을 갖춘 자동화 서식을 금세 완성할 수 있습니다. 예측/분석이 주 업무라면 해찾기, 시나리오, 예측 시트 기능도 추천합니다.

홈택스에서 다운로드한 자료를 요약해서 매출 및 부가세를 집계합니다. 엑셀 버전에 따라 기간별로 필터할 수 있는 메뉴를 삽입하거나 거래처별로 시트를 분리해서 볼 수도 있습니다.

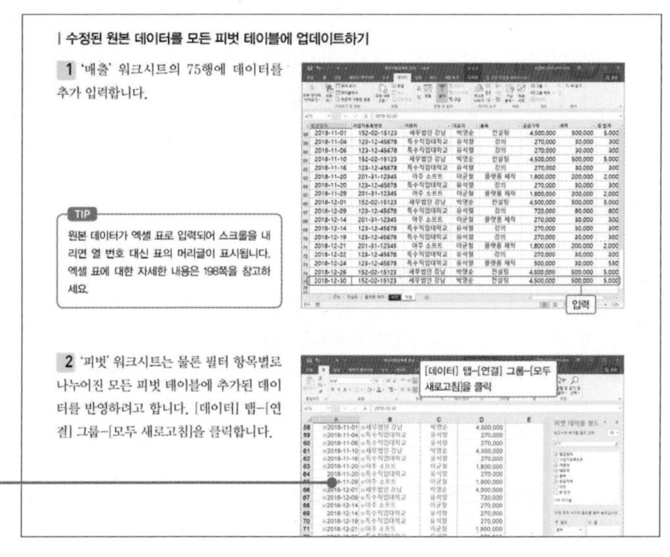

| 수정된 원본 데이터를 모든 피벗 테이블에 업데이트하기

1 '매출' 워크시트의 75행에 데이터를 추가 입력합니다.

TIP
원본 데이터가 엑셀 표로 입력되어 스크롤을 내리면 열 번호 대신 표의 머리글이 표시됩니다. 엑셀 표에 대한 자세한 내용은 198쪽을 참고하세요.

2 '피벗' 워크시트는 물론 필터 항목별로 나누어진 모든 피벗 테이블에 추가된 데이터를 반영하려고 합니다. [데이터] 탭-[연결] 그룹-[모두 새로고침]을 클릭합니다.

▲ 피벗 테이블 : 다른 사용자와 온라인에서 문서 같이 편집하기

Step 5. 계산기보다 엑셀

VLOOKUP 함수	참조 범위에서 일치 값 또는 근사값을 찾아 지정된 열 번호의 값을 추출합니다. =VLOOKUP(찾을 값,참조 범위,추출할 값의 열 번호,옵션) ❶ 참조 범위에서 찾을 값입니다. ❷ 참조 범위는 찾을 값이 가장 왼쪽 열에, 추출할 값이 오른쪽 열에 있어야 합니다. 근사값을 찾을 경우에는 행 참조 범위가 오름차순으로 정렬되어야 유사한 값을 추출할 수 있습니다. ❸ 참조 범위의 시작 줄을 열 번호 1로 보고 추출할 값이 오른쪽으로 몇 번째 위치해 있는지를 셉니다. ❹ 근사값을 찾으려면 생략하거나 TRUE를 입력합니다. 일치값을 찾으려면 0 또는 FALSE를 입력합니다.

| 연봉 범위에 따른 세율의 근사값 찾기

1 각 직원별로 연봉 구간에 따른 적용 세율을 구하기 위해 [F4] 셀에 다음의 수식을 입력해보겠습니다. =VLOOKUP(까지 입력하고 1번째 인수로 [G4] 셀을 클릭합니다.

단축키
함수 마법사에서 인수 입력
=함수명까지 입력하고 Ctrl + A

수식
=VLOOKUP(G4,J:K,2)
❶ [G4] 셀에 입력된 연봉을 찾습니다.
❷ 찾을 값인 연봉을 시작으로 추출할 값인 적용 세율까지를 참조 범위로 선택합니다.
❸ 참조 범위에서 추출할 '세율'의 열 번호입니다. 옵션을 생략하거나 TRUE를 입력해서 근사값을 찾습니다.
[G4] 셀에 입력된 연봉의 근사 값을 찾아 [J:K] 셀의 두 번째 열(적용 세율) 값을 추출합니다.

▲ VLOOKUP 함수 : 연봉 범위에 따른 세율 추출하기

연산자를 이용한 기본 수식부터 업무를 자동화하는 고급 함수까지, 실무에서 자주 쓰는 핵심 기능을 정리합니다. 함수의 어원과 개념을 정리함으로써 목적에 맞게 인수를 입력할 수 있게 됩니다.

전 직원의 실 수령 급여를 계산하기 위해 'VLOOKUP 함수'로 적용 세율을 구합니다. 연봉구간이나 세율이 변경될 경우, 참조 표만 수정해도 실 수령 급여가 자동 계산됩니다.

초보자가 쉽게 수식을 입력할 수 있도록 쉼표를 입력하는 위치부터 참조할 셀을 클릭하는 방법까지 상세히 설명했습니다. 중급자는 수식란에 정리된 함수를 해당 셀에 입력하면 됩니다. 인수를 해석하여 다른 서식에도 응용해 보세요.

Step 6. 칼퇴근의 비결

컴퓨터가 혼자서 일을 한다? 엑셀로 코딩을 설계한다? VBA를 모르더라도 매크로 기록기를 활용하면 반복 작업을 자동으로 실행할 수 있습니다. 코딩을 깊게 공부할 시간이 없는 분들을 위해 실무에 바로 적용할 수 있는 대표 예제만 엄선하였습니다.

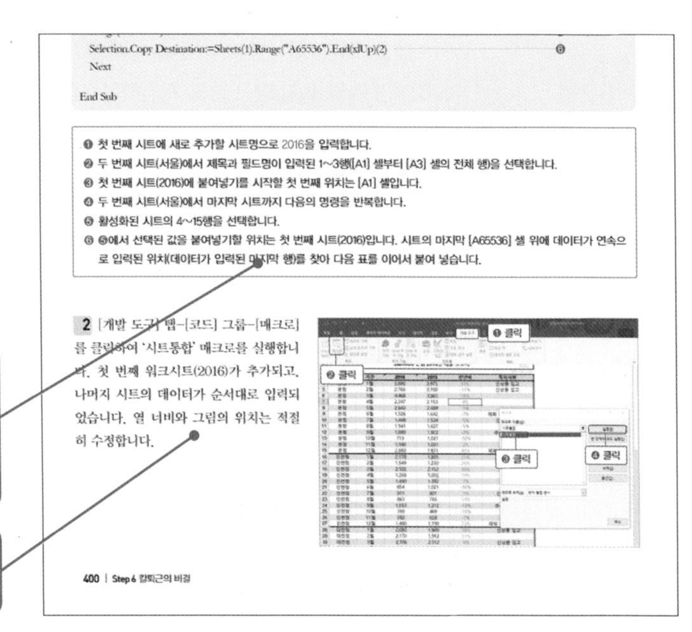

```
Selection.Copy Destination:=Sheets(1).Range("A65536").End(xlUp)(2)   ❻
Next
End Sub
```

❶ 첫 번째 시트에 새로 추가할 시트명으로 2016을 입력합니다.
❷ 두 번째 시트(서울)에서 제목과 필드명이 입력된 1~3행([A1] 셀부터 [A3] 셀의 전체 행)을 선택합니다.
❸ 첫 번째 시트(2016)에 붙여넣기를 시작할 첫 번째 위치는 [A1] 셀입니다.
❹ 두 번째 시트(서울)에서 마지막 시트까지 다음의 명령을 반복합니다.
❺ 활성화된 시트의 4~15행을 선택합니다.
❻ ❺에서 선택된 값을 붙여넣기할 위치는 첫 번째 시트(2016)입니다. 시트의 마지막 [A65536] 셀 위에 데이터가 연속으로 입력된 위치(데이터가 입력된 마지막 행)를 찾아 다음 표를 이어서 붙여 넣습니다.

2 [개발 도구] 탭-[코드] 그룹-[매크로]를 클릭하여 '시트통합' 매크로를 실행합니다. 첫 번째 워크시트(2016)가 추가되고, 나머지 시트의 데이터가 순서대로 입력되었습니다. 열 너비와 그림의 위치는 적절히 수정합니다.

400 | Step 6 칼퇴근의 비결

▲ VBA : 여러 워크시트의 표를 하나의 표로 이어 붙이기

초보자가 쉽게 따라 할 수 있게 VBA 코드를 영어 문장에 비유하여 독해하듯 설명합니다. 표시된 글자만 변경하면 다른 서식에도 적용할 수 있습니다.

각각의 워크시트로 나누어진 통합 문서에 매크로를 실행하여 하나의 표로 취합합니다.

CONTENTS

엑셀과 친해지기

Part 1 | 데이터 입력

Part 2 | 채우기 핸들/표시 형식

Part 3 | 엑셀 표/행/열/시트

CONTENTS

CONTENTS

친절한 엑셀의 똑똑한 데이터 관리법

CONTENTS

Part 9 | 메모/문서 보호/공유

Part 10 | 원드라이브/모바일 앱

Part 11 | 정렬/부분합/필터

CONTENTS

데이터 분석의 끝판왕

Part 12 | 피벗 테이블

Part 13 | 통합/빠른 분석/파워 쿼리

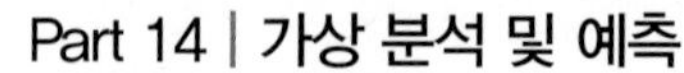

Part 14 | 가상 분석 및 예측

계산기보다 엑셀

Part 15 | 기초 수식/텍스트 함수

Part 16 | 날짜/시간/통계함수

Part 17 | IF계열/참조 함수

Intro

MS 오피스 설치하기

#엑셀배워서손해봤다는사람못봤다

#속는셈치고시작해봐

배워서 칼퇴인생

버전 비교

엑셀 2007/2010/2013/2016/2019, 별 차이 없다?

엑셀 2007부터는 리본 메뉴가 도입되고 확장자명이 .xlsx로 변경되었습니다. 이후 버전부터 일부 기능이 추가되긴 하지만 기존의 메뉴 사용법에는 큰 변화가 없습니다. 엑셀 2013부터는 OneDrive나 Bing 검색 같은 온라인 기능이 결합됐습니다.

엑셀 2007

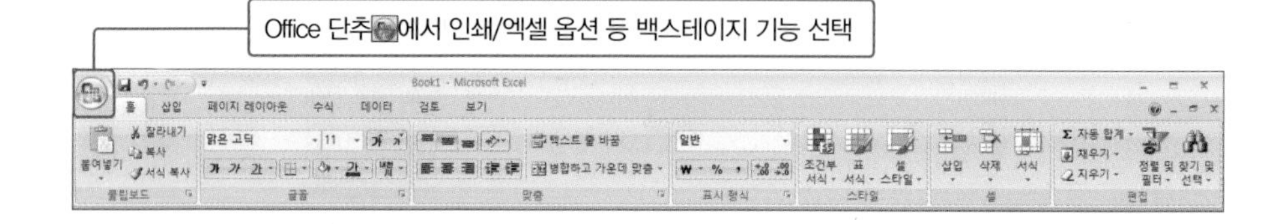
Office 단추에서 인쇄/엑셀 옵션 등 백스테이지 기능 선택

엑셀 2010

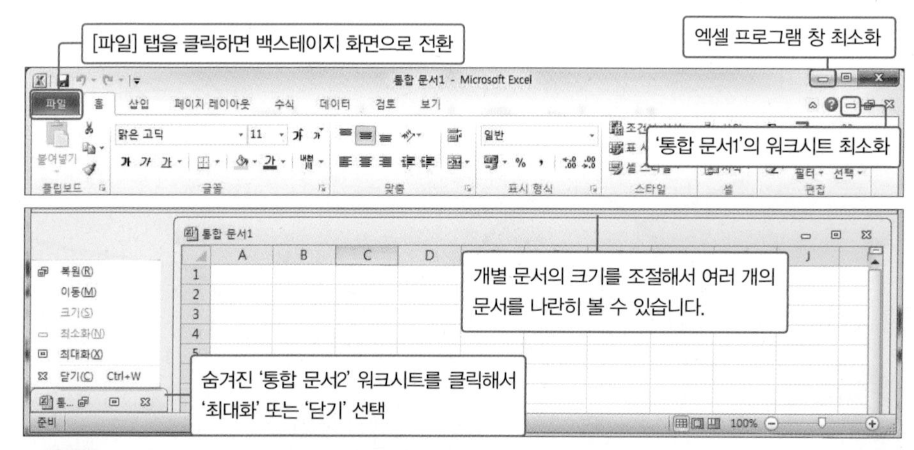
[파일] 탭을 클릭하면 백스테이지 화면으로 전환
엑셀 프로그램 창 최소화
'통합 문서1'의 워크시트 최소화
개별 문서의 크기를 조절해서 여러 개의 문서를 나란히 볼 수 있습니다.
숨겨진 '통합 문서2' 워크시트를 클릭해서 '최대화' 또는 '닫기' 선택

TIP

엑셀 2007/2010에는 엑셀 프로그램 최소화 버튼과 그 아래 각 통합 문서의 워크시트를 최소화하는 버튼이 따로 있습니다. 통합 문서의 최소화 버튼을 누르면 왼쪽 아래에 숨겨집니다.

엑셀 2013

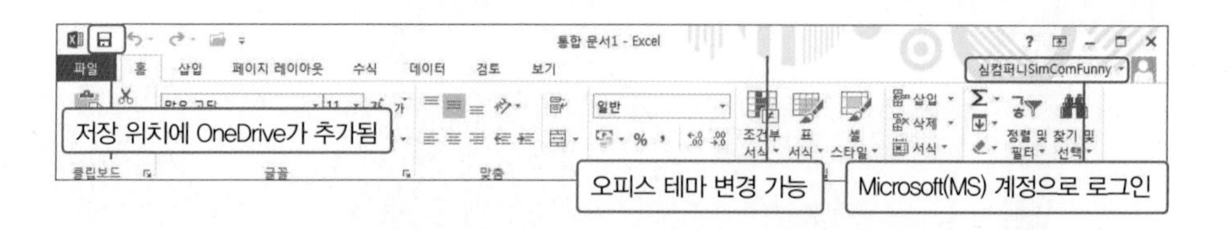
저장 위치에 OneDrive가 추가됨
오피스 테마 변경 가능
Microsoft(MS) 계정으로 로그인

엑셀 2016/2019

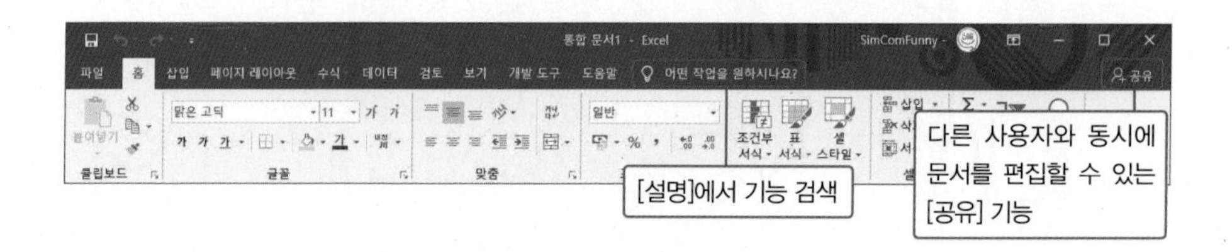
[설명]에서 기능 검색
다른 사용자와 동시에 문서를 편집할 수 있는 [공유] 기능

버전 비교

버전	변경/추가된 주요 기능
2007	리본 메뉴 도입, 수식 입력줄 확장/마우스 단축 메뉴에 미니 도구 모음 추가 확장자명 .xlsx로 변경(엑셀 2003 이전 프로그램과 호환하려면 .xls로 저장) 차트와 피벗 테이블에서 상황 메뉴 [디자인], [레이아웃], [옵션], [서식] 탭 활성화 추가 기능 설치 시 PDF/XPS 문서로 변환 가능
	[스마트 아트], [중복된 항목 제거] 추가 [조건부 서식]의 [데이터 막대], [아이콘], [색조] 규칙 추가 [정렬] 및 [필터] 기준에 색/날짜 기준 등 추가 [피벗 테이블] 필드 추가 방법 변경
	IFERROR/COUNTIFS/SUMIFS/AVERAGEIF/AVERAGEIFS 함수 추가
2010	설치 옵션에 64비트 추가/Office 단추가 [파일] 탭으로 대체 추가 설치 없이 [다른 이름으로 저장]에서 PDF/XPS 문서 변환 리본 메뉴 편집을 위한 [리본 사용자 지정] 옵션 추가
	[스크린샷], [스파크라인], [슬라이서] 추가 [파워 피벗], [파워 쿼리] 추가
	RANK.EQ/RANK.AVG/AGGREGATE/NETWORKDAYS.INTL / WORKDAY.INTL 함수 추가
2013	MS 계정으로 로그인/저장 위치에 OneDrive 추가 오피스 배경 및 테마 설정 가능 통합 문서의 최소화 버튼 생략, 각각의 문서는 새 창에서 열림 [피벗 테이블] 상황 메뉴인 [옵션] 탭이 [분석] 탭으로 이름 변경
	[차트] 편집 단추 추가/[차트] 서식은 오른쪽 작업 창에서 설정 [빠른 분석], [자동 채우기] 옵션에 [빠른 채우기] 추가 [스토어]에서 추가 기능 설치, [온라인 그림] 삽입 기능 추가 [콤보 차트], [추천 차트], [추천 피벗 테이블] 추가 [피벗 테이블]에 [시간 표시 막대] 기능 추가
	IFNA/DAYS/ISFORMULA/FORMULATEXT/NUMBERVALUE 함수 추가
2016	[파워 쿼리]가 추가 설치 없이 [데이터] 탭에 내장됨
	[설명] 검색창/[공유] 기능(OneDrive 문서를 온라인에서 동시 작업) [3D 맵 투어], [예측 시트], [잉크 수식] 추가 [트리맵], [선버스트], [상자 수염 그림], [히스토그램], [파레토], [폭포] 차트 추가
2019	[그리기] 탭 추가, [깔때기], [지도] 차트 추가 등
	IFS / MAXIFS / MINIFS / TEXTJOIN / CONCAT / SWITCH 등

* 구독형 서비스인 Office 365에서는 새 기능이 수시로 업데이트되지만 영구 설치 버전에서 사용할 수 없습니다.

설치 옵션

Office 2019 vs. Microsoft 365, 어떤 걸 설치하지?

엑셀/파워포인트/워드/아웃룩 2019 등은 윈도우 7 이상의 운영체제에서 구동이 가능하며, Office 2019나 Microsoft 365를 설치해서 사용할 수 있습니다. Office 2019 라이선스를 구매한 경우, 프로그램을 설치한 PC에서 영구적으로 사용이 가능하지만 오류나 보안상의 업데이트를 제외한 새 기능은 추가되지 않습니다. 반면 Microsoft 365는 월/연 단위로 사용료를 지불하는 구독 서비스로, 최신 기능이 지속적으로 업데이트됩니다.

Office 2019_영구 설치형 라이선스 구매

· PKC(Product Key Card) : 제품 키 카드를 동봉한 패키지 박스로 수령

· ESD(Electronic Software Distribution) : 이메일로 제품 키 수령

※ Office 2013부터는 다른 PC에도 설치 가능한 FPP(Full Package Product)를 판매하지 않습니다.

<table>
<tr><th colspan="3">Retail (컴퓨터 한 대만 인증됨)</th><th>Volume License (5대 이상)</th></tr>
<tr><td>Home&Student</td><td>Home&Business</td><td>Professional Pro</td><td rowspan="3">기업/교육기관용으로
인증된 판매처에서만 구매 가능</td></tr>
<tr><td>기본(엑셀/워드/파워포인트)</td><td colspan="2">기본+아웃룩+액세스+퍼블리셔 등</td></tr>
<tr><td>179,000원</td><td>324,500원</td><td>574,500원</td></tr>
</table>

• 구매처에 따라 가격은 다소 차이가 있을 수 있습니다. (2019/11/10 기준)

page Office 2019 설치 방법은 24쪽을 참고하세요.

Microsoft 365_월/연 단위 구독

마이크로소프트 계정에 등록된 카드로 매월 자동 청구되고, 갱신을 취소하면 다음 달부터 구독이 취소됩니다. Microsoft 365는 구독 기간 동안 수시로 최신 기능이 업데이트됩니다. 온라인에 연결된 상태에서는 자동으로 업데이트되며 [파일] 탭–[계정]–[Office 업데이트]에서 수동으로 설정할 수도 있습니다.

<table>
<tr><th colspan="6">Microsoft 365 (월/연단위 구독 서비스)</th></tr>
<tr><td rowspan="2">요금제
(OneDrive 포함)</td><td colspan="2">가정용 (VAT 포함)</td><td colspan="3">비즈니스용 (VAT 제외)</td></tr>
<tr><td>Personal</td><td>Home</td><td>Business</td><td>Premium</td><td>Essentials</td></tr>
<tr><td>1년(일시불/약정*)</td><td>89,000원</td><td>119,000원</td><td>9,100/월*</td><td>14,100/월*</td><td>56,000/월*</td></tr>
<tr><td>1개월</td><td>8,900원</td><td>11,900원</td><td>109,800원</td><td>16,900원</td><td>6,700원</td></tr>
<tr><td>PC/MAC, 태블릿/휴대폰</td><td>각 1대</td><td colspan="3">각 6대</td><td>각 1대</td></tr>
</table>

• 가격은 구입 시기에 따라 변경될 수 있습니다. 요금제별 사용 조건에 대한 자세한 설명과 구입 문의는 마이크로소프트 공식 홈페이지를 참고하세요. (2022/1/1 기준)

page Microsoft 365 무료 체험 및 구독 신청/해지 방법은 20쪽을 참고하세요.

32비트 vs. 64비트, 운영체제는 어떻게 확인하지?

엑셀 2010부터는 데이터양이 많은 사용자를 위해 설치 옵션에 64비트를 추가했습니다. 32비트는 최대 4GB의 문서를 다룰 수 있는 반면 64비트는 최대 1,024GB의 문서까지 작업할 수 있습니다. 비트(Bit)는 '내 Office 계정'의 [언어 및 설치 옵션]에서 선택할 수 있습니다. 64비트는 윈도우 7 이상의 64비트 운영체제가 설치된 PC에서 설치할 수 있습니다. 매킨토시(Mac)는 office Insider 옵션을 통해 32비트에서 64비트로 전환할 수 있습니다.

운영체제를 확인하는 방법

- Window 운영체제 : [제어판]–[시스템]에서 'Windows 버전'과 '시스템 종류'를 확인할 수 있습니다.
- Excel 운영체제 : [파일] 탭–[계정]에서 [Excel 정보]를 클릭하면 설치 버전과 비트, 제품 ID 등을 알 수 있습니다.

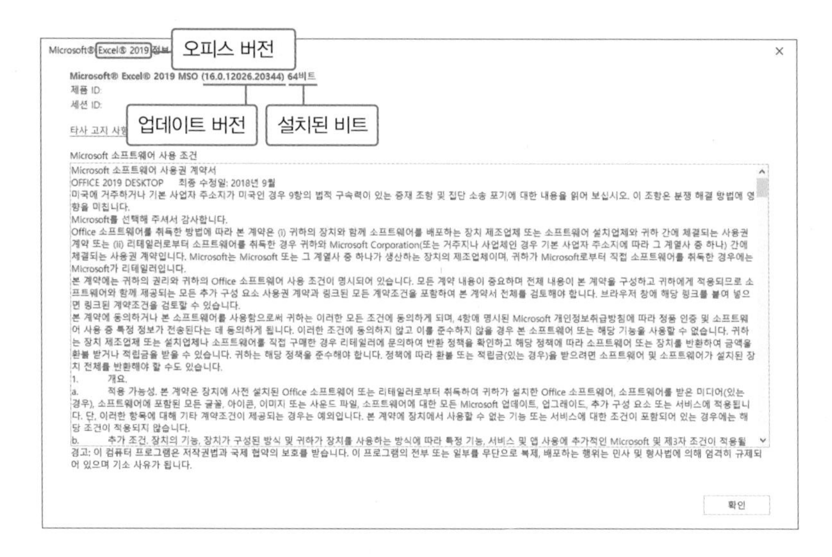

32비트(x86)/64비트(x64) 어떤 게 적합할까?

처리할 데이터 용량이 많지 않다면 32비트를 사용하는 것이 무난합니다. 64비트는 대용량 문서도 빠르게 실행할 수 있는 대신 일부 추가 기능은 호환되지 않을 수 있습니다.

컴퓨터 1대에 다른 버전의 오피스를 같이 설치할 경우, 동일한 비트를 선택해야 합니다. 예를 들어, 64비트의 엑셀 2010이 설치된 PC에 엑셀 2019를 설치하려면 64비트로 설치해야 합니다. 그러나 엑셀 2007은 32비트만 있기 때문에 64비트의 다른 버전과 같이 설치할 수 없습니다.

32비트	64비트
Add-in 프로그램, 외부 개체 삽입 등 모든 기능을 호환해서 사용할 수 있음	고용량 데이터나 고화질 이미지 문서를 좀 더 빠르게 실행할 수 있음

Office 365 설치 가이드

[Office 365 설치 가이드] 무료 체험 및 구독/해지하기

Office 365는 월/연 단위 구독 서비스로, 신용카드 정보를 계정에 등록하면 매월 자동으로 요금이 결제됩니다. IFS 함수나 지도 차트처럼 최신 기능이 필요하거나 일정기간만 사용할 계획이라면 필요한 기간만 구독하는 것도 좋습니다. MS 계정만 등록하면 누구나 1개월 무료 평가판을 설치해서 사용해 볼 수 있으며 서비스 갱신 및 구독 취소를 하면 요금이 청구되지 않습니다.

무료 체험판 설치 및 구독 해지 과정

1. MS 계정 등록 및 로그인 → 2. 결제 정보 등록 → 3. 프로그램 설치 → 4. 요금제 전환 및 구독 취소

1. MS 계정 등록 및 로그인

1. 마이크로소프트 오피스 공식 홈페이지에 접속하여 로그인을 합니다. 오른쪽 상단의 검색 아이콘을 눌러서 'Office 365 체험'을 입력하고 Enter를 누릅니다. 첫 번째 검색 결과인 '무료 평가판 다운로드'를 클릭합니다.

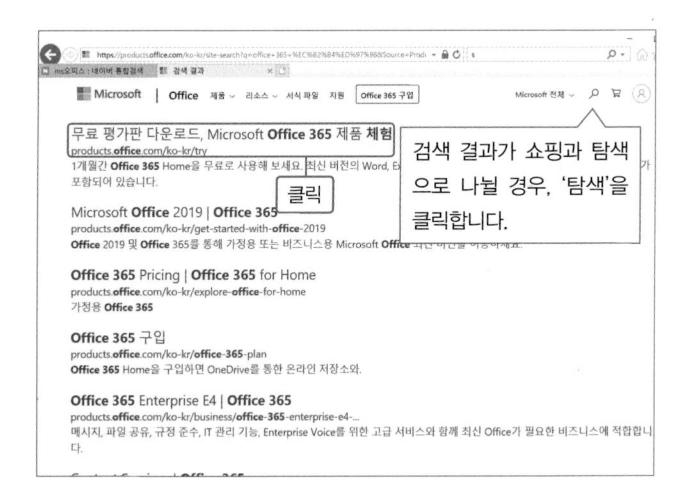

2. Office 365 무료 체험 화면에서 [1개월 무료 체험]을 클릭합니다.

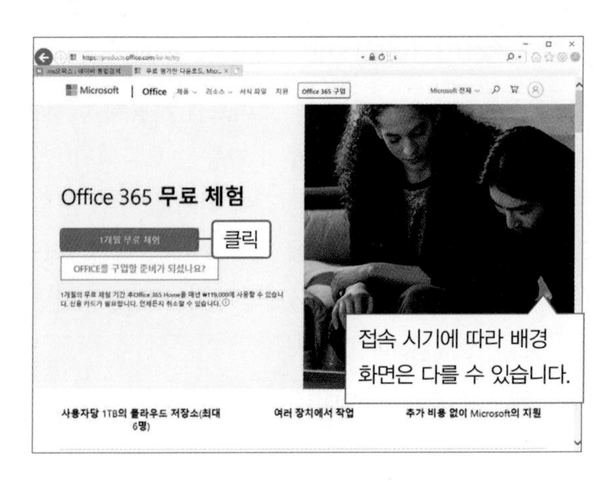

계정 등록 시 주의사항

- 이메일 주소/휴대폰 번호 : 계정 등록을 위한 인증번호가 발송되며 로그인할 때 아이디로 사용됩니다.
- 암호 : 대문자, 소문자, 숫자 및 기호를 조합한 8자 이상으로 등록해야 합니다.
- 생년월일 : 실명 확인을 요구하진 않지만 출생연도를 기준으로 성인이 아닐 경우, MS 계정에 등록된 부모님의 인증이 필요합니다.

2. 결제 정보 등록 (해지 가능)

1. '① 결제 방법 선택' 단계에서 [다음]을 클릭합니다.

TIP

1개월 무료 평가판은 최대 6명이 사용 가능한 'Office 365 Home' 요금제가 선택됩니다. 무료 체험 종료 후 1인용 Personal 요금제로 전환할 수 있습니다.

page 자동 갱신 끄기 및 구독 취소는 23쪽을 참고하세요.

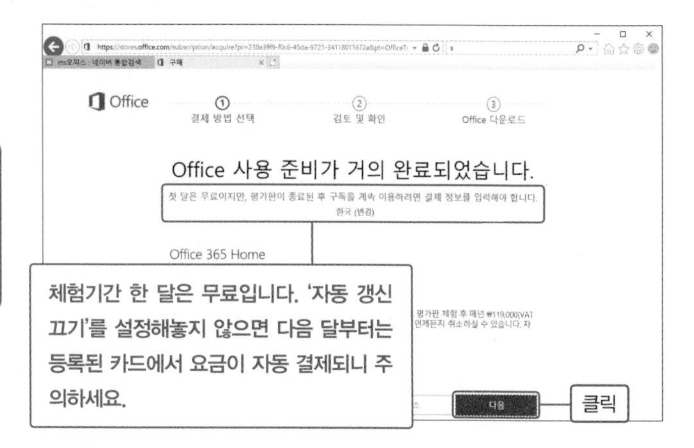

2. [결제 선택 방법]을 '신용 카드 또는 직불 카드'로 선택합니다. 해외 결제가 가능한 제휴사의 카드 정보를 입력합니다.

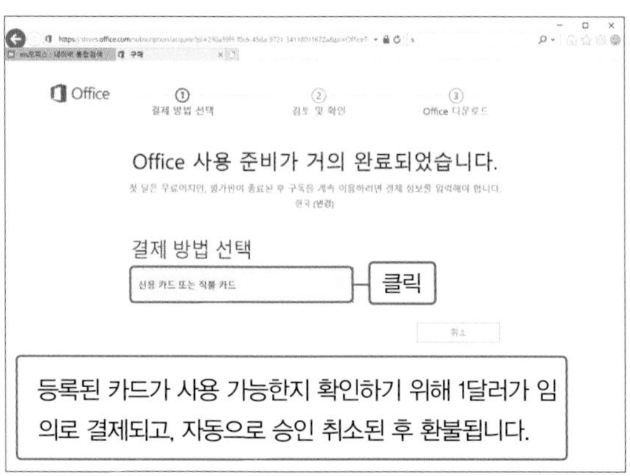

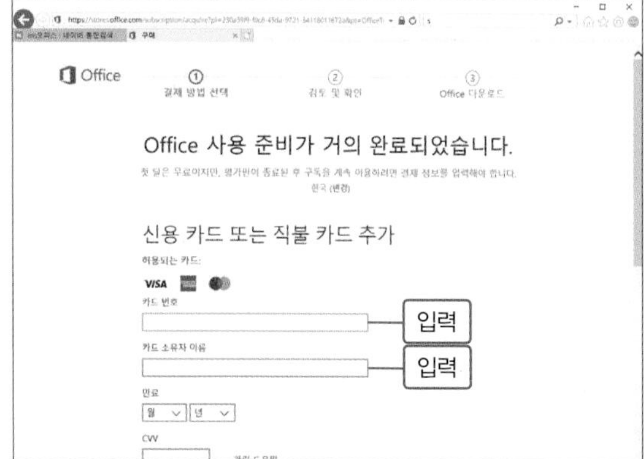

3. 카드 정보를 확인하고 [저장]을 클릭합니다. 요금제가 표시된 다음 페이지에서는 [구독]을 클릭합니다.

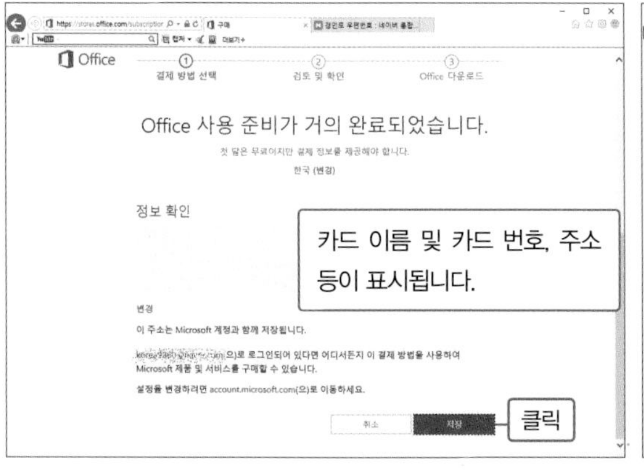

3. 프로그램 설치

프로그램 설치 및 계정 인증 단계에서는 인터넷에 접속되어야 하며 설치된 프로그램은 오프라인에서도 사용 가능합니다. Office 365는 39일 이상 오프라인 상태가 지속되면 제한 모드로 전환되므로 온라인 계정에 다시 로그인해야 합니다.

1. '내 office 계정' 화면에는 인증된 오피스의 설치 및 계정 관리 페이지가 나타납니다. [설치]를 클릭하고 다음 화면의 설치 정보에서 [설치]를 클릭합니다.

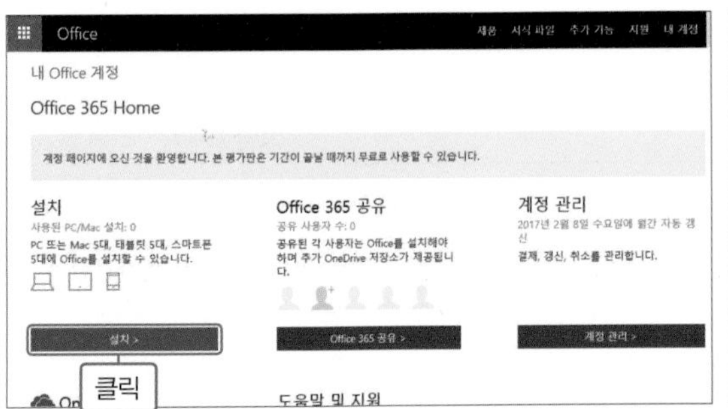

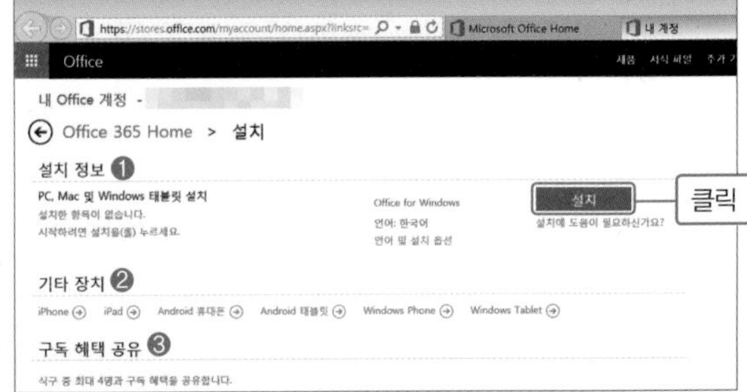

page 설치 옵션(32비트/64비트)의 차이점은 27쪽을 참고하세요.

❶ 언어나 설치 옵션(32비트/64비트)을 선택할 수 있습니다.
❷ 컴퓨터 외 다른 장치에 계정을 연결하려면 해당 장치를 클릭합니다.
❸ Office 365 Home 요금제는 최대 6명까지 사용자를 추가할 수 있습니다.

2. 화면 아래의 다운로드 창에서 [실행]을 눌러 엑셀 파일을 저장합니다. 설치 안내 창이 나타나 [예]를 클릭하면 설치가 시작됩니다.

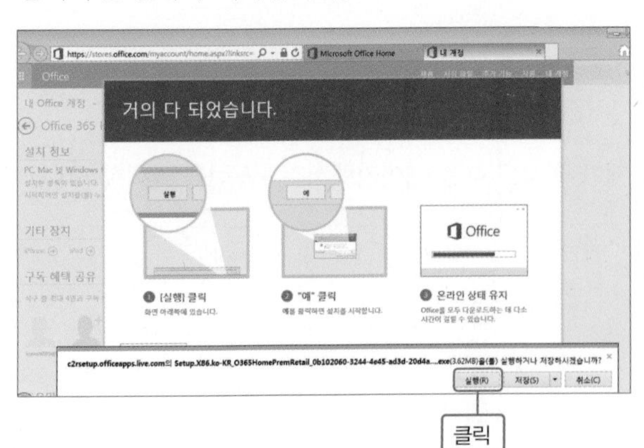

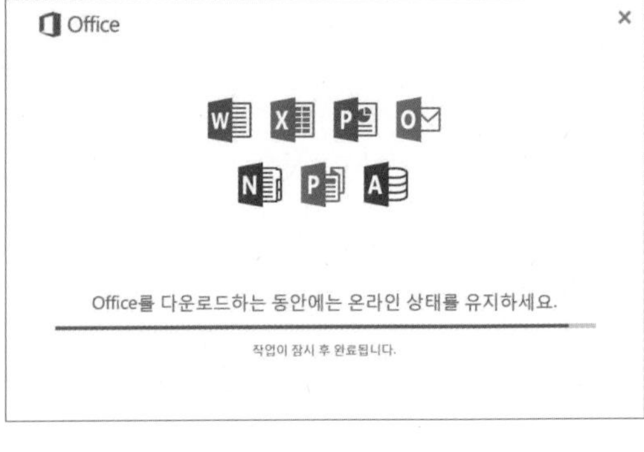

4. 요금제 전환 및 구독 취소

1. MS 계정에 로그인한 후 [계정] 화면에서 [서비스 및 구독]을 클릭합니다. 필요에 따라 [취소], [자동 갱신 끄기], [요금제 전환] 등을 선택합니다.

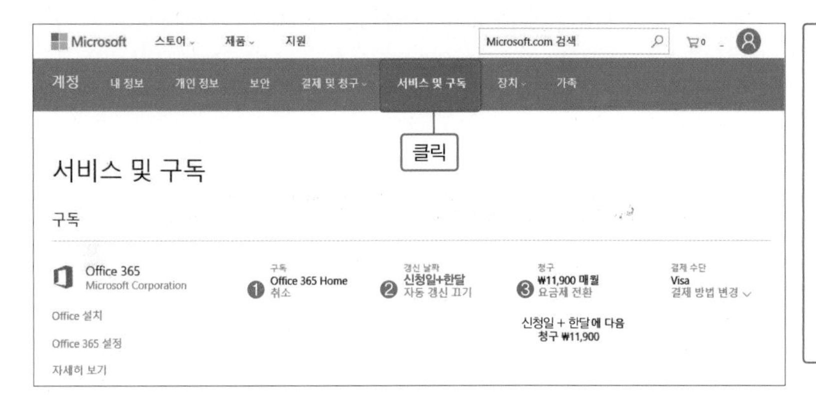

❶ **취소** : Office 365 프로그램 사용이 즉시 중지됩니다.
❷ **자동 갱신 끄기** : 갱신 날짜 이전까지만 사용 가능합니다. 매월 구독이 갱신되고 자동 결제되는 것을 정지시킵니다.
❸ **요금제 전환** : 구독 중인 서비스 이외의 다른 요금제로 변경합니다.

2. Office 365를 무료 평가 기간에만 사용하고 싶다면 [자동 갱신 끄기]를 클릭합니다. 프로그램 사용 기한이 나타납니다. [취소 확인]을 클릭합니다.

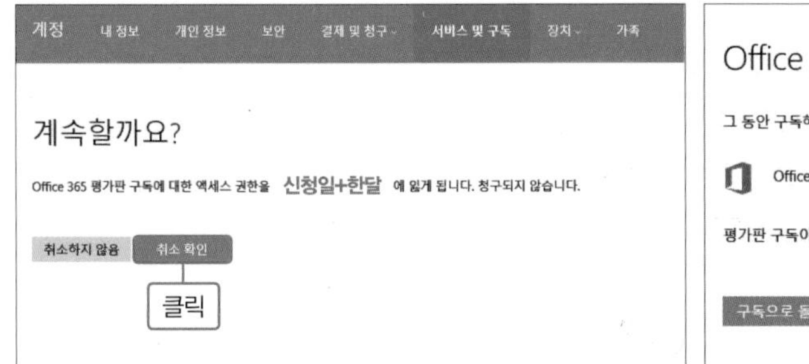

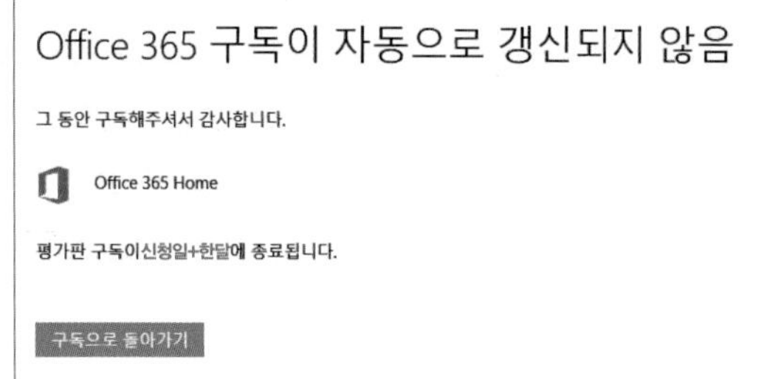

* 프로그램 설치 오류 및 구독 결제에 관한 문의는 마이크로소프트 사의 고객센터로 연락하면 됩니다.

오피스 제품 구매 후 정품 인증 및 설치 과정

제품 키를 패키지(PKC)나 이메일(ESD)로 수령한 경우, 설치 페이지에서 먼저 제품 키를 등록한 후 설치를 진행합니다. *미인증된 프로그램에 제품 키를 등록할 경우, [파일] 탭–[계정]–[제품 키 변경]을 클릭합니다. 자세한 내용은 24쪽을 참고하세요.

R) 일반적인 Retail 버전 설치
M) 제품 키 변경 등 이외의 경우

MS 계정에 제품키 등록	제품 설치	프로그램에 제품 키 등록 (계정 연동)
1. 설치 페이지 접속(http://setup.office.com) 2. MS 계정 로그인 3. 제품 키 등록	R) 내 Office 계정에서 [설치] 클릭 *언어 및 설치 옵션 선택 가능 M) [지금 다운로드] 클릭	R) 약관 동의 후 계정 로그인 M) 제품 키 입력 후 약관 동의

Office 2019 (2016) 설치 가이드

Office 2019 영구 설치 및 정품 인증하기

엑셀을 장기적으로 사용할 계획이라면 영구 라이선스를 구매하는 것도 좋습니다. 일반적으로 개인이 구매할 수 있는 Retail 버전은 컴퓨터 1대에서만 사용할 수 있는 제품 키가 제공됩니다. 반면 여럿이 사용하는 Volume License는 기업 담당자를 통해서 구매 및 인증, 업데이트가 관리됩니다. 제품군이나 구매 경로에 따라 MS 계정과 연동되지 않을 경우, 설치 및 인증 방식에 다소 차이가 있습니다.

1. 제품 키를 패키지(PKC)나 이메일(ESD)로 수령했다면 설치 페이지(https:// setup.office.com)에서 MS 계정으로 로그인한 후 [다음]을 클릭합니다.

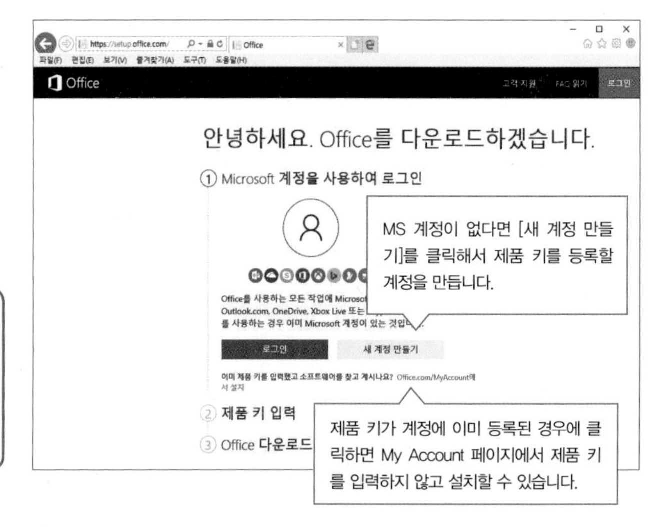

TIP

'Office 다운로드' 설치 단계

Retail 버전을 구매한 경우, 해당 제품 키가 MS 계정에 연동되어서 '내 Office 계정'에서 제품 설치 및 설치 옵션을 선택할 수 있습니다.

2. 제품 키를 입력하고 국가와 언어를 선택합니다. [다음]을 클릭해서 'Office 다운로드' 설치를 진행합니다.

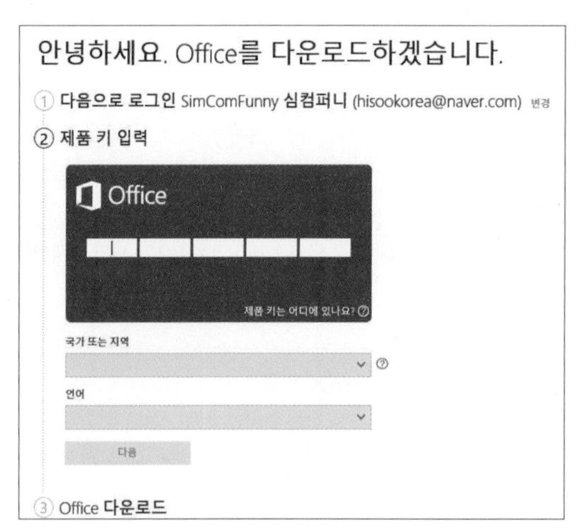

page 프로그램 설치는 22쪽을 참고하세요.

3-1. 엑셀 프로그램을 실행합니다. MS 계정에 인증 키가 등록된 경우 [동의함]을 클릭합니다. '제품 인증됨' 메시지가 나타나면 [확인]을 클릭합니다. MS 계정으로 로그인해서 엑셀과 연동합니다.

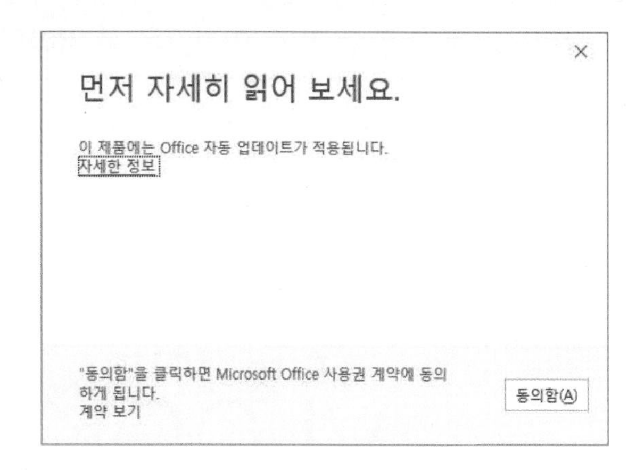

3-2. MS 계정에 제품 키가 연동되지 않았다면 [제품 키를 입력합니다] 대화상자에서 제품 키를 입력해야 합니다. [계속]을 클릭한 뒤 계약 약관에 [동의함]을 클릭하면 제품이 인증됩니다.

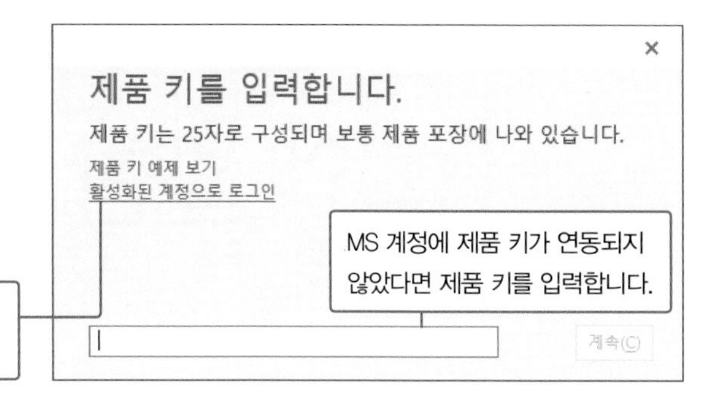

미인증된 프로그램에 제품 키가 등록된 MS 계정을 연동하려면 '활성화된 계정으로 로그인'을 클릭합니다.

4. 설치된 제품의 인증 여부는 [파일] 탭-[계정]에서 확인할 수 있습니다.

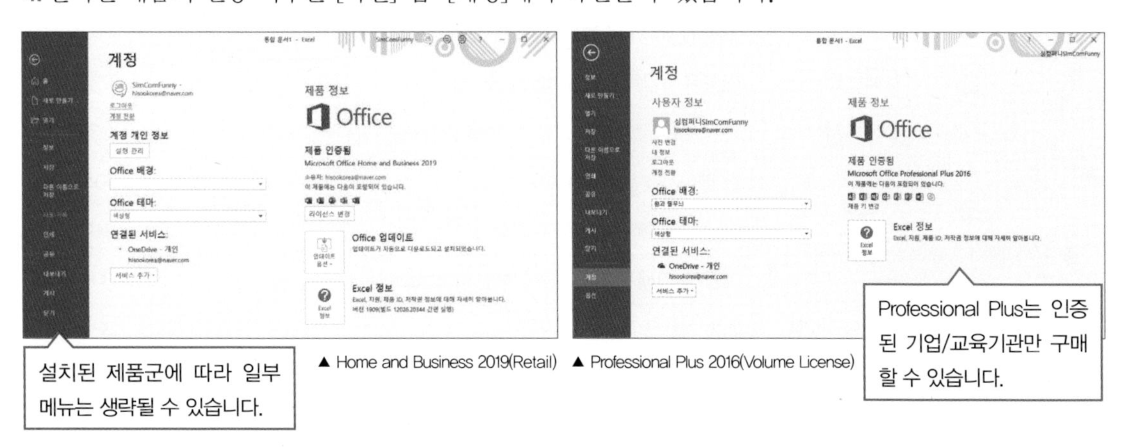

▲ Home and Business 2019(Retail) ▲ Professional Plus 2016(Volume License)

TIP

Retail과 Volume License의 차이점-Office 업데이트

Retail 제품은 PC 1대에서만 인증이 가능하기 때문에 계정 소유자가 보안 및 오류에 관한 업데이트를 직접 할 수 있습니다. 반면, Volume License는 여러 컴퓨터에서 인증 가능한 기업/교육기관용 제품입니다. 통합 관리자에 의해 인증 및 업데이트가 일괄 처리되기 때문에 개별적으로 'office 업데이트' 기능을 사용할 수 없습니다.

핵심 기능

칼퇴근을 위한 필수 기능, 이것만은 꼭 알아두기!

엑셀의 수많은 기능을 모두 외워서 활용하기는 힘듭니다. 아무리 바쁘고 어려워도 꼭 익혀야 하는 기능에는 어떤 것이 있을까요? 효율적인 데이터 업무를 위해 포털 사이트에서 분석한 엑셀(Excel) 연관 키워드 중 검색 순위가 높은 기능을 뽑았습니다. 이를 바탕으로 실무에 유용한 핵심 기능을 우선순위로 참고하여 업무 속도를 높여보세요.

'엑셀(Excel)' 연관 키워드에서 가장 많이 검색된 기능

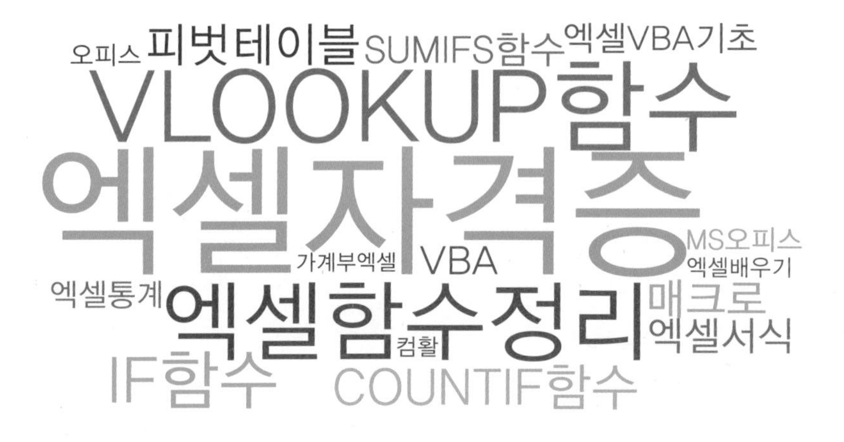

우선순위 핵심 기능	채우기 핸들	연속된 셀의 데이터 값/수식/서식 복사	48쪽
	엑셀 표	서식과 수식을 한 번에 정리	84쪽
	중복 값 제거	고유 값 하나만 남기고 중복된 값 삭제	269쪽
	매크로	반복된 작업을 규칙에 따라 자동 실행	373쪽
출력/시각화	조건부 서식	특정 값을 강조하는 규칙 *예) 매출 증감률을 다른 색으로 표시*	105쪽
	인쇄	한 페이지에 맞춰 인쇄하기	90쪽
		바닥 글에 현재 페이지 수 자동 표시	94쪽
	차트/스파크라인	이중 축 그래프로 쉽게 변환하는 콤보 차트	130쪽
		원형 차트로 비중 표시하기	138쪽
		데이터 흐름을 요약하는 미니 차트 삽입	150쪽
예측/분석	피벗 테이블	빅 데이터를 압축 요약하고 레이아웃을 자유자재로 변경	228쪽
	해 찾기	매출과 고정비용 추이를 반영한 예산안 자동 조정	274쪽
	함수	매출 취합을 위한 통계 함수 : SUM/AVERAGE/RANK	297쪽
		조건에 맞는 값만 계산하는 IF 함수 : SUMIFS/IFERROR	337쪽
		보고서에서 많이 쓰는 참조 함수 : VLOOKUP	347쪽

Step 1

엑셀과 친해지기

#오늘부터 #칼퇴에한걸음가까워지기 #엑셀어렵지않아요

데이터 입력

Part 1에서는 워크시트와 리본 메뉴의 구성부터 살펴봅니다. 알면 쉽지만 모르면 당황스러운 데이터 입력은 문자의 숫자의 차이점과 입력 공식부터 아는 것이 중요합니다. 또한, 다양한 방법으로 문서를 저장하는 법을 따라 하다 보면 엑셀에 대한 두려움이 약간은 사라질 것입니다. 단축키를 외우거나 리본 메뉴를 일일이 클릭하지 않도록 자주 쓰는 메뉴는 나만의 단축키로 설정해서 마우스 사용을 최소화 해보세요.

Preview

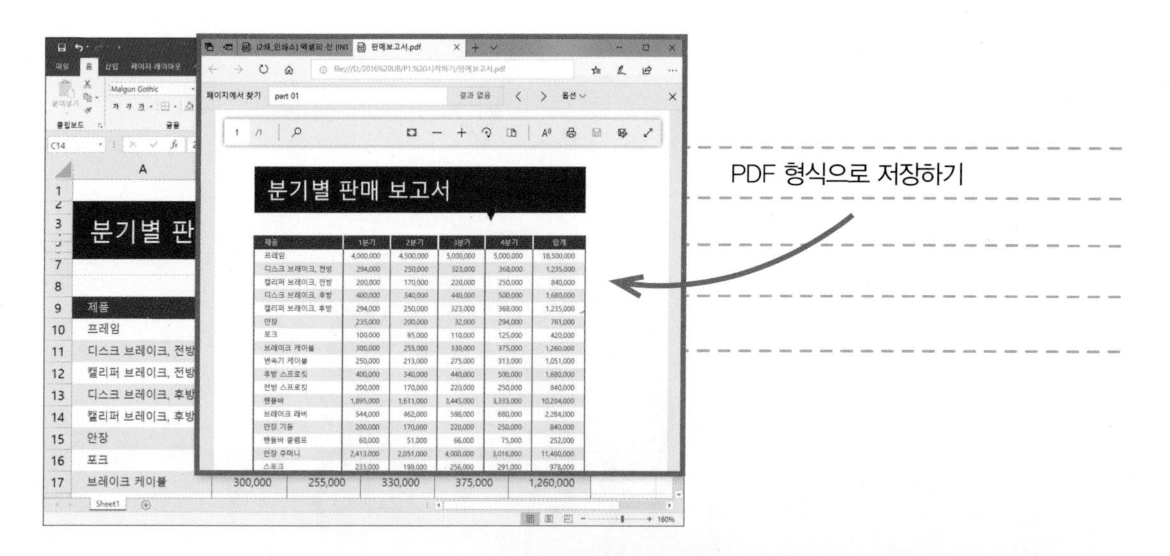

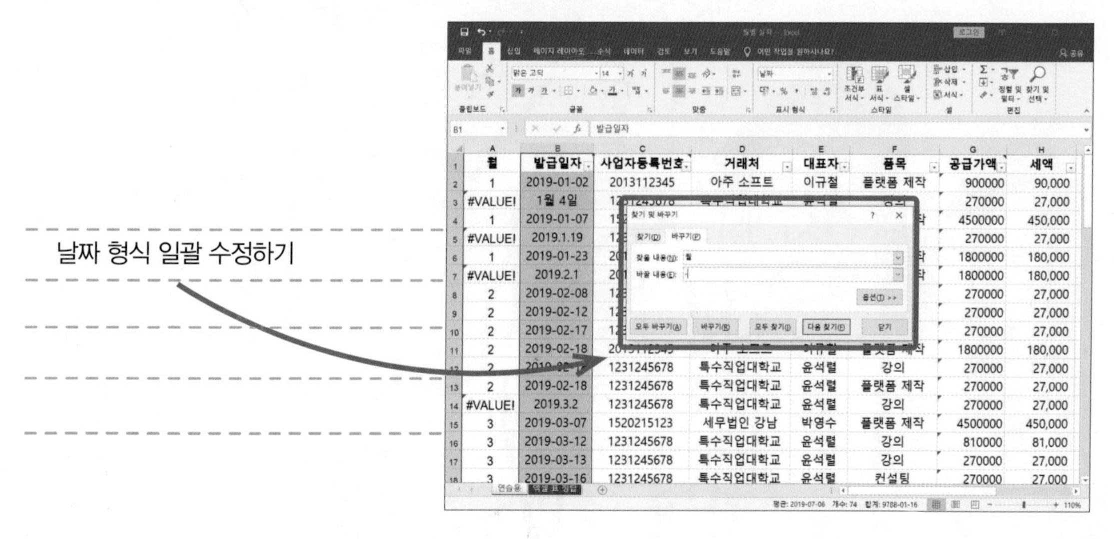

001 엑셀 화면 살펴보기

엑셀 2013부터는 시작 화면이 추가되어 '새 통합 문서'를 선택해야 빈 워크시트가 나타납니다. 엑셀 2007부터 리본 메뉴가 사용된 이후 전체적인 화면 구성은 크게 변하지 않아서 이전 버전의 사용자도 쉽게 이해할 수 있습니다. 문서를 작성하기 전에 엑셀 화면부터 살펴보겠습니다.

전체 화면 살펴보기

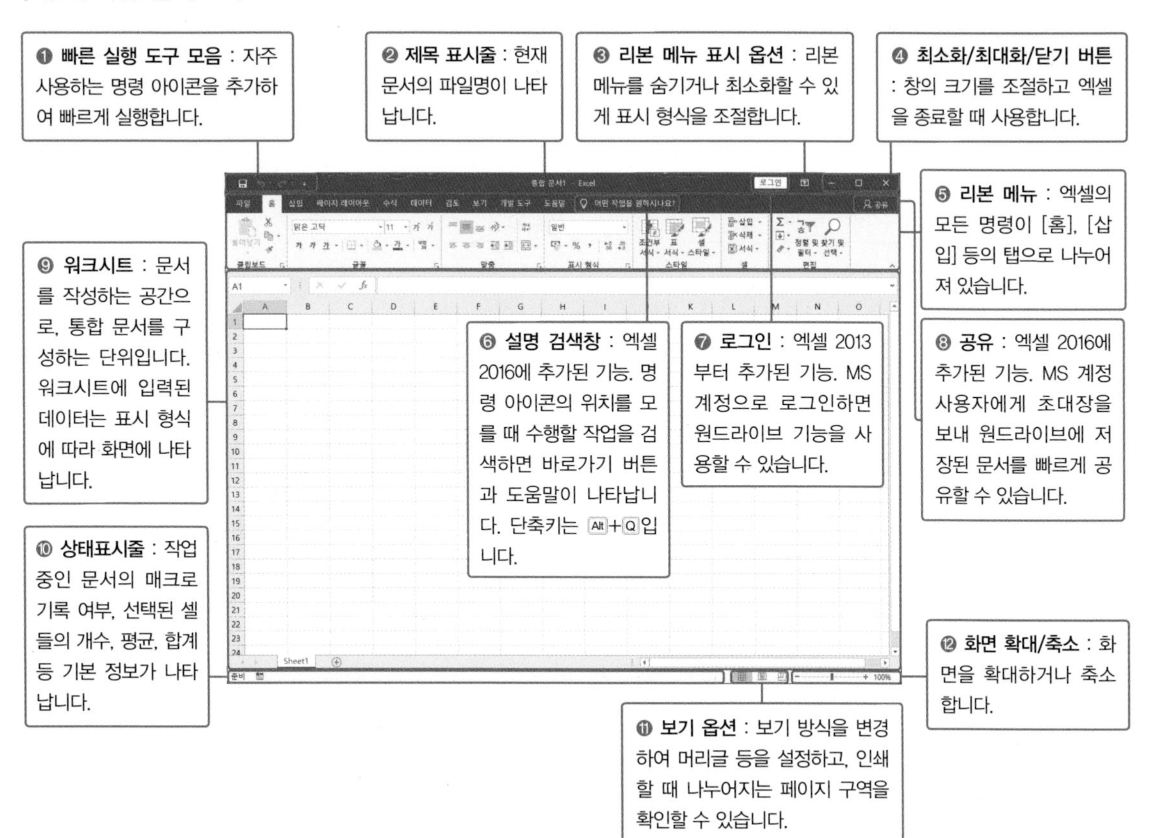

❶ 빠른 실행 도구 모음 : 자주 사용하는 명령 아이콘을 추가하여 빠르게 실행합니다.
❷ 제목 표시줄 : 현재 문서의 파일명이 나타납니다.
❸ 리본 메뉴 표시 옵션 : 리본 메뉴를 숨기거나 최소화할 수 있게 표시 형식을 조절합니다.
❹ 최소화/최대화/닫기 버튼 : 창의 크기를 조절하고 엑셀을 종료할 때 사용합니다.
❺ 리본 메뉴 : 엑셀의 모든 명령이 [홈], [삽입] 등의 탭으로 나누어져 있습니다.
❻ 설명 검색창 : 엑셀 2016에 추가된 기능. 명령 아이콘의 위치를 모를 때 수행할 작업을 검색하면 바로가기 버튼과 도움말이 나타납니다. 단축키는 Alt+Q입니다.
❼ 로그인 : 엑셀 2013부터 추가된 기능. MS 계정으로 로그인하면 원드라이브 기능을 사용할 수 있습니다.
❽ 공유 : 엑셀 2016에 추가된 기능. MS 계정 사용자에게 초대장을 보내 원드라이브에 저장된 문서를 빠르게 공유할 수 있습니다.
❾ 워크시트 : 문서를 작성하는 공간으로, 통합 문서를 구성하는 단위입니다. 워크시트에 입력된 데이터는 표시 형식에 따라 화면에 나타납니다.
❿ 상태표시줄 : 작업 중인 문서의 매크로 기록 여부, 선택된 셀들의 개수, 평균, 합계 등 기본 정보가 나타납니다.
⓫ 보기 옵션 : 보기 방식을 변경하여 머리글 등을 설정하고, 인쇄할 때 나누어지는 페이지 구역을 확인할 수 있습니다.
⓬ 화면 확대/축소 : 화면을 확대하거나 축소합니다.

| 워크시트 살펴보기

워크시트의 최소 단위는 셀(Cell)입니다. 셀들이 모여 행(Row)과 열(Column)을 이루고, 이들은 알파벳 열과 숫자 행으로 구성된 셀 주소를 갖습니다. 각각의 워크시트는 하나의 통합 문서로 저장됩니다.

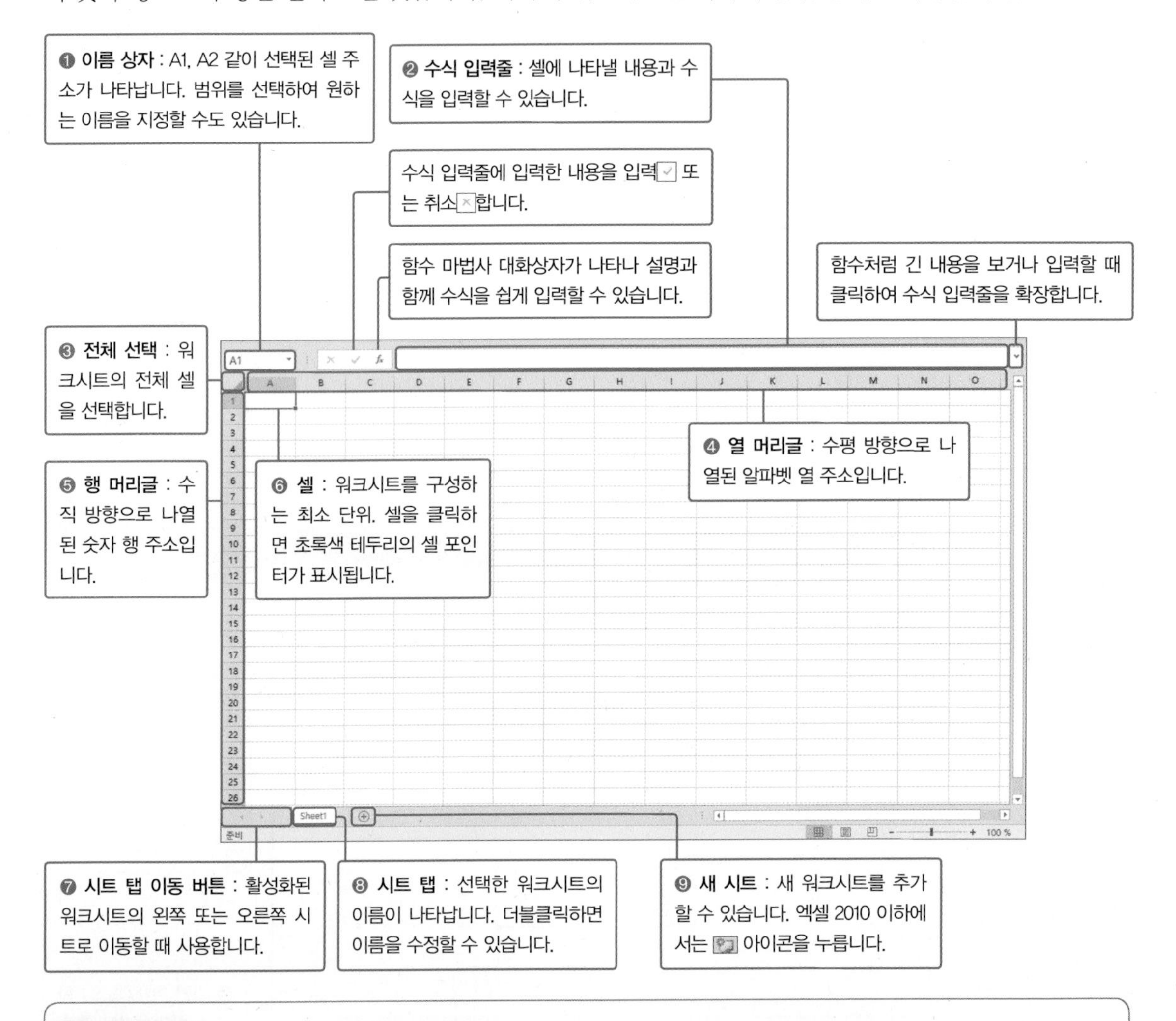

❶ 이름 상자 : A1, A2 같이 선택된 셀 주소가 나타납니다. 범위를 선택하여 원하는 이름을 지정할 수도 있습니다.
❷ 수식 입력줄 : 셀에 나타낼 내용과 수식을 입력할 수 있습니다.
수식 입력줄에 입력한 내용을 입력 또는 취소합니다.
함수 마법사 대화상자가 나타나 설명과 함께 수식을 쉽게 입력할 수 있습니다.
함수처럼 긴 내용을 보거나 입력할 때 클릭하여 수식 입력줄을 확장합니다.
❸ 전체 선택 : 워크시트의 전체 셀을 선택합니다.
❹ 열 머리글 : 수평 방향으로 나열된 알파벳 열 주소입니다.
❺ 행 머리글 : 수직 방향으로 나열된 숫자 행 주소입니다.
❻ 셀 : 워크시트를 구성하는 최소 단위. 셀을 클릭하면 초록색 테두리의 셀 포인터가 표시됩니다.
❼ 시트 탭 이동 버튼 : 활성화된 워크시트의 왼쪽 또는 오른쪽 시트로 이동할 때 사용합니다.
❽ 시트 탭 : 선택한 워크시트의 이름이 나타납니다. 더블클릭하면 이름을 수정할 수 있습니다.
❾ 새 시트 : 새 워크시트를 추가할 수 있습니다. 엑셀 2010 이하에서는 아이콘을 누릅니다.
A1
Sheet1
준비
100 %

Skill Up 워크시트의 개수 변경하기

새 통합 문서에 기본으로 나타나는 워크시트의 개수는 [파일] 탭-[옵션]에서 설정할 수 있습니다. [Excel 옵션] 대화상자-[일반] 화면에서 [새 통합 문서 만들기] 항목의 '포함할 시트 수'를 변경합니다.

002 리본 메뉴 단축키로 실행하기

리본 메뉴에 접근할 수 있는 단축키의 구성 원리를 잘 활용하면 단축키를 외우지 않고도 마우스 사용을 최소화할 수 있습니다. Alt를 누르면 각 탭에 단축키 이니셜이 표시됩니다. 마이크로소프트 365를 포함한 일부 상위 버전에서 데이터 탭이 'A'에서 'A2'로 변경된 것처럼 단축키는 다소 상이할 수 있습니다.

| 단축키로 리본 메뉴 실행하기 Alt

1 숫자에 천 단위 구분기호를 적용해 보겠습니다. 셀 범위를 드래그한 후 Alt를 누르면 탭별로 알파벳이 나타납니다. [홈] 탭의 단축키인 H를 누릅니다.

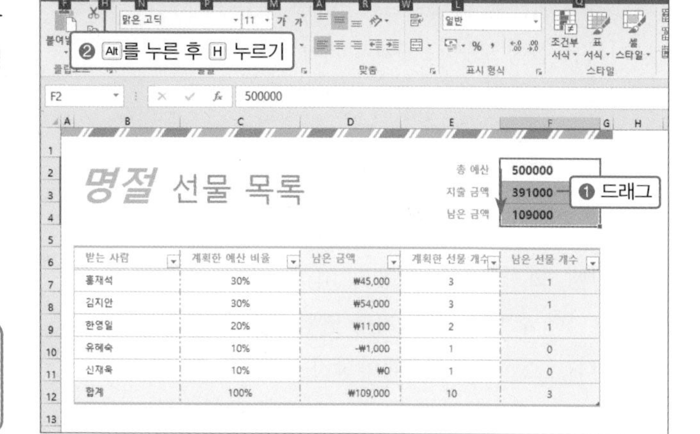

TIP

빠른 실행 도구모음에 추가된 아이콘은 Alt를 누르고 숫자를 클릭합니다.

2 [홈] 탭이 선택되고 그룹별로 단축키로 사용할 수 있는 알파벳이 나타납니다. [쉼표]를 실행하기 위해 K를 누르면 선택한 셀들에 천 단위 구분기호가 적용됩니다.

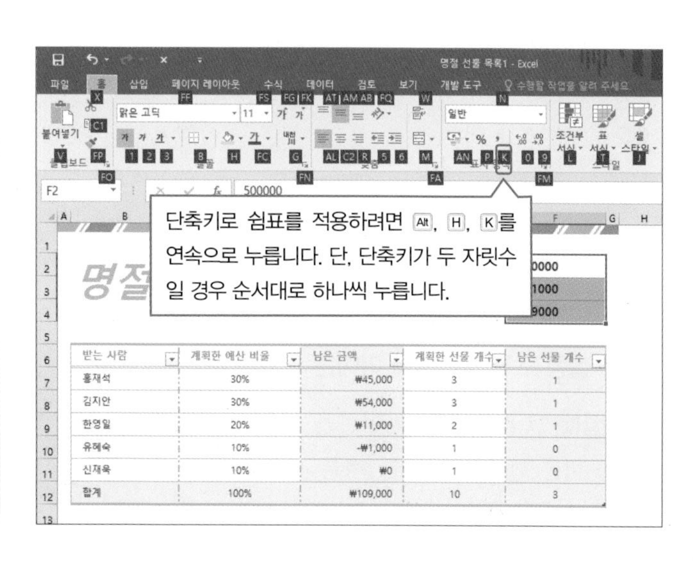

단축키로 쉼표를 적용하려면 Alt, H, K를 연속으로 누릅니다. 단, 단축키가 두 자릿수일 경우 순서대로 하나씩 누릅니다.

단축키

리본 메뉴 실행 예시

- [삽입] 탭–[피벗테이블] Alt–N–V
- [데이터] 탭–[필터] Alt–A–T 또는 Alt–A–2–T

003 빠른 실행 도구 모음에 아이콘 추가하기

자주 사용하는 메뉴가 있다면 빠른 실행 도구 모음에 추가하는 것이 좋습니다. 일일이 리본 메뉴에서 찾을 필요 없이 빠르게 아이콘을 클릭하여 실행할 수 있습니다.

| 방법 1_리본 메뉴에서 추가하기

리본 메뉴에서 추가할 아이콘 위에서 마우스 오른쪽 버튼을 클릭합니다. 단축 메뉴에서 [빠른 실행 도구 모음에 추가]를 선택하면 해당 아이콘이 추가됩니다.

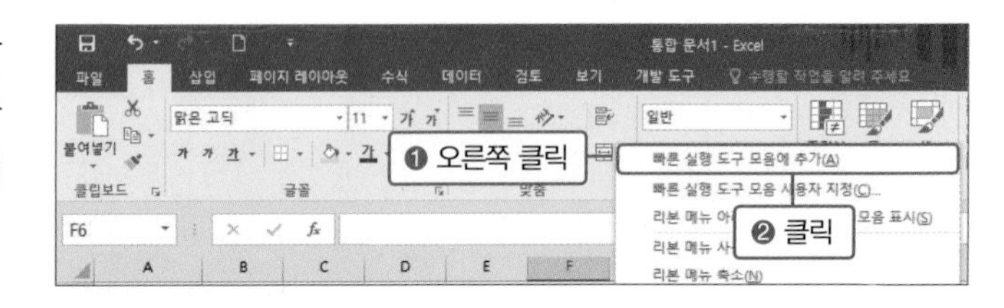

| 방법 2_리본 메뉴에 없는 명령 아이콘 추가하기

빠른 실행 도구 모음의 사용자 지정 버튼 을 클릭한 후 메뉴에서 [기타 명령]을 클릭합니다. [Excel 옵션] 대화상자–[빠른 실행 도구 모음] 화면의 [모든 명령]에서 '끝내기'를 선택합니다. [추가]를 클릭하고 [확인]을 누르면 선택한 명령이 빠른 실행 도구 모음에 추가됩니다.

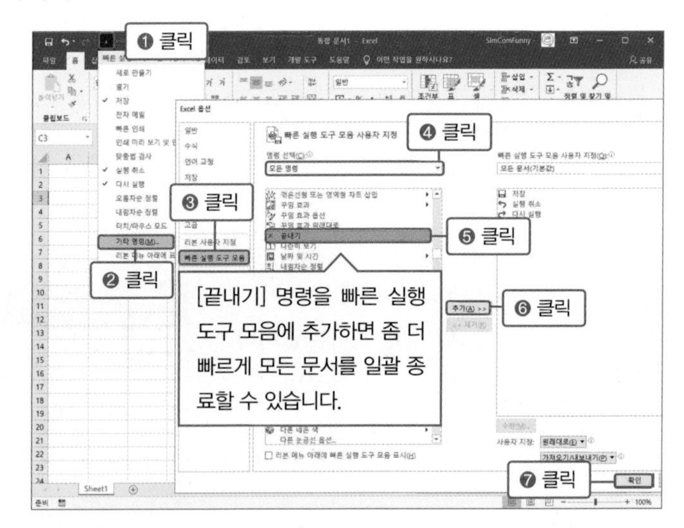

| 빠른 실행 도구 모음에서 아이콘 삭제하기

빠른 실행 도구 모음의 아이콘을 마우스 오른쪽 버튼으로 클릭한 후 [빠른 실행 도구 모음에서 제거]를 선택합니다.

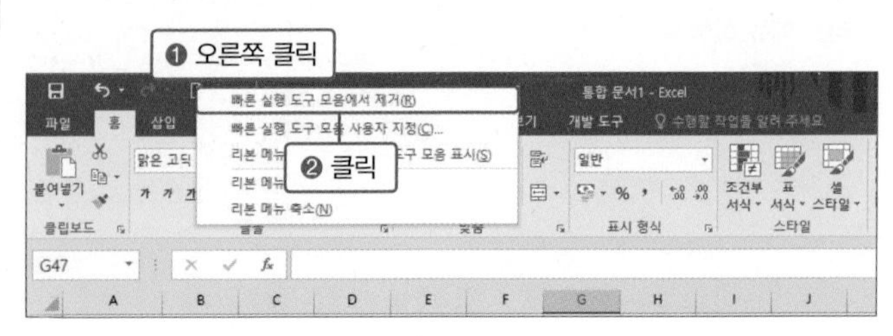

004 자주 사용하는 문서를 찾기 쉽게 고정하기

시작 화면이나 [열기] 백스테이지의 '최근 항목'에는 최근에 실행한 문서들이 순서대로 정렬되어 있습니다. 기본적으로 최근에 열람했던 순서로 정렬되지만 자주 보는 문서라면 맨 위에 고정시킬 수 있습니다.

1 [파일] 탭-[열기] 화면의 '최근 항목'을 클릭합니다. 맨 위쪽에 고정시킬 문서 이름에 마우스 포인터를 위치시키면 오른쪽 끝에 고정 핀을 클릭합니다.

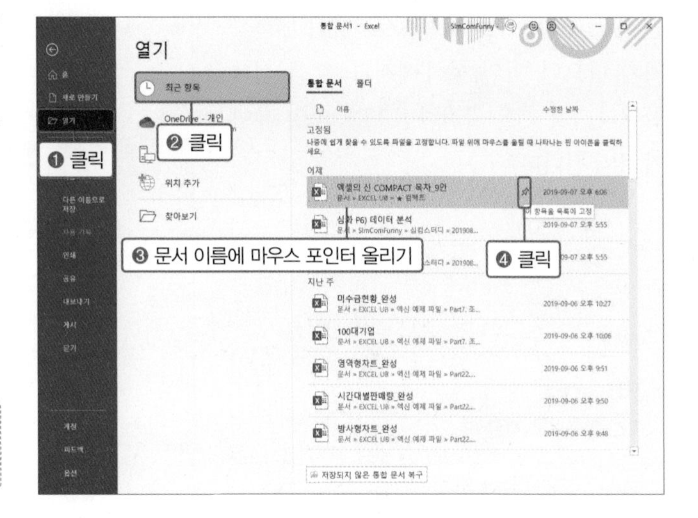

엑셀 2007 | 오피스 단추를 누르면 최근 문서를 볼 수 있습니다.

2 선택한 문서가 목록의 맨 위쪽에 나타나는 것을 볼 수 있습니다. 고정된 문서의 위치를 해제하려면 해당 문서의 오른쪽 끝에 있는 고정 핀을 클릭하면 됩니다.

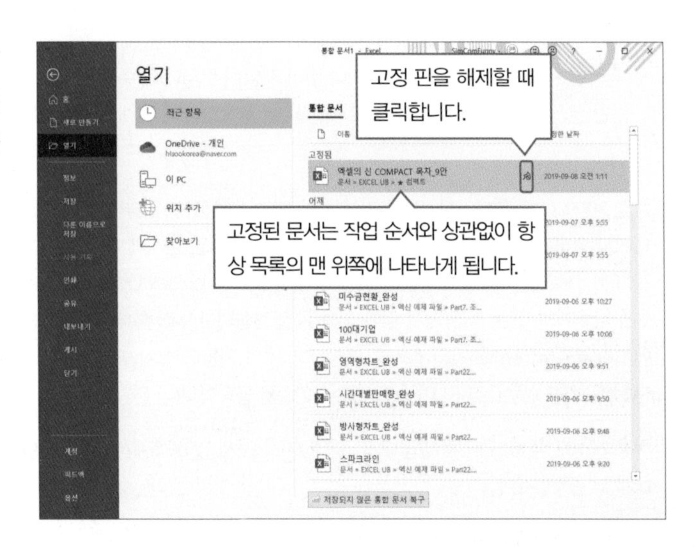

2007 2010 2013 2016 2019

005 엑셀 문서를 PDF로 저장하기

엑셀 프로그램이 설치되지 않은 곳에서 문서를 열어보거나 출력하려면 문서를 PDF 파일로 변환해야 합니다. 특히 공문이나 계약서처럼 중요한 문서라면 PDF 파일로 변환해서 전달하는 것이 좋습니다.

예제 파일 Part01\판매보고서.xlsx 완성 파일 Part01\판매보고서.pdf

F12를 눌러서 [다른 이름으로 저장] 대화상자가 나오면 '파일 형식'에서 'PDF'를 선택합니다. [저장]을 클릭하면 PDF 파일 뷰어가 실행됩니다.

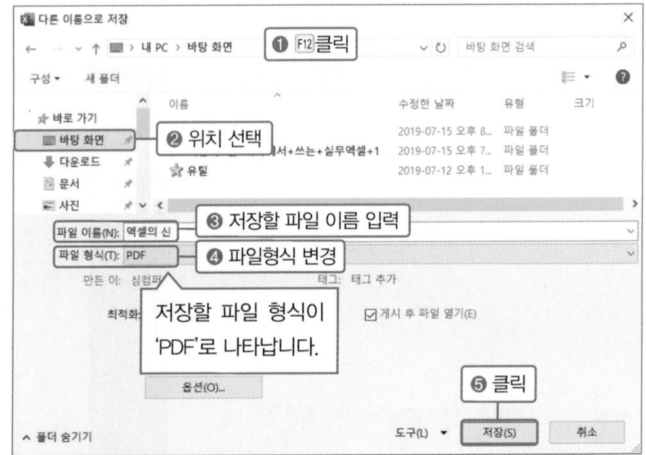

단축키

저장 Ctrl+S

다른 이름으로 저장 F12

Skill Up '저장'과 '다른 이름으로 저장'

'저장'은 문서를 처음으로 저장하거나 이미 저장된 문서에서 수정된 내용을 저장할 때 사용합니다. '다른 이름으로 저장'은 작업 중인 문서를 새로운 이름으로 따로 저장할 때 사용합니다. 원래 문서는 그대로 남고, 다른 이름의 문서가 따로 저장됩니다.

엑셀 2007 | MS 홈페이지에서 추가 설치를 해야 사용할 수 있습니다. 온라인 상태에서 오피스 단추 –[다른 이름으로 저장]–[다른 파일 형식에 대한 추가 기능 찾기]를 클릭하면 Excel 도움말이 나옵니다. '1. 2007 Microsoft Office 프로그램의 Microsoft PDF 및 XPS로 게시 추가 기능'을 클릭합니다. MS 홈페이지로 이동하면 다운로드 버튼을 눌러서 설치를 마칩니다. 추가 기능이 설치되면 다시 오피스 단추–[다른 이름으로 저장]–[PDF 또는 XPS]를 클릭합니다.

엑셀 2010 | [파일] 탭–[저장/보내기]–[PDF/XPS 문서 만들기]에서 [PDF/XPS 만들기]를 클릭합니다.

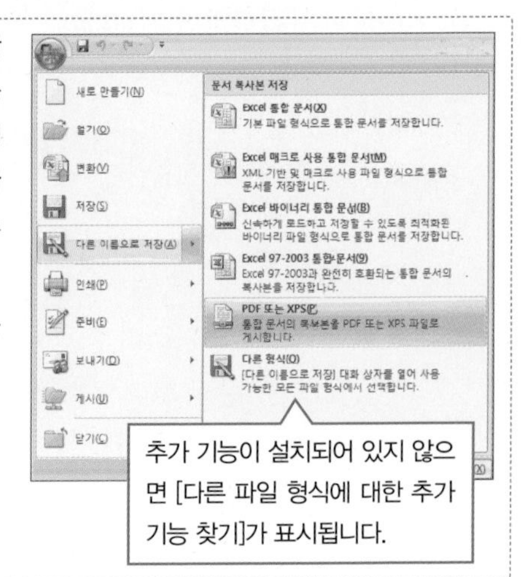

006 엑셀 97-2003에서 볼 수 있게 호환 문서로 저장하기

엑셀 2003까지 사용하던 파일 확장자 '.xls'는 엑셀 2007부터 '.xlsx'로 변경됐습니다. 엑셀 2007 이후 버전에서 만든 문서를 엑셀 2003 이하 버전에서 열려면 확장자명을 변경하여 저장해야 합니다.

예제 파일 Part01\판매보고서.xlsx 완성 파일 Part01\판매보고서_호환.xls

1 F12를 눌러 [다른 이름으로 저장] 대화상자를 불러옵니다. 파일 형식에서 'Excel 97-2003 통합 문서'를 선택하고 [저장]을 클릭합니다.

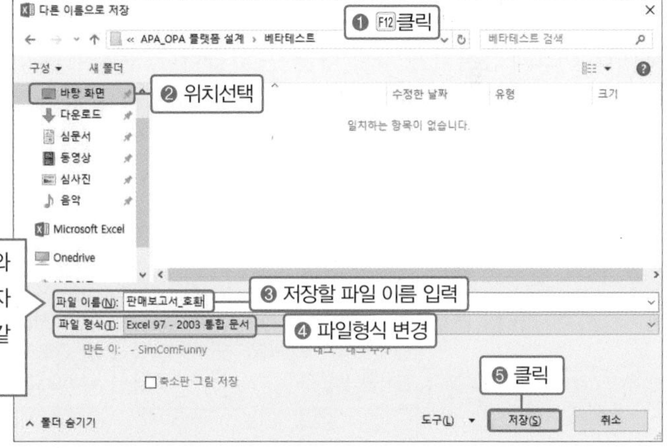

Excel 97-2003 통합 문서(.xls)와 Excel 통합 문서(.xlsx)는 확장자명이 다르기 때문에 파일명이 같아도 다른 문서로 구분됩니다.

Skill Up 호환성 검사

엑셀 2007 이상에서 작성된 문서를 'Excel 97-2003 통합 문서'로 호환해서 저장하면 [호환성 검사] 대화상자가 나타날 수 있습니다. 하위 버전에서 사용할 수 없는 기능이 '요약'에 표시되는데 [계속]을 누르면 해당 기능이 손실되어 문서가 저장됩니다.

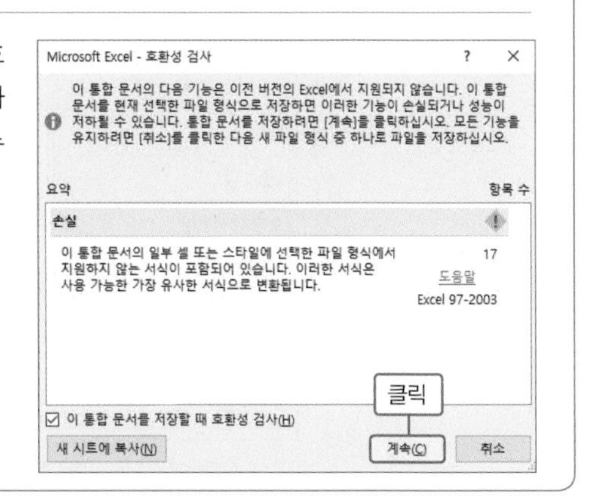

2 Excel 97-2003로 호환된 문서를 열면 제목 입력줄에 '호환 모드'가 표시됩니다.

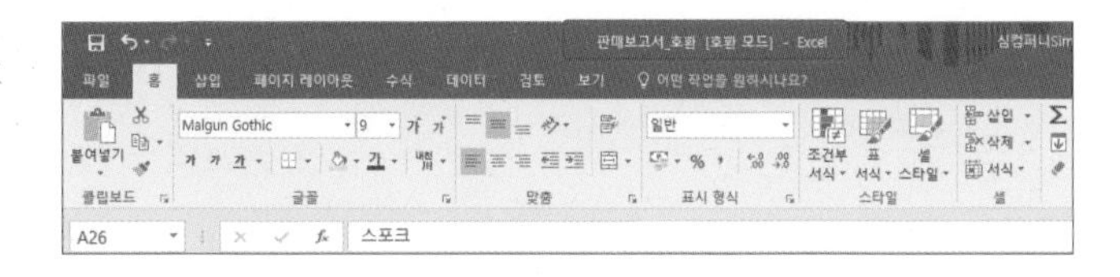

007 데이터 입력하기

엑셀은 입력된 데이터를 계산하고 규칙에 따라 값을 변환해서 보여줍니다. 수식 입력줄에는 데이터 입력 방식과 표시 형식에 따라 셀에 입력한 데이터가 그대로 나타나지만, 워크시트에는 다르게 표시되기도 합니다. 이를 이해하기 위해 엑셀이 인식하는 데이터의 구성부터 살펴보겠습니다.

예제 파일 Part01\비품신청서.xlsx **완성 파일** Part01\비품신청서_완성.xlsx

| 엑셀 데이터의 종류

데이터는 크게 문자와 숫자로 나눌 수 있습니다. 문자에는 한글, 한자, 영어를 비롯한 특수문자, 기호 등이 속합니다. 숫자에는 날짜, 시간, 통화, 백분율 등이 포함됩니다. 단, 숫자에 작은따옴표(') 하나만 들어가도 문자로 인식되고, 문자가 포함된 숫자는 계산할 수 없습니다.

문자와 숫자는 정렬 위치로도 쉽게 구분할 수 있습니다. 기본적으로 문자를 입력하면 왼쪽으로, 숫자를 입력하면 오른쪽으로 정렬됩니다. 논리값 TRUE와 FALSE는 가운데 정렬됩니다.

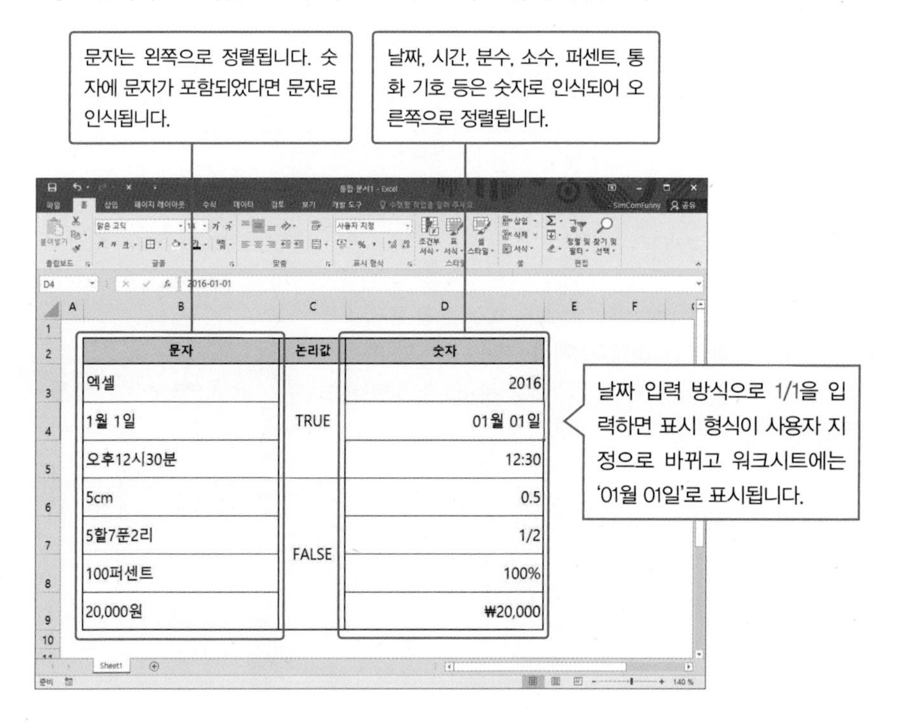

| 데이터 입력하기

1 [D4] 셀을 클릭하여 **기획팀**을 입력합니다. 방향키 →를 눌러 셀 포인터를 [F4] 셀로 옮기고 이름을 입력합니다.

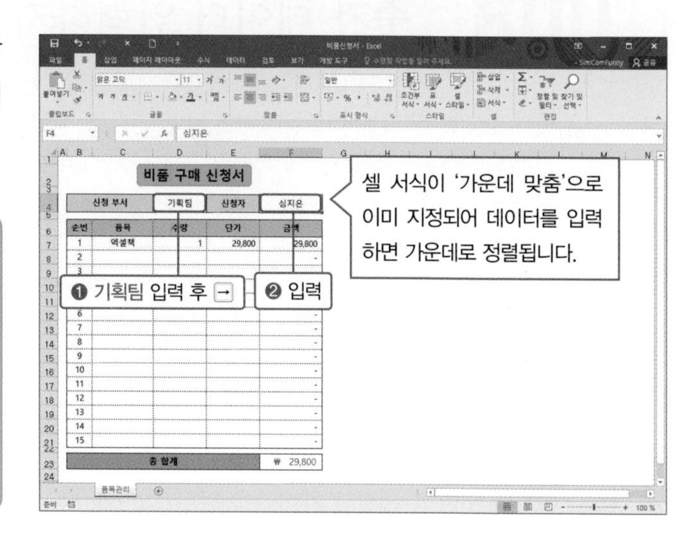

단축키

다른 셀로 이동하기
화살표 방향의 셀로 이동 ← → ↑ ↓
오른쪽 셀로 이동 Tab
데이터 입력 후 누르면 아래쪽 셀로 이동 Enter
데이터 입력 후 커서는 해당 셀에 남아 있음 Ctrl + Enter
셀 안에서 다음 줄로 커서 이동 Alt + Enter

2 [C8] 셀을 클릭하여 **가위**를 입력한 후 Tab를 눌러 [D8] 셀로 이동합니다. 1을 입력하고 Tab를 누릅니다. [E8] 셀에 1300을 입력하고 Ctrl + Enter를 누르면 입력이 완성됩니다.

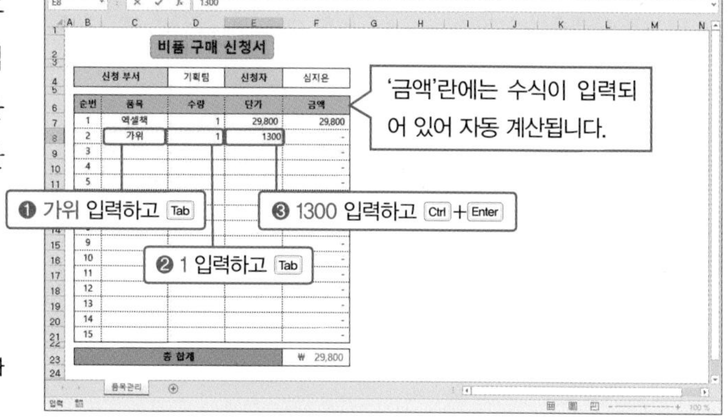

 수식 입력에 대한 자세한 내용은 287쪽을 참고하세요.

| 데이터 삭제하기

셀에 입력한 데이터를 삭제하려면 셀을 클릭한 후 ←BackSpace나 Delete를 누릅니다. 셀에 입력된 글자의 일부만 삭제하려면 셀을 더블클릭하고 해당 위치에 커서를 이동합니다.

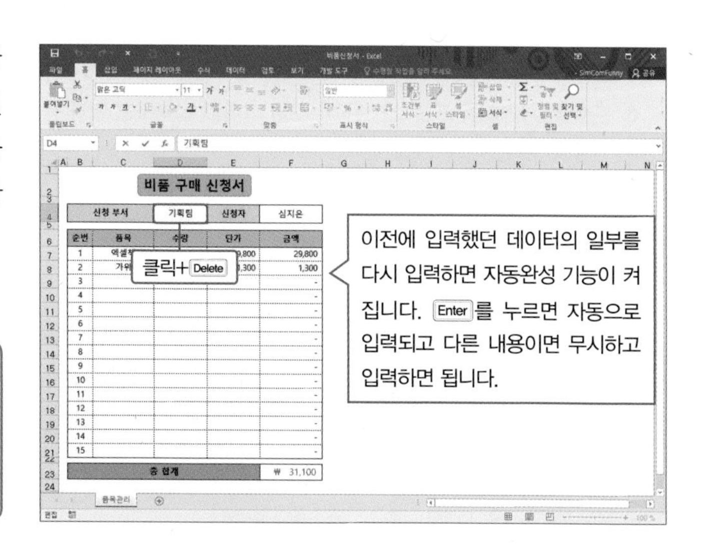

비품 구매 신청서
❶ 기획팀 입력 후 →
'금액'란에는 수식이 입력되어 있어 자동 계산됩니다.
클릭+Delete
이전에 입력했던 데이터의 일부를 다시 입력하면 자동완성 기능이 켜집니다. Enter를 누르면 자동으로 입력되고 다른 내용이면 무시하고 입력하면 됩니다.

TIP

셀에 입력된 내용 수정하기
방법 1. 셀 더블클릭하기
방법 2. 셀 클릭한 후 F2 누르기
방법 3. 셀 클릭한 후 수식 입력줄에서 수정하기

008 숫자 데이터 입력하기

숫자 형식에 따라 데이터를 입력하면 날짜, 시간 등 적절한 표시 형식으로 변환됩니다. 엑셀은 데이터 결과를 취합하고 계산하는 데 특화된 프로그램이므로 숫자를 입력하는 방법을 잘 알아두면 보고서나 서식을 만드는 시간을 단축할 수 있습니다.

완성 파일 Part01\숫자입력_완성.xlsx

| 숫자 데이터의 특징

36쪽에서 문자와 숫자의 특징과 차이점을 알아보았습니다. 숫자를 엑셀 형식에 맞춰 입력하면 날짜와 시간 등 용도에 따라 표시되지만, 문자나 기호와 같이 입력할 경우 문자로 인식됩니다.

숫자 종류	입력한 값	변환된 결과 값	올바른 입력법
❶ 숫자(천 단위 구분)	2,6800,00	2,6800,00	숫자만 입력 후 표시 형식에서 쉼표 클릭
소수	1.5	1.5	1.5
❷ 분수	1/2	01월 02일	0 1/2
❸ 백분율	80%	80%	80% 또는 표시 형식을 '백분율'로 변경 후 숫자만 입력
❸ 통화기호	₩26800	₩26800	₩26800 또는 표시 형식을 '통화'로 변경 후 숫자만 입력
❹ 날짜	11월10일	11월10일	11/10 또는 2018-11-10
❹ 시간	12시30분	12시30분	12:30
❺ 0으로 시작하는 숫자	0101234567	101234567	'0101234567
❻ 12자리 이상의 숫자	123456789012	1.23457E+11	표시 형식을 '숫자'로 변경

❶ **천 단위 구분기호** : 숫자만 입력한 후 [홈] 탭-[표시 형식] 그룹-[쉼표 스타일]을 클릭하면 자동으로 천 단위 구분기호가 표시됩니다. 천 단위 구분기호를 직접 입력했을 때, 자릿수를 잘못 입력하면 콤마 때문에 문자로 인식하게 됩니다.

❷ **분수** : 분수 1/2을 표현하기 위해 1/2을 그대로 입력하면 날짜 형식으로 변환됩니다. 분수를 표현하고 싶다면 0을 입력한 후 한 칸 띄고 1/2를 입력합니다.

❸ **백분율/통화기호** : 백분율과 통화기호는 숫자 데이터로 인식합니다. 표시 형식을 먼저 '백분율'로 변경하고 숫자만 입력하면 자동으로 %가 표시됩니다. 반대로 숫자부터 입력하고 %를 선택하면 100배수로 변환됩니다.

❹ **날짜/시간** : 날짜는 '월/일' 형식으로, 시간은 '시:분' 형식으로 입력하면 표시 형식이 자동으로 변환되고 오른쪽 정렬됩니다.

❺ **0으로 시작하는 숫자** : 0으로 시작하는 숫자를 입력하면 결과 값에서는 0이 생략됩니다. 작은따옴표(')를 입력하고 0으로 시작하는 숫자를 입력하면 문자로 인식되어 왼쪽 정렬됩니다.

❻ **12자리 이상의 숫자** : 표시 형식이 '일반'일 때 12자리 이상의 숫자를 입력하면 결과 값이 지수 형태로 나타납니다. 전체 숫자를 나타내려면 표시 형식을 '숫자'로 변경합니다.

page 표시 형식에 대한 자세한 내용은 51쪽을 참고하세요.

009 날짜 입력하기

날짜 형식에 맞게 정확하게 입력하면 기간별로 데이터를 취합할 때 단위별로 그룹화할 수 있고 수식 계산에도 활용될 수 있습니다. 날짜의 표시 형식이 '일반'이나 '숫자'일 경우 다섯 자리 정수로 변환되는데 이는 1900년 1월 1일을 1로 인식하고 하루가 지날 때마다 1씩 증가하는 방식으로 계산하기 때문입니다.

예제 파일 Part01\출퇴근기록.xlsx 완성 파일 Part01\출퇴근기록_완성.xlsx

날짜 입력하기

1 [A5] 셀을 클릭하여 **1/3**을 입력하고 Enter를 누릅니다.

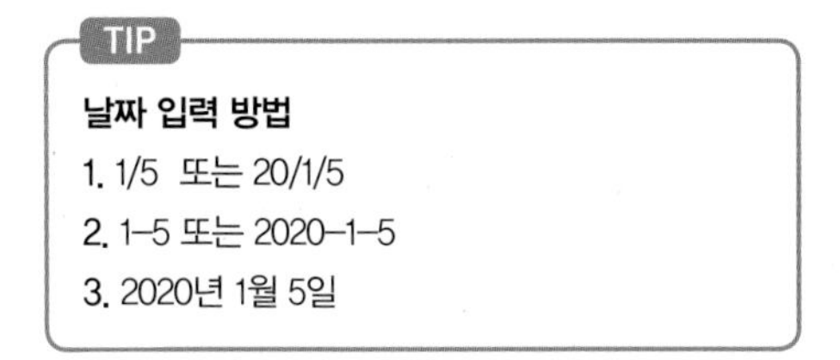
TIP

날짜 입력 방법

1. 1/5 또는 20/1/5
2. 1–5 또는 2020–1–5
3. 2020년 1월 5일

page 날짜의 표시 형식을 바꾸는 자세한 방법은 40쪽을 참고하세요.

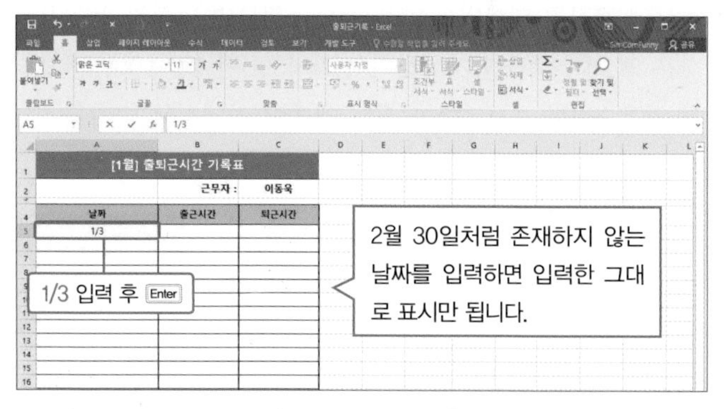

2 '01월 03일'이 표시되어 나타납니다. 셀을 클릭하여 수식 입력줄을 보면 연도까지 입력되어 있는 날짜가 나타납니다.

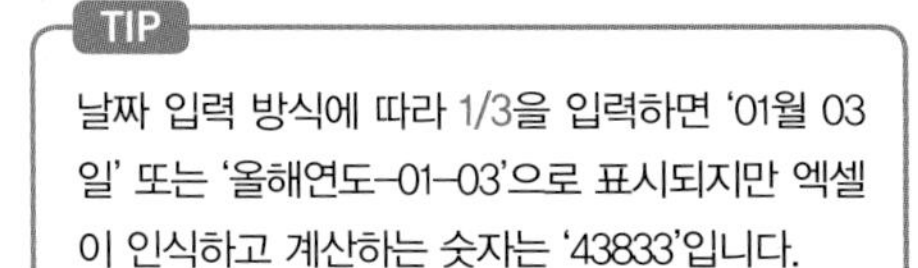
TIP

날짜 입력 방식에 따라 1/3을 입력하면 '01월 03일' 또는 '올해연도–01–03'으로 표시되지만 엑셀이 인식하고 계산하는 숫자는 '43833'입니다.

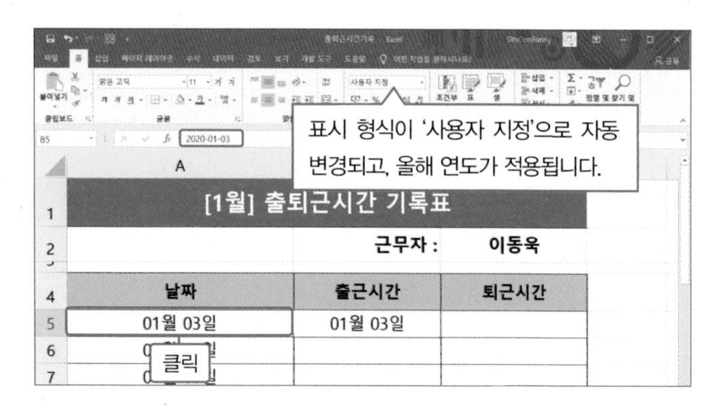

연도 입력하기

날짜를 입력하면 기본으로 올해 연도가 적용됩니다. 1930~2029년은 뒤의 두 자릿수만 입력해도 되고, 1929년 이전 또는 2030년 이후는 네 자릿수를 모두 입력합니다. 1931년 1월 1일을 나타내고 싶다면 **31/1/1**을 입력합니다. 2031년 1월 1일을 나타내려면 **2031/1/1** 또는 **1/1**을 입력하고 연도만 수정합니다.

010 날짜 형식에 맞게 일괄 변경하기

36쪽에서 설명한 숫자형 날짜는 계산이 가능한 숫자 형식으로 저장되어 연/월/일/요일을 인식합니다. 그러나 셀 서식이 지정되지 않은 데이터가 '일반' 표시 형식의 빈 셀에 채워질 때는 본래 엑셀이 인식하는 숫자로 표시되기도 합니다. 반면 엑셀이 날짜로 인식할 수 없는 문자를 같이 숫자형 날짜 형식으로 변경해 보겠습니다.

예제 파일 Part01\월별 실적.xlsx **완성 파일** Part01\월별 실적_완성.xlsx

| 방법 1_표시 형식 변경

전산에 저장된 데이터를 엑셀로 변환해오면 날짜가 4만 이상의 숫자로 표시되는 경우가 종종 있습니다. 이것은 엑셀이 날짜를 계산하기 쉽게 1900년 1월 1일부터 1일씩 세서 누적된 숫자입니다. 셀 서식이 지정되지 않은 '일반' 표시 형식에서는 엑셀이 기억하는 숫자를 순수하게 보여주지만 우리는 표시 형식을 변경해서 날짜 형식을 변경할 수 있습니다.

1 발급일자가 입력된 [B2:B74] 행을 선택합니다. [홈] 탭–[표시 형식] 그룹의 목록 버튼 클릭 후 '간단한 날짜' 클릭합니다.

❶ 선택 ❷ 선택 ❸ 선택

선택한 범위의 첫 번째 셀이 어떤 형식으로 표시될지 나타납니다.

page 단축키로 데이터를 선택하는 방법은 63쪽을 참고해 주세요.

2 4만 이상으로 표시되던 숫자가 날짜 형식으로 변경되었습니다.

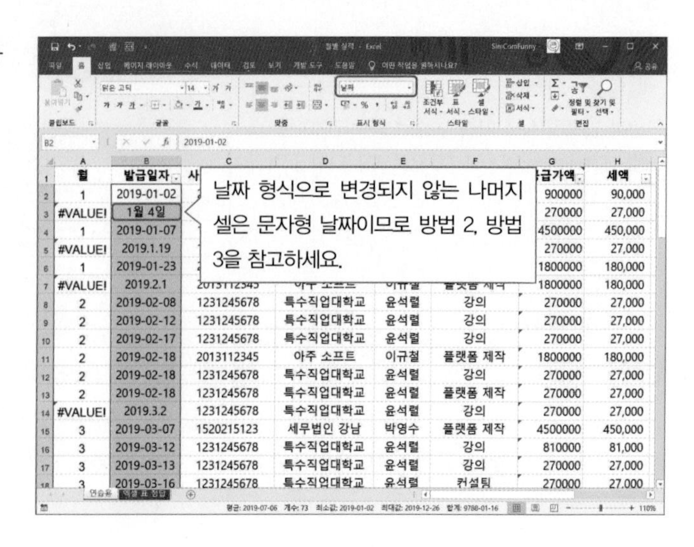

| 방법 2_찾기 및 바꾸기

방법 1과 달리 문자로 입력된 날짜는 표시 형식이 변경되지 않았습니다. 엑셀이 인식할 수 있는 숫자형 날짜로 바꾸기 위해 문자 '월'과 '일'을 날짜 입력방식으로 일괄 변경해 보겠습니다.

1 [B2:B74] 셀을 선택한 뒤 [홈] 탭의 [편집] 그룹에서 [찾기 및 선택]-[바꾸기]를 클릭합니다. [찾기 및 바꾸기] 대화상자가 나오면 [바꾸기] 탭에서 찾을 내용은 '월'로, 바꿀 내용은 하이픈(-) 또는 슬래쉬(/)로 입력합니다. [모두 바꾸기]를 클릭하면 '월'이 슬래쉬(/)로 모두 변경됩니다.

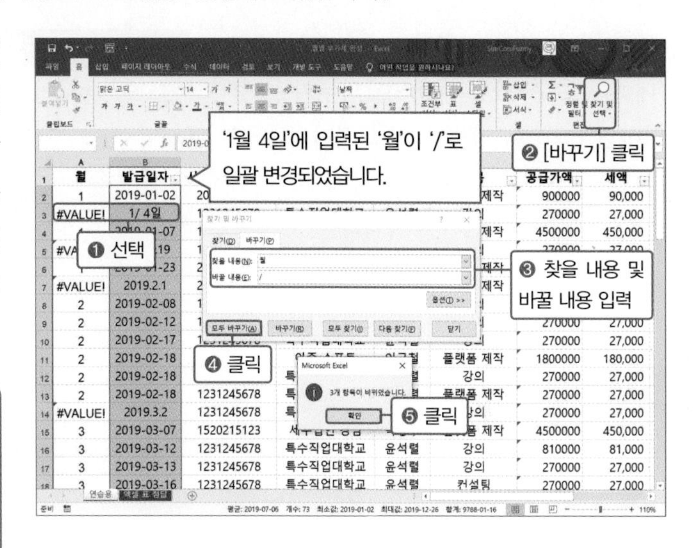

TIP

A열에는 날짜를 추출하는 MONTH 함수가 입력되어 있습니다.
발급일자에 문자가 입력된 날짜일 경우, 함수를 계산할 수 없기 때문에 #VALUE! 오류가 나타납니다.

단축키

찾기 Ctrl+F
바꾸기 Ctrl+H

2 이번에는 찾을 내용에 '일'을, 바꿀 내용은 공란으로 아무것도 입력하지 않고 [모두 바꾸기]를 클릭하면 숫자형 날짜로 표시 형식이 자동 변경됩니다.

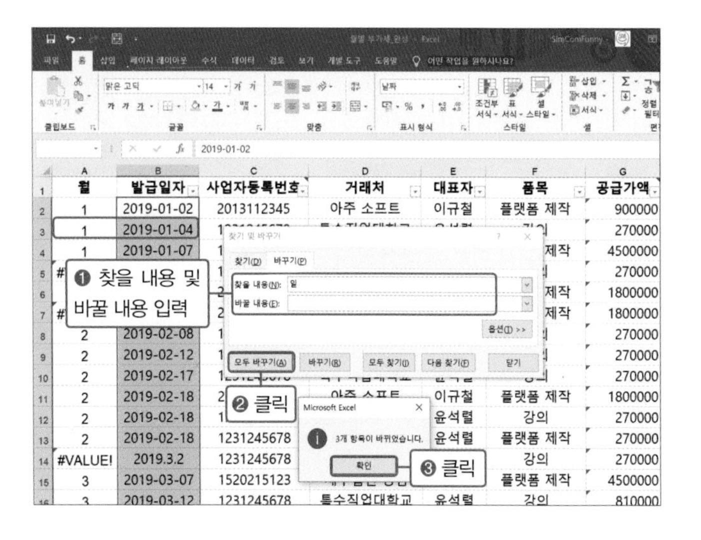

TIP

'월'을 슬래쉬(/)로 바꾸면 '1/ 4일'로 문자가 바뀝니다. 여기서 '일'만 삭제하면 '1/4'로 변경되면서 엑셀이 인식하는 숫자형 날짜 형식으로 자동변경됩니다.

| 방법 3_텍스트 나누기

'연.월.일' 형태로 입력된 날짜에서 마침표(.)는 엑셀이 문자로 인식하기 때문에 [텍스트 나누기]로 열 서식을 일괄 변경해 보겠습니다.

1 B열 전체를 선택하고 [데이터] 탭의 [데이터 도구] 그룹-[텍스트 나누기]를 클릭하면 [텍스트 마법사] 대화상자가 나타납니다. [3단계] 중 [1단계]와 [2단계]는 선택할 것 없이 [다음]만 누릅니다.

2 [3단계 중 3단계]에서는 열 데이터 서식으로 '날짜(년월일)'을 선택합니다. [마침]을 클릭하면 마침표(.)로 연월일을 구분지었던 문자형 날짜를 엑셀이 인식하는 숫자형 날짜로 모두 변경할 수 있습니다.

011 시간 입력하기

시간을 입력할 때는 콜론(:)을 사용합니다. 엑셀에서는 24시간제로 시간을 인식하므로 오전이나 오후를 따로 표기하지 않아도 됩니다. 9시를 입력하면 오전으로, 13시를 입력하면 오후로 인식합니다.

예제 파일 Part01\출퇴근시간기록.xlsx **완성 파일** Part01\출퇴근시간기록_완성.xlsx

1 [B5] 셀에 **9:10**을 입력하고 Enter를 누릅니다.

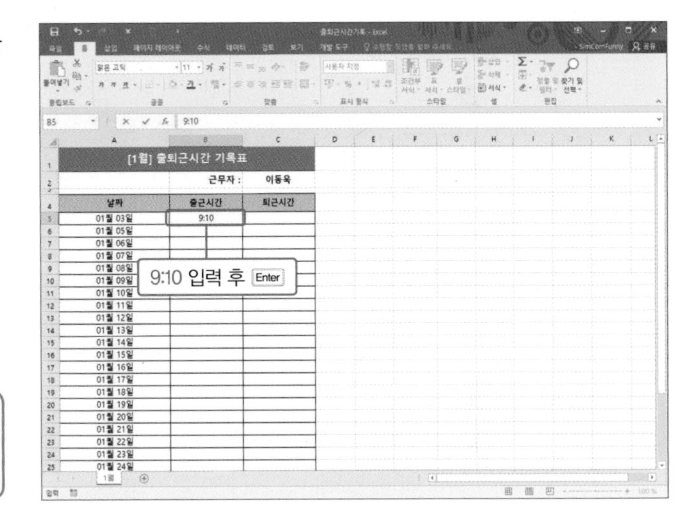

TIP

콜론(:)을 추가해서 초 단위까지 입력할 수 있습니다. '9시 10분 30초'라면 9:10:30을 입력합니다.

2 '9:10'이 나타납니다. [B5] 셀을 클릭해서 수식 입력줄을 보면 AM이 표기되어 오전 시간으로 인식한 것을 알 수 있습니다.

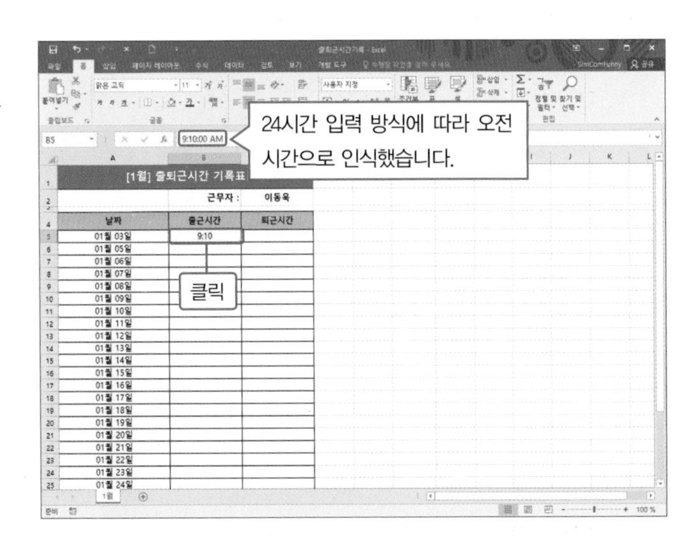

3 이번에는 오후 시간을 입력해 보겠습니다. [C5] 셀에 **15:10**을 입력하고 Enter 를 누릅니다. [C5] 셀을 클릭하여 수식 입력줄을 보면 워크시트에서 보이는 것과 다르게 '3:10:00 PM'으로 입력되어 있습니다.

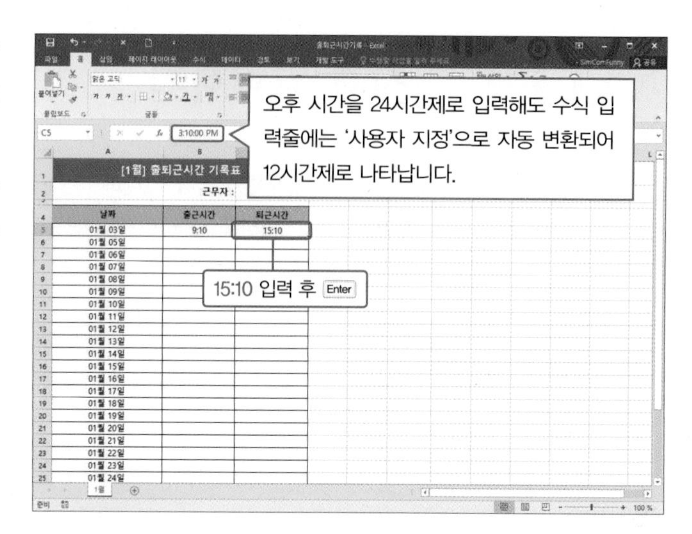

4 시간을 12시간제로도 입력할 수 있습니다. [C6] 셀에 **1 PM**을 입력합니다.

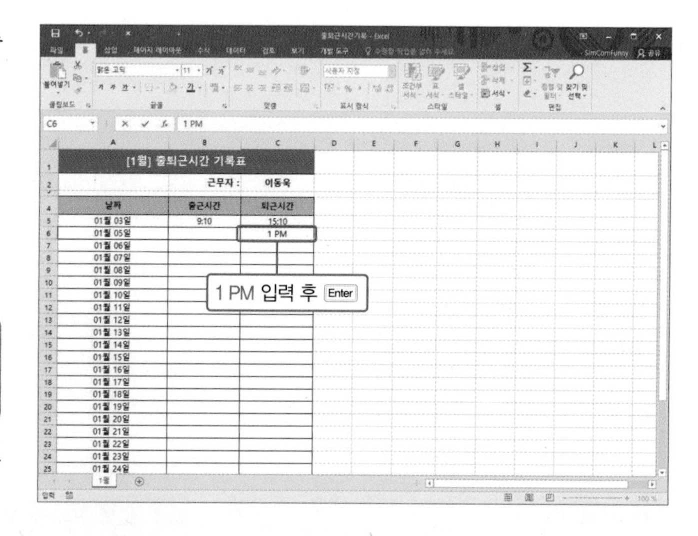

TIP

정시일 경우 분은 생략해도 됩니다. 단, 띄어쓰기를 하고 AM 또는 PM을 입력해야 합니다.

page 시간의 표시 형식을 바꾸는 방법은 38쪽을 참고하세요.

5 '13:00'이 나타납니다. 지금까지와 같은 방식으로 나머지 셀도 연습해봅니다.

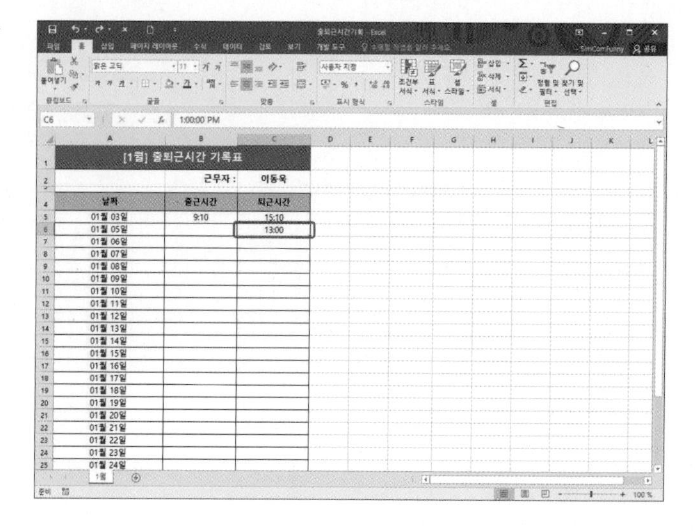

단축키

오늘 날짜 Ctrl + ;

현재 시각 Ctrl + Shift + ;

2007 2010 2013 2016 2019

012 기호 및 특수문자 입력하기

엑셀에서 문자를 입력할 때 한자 키를 이용하면 다양한 기호를 입력할 수 있습니다. [기호] 대화상자를 이용하면 기호와 특수문자를 그룹별로 정리해서 볼 수 있습니다.

예제 파일 Part01\견적서.xlsx **완성 파일** Part01\견적서_완성.xlsx

| 방법 1_[기호] 대화상자 이용하기

1 [F3] 셀을 더블클릭하여 '발신일자' 맨 앞에 커서를 둡니다. [삽입] 탭–[기호] 그룹–[기호]를 클릭합니다.

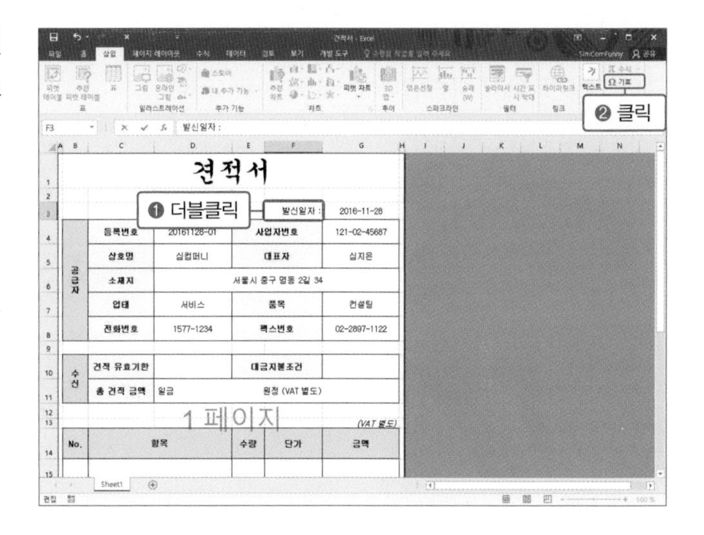

2 [기호] 대화상자가 나타나면 [하위 집합]에서 '도형 기호'를 선택합니다. 목록에서 원하는 기호를 더블클릭합니다.

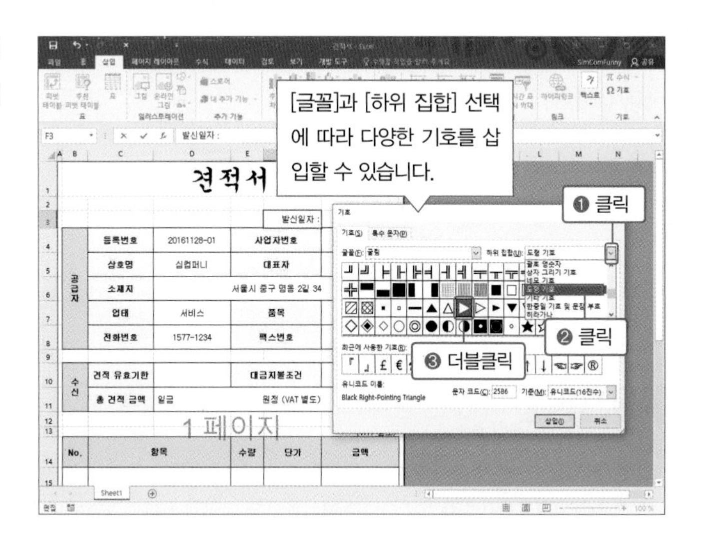

3 [F3] 셀에 기호가 삽입됩니다. [기호] 대화상자의 [닫기]를 클릭합니다.

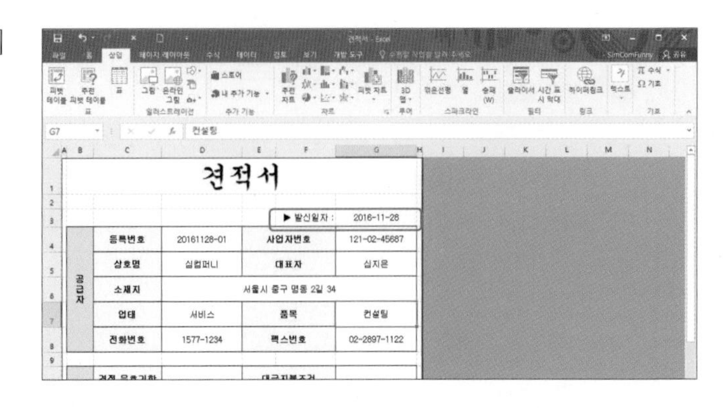

| 방법 2_한글 자음+한자 누르기

1 [B15] 셀에 원문자 ①을 입력해 보겠습니다. 한글 자음 ㅇ를 입력하고 한자를 누르면 기호 목록이 나타납니다. 목록을 확장하기 위해 Tab을 누릅니다.

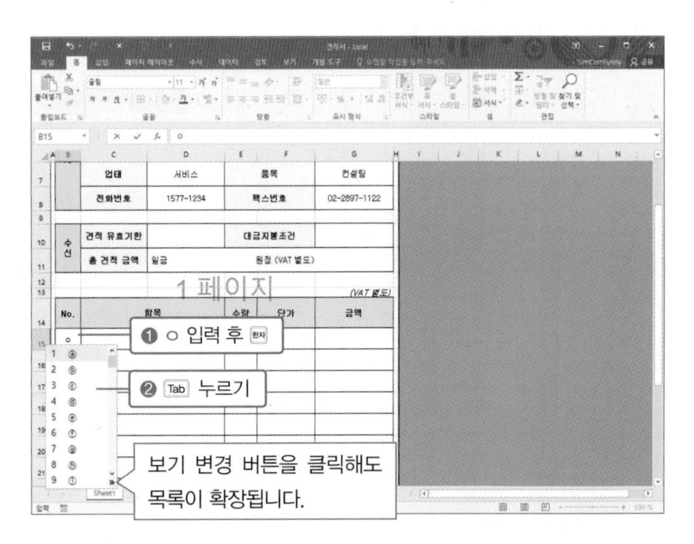

2 기호 목록이 확장됩니다. 목록에서 ①을 선택하면 해당 기호가 입력되고 목록이 사라집니다.

→를 누르면 다음 열로 이동되고 단축키 1~9번 위치도 바뀝니다.

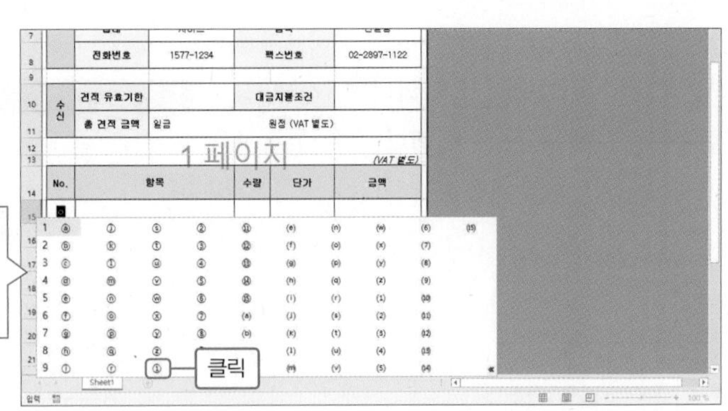

Skill Up 더 많은 종류의 기호 및 특수문자 목록 보기

한글 자음+한자를 누르면 다양한 종류의 기호 및 특수문자 목록을 볼 수 있습니다.
ㄱ : 문장부호 / ㄴ : 괄호 / ㄷ : 수학기호 / ㄹ : 단위 / ㅁ : 그림문자 / ㅂ : 연결선 / ㅅ : 한글 원문자, 괄호 / ㅇ : 영문 · 숫자 원문자, 괄호 / ㅈ : 숫자, 로마자 / ㅊ : 분수 / ㅋ : 한글 / ㅌ : 옛 한글 자모 / ㅍ : 알파벳 / ㅎ : 그리스어 / ㄲ : 라틴어 / ㄸ : 히라가나 / ㅃ : 가타카나 / ㅆ : 러시아어

Part 02

채우기 핸들/표시 형식

채우기 핸들은 셀을 복사하거나 숫자를 빠르게 입력하는 데 가장 많이 쓰이는 기능으로써 가장 기초적이면서 꼭 배워야 할 기능입니다. 엑셀은 실제 입력한 값과 다르게 형식을 표시하는 매력도 있습니다. 숫자만 입력하면 천 단위 구분기호부터 절사까지 알아서 처리하고 마이너스 값은 빨간색으로 바꿔서 강조되기도 합니다. 팔색조 같은 표시 형식을 응용하여 데이터를 자유자재로 바꾸어보세요.

Preview

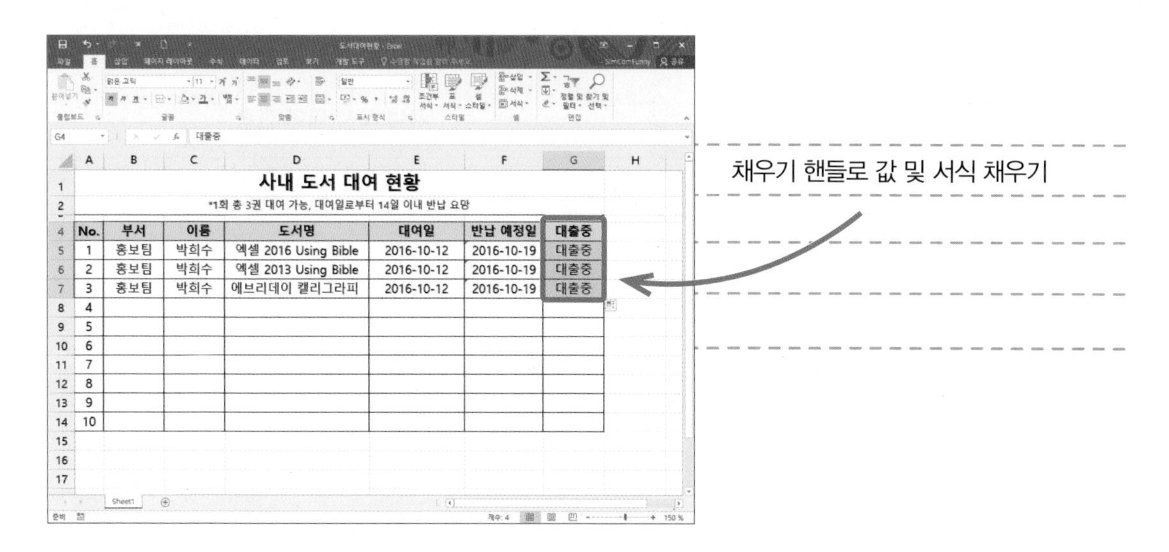

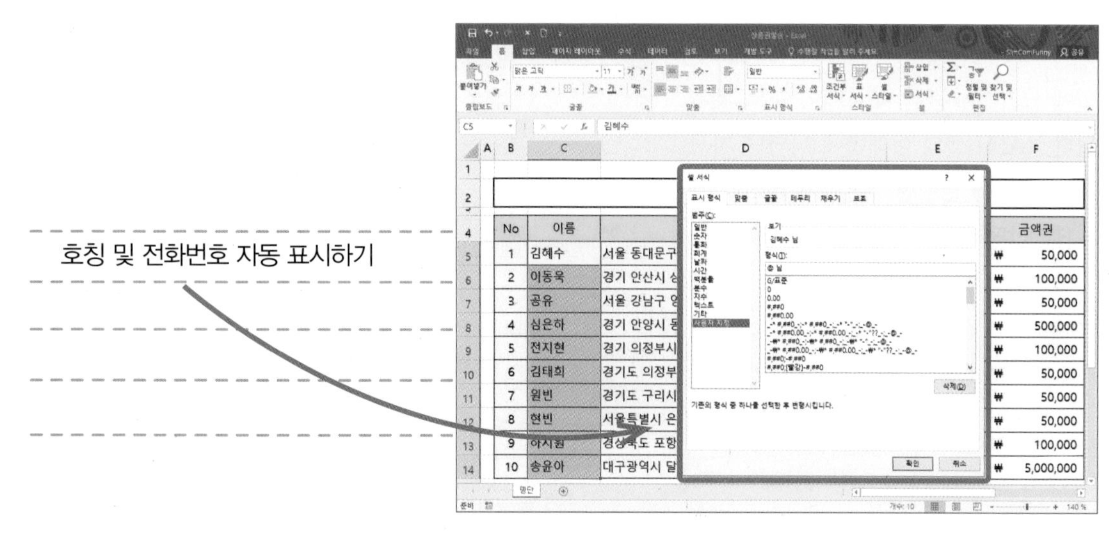

013 데이터 값과 서식을 자동으로 채우기

엑셀은 데이터의 입력 패턴을 인식하여 중복이나 예측 가능한 데이터를 자동으로 채워주는 기능을 가지고 있습니다. 채우기 핸들을 드래그하기만 하면 셀 복사는 물론 연속된 숫자를 자동으로 채울 수 있습니다.

예제 파일 Part02\도서대여현황.xlsx **완성 파일** Part02\도서대여현황_완성.xlsx

| 연속된 숫자 데이터 자동으로 채우기

1 'No.' 항목에 2~10까지의 숫자를 자동으로 채워보겠습니다. '1'이 입력된 [A5] 셀을 클릭하고 오른쪽 아래에 마우스 포인터를 가져다대면 마우스 포인터가 채우기 핸들 대기 상태[+]로 변합니다. 이 상태에서 클릭한 채 [A14] 셀까지 드래그합니다.

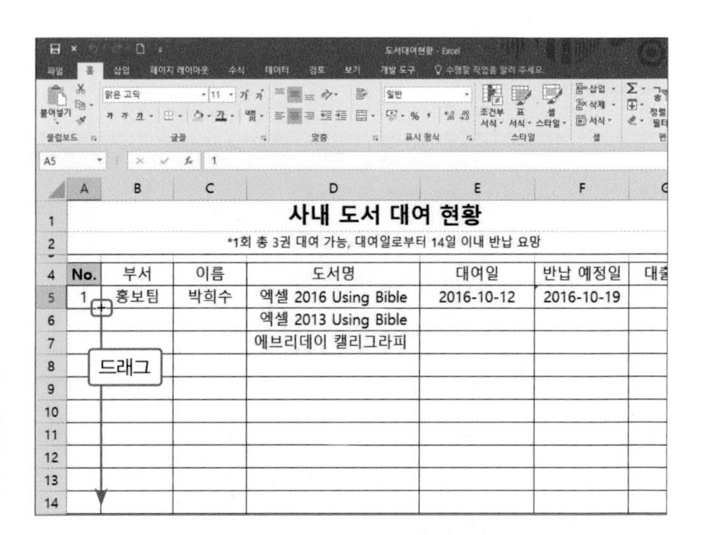

TIP

셀을 클릭하면 나타나는 셀 포인터(초록색 테두리)의 오른쪽 아래에 작은 점이 있습니다. 그 점에 마우스 포인터를 위치시키면 십자 모양의 채우기 핸들[+]로 바뀝니다. 이때 커서를 클릭한 채로 드래그하면 자동 채우기가 됩니다. 입력된 데이터의 종류에 따라 셀의 내용이 복사되거나 연속된 데이터가 채워집니다.

2 마우스 버튼에서 손을 떼면 드래그한 범위에 [A5] 셀 값이 복사되어 '1'로 채워집니다. [A14] 셀의 아래쪽에 나타난 자동 채우기 옵션을 클릭한 후 [연속 데이터 채우기]를 선택하면 2~10까지의 숫자가 순서대로 채워집니다.

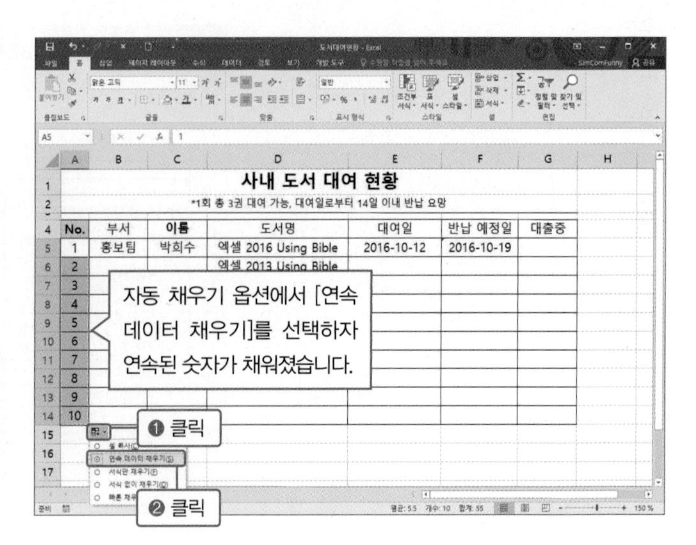

TIP

문자나 숫자만 입력된 셀을 채우기 핸들로 드래그하면 기본으로 값이 복사됩니다. 연속되는 숫자로 바로 채우고 싶다면 Ctrl을 누른 채 숫자가 입력된 셀의 채우기 핸들을 드래그합니다.

| 2개 이상의 셀 한 번에 복사하기

1 [B5:C5] 셀에 입력된 '홍보팀', '박희수'를 [B6:C7] 셀까지 복사하려고 합니다. [B5:C5] 셀을 드래그한 후 채우기 핸들을 [C7] 셀까지 드래그합니다.

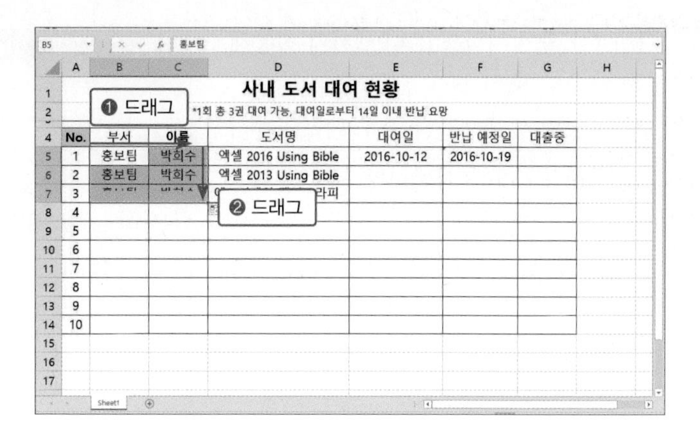

2 마우스 버튼에서 손을 떼면 [B6:B7] 셀에는 '홍보팀'이 [C6:C7] 셀에는 '박희수'가 복사되어 나타납니다.

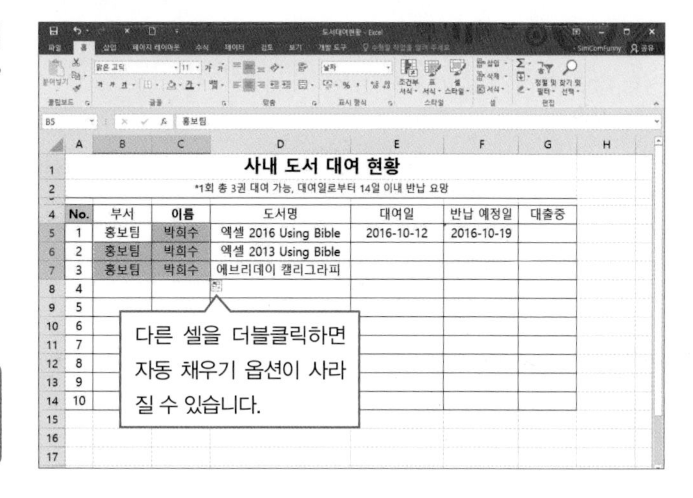

TIP

문자만 입력된 데이터의 자동 채우기 옵션에는 '연속 데이터 채우기'가 없습니다.

| 날짜 데이터 자동으로 채우기

날짜가 입력된 [E5:F5] 셀을 선택한 후 채우기 핸들을 [E6:F7] 셀까지 채우기 핸들로 드래그하면 연속된 날짜 데이터가 채워집니다. 선택한 셀에 입력된 날짜와 똑같은 날짜로 채우려면 자동 채우기 옵션에서 [셀 복사]를 클릭합니다.

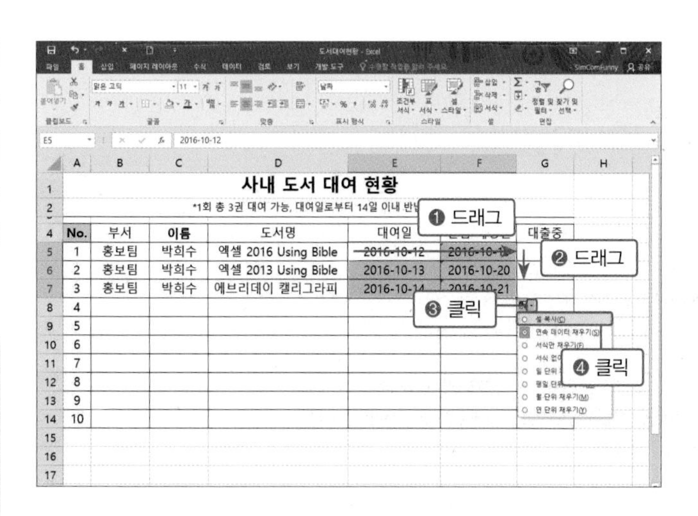

TIP

날짜 데이터의 채우기 옵션

날짜 데이터의 채우기 옵션에는 '일/평일/월/연 단위로 채우기'가 나타납니다. 기본으로 일 단위로 연속된 데이터가 채워지지만, 옵션에 따라 채우기 기준을 변경할 수 있습니다.

| 서식만 복사하기

1 [A4] 셀의 서식을 [G4] 셀까지 적용해 보겠습니다. [A4] 셀을 클릭한 후 채우기 핸들을 [G4] 셀까지 드래그하면 [A4] 셀의 값과 서식이 모두 복사됩니다.

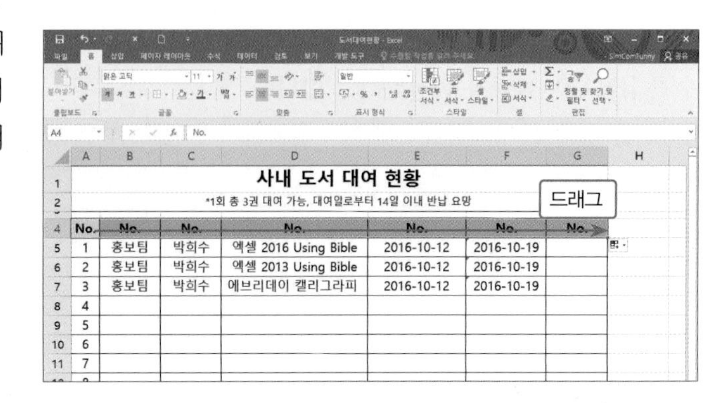

2 [G4] 셀 오른쪽의 자동 채우기 옵션을 클릭한 후 [서식만 채우기]를 선택하면 데이터 값은 변하지 않고 서식만 복사됩니다.

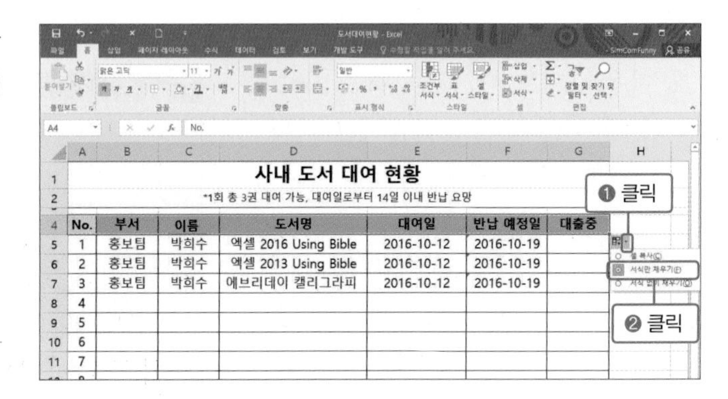

TIP

자동 채우기가 안 된다면?

자동 채우기가 안 될 경우, [파일] 탭–[옵션]을 클릭하면 나타나는 [Excel 옵션] 대화상자–[고급] 화면의 [편집 옵션] 항목에서 '채우기 핸들 및 셀 끌어서 놓기 사용'에 체크 표시가 되어 있는지 확인합니다.

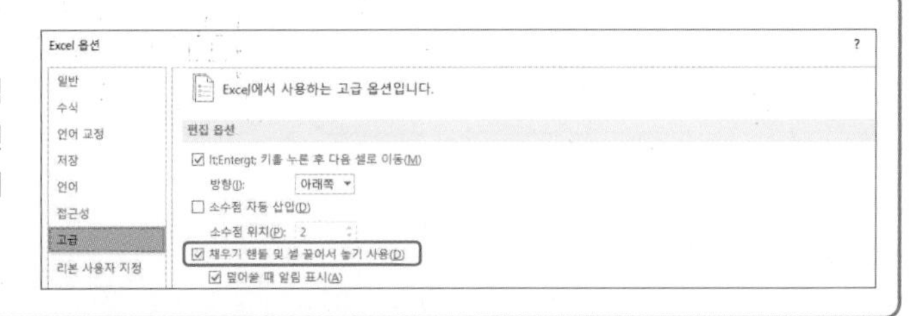

| 서식 없이 값만 복사하기

셀에 적용된 서식은 제외하고 데이터 값만 복사해 보겠습니다. [G4] 셀의 채우기 핸들을 [G7] 셀까지 드래그합니다. [G5:G7] 셀에 '대출중'이라는 값과 서식이 모두 복사됐습니다. 자동 채우기 옵션을 클릭한 후 [서식 없이 채우기]를 선택합니다.

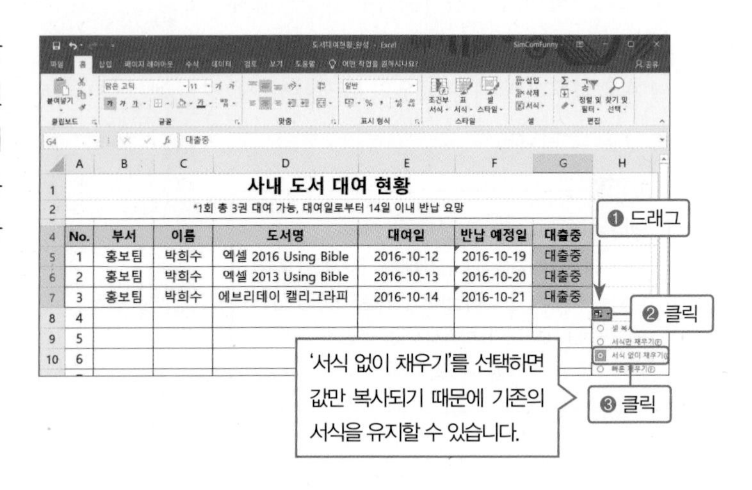

2007 2010 2013 2016 2019

014 천 단위/소수 자릿수/마이너스 숫자 표시하기

대개 단위가 큰 숫자를 입력할 때는 천 단위마다 쉼표(,)를 표시합니다. 표시 형식을 지정하면 자동으로 천 단위 구분기호를 나타낼 수 있습니다. 입력된 숫자에 한꺼번에 쉼표를 표시하고, 마이너스 숫자를 눈에 띄는 빨간색으로 표시해 보겠습니다.

예제 파일 Part02\아파트실거래가1.xlsx **완성 파일** Part02\아파트실거래가1_완성.xlsx

| 천 단위 구분기호 표시하기

[C6:D25] 셀을 드래그한 후 Ctrl을 누른 채 [F6:G25] 셀도 선택합니다. [홈] 탭–[표시 형식] 그룹에서 [쉼표 스타일]을 클릭하면 천 단위 숫자마다 쉼표가 표시되는 '회계' 형식으로 바뀝니다.

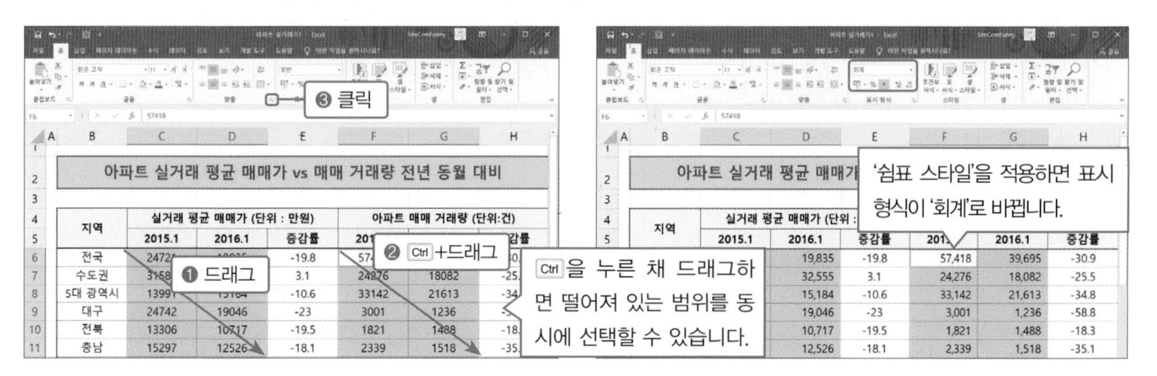

| 소수점 한 자릿수/마이너스 숫자를 빨간색으로 표시하기

E열과 H열을 선택한 뒤 [셀 서식] 대화상자 단축키 Ctrl+1을 누릅니다. [표시 형식] 탭–[범주]에서 '숫자'를 클릭합니다. [소수 자릿수]에 '1'을, [음수]에서 빨간색 마이너스 숫자를 선택합니다.

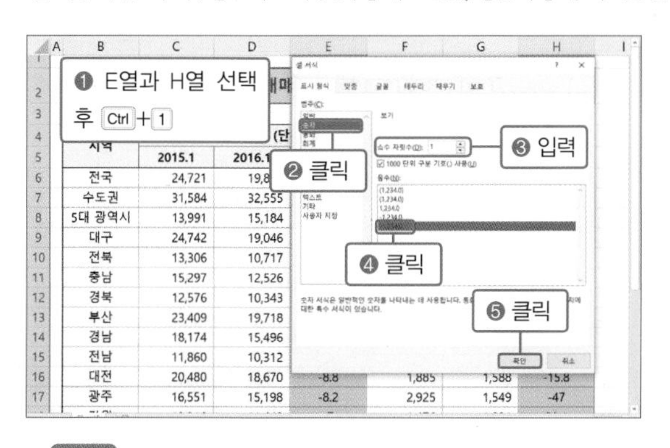

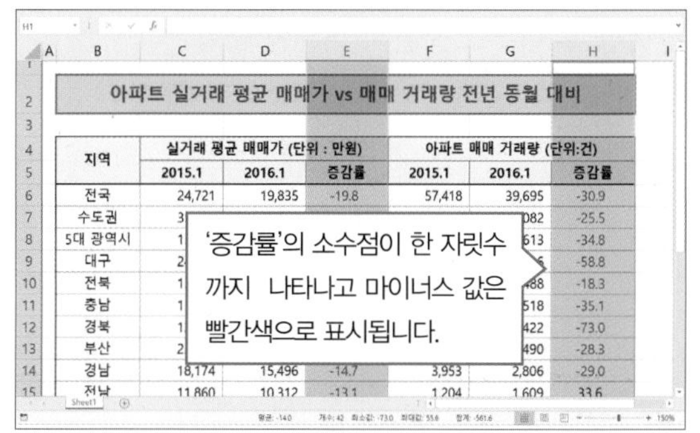

TIP

소수점 자릿수는 [홈] 탭–[표시 형식] 그룹에서 [자릿수 늘림]과 [자릿수 줄임] 아이콘을 클릭하여 조절할 수도 있습니다.

015 백분율 표시하기 및 선택하여 붙여넣기

숫자를 입력하기 전에 표시 형식을 '백분율'로 바꾸면 입력한 숫자 뒤에 자동으로 퍼센트 기호(%)가 붙습니다. 반대로 숫자부터 입력하고 '백분율' 스타일을 적용하면 입력한 숫자에 100을 곱한 숫자가 백분율로 표시됩니다. 이미 숫자가 입력된 범위에 100을 먼저 나누고 퍼센트 기호를 표시해 보겠습니다.

예제 파일 Part02\아파트실거래가2.xlsx **완성 파일** Part02\아파트실거래가2_완성.xlsx

1 이미 입력되어 있는 '증감률'에 백분율 기호를 붙여보겠습니다. [E6] 셀을 선택한 후 [홈] 탭-[표시 형식] 그룹-[백분율 스타일]을 클릭합니다. 퍼센트 기호가 추가되고 100이 곱해진 값으로 자동 계산됩니다. 실행을 취소하기 위해 단축키 Ctrl+Z를 누릅니다.

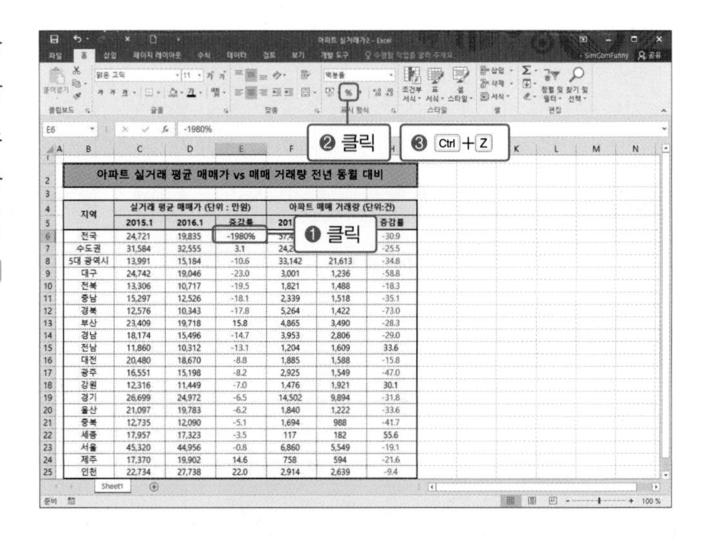

2 기존에 입력된 셀 값을 100으로 나눈 뒤 % 기호를 표시해 보겠습니다. 빈 셀에 100을 입력하고 Ctrl+C를 눌러 값을 복사합니다. [E6:E25] 셀과 [H6:H25] 셀을 선택한 후 마우스 오른쪽 버튼을 클릭합니다. 단축 메뉴에서 [선택하여 붙여넣기]를 클릭합니다.

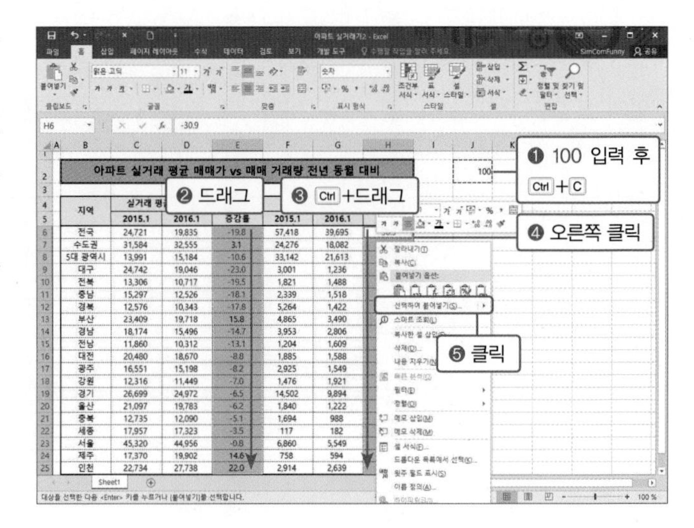

3 [선택하여 붙여넣기] 대화상자가 나타납니다. [붙여넣기]에서 '테두리만 제외'를, [연산]에서 '나누기'를 선택한 후 [확인]을 클릭합니다.

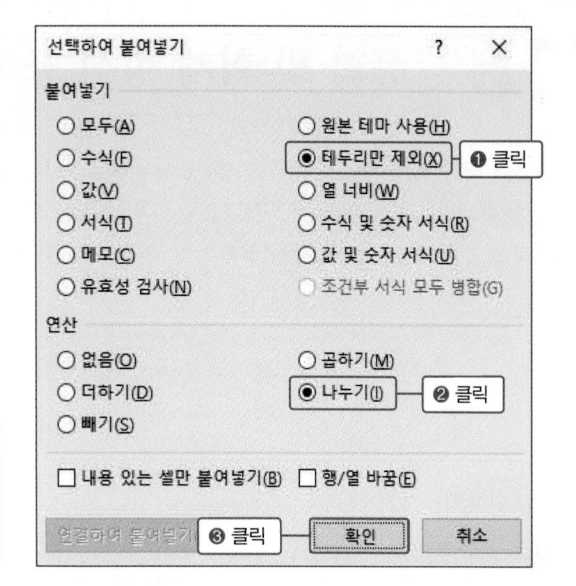

TIP

'테두리만 제외'를 선택하지 않으면 100이 입력된 셀의 서식까지 붙여넣기가 되어 기존 셀의 테두리 형식이 사라집니다.

4 '증감률'의 숫자를 100으로 나눈 값이 나타납니다. 100을 지워도 값은 변하지 않습니다. 범위가 선택된 상태에서 [홈] 탭-[표시 형식] 그룹-[백분율 스타일]을 클릭합니다.

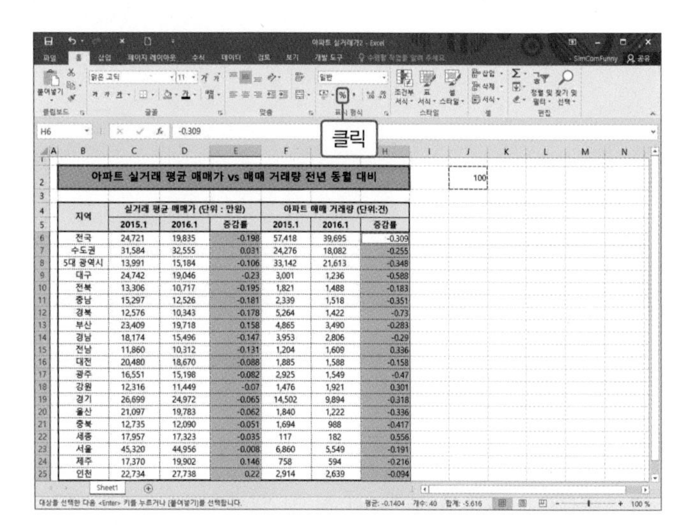

5 '증감률'의 숫자가 백분율 형식으로 바뀝니다. [홈] 탭-[표시 형식] 그룹-[자릿수 늘림]을 클릭하면 소수점을 표시할 수 있습니다.

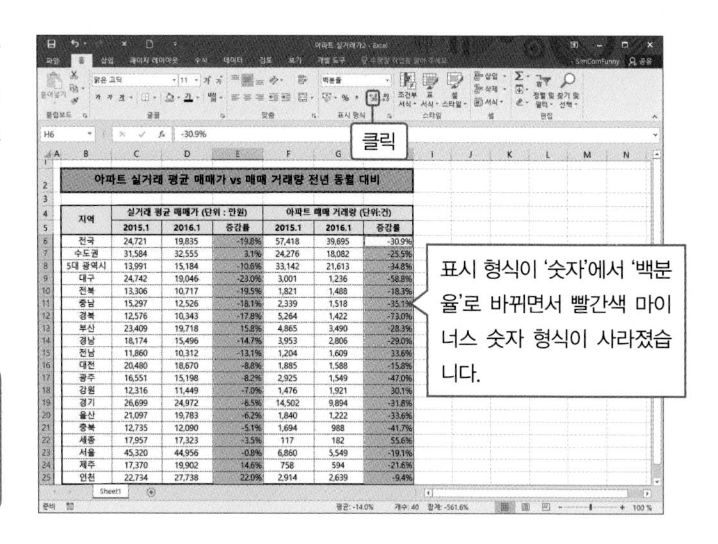

TIP

[셀 서식] 대화상자-[표시 형식] 탭에서 '백분율'을 선택한 후 소수 자릿수를 설정하면 소수점과 퍼센트 기호를 동시에 나타낼 수 있습니다.

016 통화 및 회계 형식 표시하기

입출금 내역, 회계 장부 등에서 금액을 표시할 때 통화 기호(₩)를 사용할 때가 있습니다. [표시 형식]에서 '통화'나 '회계'를 선택하면 자동으로 숫자 앞에 통화 기호가 표시됩니다. 통화 형식과 회계 형식을 적용해 보고 차이점을 살펴보겠습니다.

예제 파일 Part02\급여정산.xlsx 완성 파일 Part02\급여정산_완성.xlsx

| 통화 형식 표시하기

1 금액이 입력된 [D5:E17] 셀을 드래그한 후 마우스 오른쪽 버튼을 클릭합니다. 단축 메뉴에서 [셀 서식]을 클릭합니다.

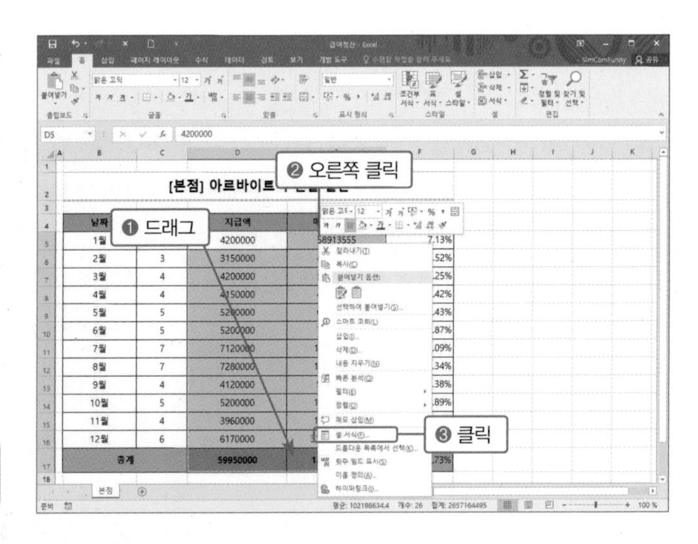

단축키

[셀 서식] 대화상자 Ctrl+1

2 [셀 서식] 대화상자–[표시 형식] 탭에서 '통화'를 선택합니다. [기호]에서 원화 기호를 확인하고, [음수]에서 네 번째 형식을 선택한 후 [확인]을 클릭합니다.

3 숫자의 가운데 정렬은 유지되면서 통화 기호와 천 단위 구분 기호가 표시되었습니다.

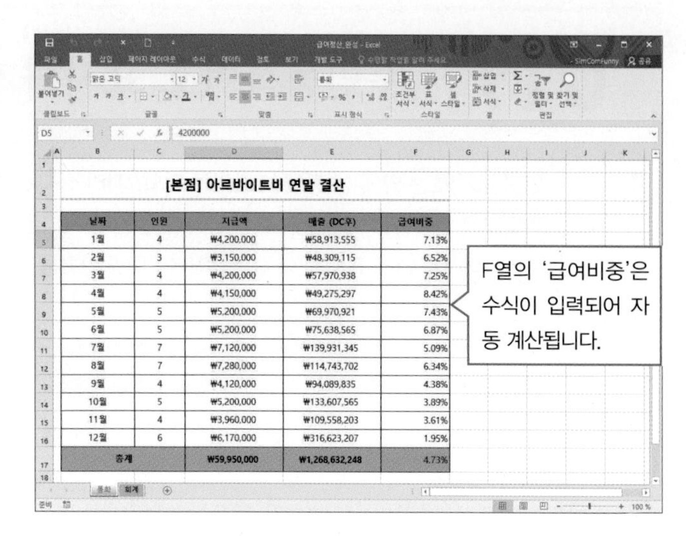

[본점] 아르바이트비 연말 결산
F열의 '급여비중'은 수식이 입력되어 자동 계산됩니다.

| 회계 형식 표시하기

1 이번에는 통화 형식을 회계 형식으로 바꾸어 보겠습니다. D열과 E열을 선택하고 [홈] 탭-[표시 형식] 목록에서 '회계'를 선택합니다.

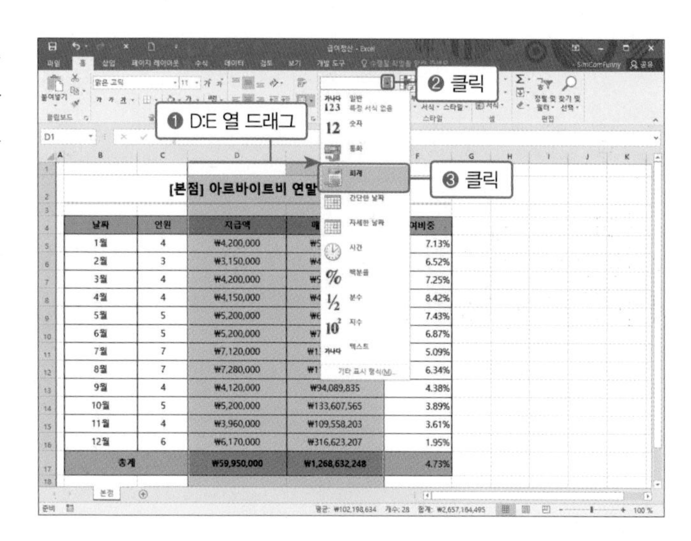

2 통화 형식이 회계 형식으로 바뀝니다. 통화 표시는 왼쪽 정렬, 숫자는 오른쪽 정렬로 나타납니다. [홈] 탭-[맞춤] 그룹에서 [가운데 맞춤]을 눌러도 문자가 입력된 [D4:E4] 셀에만 적용될 뿐 숫자의 정렬 위치는 변하지 않습니다.

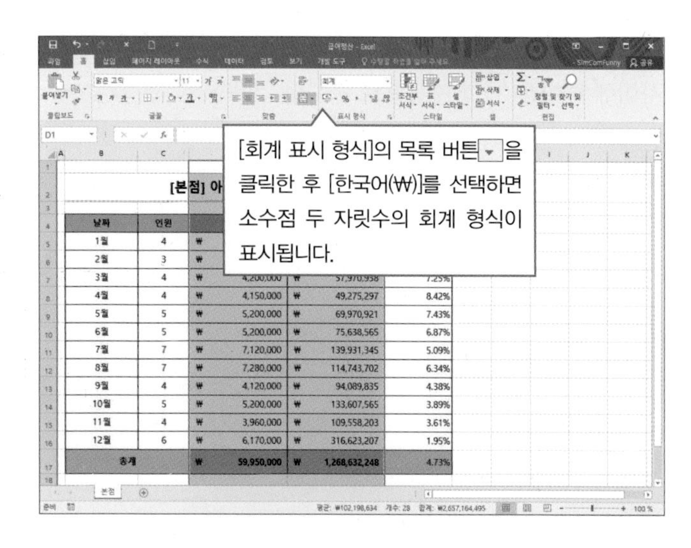

[회계 표시 형식]의 목록 버튼을 클릭한 후 [한국어(₩)]를 선택하면 소수점 두 자릿수의 회계 형식이 표시됩니다.

017 주민등록번호 표시하기

주민등록번호는 앞에 생년월일 6자리와 뒤의 7자리 숫자로 조합되어 있습니다. 엑셀에서는 12자리 이상의 숫자를 입력하면 지수 형태로 나타나고, 중간에 하이픈을 입력하면 문자로 인식됩니다. 하이픈을 일일이 입력하지 않고 표시 형식을 이용해 주민등록번호를 입력해 보겠습니다.

예제 파일 Part02\당첨자 주민번호.xlsx **완성 파일** Part02\당첨자 주민번호_완성.xlsx

1 주민등록번호가 입력된 [D4:D13] 셀을 선택합니다. [표시 형식] 그룹의 확장 아이콘 을 클릭하면 [셀 서식] 대화상자–[표시 형식] 탭에서 '기타'를 선택합니다. [형식]에서 '주민등록번호'를 선택한 후 [확인]을 클릭합니다.

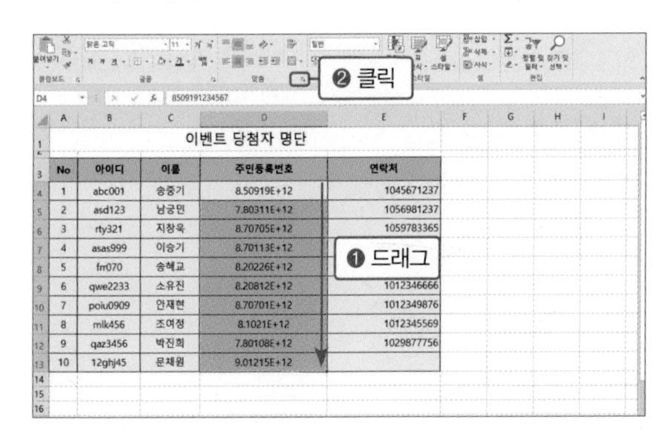

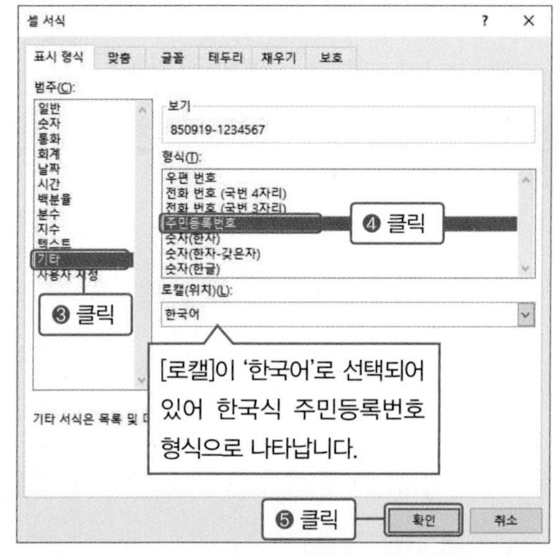

2 [D4:D13]셀에 입력된 주민등록번호 사이에 하이픈(–)이 자동으로 표시된 것을 알 수 있습니다. 단, 수식 입력줄에는 입력한 그대로가 나타납니다.

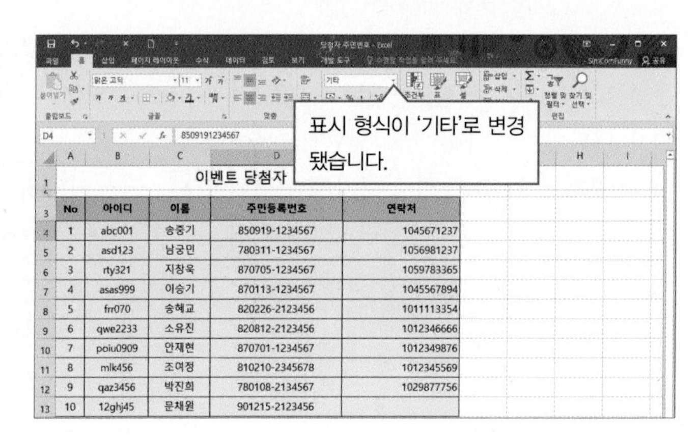

018 전화번호 형식 자동 변환하기

엑셀에서 0으로 시작하는 숫자를 입력하면 앞의 0은 생략되어 표시됩니다. 작은따옴표(')를 입력하고 숫자를 입력하면 셀 값을 문자로 인식해서 그대로 표시되지만 항상 수작업을 해야 합니다. 이번에는 전화번호에 셀 서식을 설정하여 전화번호를 보기 좋게 표시해 보겠습니다.

예제 파일 Part02\담당자 연락처.xlsx **완성 파일** Part02\담당자 연락처_완성.xlsx

1 [E4] 셀에 국번 '02'로 시작하는 열 자리 전화번호를 입력한 후 Enter를 누르면 0이 생략된 9자리 숫자만 나타납니다. 국번 두 자리에는 괄호를, 숫자 4자리 중간에는 하이픈(–)을 구분해 보겠습니다.

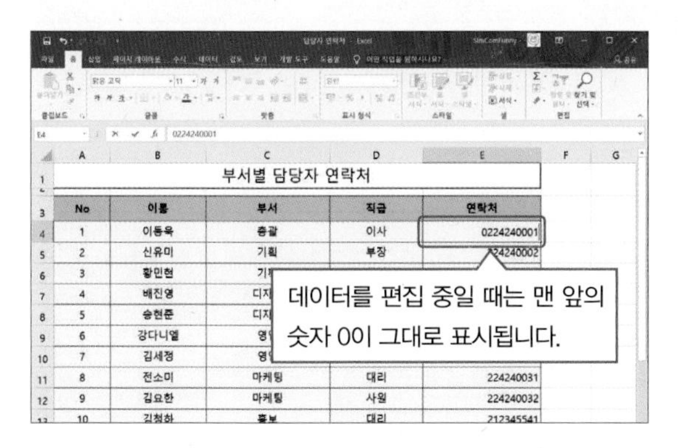

❶ [E4:E14] 선택
❸ [기타] 선택
[보기]에서는 선택한 셀 범위의 첫 번째 셀 값의 표시 형식을 미리 볼 수 있습니다.
부서별 담당자 연락처
데이터를 편집 중일 때는 맨 앞의 숫자 0이 그대로 표시됩니다.

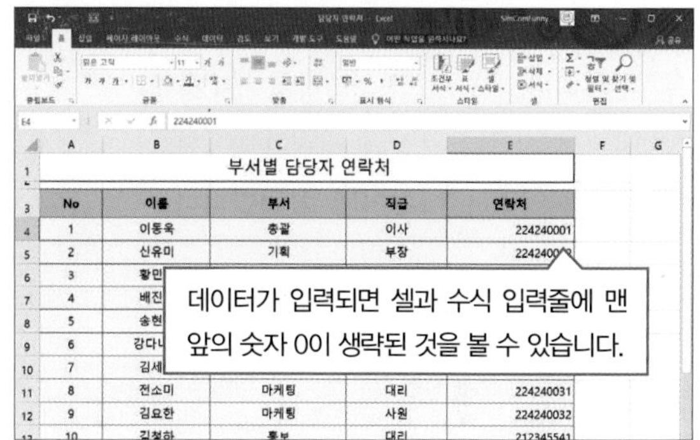

2 [E4:E14] 셀을 선택한 후 Ctrl+1을 클릭해서 [셀 서식] 대화상자가 나타납니다. [표시 형식] 탭에서 '기타'를 선택합니다. [형식]에서 '전화번호(국번 4자리)'를 선택한 후 [확인]을 클릭하면 국번과 번호의 구분기호가 표시됩니다.

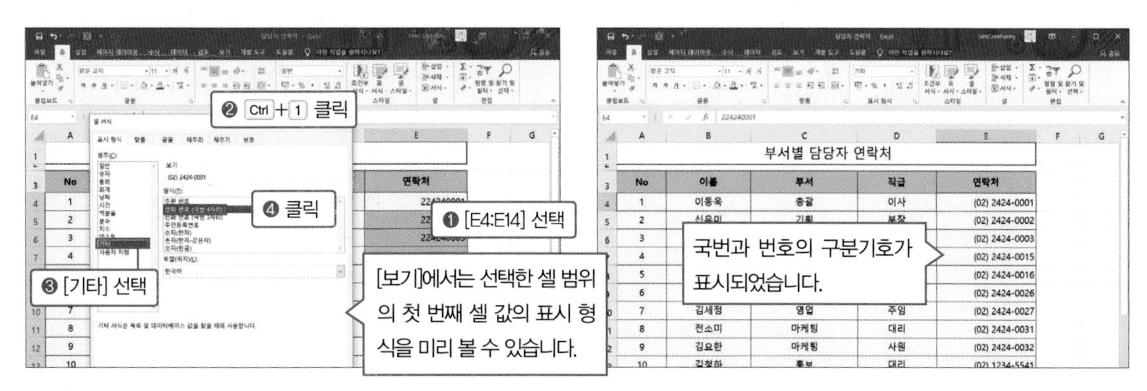

❷ Ctrl+1 클릭

TIP

셀을 더블클릭하거나 수식 입력줄에 표시되는 데이터는 표시 형식이 적용되지 않은 원본 그대로를 보여줍니다. 표시 형식을 변경하려면 Ctrl+1을 눌러서 셀 서식을 수정합니다. 표시 형식을 없애려면 [홈] 탭–[표시형식] 그룹에서 '일반'을 선택합니다.

2007 2010 2013 2016 2019

019 호칭과 핸드폰 번호의 기호를 쉽게 표시하기

'표시 형식'에는 엑셀에서 자주 사용하는 형식들이 등록되어 있지만, 찾는 형식이 없다면 직접 설정할 수도 있습니다. 예를 들어, 특정 문자를 기존 데이터에 추가해서 보여줄 수 있습니다. 이번에는 사용자 지정 표시 형식으로 이름 뒤에 호칭을 붙이고, 전화번호 사이에 하이픈을 표시해 보겠습니다.

예제 파일 Part02\상품권발송.xlsx **완성 파일** Part02\상품권발송_완성.xlsx

| 이름 뒤에 호칭 표시하기

1 이름 뒤에 자동으로 '님'을 붙여보겠습니다. [C5:C14] 셀을 드래그한 후 Ctrl+1을 누릅니다. [셀 서식] 대화상자–[표시 형식] 탭에서 '사용자 지정'을 선택한 후 [형식]에 @ **님**을 입력하고 [확인]을 클릭합니다.

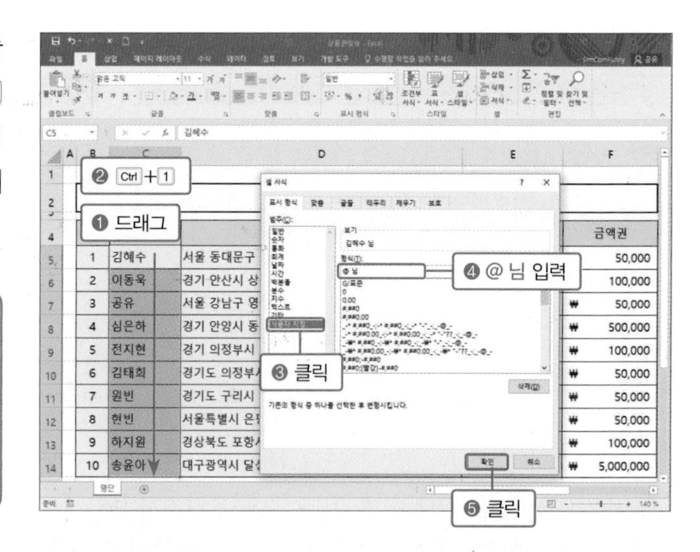

TIP

사용자 지정 문자 @

@는 셀에 입력된 문자를 의미합니다. 띄어쓰기와 글자는 실제로 셀에 입력한 문자가 아니기 때문에 수식 입력줄에 표시되지 않고 워크시트 화면에서만 표시됩니다.

2 선택한 범위에 입력된 이름 뒤에 '님'이 추가됐습니다. [C7] 셀에 입력된 '공유'를 **지창욱**으로 수정해도 '지창욱 님'으로 표시됩니다.

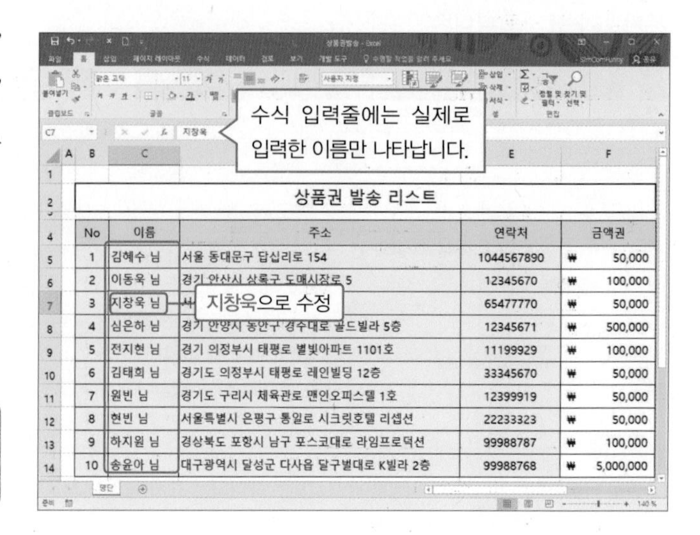

TIP

셀 서식을 해제하려면 [표시 형식] 그룹에서 '일반'을 선택합니다.

| 전화번호에 구분기호 표시하기

1 전화번호 사이에 하이픈(–)을 넣어보겠습니다. [E5] 셀을 클릭한 후 Ctrl+1을 누릅니다. [셀 서식] 대화상자–[표시 형식] 탭에서 '사용자 지정'을 선택합니다. [형식]에 000–0000–0000을 입력하고 [확인]을 클릭합니다.

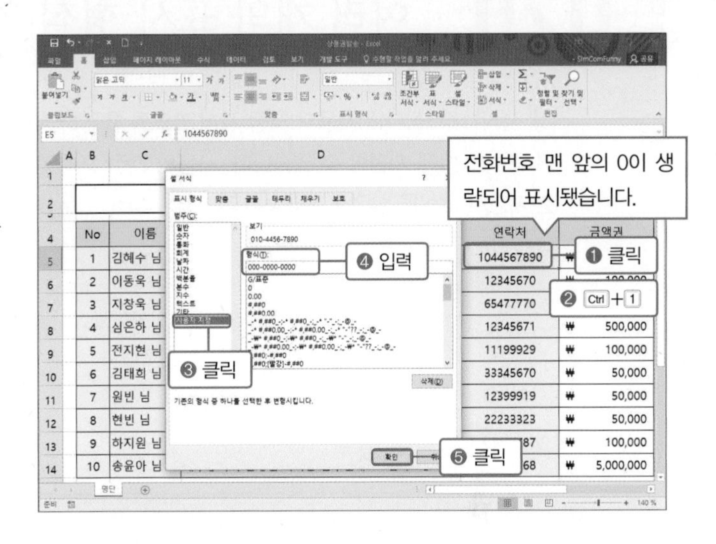

2 전화번호의 4자릿수마다 하이픈이 표시됐습니다. 이번에는 010을 제외한 8자리 번호만 입력했을 때에도 010과 하이픈이 자동 표시되도록 해 보겠습니다. [E6:E14] 셀을 드래그한 후 Ctrl+1을 누릅니다. [셀 서식] 대화상자–[표시 형식] 탭에서 '사용자 지정'을 선택한 후 [형식]에 010–####–####을 입력하고 [확인]을 클릭합니다.

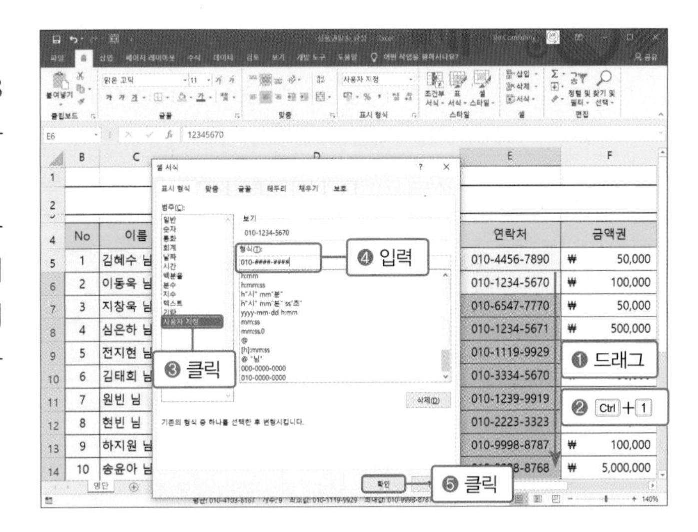

3 전화번호 8자리 앞에 '010–'이 표시되고 4자릿수 사이에 하이픈이 추가됐습니다.

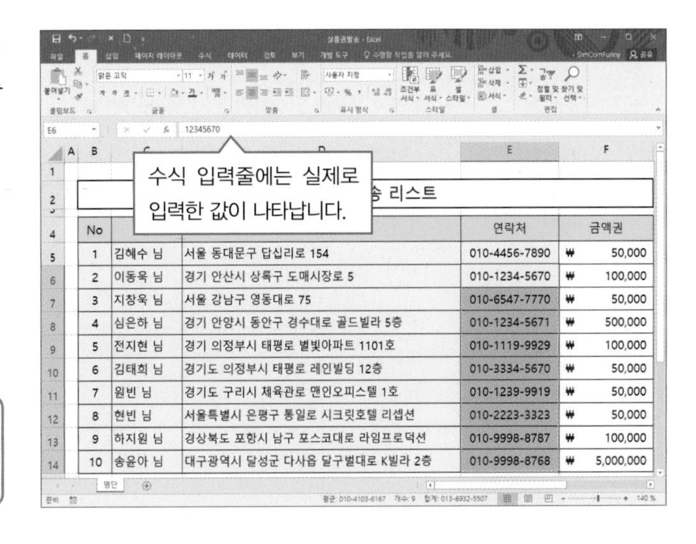

TIP

'#' 대신 '0'을 입력하게 되면 부족한 숫자를 앞에서부터 0으로 메꾸게 됩니다.

2007 2010 2013 2016 2019

020 여러 개의 표시 형식 일괄 지정하기

[셀 서식] 대화상자의 사용자 지정 서식 코드를 응용하면 숫자 형식, 색상, 추가 문자 등 여러 개의 표시 형식을 한 번에 지정할 수 있습니다. 사용자 지정 표시 형식의 종류를 알아보고 입력 순서에 따라 다양한 사용자 서식을 설정해 보겠습니다.

예제 파일 Part02\물류창고별 입고량.xlsx **완성 파일** Part02\물류창고별 입고량_완성.xlsx

| 사용자 지정 서식 코드의 종류

서식 코드	기능	입력	결과
00000	0의 개수는 숫자의 자릿수. 입력된 숫자가 0의 개수보다 적으면 맨 앞은 0으로 메꾼다.	123	00123
????	?의 개수는 숫자의 자릿수. 입력된 숫자가 ?의 개수보다 적으면 공백으로 메꾼다.	10	(2자리 공백)10
#	#은 숫자를 의미하며 #의 개수와 상관없이 맨 앞의 0이 생략된 나머지 숫자가 표시된다.	012345	12345
#,###,	천 단위 아래의 숫자를 절사한다.	3500000	3,500
$#,###.00	달러 표시와 천 단위 구분기호, 소수점 두 자릿수까지 표시된다.	2999.9	$2,999.90
YYYY년 MM월 DD일	연도 네 자릿수와 두 자릿수의 월과 일이 표시된다. 월과 일만 입력할 경우 현재 연도가 입력된다.	2/6	2020년 02월 06일
DD-MMM.YYYY	두 자릿수 날짜-세 자릿수 영문 월, 4자릿수 연도가 표시된다.	2/6	06-Feb.2020
@ 대표* 귀하	@는 입력된 문자를 의미하고, *는 * 뒤에 입력된 문자나 공백을 반복하여 셀 값을 양쪽 정렬한다.	최순애	최순애 대표(공백) 귀하
[빨강]@	[ ] 안에 색상을 입력하면 문자 색상이 변한다.	판매량	판매량
[>=100] 합격	[ ] 안의 조건에 따라 서식이 적용된다.	101	합격

| 여러 개의 표시 형식 지정하기

1 입력된 숫자에 천 단위 구분기호를, 음수는 빨간색, 0은 '폐점'으로, 문자는 삭제하려고 합니다. [C4:E13] 셀을 선택한 후 Ctrl+1을 누릅니다.

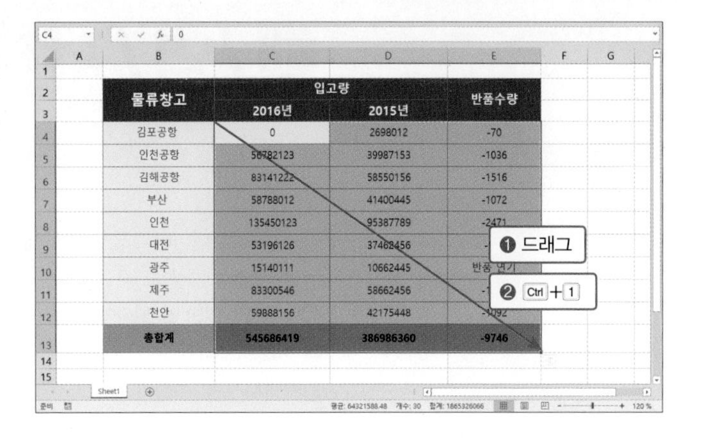

2 [셀 서식] 대화상자–[표시 형식] 탭에서 '사용자 지정'을 선택합니다. [형식]에 **#,###;[빨강]–#,###;폐점;**을 입력하고 [확인]을 클릭합니다.

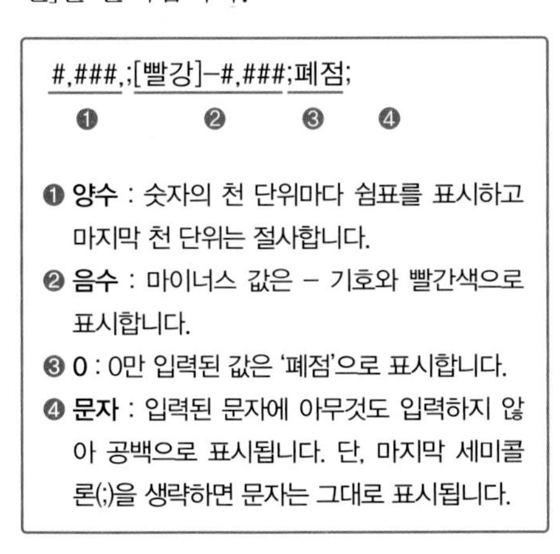

#,###,;[빨강]–#,###;폐점;

❶ ❷ ❸ ❹

❶ **양수** : 숫자의 천 단위마다 쉼표를 표시하고 마지막 천 단위는 절사합니다.

❷ **음수** : 마이너스 값은 – 기호와 빨간색으로 표시합니다.

❸ **0** : 0만 입력된 값은 '폐점'으로 표시합니다.

❹ **문자** : 입력된 문자에 아무것도 입력하지 않아 공백으로 표시됩니다. 단, 마지막 세미콜론(;)을 생략하면 문자는 그대로 표시됩니다.

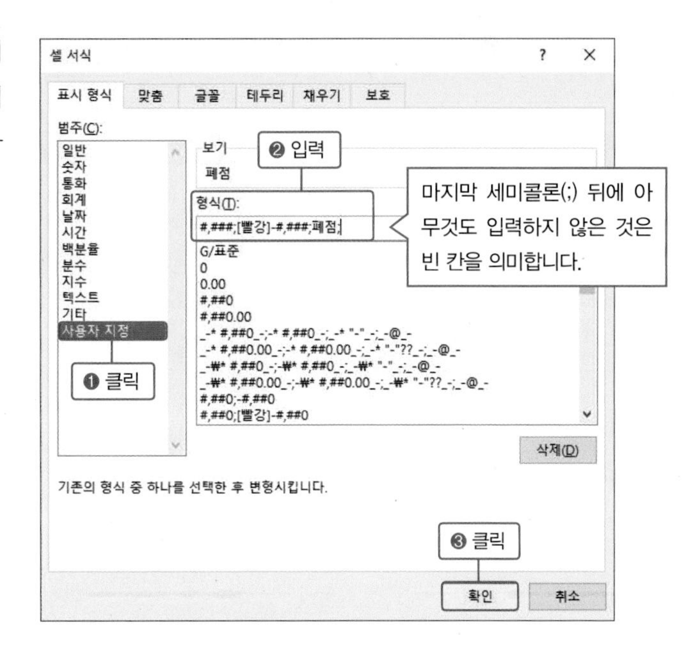

3 선택한 범위에 사용자 지정 표시 형식이 적용됐습니다.

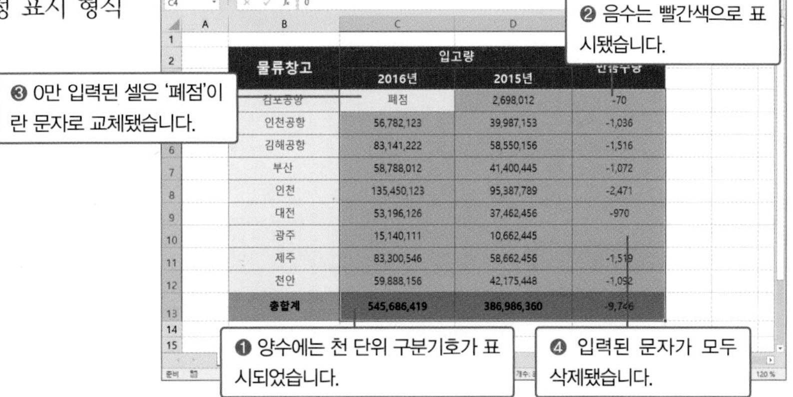

Part 03

행/열/시트/엑셀 표

이 책에서는 데이터가 입력된 셀에 테두리만 그린 표를 '일반 표'로, 셀 범위를 [표]로 전환한 경우 '엑셀 표'라고 구분한 뒤, 친절한 '엑셀 표' 기능을 자세히 설명하고 있습니다. 또한 일반 표를 구성하는 셀, 행, 열, 워크시트도 자유자재로 조절하며 엑셀과 더 친해져보려고 합니다. 엑셀의 얼굴이라고도 할 수 있는 워크시트는 여러 개를 그룹화해서 일괄 수정이 가능하고, 행과 열도 필요할 때만 펼치거나 숨길 수 있습니다.

Preview

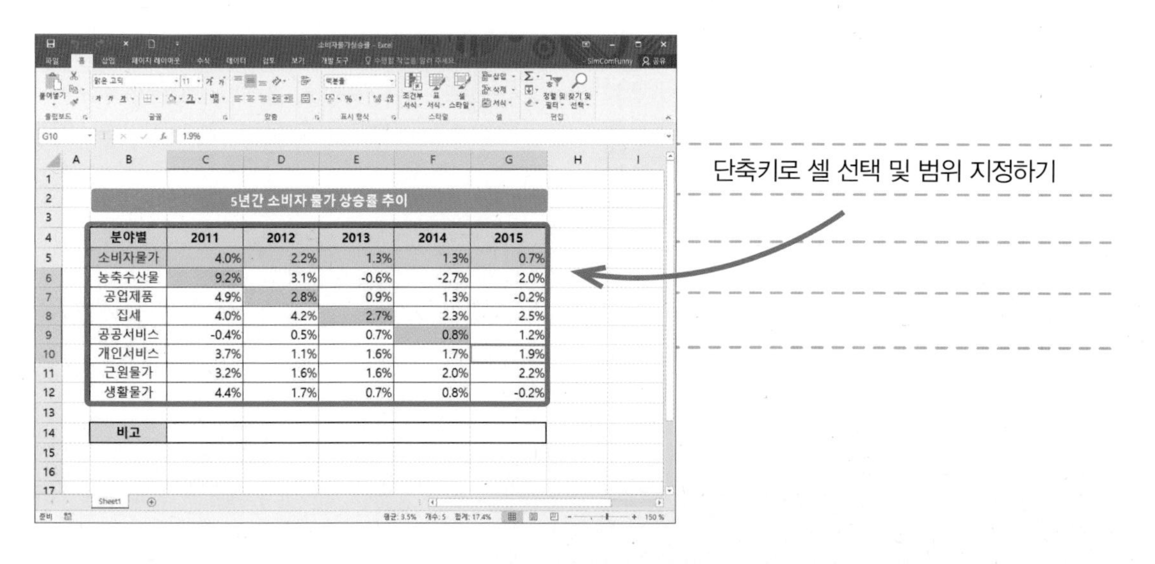

분야별	2011	2012	2013	2014	2015
소비자물가	4.0%	2.2%	1.3%	1.3%	0.7%
농축수산물	9.2%	3.1%	-0.6%	-2.7%	2.0%
공업제품	4.9%	2.8%	0.9%	1.3%	-0.2%
집세	4.0%	4.2%	2.7%	2.3%	2.5%
공공서비스	-0.4%	0.5%	0.7%	0.8%	1.2%
개인서비스	3.7%	1.1%	1.6%	1.7%	1.9%
근원물가	3.2%	1.6%	1.6%	2.0%	2.2%
생활물가	4.4%	1.7%	0.7%	0.8%	-0.2%

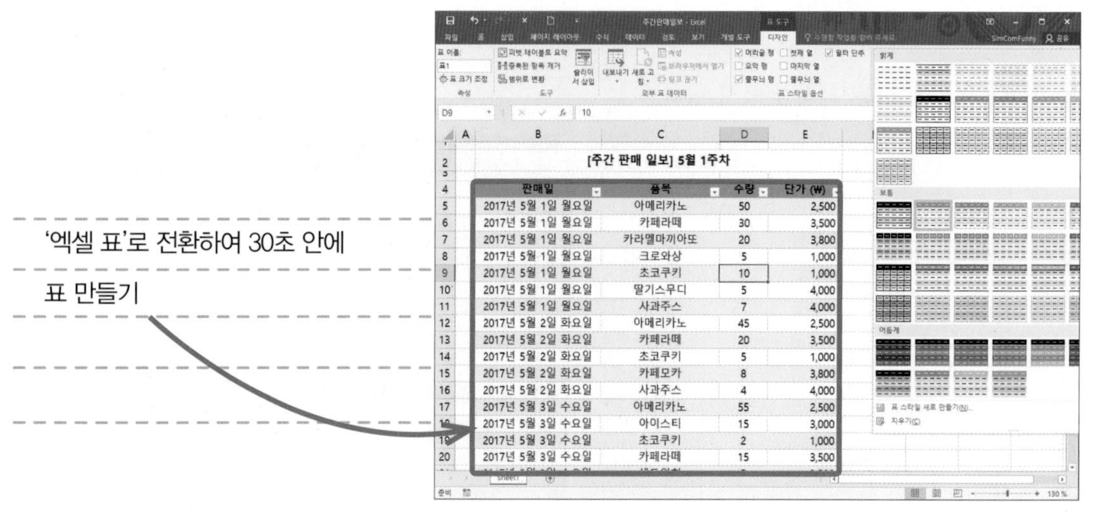

021 셀 선택 및 범위 지정하기

데이터양이 많을수록 셀 범위를 지정하거나 이동할 일이 많습니다. 이때는 마우스로 드래그하기보다 단축키를 이용하면 좀 더 쉽고 빠르게 영역을 지정할 수 있습니다. 셀을 선택하는 여러 가지 방법을 알아보겠습니다.

예제 파일 Part03\소비자물가상승률.xlsx

| 셀 포인터 이동하기 Ctrl+방향키

Ctrl과 방향키를 동시에 누르면 셀 포인터를 기준으로 하여 가장 끝에 입력된 데이터로 셀로 이동됩니다. 중간에 빈 셀이 있으면 빈 셀 다음에 입력된 데이터 셀로 이동합니다. 현재 셀 포인터는 [E8] 셀에 있습니다.

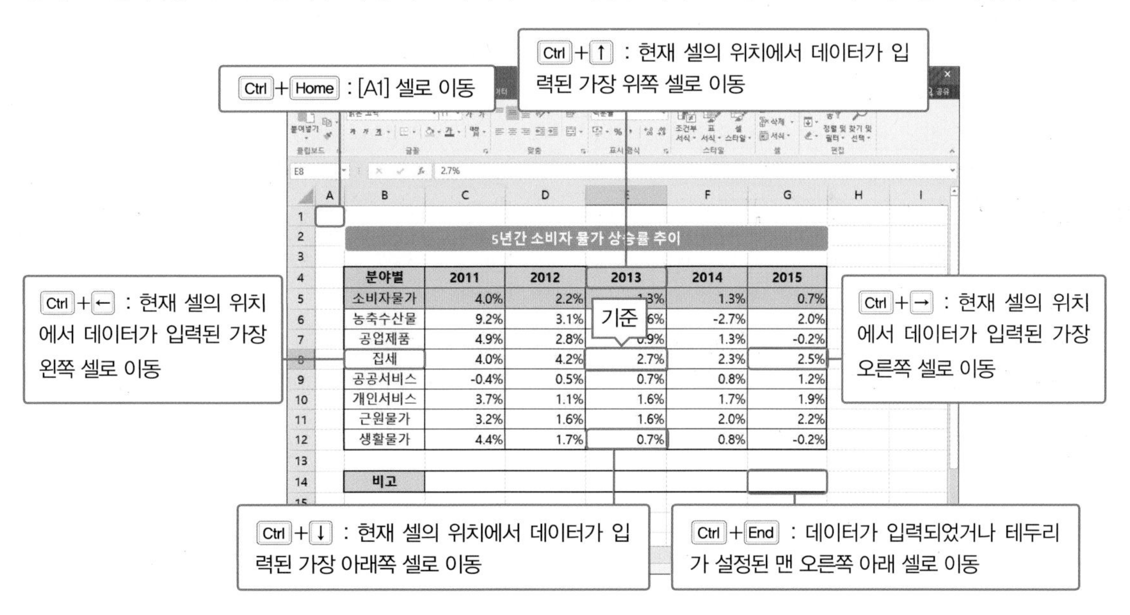
Ctrl+Home : [A1] 셀로 이동
Ctrl+↑ : 현재 셀의 위치에서 데이터가 입력된 가장 위쪽 셀로 이동
Ctrl+← : 현재 셀의 위치에서 데이터가 입력된 가장 왼쪽 셀로 이동
Ctrl+→ : 현재 셀의 위치에서 데이터가 입력된 가장 오른쪽 셀로 이동
기준
5년간 소비자 물가 상승률 추이
Ctrl+↓ : 현재 셀의 위치에서 데이터가 입력된 가장 아래쪽 셀로 이동
Ctrl+End : 데이터가 입력되었거나 테두리가 설정된 맨 오른쪽 아래 셀로 이동

| 떨어져 있는 셀 동시에 선택하기 Ctrl+클릭

Ctrl을 누른 채 동시에 선택할 셀이나 범위를 클릭합니다.

5년간 소비자 물가 상승률 추이

분야별	2011	2012	2013	2014	2015
소비자물가	4.0%	2.2%	1.3%	1.3%	0.7%
농축수산물	9.2%	3.1%	-0.6%	-2.7%	2.0%
공업제품	4.9%	2.8%	0.9%	1.3%	-0.2%
집세	4.0%	4.2%	2.7%	2.3%	2.5%
공공서비스	-0.4%	0.5%	0.7%	0.8%	1.2%
개인서비스	3.7%	1.1%	1.6%	1.7%	1.9%
근원물가	3.2%	1.6%	1.6%	2.0%	2.2%
생활물가	4.4%	1.7	[illegible]	0.8%	-0.2%
비고					

Ctrl+클릭

| 전체 데이터 범위 선택하기 Ctrl+A

데이터가 입력된 표만 선택하려면 표 안에서 임의의 셀을 클릭하고 Ctrl+A를 누릅니다. 표 바깥의 셀을 클릭하고 Ctrl+A를 누를 경우 워크시트 전체가 선택됩니다.

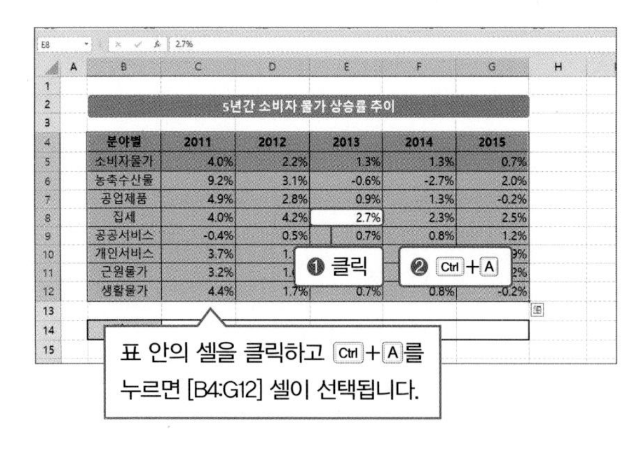

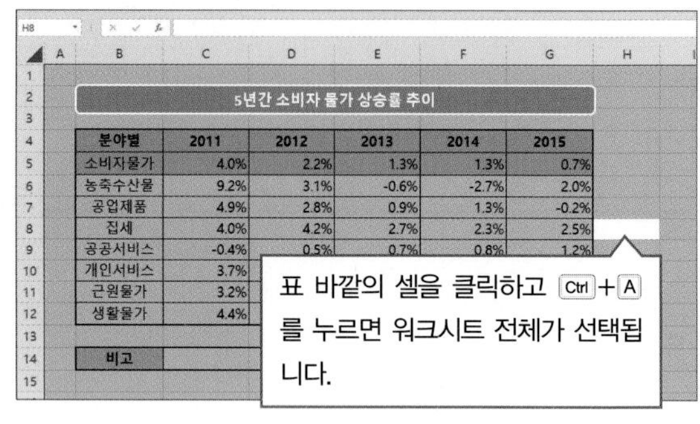

| 행이나 열 전체 선택하기

행과 열의 머리글을 클릭하면 해당 행과 열 전체가 선택됩니다.

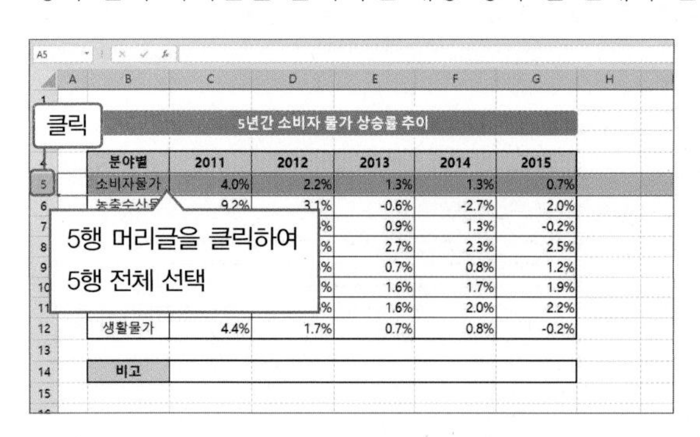

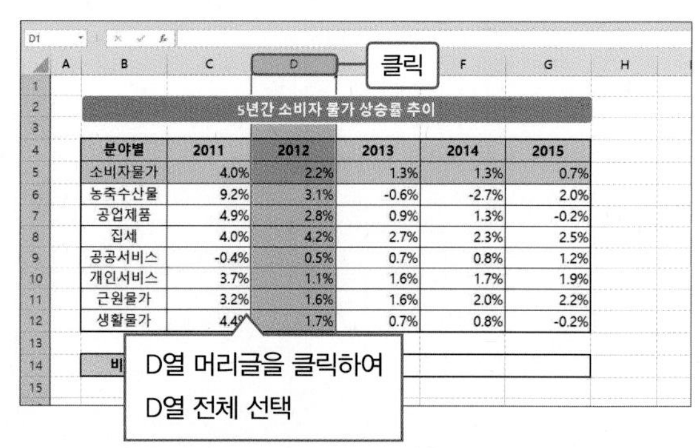

| 이름 상자 이용하여 셀 포인터 이동하기/범위 지정하기

이름 상자에 셀 주소를 입력하면 셀 포인터가 해당 셀 주소로 이동합니다. 여러 개의 셀 주소를 쉼표(,)로 구분하면 선택된 셀만 선택되고, 콜론(:)으로 구분하면 연속된 범위가 일괄 선택됩니다.

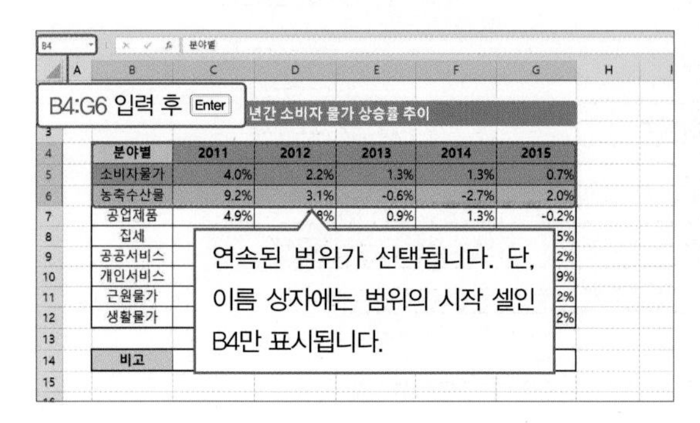

B4:G6 입력 후 Enter
연속된 범위가 선택됩니다. 단, 이름 상자에는 범위의 시작 셀인 B4만 표시됩니다.

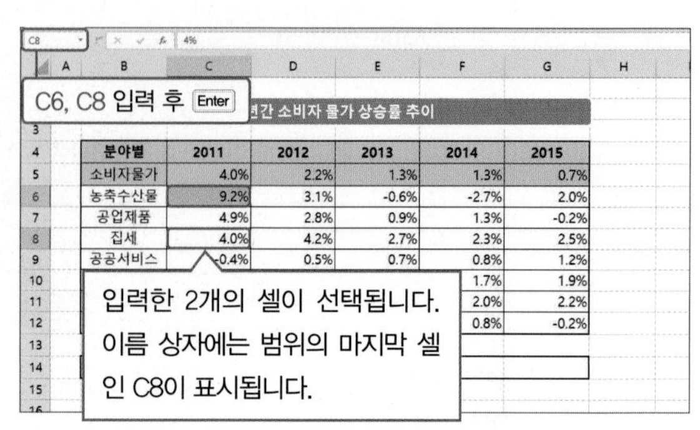

| 연속된 셀 범위 한 칸씩 선택하기 Shift+방향키

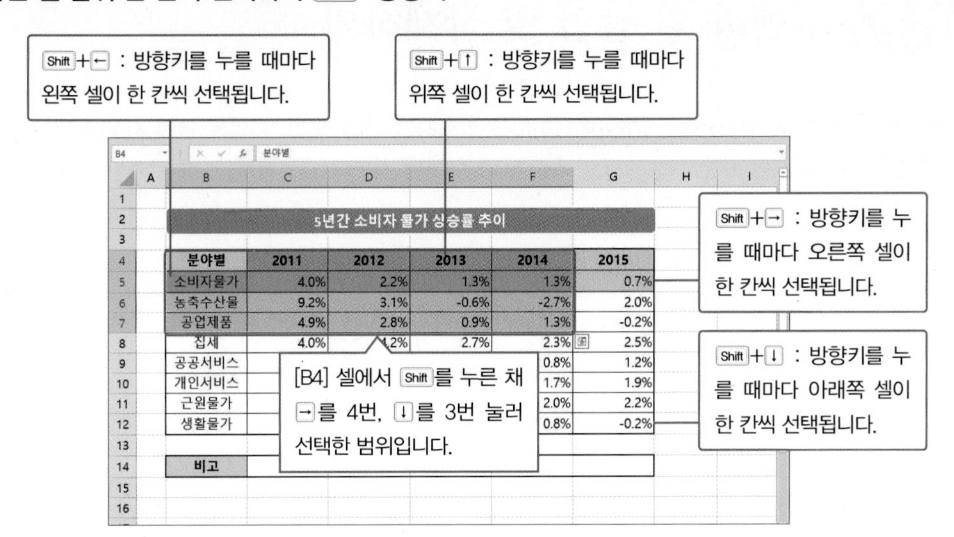
Shift+← : 방향키를 누를 때마다 왼쪽 셀이 한 칸씩 선택됩니다.
Shift+↑ : 방향키를 누를 때마다 위쪽 셀이 한 칸씩 선택됩니다.
Shift+→ : 방향키를 누를 때마다 오른쪽 셀이 한 칸씩 선택됩니다.
Shift+↓ : 방향키를 누를 때마다 아래쪽 셀이 한 칸씩 선택됩니다.
[B4] 셀에서 Shift를 누른 채 →를 4번, ↓를 3번 눌러 선택한 범위입니다.
5년간 소비자 물가 상승률 추이
분야별
2011
2012
2013
2014
2015
소비자물가
농축수산물
공업제품
집세
공공서비스
개인서비스
근원물가
생활물가
비고

| 연속된 데이터 범위를 한 번에 선택하기 Shift+Ctrl+방향키

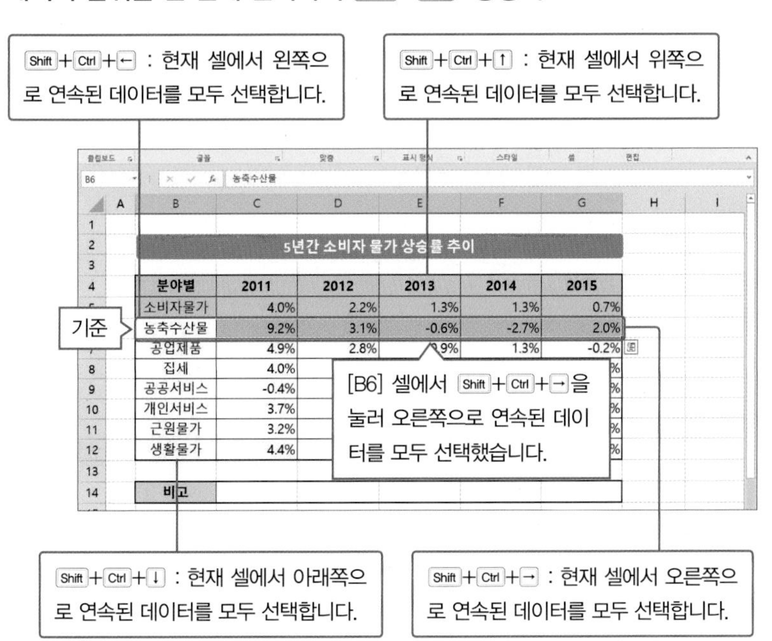
Shift+Ctrl+← : 현재 셀에서 왼쪽으로 연속된 데이터를 모두 선택합니다.
Shift+Ctrl+↑ : 현재 셀에서 위쪽으로 연속된 데이터를 모두 선택합니다.
기준
[B6] 셀에서 Shift+Ctrl+→을 눌러 오른쪽으로 연속된 데이터를 모두 선택했습니다.
Shift+Ctrl+↓ : 현재 셀에서 아래쪽으로 연속된 데이터를 모두 선택합니다.
Shift+Ctrl+→ : 현재 셀에서 오른쪽으로 연속된 데이터를 모두 선택합니다.
5년간 소비자 물가 상승률 추이
분야별
소비자물가
농축수산물
공업제품
집세
공공서비스
개인서비스
근원물가
생활물가
비고

022 행과 열 삽입 및 삭제하기

데이터 중간에 행이나 열을 추가하여 데이터를 입력하면 위의 행 또는 왼쪽 열의 서식이 적용되어 글꼴이나 색상 등을 새로 지정하지 않아도 됩니다. 반면 행이나 열을 삭제할 때는 주변의 데이터가 삭제되지 않도록 주의해야 합니다.

예제 파일 Part03\거래처명단.xlsx 완성 파일 Part03\거래처명단_완성.xlsx

| 행/열 삽입하기

1 9행 머리글에서 마우스 오른쪽 버튼을 클릭한 뒤 단축 메뉴에서 [삽입]을 클릭합니다.

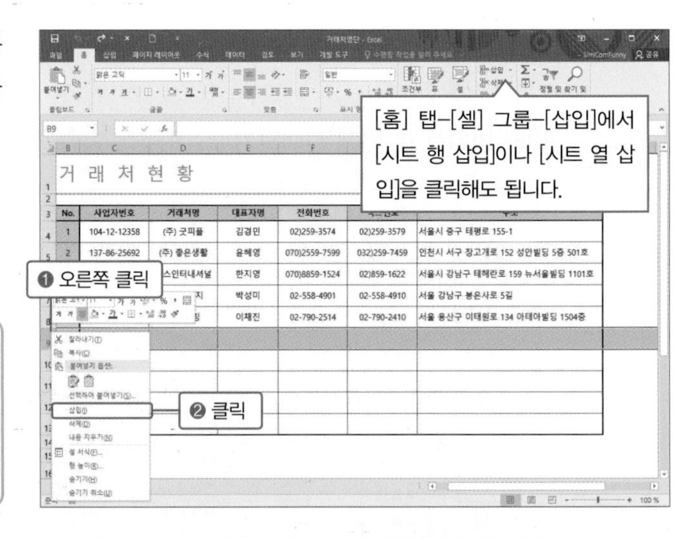

단축키

행/열 삽입 Ctrl+＋ 또는 Ctrl+Shift+＝
행/열 삭제 Ctrl+－
* 키보드 오른쪽의 숫자 전용 키패드로 ＋를 누를 경우, Shift는 생략합니다.

2 8행과 같은 서식의 빈 행이 삽입됩니다. 이번에는 F열 머리글을 클릭한 후 Ctrl+＋를 누릅니다.

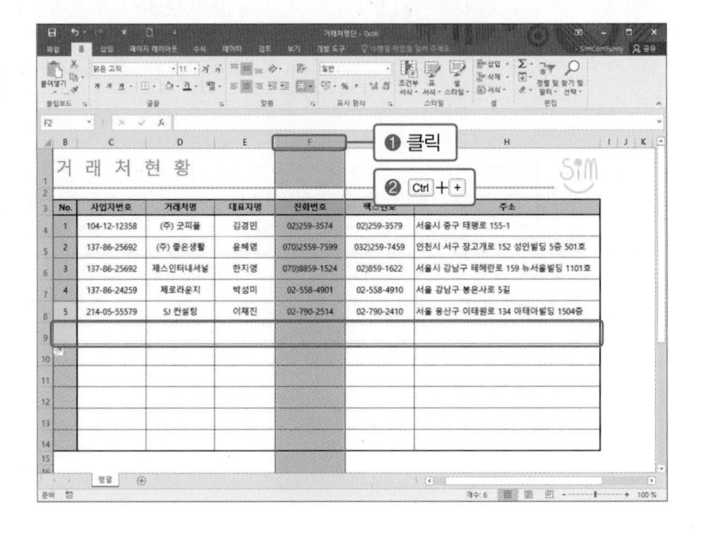

3 F열에 새로운 열이 추가되고, 나머지 데이터는 오른쪽으로 밀렸습니다.

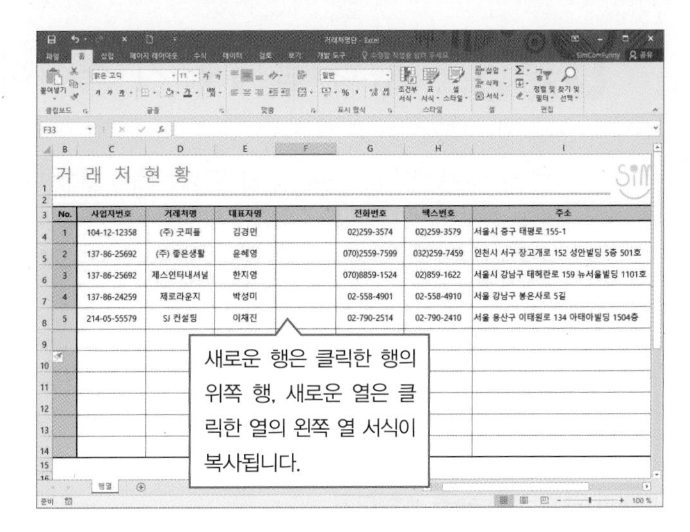

거 래 처 현 황
새로운 행은 클릭한 행의 위쪽 행, 새로운 열은 클릭한 열의 왼쪽 열 서식이 복사됩니다.

| 행/열 삭제하기

1 F열 데이터를 삭제해 보겠습니다. 이번에는 [F3] 셀을 클릭하고 단축키 Ctrl + - 를 누릅니다. [삭제] 대화상자가 나타나면 [열 전체]를 선택하거나 단축키 C 를 누르고 [확인]을 클릭합니다.

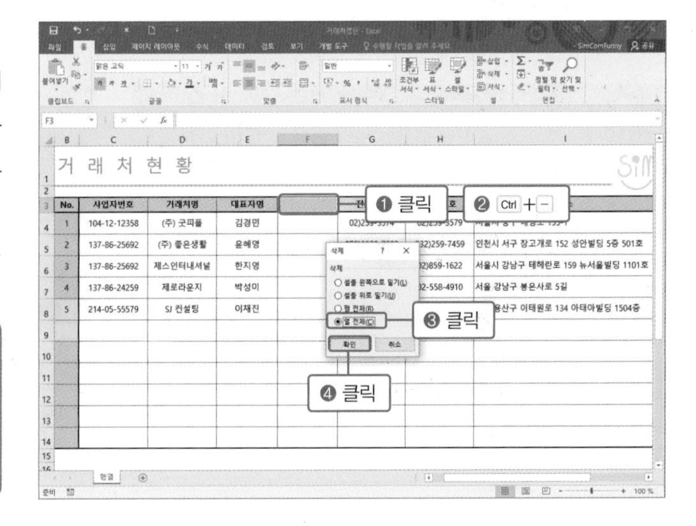

TIP

행과 열 삭제 시 주의하세요!
[셀을 왼쪽으로 밀기]나 [셀을 위로 밀기]를 선택하면 선택한 셀만 삭제되고 주변 셀들이 왼쪽이나 위로 밀려서 표가 뒤틀릴 수 있습니다.

2 기존의 열이 삭제되면서 G열의 전화번호가 F열로 이동했습니다. 9행은 좀 더 쉽게 삭제해 보겠습니다. 9행 머리글을 클릭하고 단축키 Ctrl + - 를 누르면 [삭제] 대화상자가 나타나지 않고 9행만 바로 삭제됩니다.

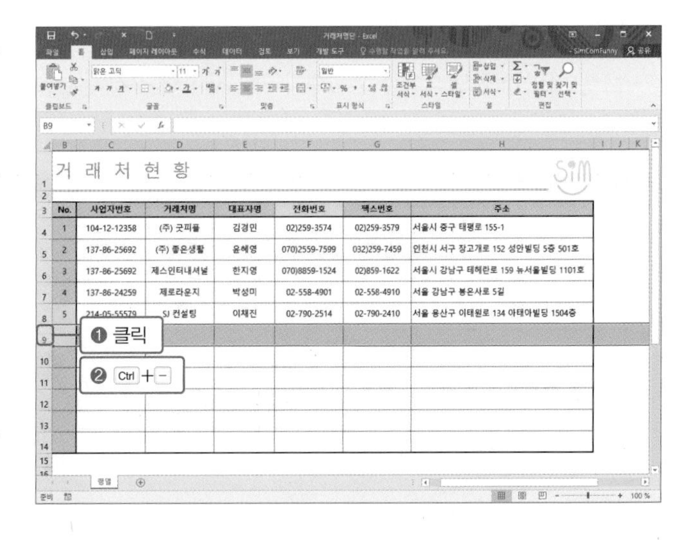

2007 2010 2013 2016 2019

023 행과 열의 크기 조절하기

하나의 셀에 너무 많은 내용을 입력하면 내용이 잘려서 표시되거나 데이터가 #으로 표시됩니다. 이럴 때는 셀의 너비나 높이를 조절해야 합니다. 필요한 행과 열만 셀 구분선을 드래그해서 조절할 수도 있고 여러 개의 행과 열을 한꺼번에 선택하는 방법도 있습니다.

예제 파일 Part03\비상연락망.xlsx **완성 파일** Part03\비상연락망_완성.xlsx

| 행과 열의 크기 수동 조절하기

D열과 E열을 드래그한 뒤 E열과 F열 머리글 사이에 마우스 포인터를 놓으면 구분선 ⟷으로 바뀝니다. 구분선을 오른쪽으로 드래그해서 너비를 조절합니다. D열과 E열이 같은 너비로 늘어납니다.

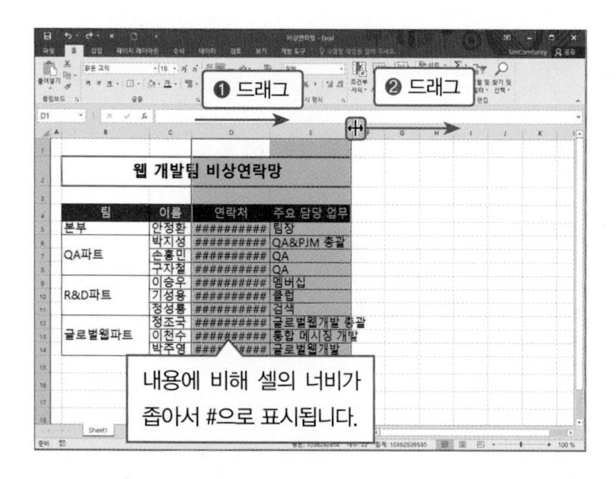

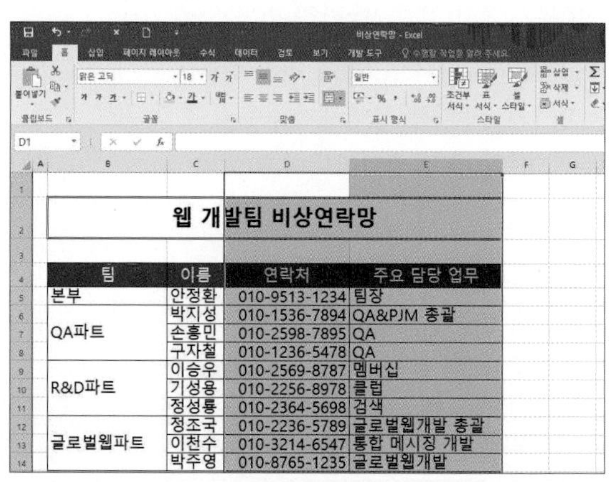

| 행과 열의 크기 자동 조절하기

5~14행 머리글을 드래그한 후 5행과 6행 사이의 구분선⟷을 더블클릭합니다. 선택한 모든 행의 높이가 적절하게 자동 맞춤됩니다.

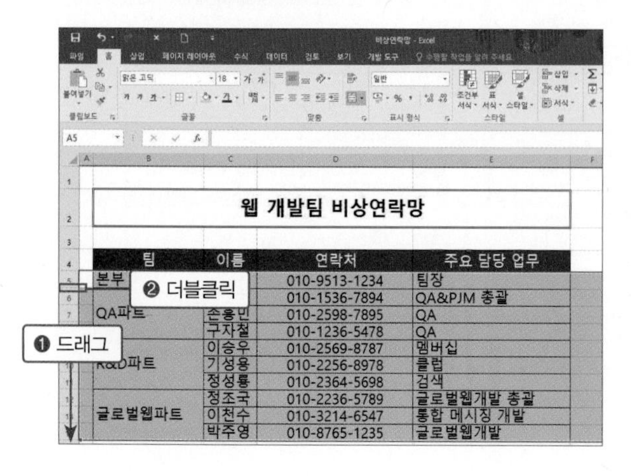

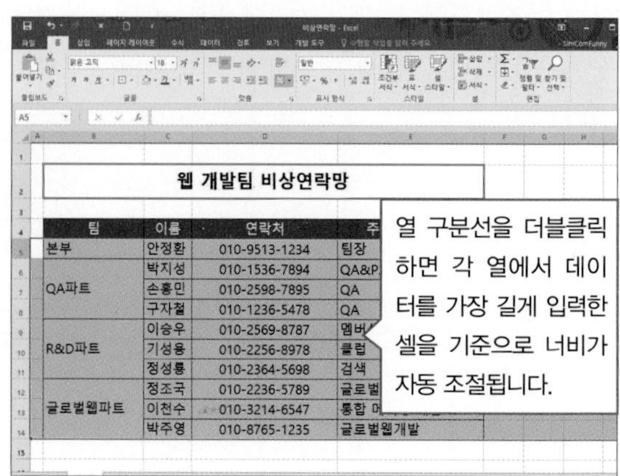

2007 2010 2013 2016 2019

024 행과 열 숨기기

데이터양이 많거나 일부 내용만 인쇄하고 싶다면 해당 행과 열을 숨길 수 있습니다. 데이터를 삭제하지 않고도 필요한 데이터만 워크시트와 인쇄 화면에 남겨서 간결한 보고서를 만들어 보겠습니다.

예제 파일 Part03\시도별자동차현황.xlsx **완성 파일** Part03\시도별자동차현황_완성.xlsx

| 행/열 숨기기

1 C열부터 F열까지 선택합니다. 선택한 범위에서 마우스 오른쪽 버튼을 클릭한 뒤 단축 메뉴에서 [숨기기]를 클릭합니다.

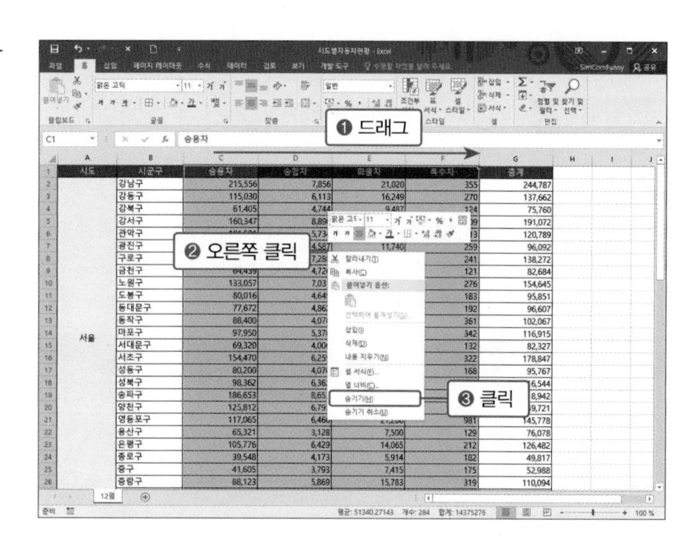

2 C열부터 F열까지 사라지고 B열과 G열 머리글 사이에 경계선이 나타납니다. 이번에는 '합계' 행만 숨겨보겠습니다. 27행 머리글을 클릭한 후 Ctrl을 누른 채 44행, 53행, 59행, 65행, 71행 머리글을 클릭하여 선택합니다. 선택된 행 머리글에서 마우스 오른쪽 버튼을 클릭한 뒤 단축 메뉴에서 [숨기기]를 클릭합니다.

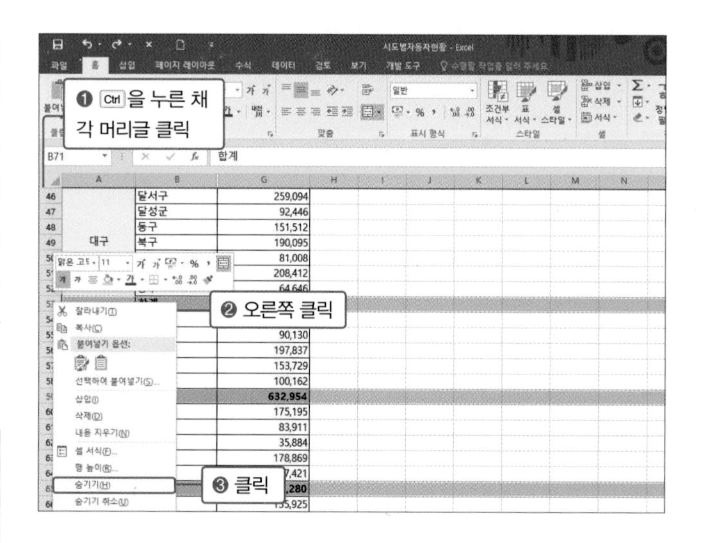

TIP

떨어져 있는 행/열을 숨길 때는 머리글에서 마우스 오른쪽 버튼을 클릭해야 메뉴에서 [숨기기]를 선택할 수 있습니다.

| 행/열 숨기기 취소하기

숨겨진 행의 위아래 또는 열의 앞뒤를 선택한 후 마우스 오른쪽 버튼을 클릭합니다. 메뉴에서 [숨기기 취소]를 클릭합니다.

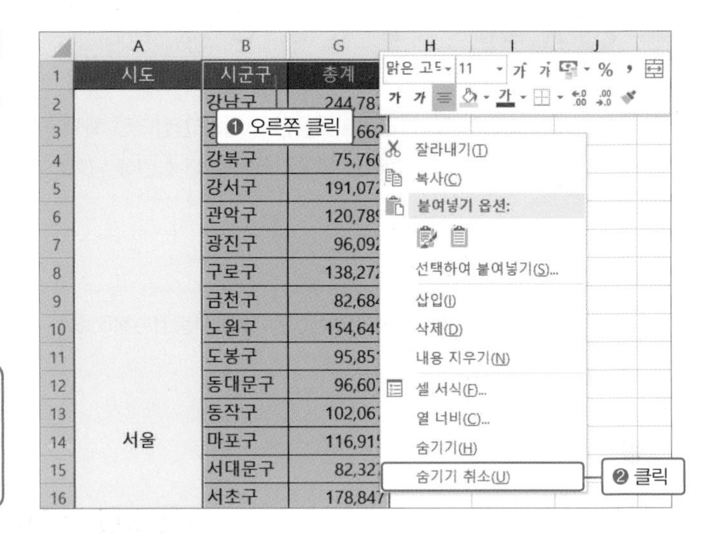

TIP

연속으로 입력된 범위는 선택된 범위 어디를 눌러도 단축 메뉴에서 숨기기를 설정할 수 있습니다.

Skill Up [숨기기 취소]한 행/열을 다시 숨기고 싶어요.

[숨기기]를 적용했던 행/열을 자주 열고 펼칠 경우 그룹 설정을 활용해 볼 수 있습니다.

1. 숨기기할 행/열을 선택합니다.(단, 연속된 행/열만 일괄 그룹화할 수 있습니다.)
2. [데이터] 탭–[윤곽선] 그룹–[그룹]을 선택합니다.
3. 1번을 누르면 [D:F] 열이 숨겨집니다. 2번을 누르면 숨겨진 열이 다시 펼쳐집니다.

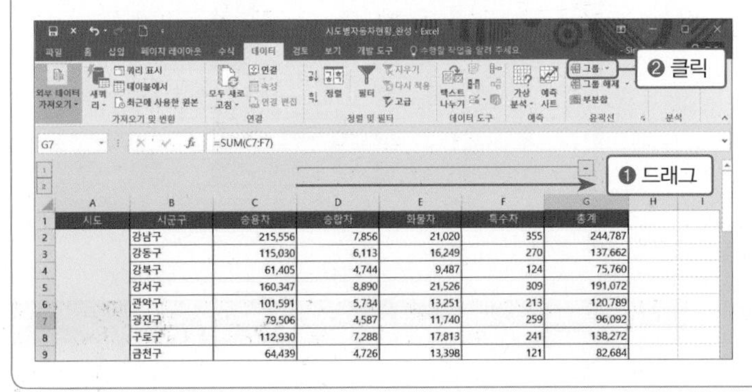

2007 2010 2013 2016 2019

025 다양한 방법으로 데이터 붙여넣기

데이터를 붙여넣기 할 때는 여러 가지 옵션이 있습니다. 원본과 똑같은 값 또는 수식, 서식까지 복사됩니다. 반면 값/수식/서식 등만 따로 복사하려면 붙여넣기 옵션을 선택하면 됩니다. 각각의 옵션 선택에 따른 차이점을 살펴보겠습니다.

예제 파일 Part03\수입차판매순위.xlsx 완성 파일 Part03\수입차판매순위_완성.xlsx

| 붙여넣기 옵션 알아보기

데이터를 복사하면 [홈] 탭–[클립보드] 그룹–[붙여넣기] 아이콘이 활성화됩니다. [붙여넣기]를 클릭하면 여러 가지 옵션이 나타납니다. 연산 기능이 추가된 더 많은 옵션을 보려면 [선택하여 붙여넣기]를 클릭합니다.

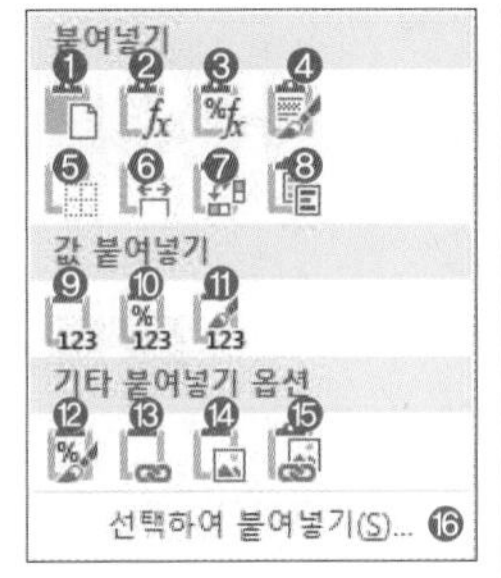

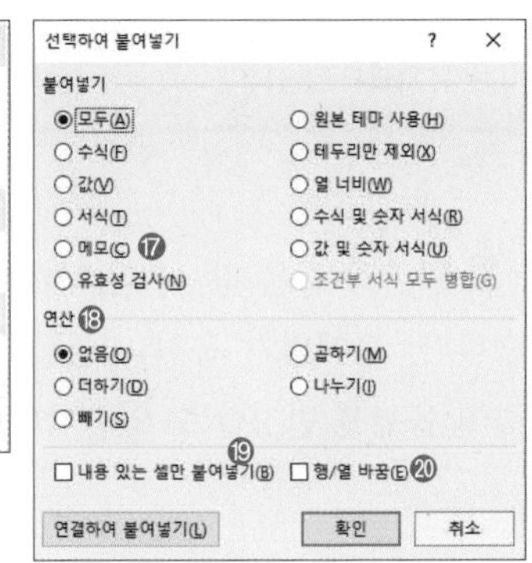

❶ **붙여넣기** : 연결된 데이터를 포함한 원본 값(수식)과 셀 서식을 그대로 붙여 넣습니다. 단, 상대 참조로 입력된 수식은 붙여 넣을 셀 주소의 이동 거리만큼 셀 주소가 수정됩니다.
❷ **수식** : 셀 서식은 제외하고 수식만 붙여 넣습니다.
❸ **수식 및 숫자 서식** : 셀 서식을 제외하고 수식과 숫자의 표시 형식만 붙여 넣습니다.
❹ **원본 서식 유지** : 원본 값(수식)과 서식을 모두 붙여 넣습니다.
❺ **테두리 없음** : 원본에서 테두리 서식을 제외하고 값(수식), 표시 형식을 붙여 넣습니다.
❻ **원본 열 너비 유지** : 값(수식), 열의 너비를 유지한 서식 모두를 붙여 넣습니다.
❼ **바꾸기** : 행과 열의 위치를 바꿔서 붙여 넣습니다.
❽ **조건부 서식 병합** : 복사한 데이터와 붙여 넣는 영역에 조건부 서식이 포함됐을 경우, 복사한 셀 서식을 유지하되 조건부 서식이 우선 적용됩니다.
❾ **값** : 수식 결과 값(문자/숫자)만 붙여 넣습니다.
❿ **값 및 숫자 서식** : 셀 서식을 제외하고 결과 값과 숫자의 표시 형식만 유지합니다.
⓫ **값 및 원본 서식** : 결과 값과 표시 형식을 포함한 원본 셀의 모든 서식을 유지합니다.
⓬ **서식** : 데이터를 제외한 서식과 표시 형식만 반영합니다.
⓭ **연결하여 붙여넣기** : 복사한 원본 데이터와 붙여넣기한 데이터를 연결해서 원본을 수정하면 붙여 넣은 데이터도 수정됩니다.
⓮ **그림** : 복사한 데이터를 그림 형태로 붙여 넣습니다.
⓯ **연결된 그림** : 복사한 데이터를 그림 형태로 붙여 넣습니다. 원본을 수정하면 붙여 넣은 그림 데이터도 수정됩니다.
⓰ **선택하여 붙여넣기** : 위의 붙여넣기 옵션을 포함하여 연산, 메모, 행열 위치 붙여넣기 등을 대화상자에서 일괄 선택할 수 있습니다.
⓱ **붙여넣기–메모** : 복사한 범위의 메모를 붙여 넣습니다.
⓲ **연산(곱하기/더하기/나누기/빼기)** : 선택한 범위의 데이터를 복사한 숫자와 계산하여 붙여 넣습니다.
⓳ **내용 있는 셀만 붙여넣기** : 복사할 범위에 빈 셀이 포함됐을 경우, 붙여 넣을 범위에 있던 원래 데이터로 대체합니다.
⓴ **행/열 바꿈** : 행과 열을 바꾸어 붙여 넣습니다.

| 표의 열 너비를 유지해서 붙여넣기

1 [B2:G14] 셀을 드래그한 후 Ctrl+C를 눌러 복사합니다. 붙여넣기를 할 [I2] 셀에서 마우스 오른쪽 버튼을 클릭합니다. 단축 메뉴에서 [선택하여 붙여넣기]의 ▶에 마우스 포인터를 놓고 [붙여넣기] 옵션에서 [원본 열 너비 유지]를 클릭합니다.

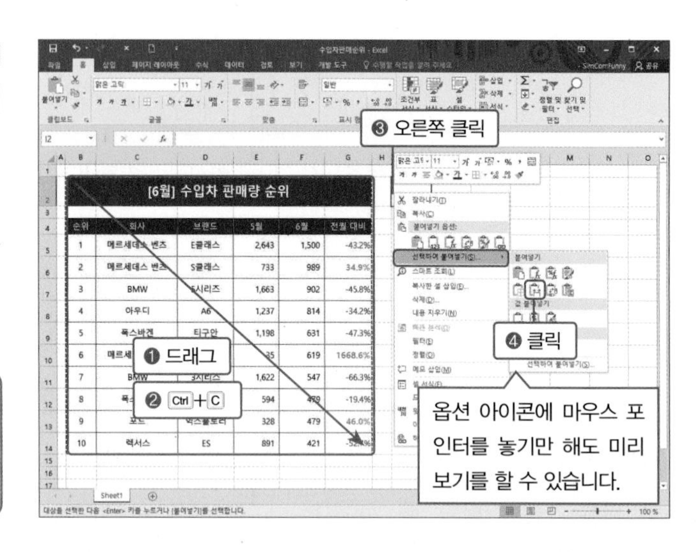

TIP

붙여넣기 단축키 Ctrl+V를 누르면 기본 옵션에 따라 값과 수식, 서식이 붙여넣기되지만 열 너비는 유지되지 않습니다.

2 원본과 같은 값, 수식, 서식이 복사됐습니다. 붙여넣기 옵션 버튼을 다시 클릭하여 옵션을 변경할 수 있습니다.

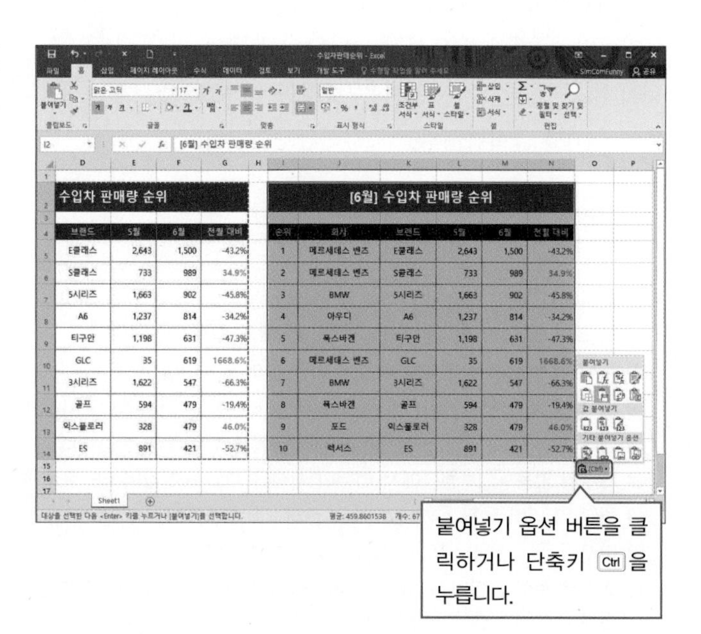

2007 2010 2013 2016 2019

026 데이터를 그림으로 붙여넣기

표를 붙여 넣을 때 셀 너비와 상관없이 표 전체의 크기를 조절하고 싶다면 그림 형태로 붙여 넣는 방법이 있습니다. [기타 붙여넣기 옵션]에서 원본 데이터와 연결하면 수정한 내용이 그림에도 업데이트 됩니다.

예제 파일 Part03\세금계산서.xlsx **완성 파일** Part03\세금계산서_완성.xlsx

| 데이터 표를 그림으로 붙여넣기

1 '세금계산서' 워크시트의 [A1:AH42] 셀을 드래그합니다. [홈] 탭–[클립보드] 그룹–[복사]에서 [그림으로 복사]를 클릭합니다.

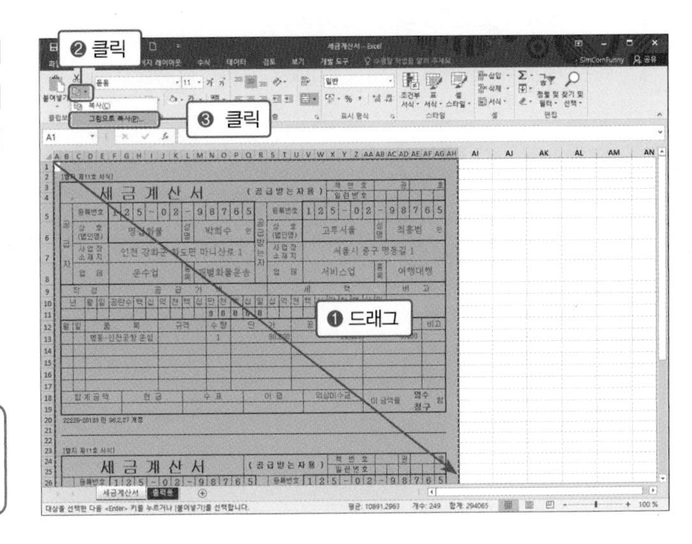

TIP

데이터를 단축키로 복사한 후 붙여넣기 옵션에서 그림으로 붙여 넣는 방법도 있습니다.

2 [그림 복사] 대화상자가 나타나면 옵션을 선택하고 [확인]을 클릭합니다.

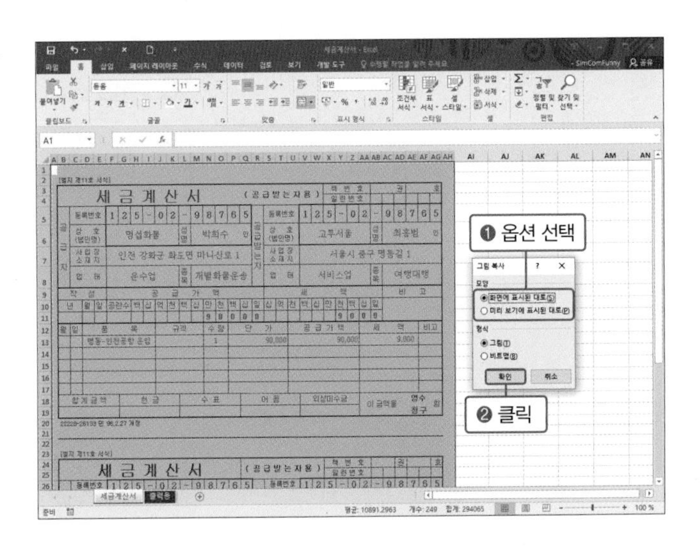

- **화면에 표시된 대로** : 워크시트에 표시된 화면과 같이 복사
- **미리보기에 표시된 대로** : 인쇄 미리보기 화면과 같이 복사
- **그림** : 그림의 크기 조절과 무관하게 화질 유지
- **비트맵** : 선명한 이미지지만 크기를 조절하면 화질이 떨어질 수 있음

3 '출력용' 워크시트로 이동해서 Ctrl+V를 누르면 복사한 데이터가 그림으로 삽입됩니다. 워크시트의 셀 너비와 상관없이 그림의 크기와 위치를 조정하고, 테두리에 색을 넣을 수도 있습니다.

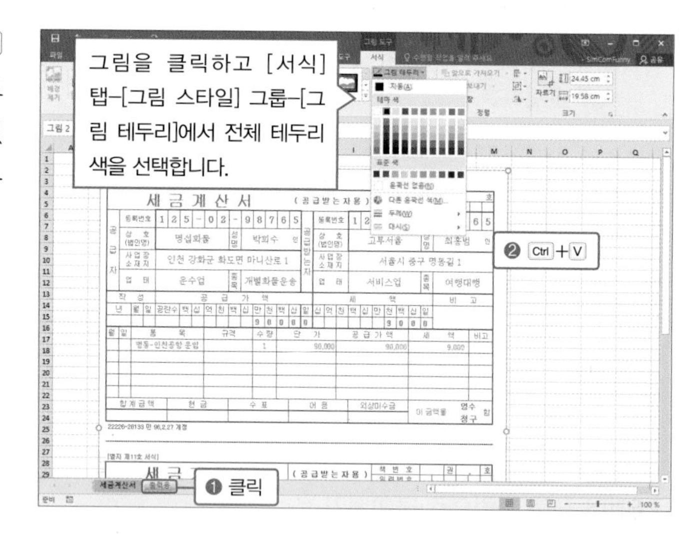

| 원본 데이터와 연결된 그림 붙여넣기

1 '세금계산서' 워크시트의 [A1:AH42] 셀을 드래그한 후 Ctrl+C를 눌러 데이터를 복사합니다. 붙여넣기할 위치를 클릭한 후 [홈] 탭–[클립보드] 그룹–[붙여넣기]에서 [연결된 그림]을 클릭합니다.

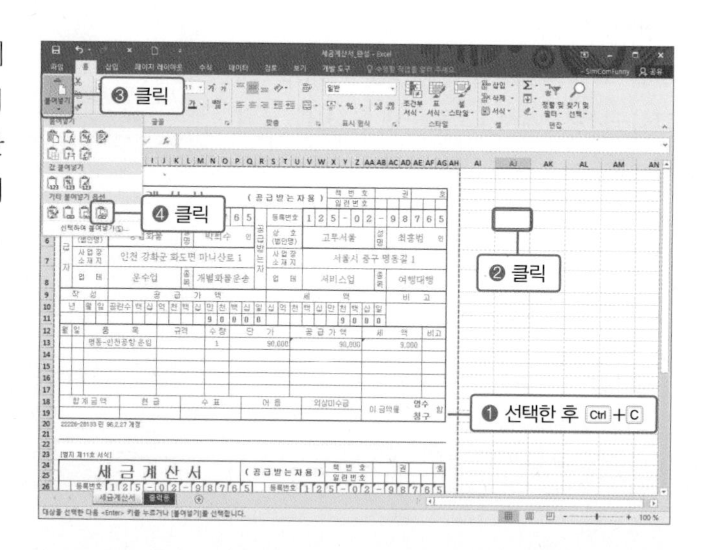

2 복사한 내용이 그림으로 삽입됩니다. [M6] 셀에 입력된 이름을 **심명섭**으로 수정하면 붙여 넣은 그림의 공급자 이름도 수정됩니다.

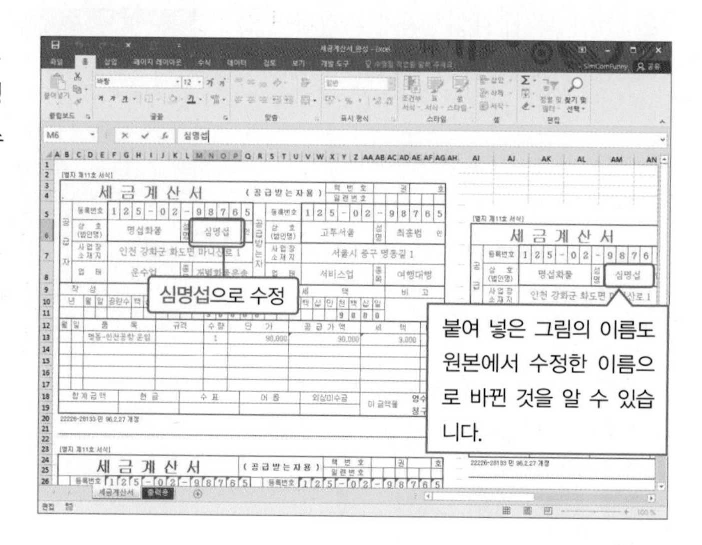

027 워크시트 추가하고 삭제하기

하나의 워크시트에 많은 데이터를 넣기보다 종류별로 워크시트를 나누면 데이터를 관리하기 쉽습니다. 단, 추가 또는 삭제된 워크시트는 실행 취소가 되지 않으니 주의합니다.

예제 파일 Part03\경쟁사매출.xlsx

| 워크시트 추가하기

'Sheet1' 옆에 있는 '새 시트' 버튼⊕을 클릭하면 새 워크시트가 추가됩니다.

단축키

새 워크시트 추가 Shift+F11

TIP

엑셀 2013부터는 기본 워크시트가 1개입니다. 새 통합 문서를 열면 기본으로 나타나는 시트 개수를 변경하려면 [파일] 탭–[옵션]을 클릭한 후 [Excel 옵션] 대화상자–[일반]의 [새 통합 문서 만들기] 항목에서 '포함할 시트 수'를 수정합니다.

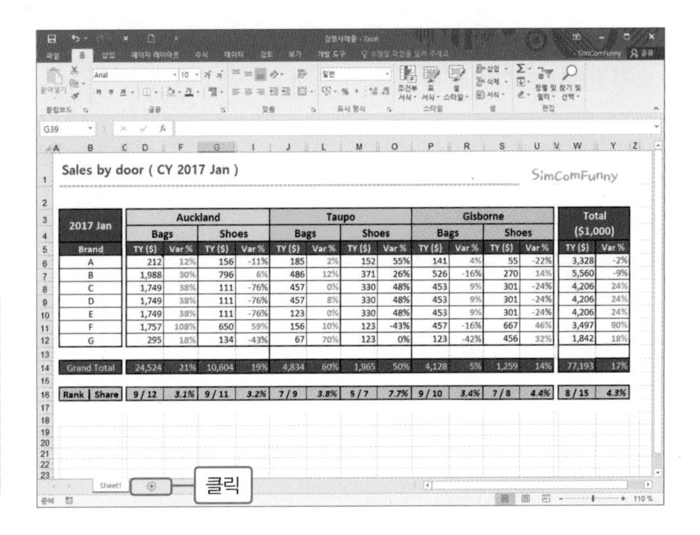

| 워크시트 삭제하기

삭제할 워크시트 탭을 마우스 오른쪽 버튼으로 클릭한 뒤 단축 메뉴에서 [삭제]를 클릭합니다. '이 시트가 Microsoft Excel에서 영구적으로 삭제됩니다. 계속하시겠습니까?' 메시지가 나타나면 [삭제]를 클릭합니다. 단, 데이터가 입력되지 않은 빈 워크시트는 메시지가 나타나지 않고 바로 삭제됩니다.

TIP

워크시트 추가/삭제, 이름 수정, 복사 등은 실행 취소가 되지 않습니다.

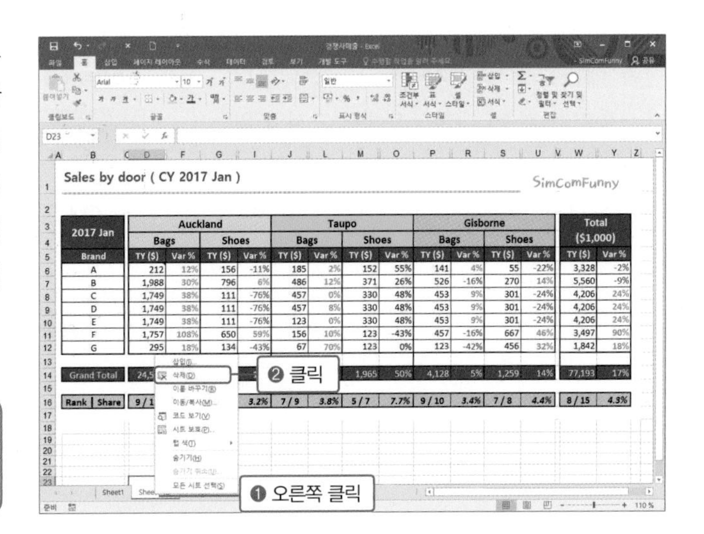

2007 2010 2013 2016 2019

028 워크시트 숨기기

통합 문서에 워크시트가 너무 많다면 자주 사용하지 않는 워크시트는 숨겨두는 것이 좋습니다. 중요한 데이터가 입력된 워크시트는 숨겨놓았다가 필요할 때만 열어서 관리하는 방법도 있습니다. 워크시트 일부를 숨기고 다시 표시하는 방법을 알아보겠습니다.

예제 파일 Part03\직원연봉재계약.xlsx **완성 파일** Part03\직원연봉재계약_완성.xlsx

1 '재계약명단' 워크시트 탭을 마우스 오른쪽 버튼으로 클릭한 뒤 단축 메뉴에서 [숨기기]를 선택합니다.

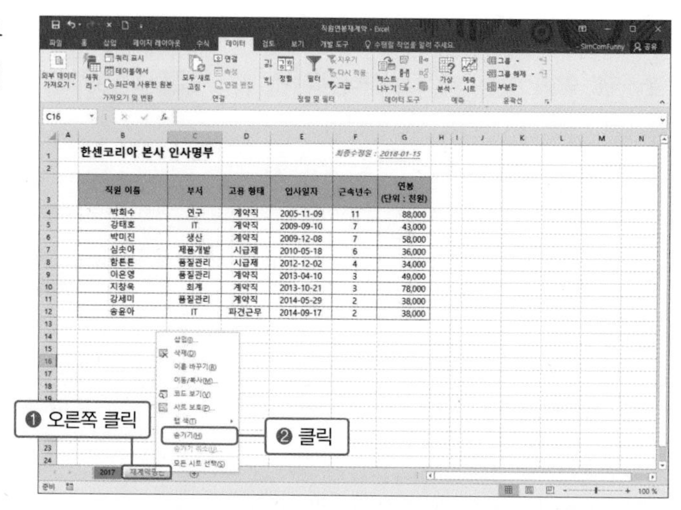

2 선택한 워크시트가 사라집니다. 숨겨진 워크시트를 다시 표시하려면 워크시트 탭을 마우스 오른쪽 버튼으로 클릭한 뒤 단축 메뉴에서 [숨기기 취소]를 선택합니다. [숨기기 취소] 대화상자에서 표시할 워크시트를 클릭하고 [확인]을 클릭하면 숨겨진 워크시트가 다시 나타납니다.

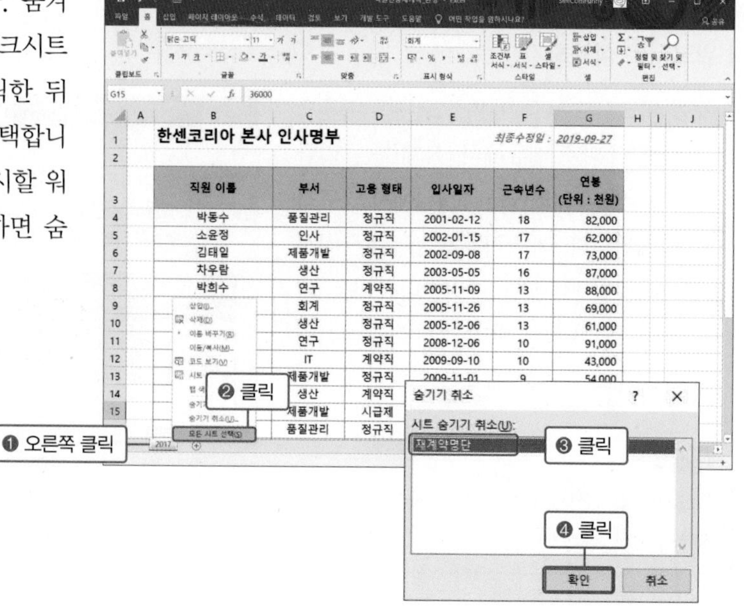

2007 2010 2013 2016 2019

029 워크시트 복사 및 이동하기

워크시트 전체의 데이터나 서식을 복사하려면 워크시트 복사 기능을 이용합니다. 반복되는 서식이라면 붙여넣기를 하는 것보다 시트 자체를 복사하는 것이 빠릅니다. 해당 문서뿐만 아니라 다른 문서나 새 문서에 시트를 이동해서 복사하는 방법도 있습니다.

예제 파일 Part03\광고비통계.xlsx 완성 파일 Part03\광고비통계_완성.xlsx

| 현재 통합 문서에 시트 복사하기_Ctrl+드래그

1 Ctrl을 누른 채 '1분기' 워크시트 탭을 오른쪽으로 드래그합니다.

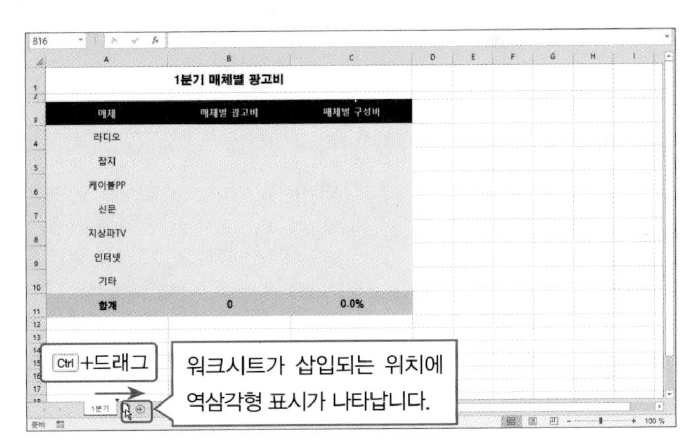

2 마우스 버튼에서 손을 떼면 복사된 '1분기(2)' 워크시트가 나타납니다. 워크시트 이름과 [A1] 셀의 내용만 수정하면 동일한 서식으로 새 워크시트를 만들 수 있습니다.

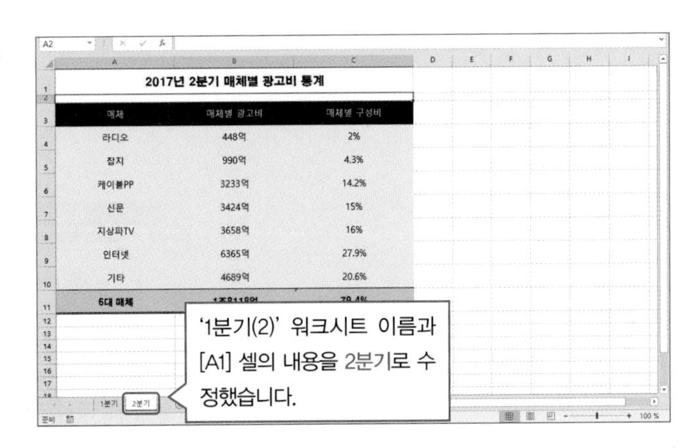

TIP

오래된 파일이거나 이름 상자에 오류가 있다면 워크시트를 복사할 때 이름 충돌에 관한 경고 메시지가 여러 번 나올 수 있습니다. 매크로를 이용해 문제를 해결하는 방법은 392쪽을 참조하세요.

| 워크시트를 복사해서 다른 문서로 보내기

1 '1분기' 워크시트 탭을 마우스 오른쪽 버튼으로 클릭한 뒤 단축 메뉴에서 [이동/복사]를 클릭합니다.

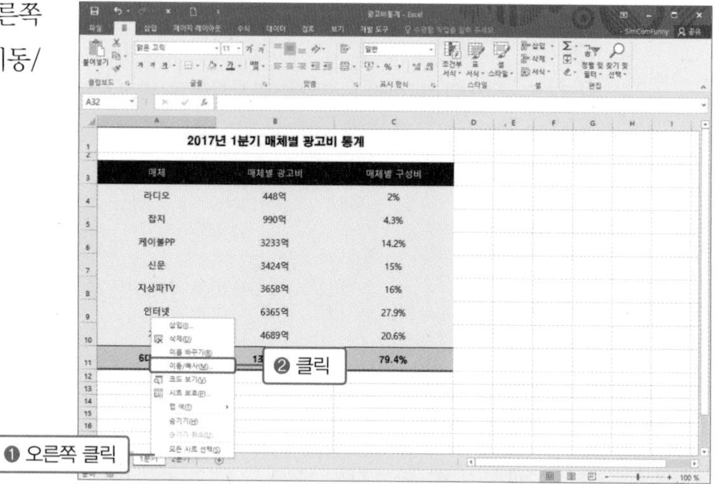

2 [이동/복사] 대화상자가 나타나면 [대상 통합 문서]의 목록 버튼을 클릭하여 '(새 통합 문서)'를 선택하고 '복사본 만들기'에 체크 표시를 한 후 [확인]을 클릭합니다.

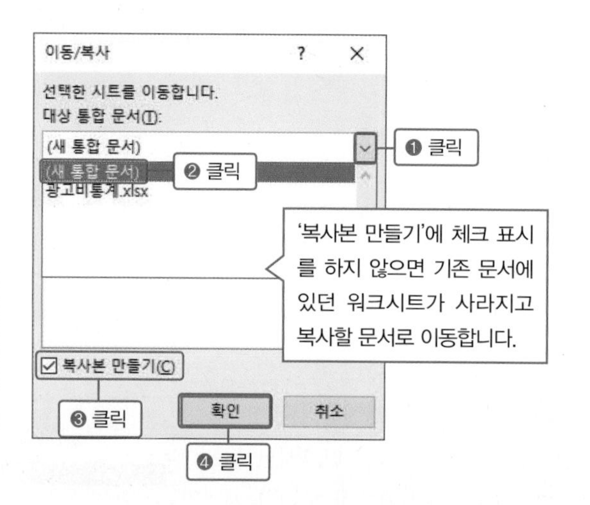

TIP

[대상 통합 문서]에는 열려 있는 모든 문서가 나타납니다. 이동하려면 문서에 다른 시트가 있다면 [다음 시트의 앞에]의 워크시트 목록에서 붙여 넣을 위치를 선택할 수 있습니다.

3 새 통합 문서에 복사한 워크시트가 추가되어 나타납니다.

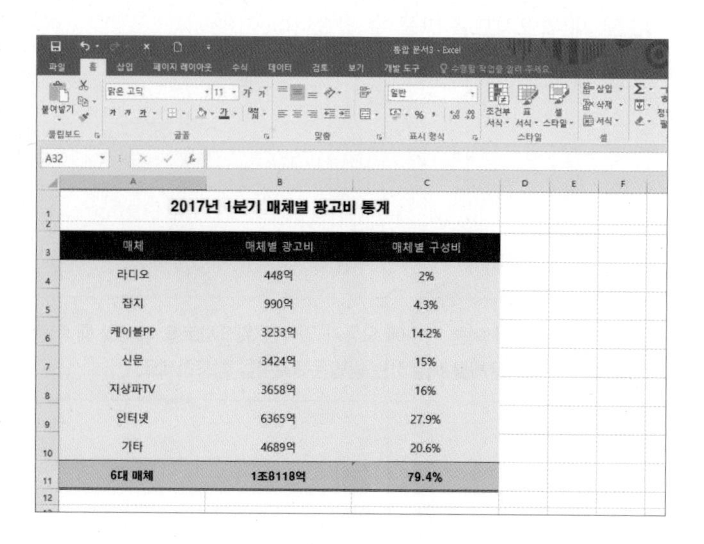

2017년 1분기 매체별 광고비 통계

매체	매체별 광고비	매체별 구성비
라디오	448억	2%
잡지	990억	4.3%
케이블PP	3233억	14.2%
신문	3424억	15%
지상파TV	3658억	16%
인터넷	6365억	27.9%
기타	4689억	20.6%
6대 매체	1조8118억	79.4%

2007 2010 2013 2016 2019

030 워크시트 그룹으로 만들기

여러 개의 워크시트를 그룹으로 묶으면 동일한 셀 주소에 데이터를 한 번에 입력하거나 서식을 일괄 수정할 수 있습니다. 단, 워크시트를 그룹으로 묶어서 작업한 뒤 개별 워크시트를 편집할 때는 그룹이 해제됐는지 확인해야 합니다.

예제 파일 Part03\광고비연누계.xlsx **완성 파일** Part03\광고비연누계_완성.xlsx

| 그룹 만들기

'1분기' 워크시트 탭을 클릭하고 Shift를 누른 채 '4분기' 워크시트 탭을 클릭하면 모든 워크시트가 선택됩니다. 그룹을 해제하려면 워크시트 탭을 마우스 오른쪽 버튼으로 누른 뒤 단축 메뉴에서 [시트 그룹 해제]를 클릭합니다.

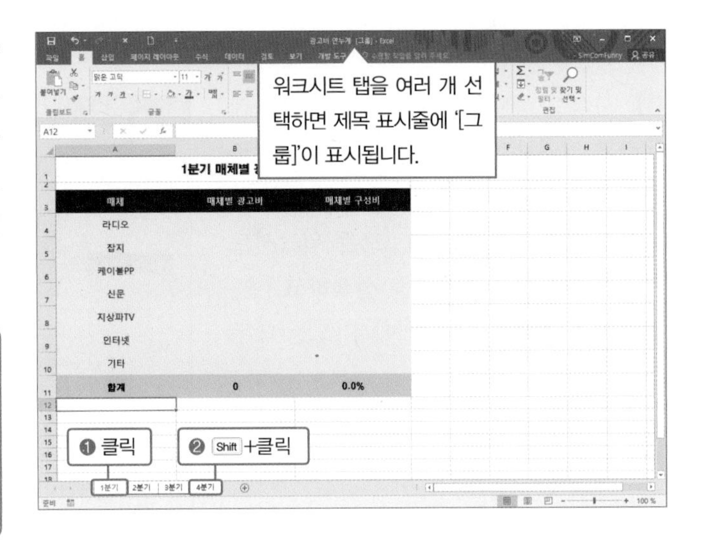

TIP

모든 워크시트 그룹화하기

방법 1. 워크시트 탭을 마우스 오른쪽 버튼으로 클릭한 후 단축 메뉴에서 [모든 시트 선택] 클릭

방법 2. '1분기' 워크시트 탭을 클릭하고 Shift를 누른 채 마지막 '4분기' 워크시트 탭 클릭

| 그룹 복사/삭제하기

1 '1분기' 워크시트 탭을 클릭하고 Ctrl을 누른 채 '3분기' 워크시트 탭을 클릭하면 2개의 워크시트만 그룹으로 묶입니다. 그룹으로 묶인 워크시트를 Ctrl을 누른 채 오른쪽 맨 끝으로 드래그하면 마우스 포인터가 모양으로 바뀝니다. 마우스 버튼에서 손을 뗍니다.

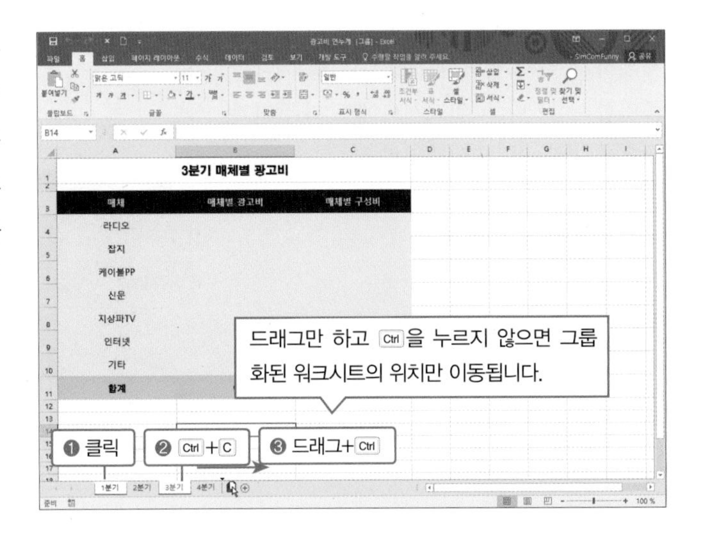

2 그룹화된 2개의 워크시트만 복사됩니다. 그룹화된 워크시트를 삭제하려면 그룹화된 워크시트 탭을 마우스 오른쪽 버튼으로 클릭합니다. 단축 메뉴에서 [삭제]를 클릭합니다. 경고 메시지가 나타나면 [삭제]를 클릭합니다.

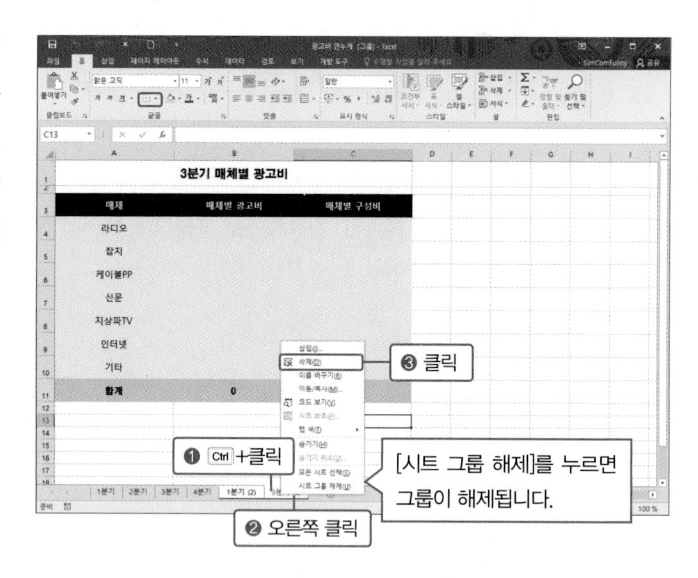

| 그룹의 데이터 및 서식 일괄 수정하기

1 서식이 동일한 4개의 워크시트에 테두리를 그려보겠습니다. '4분기' 워크시트 탭을 클릭하고 Shift를 누른 채 '1분기' 워크시트 탭을 클릭합니다. 모든 워크시트가 그룹화되면 표 전체를 선택하고 [홈] 탭–[글꼴] 그룹–[테두리]에서 [모든 테두리]를 선택합니다.

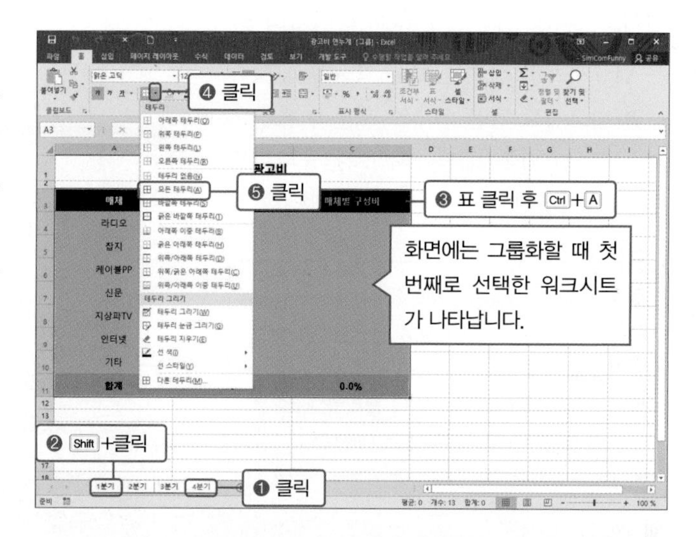

2 표에 테두리선이 나타납니다. 그룹을 해제하기 위해 임의의 워크시트 탭 하나만 클릭합니다. 다른 워크시트에도 테두리가 적용된 것을 알 수 있습니다.

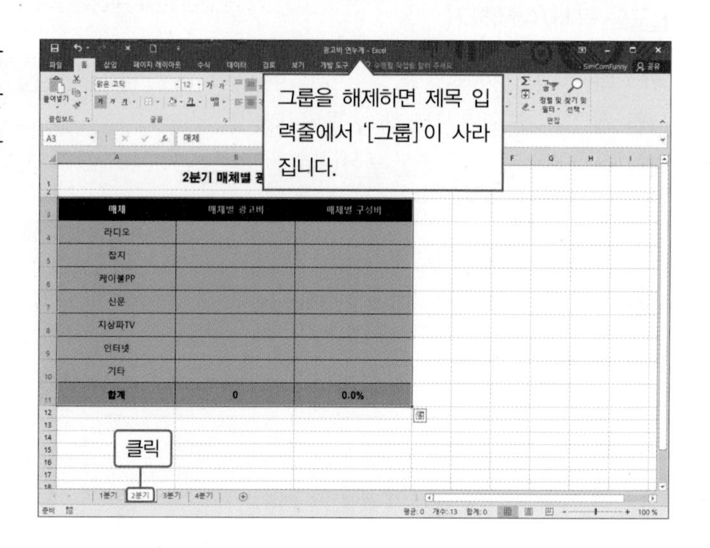

2007 | 2010 | 2013 | 2016 | 2019

031 행과 열 동시에 고정하기

데이터양이 많은 문서를 스크롤하면 표의 머리글 역할을 하는 첫 행과 첫 열이 화면에서 밀려 어떤 항목에 관한 결과 값인지 구분하기 힘들어집니다. 제목이 입력된 행과 열을 고정하면 스크롤을 내려도 데이터의 분류 항목을 쉽게 알아볼 수 있습니다.

예제 파일 Part03\시도별 소매판매지수.xlsx **완성 파일** Part03\시도별 소매판매지수_완성.xlsx

1 '행열고정' 워크시트에서 B열, 5행까지 동시에 고정해 보겠습니다. 고정하려는 위치의 다음 행/열인 [C6] 셀을 클릭하고 [보기] 탭–[창] 그룹–[틀 고정]에서 [틀 고정]을 클릭합니다.

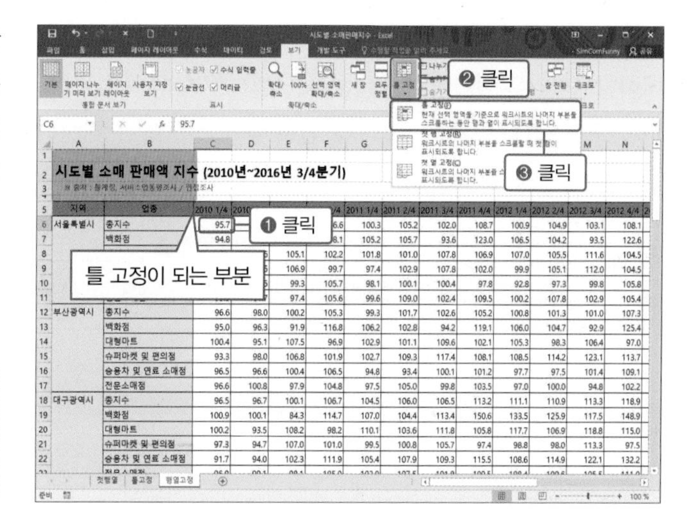

TIP

첫 행 고정 / 첫 열 고정
스크롤 된 화면을 기준으로 첫번째 행과 열만 고정시킵니다.

2 멀리 떨어진 셀 주소를 쉽게 찾기 위해 이름 상자에 W75를 입력하고 Enter를 누릅니다. 화면 스크롤이 오른쪽 아래로 움직여도 [1:5] 행과 [A:B] 열까지는 고정되어 기간과 지역 정보를 같이 볼 수 있습니다.

W75 입력 후 Enter

TIP

84쪽 '엑셀 표' 기능을 이용하면 화면을 아래로 스크롤해도 표의 머리글이 열 머리글에 나타나므로 따로 틀 고정을 하지 않아도 됩니다.

2007 2010 2013 2016 2019

032 데이터베이스의 구조 및 입력법

데이터베이스(Database)는 항목별로 분류된 자료의 집합체입니다. 엑셀은 셀 단위로 데이터를 입력하기 때문에 데이터 위치를 재배열하여 원하는 형태로 가공하는 데 유용합니다. 대용량 데이터를 쉽게 정리할 수 있도록 데이터의 구조부터 살펴보고, 올바른 데이터 입력법을 알아보겠습니다.

데이터베이스의 구조

데이터베이스는 필드명(Field Name), 필드(Field), 레코드(Record)로 구성되어 있습니다. 셀에 입력된 데이터가 모여 '표'를 이루고, 표의 첫 번째 행인 '필드명'은 데이터를 분류하는 머리글이 됩니다. 필드는 열 단위로 분류된 세로 방향의 데이터 단위입니다. '레코드'는 행 단위로 분류된 가로 방향의 데이터 단위입니다.

입고 대비 판매회전율

카테고리	CODE	입고수량	판매량	매장재고량	창고재고량	판매회전율
Shirts	SH5210	2,340	1,019	397	924	43.6%
Shirts	SH5211	3,207	910	1,050	1,246	28.4%
Shirts	SH5212	4,015	786	1,640	1,590	19.6%
Shirts	SH5213	3,184	661	1,382	1,141	20.8%
Shirts	SH5214	3,924	591	1,341	1,992	15.1%
Shirts	SH5215	2,319	472	894	954	20.4%
Shirts	SH5216	1,574	444	530	599	28.2%
Shirts	SH5217	1,864	386	767	711	20.7%
Tie	ST0009	1,457	358	412	687	24.5%
Tie	ST0010	11,506	1,290	4,774	5,442	11.2%
Tie	ST0011	1,953	606	422	925	31.0%
Tie	ST0012	7,722	571	3,174	3,978	7.4%

필드명 : 데이터를 분류하는 머리글로, 각 항목의 속성을 대표합니다.

필드 : 세로 방향의 열 단위 데이터입니다.

레코드 : 가로 방향의 행 단위 데이터입니다.

대용량 문서 관리를 위한 데이터 입력법

1. 항목별로 하나의 셀에는 하나의 데이터만 입력합니다.

셀 단위로 입력된 데이터는 정렬/필터/피벗테이블 등을 이용해 위치를 재배열할 수 있습니다. 그러나 하나의 셀에 여러 항목을 넣으면 정확하게 분류하기 어려울 수 있습니다.

2017년 1-6월 상반기 우수고객 구매 현황

고객명/성별	지역	등급	구매금액	최근구매월(月)	DM수신
강태호/남	서울	2	10,473,600	2016/05	
강인한/남	서울	V	20,348,650	2016/05	Y
강호실/남	경남	V	21,430,400	2016/06	Y
권순우/남	충북	1	15,681,700	2016/05	
김경원/여	[illegible]	[illegible]	[illegible]	2016/06	Y
김광석/남	[illegible]	[illegible]	[illegible]	2016/06	Y
김사남/여	[illegible]	[illegible]	[illegible]	2016/05	Y
김상우/남	[illegible]	[illegible]	[illegible]	2016/05	Y
김석호/남	[illegible]	[illegible]	[illegible]	2016/05	Y
김순영/여	서울	V	24,361,800	2016/05	Y

'고객명'과 '성별'을 하나의 셀에 입력했습니다.

▲ 변경 전

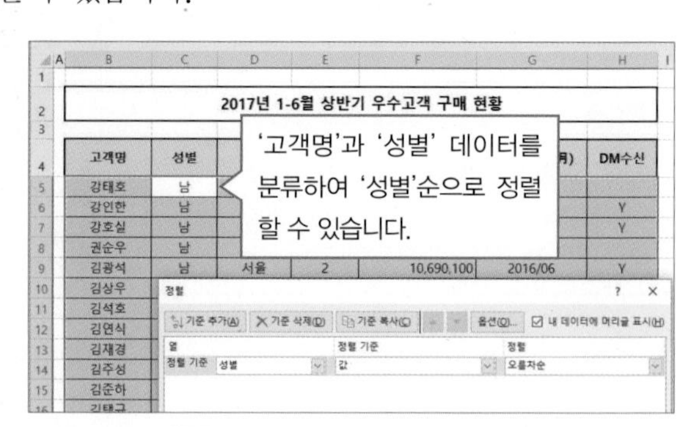

▲ 변경 후 page 정렬에 대한 자세한 내용은 200쪽을 참고하세요.

2. 제목 행 외에는 셀을 병합하지 않는 것이 좋습니다.

표에서 셀을 병합하면 데이터 정렬, 필터, 피벗 테이블을 적용할 때 데이터를 재배열하기 어렵습니다. 표의 행 제목도 병합하는 대신 한 셀에 하나씩 필드명을 입력하는 것이 좋습니다.

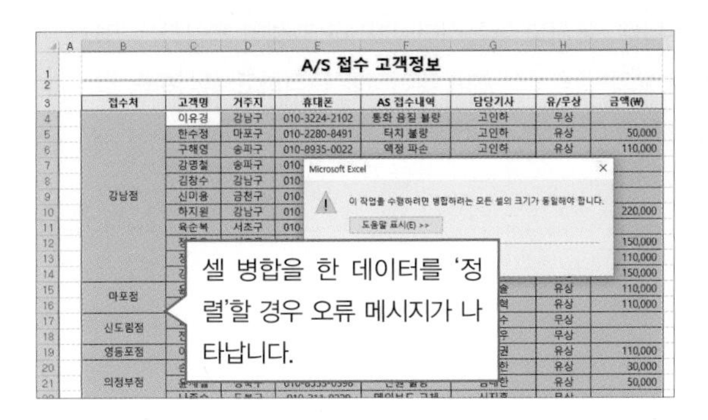

'접수처' 데이터를 따로 입력하자 고객명이 오름차순으로 정렬됐습니다.

3. 제목 행과 표 사이는 빈 행으로 구분합니다.

표에 데이터 정렬/필터/차트 등을 적용할 때 표 안을 클릭하면 연속으로 입력된 데이터 전체를 표 범위로 인식합니다. 제목이나 단위가 표와 연속으로 입력되지 않게 가급적 표 사이에 빈 행을 추가하여 엑셀 표만 분리하는 것이 좋습니다.

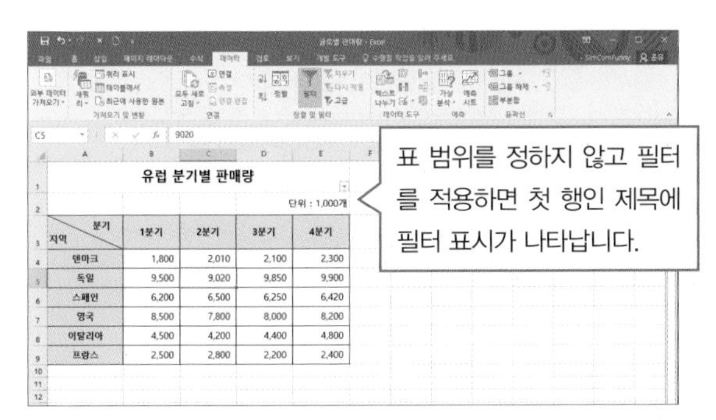

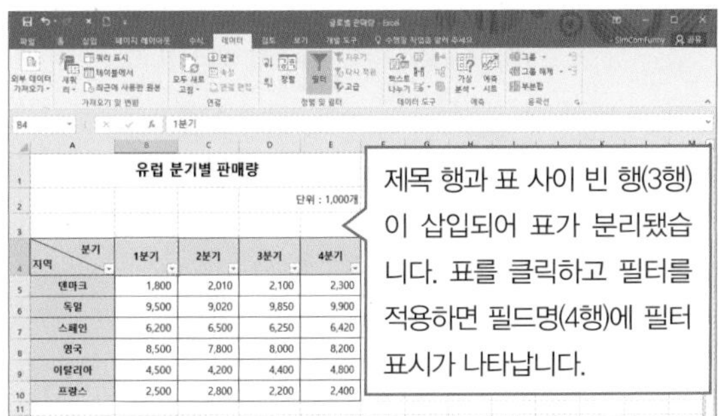

4. 표 안에 빈 열이나 빈 행을 두지 마세요.

데이터가 연속으로 입력되어 있을 경우, 표 전체를 자동으로 선택할 수 있습니다. 단축키로 데이터를 선택하거나 차트 범위를 자동 지정할 때를 고려해서 공백 대신 0이나 하이픈(–)을 입력하는 것이 좋습니다.

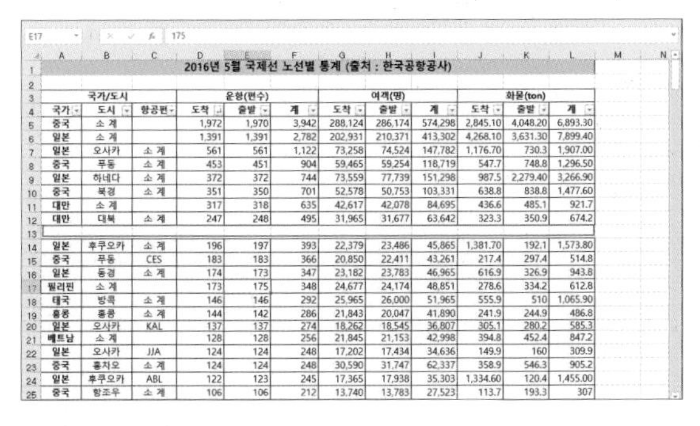

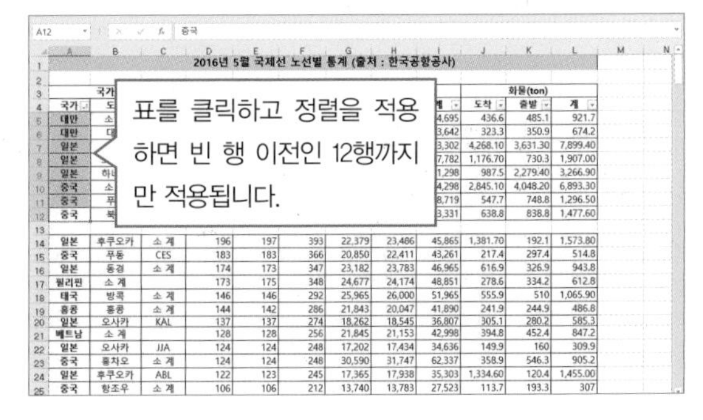

page 단축키로 데이터를 선택하는 방법은 63쪽을 참고하세요.

2007 2010 2013 2016 2019

033 엑셀 표의 특징

흔히 각 셀에 데이터를 입력하고 테두리를 적용한 것을 '표'라고 부릅니다. 그러나 엑셀이 제공하는 '엑셀 표' 기능에 비하면 이는 단순한 데이터의 집합에 불과합니다. 대용량 데이터를 관리하고 분석하는 것은 물론 서식을 적용하는 데 최적화된 엑셀 표의 특징에 대해 알아보겠습니다.

| 일반 표와 엑셀 표의 차이점

엑셀의 일반적인 표는 개별 셀 주소를 활용하지만, 엑셀 표는 열 단위의 필드를 그룹화한 표 집합을 의미합니다. 표 스타일을 적용할 때에도 열의 대표가 되는 필드명과 하위 데이터인 필드의 디자인이 구분되고 행이 삽입되거나 삭제되어도 홀수/짝수 행의 바탕색이 유동적으로 변하는 등 다음과 같은 특징을 지닙니다.

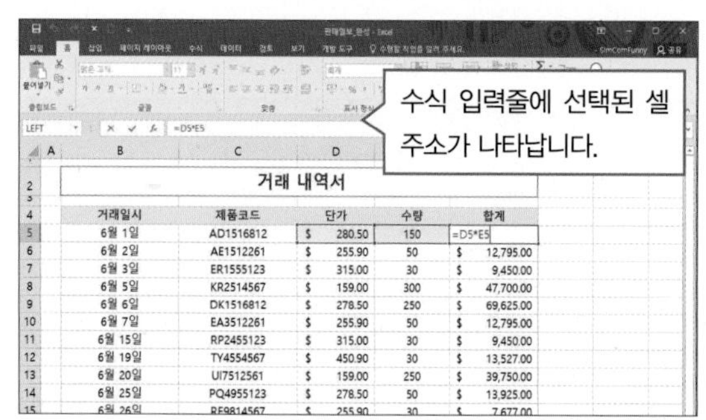

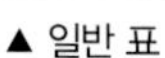
▲ 일반 표

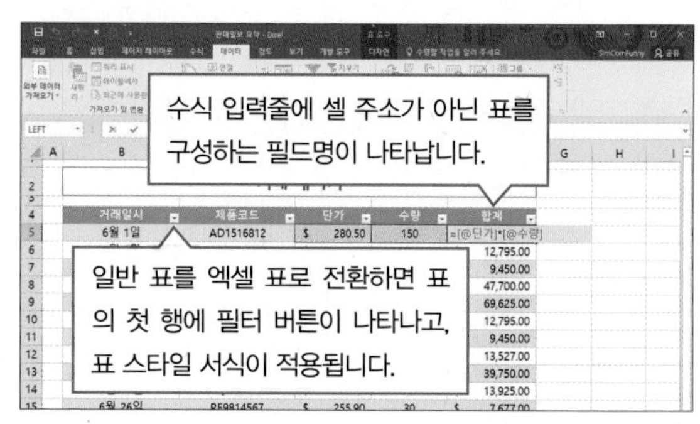

▲ 엑셀 표

| 엑셀 표의 장점

1. 자동 틀 고정

데이터 양이 많을 경우 스크롤을 내려서 아래의 데이터를 확인하면 필드명이 가려져서 항목을 구분하기 어렵습니다. 이때 표 기능을 이용하면 스크롤을 내려도 표의 첫 번째 행에 입력된 머리글이 열 머리글에 표시됩니다.

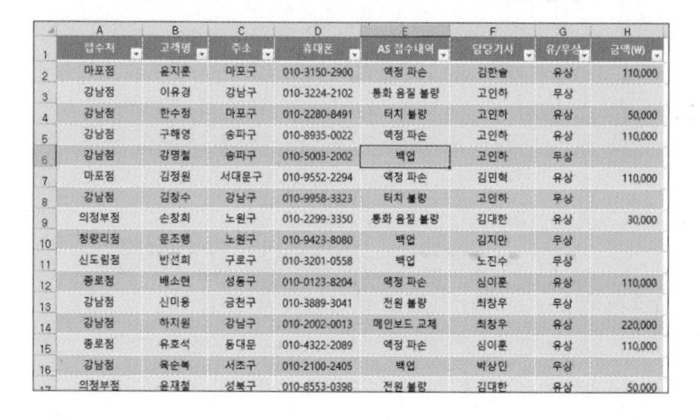

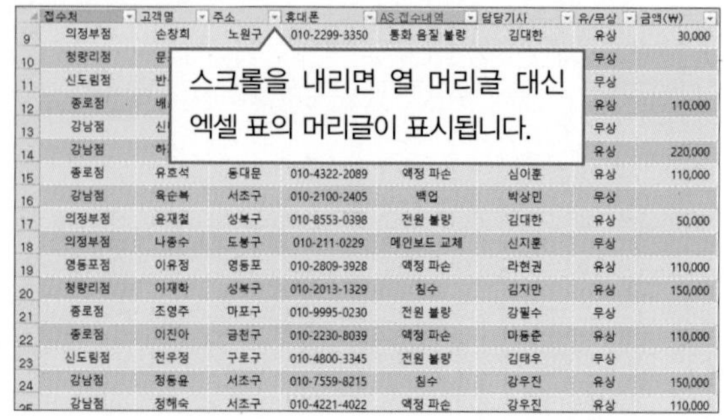

page 특정 행/열을 고정하는 방법은 81쪽의 틀 고정 기능을 참고하세요.

2. 자동으로 확장되는 데이터 범위와 디자인 서식

엑셀 표의 새로운 행이나 열에 데이터를 연속으로 입력하면 자동으로 표 서식이 적용됩니다. 표의 데이터가 확장됐다고 인식하기 때문입니다. 그래서 표를 기반으로 차트나 피벗 테이블을 만들 때, 데이터를 수정하거나 추가할 경우 범위를 다시 지정하지 않아도 자동으로 업데이트됩니다.

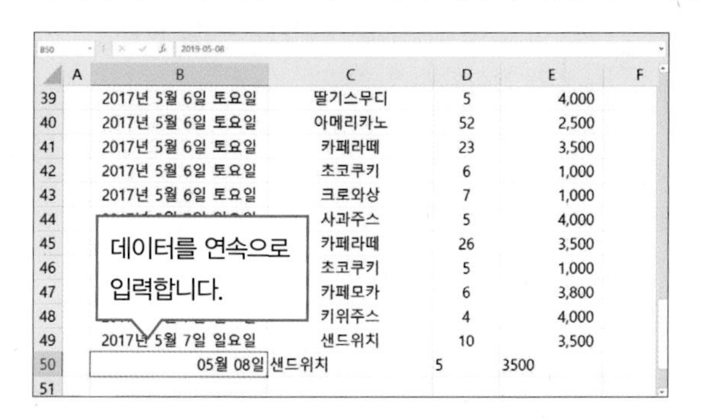

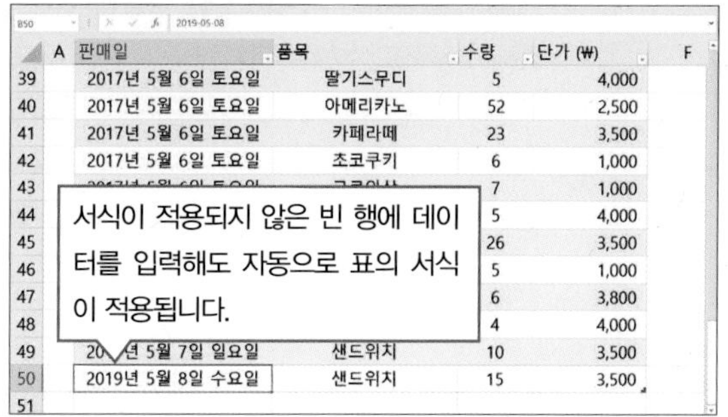

3. 셀 주소 대신 필드명으로 수식 입력하기

셀에 이름을 설정하면 복잡한 셀 주소 대신 간단한 이름으로 수식을 입력할 수 있습니다. 표로 데이터를 관리하면 각 셀을 필드명의 구성요소로 기억합니다. 그래서 수식을 입력할 때도 계산에 참조할 필드명을 입력하면 알맞은 행 주소를 참조하여 계산 결과가 반환됩니다.

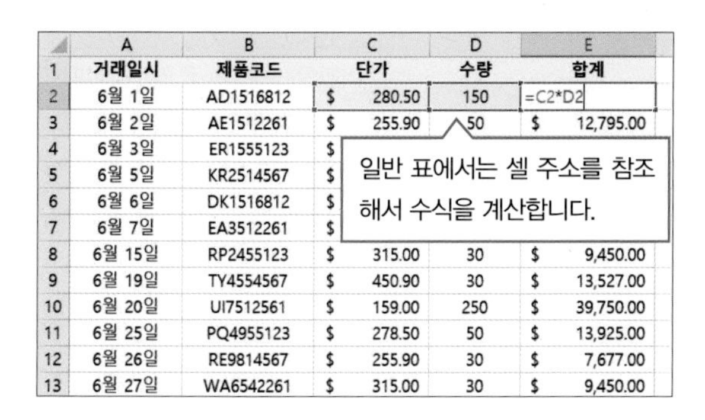

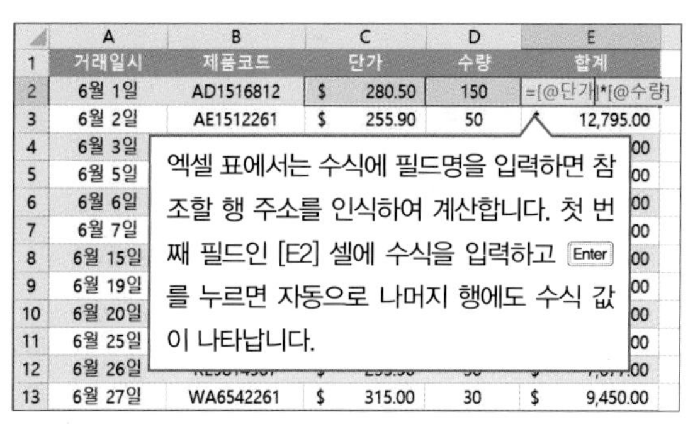

4. 모든 데이터를 한 줄로 요약해 주는 요약 행 및 슬라이서

'요약 행'을 추가하면 필드의 평균, 합계, 최대값, 최소값 등 원하는 값을 선택하여 볼 수 있습니다. 엑셀 2013부터는 슬라이서를 삽입해서 쉽게 필터 결과를 볼 수 있습니다.

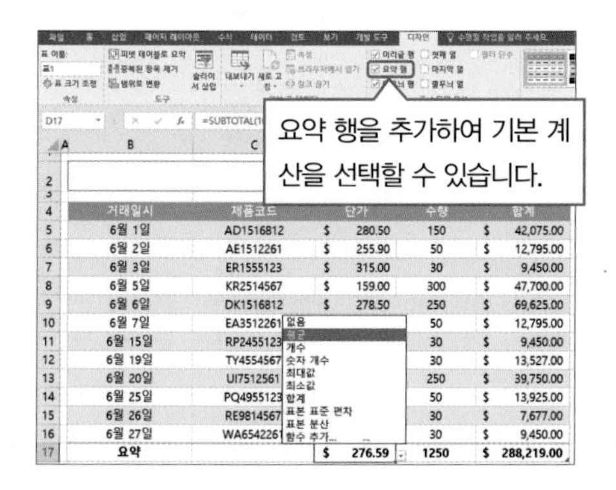

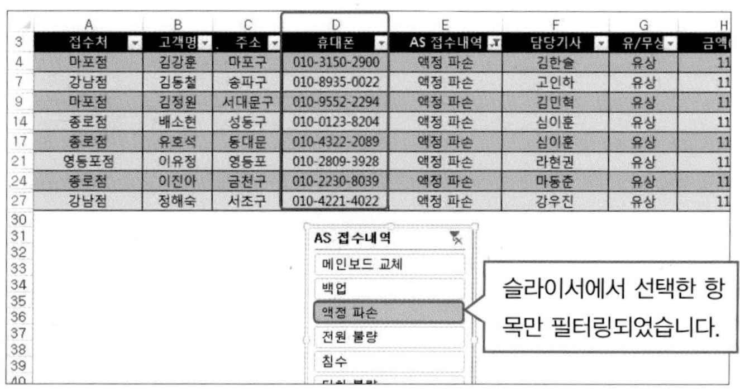

2007 2010 2013 2016 2019

034 엑셀 표로 전환하고 디자인 쉽게 변경하기

입력한 데이터를 엑셀 표로 전환하는 방법은 간단합니다. 엑셀 표로 지정된 범위는 하나의 표 단위로 인식되어 셀 디자인 서식도 일괄 적용됩니다. [홈] 탭이나 [셀 서식] 대화상자에서 색과 테두리를 일일이 설정하지 않아도 추천된 디자인을 선택하여 표의 디자인을 쉽게 완성할 수 있습니다.

예제 파일 Part03\주간판매일보.xlsx **완성 파일** Part03\주간판매일보_완성.xlsx

1 표로 전환할 데이터 영역에서 셀 하나를 클릭합니다. [삽입] 탭–[표] 그룹–[표]를 클릭하면 [표 만들기] 대화상자가 나타납니다. 데이터가 연속으로 입력된 셀 범위가 자동으로 선택되므로 [확인]을 클릭합니다.

단축키

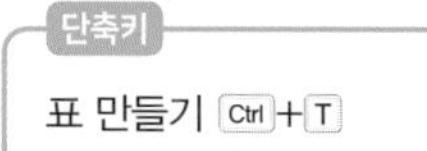
표 만들기 Ctrl+T

TIP

머리글 포함
표를 만들 때 [표 만들기] 대화상자의 '머리글 포함'을 체크 표시하지 않으면 표의 첫 번째 행에 머리글 행이 자동으로 삽입됩니다.

❶ 클릭
❷ 클릭
제목 행과 실제 표에 포함될 데이터 사이에 빈 행을 추가하여 데이터 영역을 구분했습니다.
'머리글 포함'은 표의 첫 번째 행에 필드명이 이미 입력되어 있는 경우에 체크 표시합니다.

2 선택한 영역이 표로 만들어지고 자동으로 표 서식이 적용됐습니다. 표의 머리글인 4행에 필터 목록 버튼이 생기고 디자인 서식이 적용되었습니다. 표로 전환된 영역을 클릭하면 나타나는 [표 디자인] 탭–[표 스타일] 그룹에서 원하는 디자인을 선택할 수 있습니다.

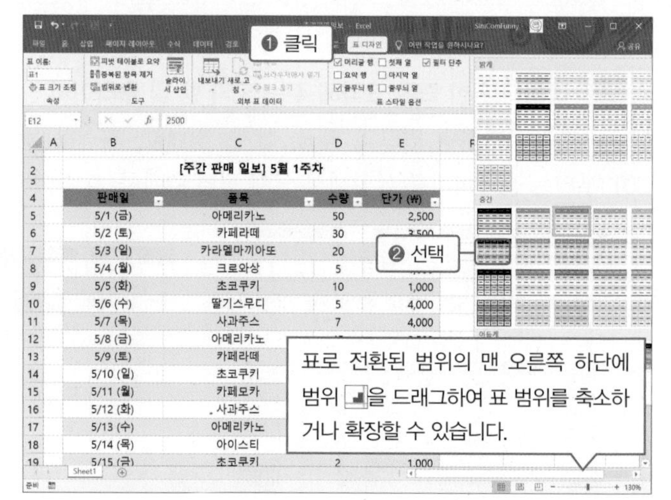

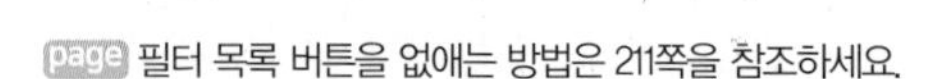
page 필터 목록 버튼을 없애는 방법은 211쪽을 참조하세요.

035 요약 행 추가하여 자동 계산하기

엑셀은 계산에 최적화된 프로그램이고, 엑셀 표는 이를 반영하여 수식과 서식을 자동으로 채워줍니다. 엑셀 표에 수식을 입력하지 않아도 '요약 행'을 추가하면 개수나 합계, 평균, 최소값, 최대값 등을 계산할 수 있습니다. 엑셀 표를 이용해 자동 계산하는 방법을 알아보겠습니다.

예제 파일 Part03\판매일보.xlsx **완성 파일** Part03\판매일보_완성.xlsx

1 엑셀 표를 클릭하고 [디자인] 탭–[표 스타일 옵션] 그룹에서 '요약 행'에 체크 표시를 합니다. 표의 마지막 행에 요약 행이 추가됩니다. [D17] 셀을 클릭하면 목록 버튼▼이 나타납니다. 평균 단가를 구하기 위해 목록에서 '평균'을 선택합니다.

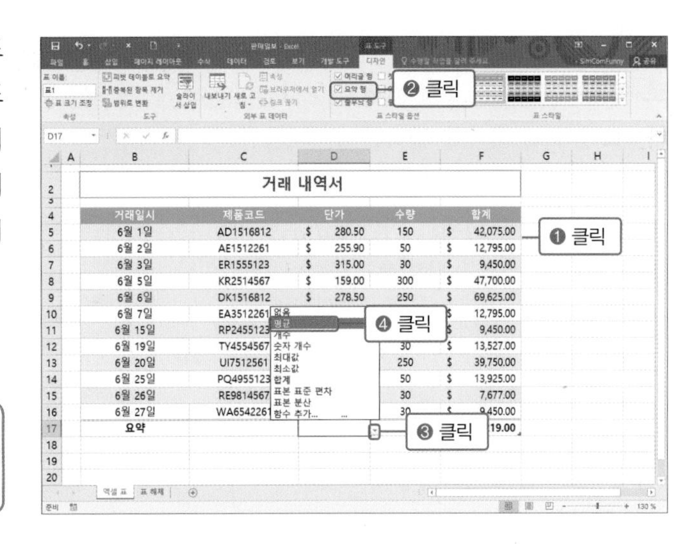

TIP

엑셀 표를 클릭할 때 나타나는 [디자인] 탭의 이름은 버전에 따라 다소 상이할 수 있습니다.

2 '단가' 필드의 평균값이 입력됩니다. [E17] 셀의 목록 버튼▼을 클릭해서 '합계'를 선택하면 합계가 입력됩니다. [F17] 셀도 클릭해 보면 수식 입력줄에 필드명을 참조로 한 수식이 자동으로 입력된 것을 알 수 있습니다.

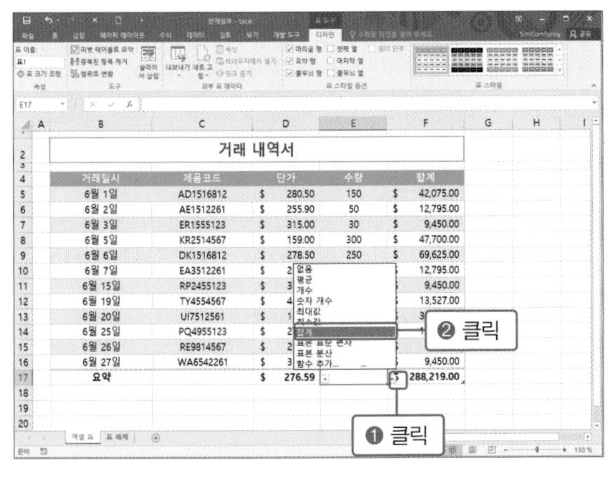

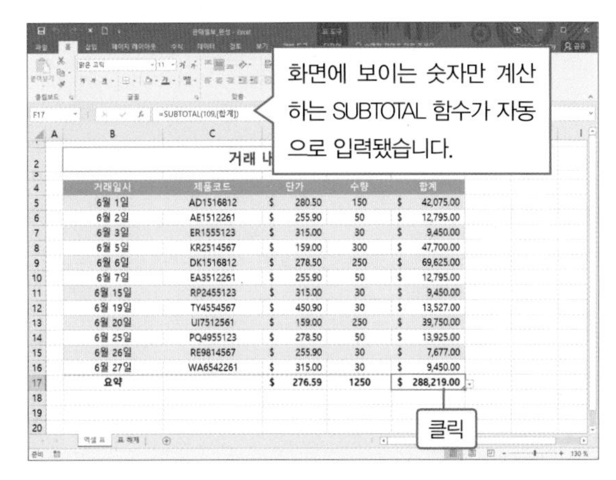

page SUBTOTAL에 관한 자세한 설명은 225쪽을 참고하세요.

036 엑셀 표 해제하기

엑셀 표는 디자인 구성이나 행/열의 확장 등 편리한 점이 많지만 그룹화된 셀을 다시 독립적으로 사용하고 싶다면 정상 범위로 전환하면 됩니다. 엑셀 표로 전환하면서 적용된 디자인 서식은 엑셀 표를 해제하더라도 그대로 남아 있습니다.

예제 파일 Part03\판매일보 해제.xlsx **완성 파일** Part03\판매일보 해제_완성.xlsx

1 표로 그룹화된 셀을 개별 데이터로 해제하기 위해 표를 해제해 보겠습니다. 표에서 셀 하나를 클릭한 후 [디자인] 탭–[도구] 그룹–[범위로 변환]을 클릭합니다. 표를 정상 범위로 변환하겠냐는 대화상자가 나타나면 [예]를 클릭합니다.

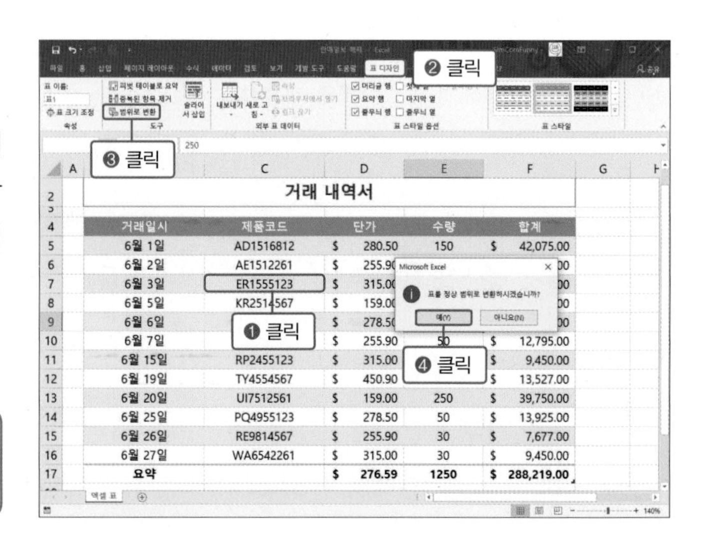

TIP
표에서 마우스 오른쪽 버튼을 클릭한 뒤 단축 메뉴에서 [표]–[범위로 변환]을 클릭해도 됩니다.

2 서식은 남아 있지만 표가 해제되어 4행에 있던 필터 목록 버튼이 사라졌습니다.

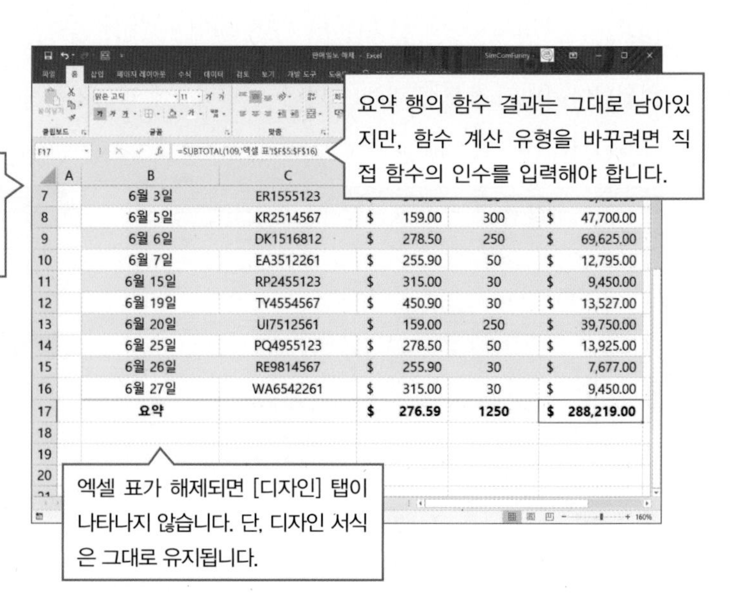

요약 행의 함수 결과는 그대로 남아있지만, 함수 계산 유형을 바꾸려면 직접 함수의 인수를 입력해야 합니다.
엑셀 표 위에서 스크롤을 내려도 표 머리글이 고정되지 않고 본래의 A,B,C 열 주소만 나타납니다.
엑셀 표가 해제되면 [디자인] 탭이 나타나지 않습니다. 단, 디자인 서식은 그대로 유지됩니다.

Part 04

인쇄

잘 만든 보고서를 모니터 밖으로 출력하려면 다양한 인쇄 방법을 숙지하는 것이 좋습니다. 워크시트에서는 한 화면에서 보이던 표가 인쇄만 하면 여러 장으로 나누어져 인쇄된 경험이 있나요? 용지 크기에 맞춰 여백을 최소화하고, 페이지 수도 원하는 대로 출력되도록 인쇄하는 방법을 알아보겠습니다.

Preview

국민연금 소득구간별 가입자 현황

소득구간(천원)	사업장	지역	임의	임의계속	계 (명)	비율
270~280 미만	46,113	11,540	4,688	995	63,336	0.4%
280~300 미만	6,301	1,287	10	63	7,661	0.0%
300~325 미만	12,137	3,816	52	165	16,170	0.1%
325~355 미만	9,804	4,361	26	161	14,352	0.1%
355~385 미만	8,741	6,100	17	184	15,042	0.1%
385~420 미만	26,986	11,804	47	529	39,366	0.2%
420~460 미만	23,132	8,987	21	472	32,612	0.2%
460~500 미만	29,488	8,822	7	525	38,842	0.2%
500~545 미만	59,023	52,107	43	1,506	112,679	0.7%
545~595 미만	45,903	61,583	27	2,052	109,565	0.6%
595~645 미만	55,772	93,734	376	3,069	152,951	0.9%
645~700 미만	62,652	96,442	166	3,508	162,768	1.0%
700~760 미만	77,593	198,002	231	7,650	283,476	1.7%
760~820 미만	117,859	157,496	140	10,718	286,213	1.7%
820~885 미만	91,441	493,013	36	18,598	603,088	3.6%
885~955 미만	155,304	197,181	64	10,388	362,937	2.1%
955~1,025 미만	291,820	911,173	141,924	53,621	1,398,538	8.2%
1,025~1,095 미만	282,702	208,180	1,294	8,363	500,539	3.0%
1,095~1,170 미만	344,953	239,364	30,266	16,035	630,618	3.7%
1,170~1,250 미만	561,644	191,023	12,168	11,566	776,401	4.6%
1,250~1,335 미만	467,911	99,493	1,330	6,851	575,585	3.4%
1,335~1,425 미만	450,592	112,276	9,113	9,553	581,534	3.4%
1,425~1,515 미만	532,164	91,518	1,712	6,714	632,108	3.7%

인쇄할 표를 한 장 안에 맞추기

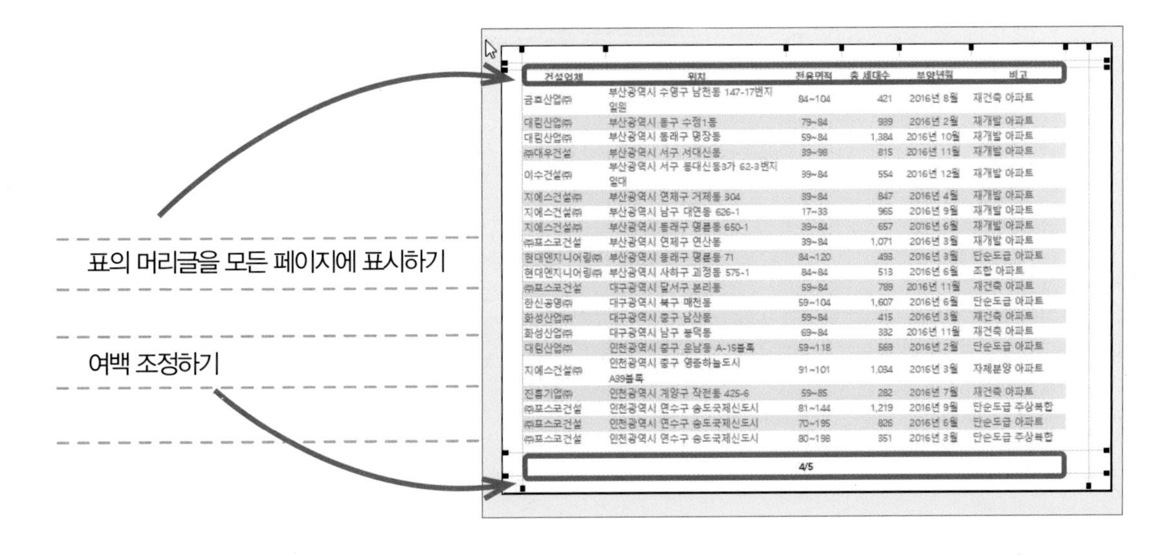

건설업체	위치	전용면적	총 세대수	분양년월	비고
금호산업㈜	부산광역시 수영구 남천동 147-17번지 일원	84~104	421	2016년 8월	재건축 아파트
대림산업㈜	부산광역시 동구 수정1동	79~84	989	2016년 2월	재개발 아파트
대림산업㈜	부산광역시 동래구 명장동	59~84	1,384	2016년 10월	재개발 아파트
㈜대우건설	부산광역시 서구 서대신동	39~98	815	2016년 11월	재개발 아파트
이수건설㈜	부산광역시 서구 동대신동3가 62-3번지 일대	39~84	554	2016년 12월	재개발 아파트
지에스건설㈜	부산광역시 연제구 거제동 304	39~84	847	2016년 4월	재개발 아파트
지에스건설㈜	부산광역시 남구 대연동 626-1	17~33	965	2016년 9월	재개발 아파트
지에스건설㈜	부산광역시 동래구 명륜동 650-1	39~84	657	2016년 6월	재개발 아파트
㈜포스코건설	부산광역시 연제구 연산동	39~84	1,071	2016년 3월	재개발 아파트
현대엔지니어링㈜	부산광역시 동래구 명륜동 71	84~120	493	2016년 3월	단순도급 아파트
현대엔지니어링㈜	부산광역시 사하구 괴정동 575-1	84~84	513	2016년 6월	조합 아파트
㈜포스코건설	대구광역시 달서구 본리동	59~84	789	2016년 11월	재건축 아파트
한신공영㈜	대구광역시 북구 매천동	59~104	1,607	2016년 6월	단순도급 아파트
화성산업㈜	대구광역시 중구 남산동	59~84	415	2016년 3월	재건축 아파트
화성산업㈜	대구광역시 남구 봉덕동	69~84	332	2016년 11월	재건축 아파트
대림산업㈜	인천광역시 중구 운남동 A-15블록	59~118	569	2016년 2월	단순도급 아파트
지에스건설㈜	인천광역시 중구 영종하늘도시 A39블록	91~101	1,034	2016년 3월	자체분양 아파트
진흥기업㈜	인천광역시 계양구 작전동 425-6	59~85	282	2016년 7월	재건축 아파트
㈜포스코건설	인천광역시 연수구 송도국제신도시	81~144	1,219	2016년 9월	단순도급 주상복합
㈜포스코건설	인천광역시 연수구 송도국제신도시	70~195	826	2016년 6월	단순도급 아파트
㈜포스코건설	인천광역시 연수구 송도국제신도시	80~198	351	2016년 3월	단순도급 주상복합

2007 2010 2013 2016 2019

037 한 페이지에 인쇄하기

워크시트 화면을 인쇄 화면에 맞춰 여백이나 글자 크기 등을 조절하면 데이터를 한 페이지로 볼 수 있습니다. 데이터를 한 페이지에 인쇄하려면 [한 페이지에 시트 맞추기]로 자동 조절하거나 [페이지 나누기 미리보기]에서 인쇄 영역을 직접 조절할 수 있습니다.

예제 파일 Part04\국민연금통계.xlsx **완성 파일** Part04\국민연금통계_한페이지.xlsx

방법 1_인쇄 영역 조정하여 한 페이지로 만들기

1 [보기] 탭–[통합 문서 보기] 그룹–[페이지 나누기 미리보기]를 클릭합니다. F열과 G열 사이의 파란색 점선을 클릭하여 오른쪽 실선까지 드래그합니다. 아래쪽에 파란색 점선이 나타나면 1장이 되도록 아래 실선까지 드래그합니다.

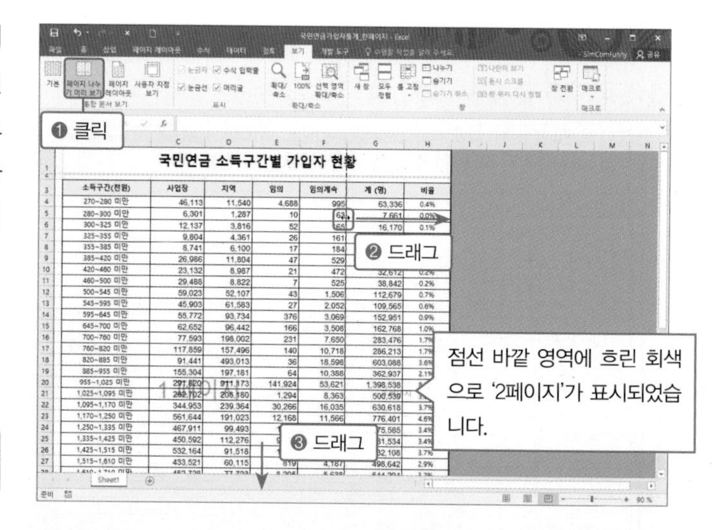
❶ 클릭
국민연금 소득구간별 가입자 현황
❷ 드래그
❸ 드래그
점선 바깥 영역에 흐린 회색으로 '2페이지'가 표시되었습니다.

단축키

[인쇄] 미리보기 화면 Ctrl+F2, Ctrl+P

2 파란색 점선이 모두 보이지 않고, 인쇄 영역에 1페이지만 남은 것을 알 수 있습니다.

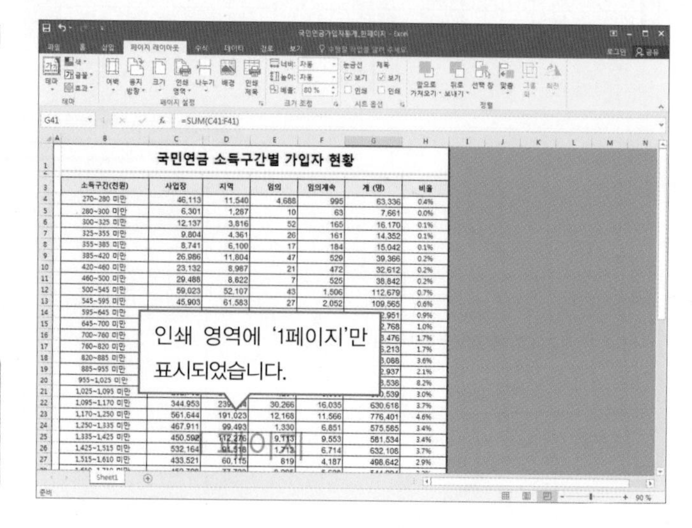
국민연금 소득구간별 가입자 현황
인쇄 영역에 '1페이지'만 표시되었습니다.

TIP

가로 데이터가 많으면 열 너비를 좁히고, 세로 데이터가 많으면 행 높이를 좁혀서 페이지 수를 축소할 수도 있습니다.

Skill Up [기본] 화면에서 보이는 페이지 구분선 없애기

[페이지 나누기 미리보기] 화면에서 [기본] 화면으로 돌아오면 페이지 구분선이 있던 위치에 점선이 나타납니다. 화면에서 페이지 구분선을 없애고 싶다면 [파일] 탭-[옵션]을 클릭한 후 [Excel 옵션] 대화상자-[고급] 화면에서 '페이지 나누기 옵션'의 체크 표시를 없앱니다.

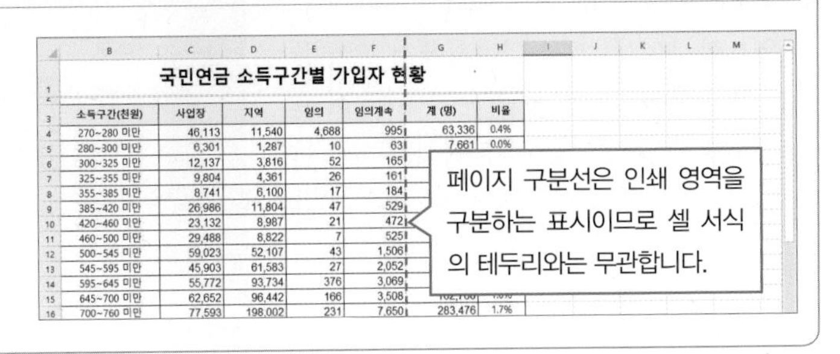

페이지 구분선은 인쇄 영역을 구분하는 표시이므로 셀 서식의 테두리와는 무관합니다.

| 방법 2_한 페이지에 시트 맞추기

1 4페이지로 나누어진 인쇄 영역을 한 페이지로 만들어 보겠습니다. [파일] 탭-[인쇄]를 클릭한 후 [현재 설정된 용지]의 목록 버튼을 클릭하여 목록에서 '한 페이지에 시트 맞추기'를 선택합니다.

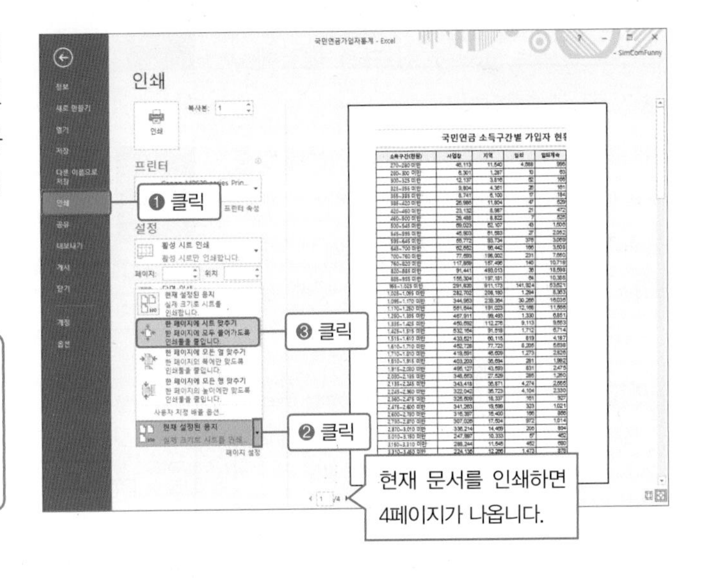

현재 문서를 인쇄하면 4페이지가 나옵니다.

TIP

[한 페이지에 모든 열 맞추기] : 행을 조절하여 열을 맞춥니다.

[한 페이지에 모든 행 맞추기] : 열을 조절하여 행을 맞춥니다.

2 Esc를 누르면 이전 상태로 돌아갑니다. '페이지 설정'을 클릭하면 [페이지] 탭-[배율]의 '확대/축소 배율'이 80%인 것을 알 수 있습니다. 한 페이지에 모든 데이터가 들어가도록 글자 배율을 축소한 것입니다.

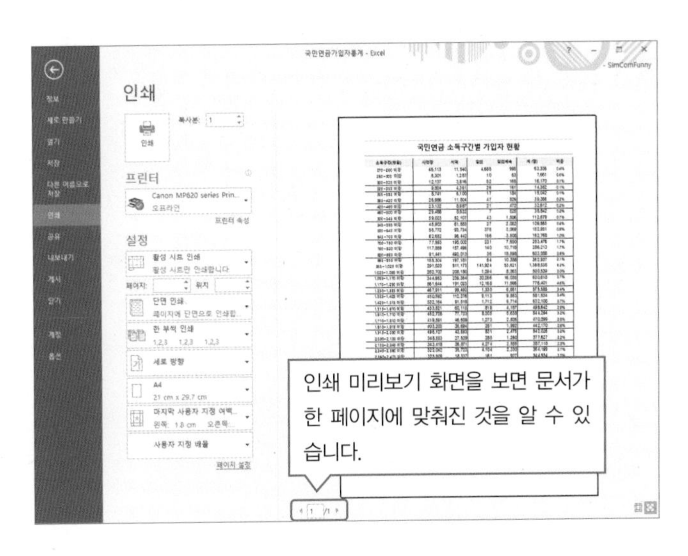

TIP

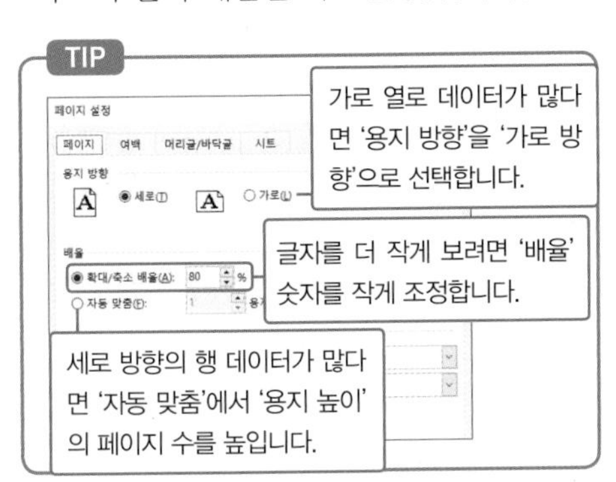

페이지 설정
페이지
여백
머리글/바닥글
시트
용지 방향
세로
가로
배율
확대/축소 배율
자동 맞춤
가로 열로 데이터가 많다면 '용지 방향'을 '가로 방향'으로 선택합니다.
글자를 더 작게 보려면 '배율' 숫자를 작게 조정합니다.
세로 방향의 행 데이터가 많다면 '자동 맞춤'에서 '용지 높이'의 페이지 수를 높입니다.

| 방법 3_여백 조절하기

인쇄 화면 미리보기로 글자 배율 조정하기

[파일] 탭–[인쇄] 백스테이지에서 오른쪽 하단에 위치한 [여백 표시] 아이콘을 클릭합니다. 미리보기 화면에 점선이 표시되면 여백 선을 마우스로 조정하여 글자 크기를 키우거나 줄일 수 있습니다.

> **TIP**
> 위아래 여백 선 2줄은 머리글/바닥글 간격을 의미합니다. 머리글/바닥글 없이 2개의 여백선을 겹쳐놓으면 여백을 최소화할 수 있습니다.

여백을 균등하게 분할해서 표를 가운데 맞춤

[페이지 설정] 대화상자에서 [여백] 탭을 클릭하면 '페이지 가운데 맞춤'에서 '가로' 또는 '세로'를 선택해서 표를 중앙에 놓을 수 있습니다.

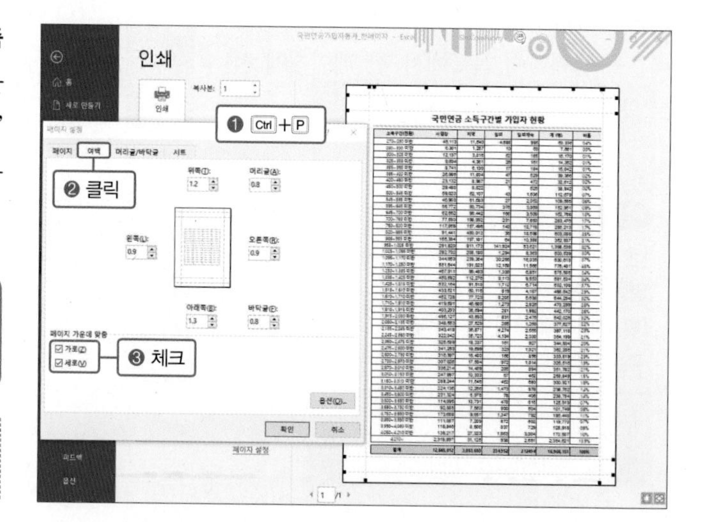

> **TIP**
> '세로'를 체크 표시하지 않으면 용지 위쪽부터 데이터가 채워져 하단에는 공백이 생깁니다.

> **엑셀 2007 |** [파일] 탭 대신 오피스 단추를 누르거나 인쇄 미리보기 단축키 Ctrl+P를 누릅니다.

038 머리글 행을 반복 인쇄하기

표의 머리글은 첫 페이지에서는 볼 수 있지만 다음 페이지에서는 따로 표시되지 않아 항목을 구분하기 어려울 때가 있습니다. 이럴 때는 머리글이나 제목이 입력된 행을 반복할 행으로 설정하면 모든 페이지의 상단에 머리글이 자동으로 표시됩니다.

예제 파일 Part04\상반기분양계획.xlsx **완성 파일** Part04\상반기분양계획_머리글반복.xlsx

1 머리글이 입력된 3행이 각 페이지 상단에 반복 표시되도록 설정해 보겠습니다. [페이지 레이아웃] 탭–[페이지 설정] 그룹–[인쇄 제목]을 클릭하면 [페이지 설정] 대화상자의 [시트] 탭이 표시됩니다. [인쇄 제목]의 '반복할 행'에 빈 칸을 클릭하고 워크시트에서 3행을 클릭합니다. '반복할 행'에 '$3:$3'가 입력되면 [확인]을 클릭합니다.

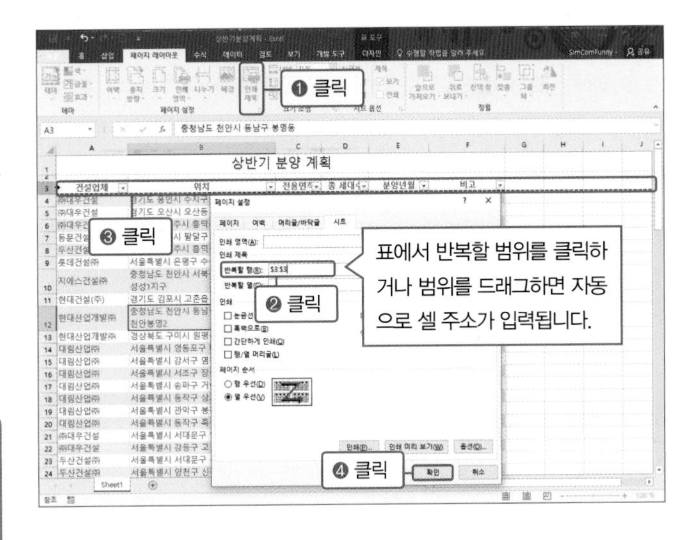

❶ 클릭
❷ 클릭
❸ 클릭
❹ 클릭
표에서 반복할 범위를 클릭하거나 범위를 드래그하면 자동으로 셀 주소가 입력됩니다.
상반기 분양 계획

TIP

$는 절대 참조 기호로 고정된 셀 주소를 참조할 때 사용됩니다. 자세한 내용은 290쪽을 참고하세요.

2 인쇄 화면을 확인하기 위해 Ctrl+P를 클릭합니다. 화면 아래 페이지 버튼(1/4)을 클릭해 보면 모든 페이지의 상단에 머리글 3행이 반복된 것을 볼 수 있습니다.

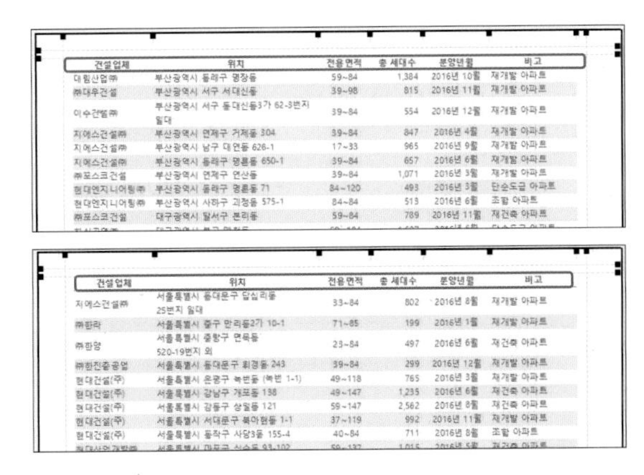

page 화면 아래 자동으로 페이지 수를 입력하는 방법은 94쪽을 참고하세요.

039 바닥글에 페이지 번호 표시하기

머리글과 마찬가지로 바닥글에도 문서에 표시할 여러 가지 요소를 추가할 수 있습니다. 인쇄물이 여러 장이라면 자동으로 페이지 번호가 표시되게 만드는 것도 좋습니다. 바닥글 추가 요소에서 페이지 수를 삽입하면 페이지가 늘어나거나 줄어드는 것에 따라 자동으로 페이지 번호가 변경됩니다.

예제 파일 Part04\상반기분양계획.xlsx **완성 파일** Part04\상반기분양계획_페이지번호.xlsx

1 모든 페이지의 하단에 현재/전체 페이지 수를 표시해 보겠습니다. [페이지 레이아웃] 화면에서 워크시트 아래를 보면 바닥글 구역이 3개로 나누어져 있습니다. 가운데 구역을 클릭하면 [디자인] 탭이 나타납니다. [머리글/바닥글 요소] 그룹에서 [페이지 번호]를 클릭하면 바닥글에 '&[페이지 번호]'가 표시됩니다. 편집 상태에서 빠져나오기 위해 다른 셀을 클릭합니다.

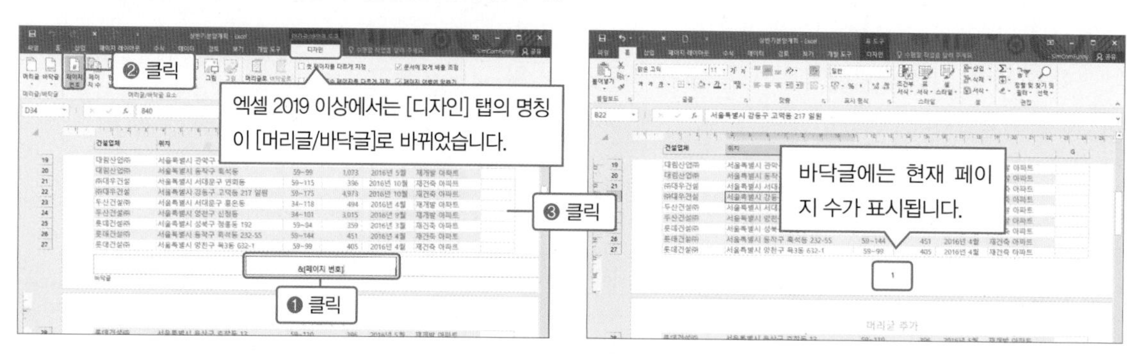

2 '현재 페이지/전체 페이지 수' 형식으로 변경하기 위해 페이지 번호가 입력된 바닥글을 다시 클릭합니다. '&[페이지 번호]' 뒤에 '/'를 입력하고 [디자인] 탭–[머리글/바닥글 요소] 그룹–[페이지 수]를 클릭합니다. 바닥글에 '&[페이지 번호]/&[전체 페이지 수]'가 입력되면 다른 셀을 클릭하여 바닥글 편집 상태에서 빠져나옵니다.

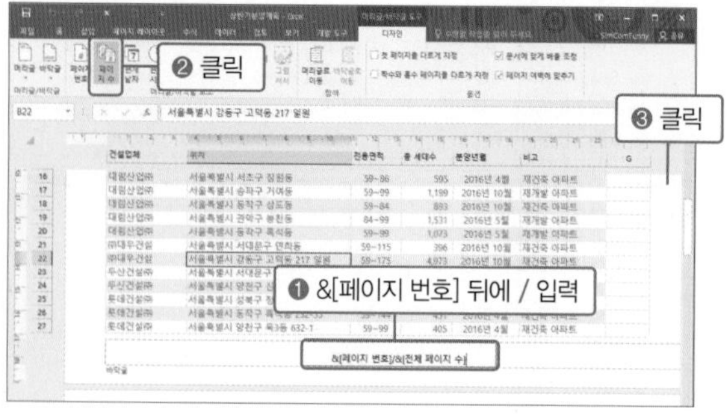

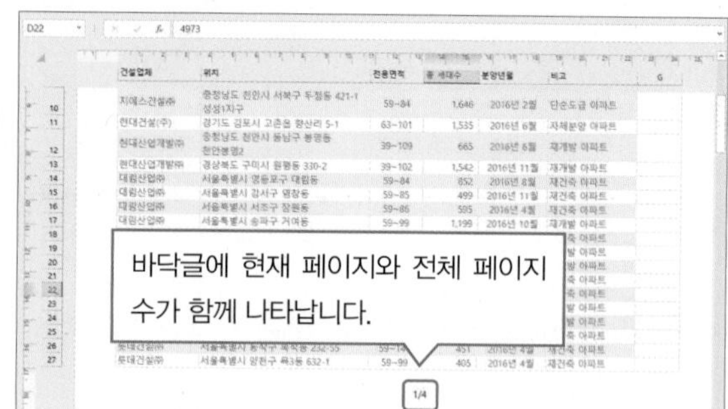

2007 2010 2013 2016 2019

040 바닥글에 로고 이미지 삽입하기

바닥글에 이미지를 삽입하면 워크시트에서는 보이지 않고, 인쇄하면 모든 페이지의 동일한 위치에 나타나는 것을 알 수 있습니다. 바닥글에 회사의 로고 이미지를 삽입하고 크기를 조절하는 방법을 알아보겠습니다.

예제 파일 Part04\근무표 로고.xlsx **완성 파일** Part04\근무표 로고_완성.xlsx

1 상태 표시줄에서 [페이지 레이아웃] 버튼을 클릭하여 편집 모드가 되면 바닥글의 가운데 구역을 클릭합니다. [디자인] 탭–[머리글/바닥글 요소] 그룹–[그림]을 클릭한 후 [그림 삽입] 대화상자가 나타나면 [파일에서]의 '찾아보기'를 클릭합니다.

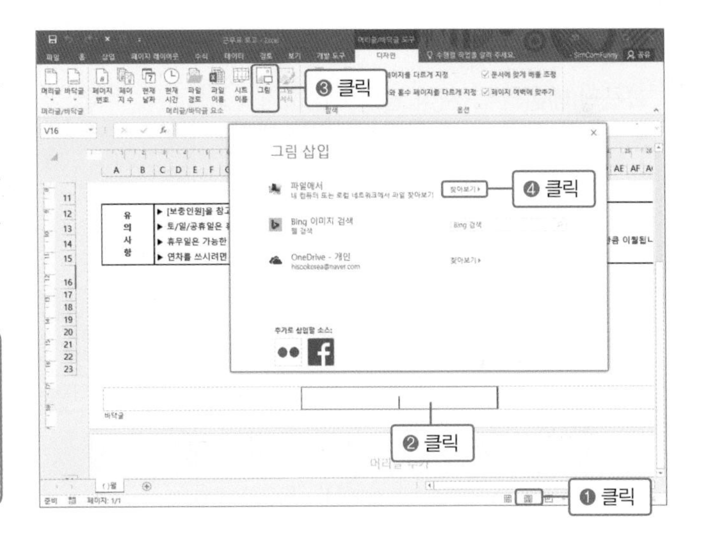

TIP
엑셀 2013 이상부터는 온라인과 연결해서 'Bing 이미지 검색'으로 웹 이미지를 다운로드하거나 'OneDrive'에 저장된 그림 파일을 가져올 수 있습니다.

2 [그림 삽입] 대화상자가 나타나면 Part04\logo.jpg 파일을 선택한 후 [삽입]을 클릭합니다.

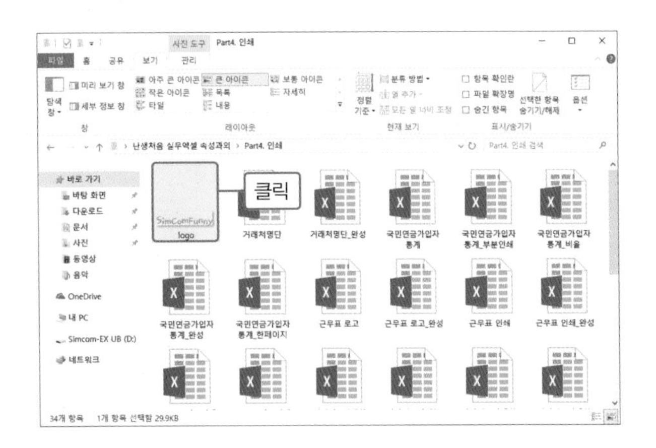

3 다른 셀을 클릭하여 편집 상태를 빠져나옵니다. 바닥글 영역에 삽입된 로고가 너무 커서 이미지가 다 나타나지 않습니다. 이미지 크기를 수정하기 위해 '&[그림]'이 입력된 가운데 구역을 선택합니다. [디자인] 탭-[머리글/바닥글 요소] 그룹-[그림 서식]을 클릭합니다.

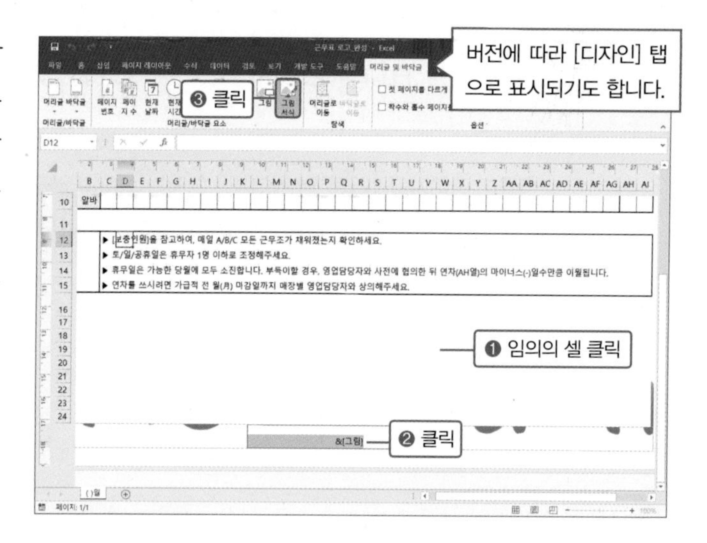

4 [그림 서식] 대화상자-[크기] 탭의 [배율]에서 [높이]를 20%로 수정하고 [확인]을 클릭합니다. [바닥글] 대화상자와 [페이지 설정] 대화상자의 [확인]을 순서대로 클릭합니다.

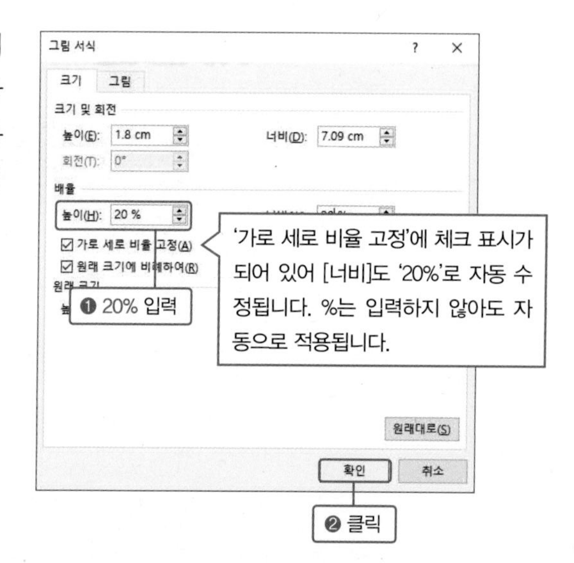

5 Ctrl+P를 눌러 인쇄 미리보기 화면이 나타나면 로고 크기가 알맞게 수정된 것을 볼 수 있습니다.

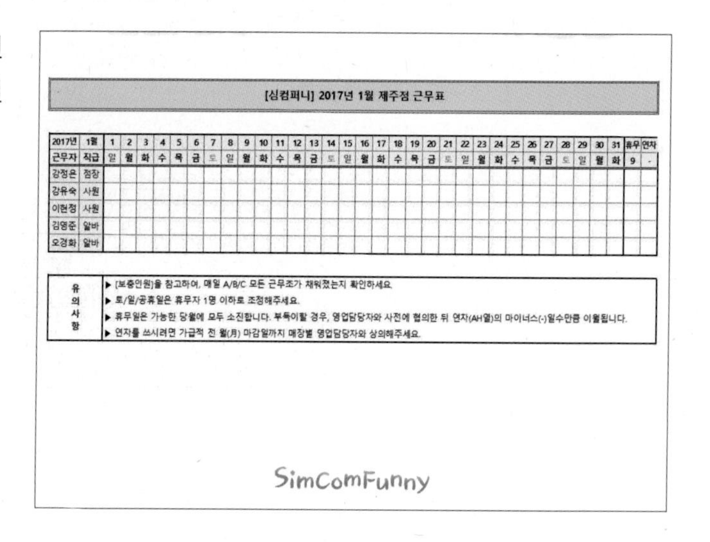

[심컴퍼니] 2017년 1월 제주점 근무표

2017년	1월	1	2	3	4	5	6	7	8	9	10	11	12	13	14	15	16	17	18	19	20	21	22	23	24	25	26	27	28	29	30	31	휴무	연차
근무자	직급	일	월	화	수	목	금	토	일	월	화	수	목	금	토	일	월	화	수	목	금	토	일	월	화	수	목	금	토	일	월	화	9	-
강정은	점장																																	
강유숙	사원																																	
이현정	사원																																	
김영준	알바																																	
오경화	알바																																	

유의사항	
	▶ [보충인원]을 참고하여, 매일 A/B/C 모든 근무조가 채워졌는지 확인하세요.
	▶ 토/일/공휴일은 휴무자 1명 이하로 조정해주세요.
	▶ 휴무일은 가능한 당월에 모두 소진합니다. 부득이할 경우, 영업담당자와 사전에 협의한 뒤 연차(AH열)의 마이너스(-)일수만큼 이월됩니다.
	▶ 연차를 쓰시려면 가급적 전 월(月) 마감일까지 매장별 영업담당자와 상의해주세요.

SimComFunny

041 인쇄 순서 설정 및 양면 인쇄하기

사람들에게 나누어줄 인쇄물을 인쇄할 경우에는 페이지 순서대로 한 부씩 인쇄하거나 각 페이지를 여러 장씩 인쇄하는 방법이 있습니다. 또 양면 인쇄를 하면 인쇄용지를 절약할 수 있습니다. 또한 양면 인쇄를 할 때 앞뒤 시작 위치를 설정할 수 있습니다.

예제 파일 Part04\출국통계.xlsx

Ctrl+P를 눌러 인쇄 백스테이지로 이동합니다. [복사본]에 복사할 부수를 입력하고, [설정] 항목을 용도에 따라 선택합니다.

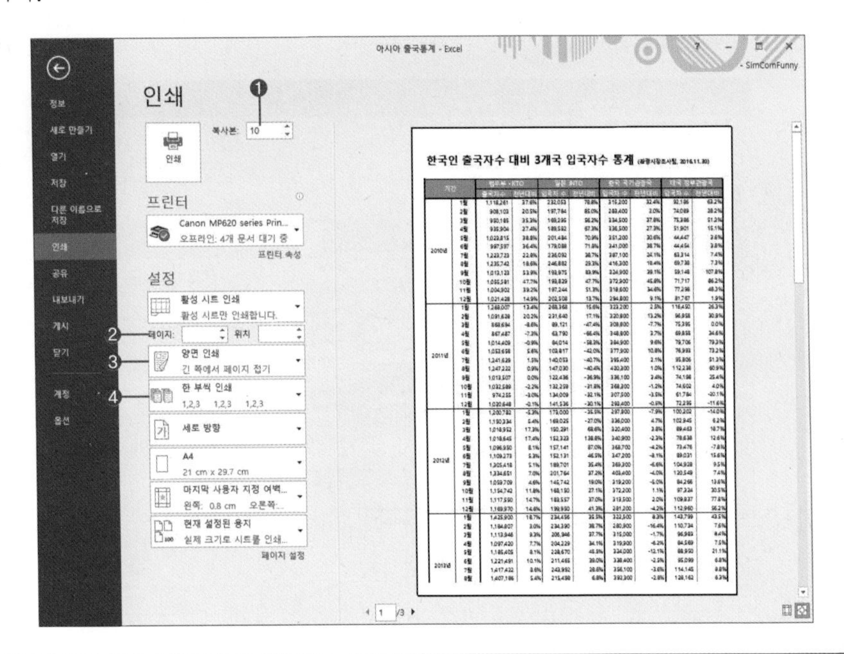

❶ **인쇄할 부수**

예제 문서는 3페이지로 이루어져 있습니다. '10'을 입력하면 총 30페이지가 출력됩니다.

❷ **인쇄할 페이지 지정**

인쇄를 시작할 페이지 번호는 '페이지'에, 인쇄를 끝낼 페이지 번호는 '위치'에 입력합니다.

❸ **단면 인쇄/양면 인쇄**

'양면 인쇄'를 선택하면 용지 앞뒤로 2쪽이 인쇄됩니다. 긴 면을 기준으로 페이지를 넘길 경우, 양면의 시작 위치를 같게 인쇄해서 책처럼 양옆으로 볼 수 있습니다. 반면 짧은 면을 기준으로 페이지를 넘길 경우, 시작 위치를 반대로 해서 앞뒤로 넘겨 볼 수 있습니다.

❹ **한 부씩 인쇄/한 부씩 인쇄 안함**

'한 부씩 인쇄'를 선택하면 '1, 2, 3 페이지, 1, 2, 3 페이지…' 순으로 한 부씩 인쇄됩니다.
'한 부씩 인쇄 안함'을 선택하면 1페이지가 10장, 2페이지 10장, 3페이지 10장 순으로 인쇄됩니다.

042 인쇄에 표시할 항목 설정하기

[페이지 설정] 대화상자에서는 페이지와 인쇄에 관련된 여러 가지 설정을 할 수 있습니다. 엑셀 화면의 눈금선, 행과 열의 머리글, 메모를 인쇄하는 방법을 비롯하여 흑백 인쇄, 간단하게 인쇄 등 다양한 인쇄 설정법을 알아보겠습니다.

예제 파일 Part04\판매회전율.xlsx

[페이지 레이아웃] 탭–[페이지 설정] 그룹의 확장 버튼을 클릭합니다. [페이지 설정] 대화상자–[시트] 탭의 [인쇄]에서 원하는 항목에 체크 표시를 합니다. [인쇄 미리보기]를 클릭하면 선택한 항목이 적용된 문서를 볼 수 있습니다.

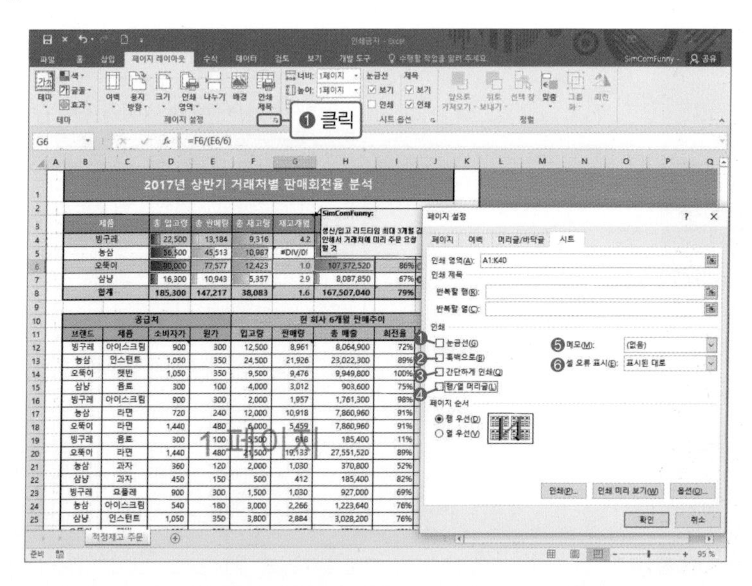

❶ **눈금선 :** 워크시트에서만 표시되는 셀의 구분선이 인쇄됩니다.

❷ **흑백으로 :** 글꼴은 모두 검은색으로 바뀌고 채우기 색은 모두 사라져 흑백으로 인쇄됩니다.

❸ **간단하게 인쇄 :** 문서의 모든 테두리와 채우기 색 등이 제거된 상태로 인쇄됩니다.

❹ **행/열 머리글 :** 엑셀 화면에서만 표시되는 행과 열 머리글이 인쇄됩니다.

❺ **메모 :** 워크시트에 추가된 메모를 인쇄하려면 '시트 끝'이나 '시트에 표시된 대로'를 선택합니다. '시트 끝'을 선택하면 셀 주소와 내용이 마지막에 표시됩니다. '시트에 표시된 대로'는 워크시트 화면에서 보는 것과 동일하게 메모가 표시되거나 숨겨진 상태로 인쇄됩니다.

❻ **셀 오류 표시 :** 셀 값에 오류 값이 나타난 경우 '표시된 대로' 오류 값도 같이 인쇄할 수 있지만, '공백'으로 처리하거나 #N/A로 일괄 변환해서 인쇄할 수 있습니다.

❶ 눈금선

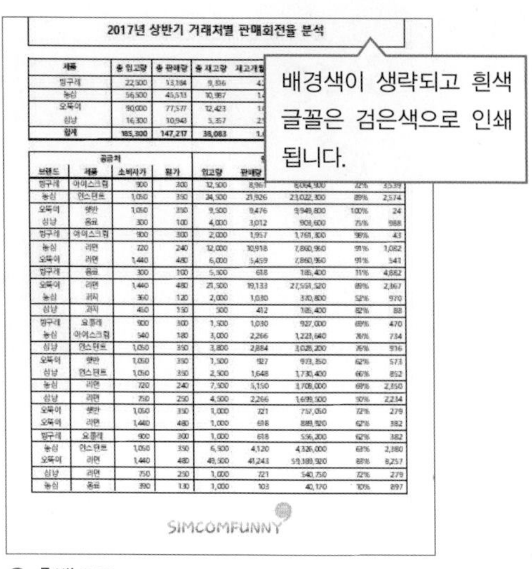

❷ 흑백으로

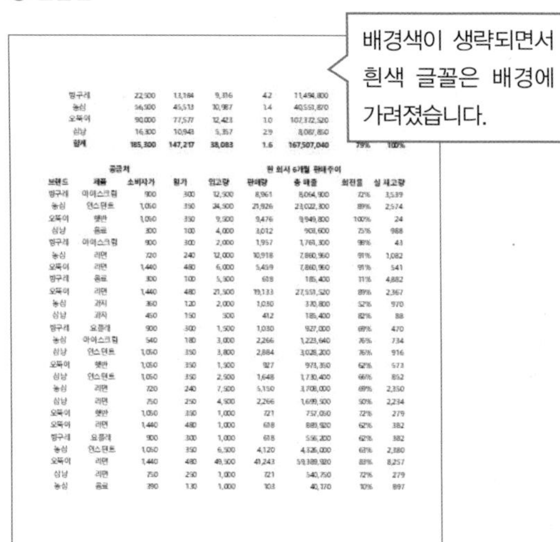

배경색이 생략되면서 흰색 글꼴은 배경에 가려졌습니다.

❸ 간단하게 인쇄

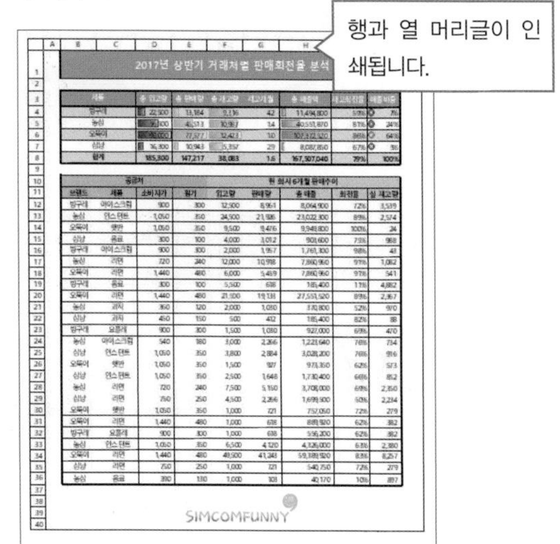

❹ 행/열 머리글

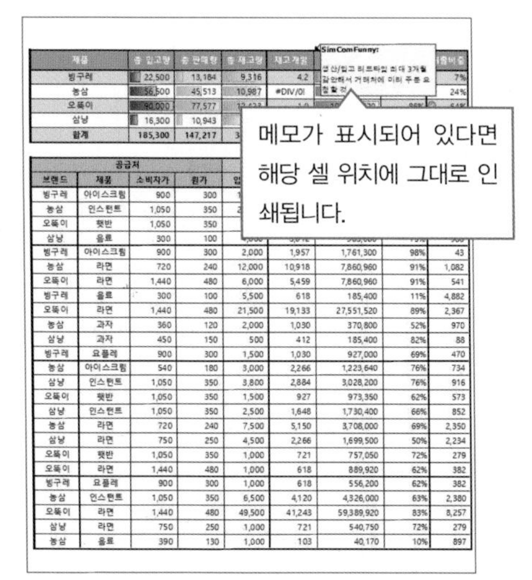

메모가 표시되어 있다면 해당 셀 위치에 그대로 인쇄됩니다.

❺ 메모(시트에 표시된 대로)

제품	총 입고량	총 판매량	총 재고량	재고개월	총 매출액	재고회전율	매출비중
빙구레	22,500	13,184	9,316	4.2	11,494,800	59%	7%
농삼	56,500	45,513	10,987		40,551,870	81%	24%
오뚜이	90,000	77,577	12,423		107,372,520	86%	64%
삼냥	16,300						5%
합계	185,300						

모든 오류 값은 #N/A나 공백 등으로 일괄 대체할 수 있습니다.

공급처								
브랜드	제품	소비자가						
빙구레	아이스크림	900						539
농삼	인스턴트	1,050						574
오뚜이	햇반	1,050						24
삼냥	음료	300						988
빙구레	아이스크림	900	300	2,000	1,957	1,761,300	98%	43
농삼	라면	720	240	12,000	10,918	7,860,960	91%	1,082
오뚜이	라면	1,440	480	6,000	5,459	7,860,960	91%	541
빙구레	음료	300	100	5,500	618	185,400	11%	4,882
오뚜이	라면	1,440	480	21,500	19,133	27,551,520	89%	2,367
농삼	과자	360	120	2,000	1,030	370,800	52%	970
삼냥	과자	450	150	500	412	185,400	82%	88
빙구레	요플레	900	300	1,500	1,030	927,000	69%	470
농삼	아이스크림	540	180	3,000	2,266	1,223,640	76%	734
삼냥	인스턴트	1,050	350	3,800	2,884	3,028,200	76%	916
오뚜이	햇반	1,050	350	1,500	927	973,350	62%	573
삼냥	인스턴트	1,050	350	2,500	1,648	1,730,400	66%	852
농삼	라면	720	240	7,500	5,150	3,708,000	69%	2,350
삼냥	라면	750	250	4,500	2,266	1,699,500	50%	2,234
오뚜이	햇반	1,050	350	1,000	721	757,050	72%	279
오뚜이	라면	1,440	480	1,000	618	889,920	62%	382
빙구레	요플레	900	300	1,000	618	556,200	62%	382
농삼	인스턴트	1,050	350	6,500	4,120	4,326,000	63%	2,380
오뚜이	라면	1,440	480	49,500	41,243	59,389,920	83%	8,257
삼냥	라면	750	250	1,000	721	540,750	72%	279
농삼	음료	390	130	1,000	103	40,170	10%	897

❻ 셀 오류 표시(공백)

Step 2

폼 나는 서식 만들기

#때깔부터다른 #자랑스러운보고서
#서식만들기 #동료들인정각

셀 서식/ 조건부 서식

아직은 민낯인 워크시트에 테두리, 글꼴 색, 바탕색 등을 적용하여 문서를 멋지게 만들어 보겠습니다. 특정 텍스트나 숫자를 강조하기 위해 일일이 셀을 골라 셀 서식을 설정하는 대신 조건부 서식을 활용해 보세요. 눈치 빠른 엑셀이 조건에 맞는 셀만 찾아 원하는 서식을 자동으로 표시해 줍니다. 셀 값이 변하면 조건부 서식도 바뀌므로 수식에 따라 결과가 바뀌는 셀 값을 강조하기에 딱 좋습니다.

Preview

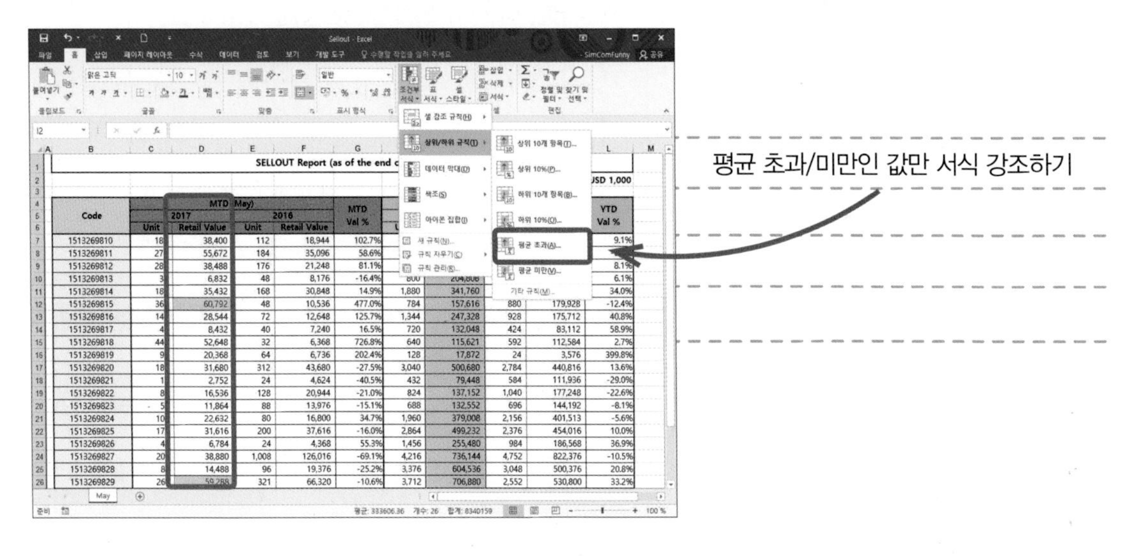

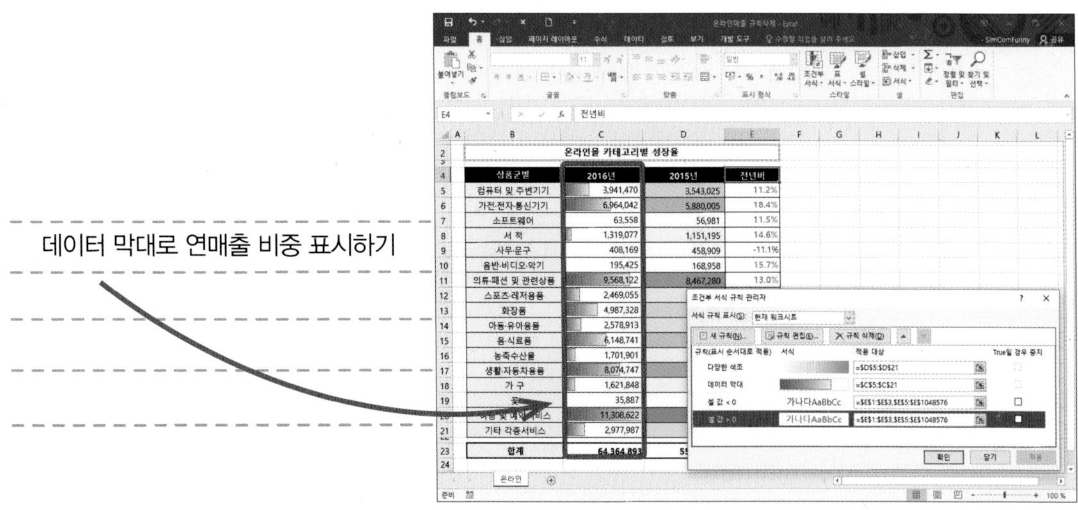

2007 2010 2013 2016 2019

043 글꼴 크기/색 및 테두리 바꾸기

엑셀 워크시트는 셀 단위로 칸이 구분되어 표를 만들기가 쉽습니다. 셀에 데이터를 입력하고 테두리만 그으면 금세 표를 만들 수 있습니다. 글꼴이나 셀 서식에 관한 설정은 주로 [홈] 탭에서 가능하며 마우스 오른쪽 버튼을 클릭해 미니 도구 모음에서도 쉽게 변경할 수 있습니다.

예제 파일 Part05\월별매출보고서.xlsx **완성 파일** Part05\월별매출보고서_완성.xlsx

| 글꼴 서식 변경

제목이 입력된 [A1] 셀을 클릭하고 [홈] 탭-[글꼴] 그룹에서 변경할 글꼴 서식을 선택합니다.

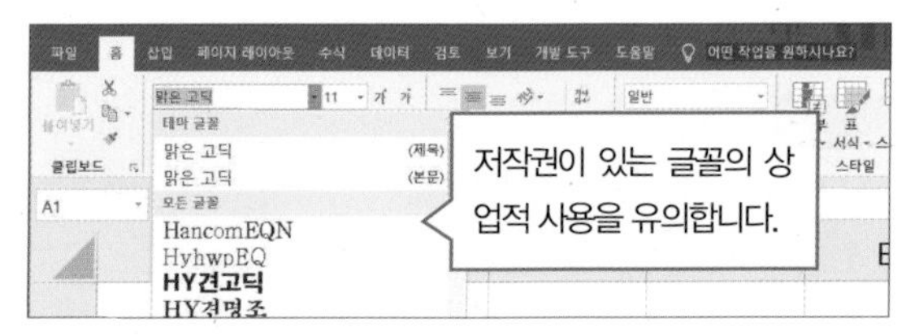

저작권이 있는 글꼴의 상업적 사용을 유의합니다.

▲ 글꼴 스타일

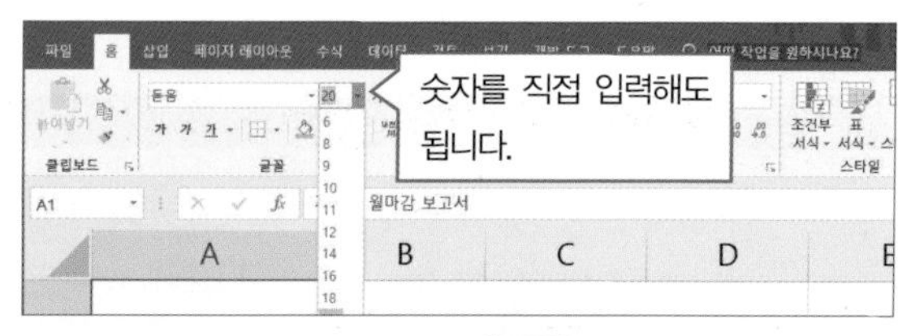

숫자를 직접 입력해도 됩니다.

▲ 글꼴 크기

단축키

글자 굵게 설정/해제 Ctrl+B

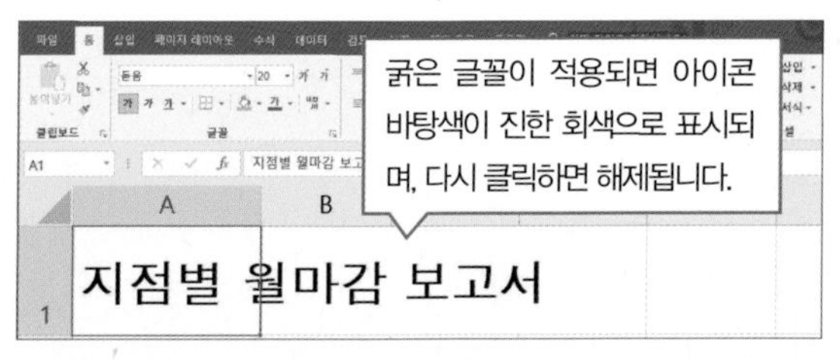

굵은 글꼴이 적용되면 아이콘 바탕색이 진한 회색으로 표시되며, 다시 클릭하면 해제됩니다.

▲ 글꼴 굵게

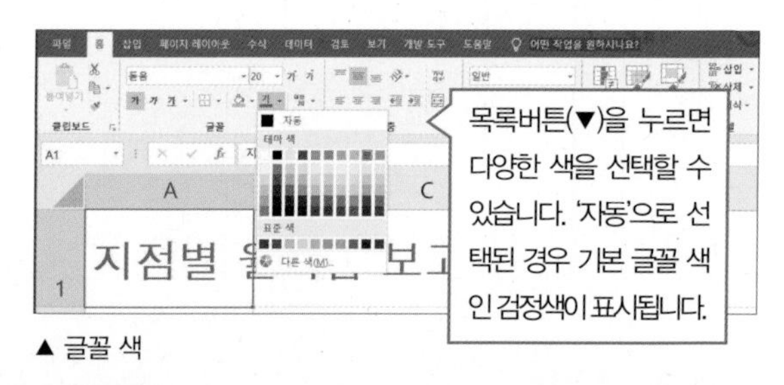

목록버튼(▼)을 누르면 다양한 색을 선택할 수 있습니다. '자동'으로 선택된 경우 기본 글꼴 색인 검정색이 표시됩니다.

▲ 글꼴 색

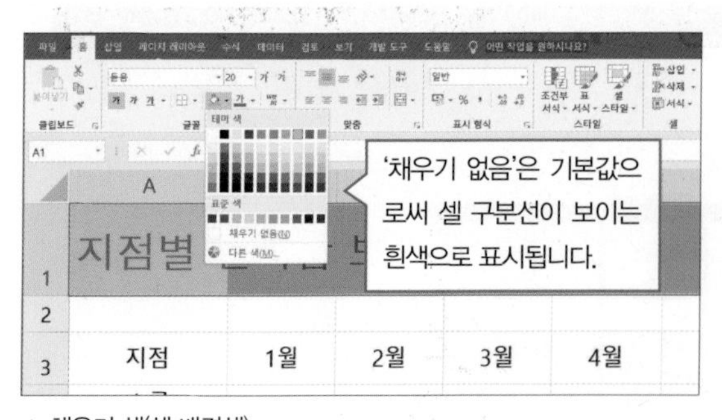

'채우기 없음'은 기본값으로써 셀 구분선이 보이는 흰색으로 표시됩니다.

▲ 채우기 색(셀 배경색)

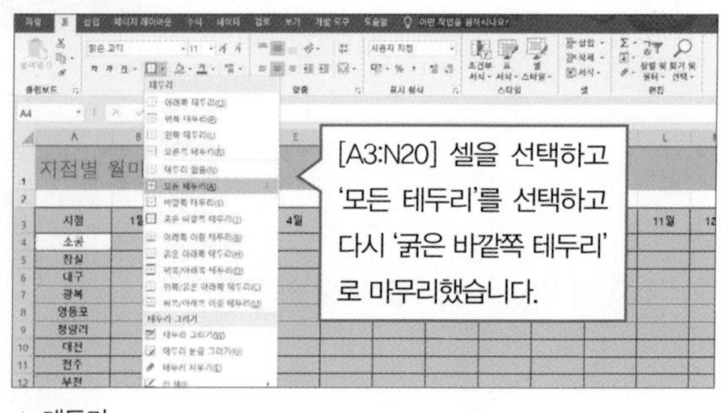

[A3:N20] 셀을 선택하고 '모든 테두리'를 선택하고 다시 '굵은 바깥쪽 테두리'로 마무리했습니다.

▲ 테두리

TIP

Ctrl+1을 누르고 [셀 서식] 대화상자에서 [글꼴]이나 [테두리] 탭을 한 번에 설정한 뒤 [확인]을 누르면 일괄 설정이 가능합니다.

2007 2010 2013 2016 2019

044 여러 개의 셀을 하나로 병합하기

제목처럼 하나의 셀에 긴 문장을 입력해야 할 경우, 주변 셀을 한 칸으로 병합하는 기능을 사용합니다. 열의 너비를 늘리게 되면 아래 행의 열 너비도 필요 이상으로 넓어지기 때문입니다. Part 12에서 배우게 될 피벗 테이블 등을 쉽게 활용하려면 제목을 제외한 표는 가급적 병합을 피하는 것이 좋습니다.

예제 파일 Part05\지점별 실적.xlsx **완성 파일** Part05\지점별 실적_완성.xlsx

| 셀 병합하기

정렬 방식을 그대로 하고 셀을 병합해 보겠습니다. [A1:M1] 셀을 선택한 후 [홈] 탭-[맞춤] 그룹의 목록 버튼을 클릭해서 [셀 병합]을 클릭합니다.

TIP

병합 해제

병합을 해제하려면 병합된 셀을 선택하고 다시 선택했던 '병합' 메뉴를 클릭합니다.

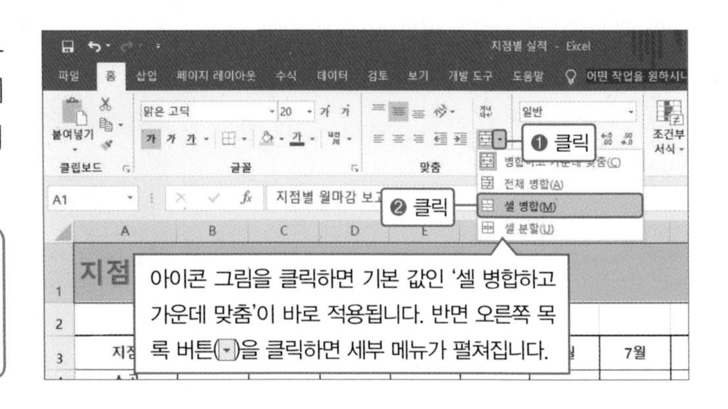

❶ 클릭
❷ 클릭
셀 병합(M)
아이콘 그림을 클릭하면 기본 값인 '셀 병합하고 가운데 맞춤'이 바로 적용됩니다. 반면 오른쪽 목록 버튼을 클릭하면 세부 메뉴가 펼쳐집니다.

| 셀 병합하고 가운데 맞춤

선택한 행과 열의 셀을 하나로 병합하고 제목을 가운데로 정렬해 보겠습니다. [A1:M2] 셀을 드래그한 후 [홈] 탭-[맞춤] 그룹의 [셀 병합하고 가운데 맞춤] 아이콘을 클릭하면 '셀을 병합하면 왼쪽 위의 값만 남고 나머지 값은 잃게 됩니다.'라는 메시지가 나옵니다. [확인]을 클릭하면 [A1] 셀 값이 중간에 표시되고 [A1] 셀을 클릭하면 [A1:M2] 셀 전체가 선택됩니다.

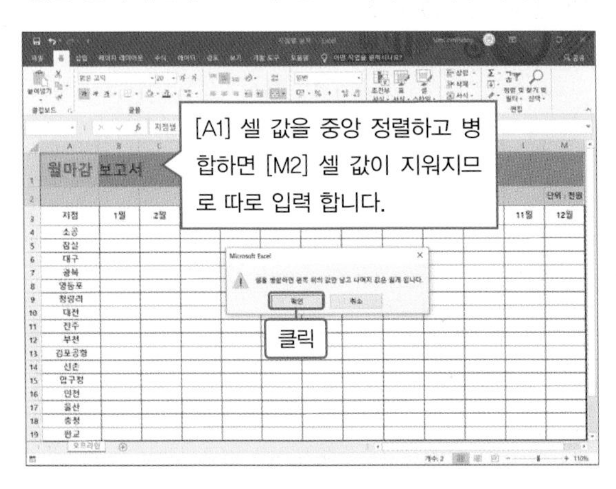

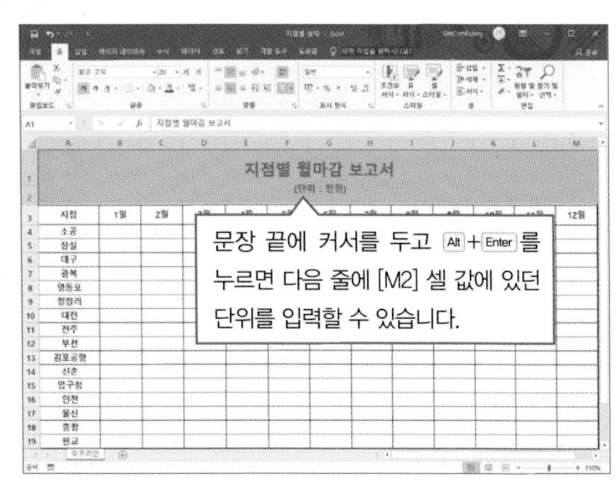

[A1] 셀 값을 중앙 정렬하고 병합하면 [M2] 셀 값이 지워지므로 따로 입력 합니다.

문장 끝에 커서를 두고 Alt+Enter를 누르면 다음 줄에 [M2] 셀 값에 있던 단위를 입력할 수 있습니다.

page Alt를 이용해 단축키를 쉽게 쓰는 방법은 31쪽을 참고하세요.

2007 2010 2013 2016 2019

045 중복 값 표시하기

대용량 데이터를 관리하다 보면 중복 값이 포함될 때가 있습니다. 조건부 서식을 이용하면 중복으로 입력된 값만 표시할 수 있습니다. 중복 값은 띄어쓰기까지 완벽히 일치할 경우에만 적용됩니다. 중복 값을 삭제하면 적용됐던 서식은 자동으로 사라집니다.

예제 파일 Part05\직원인적사항.xlsx **완성 파일** Part05\직원인적사항.xlsx_완성.xlsx

1 중복으로 입력된 직원의 이름과 주민번호를 표시해 보겠습니다. B열과 C열을 선택한 후 [홈] 탭–[스타일] 그룹–[조건부 서식]에서 [셀 강조 규칙]–[중복 값]을 클릭합니다.

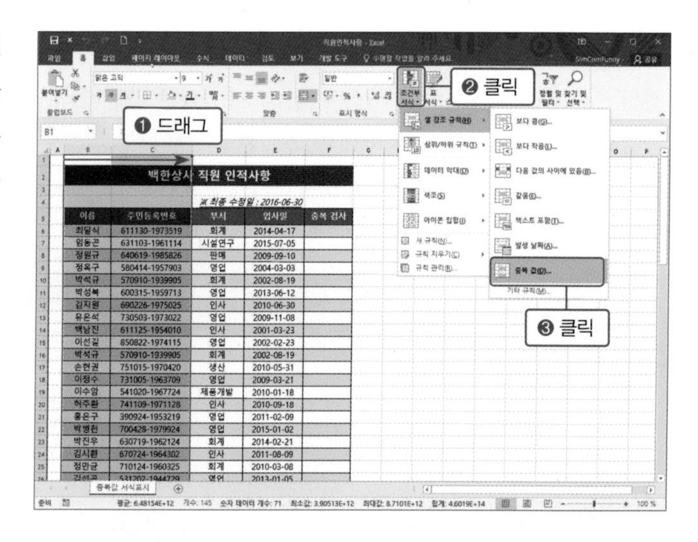

2 [중복 값] 대화상자가 나타나고 워크시트의 중복된 값에 기본 서식이 표시됩니다. 중복 값에 적용할 서식을 선택하고 [확인]을 클릭합니다.

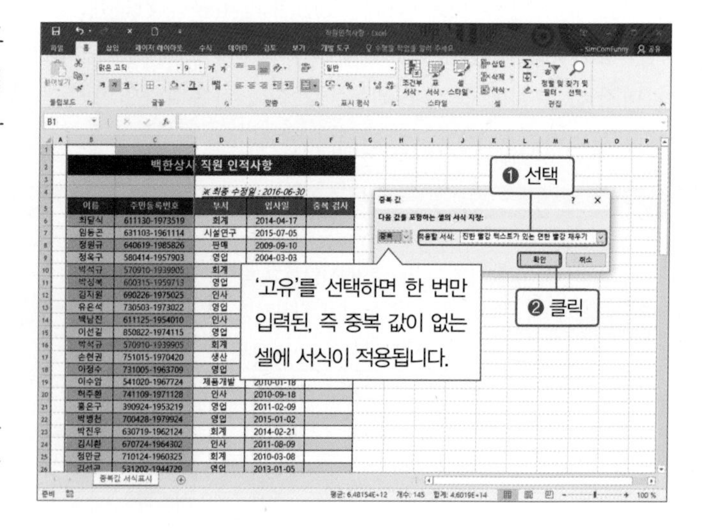

page 중복된 데이터 중에서 고유 값 하나만 남겨두고 나머지 값을 삭제하려면 269쪽을 참고합니다. 아예 중복 값이 입력되지 못하게 하는 방법은 171쪽을 참고하세요.

046 전년대비 증감률이 0% 이상/이하인 셀 강조하기

조건부 서식은 기준 값 이상 또는 이하로 자동 분류되는 숫자 값을 강조할 때 유용합니다. 조건부 서식이 적용된 범위에는 입력된 데이터 값에 따라 서식이 자동 변경되므로 매출 보고서 등을 자동화 서식으로 만들 수 있습니다.

예제 파일 Part05\온라인몰 매출.xlsx **완성 파일** Part05\온라인몰 매출_완성.xlsx

1 매출이 전년 대비 증가한 경우는 하늘색 굵은 글씨로 표시해 보겠습니다. '전년비'가 입력된 E열을 선택한 후 [홈] 탭–[스타일] 그룹–[조건부 서식]에서 [셀 강조 규칙]–[보다 큼]을 클릭합니다.

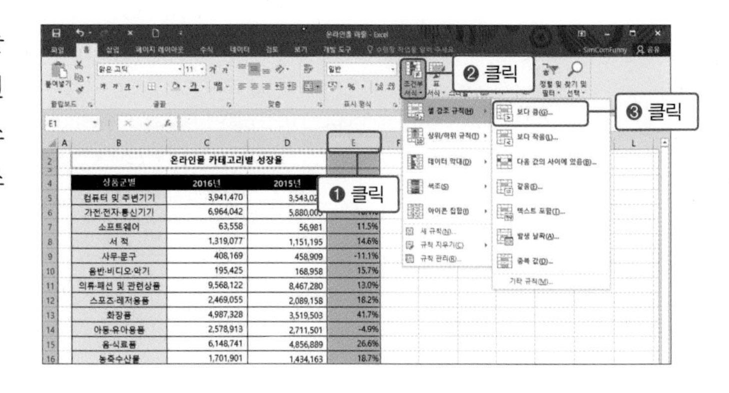

2 [보다 큼] 대화상자가 나타나면 [다음 값보다 큰 셀의 서식 지정]에 0%를 입력하고 [적용할 서식]에서 '사용자 지정 서식'을 선택합니다.

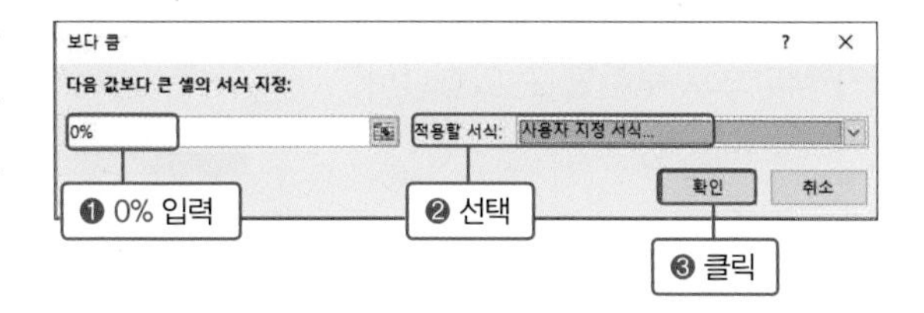

3 [셀 서식] 대화상자–[글꼴] 탭의 [글꼴 스타일]은 '굵게', [색]은 하늘색을 선택한 후 [확인]을 클릭합니다. 다시 [보다 큼] 대화상자가 나타나면 [확인]을 클릭합니다.

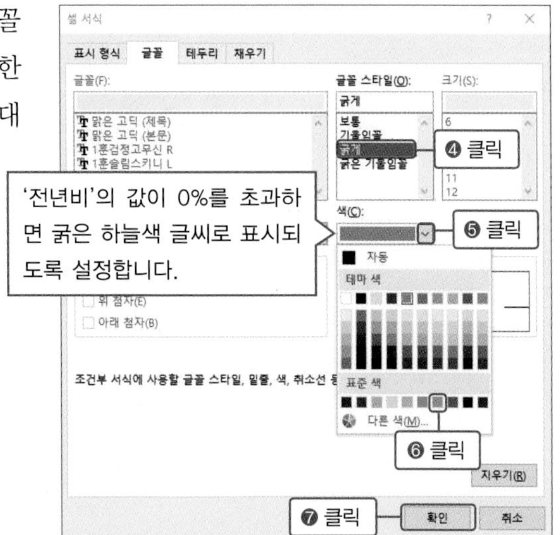

'전년비'의 값이 0%를 초과하면 굵은 하늘색 글씨로 표시되도록 설정합니다.

4 전년 대비 증감률이 0%를 초과하는 값에만 서식이 적용됐습니다. 이번에는 전년 대비 매출이 감소한 경우에 글꼴을 빨간색으로 표시해 보겠습니다. E열을 선택한 후 [홈] 탭-[스타일] 그룹-[조건부 서식]에서 [셀 강조 규칙]-[보다 작음]을 클릭합니다.

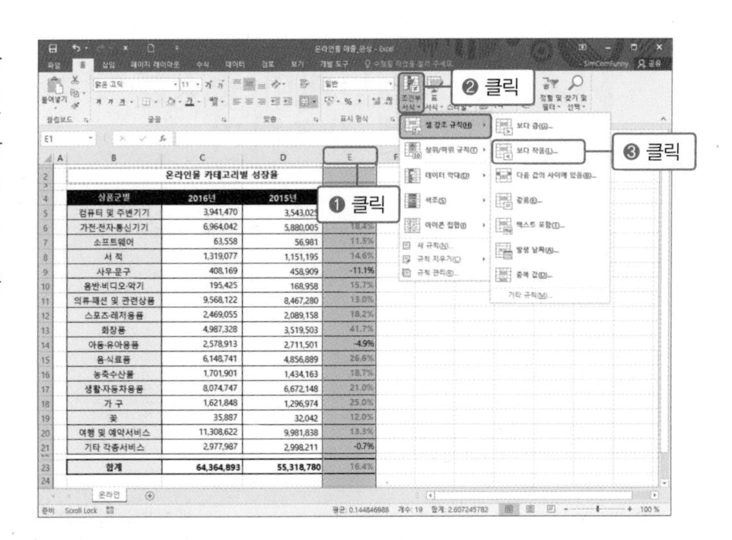

5 [보다 작음] 대화상자가 나타나면 [다음 값보다 작은 셀의 서식 지정]에 **0%**를 입력하고 [적용할 서식]에서 '빨강 텍스트'를 선택한 후 [확인]을 클릭합니다.

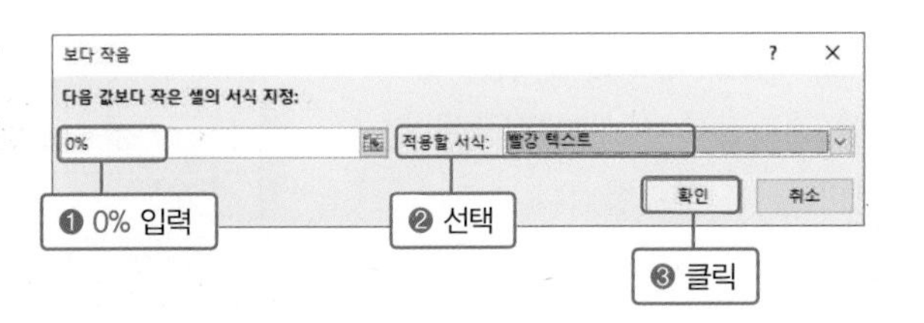

6 전년 대비 감소된 매출 값이 빨간색으로 표시됐습니다. 전년 대비 매출의 증감 상황을 글자 색만으로 구분할 수 있습니다.

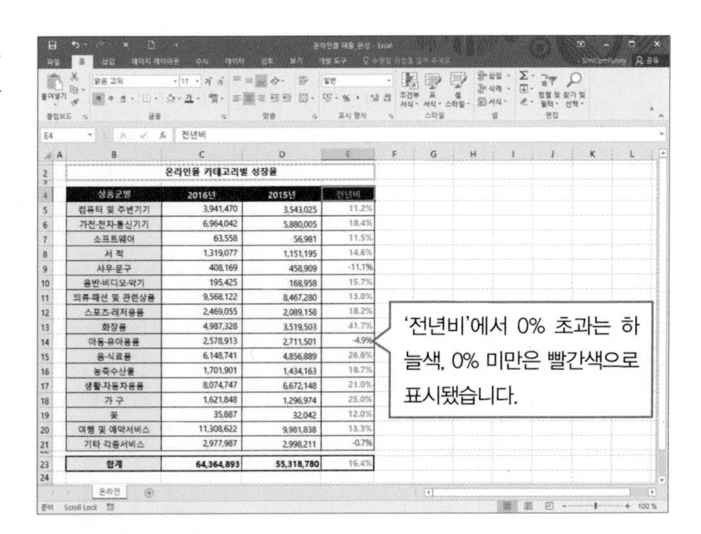

'전년비'에서 0% 초과는 하늘색, 0% 미만은 빨간색으로 표시됐습니다.

TIP

E열을 조건부 서식 범위로 선택해서 [E4] 셀에 입력된 '전년비'의 글자 색이 하늘색으로 변경됐습니다. [보다 큼] 규칙은 기준을 초과한 숫자뿐 아니라 문자도 해당된다는 것을 알 수 있습니다. 해당 셀만 조건부 서식을 지우거나 조건부 서식을 적용할 데이터 범위만 먼저 선택하는 것도 좋습니다.

page 특정 셀 범위의 조건부 서식을 지우는 방법은 114쪽을 참고하세요.

2007 2010 2013 2016 2019

047 베스트 품목 및 하위 15%의 순위 값 표시하기

숫자가 입력된 셀 범위에서 전체 숫자 대비 상위 및 하위 값만 강조할 수 있습니다. RANK 함수를 이용하면 해당 값의 순위를 알 수 있지만 상위 및 하위 10% 값은 다시 계산해야 합니다. 수식을 추가하지 않고도 조건부 서식만 이용해 상위 및 하위 15% 또는 특정 순위까지의 항목을 강조해 보겠습니다.

예제 파일 Part05\Sellout 순위강조.xlsx **완성 파일** Part05\Sellout 순위강조_완성.xlsx

| 이번 달까지의 베스트 5위 품목 강조하기

1 2020년 5월 월누계(MTD:Month to Date) 매출(Retail value)에서 상위 5개 항목을 강조해 보겠습니다. D열을 선택한 후 [홈] 탭-[스타일] 그룹-[조건부 서식]에서 [상위/하위 규칙]-[상위 10개 항목]을 클릭합니다.

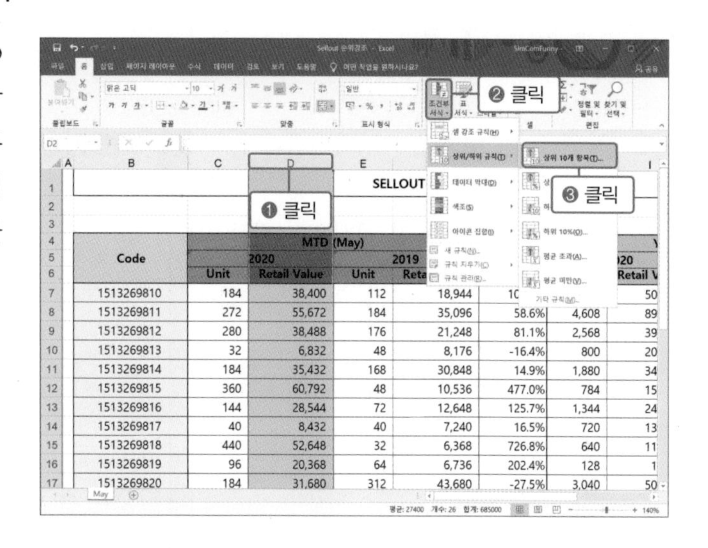

2 [상위 10개 항목] 대화상자가 나타납니다. [다음 하위 순위에 속하는 셀의 서식 지정]에 '5'를 입력합니다. 적당한 서식을 선택한 후 [확인]을 클릭하면 해당 열에서 상위 5위까지의 숫자가 강조됩니다.

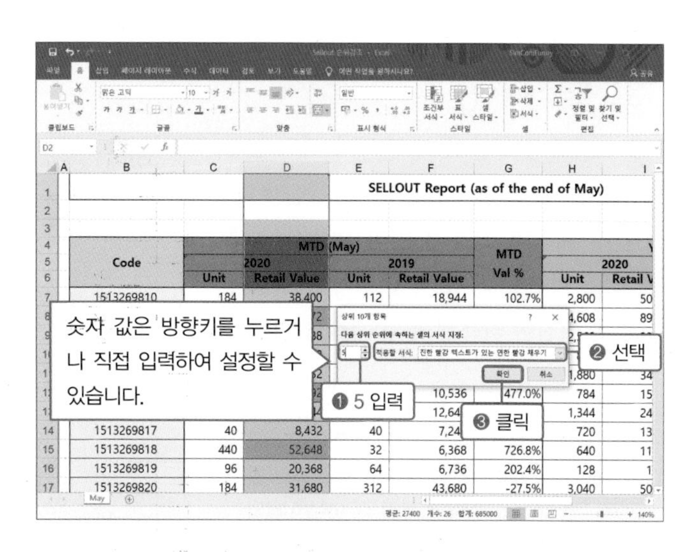

| 작년에 판매가 부진했던 하위 15% 품목 강조하기

1 이번에는 2019년 월누계 판매량(Unit)에서 하위 15%에 해당하는 항목을 강조해 보겠습니다. E열을 선택하고 [홈] 탭–[스타일] 그룹–[조건부 서식]에서 [상위/하위 규칙]–[하위 10%]를 클릭합니다.

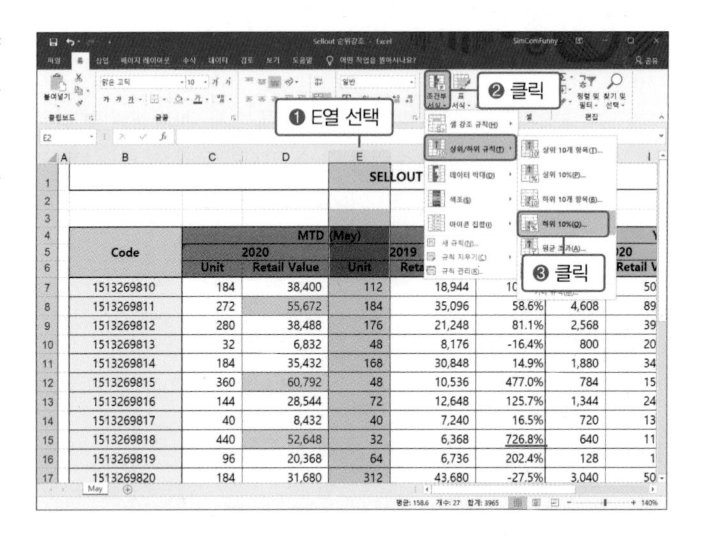

2 [하위 10%] 대화상자가 나타납니다. [다음 하위 순위에 속하는 셀의 서식 지정]에 '15'를 입력하고 적당한 서식을 선택한 후 [확인]을 클릭합니다.

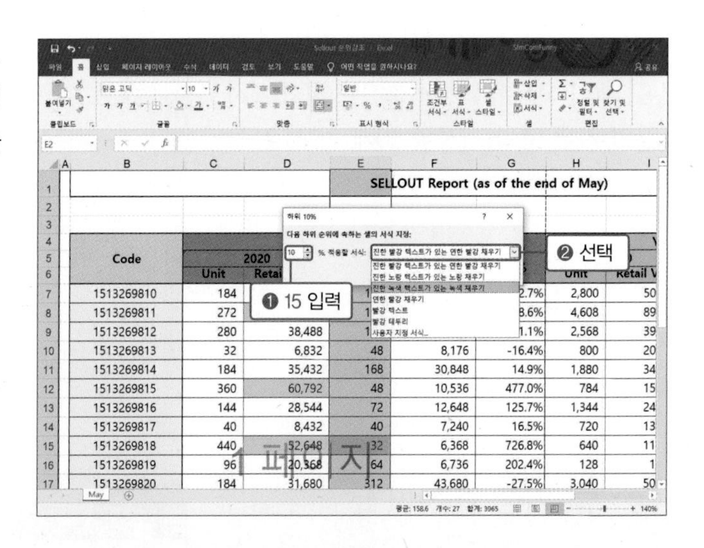

3 E열에 입력된 숫자 셀에서 하위 15%에 해당하는 값만 서식이 적용됐습니다. 조건부 서식이 적용된 범위 내에서 일부 셀 값을 수정하면 전체 순위가 변경되어 조건부 서식이 적용된 셀의 서식도 변경됩니다.

	2020		2019		Val %	2020	
	Unit	Retail Value	Unit	Retail Value		Unit	Retail Value
	184	38,400	112	18,944	102.7%	2,800	505,656
	272	55,672	184	35,096	58.6%	4,608	891,664
	280	38,488	176	21,248	81.1%	2,568	394,600
	32	6,832	48	8,176	-16.4%	800	204,808
	184	35,432	168	30,848	14.9%	1,880	341,760
	360	60,792	48	10,536	477.0%	784	157,616
	144	28,544	72	12,648	125.7%	1,344	247,328
	40	8,432	40	7,240	16.5%	720	132,048
	440	52,648	32	6,368	726.8%	640	115,621
	96	[illegible]	64	6,736	202.4%	128	17,872
	184					3,040	500,680
	16					432	79,448
	88					824	137,152
	56					688	132,552
	104					1,960	379,008
	176	31,616	200	37,616	-16.0%	2,864	499,232
	40	6,784	24	4,368	55.3%	1,456	255,480
	208	38,880	1,008	126,016	-69.1%	4,216	736,144
	80	14,488	96	19,376	-25.2%	3,376	604,536
	264	59,288	321	66,320	-10.6%	3,712	706,880

작년 판매량이 하위 10%였지만 올해 판매금액은 상위 5위라는 특이사항을 한눈에 알아볼 수 있습니다.

TIP

[상위/하위 규칙]은 숫자가 입력된 셀만 조건 범위로 적용합니다. 105쪽의 조건 값 이상/이하의 셀 강조하기와 다르게 열 전체를 선택해도 문자가 입력된 셀에는 서식이 적용되지 않습니다.

048 평균 초과/미만 값 표시하기

평균값을 구할 때는 AVERAGE 함수를 사용합니다. 하지만 조건부 서식만으로 평균값 초과 또는 미만의 값만 표시할 수 있습니다. 지정한 범위의 평균을 기준으로 하기 때문에 별도의 조건 값을 입력하지 않아도 됩니다. 조건부 서식 범위 내의 숫자가 바뀌면 조정된 평균에 따라 서식이 적용된 셀도 자동으로 변경됩니다.

예제 파일 Part05\Sellout 평균.xlsx **완성 파일** Part05\Sellout 평균_완성.xlsx

1 2020년 연누계(YTD) 매출에서 평균보다 높은 값만 강조해 보겠습니다. I열을 선택한 후 [홈] 탭–[스타일] 그룹–[조건부 서식]에서 [상위/하위 규칙]–[평균 초과]를 클릭합니다.

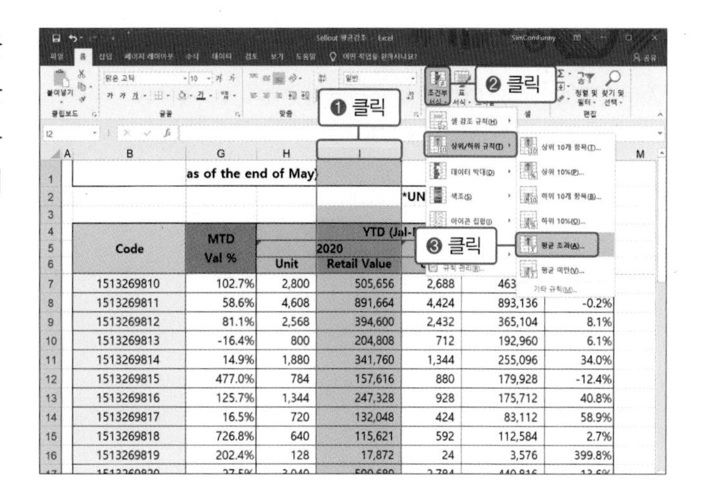

2 [평균 초과] 대화상자가 나타나면 [적용할 서식]에서 원하는 서식을 선택한 후 [확인]을 클릭합니다.

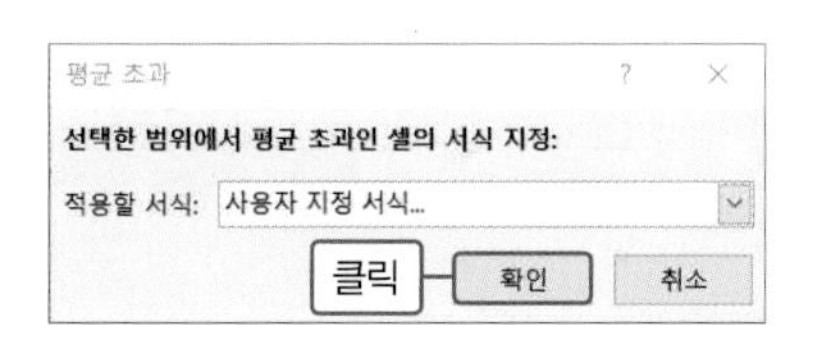

3 I열에 입력된 평균숫자(8,340,159)보다 큰 값이 모두 강조되었습니다. 이번에는 2019년 매출에서 평균보다 낮은 값만 강조하기 위해 K열을 선택합니다. 위와 같이 [홈] 탭–[스타일] 그룹–[조건부 서식]에서 [상위/하위 규칙]–[평균 미만]을 클릭한 뒤 [평균 미만] 대화상자에서 원하는 서식을 선택한 후 [확인]을 클릭합니다.

❶ K열 선택 후 [조건부 서식]에서 [평균 미만] 클릭

❷ 클릭

Code	MTD Val %	2020 Unit	2020 Retail Value	2019 Unit	2019 Retail Value
1513269810	102.7%	2,800	505,656	2,688	463,648
1513269811			891,664	4,424	893,136
1513269812			394,600	2,432	365,104
1513269813			204,808	712	192,960
1513269814			341,760	1,344	255,096
1513269815	477		157,616	880	179,928
1513269816	125		247,328	928	175,712
1513269817	16.5%	720	132,048	424	83,112
1513269818	726.8%	640	115,621	592	112,584
			17,872	24	3,576
			00,680	2,784	440,816

K열에 입력된 숫자 평균값(304,921)보다 작은 숫자가 모두 강조되었습니다.

2007 2010 2013 2016 2019

049 숫자 크기에 따라 채우기 색 적용하기

조건부 서식의 '색조'를 사용하면 입력된 셀의 숫자 크기에 따라 다른 채우기 색을 적용할 수 있습니다. 숫자 크기에 따라 채우기 색을 그라데이션으로 표현하면 해당 값이 최대값에 가까운지 최소값에 가까운지 쉽게 인지할 수 있습니다.

예제 파일 Part05\사은품증정현황.xlsx **완성 파일** Part05\사은품증정현황_완성.xlsx

1 '매출'이 입력된 C열을 선택한 후 [홈] 탭–[스타일] 그룹–[조건부 서식]의 [색조]에서 색상 테마를 선택합니다.

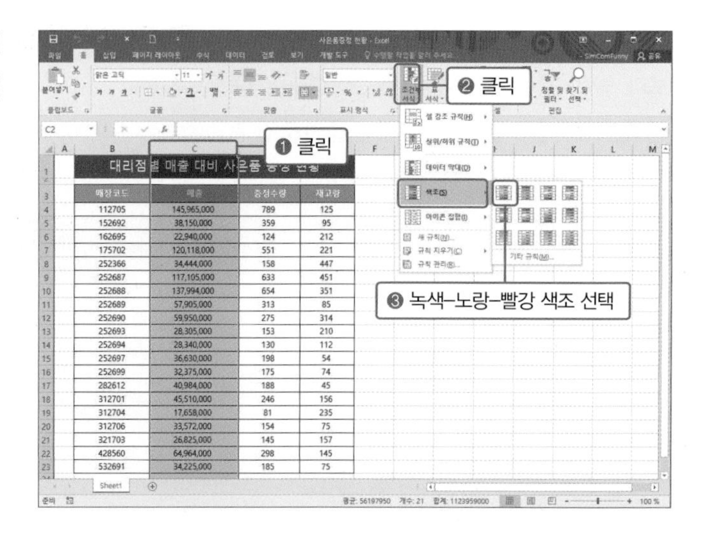

2 선택한 범위에 색조가 적용됐습니다. 값이 클수록 초록색에 가깝고, 값이 작을수록 빨강에 가까운 것을 알 수 있습니다.

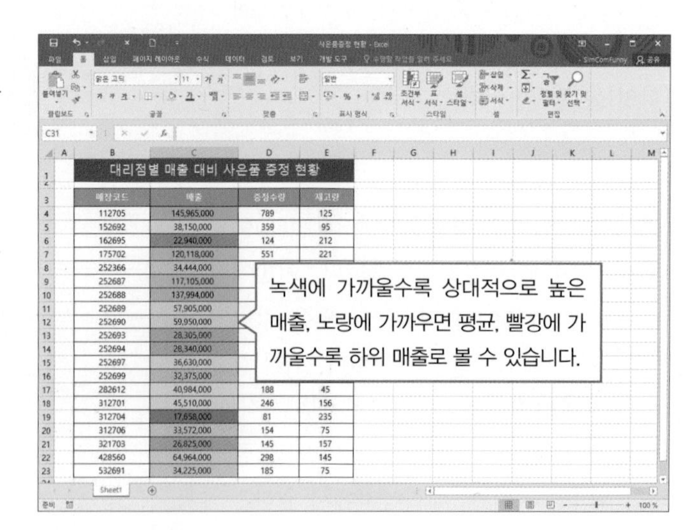

대리점별 매출 대비 사은품 증정 현황
녹색에 가까울수록 상대적으로 높은 매출, 노랑에 가까우면 평균, 빨강에 가까울수록 하위 매출로 볼 수 있습니다.

050 전체 값 대비 비중을 가로 막대로 표시하기

조건부 서식의 데이터 막대를 이용하면 숫자 값의 비중을 가로 막대로 표현할 수 있습니다. 선택한 범위에서 가장 큰 값이 100%로 인식되어 가장 긴 막대로 표시되고, 나머지 값들은 상대적인 비율에 따라 길이가 조절됩니다.

예제 파일 Part05\사은품증정수량.xlsx **완성 파일** Part05\사은품증정수량_완성.xlsx

1 '증정수량'이 입력된 D열을 선택한 후 [홈] 탭–[스타일] 그룹–[조건부 서식]의 [데이터 막대]–[그라데이션 채우기]에서 '파랑 데이터 막대'를 클릭합니다.

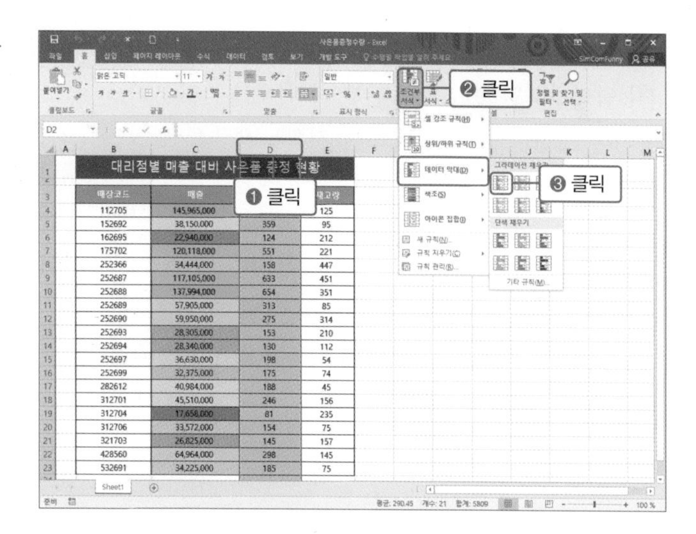

2 셀에 입력된 값의 크기에 따라 파랑 데이터 막대가 나타납니다. 가장 값이 큰 [D4] 셀에는 데이터 막대가 100% 채워졌습니다. 그 이하의 값은 비율에 따라 막대의 길이가 조정됐습니다.

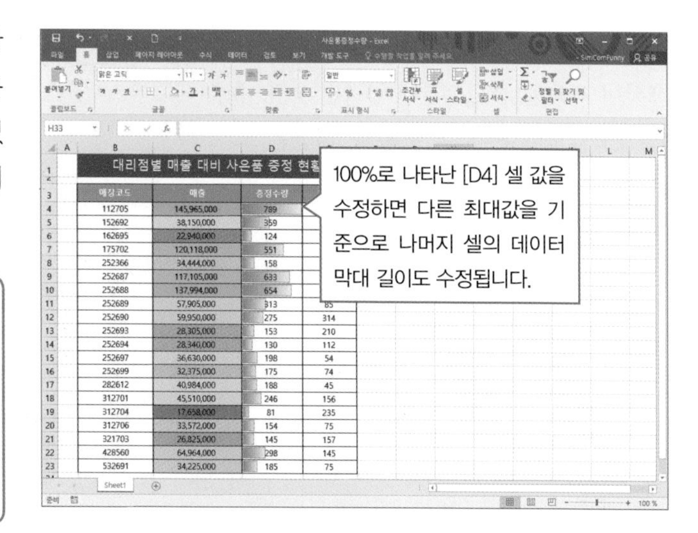

TIP

셀에 입력된 숫자는 삭제하고 데이터 막대만 표시하고 싶다면 [홈] 탭–[스타일] 그룹–[조건부 서식]에서 [규칙 관리]를 클릭합니다. [조건부 서식 규칙 관리자] 대화상자가 나타나면 [규칙 편집] 버튼을 클릭한 후 [서식 규칙 편집] 대화상자에서 '막대만 표시'에 체크 표시를 합니다.

2007 2010 2013 2016 2019

051 숫자 값을 신호등 색으로 구분하기

평균 값 이상, 중간, 이하를 아이콘으로 구분하기 위해 신호등 표시를 삽입해 보겠습니다. 특정 값 이하는 빨간색, 특정 값 이상은 초록색으로 표시하면 해당 셀 값을 한눈에 구분할 수 있습니다.

예제 파일 Part05\사은품재고수량.xlsx **완성 파일** Part05\사은품재고수량_완성.xlsx

1 '재고량'이 입력된 E열을 선택한 후 [홈] 탭–[스타일] 그룹–[조건부 서식]에서 [아이콘 집합]–[도형]에서 '3색 신호등'을 클릭합니다.

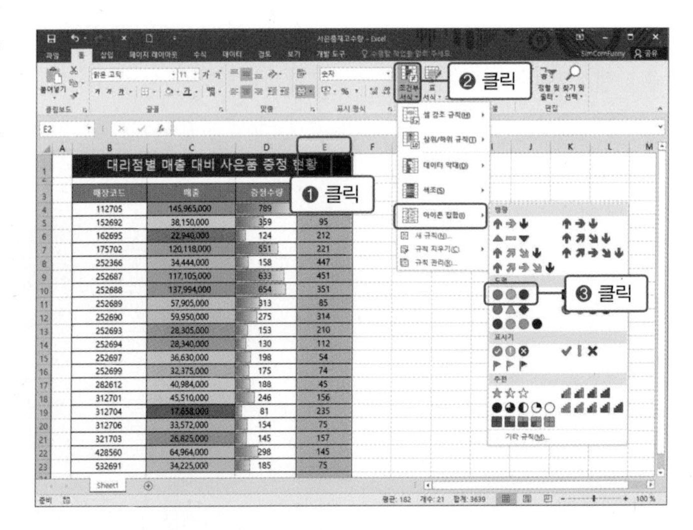

2 셀 값의 상대적인 비중에 따라 신호등 색상이 표시됩니다. E열에 입력된 숫자 대비 평균값보다 큰 값은 초록색, 평균은 노란색, 평균 미만은 빨간색 신호등으로 강조된 것을 알 수 있습니다.

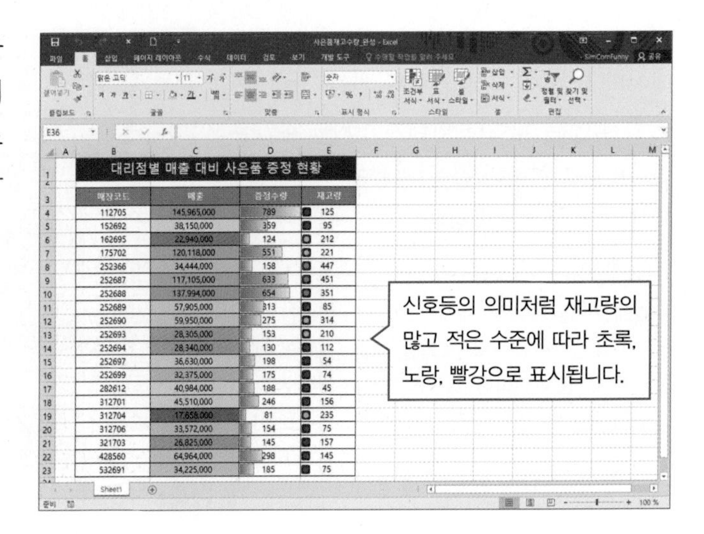

page 아이콘 색의 규칙을 변경하려면 113쪽을 참고하세요.

052 조건부 서식 규칙 편집 및 삭제하기

조건부 서식은 [홈] 탭에서 수동으로 설정한 서식보다 우위에 있습니다. 조건부 서식이 적용된 셀의 규칙을 수정하고 싶다면 '규칙 관리'에서 워크시트나 표에 적용된 규칙을 확인합니다. '규칙 지우기'에서는 서식이 적용된 시트나 해당 셀만 규칙을 삭제할 수 있습니다.

예제 파일 Part05\조건부서식 편집.xlsx **완성 파일** Part05\조건부서식 편집_완성.xlsx

| 조건부 서식 편집하기

1 '편집' 시트의 G열과 L열 증감률에 따라 화살표 아이콘을 수정해 보겠습니다. 워크시트 전체에 적용된 규칙을 보기 위해 [홈] 탭-[스타일] 그룹-[조건부 서식]에서 [규칙 관리]를 클릭합니다.

❶ 클릭 ❷ 클릭

셀 범위부터 선택하고 [조건부 서식]-[규칙 관리]를 선택해도 됩니다.

page L열의 아이콘 표시는 112쪽을 참고하세요.

2 [조건부 서식 규칙 관리자] 대화상자가 나타납니다. [서식 규칙 표시]에서 '현재 워크시트'를 선택하면 워크시트에 적용된 모든 서식 규칙이 나타납니다. '아이콘 집합'을 선택하고 [규칙 편집]을 클릭합니다.

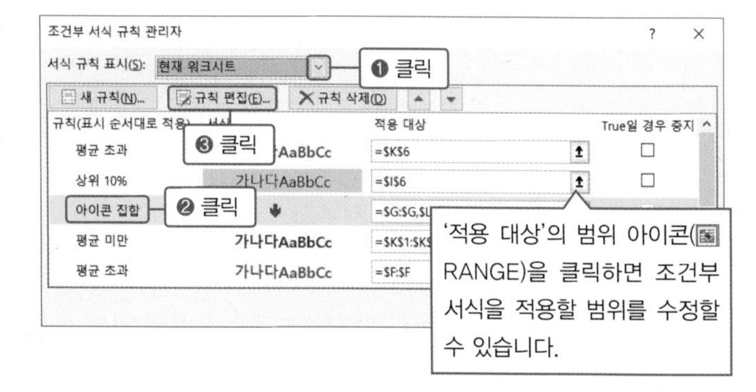

TIP

조건부 서식의 우선순위

여러 개의 조건부 서식이 적용된 경우에는 [조건부 서식 규칙 관리자] 대화상자에 표시된 순서대로 우선순위를 가집니다. [조건부 서식 규칙 관리자] 대화상자에서 ▲ ▼ 버튼을 클릭하면 우선 적용할 규칙의 순서를 바꿀 수 있습니다. 조건부 서식의 규칙이 중복될 경우, 'True일 경우 중지'에 체크 표시를 하면 해당 규칙을 만족하면 나머지 하위 규칙은 적용되지 않습니다.

3 [서식 규칙 편집] 대화상자에서 초록색 화살표의 '값'을 >, 0, **숫자**로 하고 중간 값인 노란색 화살표는 >=, 0, **숫자**로 설정합니다. 그러면 빨간색 화살표 값은 자동으로 '값<0'으로 변경됩니다. [확인]을 클릭합니다.

> **TIP**
>
> **3색 아이콘 '백분율' 적용하기**
>
> 3색 아이콘의 종류가 '백분율'이라면 100%를 상위, 중간, 하위, 즉 33%씩 나누어 구분합니다. 그래서 하위 값은 33% 미만, 중간 값은 66%(=33%+33%), 상위 값은 67% 이상이 됩니다.

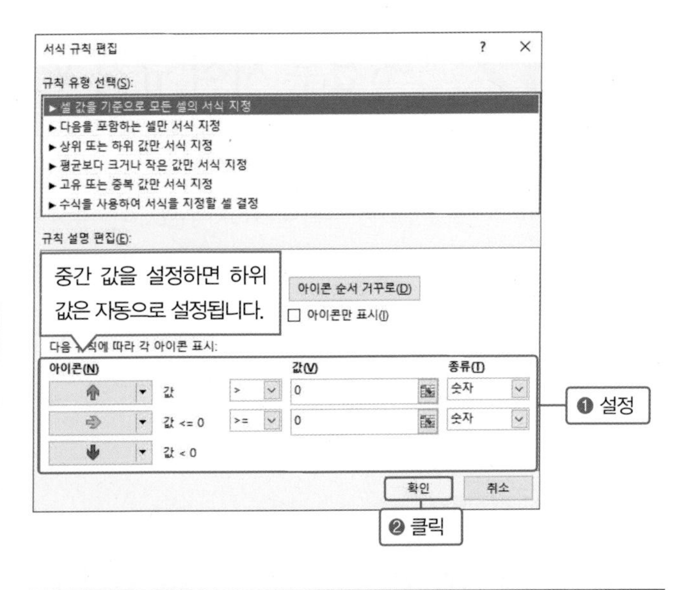

4 다시 [조건부 서식 규칙 관리자] 대화상자가 나타나면 [적용]을 클릭합니다. 수정한 규칙에 따라 화살표 색상이 변경됐습니다. 화살표 방향과 색상을 통해 매출 증감을 쉽게 알아볼 수 있습니다. [확인]을 클릭하여 대화상자를 닫습니다.

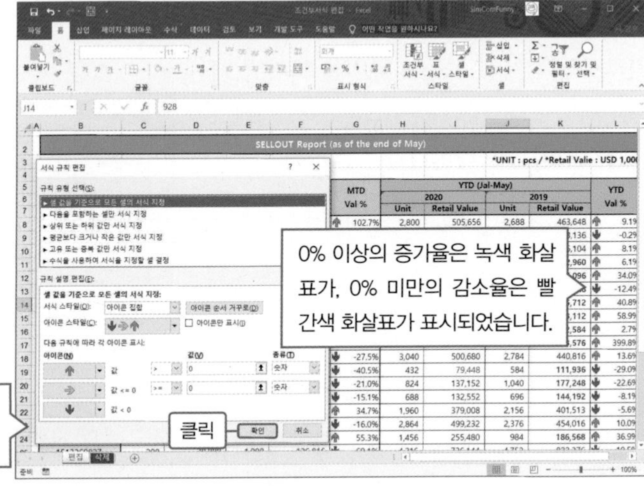

| 워크시트에 적용된 모든 규칙 지우기

[홈] 탭-[스타일] 그룹-[조건부 서식]에서 [규칙 지우기]를 클릭합니다. [선택한 셀의 규칙 지우기] 또는 [시트 전체에서 규칙 지우기]를 클릭해서 조건부 서식의 일부 또는 규칙을 삭제합니다.

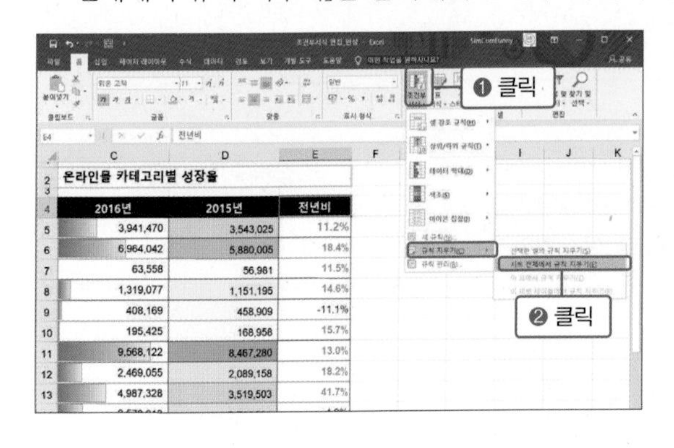

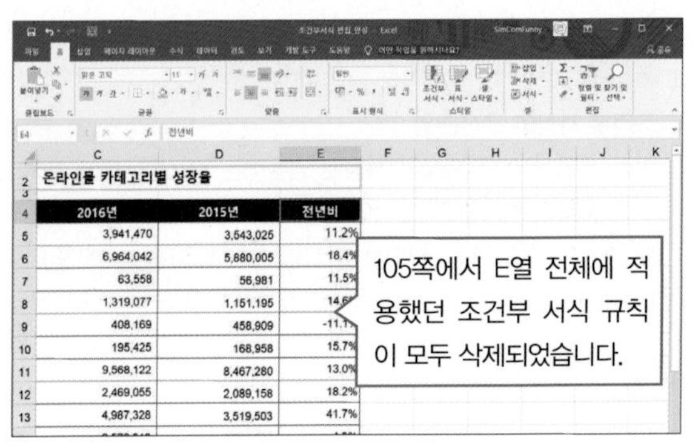

Part 06

차트/스파크라인

차트의 알록달록한 그래프는 숫자에 지친 안구를 정화시켜줍니다. '시작이 반'이라는 말처럼 차트 삽입만 하면 절반은 성공! 추천 차트나 콤보 차트 등 일부 기능은 버전에 따라 차이가 있지만 이 책에서는 모든 버전에서 사용할 수 있는 호환 메뉴까지 알려드립니다. 막대그래프가 지겹다면 영역형/분산형 차트/스파크라인 등 다양한 차트와도 만나볼까요?

Preview

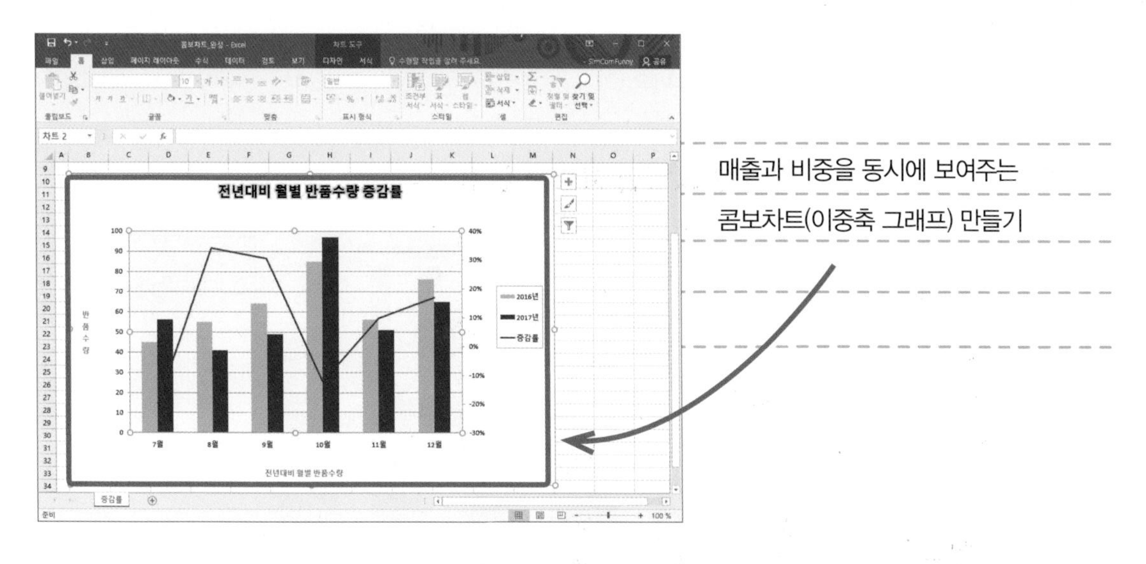

매출과 비중을 동시에 보여주는 콤보차트(이중축 그래프) 만들기

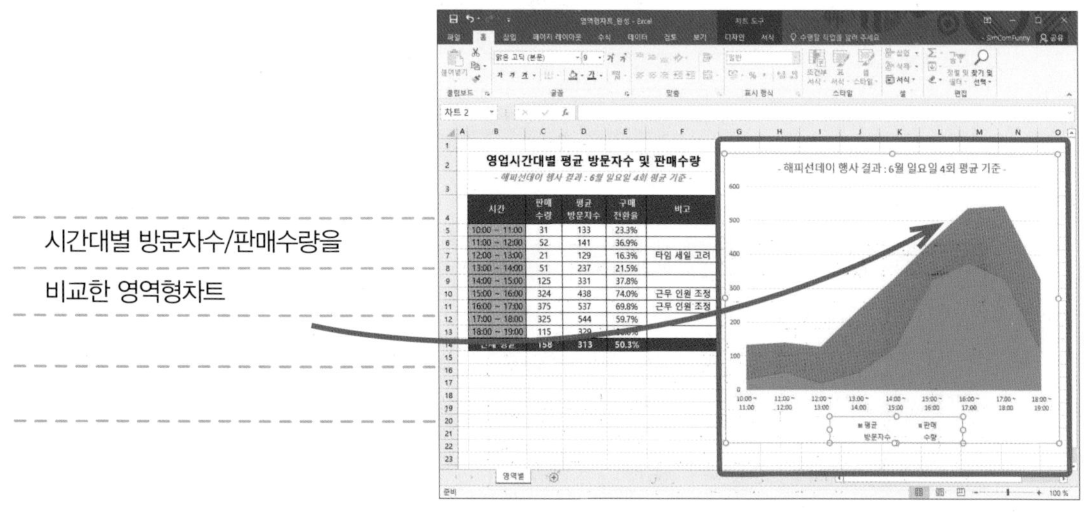

시간대별 방문자수/판매수량을 비교한 영역형차트

053 차트 요소 이해하기

차트 요소는 데이터를 그래프로 시각화해 주는 구성 요소로, 위치나 색상, 크기 등을 원하는 대로 조정할 수 있습니다. 엑셀 2010 이하에서는 [레이아웃] 탭과 [디자인] 탭에서 차트 요소와 스타일을 편집합니다. 엑셀 2013부터는 차트 단추와 작업 창이 나타나 더 빠르고 쉽게 차트 요소를 조정할 수 있습니다.

| 차트 요소

그래프, X축, Y축 등의 차트 요소에 마우스 포인터를 올리면 요소 이름이 표시됩니다. 원하는 차트 요소를 클릭하면 각각의 색상, 크기, 위치 등을 조정할 수 있습니다. 데이터 표와 견주어 차트를 살펴보고 각 차트 요소에 대해 알아보겠습니다.

page 차트 요소를 정확하게 선택하는 방법은 126쪽을 참고하세요.

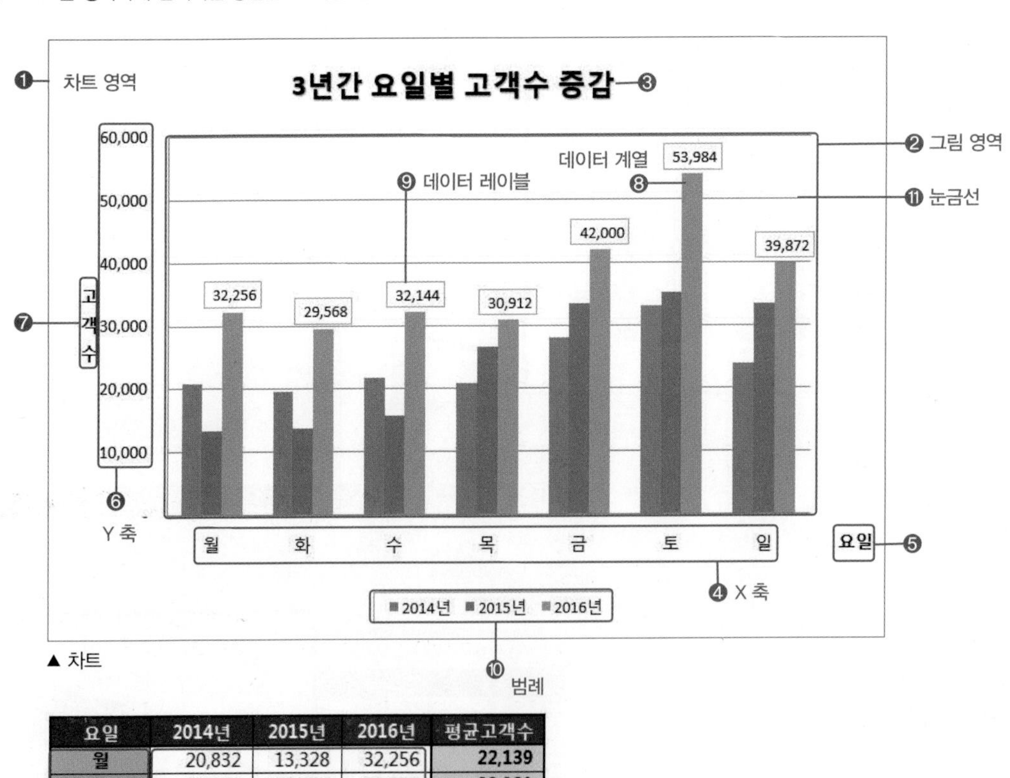

▲ 차트

요일	2014년	2015년	2016년	평균고객수
월	20,832	13,328	32,256	22,139
화	19,712	13,664	29,568	20,981
수	21,728	15,776	32,144	23,216
목	20,832	26,664	30,912	26,136
금	28,000	33,376	42,000	34,459
토	33,040	35,280	53,984	40,768
일	23,856	33,376	39,872	32,368
총 고객수	168,000	171,464	260,736	200,067

❹ ❽

◀ 데이터 표

* 필수가 표시되지 않은 요소는 필요에 따라 차트에서 생략할 수 있습니다.

❶ 차트 영역 : 차트의 전체 영역입니다. 필수

❷ 그림 영역 : 막대, 꺾은선 등 그래프가 나타나는 영역입니다. 필수

❸ 차트 제목 : 텍스트 상자 형태로 차트의 제목을 표시합니다.

❹ 가로(X) 축/레이블 : 데이터 값의 분류 기준과 같습니다. 필수

❺ 가로(X) 축 제목 : 가로 축이 무엇을 나타내는지 표시합니다.

❻ 세로(Y) 축/단위 : 데이터 값을 표시하며 일정 간격으로 단위가 표시됩니다. 필수

❼ 세로(Y) 축 제목 : 세로 축이 무엇을 나타내는지 표시합니다.

❽ 데이터 계열 : 데이터 값을 표시하는 그래프로 그룹 또는 개별 선택이 가능합니다. 필수

❾ 데이터 레이블 : 데이터 계열이 나타내는 값, 백분율, 항목 이름 등을 표시합니다.

❿ 범례 : X축 레이블을 나누는 세부 항목으로, 같은 색상의 데이터 계열끼리 구분합니다.

⓫ 눈금선 : 축의 값을 표시한 선으로, 그림 영역에 나타납니다.

TIP

엑셀 2013 이상에서는 각각의 차트 요소를 더블클릭하면 오른쪽에 작업 창이 나타납니다. 엑셀 2010 이하에서는 대화상자가 나타난다는 점이 다르지만 선택 메뉴의 명칭은 크게 다르지 않습니다. 이 외에도 엑셀 2010 이하 사용자를 위한 사용 방법은 **〈엑셀 2007/2010〉** 설명 상자에서 별도로 설명했습니다.

| 차트 단추 엑셀 2013 이상

차트를 클릭하면 차트 모서리에 차트 단추가 나타납니다. 차트 단추는 엑셀 2010 이하 버전의 [레이아웃] 탭을 대신해 차트의 요소와 스타일 등을 빠르게 수정할 수 있게 합니다. 좀 더 자세한 설정은 차트를 클릭하면 활성화되는 리본 메뉴의 [디자인] 탭, [서식] 탭 등을 이용합니다.

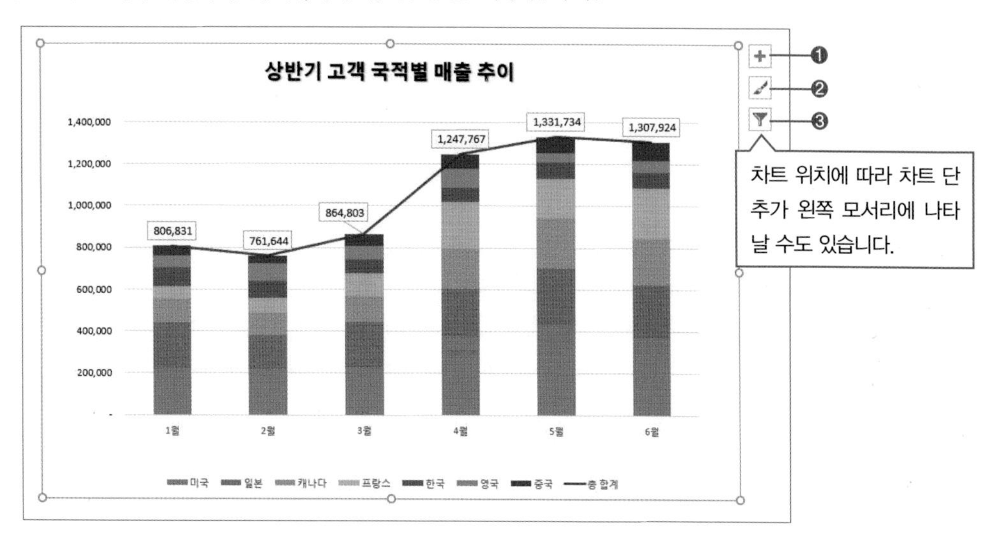

❶ **차트 요소** : 차트 제목, 데이터 레이블 등 차트를 구성하는 요소로, 체크 표시를 하면 차트에 삽입되고 체크 표시를 없애면 차트에서 제거됩니다. 차트를 클릭하고 [디자인] 탭-[차트 레이아웃] 그룹-[차트 요소 추가]에서 세부적인 설정을 할 수 있습니다. 엑셀 2010 이하에서는 [레이아웃] 탭을 사용합니다.

❷ **차트 스타일** : 차트의 배경이나 그래프 색, 눈금선 등을 변경할 수 있습니다. 세부적인 설정은 [디자인] 탭-[차트 스타일] 그룹에서 할 수 있습니다.

❸ **차트 필터** : 차트에 표시된 데이터 계열과 범주를 나타내거나 숨길 수 있습니다. 엑셀 2010 이하에서는 [디자인] 탭-[데이터] 그룹-[데이터 선택]에서 포함할 범위를 다시 지정합니다.

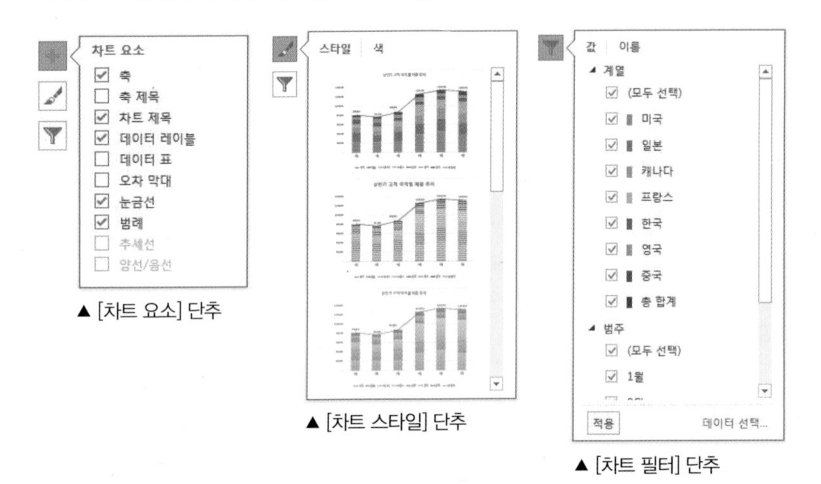

▲ [차트 요소] 단추

▲ [차트 스타일] 단추

▲ [차트 필터] 단추

엑셀 2007/2010 | 차트 단추가 없기 때문에 [디자인/레이아웃/서식] 탭에서 선택합니다. 이 탭들은 차트를 클릭할 때만 활성화됩니다. 또는 차트 요소를 마우스 오른쪽 버튼으로 클릭한 뒤 단축 메뉴에서 변경할 서식을 선택하면 옵션을 설정할 수 있는 대화상자가 나타납니다. [서식] 탭은 상위 버전과 메뉴 구성이 동일합니다.

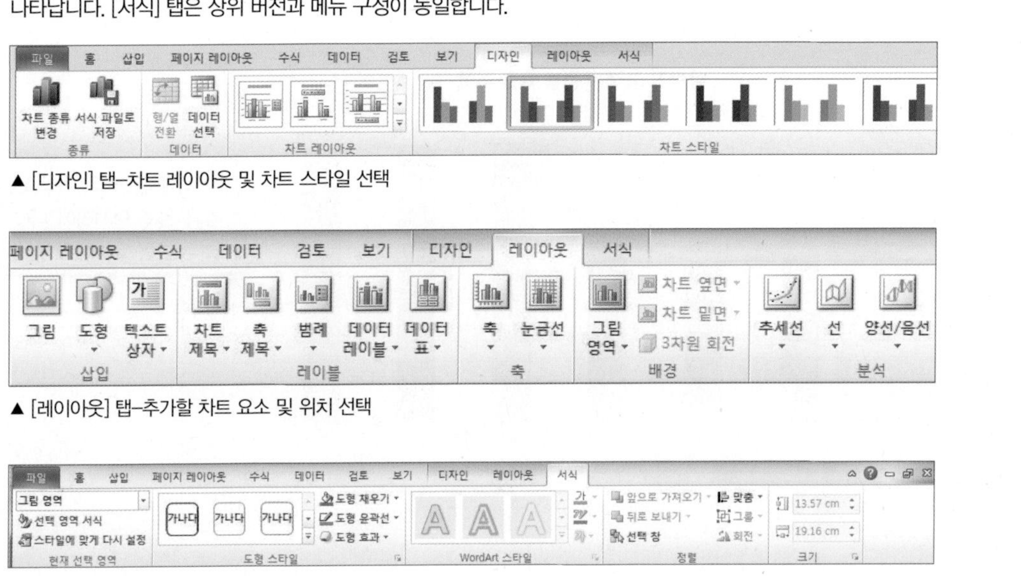

▲ [디자인] 탭-차트 레이아웃 및 차트 스타일 선택

▲ [레이아웃] 탭-추가할 차트 요소 및 위치 선택

▲ [서식] 탭-[도형/WordArt 스타일] 선택

054 여러 가지 방법으로 차트 만들기

데이터 표를 참조하여 차트를 만드는 방법은 여러 가지가 있습니다. 리본 메뉴의 [삽입] 탭이나 단축키를 이용해 기존 워크시트나 새 워크시트에 차트를 삽입할 수 있습니다. 엑셀 2013부터는 추천 차트와 빠른 분석 도구 기능을 활용하여 차트를 더욱 쉽게 추가할 수 있습니다.

예제 파일 Part06\해외 판매량.xlsx **완성 파일** Part06\해외 판매량_완성.xlsx

| 단축키로 차트 삽입하기

방법 1_기본 차트 삽입하기 Alt+F1

데이터 표에서 셀 하나를 클릭한 후 단축키 Alt+F1를 누릅니다. 기본 차트인 묶은 세로 막대형 차트가 삽입되었습니다. 차트가 선택된 상태에서 드래그해서 위치를 이동하고 크기 조절점을 드래그하여 크기를 조절합니다.

page 차트에 삽입할 데이터를 선택하는 요령은 121쪽을, 삽입한 차트의 종류를 바꾸려면 122쪽을 참고하세요.

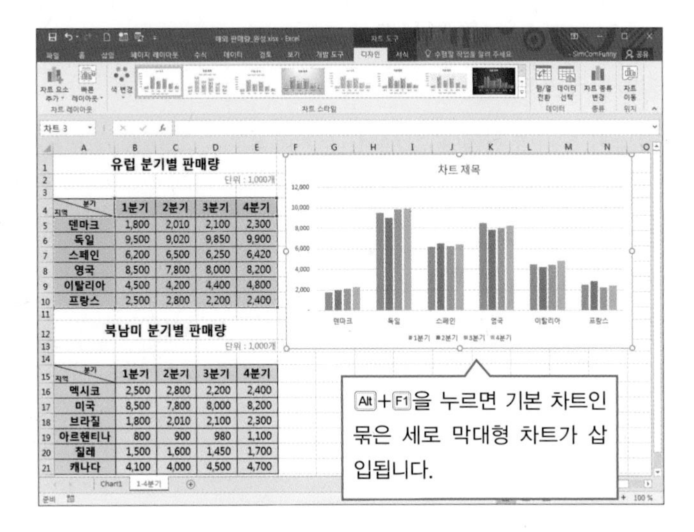

유럽 분기별 판매량 (단위 : 1,000개)

지역 \ 분기	1분기	2분기	3분기	4분기
덴마크	1,800	2,010	2,100	2,300
독일	9,500	9,020	9,850	9,900
스페인	6,200	6,500	6,250	6,420
영국	8,500	7,800	8,000	8,200
이탈리아	4,500	4,200	4,400	4,800
프랑스	2,500	2,800	2,200	2,400

북남미 분기별 판매량 (단위 : 1,000개)

지역 \ 분기	1분기	2분기	3분기	4분기
멕시코	2,500	2,800	2,200	2,400
미국	8,500	7,800	8,000	8,200
브라질	1,800	2,010	2,100	2,300
아르헨티나	800	900	980	1,100
칠레	1,500	1,600	1,450	1,700
캐나다	4,100	4,000	4,500	4,700

차트 제목
Alt+F1을 누르면 기본 차트인 묶은 세로 막대형 차트가 삽입됩니다.

방법 2_새 워크시트에 차트만 삽입하기 F11

데이터 표에서 셀 하나를 클릭한 후 F11을 누릅니다. 'Chart 1'이라는 새로운 워크시트에 차트만 크게 삽입됩니다.

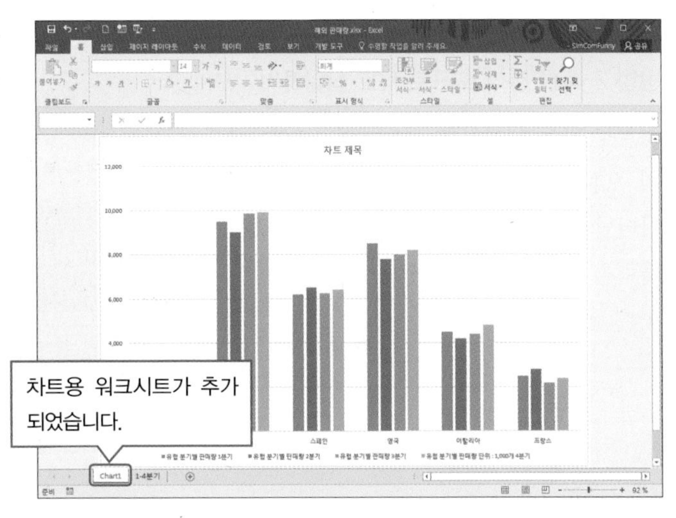

| 리본 메뉴에서 차트 종류 선택하기

데이터 표에서 셀 하나를 클릭한 후 [삽입] 탭–[차트] 그룹–[세로 또는 가로 막대형 차트 삽입]을 클릭합니다. [2차원 세로 막대형] 목록에서 '묶은 세로 막대형'을 클릭합니다.

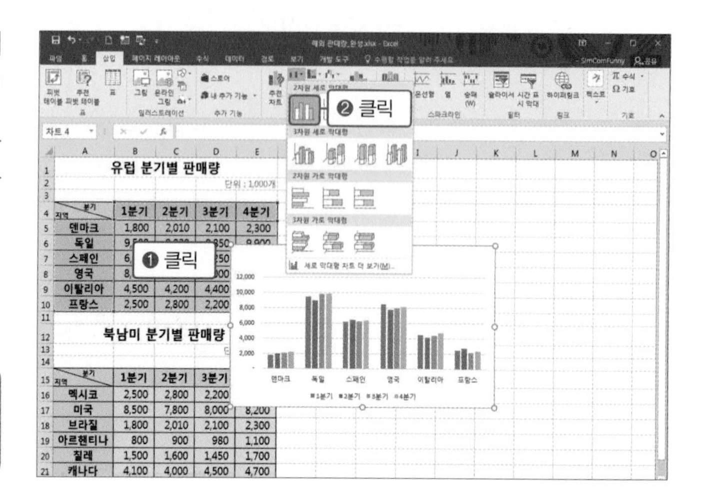

TIP

차트를 삭제하려면 차트를 클릭하고 Delete을 누릅니다.

| 추천 차트 및 빠른 분석 도구 활용하기 엑셀 2013 이상

방법 1_리본 메뉴에서 [추천 차트] 사용하기

'북남미 분기별 판매량' 표에서 1분기와 3분기만 차트로 만들어 보겠습니다. [A15:B21] 셀을 선택하고 Ctrl을 누른 상태에서 [D15:D21] 셀을 선택합니다. [삽입] 탭–[차트] 그룹–[추천 차트]를 클릭합니다. [차트 삽입] 대화상자의 [추천 차트] 탭에서 '묶은 세로 막대형'을 더블클릭합니다.

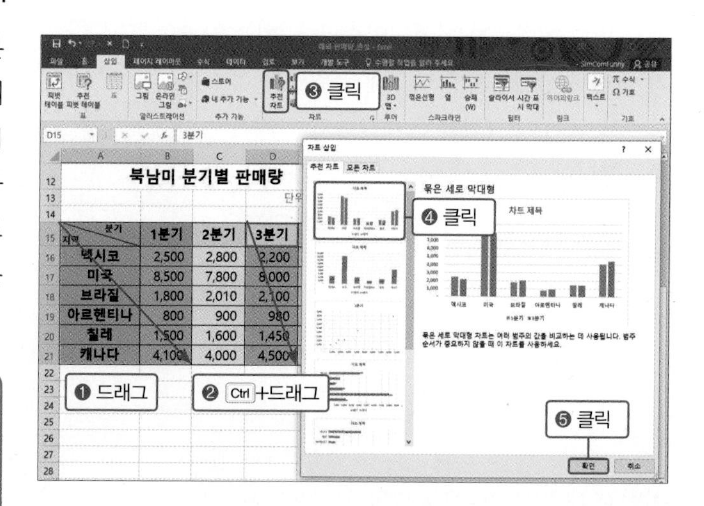

TIP

[추천 차트]에는 선택한 데이터에 가장 잘 어울리는 차트 목록이 나타납니다. 차트를 클릭하면 오른쪽에 미리보기 화면을 볼 수 있습니다.

방법 2_빠른 분석 도구로 차트 삽입하기

차트로 만들 데이터를 선택하면 마지막 셀의 오른쪽 모서리에 빠른 분석 버튼이 나타납니다. 버튼을 클릭하고 [차트] 탭을 클릭한 뒤 차트 종류를 선택합니다.

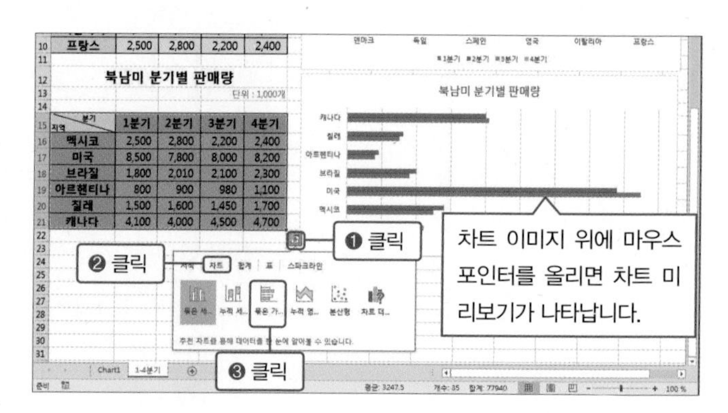

Skill Up 차트의 데이터 범위 알맞게 선택하기

차트를 삽입할 때는 참조할 표에서 셀을 하나만 클릭해도 차트가 만들어집니다. 그러나 표의 데이터 구성에 따라 차트에 삽입할 데이터 범위만 따로 지정해야 할 때가 있습니다. 다른 데이터 값과 차이가 큰 합계나 제목 행은 차트의 데이터 범위에서 제외하는 것이 좋습니다.

1. 차트로 만들 데이터 범위를 확인하세요.

엑셀은 연속된 데이터를 같은 성질의 표로 인식합니다. 그래서 데이터에서 별도의 범위를 지정하지 않고 셀 하나만 클릭한 뒤 차트를 삽입하면 연속으로 입력된 제목 행, 단위까지 데이터 범위로 반영할 때가 있습니다. 차트에 삽입되지 않아야 할 데이터까지 연속으로 입력된 표의 경우, 참조할 범위를 먼저 선택한 후 차트를 삽입하는 것이 좋습니다.

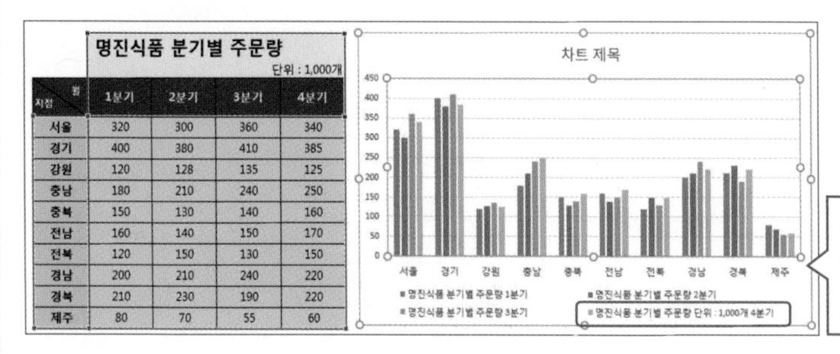

명진식품 분기별 주문량

단위 : 1,000개

지점 \ 월	1분기	2분기	3분기	4분기
서울	320	300	360	340
경기	400	380	410	385
강원	120	128	135	125
충남	180	210	240	250
충북	150	130	140	160
전남	160	140	150	170
전북	120	150	130	150
경남	200	210	240	220
경북	210	230	190	220
제주	80	70	55	60

표에서 셀 하나만 선택해서 차트를 삽입하니 연속으로 입력된 제목, 단위까지 차트 범례에 포함되었습니다.

TIP

차트로 만들 표와 제목 행 사이에 빈 행을 삽입하면 참조할 데이터를 선택하기가 더 쉬워집니다.

page 차트의 데이터 범위를 수정하는 방법은 133쪽을 참고하세요.

2. 합계가 포함된 데이터를 차트로 만들 때는 이중 축 그래프(콤보 차트)를 사용하세요.

합계는 다른 데이터에 비해 값이 커서 상대적으로 다른 데이터 계열은 단위를 구분하기 어려울 정도로 작아 보일 수 있습니다. 그래서 차트의 데이터 범위에서는 합계를 제외하거나 값의 기준이 되는 Y축을 2개로 나누어 이중 축 그래프로 나타내는 것이 좋습니다. 엑셀 2013부터는 콤보형 차트가 삽입되어 이중 축 그래프를 쉽게 삽입할 수 있습니다. 이에 대한 자세한 내용은 130쪽을 참고하세요.

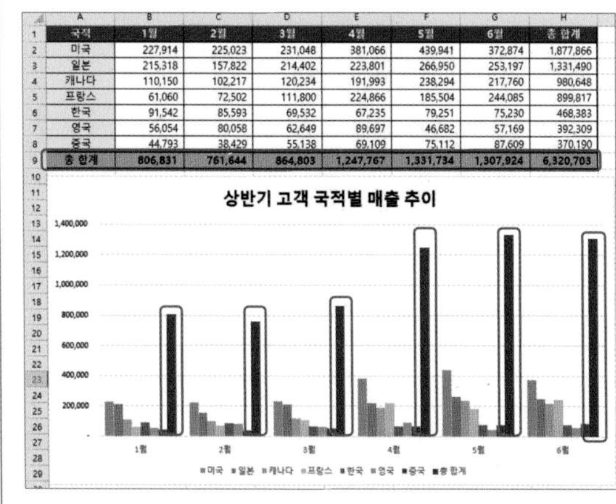

국적	1월	2월	3월	4월	5월	6월	총 합계
미국	227,914	225,023	231,048	381,066	439,941	372,874	1,877,866
일본	215,318	157,822	214,402	223,801	266,950	253,197	1,331,490
캐나다	110,150	102,217	120,234	191,993	238,294	217,760	980,648
프랑스	61,060	72,502	111,800	224,866	185,504	244,085	899,817
한국	91,542	85,593	69,532	67,235	79,251	75,230	468,383
영국	56,054	80,058	62,649	89,697	46,682	57,169	392,309
중국	44,793	38,429	55,138	69,109	75,112	87,609	370,190
총 합계	806,831	761,644	864,803	1,247,767	1,331,734	1,307,924	6,320,703

▲ 합계를 포함하여 만든 차트

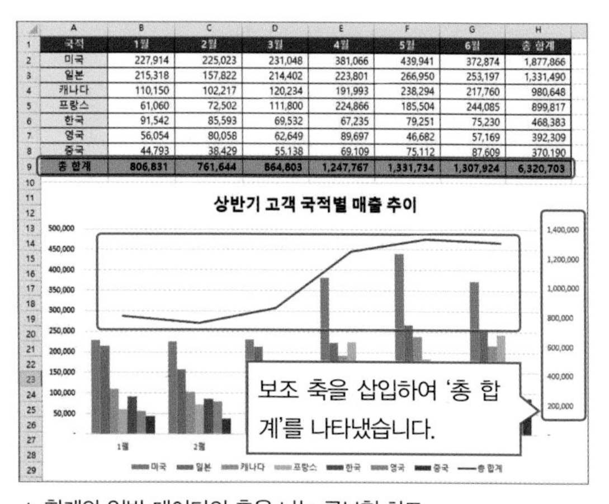

국적	1월	2월	3월	4월	5월	6월	총 합계
미국	227,914	225,023	231,048	381,066	439,941	372,874	1,877,866
일본	215,318	157,822	214,402	223,801	266,950	253,197	1,331,490
캐나다	110,150	102,217	120,234	191,993	238,294	217,760	980,648
프랑스	61,060	72,502	111,800	224,866	185,504	244,085	899,817
한국	91,542	85,593	69,532	67,235	79,251	75,230	468,383
영국	56,054	80,058	62,649	89,697	46,682	57,169	392,309
중국	44,793	38,429	55,138	69,109	75,112	87,609	370,190
총 합계	806,831	761,644	864,803	1,247,767	1,331,734	1,307,924	6,320,703

▲ 합계와 일반 데이터의 축을 나눈 콤보형 차트

055 차트 종류 바꾸기_묶은/누적 세로 막대형 차트

기존 차트의 용도를 바꿔야 한다면 차트 종류만 변경하면 됩니다. 차트를 변경해도 데이터 범위나 기본 요소들은 변경되지 않습니다. 단축키를 이용해서 차트를 삽입할 때 기본으로 추가되는 묶은 세로 막대형 차트를 누적 세로 막대형 차트로 바꾸어 보겠습니다.

예제 파일 Part06\차트변경.xlsx **완성 파일** Part06\차트변경_완성.xlsx

1 월별 매출을 차트로 만들기 위해 [A3:G8] 셀을 선택한 뒤 단축키 Alt+F1를 누릅니다. 묶은 세로 막대형 차트가 삽입되면 적절한 곳에 차트를 위치시킵니다. 차트 종류를 바꾸기 위해 차트 위에서 마우스 오른쪽 버튼을 클릭한 뒤 단축 메뉴에서 [차트 종류 변경]을 선택합니다.

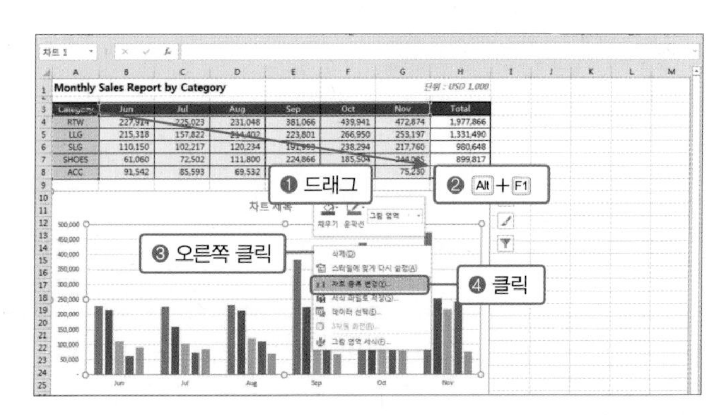

2 [차트 종류 변경] 대화상자의 [모든 차트] 탭–[세로 막대형] 목록에서 '3차원 100% 기준 누적 세로 막대형'을 선택합니다. 차트가 3차원 그래프로 바뀌어 입체적으로 보입니다. Y축도 매출액이 아닌 백분율로 바뀌었습니다.

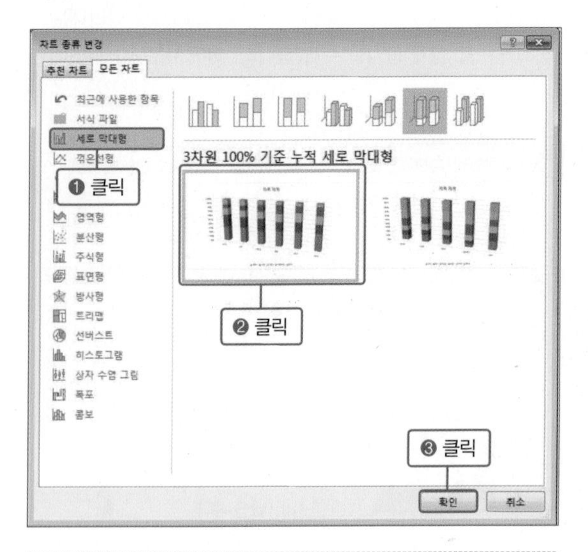

엑셀 2007/2010 | [추천 차트]를 제공하지 않으므로 [차트 종류 변경] 대화상자에서 원하는 차트를 선택합니다.

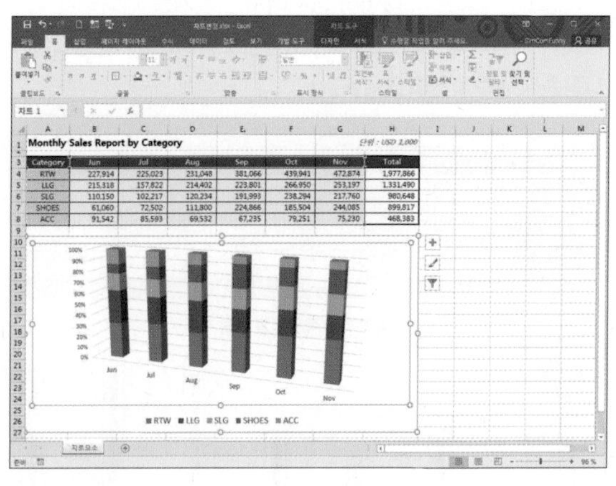

TIP
누적 세로 막대형 그래프는 각 데이터 계열의 총 합계를 100% 기준으로 보고 각 비중에 따라 세로 막대로 나눕니다.

056 차트 레이아웃 및 색상 바꾸기_꺾은선형 차트

차트의 디자인과 레이아웃은 차트 단추에서 쉽게 선택할 수 있고 [디자인] 탭에서 좀 더 자세하게 설정할 수 있습니다. 차트에 추가할 요소나 범례의 위치, 색상 등은 개별적으로도 수정이 가능하지만 [빠른 레이아웃]과 [차트 스타일]에서 일괄 변경하면 쉽습니다.

예제 파일 Part06\성수기매출.xlsx **완성 파일** Part06\성수기매출_완성.xlsx

| 차트 레이아웃 바꾸기

차트 제목, 범례 위치, 눈금선 등 차트 요소의 위치와 종류가 다양하게 조화된 레이아웃을 선택할 수 있습니다.

1 차트를 클릭한 후 [디자인] 탭–[차트 레이아웃] 그룹–[빠른 레이아웃]을 클릭합니다. 목록에서 '레이아웃5'를 선택합니다.

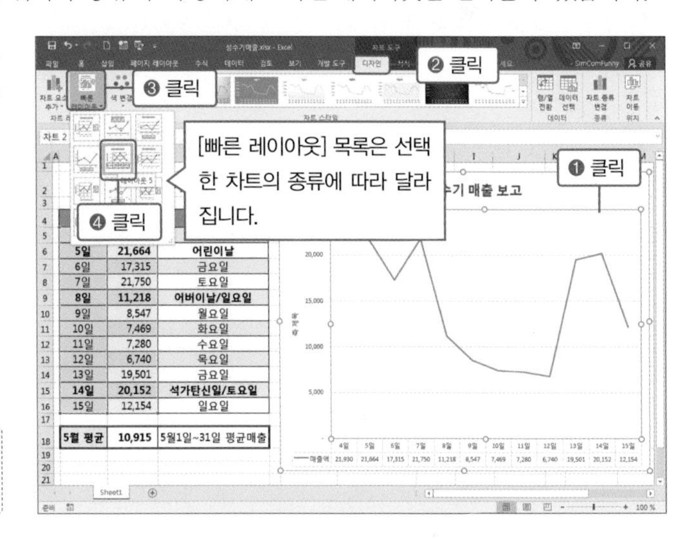

엑셀 2007/2010 | [디자인] 탭–[차트 레이아웃] 그룹에서 원하는 레이아웃을 선택합니다.

2 차트 아래쪽에 데이터 표가 삽입되고, Y축에 축 제목 상자가 나타납니다. '축 제목'을 클릭하여 **매출액**으로 수정한 후 [홈] 탭–[맞춤] 그룹–[방향]에서 '세로 쓰기'를 선택합니다.

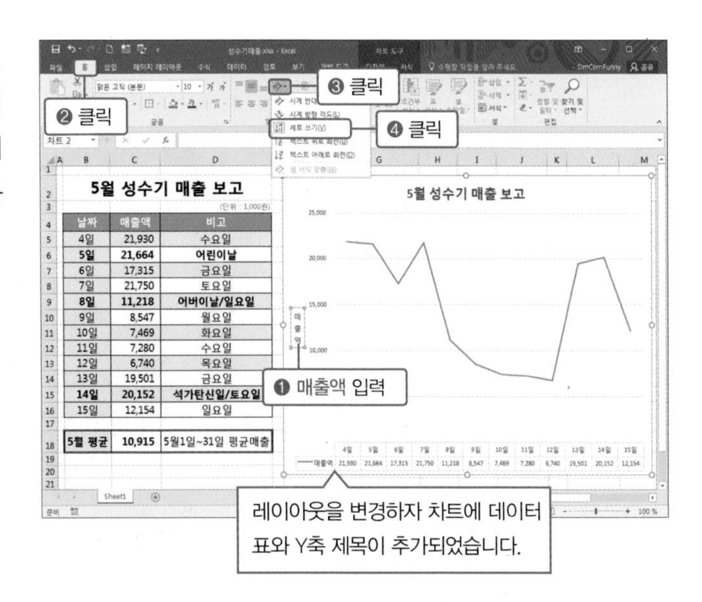

| 차트 스타일 바꾸기

데이터 계열의 색상, 배경색, 눈금선 스타일 등 차트의 전체적인 스타일을 일괄 변경합니다.

1 차트를 클릭하면 차트 영역 바깥쪽에 차트 단추가 나타납니다. [차트 스타일] 단추를 클릭합니다.

엑셀 2007/2010 | 차트를 클릭하고 [디자인] 탭-[차트 스타일] 그룹에서 선택합니다.

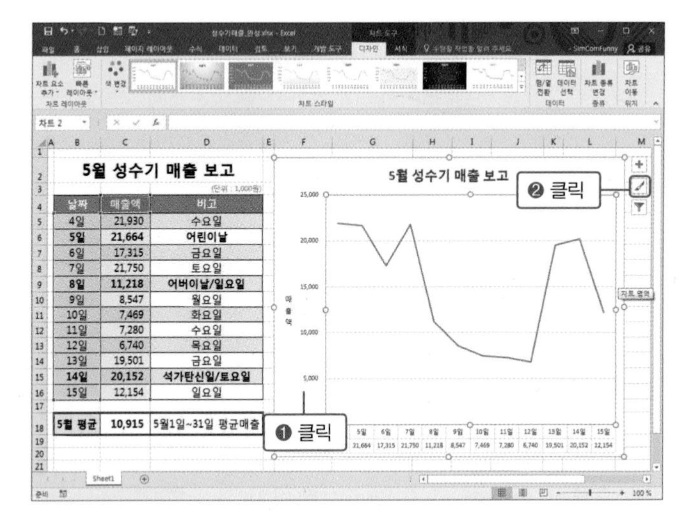

2 [스타일] 탭에 목록이 나타나면 차트 이미지에 마우스 포인터를 올려 차트 스타일을 미리 볼 수 있습니다. 원하는 스타일을 선택합니다.

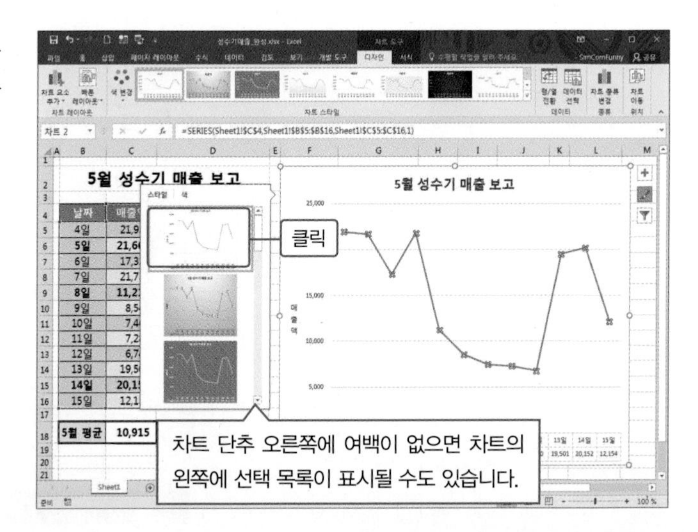

3 차트 선의 색상을 바꾸어 보겠습니다. [차트 스타일] 단추를 클릭하고 [색] 탭을 클릭합니다. 목록에서 원하는 색을 선택하면 차트의 선과 표식의 색상이 바뀝니다.

엑셀 2007/2010 | [디자인] 탭-[차트 스타일] 그룹에서 선택합니다.

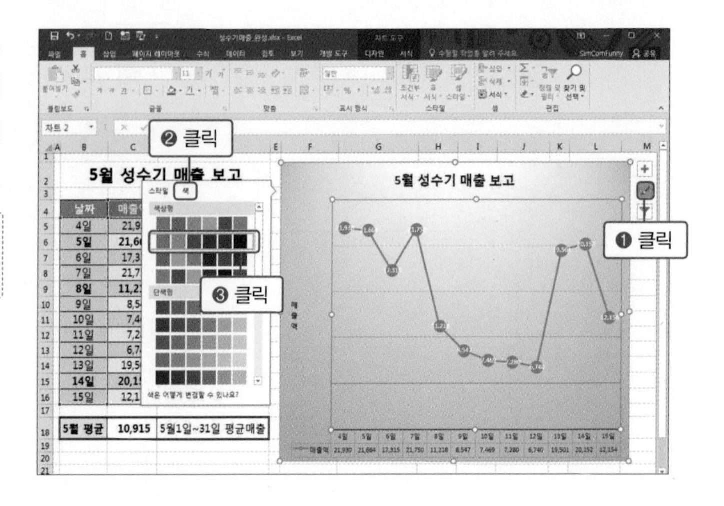

057 차트 요소(축/제목/눈금선/범례) 추가하기

차트 영역은 차트 제목과 그림 영역을 포함하는 상위 개체입니다. 그림 영역은 눈금선, 그래프 등을 포함합니다. 그래프는 X축, Y축, 데이터 계열, 범례 등 많은 구성 요소와 연결됩니다. 차트를 삽입하고 기본으로 표시되는 요소 외의 다른 차트 요소를 추가해 보겠습니다.

예제 파일 Part06\차트요소추가.xlsx

| 차트 요소 추가하기

방법 1_차트 단추에서 간단하게 추가하기 엑셀 2013 이상

차트를 클릭하면 차트 영역 바깥쪽에 차트 단추가 나타납니다. [차트 요소] 단추[+]를 클릭한 후 추가할 차트 요소에 체크 표시를 하고, 제거할 요소의 체크 표시는 없앱니다.

클릭

2016년 상반기 고객 국적별 매출 추이

[데이터 레이블]의 ▶를 클릭하면 세부 위치에 대한 옵션을 선택할 수 있습니다.

엑셀 2007/2010 | 차트를 클릭한 뒤 [레이아웃] 탭에서 필요한 요소를 선택합니다.

방법 2_[디자인] 탭에서 추가할 차트 요소 미리 보기 엑셀 2013 이상

[디자인] 탭-[차트 레이아웃] 그룹-[차트 요소 추가]를 클릭합니다. 추가할 차트 요소 위에 마우스 포인터를 올리면 세부 옵션이 나타납니다. 원하는 차트 요소의 옵션을 클릭합니다.

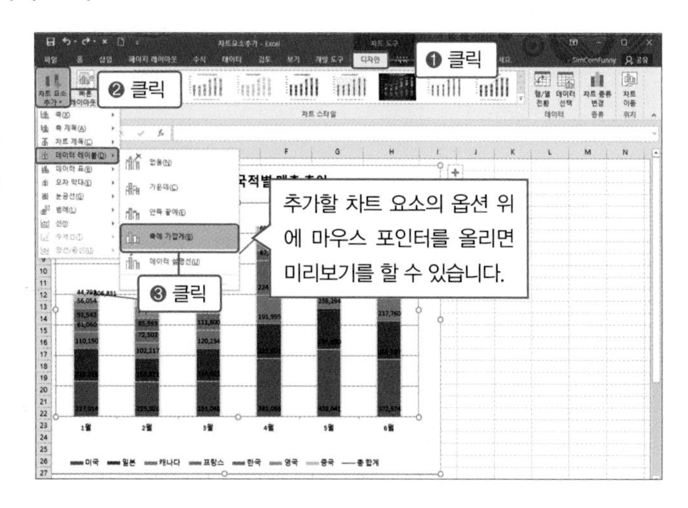

| 차트 요소 정확하게 선택하기

데이터 계열의 이름, 숫자 값 등의 데이터 레이블을 추가하거나 색을 바꾸려면 먼저 해당 계열을 선택해야 합니다. 개별 요소만 선택하고 싶은데 클릭할 범위가 좁거나 애매하다면 리본 메뉴나 단축키로 원하는 요소만 선택할 수 있습니다.

방법 1_리본 메뉴에서 선택하기

[서식] 탭–[현재 선택 영역] 그룹에서 [차트 요소]의 목록 버튼을 클릭합니다. 원하는 요소를 클릭하면 차트에 삽입됩니다.

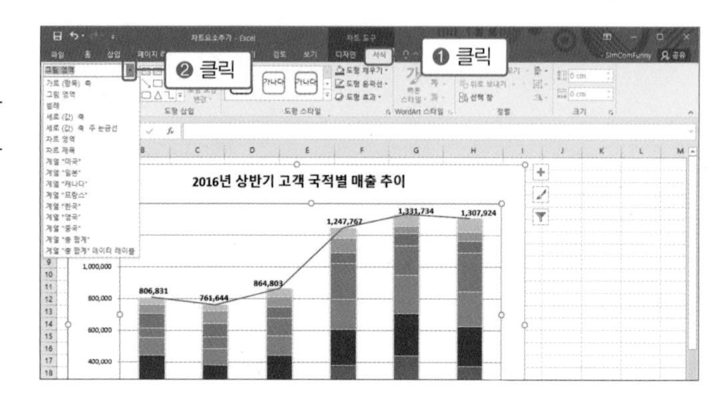

방법 2_미니 도구 모음에서 선택하기

차트의 빈 영역에서 마우스 오른쪽 버튼을 클릭합니다. 미니 도구 모음에서 [차트 요소]의 목록 버튼을 클릭하여 원하는 차트 요소를 선택합니다.

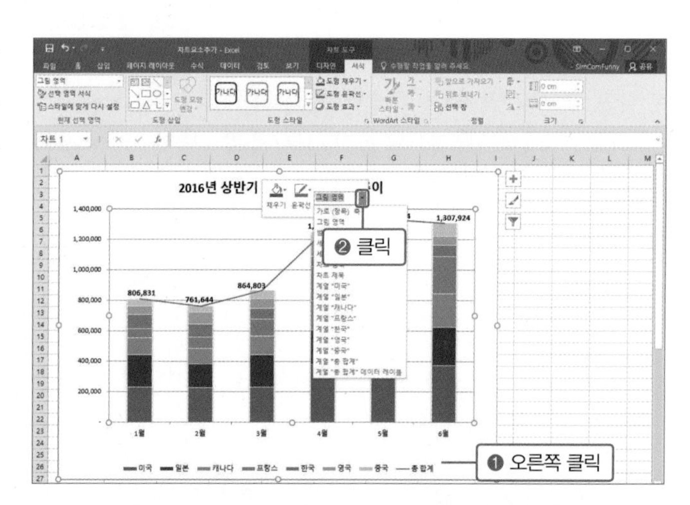

방법 3_방향키로 선택하기

임의의 차트 요소를 클릭하고 방향키를 누를 때마다 다음에 위치한 차트 요소, 각 계열 순으로 선택됩니다.

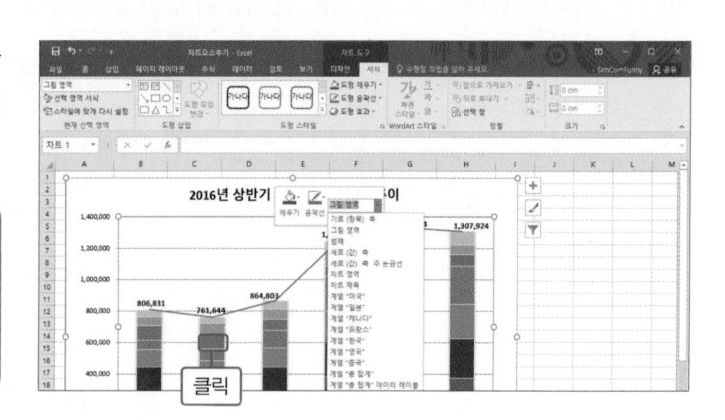

> **TIP**
> 데이터 계열 하나를 클릭하면 전체가 선택됩니다. 더블클릭하면 개별 선택이 되지만 정확히 선택하기 어렵다면 방향키를 눌러 순서대로 개별 데이터 계열을 선택합니다.

2007 2010 2013 2016 2019

058 차트 요소 서식 수정하기

차트에서 그래프나 차트 요소를 하나 클릭하면 같은 계열의 차트 요소가 일괄 선택되고, 한 번 더 클릭하면 해당 요소만 선택됩니다. 차트 제목이나 축 제목 등은 도형의 텍스트 서식을 수정하는 방법과 같습니다. 각 차트 요소의 서식을 개별 또는 일괄 수정하는 법을 알아보겠습니다.

예제 파일 Part06\차트서식.xlsx **완성 파일** Part06\차트서식_완성.xlsx

| 데이터 계열의 서식(그래프 색상) 일괄 수정하기_작업 창

1 그래프에서 보라색 막대 하나를 클릭하면 모든 국가의 4월 데이터 계열이 일괄 선택됩니다. 마우스 오른쪽 버튼을 클릭한 뒤 [데이터 계열 서식]을 선택하면 오른쪽에 [데이터 계열 서식] 작업 창이 나타납니다.

엑셀 2007/2010 | 오른쪽 작업 창 대신 [데이터 계열] 대화상자가 나타납니다.

TIP

데이터 계열 하나만 더블클릭하면 일괄 선택된 상태에서 서식 창이 나타납니다.

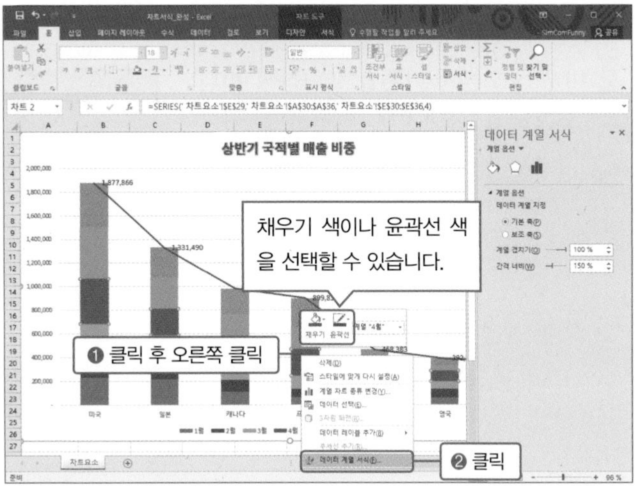

채우기 색이나 윤곽선 색을 선택할 수 있습니다.

❶ 클릭 후 오른쪽 클릭

❷ 클릭

2 [채우기 및 선]의 [채우기] 항목에서 '단색 채우기'를 선택한 후 [색]에서 노란색을 선택합니다.

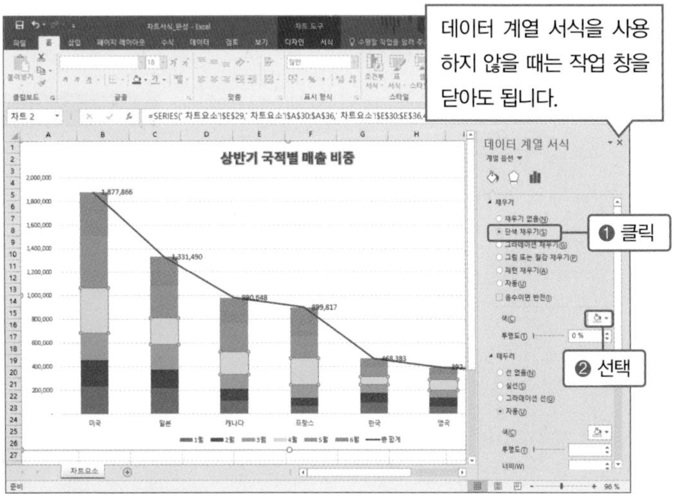

데이터 계열 서식을 사용하지 않을 때는 작업 창을 닫아도 됩니다.

❶ 클릭

❷ 선택

엑셀 2007/2010 | [데이터 계열] 대화상자의 [채우기]에서 설정합니다.

| 데이터 계열의 개별 서식 수정하기_미니 도구 모음

1 차트에서 첫 번째 그래프의 노란색 막대를 클릭하면 모든 국가의 4월 데이터 계열이 일괄 선택됩니다. 첫 번째 노란색 막대만 한 번 더 클릭해서 데이터 계열 하나만 선택합니다.

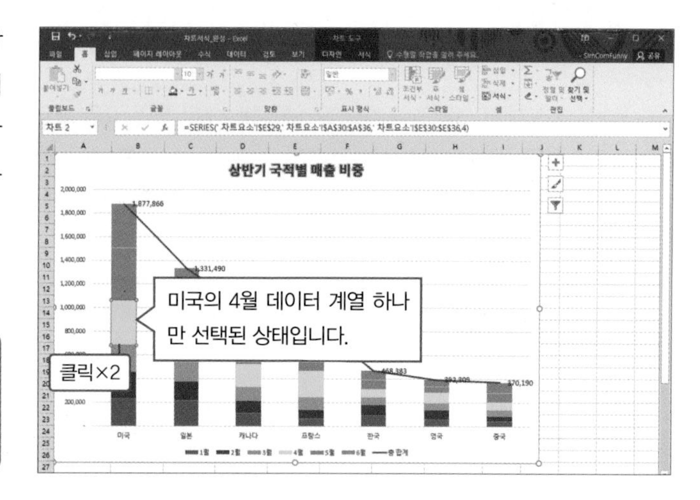

TIP

데이터 계열을 빠르게 3번 클릭하면 해당 데이터만 선택되고, [데이터 요소 서식] 작업 창이 나타납니다.

2 마우스 오른쪽 버튼을 클릭하여 미니 도구 모음에서 [윤곽선]을 클릭한 후 빨간색을 선택합니다.

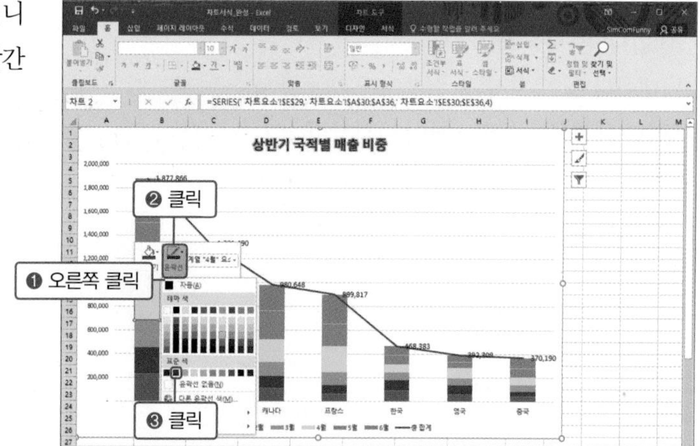

| 데이터 레이블 추가하기

미국의 4월 데이터만 선택된 상태에서 [차트 요소] 단추를 클릭합니다. '데이터 레이블'에 체크 표시를 하면 해당 데이터 값만 표시됩니다.

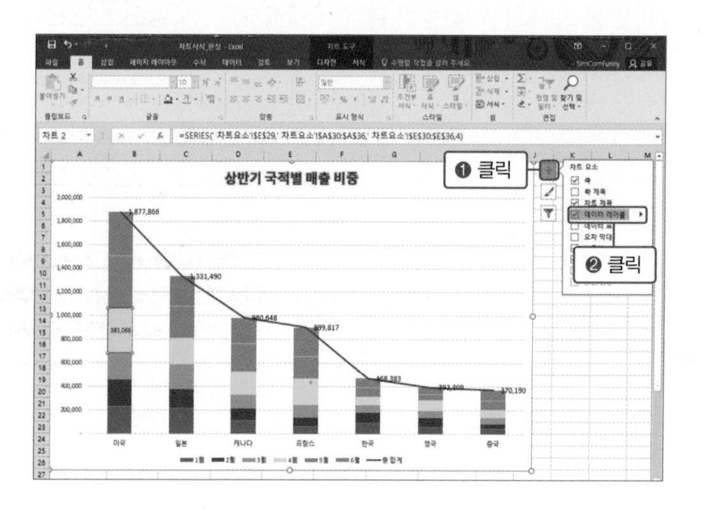

엑셀 2007/2010 | 데이터 계열을 마우스 오른쪽 버튼으로 클릭한 뒤 단축 메뉴에서 [데이터 레이블 추가]를 선택합니다.

059 Y축의 최소값과 축 단위 조절하기

차트의 Y축 단위는 원본 데이터의 최대값과 최소값에 따라 일정 간격이 자동으로 설정됩니다. 2개의 데이터 값을 비교할 때 차이점을 강조하려면 공통되는 값의 최소 단위와 축 단위를 수정하면 됩니다. 차트에 표시할 두 데이터의 최소값을 높여주면 중복되는 영역이 생략돼서 데이터 간의 차이가 극대화됩니다.

예제 파일 Part06\Y축 최소값 단위.xlsx **완성 파일** Part06\Y축 최소값 단위_완성.xlsx

1 두 데이터 간의 차이를 극대화하고 중복 구간의 여백을 줄이기 위해 Y축 최소값을 수정해 보겠습니다. Y축을 더블클릭하면 [축 서식] 작업 창이 나타납니다. [축 옵션]을 클릭한 후 [축 옵션]–[경계]의 '최소'에 3000을 입력합니다. 임의의 셀을 클릭하면 Y축의 최소값에서 3000 이하의 값이 생략되면서 두 데이터의 차이가 더 확연해진 것을 볼 수 있습니다.

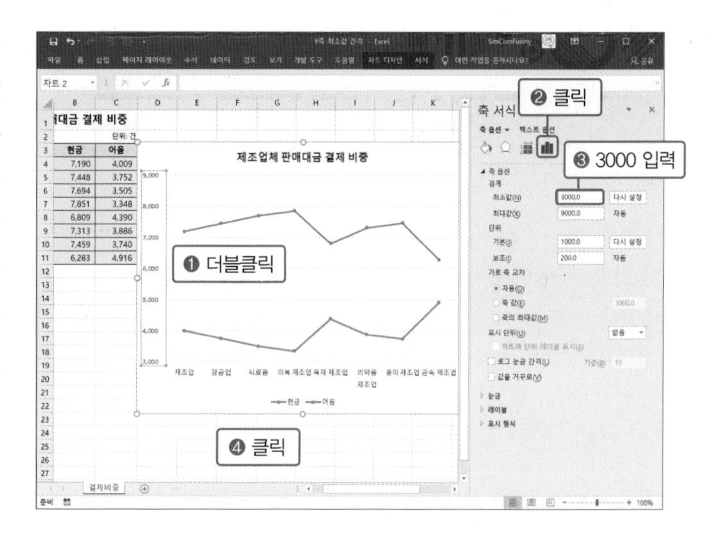

2 이번에는 축 옵션의 '기본' 단위를 500으로 수정합니다. 작업 창의 닫기 버튼을 클릭하면 단위 간격도 좀 더 좁아져서 Y값이 더 세밀해진 것을 볼 수 있습니다.

엑셀 2007/2010 | Y축 숫자를 마우스 오른쪽 버튼으로 클릭한 뒤 단축 메뉴에서 [축 서식]을 클릭합니다. [축 서식] 대화상자–[축 옵션]의 [최소값]에서 '고정'을 선택하고 숫자를 입력합니다.

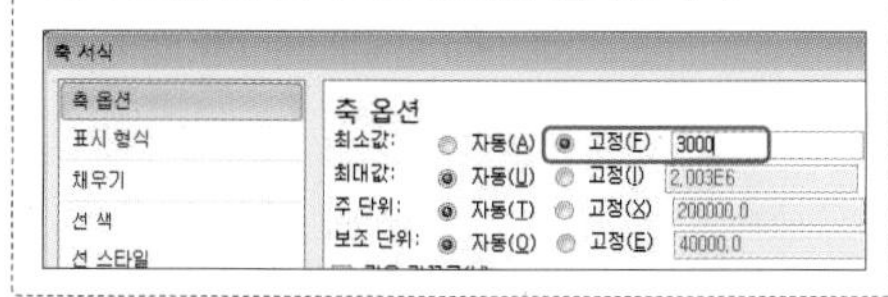

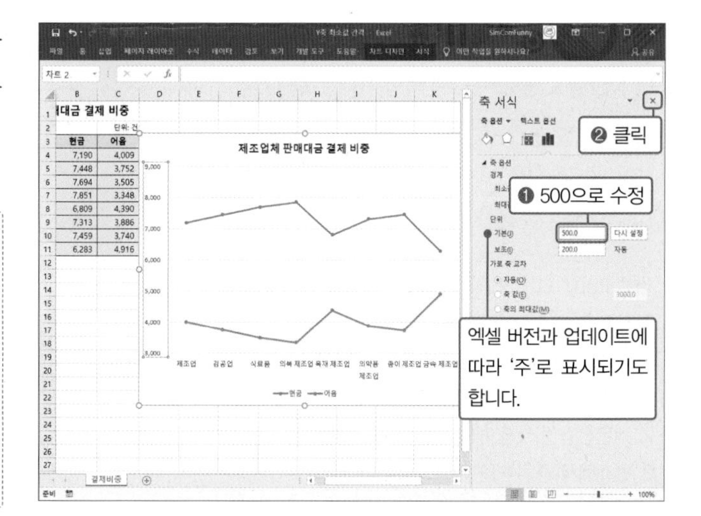

2007 2010 2013 2016 2019

060 차트 종류가 다른 이중 축 그래프 만들기 _콤보 차트

데이터 값의 차이가 크다면 보조 축을 추가해서 Y값을 따로 표시하는 것이 좋습니다. 예를 들어, 매출과 증감률은 각 데이터의 최대값 간의 차이가 크기 때문에 축을 2개로 나눈 이중 축 그래프를 사용합니다. 엑셀 2013부터는 콤보 차트에서 좀 더 쉽게 차트 종류를 선택하고 보조 축을 추가할 수 있습니다.

예제 파일 Part06\콤보차트.xlsx **완성 파일** Part06\콤보차트_완성.xlsx

1 '증감률'의 데이터 값이 '반품수량'에 비해 너무 작아 막대그래프가 거의 X축에 붙어 있습니다. 보조 축을 추가해서 증감률을 꺾은선형 차트로 변경해 보겠습니다. 차트 위에서 마우스 오른쪽 버튼을 클릭한 뒤 단축 메뉴에서 [차트 종류 변경]을 선택합니다.

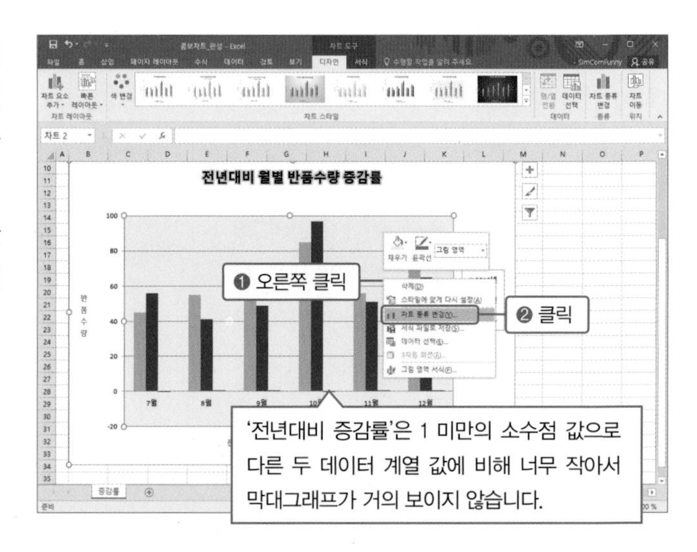

2 [차트 종류 변경] 대화상자–[모든 차트] 탭에서 '콤보'를 선택합니다. '증감률'의 차트 종류가 '꺾은선형'으로 되어 있습니다. 증감률의 '보조 축'에 체크 표시를 하고 [확인]을 클릭합니다.

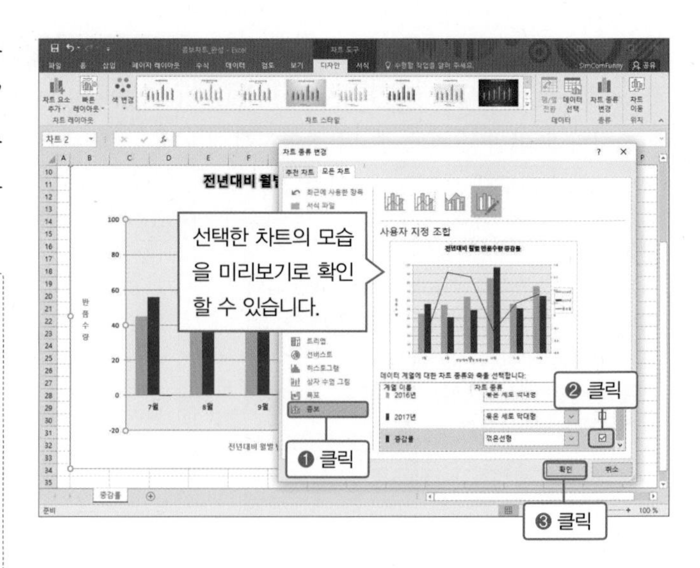

엑셀 2007/2010 | 콤보 차트가 없기 때문에 차트 종류를 따로 설정해줘야 합니다.

1. 범례에서 '증감률' 위에서 마우스 오른쪽 버튼으로 클릭한 뒤 [계열 차트 종류 변경]을 선택합니다.
2. 꺾은선형 차트를 선택하고 [확인]을 클릭합니다.
3. 범례에서 '증감률'을 마우스 오른쪽 버튼으로 클릭한 뒤 [데이터 계열 서식]을 선택합니다. [계열 옵션]에서 '보조축'을 선택하고 [확인]을 클릭합니다.

3 '증감률'이 꺾은선으로 나타나고, 오른쪽에는 보조 축 단위가 추가되었습니다. 소수점으로 나타난 보조 축 단위를 백분율로 수정하기 위해 오른쪽 Y축을 더블클릭합니다.

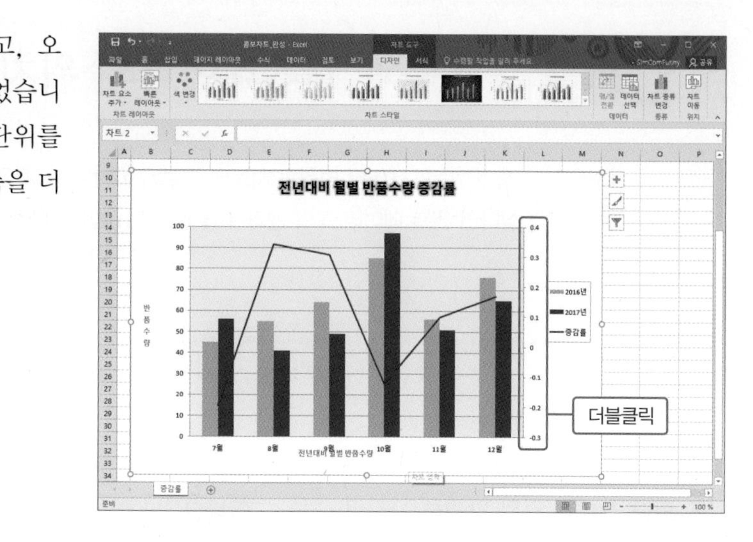

4 [축 서식] 작업 창이 나타나면 [축 옵션]–[축 옵션]–[표시 형식]의 [범주]에서 '백분율'을 선택합니다.

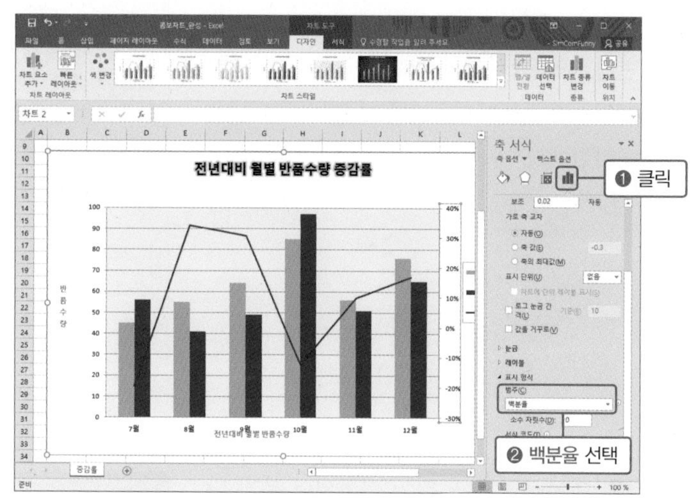

엑셀 2007/2010 | 오른쪽 Y축 숫자를 마우스 오른쪽 버튼으로 클릭한 뒤 단축 메뉴에서 [축 서식]을 선택합니다. [축 서식] 대화상자의 [표시 형식]에서 백분율을 선택합니다.

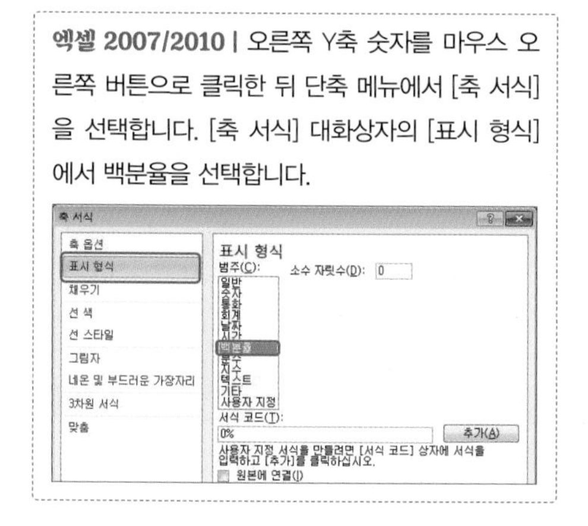

5 오른쪽 Y축 단위가 백분율로 바뀌었습니다.

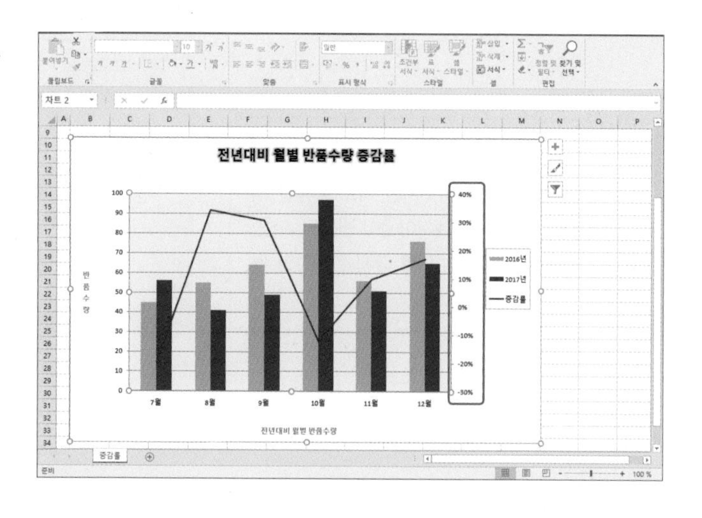

061 X축과 Y축 데이터의 위치 바꾸기

차트에서 X축과 Y축의 데이터 범위는 차트의 특성에 따라 자동 지정됩니다. 기본으로 지정된 X축과 Y축을 바꾸고 싶다면 원본 데이터 표의 행과 열을 바꾸지 않아도 '행/열 전환'이라는 기능을 사용할 수 있습니다.

예제 파일 Part06\XY축변경.xlsx **완성 파일** Part06\XY축변경_완성.xlsx

1 현재 차트는 지역 단위로 분기별 주문량이 묶여 있습니다. 반대로 분기 단위로 지역별 매출을 비교하려면 X축과 Y축을 변경하면 됩니다. 차트를 클릭한 후 [디자인] 탭-[데이터] 그룹-[행/열 전환]을 클릭합니다.

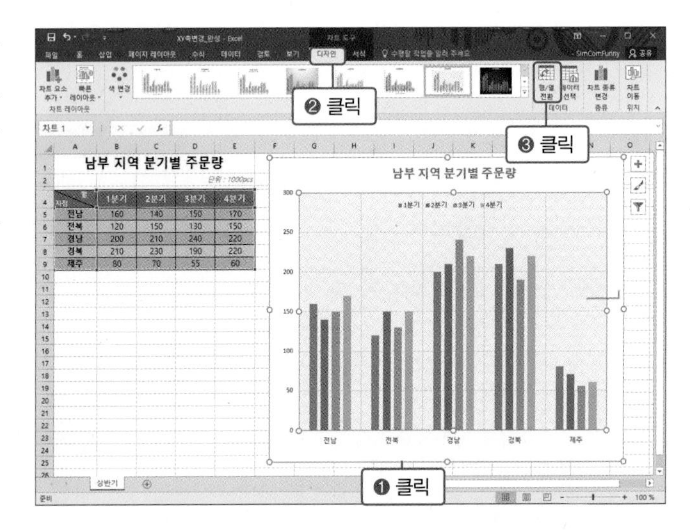

2 데이터의 행과 열이 전환되어 분기 단위로 지역별 매출이 배열된 것을 볼 수 있습니다.

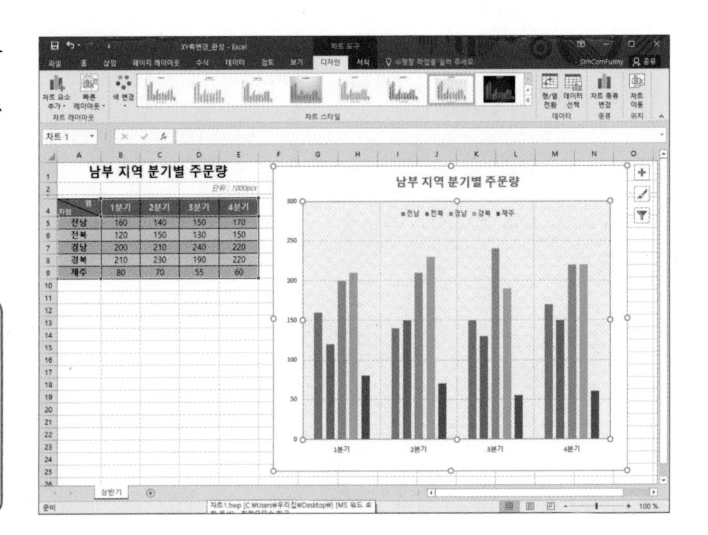

TIP

[행/열 전환]은 묶은 막대형 그래프처럼 기본적인 차트에서는 쉽게 사용되지만 차트 종류나 데이터 범위에 따라 차트 레이아웃이 변형될 수 있습니다. 이때는 데이터 범위를 다시 설정하면 됩니다.

062 차트에 나타낼 데이터 범위 변경하기

데이터에 빈 행과 열이 없다면 연속으로 입력된 셀들을 차트의 원본 데이터로 반영합니다. 그러나 데이터의 일부만 차트로 나타내고 싶거나 기존 차트에 데이터를 추가해야 한다면 데이터 범위를 다시 지정하면 됩니다.

예제 파일 Part06\데이터범위변경.xlsx **완성 파일** Part06\데이터범위변경_완성.xlsx

1 2014년과 2015년 데이터로 만든 차트에 2016년 데이터를 추가해 보겠습니다. 차트 위에서 마우스 오른쪽 버튼을 클릭한 뒤 단축 메뉴에서 [데이터 선택]을 클릭합니다.

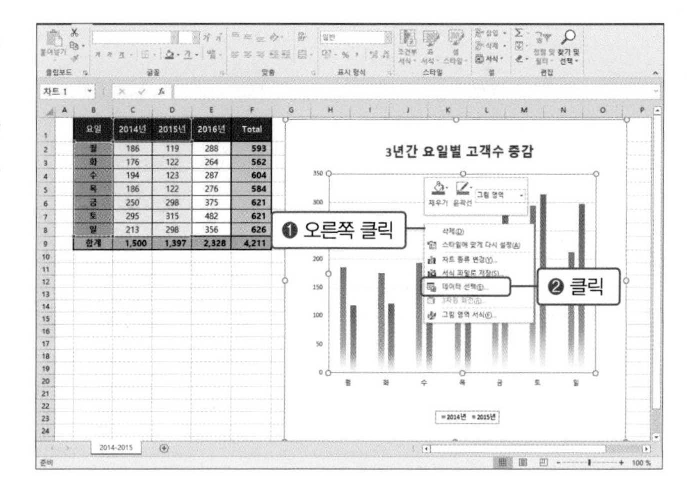

2 [데이터 원본 선택] 대화상자에서 [추가]를 클릭합니다.

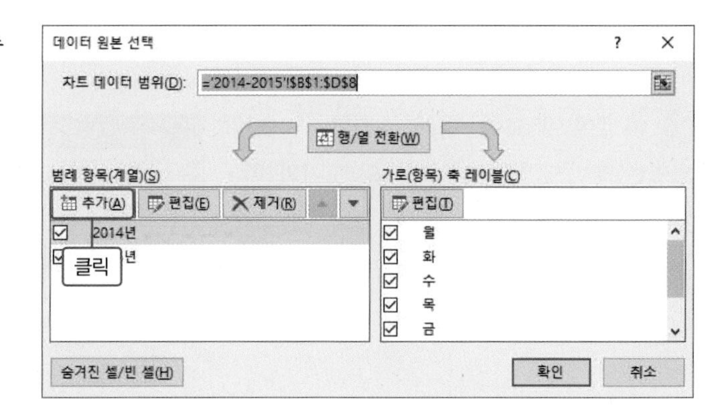

3 [계열 편집] 대화상자의 [계열 이름] 입력란에 커서가 나타납니다. '2016년'이 입력된 [E1] 셀을 클릭하면 워크시트 이름과 셀 주소가 입력됩니다.

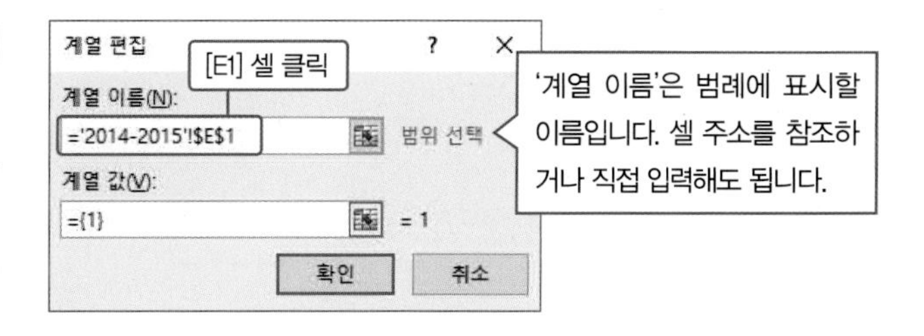

4 [계열 값]에는 막대그래프가 표시할 값의 참조 범위를 입력합니다. [계열 값]에 입력된 값을 삭제하고 [E2:E8] 셀을 드래그한 후 [확인]을 클릭합니다.

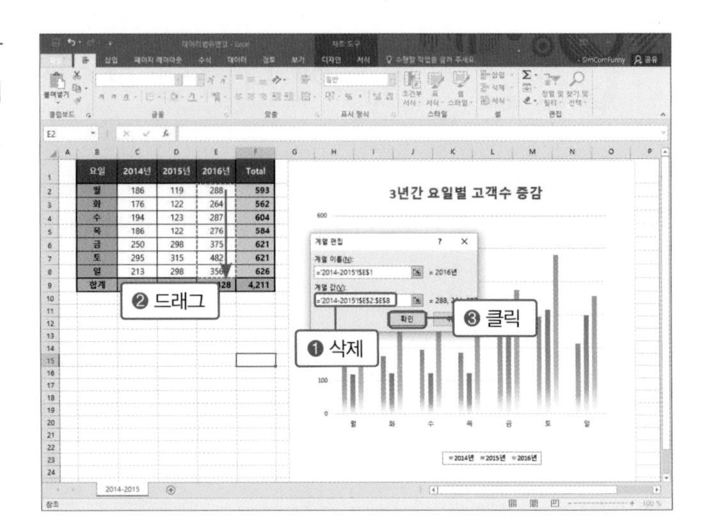

5 [데이터 원본 선택] 대화상자의 [범례 항목]에 '2016년'이 추가된 것을 알 수 있습니다. [확인]을 클릭합니다.

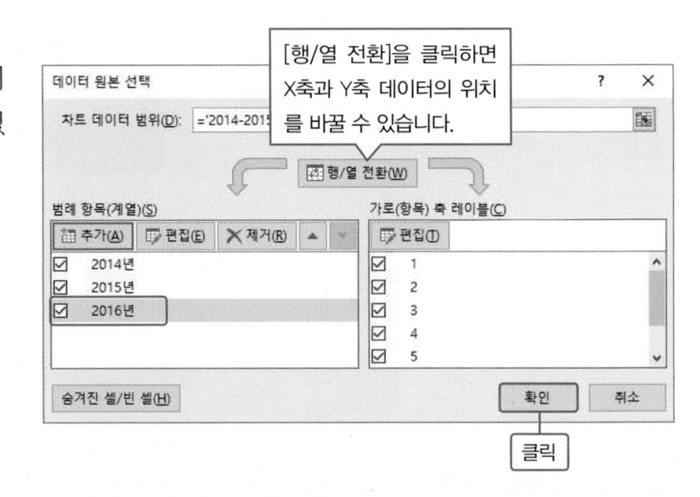

6 차트에 '2016년' 범례와 해당 데이터 계열이 추가되었습니다. 차트의 크기와 위치 등을 조절하여 완성합니다.

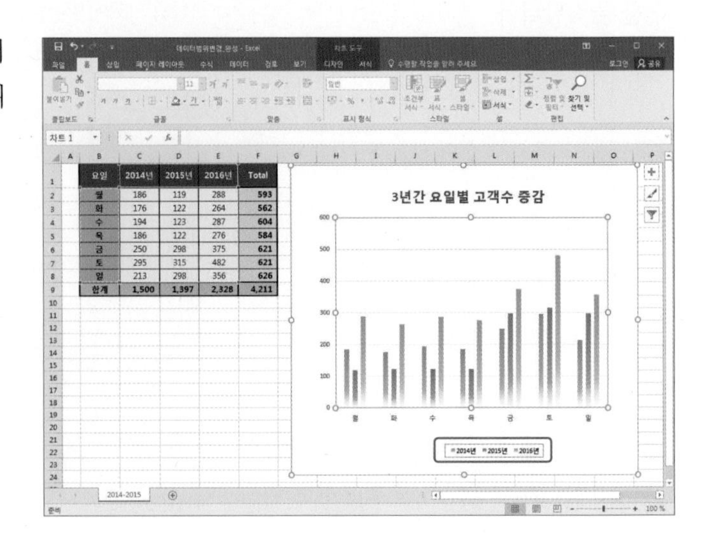

2007 2010 2013 2016 2019

063 차트에 배경 그림 삽입하고 눈금선 삭제하기

기본 차트의 배경은 흰색 바탕에 눈금선이 그어져 있는 경우가 많습니다. 배경 서식을 수정하거나 눈금선을 삭제하면 다양한 시각적 효과를 낼 수 있습니다. 이번에는 차트 영역의 배경색을 바꾸거나 그림을 삽입한 뒤 눈금선을 삭제해 보겠습니다.

예제 파일 Part06\차트배경서식.xlsx **완성 파일** Part06\차트배경서식_완성.xlsx

| 차트 영역에 배경색 채우기

1 차트의 가장자리선이나 모서리를 클릭하면 차트 영역이 선택됩니다. 차트 영역을 더블클릭하여 [차트 영역 서식] 작업 창을 불러옵니다.

더블클릭

그래프 근처를 클릭하면 그림 영역이 선택될 수 있습니다. 차트 영역은 그림 영역을 포괄하는 상위 개념이므로 이를 잘 구분해야 합니다.

page 차트 영역과 그림 영역에 대한 자세한 내용은 116쪽을 참고하세요.

엑셀 2007/2010 | 차트 영역에서 마우스 오른쪽 버튼을 클릭한 뒤 단축 메뉴에서 [차트 영역 서식]을 선택합니다.

2 [차트 영역 서식] 작업 창에서 [차트 옵션]-[채우기 및 선]의 [채우기]에서 '단색 채우기'를 선택한 후 [색]에서 검은색을 선택합니다. 차트의 배경색이 검은색으로 바뀌었습니다.

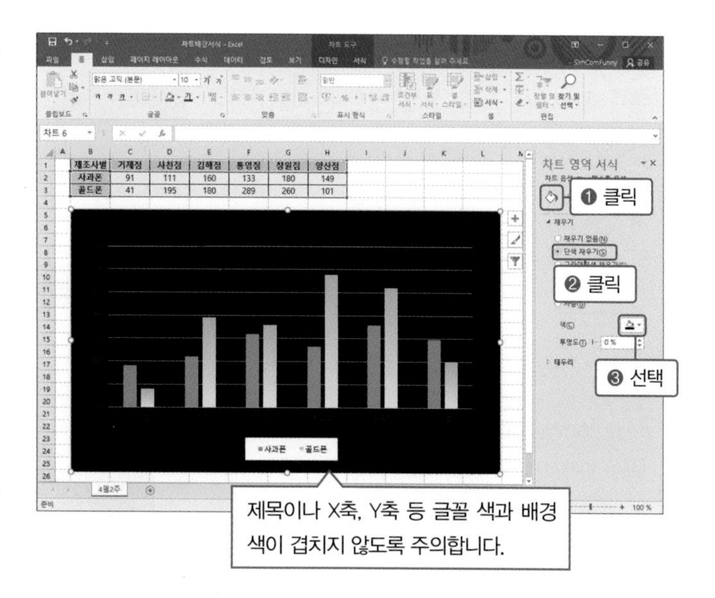
차트 영역 서식
❶ 클릭
❷ 클릭
❸ 선택
제목이나 X축, Y축 등 글꼴 색과 배경 색이 겹치지 않도록 주의합니다.

엑셀 2007/2010 | [차트 영역 서식] 대화상자의 [채우기]에서 '단색 채우기'를 선택하고 채우기 색을 선택한 뒤 [확인]을 클릭합니다.

3 차트의 배경색 때문에 차트 제목이 보이지 않습니다. 제목이 입력된 텍스트 상자를 더블클릭하면 나타나는 [차트 제목 서식] 작업 창에서 [텍스트 옵션]–[텍스트 채우기 및 윤곽선]A의 [텍스트 채우기]에서 '단색 채우기'를 선택합니다. [색]에서 '흰색'을 선택하면 제목이 흰색으로 바뀝니다.

> **TIP**
> 차트 제목에서 마우스 오른쪽 버튼을 클릭한 뒤 미니 도구 모음에서 글꼴 색을 선택해도 됩니다.

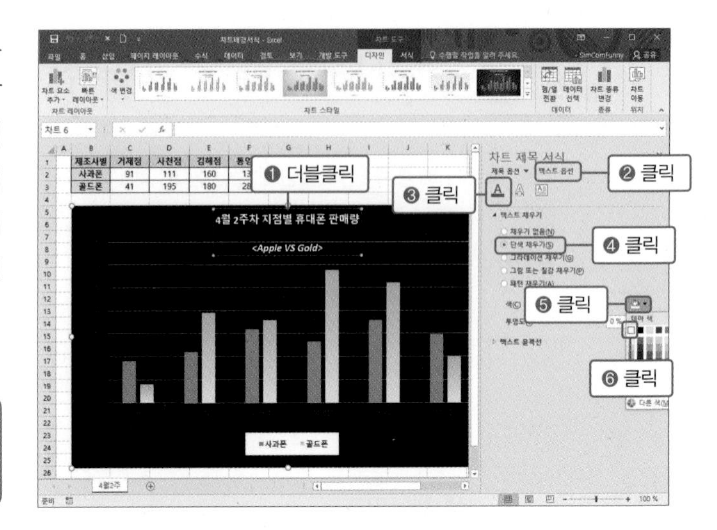

| 그림 영역에 배경 그림 삽입하기 엑셀 2013 이상

1 그림 영역만 선택하기 위해 차트 막대 주변의 눈금선 사이를 더블클릭합니다. [그림 영역 서식] 작업 창이 나타나면 [채우기 및 선]–[채우기]에서 '그림 또는 질감 채우기'를 선택합니다.

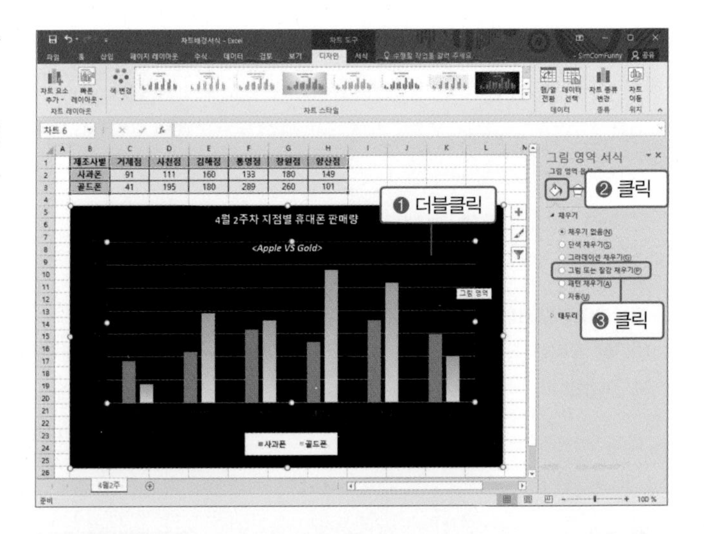

2 [다음에서 그림 삽입]에서 [온라인]을 클릭합니다.

> **엑셀 2007/2010 |** [그림 영역 서식] 대화상자의 [채우기]에서 '그림 또는 질감 채우기'를 선택합니다. 온라인 이미지 삽입은 제공되지 않으므로 [파일]에서 저장된 그림을 선택합니다.

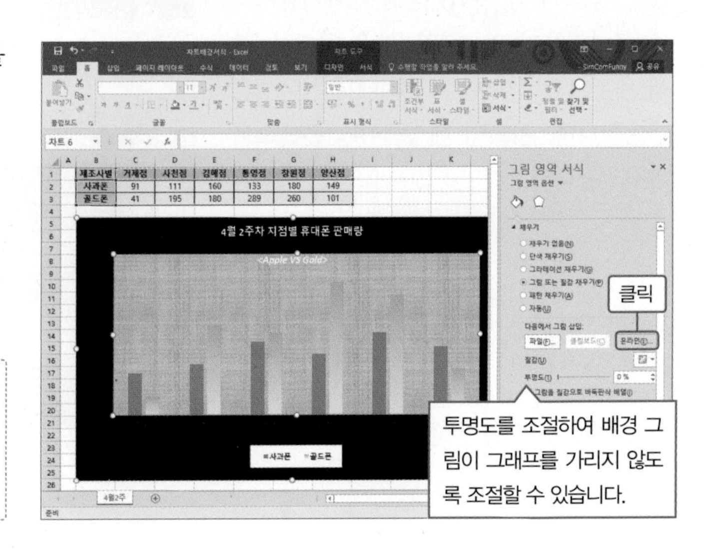

3 [그림 삽입] 대화상자가 나타나면 'Bing 이미지 검색'에서 검색어를 입력합니다. 검색 결과에서 적당한 그림을 선택하고 [삽입]을 클릭합니다.

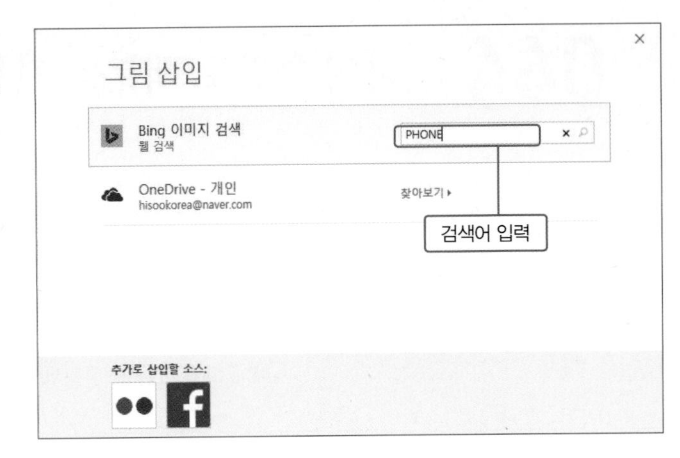

page 차트에 그림을 삽입하는 방법은 135쪽을 참고하세요.

| 눈금선 삭제하기

1 배경 그림을 가리는 차트의 눈금선을 삭제해 보겠습니다. 눈금선 하나를 클릭하면 그림 영역의 모든 눈금선이 선택됩니다.

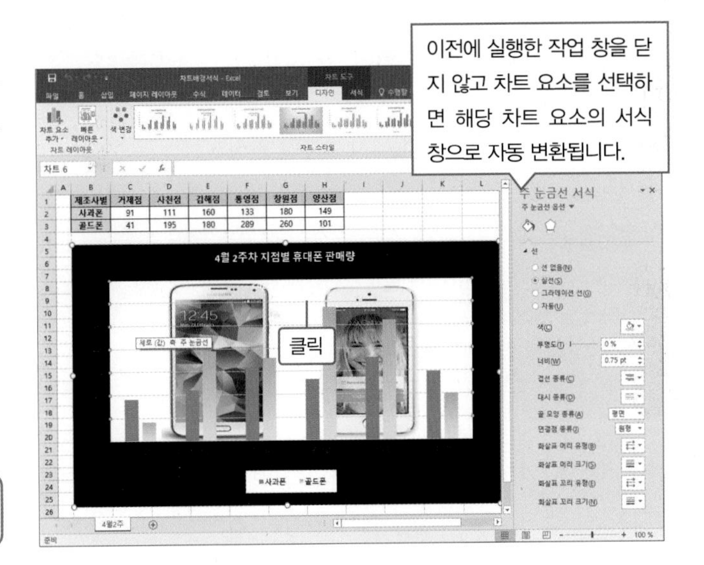

TIP

눈금선을 클릭하고 Delete를 눌러도 됩니다.

2 [주 눈금선 서식] 작업 창에서 [채우기 및 선]-[선]에서 '선 없음'을 선택합니다. 그림 영역에서 눈금선이 삭제되었습니다.

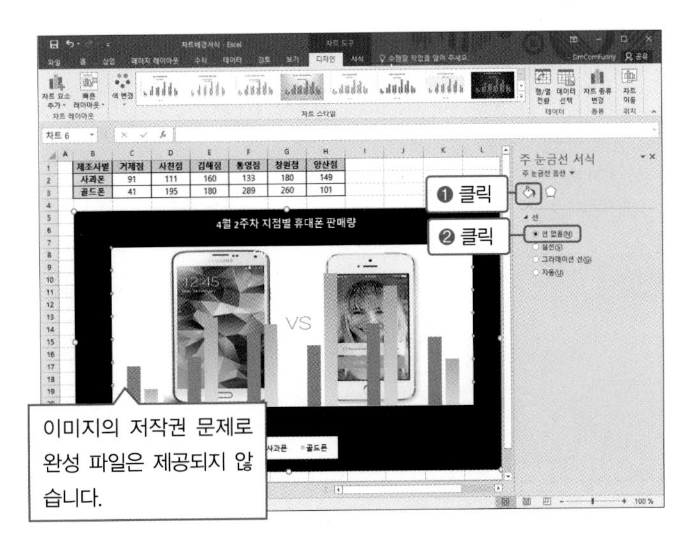

064 파이 차트로 백분율 자동 변환하기_원형 차트

원형 차트는 주로 비중을 백분율로 표시할 때 사용합니다. 데이터 값 전체를 100%로 보고 구성 항목의 비중을 백분율로 자동 변환하기 때문에 '파이(π) 차트'라고도 합니다. 그래서 기본 원형 차트는 하나의 행 또는 하나의 열 데이터 값만 나타내고 차트 제목은 자동으로 삽입됩니다.

예제 파일 Part06\원형차트.xlsx **완성 파일** Part06\원형차트_완성.xlsx

| 원형 차트 만들기

1 차트로 만들 데이터 범위 [B4:C11] 셀을 선택합니다. [삽입] 탭-[차트] 그룹-[원형 또는 도넛형 차트 삽입]에서 '3차원 원형'을 선택합니다.

TIP

데이터 범위인 [B4:C11] 셀과 합계가 입력된 13행 사이에 빈 행이 삽입되어서 표안의 셀 하나를 클릭하고 차트를 삽입해도 됩니다.

2 3차원 원형 차트가 삽입되었습니다. [디자인] 탭-[차트 스타일]에서 원하는 스타일을 선택합니다.

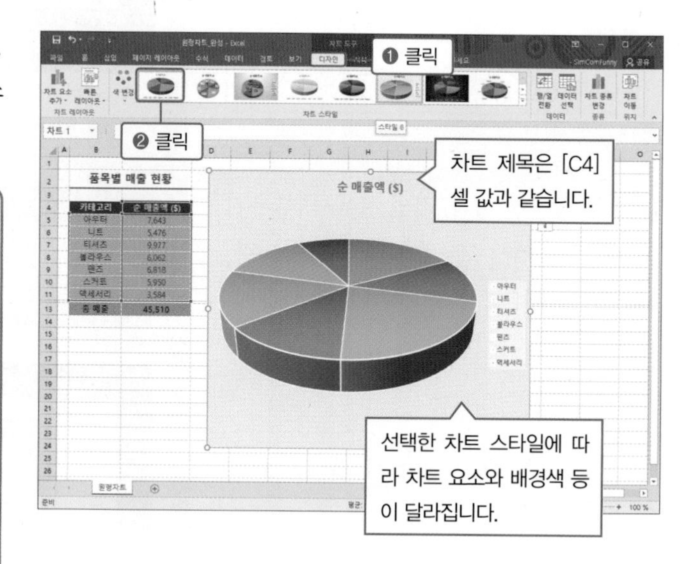

① 클릭
② 클릭
차트 제목은 [C4] 셀 값과 같습니다.
선택한 차트 스타일에 따라 차트 요소와 배경색 등이 달라집니다.

TIP

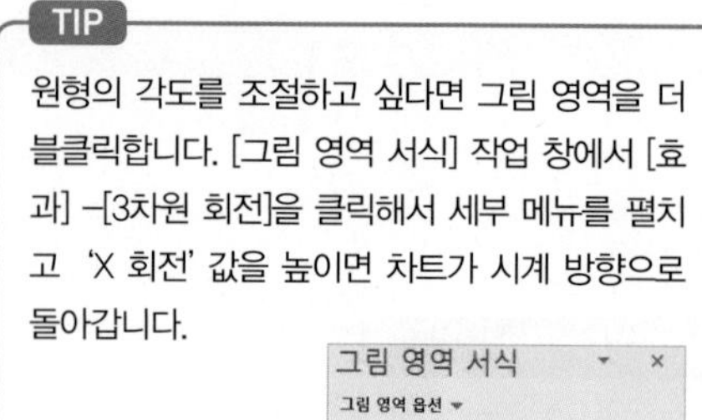

원형의 각도를 조절하고 싶다면 그림 영역을 더블클릭합니다. [그림 영역 서식] 작업 창에서 [효과]-[3차원 회전]을 클릭해서 세부 메뉴를 펼치고 'X 회전' 값을 높이면 차트가 시계 방향으로 돌아갑니다.

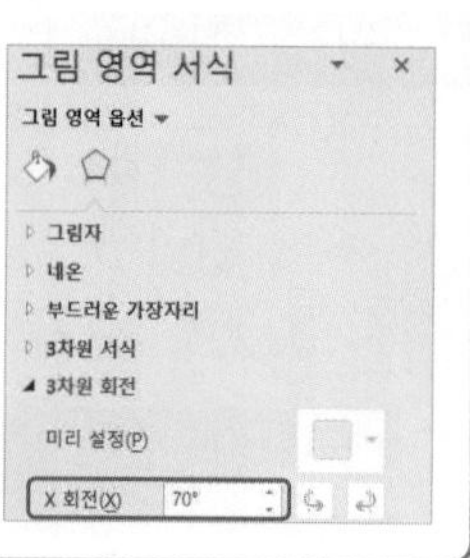

| 항목별 백분율 비중 표시하기

1 차트 안에 데이터 레이블을 삽입하기 위해 차트를 클릭하고 [차트 요소] 단추를 클릭합니다. '데이터 레이블'의 ▶를 클릭한 후 '안쪽 끝에'를 클릭합니다.

> **엑셀 2007/2010 |** 원형 그래프를 클릭하고 [레이아웃] 탭–[레이블] 그룹–[데이터 레이블]에서 [안쪽 끝에]를 선택합니다.

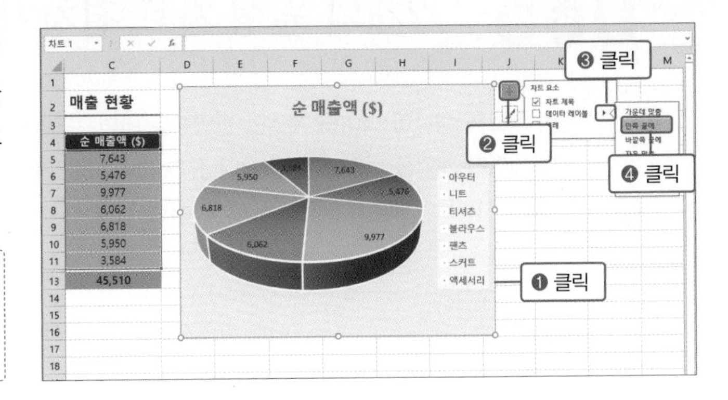

2 삽입된 데이터 레이블에서 마우스 오른쪽 버튼을 클릭한 뒤 단축 메뉴에서 [데이터 레이블 서식]을 선택합니다. [데이터 레이블 서식] 작업 창에서 [레이블 옵션]–[레이블 옵션]의 [레이블 내용]에서 '항목 이름'과 '백분율'을 체크 표시하고 '값'의 체크 표시를 없앱니다. 닫기 버튼을 눌러 작업 창을 닫습니다.

> **엑셀 2007/2010 |** [데이터 레이블 서식] 대화상자에서 위와 같이 선택하고 [닫기]를 누릅니다.

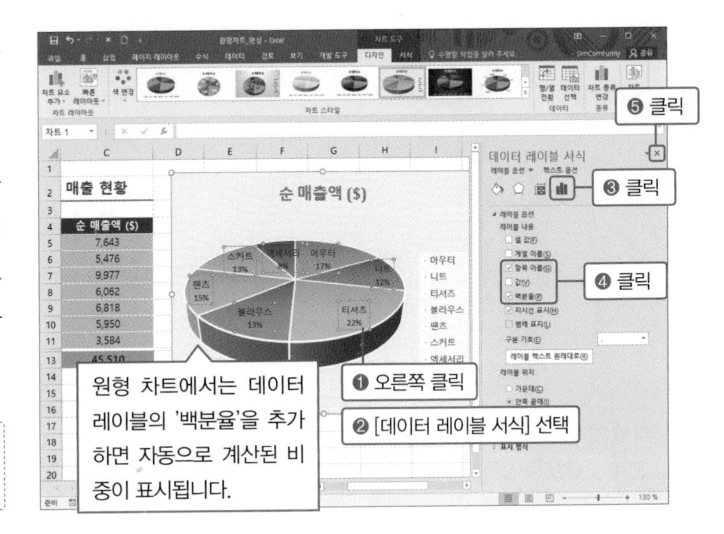

| 원형 차트에서 조각 분리하기

원형 차트의 데이터 계열 하나를 클릭하면 모든 조각이 선택됩니다. 특정 데이터 값만 한 번 더 클릭해서 개별 선택하고 바깥쪽으로 드래그하면 나머지 조각의 크기도 그림 영역 비율에 맞춰 자동 조절됩니다.

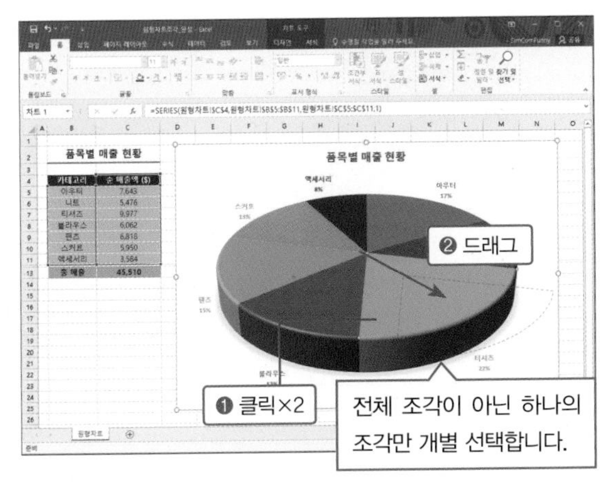

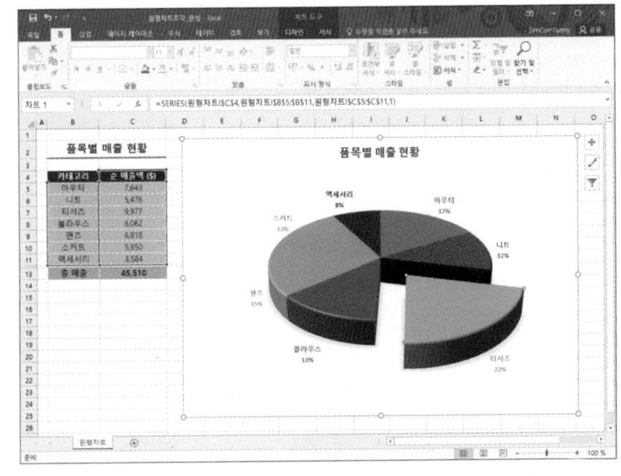

2007 2010 2013 2016 2019

065 2개의 원형 차트 겹치기_도넛형 차트

원형 차트는 하나의 데이터 계열만 반영하는 반면, 도넛형 차트는 도넛 모양의 원형을 중첩해서 여러 개의 데이터 계열을 나타낼 수 있습니다. 그러나 계열이 6개를 초과하면 가운데의 빈 원이 어그러집니다. 도넛 차트로 2개의 데이터를 비교해 보겠습니다.

예제 파일 Part06\도넛차트.xlsx **완성 파일** Part06\도넛차트_완성.xlsx

1 표를 클릭한 후 [삽입] 탭–[차트] 그룹–[원형 또는 도넛형 차트 삽입]에서 '도넛형' 차트를 선택합니다. 차트 크기와 위치를 적절히 조절합니다.

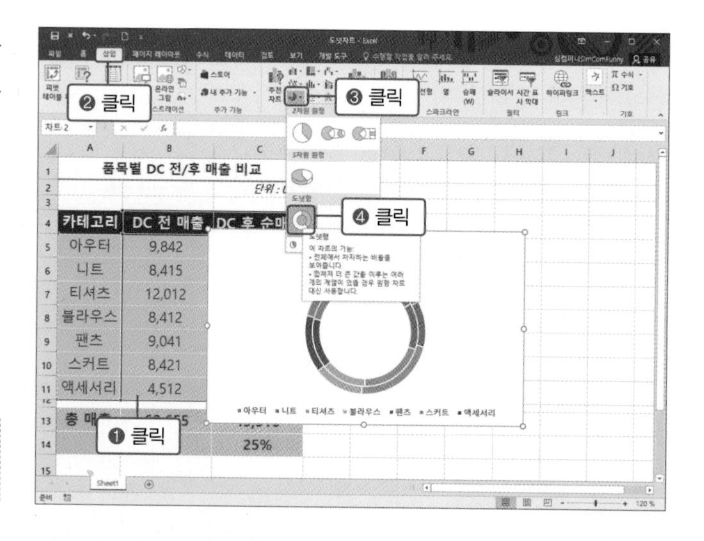

엑셀 2007/2010 | [삽입] 탭–[차트] 그룹–[기타]에서 [도넛형]을 선택합니다.

2 도넛형 차트가 삽입되면 [디자인] 탭–[차트 스타일] 그룹에서 '스타일 8'을 선택합니다. 차트 조각의 너비를 늘리고 안의 공백을 줄이기 위해 안쪽 차트 조각을 더블클릭합니다. [데이터 계열 서식] 작업 창이 나타나면 [계열 옵션]의 [도넛 구멍 크기]를 **30%**로 수정합니다.

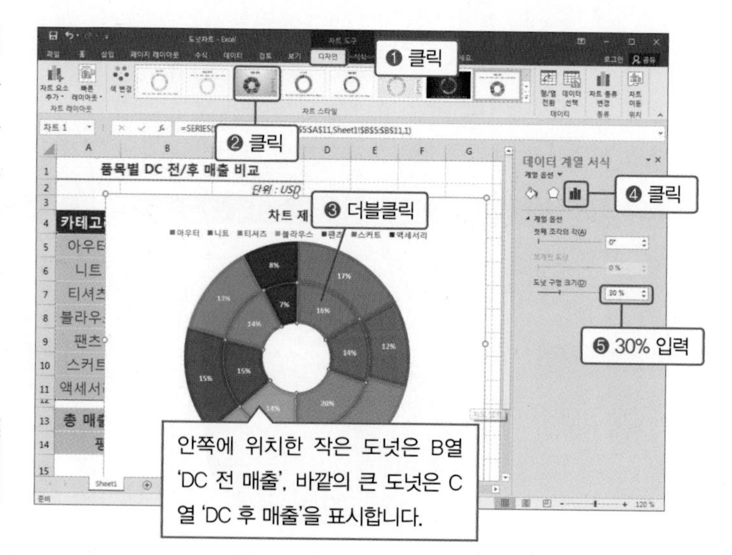

엑셀 2007/2010 | [데이터 계열 서식] 대화상자의 [계열 옵션]에서 위와 같이 설정합니다.

066 2개의 데이터를 면적으로 비교하기 _영역형 차트

영역형 차트는 막대형 차트와 꺾은선형 차트의 특성을 합친 것과 비슷합니다. 데이터 계열끼리 선이 이어지고, 그 이하 면적은 색으로 채웁니다. 2개 이상의 데이터를 나타낼 때는 중복되는 영역은 겹쳐지고 초과되는 값만 다른 색으로 표시하여 차이 값의 면적을 강조할 수 있습니다.

예제 파일 Part06\영역형차트.xlsx **완성 파일** Part06\영역형차트_완성.xlsx

1 데이터 표에서 [B4:D13] 셀을 선택합니다. [삽입] 탭–[차트] 그룹–[추천 차트]를 클릭합니다. [차트 삽입] 대화상자–[모든 차트] 탭에서 '영역형'을 선택합니다.

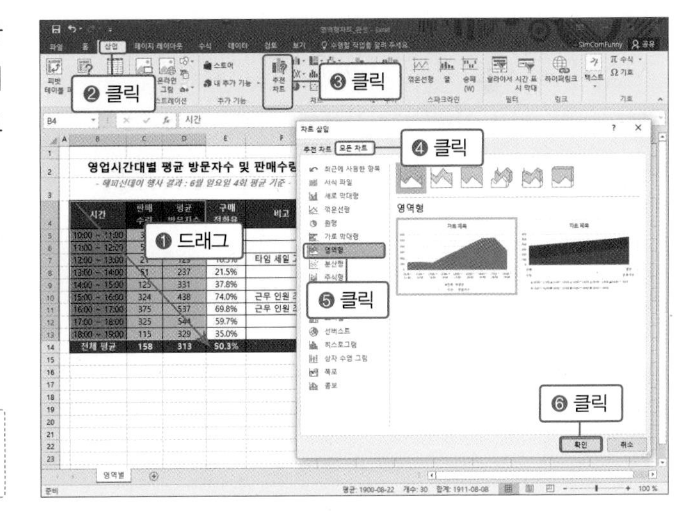

엑셀 2007/2010 | [삽입] 탭–[차트] 그룹–[영역형]에서 [2차원 영역형]을 선택합니다.

2 영역형 차트가 삽입되었습니다. 열 순서대로 그래프가 삽입되어 데이터 값이 작은 '판매수량'이 '방문자 수'에 가려져 보이지 않습니다.

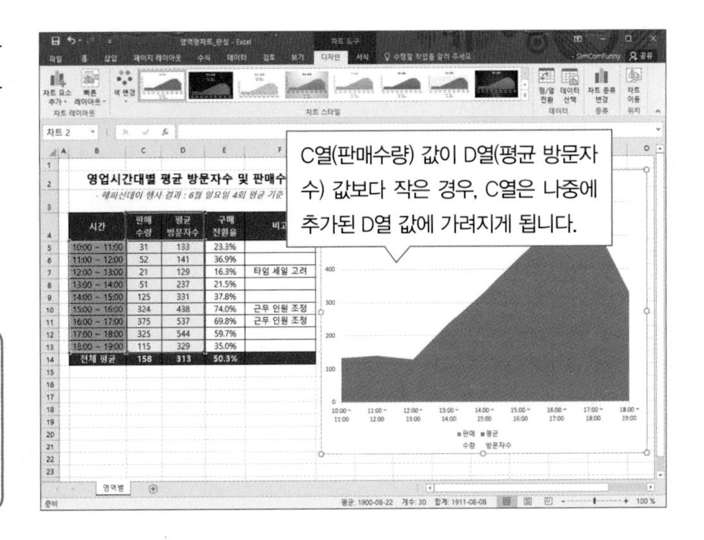

C열(판매수량) 값이 D열(평균 방문자수) 값보다 작은 경우, C열은 나중에 추가된 D열 값에 가려지게 됩니다.
영업시간대별 평균 방문자수 및 판매수

TIP

데이터 계열은 열 주소의 알파벳순으로 차트에 삽입됩니다. 데이터 계열이 가려지지 않으려면 왼쪽 열에 더 높은 데이터 값을 배치하는 것이 좋습니다.

3 '판매수량'이 '방문자 수'보다 앞쪽에 위치하도록 순서를 조정하겠습니다. 차트의 데이터 계열에서 마우스 오른쪽 버튼을 클릭한 뒤 단축 메뉴에서 [데이터 선택]을 클릭합니다.

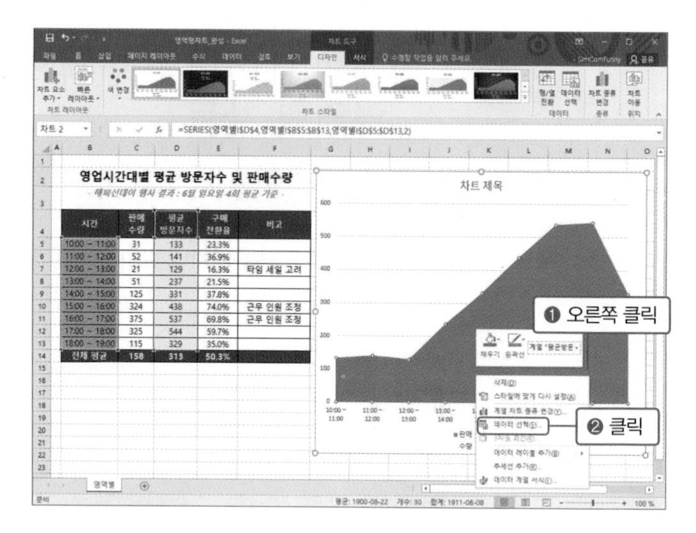

4 [데이터 원본 선택] 대화상자의 [범례 항목]에서 '판매수량'을 선택한 후 ▼ 버튼을 클릭하여 순서를 아래로 이동시킵니다.

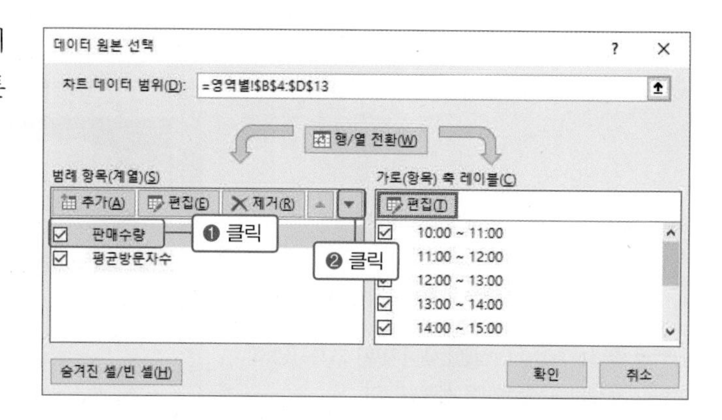

5 데이터 표의 순서와 무관하게 값이 큰 '방문자 수'가 '판매수량' 뒤에 위치해 두 영역을 뚜렷이 비교할 수 있습니다. 제목을 수정하여 차트를 완성합니다.

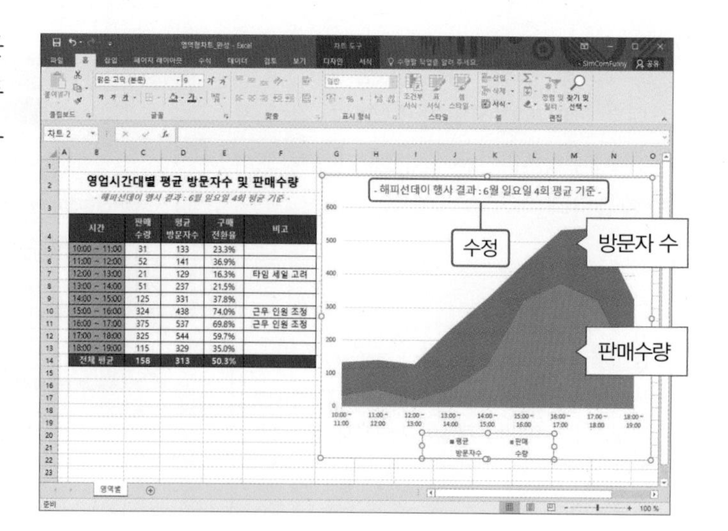

2007 2010 2013 2016 2019

067 제품 포지셔닝 도형화하기_방사형 차트

방사형 차트는 다각형 도형으로, 각 모서리에 막대형 차트의 X축 값이 나타납니다. 데이터 값이 클수록 중심점에서 모서리가 멀어지는 형태로 주로 제품 포지셔닝에 많이 사용됩니다. 도형을 겹쳐서 여러 개의 항목을 나타낼 순 있지만 너무 많으면 구분이 어려울 수 있습니다.

예제 파일 Part06\방사형차트.xlsx 완성 파일 Part06\방사형차트_완성.xlsx

1 표를 클릭한 후 [삽입] 탭–[차트] 그룹–[표면형 또는 방사형 차트 삽입]에서 '방사형'을 선택합니다.

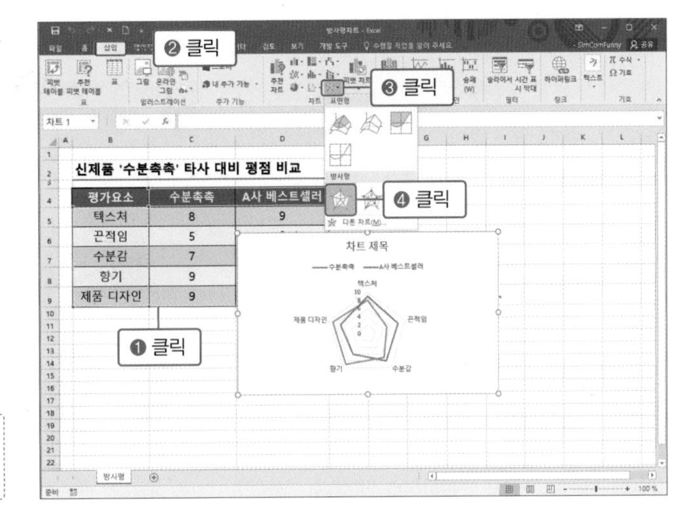

엑셀 2007/2010 | [삽입] 탭–[차트] 그룹–[기타]에서 [방사형]을 선택합니다.

2 방사형 차트가 삽입되면 [디자인] 탭–[차트 스타일]에서 원하는 스타일을 선택하여 차트를 완성합니다.

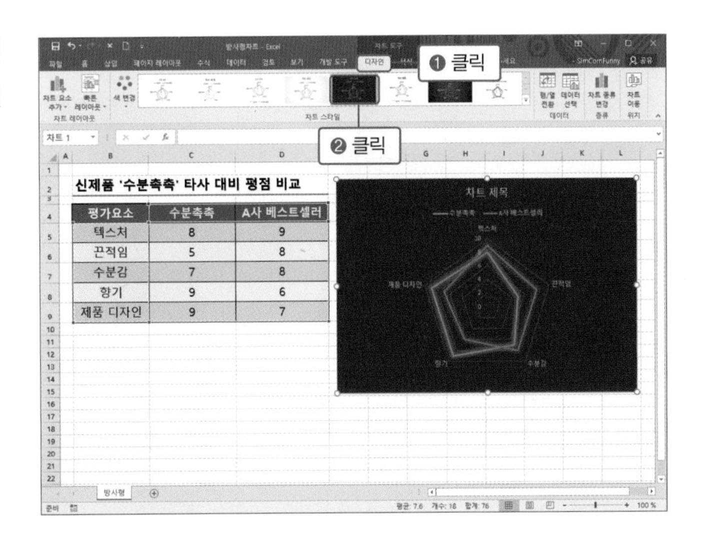

2007 2010 2013 2016 2019

068 시간대별 판매량 분포도 표시하기_분산형 차트

시간 데이터가 차트에 추가되면 축 단위는 0시부터 시작됩니다. 시작 시간이 0시와 차이가 많이 나면 차트 영역에 공백이 많이 생깁니다. 이를 최소화하려면 시작 시간을 조정합니다. 엑셀에서는 시간을 소수점 숫자로 인식하므로 시간의 소수점 값을 계산하여 축 간격을 조정해 보겠습니다.

예제 파일 Part06\시간대별판매량.xlsx **완성 파일** Part06\시간대별판매량_완성.xlsx

| 시작 시간(X축 최소값) 변경하기

1 시작 시간인 8시를 숫자 형식으로 알아보기 위해 빈 셀에 =8/24를 입력합니다. 결과 값이 소수점으로 나타납니다. 소수점 값이 표시된 셀을 Ctrl+C로 복사합니다.

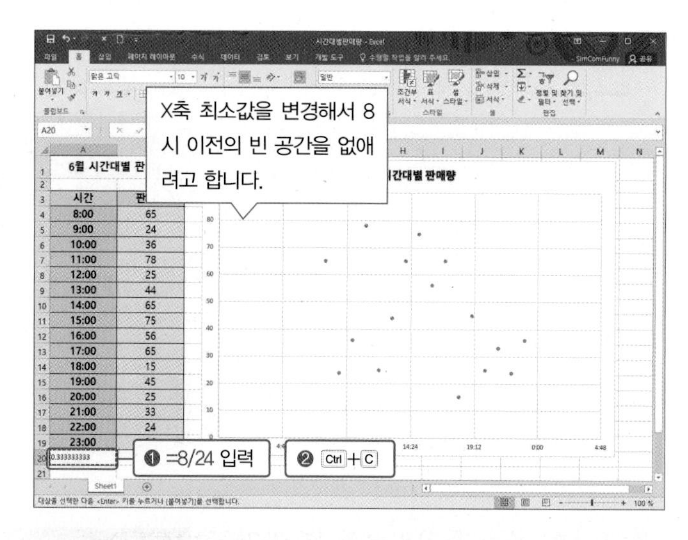

TIP

24시간은 엑셀에서 1과 같습니다. 즉, 8/24는 24시간 중 8시간의 비중을 나타냅니다. 수식을 이용해 시간을 숫자로 변환하려면 빈 셀에 =해당 시간/24를 입력해서 계산할 수 있습니다.

2 X축을 더블클릭하고 [축 서식] 작업 창에서 [축 옵션]–[축 옵션]의 [경계]에서 [최소] 입력란에 Ctrl+V를 눌러 복사한 값을 붙여 넣습니다.

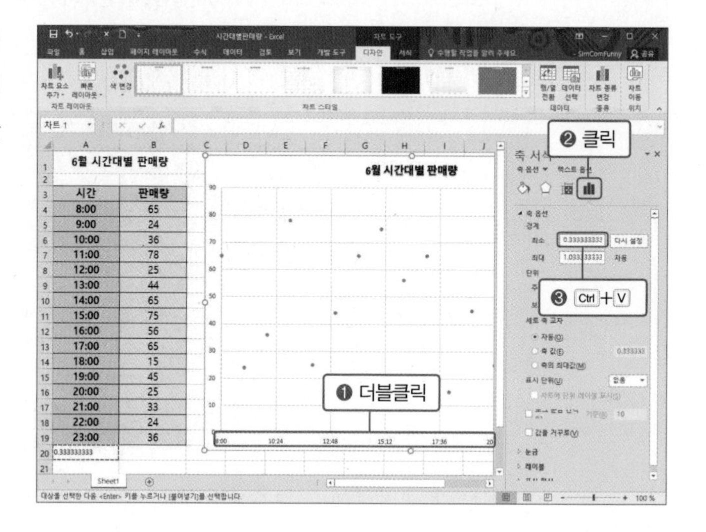

| 시간 단위(주 간격) 변경하기

1 X축의 최소값이 8시로 변경되어 차트에서 비는 부분이 없어졌습니다. X축의 시간 간격이 2시간 24분으로 나타납니다. 시간 간격을 1시간으로 변경해 보겠습니다. 빈 셀에 **=1/24**를 입력하고 결과 값을 복사합니다.

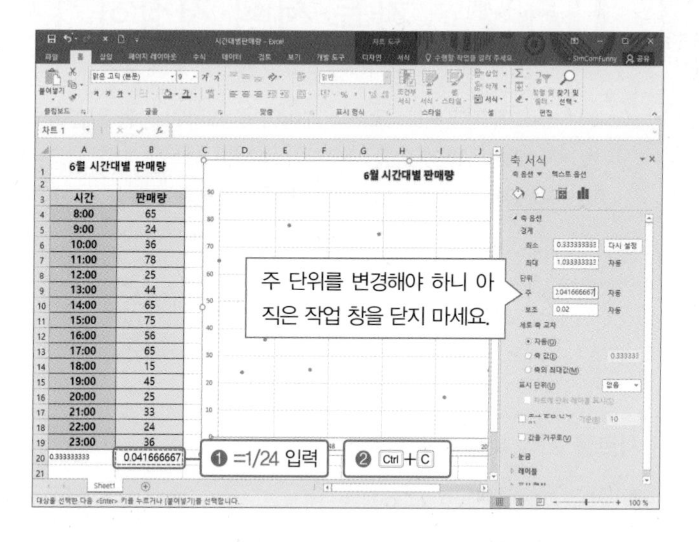

2 [축 서식] 작업 창에서 [축 옵션]–[축 옵션]의 [단위]에서 [주] 입력란에 복사한 값을 붙여 넣습니다. 작업 창의 닫기 버튼을 클릭합니다.

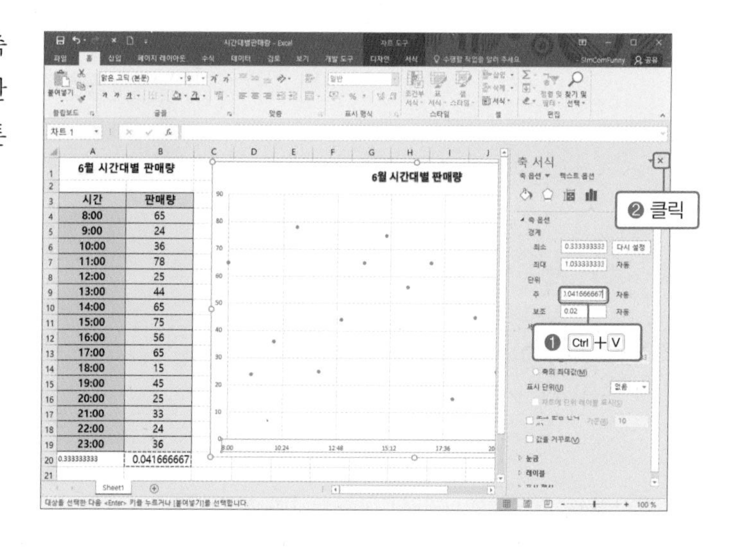

3 X축 간격이 1시간으로 바뀐 것을 볼 수 있습니다.

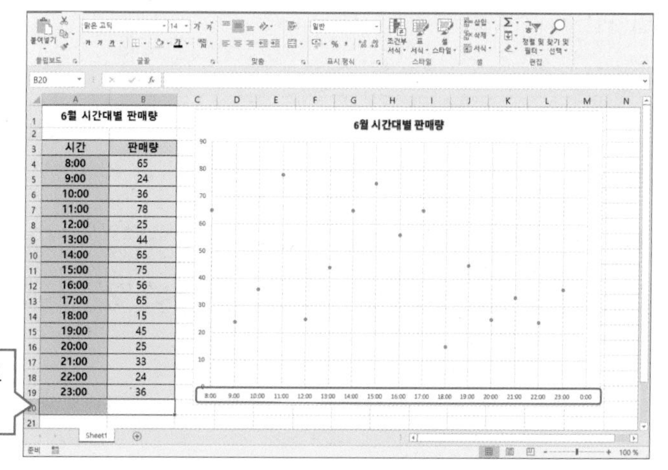

입력된 소수점 값은 삭제해도 됩니다.

2007 2010 2013 2016 2019

069 차트 서식 저장하기

필요에 따라 차트 요소의 레이아웃, 스타일 등을 일일이 조정할 때가 있습니다. 엑셀에서 제공하는 레이아웃과 스타일 외에 사용자가 수정한 서식을 자주 사용한다면 차트 서식으로 저장하면 됩니다. 서식으로 저장된 차트는 [차트 종류 바꾸기]에서 선택할 수 있습니다.

예제 파일 Part06\차트 서식파일.xlsx

| 차트를 서식 파일로 저장하기

1 차트 위에서 마우스 오른쪽 버튼을 클릭한 뒤 단축 메뉴에서 [서식 파일로 저장]을 클릭합니다.

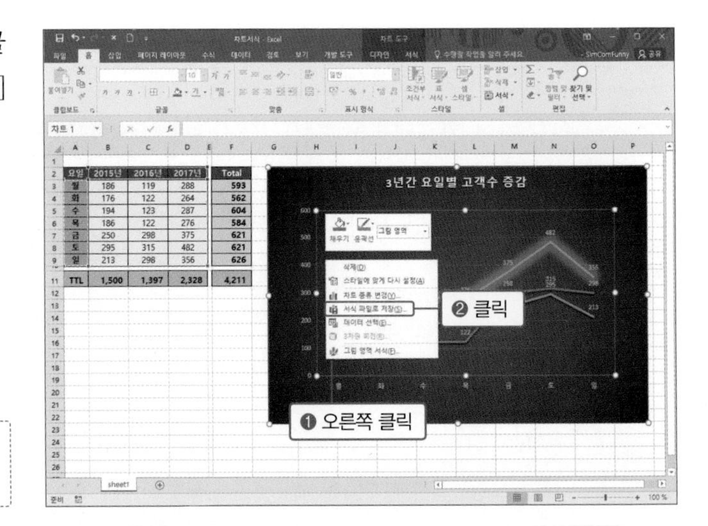

엑셀 2007/2010 | 차트를 클릭하고 [디자인] 탭–[종류] 그룹–[서식 파일로 저장]을 클릭합니다.

2 [차트 서식 파일 저장] 대화상자가 나타나면 폴더는 그대로 두고 파일 이름만 입력한 뒤 [저장]을 클릭합니다.

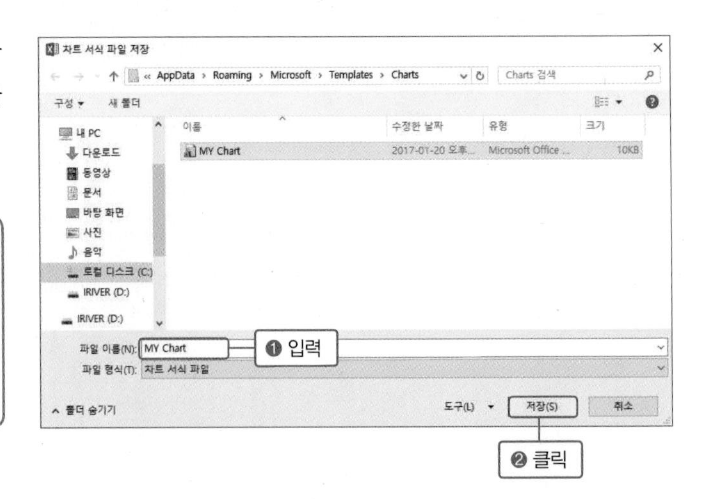

TIP

서식 파일을 저장하면 자동으로 선택된 폴더는 'C:\Users\컴퓨터 이름\AppData\Roaming\Microsoft\Templates\Charts'입니다. 다른 폴더로 위치를 바꾸면 엑셀에서 바로 적용할 수 없으니 가급적 폴더는 수정하지 마세요.

3 서식 파일로 저장한 차트를 적용하기 위해 기존 차트는 삭제합니다. 차트로 만들 표를 클릭하고 단축키 Alt+F1을 누르면 기본 차트가 삽입됩니다. 차트에서 마우스 오른쪽 버튼을 클릭한 뒤 단축 메뉴에서 [차트 종류 변경]을 선택합니다.

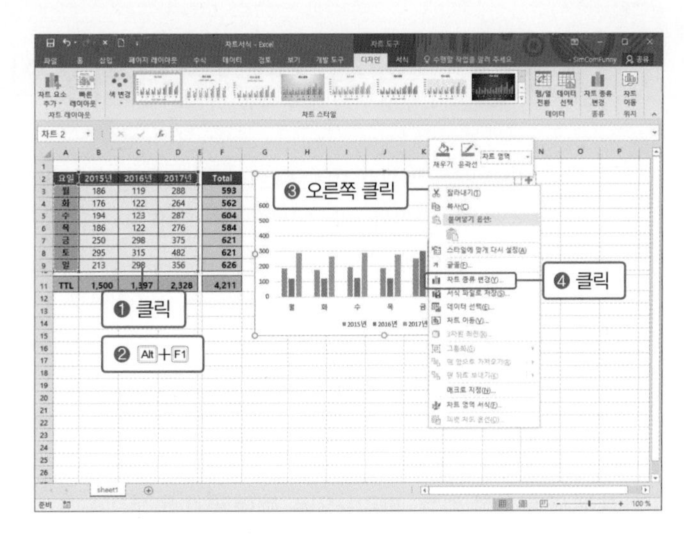

4 [차트 종류 변경] 대화상자에서 [모든 차트] 탭–[서식 파일]을 클릭합니다. 내 서식 파일에서 방금 만든 차트를 선택하고 [확인]을 클릭합니다.

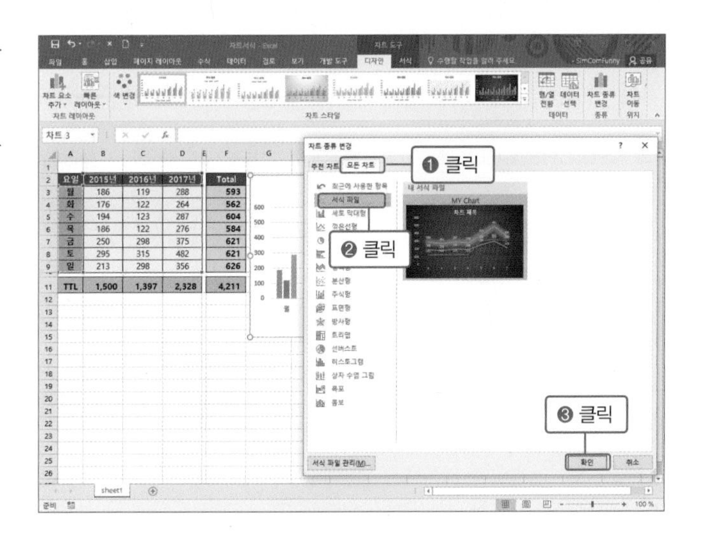

5 기본 차트가 서식 파일로 변경되었습니다.

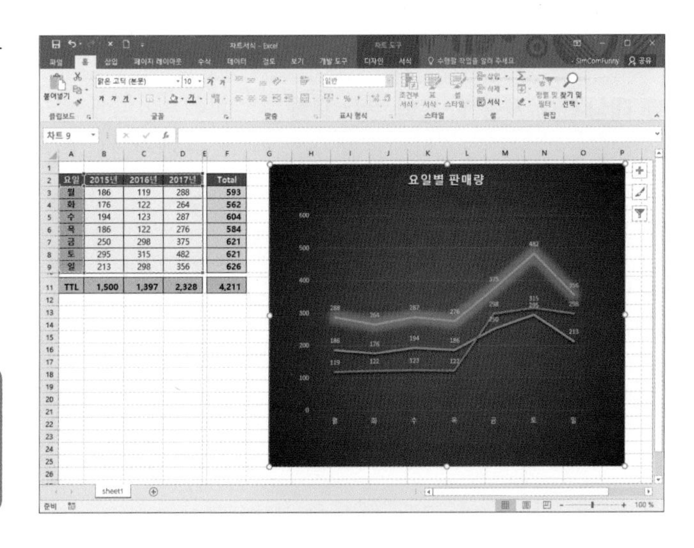

TIP

차트 서식 파일은 PC에 저장되었기 때문에 같은 PC의 다른 엑셀 문서에도 저장한 서식 파일을 적용할 수 있습니다.

070 엑셀 차트를 파워포인트에 붙여넣기

파워포인트는 엑셀과 같은 MS 오피스 프로그램이기 때문에 엑셀 차트를 붙여 넣어도 서식을 유지하거나 수정하기 편리합니다. 엑셀의 원본 데이터로 만든 차트를 파워포인트에 삽입하기 위해 다양한 붙여넣기 옵션에 대해 알아보겠습니다.

| 엑셀에서 복사한 차트, 파워포인트 붙여넣기 옵션

엑셀에서 차트를 클릭하고 Ctrl+C를 눌러 복사합니다. 파워포인트에서 Ctrl+V를 눌러 붙여 넣으면 파워포인트 테마에 따라 차트 색상과 디자인, 기본 글꼴이 바뀔 수 있습니다. 붙여넣기 옵션 버튼을 클릭하면 원본 서식을 유지하거나 파워포인트 테마에 맞춰 디자인을 수정할 수 있습니다.

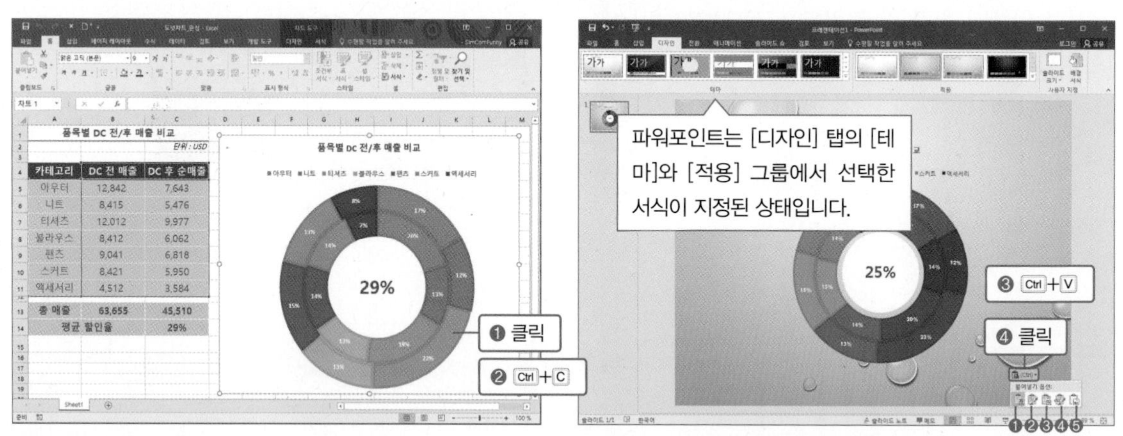

▲ 엑셀에 삽입된 차트

▲ ❶ 대상 테마 사용 및 통합 문서 포함

❶ **대상 테마 사용 및 통합 문서 포함** : 파워포인트에 설정된 테마 스타일로 변환됩니다. 엑셀에서 데이터를 수정해도 파워포인트에 삽입된 차트의 데이터는 업데이트되지 않습니다.

❷ **원본 서식 유지 및 통합 문서 포함** : 엑셀의 차트 디자인을 유지합니다. 엑셀에서 데이터를 수정해도 데이터는 업데이트되지 않습니다.

❸ **대상 테마 사용 및 데이터 연결** : 붙여넣기 기본 옵션으로 파워포인트의 테마 스타일로 변환됩니다. 엑셀 데이터와 연동됐기 때문에 원본 데이터를 수정하면 파워포인트의 차트도 업데이트됩니다.

❹ **원본 서식 유지 및 데이터 연결** : 엑셀 차트의 원본 서식을 유지하고 데이터도 연동됩니다.

❺ **그림** : 엑셀 차트의 서식을 유지하되 그림 파일로 붙여 넣습니다. 차트 디자인과 데이터 값 모두 그림으로 변환되어 디자인이나 데이터 값을 변경할 수 없습니다.

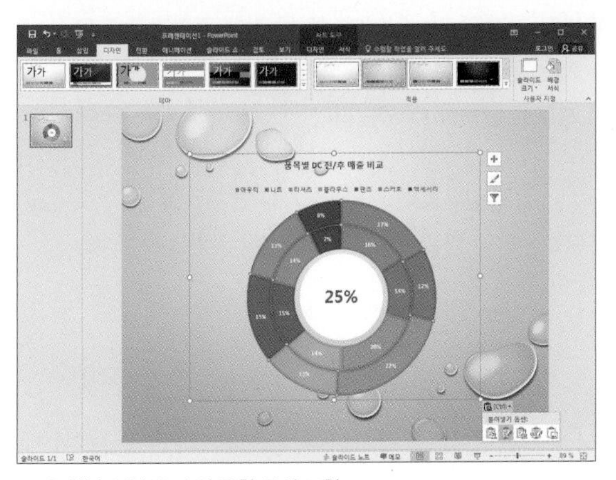

▲ ❷ 원본 서식 유지 및 통합 문서 포함

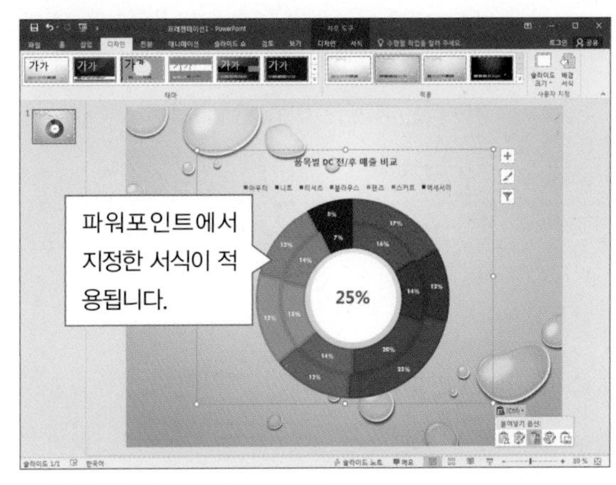

▲ ❸ 대상 테마 사용 및 데이터 연결

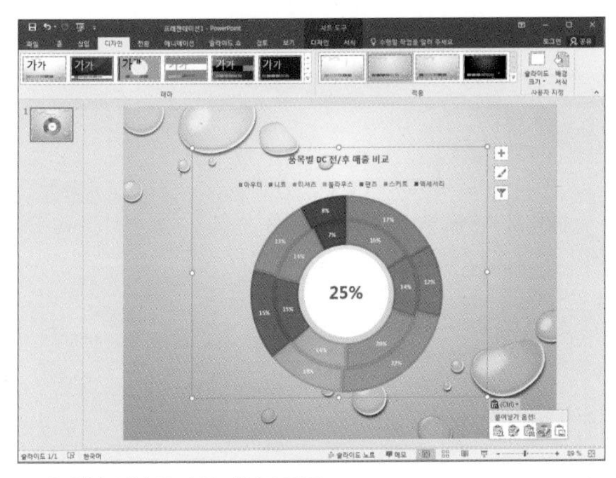

▲ ❹ 원본 서식 유지 및 데이터 연결

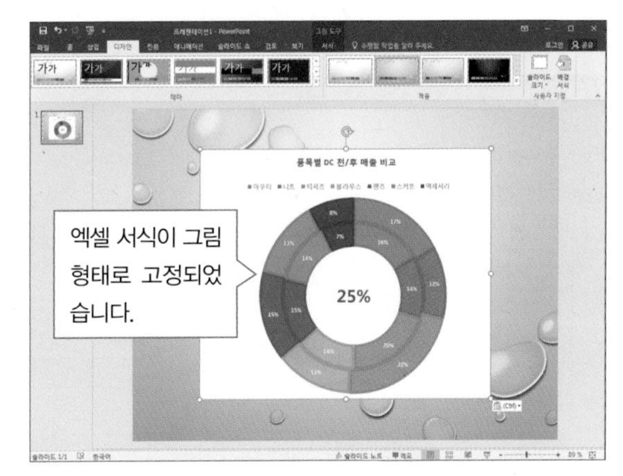

▲ ❺ 그림

엑셀 2007 | 엑셀 2007의 붙여넣기 옵션은 다음과 같이 구성되었습니다. ❶~❸에서 하나를 선택하고, ❹~❺에서 하나를 선택해서 총 2개의 옵션을 선택합니다. 예를 들어, 엑셀 2016버전의 '대상 테마 사용 및 데이터 연결'을 선택하려면 ❶과 ❺를 모두 클릭합니다.

- ◉ 차트(Excel 데이터에 연결)(L) ❶
- ○ Excel 차트(전체 통합 문서)(E) ❷
- ○ 그림으로 붙여넣기(P) ❸
- ○ 원본 서식 유지(K) ❹
- ◉ 대상 테마 사용(D) ❺

071 셀 안에 미니 차트 삽입하기_스파크라인

스파크라인은 셀 안에 넣는 미니 차트로, 엑셀 2010부터 추가된 기능입니다. 셀 한 칸에 들어갈 정도로 차트를 간략하게 압축해야 하기 때문에 X축과 Y축, 제목 등은 생략됩니다. 정확한 데이터 값을 표시하기보다는 추세선, 이득, 손실 등 비교적 간단한 요약 자료로 활용할 수 있습니다.

예제 파일 Part06\스파크라인.xlsx **완성 파일** Part06\스파크라인_완성.xlsx

| 스파크라인 만들어서 추세선 그리기

[C6:H6] 셀을 선택한 후 [삽입] 탭–[스파크라인] 그룹–[꺾은선형]을 클릭합니다. [스파크라인 만들기] 대화상자의 [위치 범위]에서 [I6] 셀을 선택하고 [확인]을 클릭합니다. [I6] 셀에 꺾은선형 스파크라인이 삽입되면 채우기 핸들을 더블클릭해서 나머지 셀을 채웁니다.

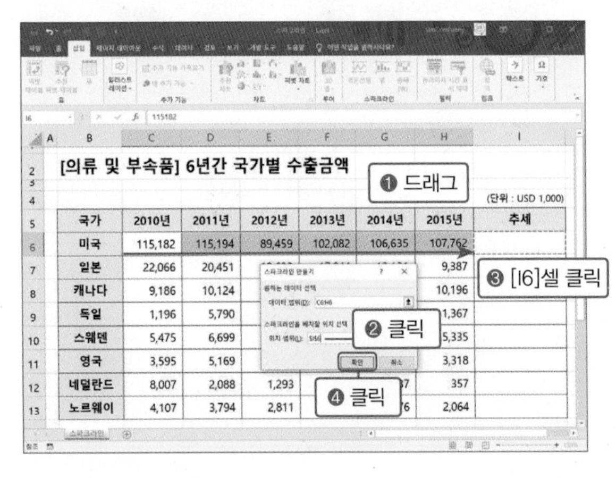

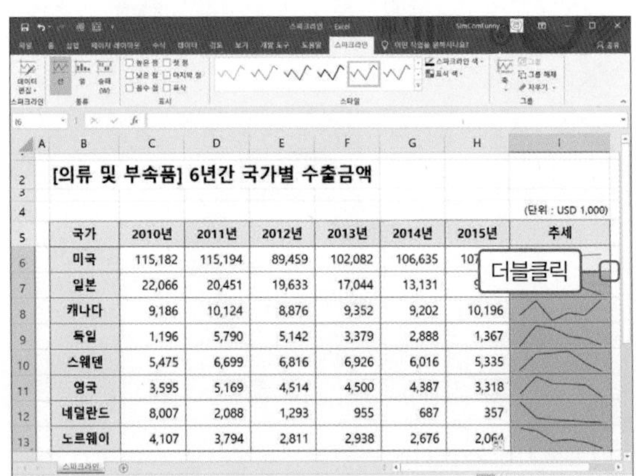

| 스파크라인 개별/전체 삭제하기

스파크라인 위에서 마우스 오른쪽 버튼을 클릭합니다. [스파크라인]을 클릭하고 [선택한 스파크라인 지우기] 또는 [선택한 스파크라인 그룹 지우기]를 선택합니다.

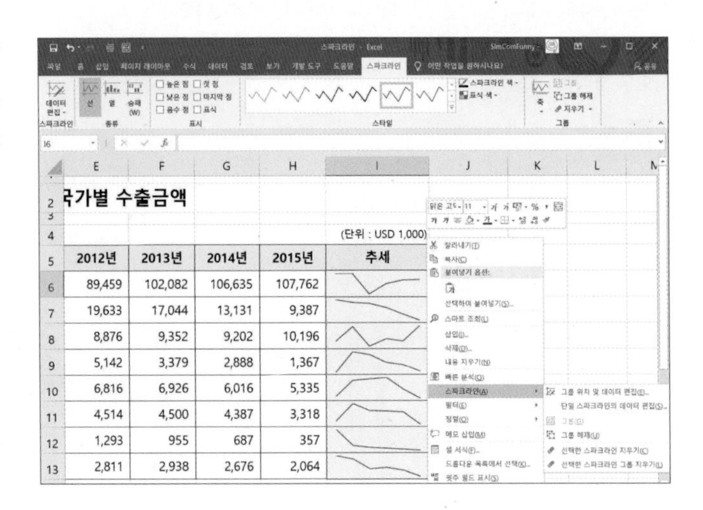

2007 2010 2013 2016 2019

072 스파크라인 디자인 변경하기

스파크라인도 차트와 마찬가지로 막대나 꺾은선의 색상을 변경할 수 있습니다. 셀 하나에 여러 개의 데이터 값을 나타내기 때문에 정확한 데이터 값을 표시할 순 없지만, 계열 색을 바꿔서 최대값과 최소값을 강조할 수 있습니다.

예제 파일 Part06\스파크라인 디자인.xlsx **완성 파일** Part06\스파크라인 디자인_완성.xlsx

| 스파크라인 색상 변경하기

스파크라인이 삽입된 셀을 클릭한 후 [디자인] 탭–[스타일] 그룹–[스파크라인 색]을 클릭합니다. 원하는 색을 선택하면 전체 스파크라인의 색상이 변합니다.

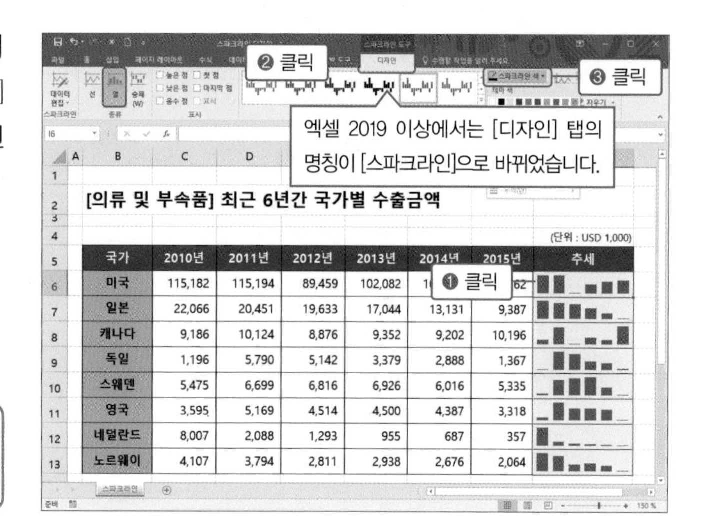

국가	2010년	2011년	2012년	2013년	2014년	2015년	추세
미국	115,182	115,194	89,459	102,082	1	62	
일본	22,066	20,451	19,633	17,044	13,131	9,387	
캐나다	9,186	10,124	8,876	9,352	9,202	10,196	
독일	1,196	5,790	5,142	3,379	2,888	1,367	
스웨덴	5,475	6,699	6,816	6,926	6,016	5,335	
영국	3,595	5,169	4,514	4,500	4,387	3,318	
네덜란드	8,007	2,088	1,293	955	687	357	
노르웨이	4,107	3,794	2,811	2,938	2,676	2,064	

TIP

스파크라인 종류를 [열]로 선택하면 막대 그래프 모양으로 추세를 나타낼 수 있습니다.

| 최대값/최소값 강조하기

스파크라인이 삽입된 셀을 클릭한 후 [디자인] 탭–[표시] 그룹에서 '높은 점'과 '낮은 점'을 체크 표시합니다. 각 스파크라인의 최대값과 최소값만 다른 색으로 나타납니다.

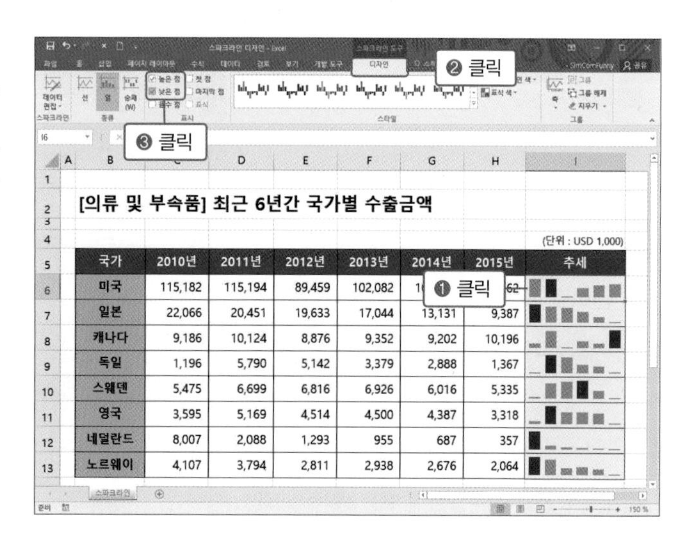

국가	2010년	2011년	2012년	2013년	2014년	2015년	추세
미국	115,182	115,194	89,459	102,082	1	62	
일본	22,066	20,451	19,633	17,044	13,131	9,387	
캐나다	9,186	10,124	8,876	9,352	9,202	10,196	
독일	1,196	5,790	5,142	3,379	2,888	1,367	
스웨덴	5,475	6,699	6,816	6,926	6,016	5,335	
영국	3,595	5,169	4,514	4,500	4,387	3,318	
네덜란드	8,007	2,088	1,293	955	687	357	
노르웨이	4,107	3,794	2,811	2,938	2,676	2,064	

Part 07

사진/도형/하이퍼링크

엑셀은 데이터 분석은 물론 사진이나 도형을 삽입해서 관련 자료를 돋보이게 하는 팔방미인입니다. PC에 저장된 사진 외에도 온라인에서 검색한 사진과 웹 페이지를 캡처해서 필요한 화면만 삽입할 수도 있습니다. 관련 웹 페이지를 연결하려면 링크를 삽입하면 됩니다. 또한 핵심 단어만 강조해서 발표용 자료로 깔끔하게 만들고 싶다면 스마트아트를 활용해 보세요.

Preview

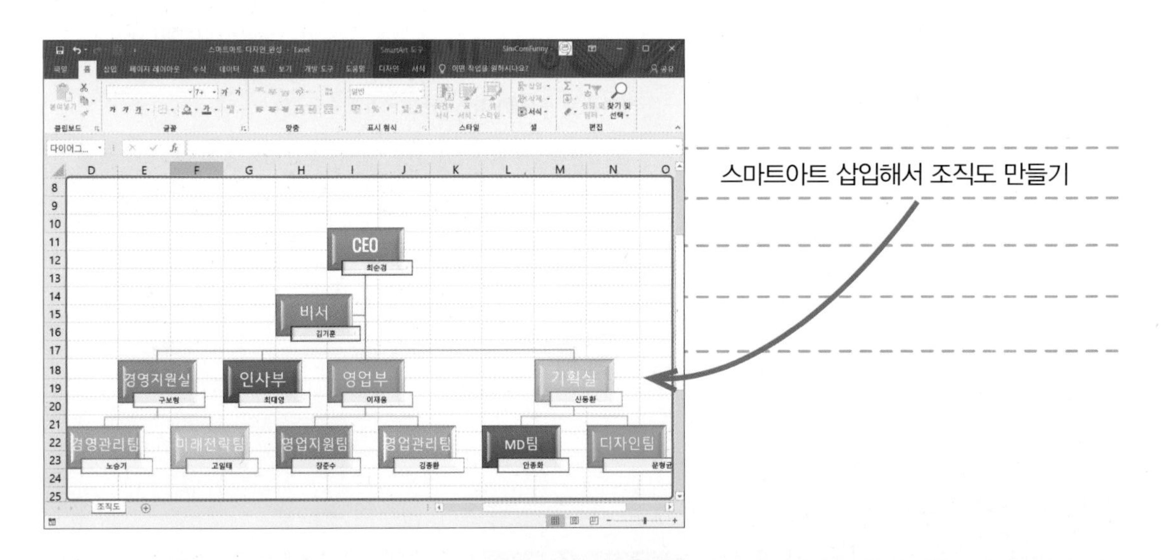

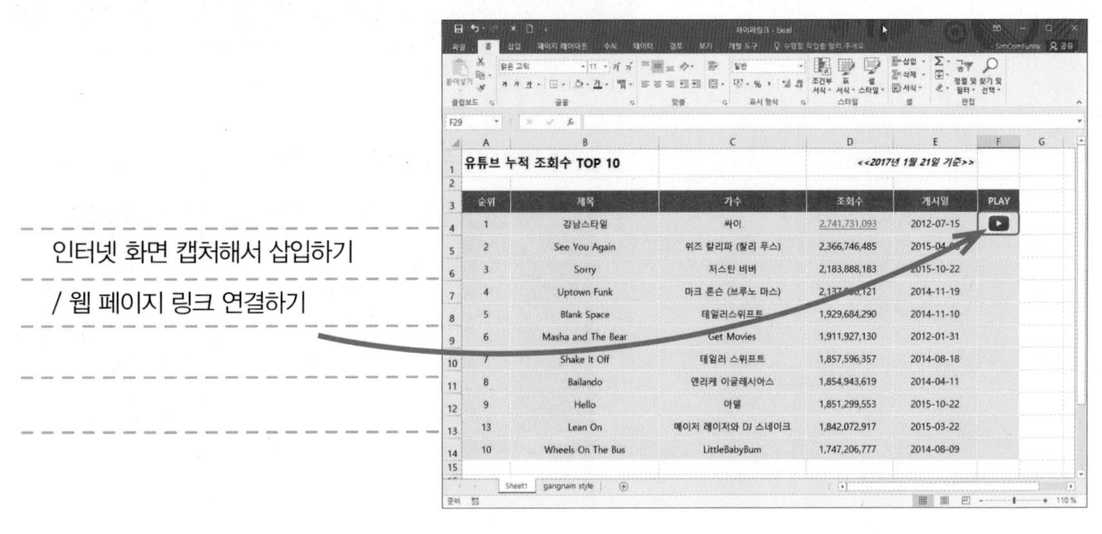

유튜브 누적 조회수 TOP 10 <<2017년 1월 21일 기준>>

순위	제목	가수	조회수	게시일	PLAY
1	강남스타일	싸이	2,741,731,093	2012-07-15	
2	See You Again	위즈 칼리파 (찰리 푸스)	2,366,746,485	2015-04-[illegible]	
3	Sorry	저스틴 비버	2,183,888,183	2015-10-22	
4	Uptown Funk	마크 론슨 (브루노 마스)	2,137,[illegible],121	2014-11-19	
5	Blank Space	테일러스위프트	1,929,684,290	2014-11-10	
6	Masha and The Bear	Get Movies	1,911,927,130	2012-01-31	
7	Shake It Off	테일러 스위프트	1,857,596,357	2014-08-18	
8	Bailando	엔리케 이글레시아스	1,854,943,619	2014-04-11	
9	Hello	아델	1,851,299,553	2015-10-22	
13	Lean On	메이저 레이저와 DJ 스네이크	1,842,072,917	2015-03-22	
10	Wheels On The Bus	LittleBabyBum	1,747,206,777	2014-08-09	

073 흰 배경을 지운 그림만 삽입하기

앞에서는 차트의 그림 영역에 배경 그림을 삽입했습니다. 이번에는 차트 위에 그림이나 도형 등의 개체를 직접 삽입해서 크기나 디자인 서식을 수정해 보겠습니다.

예제 파일 Part07\차트그림.xlsx

1 차트의 막대그래프 끝에 차량 사진을 삽입해 보겠습니다. [삽입] 탭–[일러스트레이션] 그룹–[온라인 그림]을 클릭합니다. [그림 삽입] 대화상자가 나타나면 [Bing 이미지 검색]에 자동차 브랜드를 검색합니다.

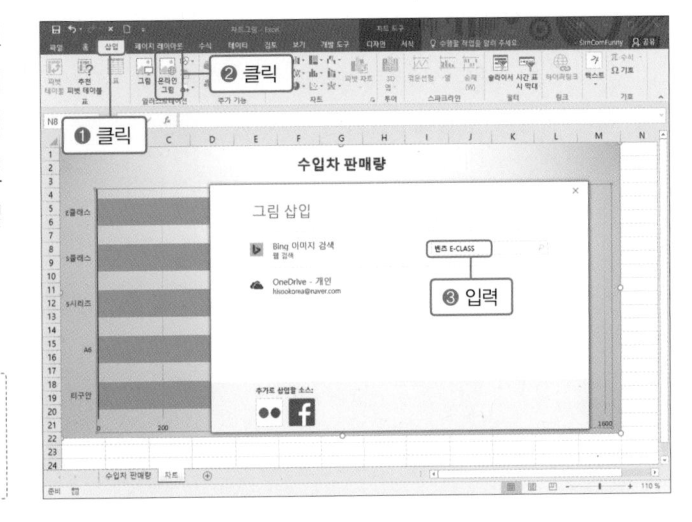

엑셀 2007/2010 | 온라인 이미지 삽입 메뉴는 제공되지 않으니 [그림]을 클릭해서 PC나 외부 장치에 저장된 파일을 선택합니다.

2 Bing 사이트의 검색 결과가 나타납니다. 흰색 배경의 이미지를 선택한 후 [삽입]을 클릭합니다.

[결과 모두 표시]를 클릭하면 저작권 여부와 상관없이 모든 이미지를 볼 수 있습니다.

3 선택한 그림이 삽입됩니다. 그림의 흰색 배경을 지우기 위해 [서식] 탭–[조정] 그룹–[색]에서 [투명한 색 설정]을 클릭합니다. 마우스 포인터가 모양으로 바뀌면 흰색 배경을 클릭합니다. 배경색이 제거됩니다.

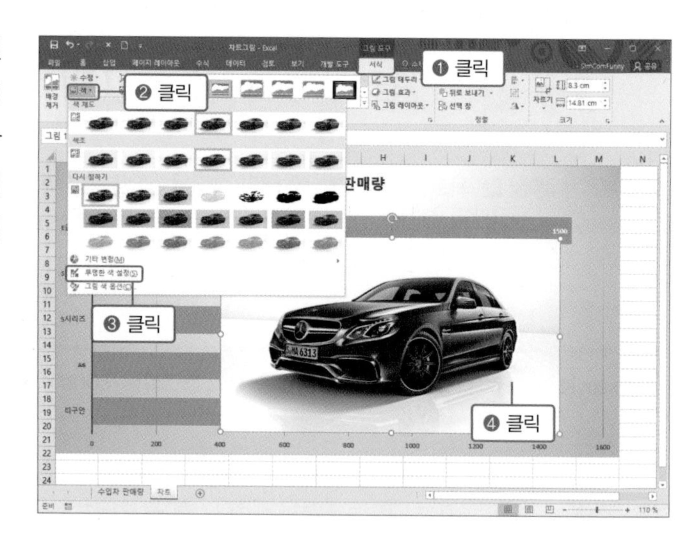

4 그림 배경이 투명해졌습니다. 그림의 크기 조절점을 드래그해서 크기를 줄이고 적절한 위치로 이동시킵니다.

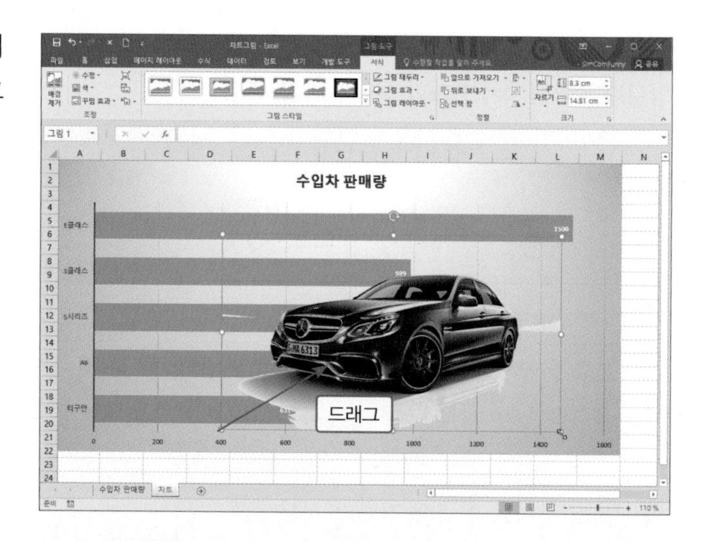

5 막대그래프 끝에 그림을 위치시켰습니다. 지금까지와 같은 방법으로 나머지 막대그래프에도 적당한 차량 이미지를 삽입해서 차트를 완성합니다.

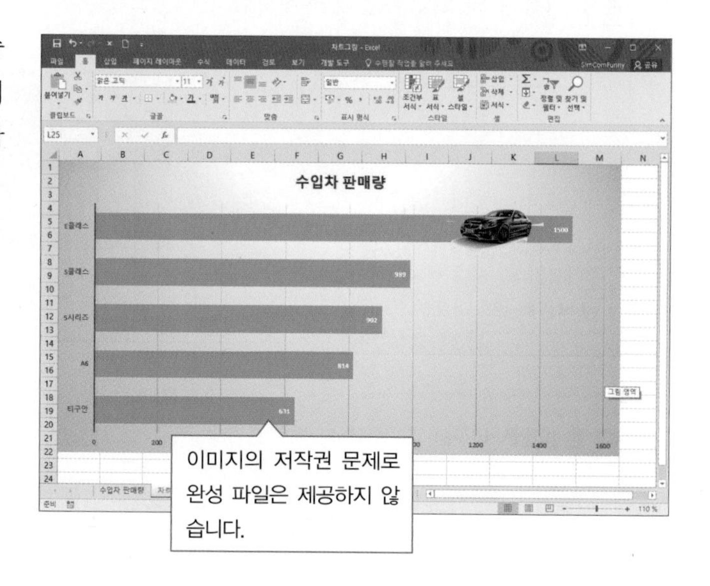

074 삽입한 그림을 압축해서 문서 용량 줄이기

엑셀 문서에 그림을 삽입하게 되면 크기를 줄이거나 원하는 부분만 잘랐다 하더라도 원본 그림 전체가 저장됩니다. 용량이 큰 그림을 삽입할 때는 엑셀에서 그림을 압축해서 저장하는 방법이 있습니다. 단, 그림 해상도를 낮추게 되면 화질이 떨어질 수 있습니다.

예제 파일 Part07\홍보 이미지.xlsx **완성 파일** Part07\홍보 이미지_완성.xlsx

1 문서의 그림 해상도를 낮춰서 문서의 크기를 줄여보겠습니다. 단축키 F12를 누르면 [다른 이름으로 저장] 대화상자가 나타납니다. [파일 이름]을 수정하고 [도구]-[그림 압축]을 클릭합니다.

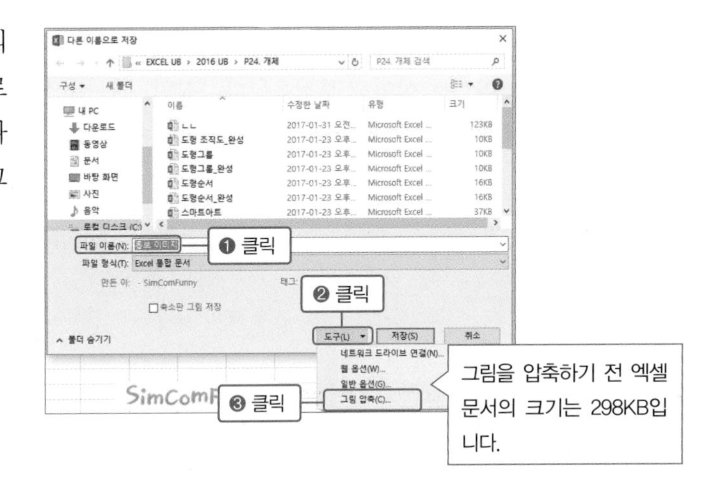

2 [그림 압축] 대화상자가 나타납니다. [대상 출력]에서 해상도가 가장 낮은 '전자 메일(96ppi)'을 선택하고 [확인]을 클릭합니다.

그림 압축
압축 옵션:
이 그림에만 적용(A)
잘려진 그림 영역 삭제(D)
대상 출력:
HD(330ppi): HD 디스플레이를 위한 고품질을 제공합니다.(H)
인쇄(220ppi): 대부분의 프린터 및 화면에서 최고급 품질로 표시됩니다(P).
웹(150ppi): 웹 페이지 및 프로젝터에 적절합니다.(W)
전자 메일(96ppi): 공유할 문서 크기를 최소화합니다(E).
문서 해상도 사용(U)
① 클릭
② 클릭
확인 취소

> **TIP**
> 기본 해상도는 [Excel 옵션]-[고급]-[이미지 크기 및 품질]에서 설정할 수 있습니다.

3 문서를 저장하고 압축한 문서 파일을 마우스 오른쪽 버튼으로 클릭한 뒤 단축 메뉴에서 [속성]을 선택합니다. 문서 속성 대화상자의 [일반] 탭에서 크기를 확인할 수 있습니다.

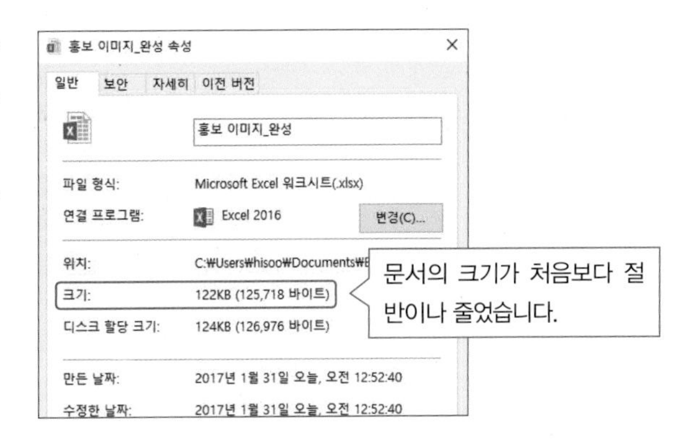

075 워드아트로 돋보이는 제목 만들기

워드아트(WordArt)는 도형화된 글자입니다. 개체로 분류되기 때문에 셀의 너비와 상관없이 전체 글꼴의 크기를 조절할 수 있습니다. 다양한 효과를 낼 수 있어서 제목이나 강조할 문자는 워드아트를 활용하면 좋습니다.

예제 파일 Part07\워드아트.xlsx **완성 파일** Part07\워드아트_완성.xlsx

| 워드아트 삽입하기

문서 제목을 워드아트로 삽입해 보겠습니다. [삽입] 탭–[텍스트] 그룹에서 [워드아트]를 클릭한 후 목록에서 원하는 모양을 선택합니다. 워드아트 입력 상자가 나타납니다. 클릭해서 제목을 입력하고 표 위로 이동시킵니다.

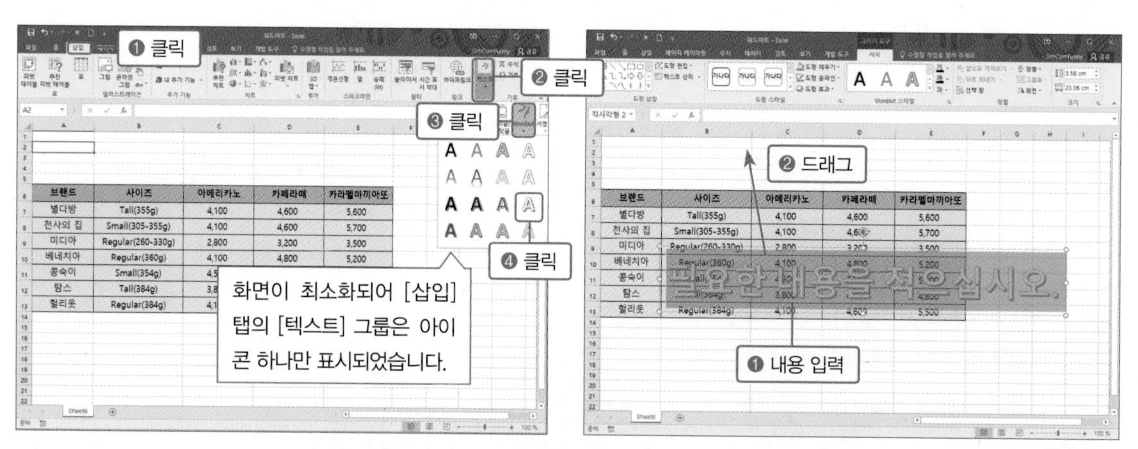

| 워드아트에 도형 스타일 적용하기

워드아트로 삽입된 글자에 배경색을 넣어 보겠습니다. 워드아트를 클릭하고 [서식] 탭–[WordArt 스타일] 그룹에서 목록 버튼을 누르고 원하는 스타일을 선택합니다.

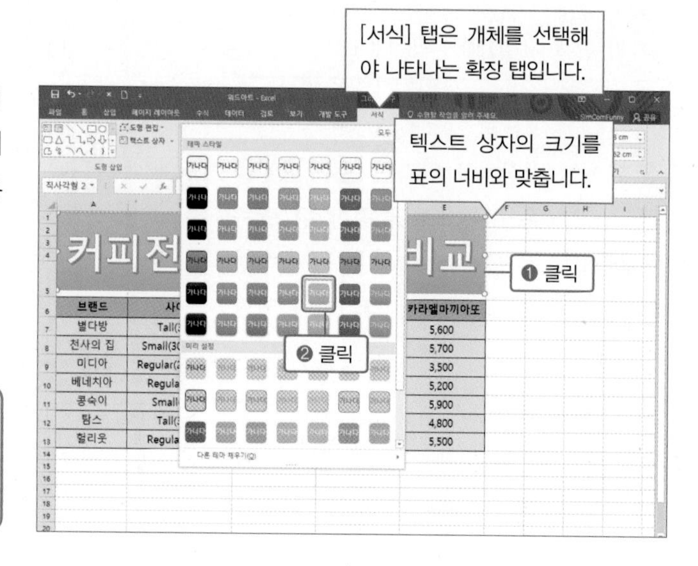

[서식] 탭은 개체를 선택해야 나타나는 확장 탭입니다.
텍스트 상자의 크기를 표의 너비와 맞춥니다.
❶ 클릭
❷ 클릭

TIP

도형에 입체 효과를 적용하려면 [서식] 탭–[도형 스타일] 그룹–[도형 효과]의 [입체 효과]에서 원하는 스타일을 선택합니다.

2007 2010 2013 2016 2019

076 글자를 입력한 도형 그룹을 일괄 수정하기

도형은 셀에 채우기 색이나 테두리선을 적용한 것보다 더 입체적인 효과를 줍니다. 셀의 크기와 상관없이 모양 조절이나 위치 이동이 자유롭다는 것이 장점입니다. 또한 도형 안에 글자를 입력할 수 있어서 강조할 내용을 시각화할 수 있습니다.

예제 파일 Part07\도형 삽입_완성.xlsx

| 도형 삽입하기

1 새 통합 문서를 열고 [삽입] 탭–[일러스트레이션] 그룹–[도형]을 클릭합니다. [사각형] 목록에서 '모서리가 둥근 직사각형'을 선택합니다.

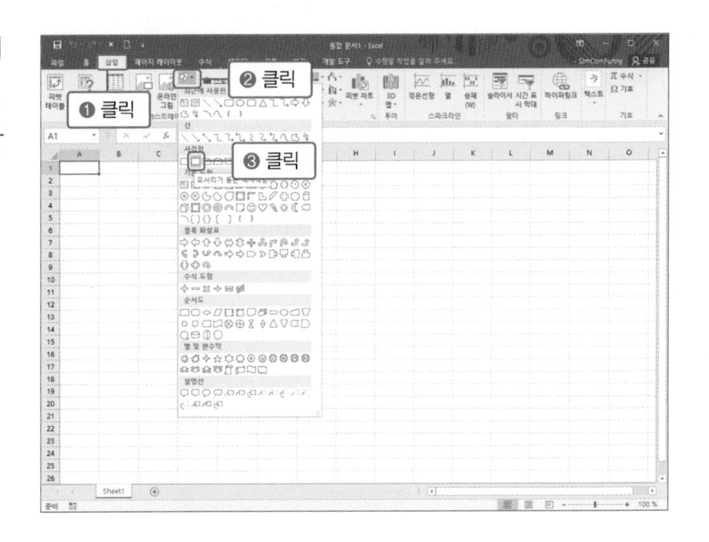

2 마우스 포인터가 ⊞ 모양으로 바뀌면 도형을 삽입할 위치를 클릭해서 드래그합니다. 마우스 버튼에서 손을 떼면 도형이 나타납니다.

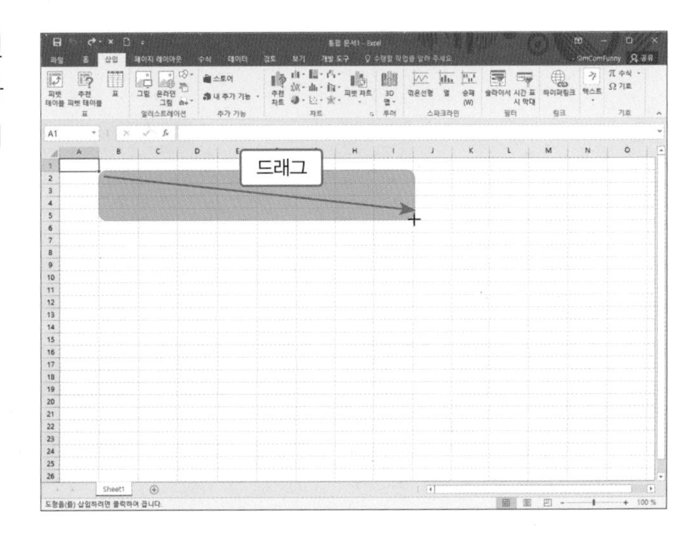

| 도형 안에 글자 입력하기

도형을 클릭하고 글자를 입력합니다. [홈] 탭에서 글자 크기를 조절하고, 가운데 맞춤 정렬을 선택합니다. 도형 바탕색과 테두리, 글꼴 색을 한 번에 바꾸려면 [서식] 탭–[도형 스타일] 그룹에서 원하는 스타일을 선택합니다.

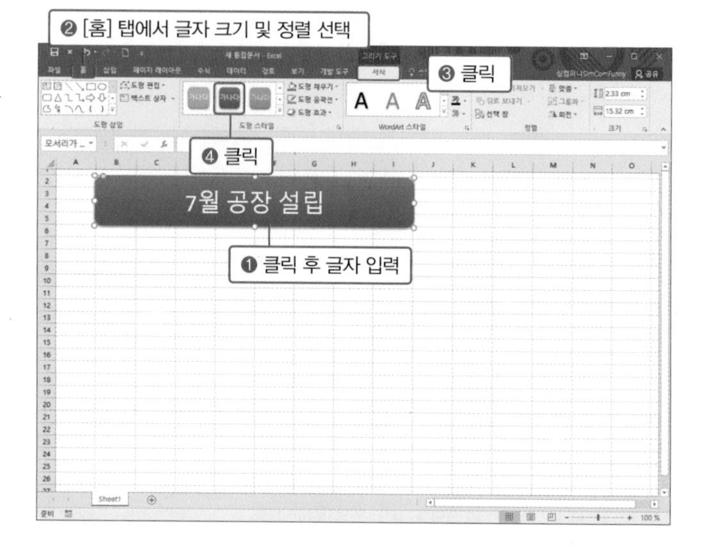

| 도형 복사하기

1 도형을 복사해서 다른 위치에 붙여 넣어보겠습니다. 도형을 선택하고 Ctrl+Shift를 누른 채 원하는 위치로 드래그합니다.

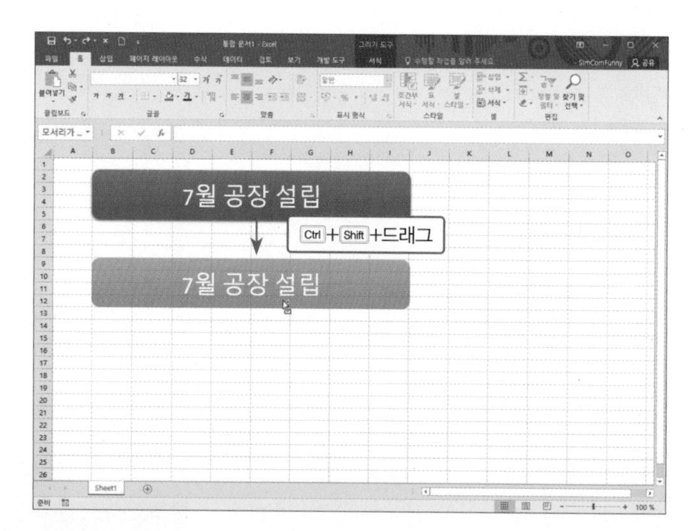

TIP

Ctrl+Shift를 누른 채 드래그하면 도형의 좌우 위치를 유지하면서 복사할 수 있습니다.

2 마우스 버튼에서 손을 떼면 복사된 도형이 나타납니다. 이번에는 2개 도형을 복사해서 4개로 만들어 보겠습니다. Ctrl을 눌러서 2개 도형을 선택한 후 Ctrl+Shift를 누른 상태로 원하는 위치에 드래그합니다. 각 도형의 내용을 수정합니다.

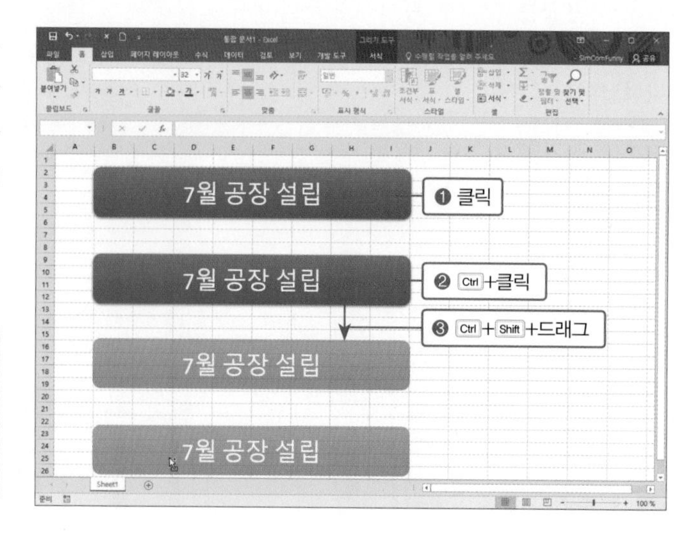

TIP

여러 개의 도형을 똑같은 간격으로 정렬하고 싶다면 먼저 도형 하나를 선택합니다. Ctrl+A 를 눌러 전체 도형을 선택한 뒤 [서식] 탭–[정렬] 그룹–[맞춤]에서 [중간 맞춤]을 클릭하면 됩니다.

2007 2010 2013 2016 2019

077 스마트아트로 조직도 만들기

다양한 도형을 조합하여 조직도나 프로세스 등을 나타내려면 스마트아트를 이용하는 것이 좋습니다. 스마트아트는 파워포인트에도 있는 기능으로, 문자와 도형을 시각화하여 간단하게 정보를 압축해서 전달하게 해 줍니다. 이번에는 스마트아트로 조직도를 만들어 보겠습니다.

예제 파일 Part07\스마트아트_완성.xlsx

1 [삽입] 탭-[일러스트레이션] 그룹-[SmartArt 그래픽 삽입]을 클릭합니다. [SmartArt 그래픽 선택] 대화상자에서 [계층 구조형]을 클릭합니다. 두번째 '이름 및 직위 조직도형'을 선택한 후 [확인]을 클릭합니다.

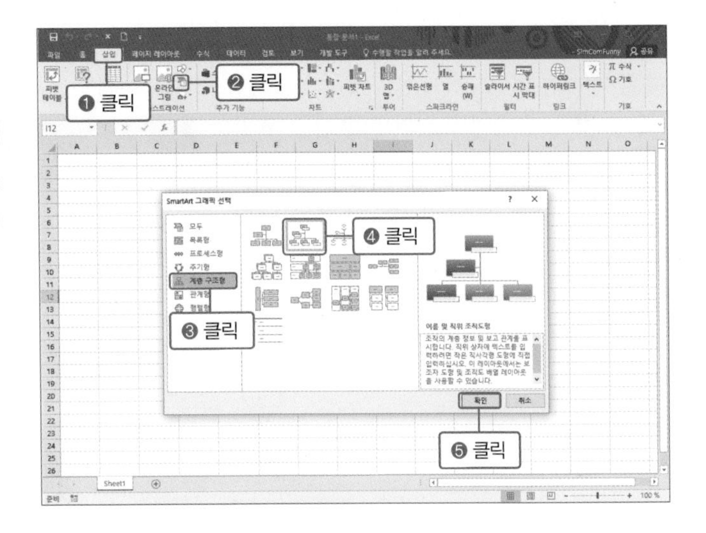

2 조직도가 삽입됩니다. 도형을 클릭하면 텍스트 창이 나타납니다. 도형을 클릭하고 바로 입력하거나 텍스트 창에 순서대로 입력하면 됩니다.

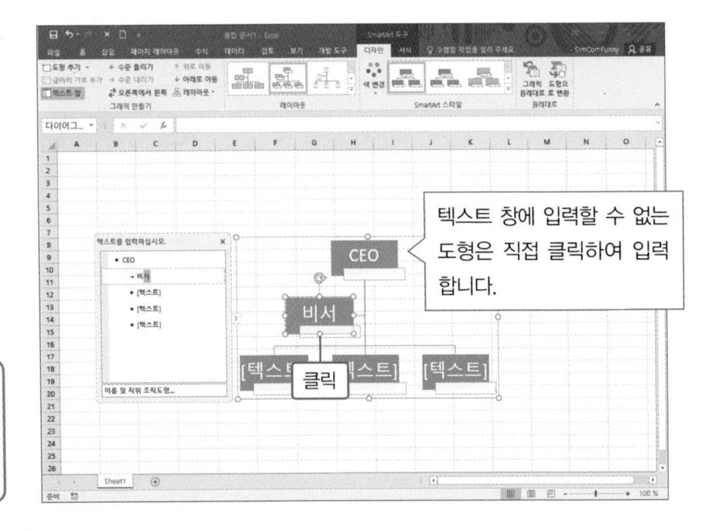

텍스트 창에 입력할 수 없는 도형은 직접 클릭하여 입력합니다.
CEO
비서
클릭

TIP

도형이 선택되어 있는 상태에서 Tab을 누르면 하위 그룹의 도형이, Shift+Tab을 누르면 상위 도형이 선택됩니다.

3 글자 수가 늘어나면 글자 크기가 작아지고, 도형이 추가되면 도형 크기도 작아집니다. 도형을 클릭해서 스마트아트 전체의 크기 조절점을 늘리면 도형과 글자 크기가 확대됩니다.

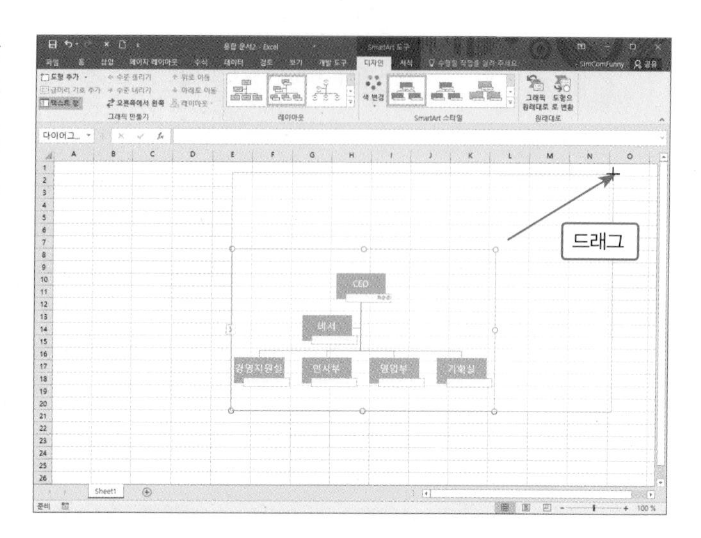

4 도형을 추가해야 한다면 추가할 위치 주변의 도형 위에서 마우스 오른쪽 버튼을 클릭한 뒤 단축 메뉴에서 [도형 추가]-[뒤에 도형 추가]를 선택합니다. 바로 옆에 도형이 추가됩니다.

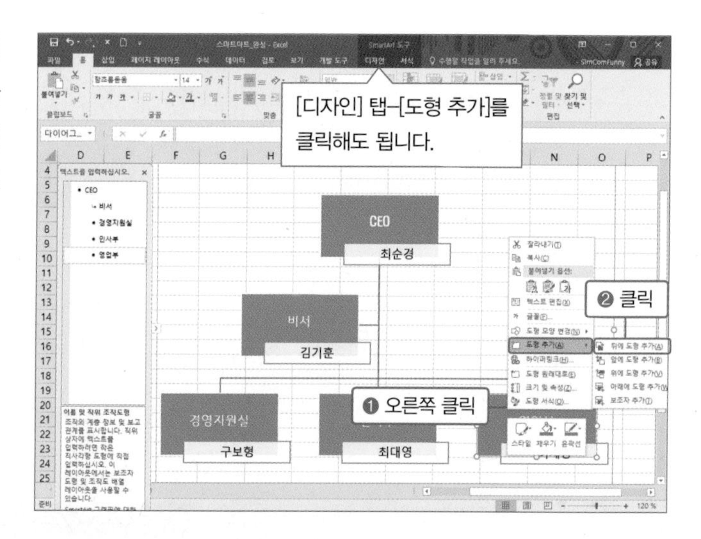

5 하위 그룹에 도형을 추가하고 싶다면 도형 위에서 마우스 오른쪽 버튼을 클릭한 뒤 단축 메뉴에서 [도형 추가]-[아래에 도형 추가]를 선택합니다. 하나의 도형 아래에 하위 그룹을 여러 개 추가할 수 있습니다.

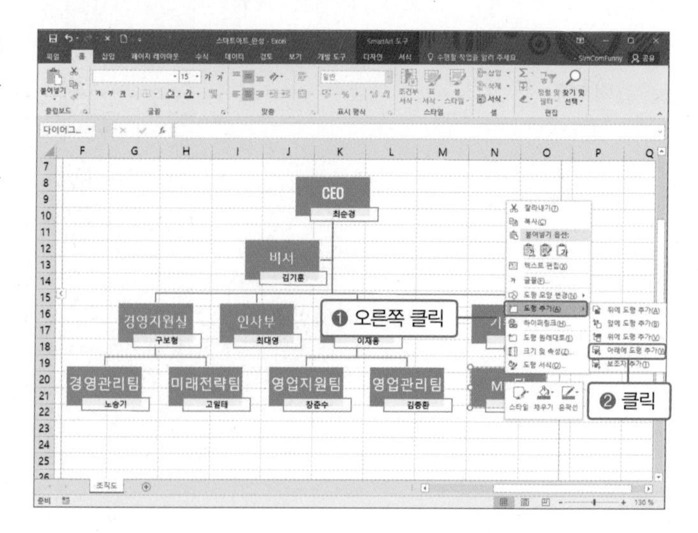

078 다른 워크시트로 링크 연결하기

하이퍼링크(Hyperlink)는 셀에 입력된 텍스트나 이미지에 다른 워크시트 또는 인터넷 URL 주소를 연결하는 기능입니다. 텍스트에 입력된 데이터와 관련된 워크시트를 연결해 보겠습니다.

예제 파일 Part07\하이퍼링크.xlsx

1 'Sheet1' 워크시트의 [D4] 셀에서 마우스 오른쪽 버튼을 클릭한 뒤 단축 메뉴에서 [하이퍼링크]를 클릭합니다.

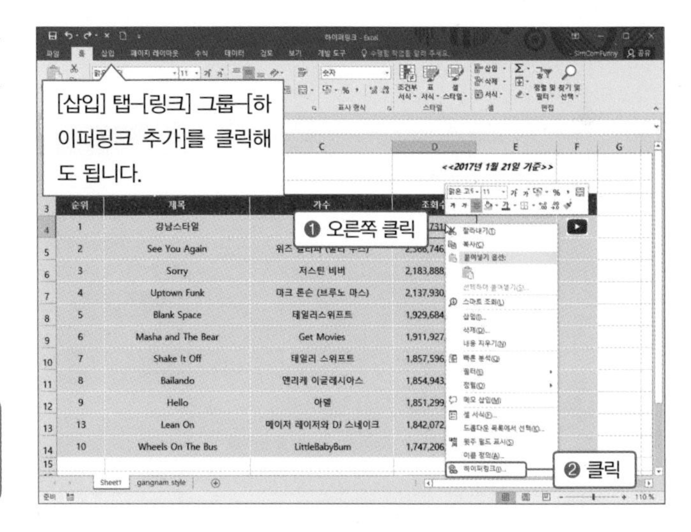

TIP

엑셀 업데이트 버전에 따라 [하이퍼링크]가 [링크]로 나타날 수도 있습니다.

2 [하이퍼링크 삽입] 대화상자의 [연결 대상]에서 [현재 문서]를 선택합니다. [이 문서에서 위치 선택] 목록에서 연결할 워크시트('gangnam style')를 선택한 후 [확인]을 클릭합니다.

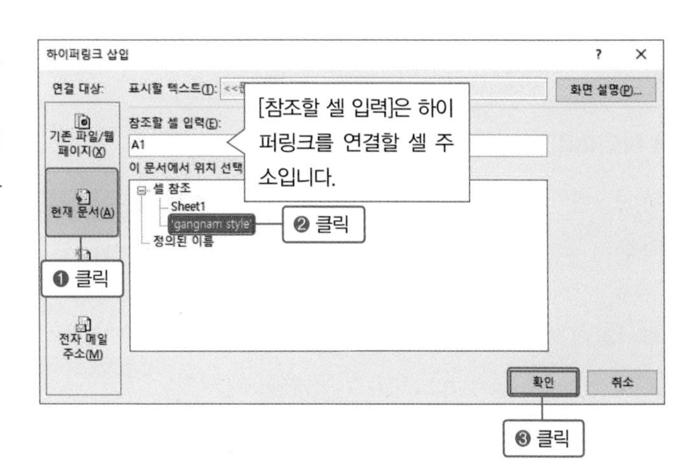

3 선택한 셀에 하이퍼링크가 적용되어 파란색 밑줄이 나타납니다. 하이퍼링크를 확인하기 위해 [D4] 셀을 클릭합니다.

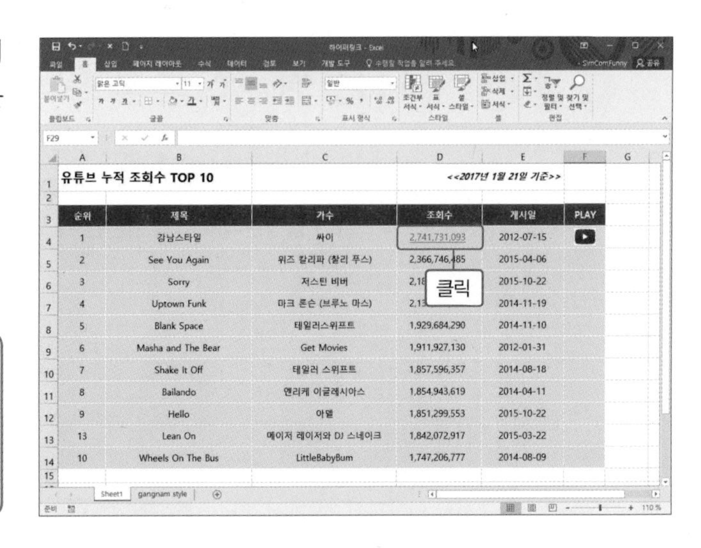

TIP

하이퍼링크가 연결된 셀을 클릭할 때 링크 주소로 바로 연결되지 않으려면 Ctrl을 누른 상태에서 셀을 선택합니다. 또는 셀을 선택할 때 마우스 오른쪽 버튼을 클릭합니다.

4 앞에서 연결했던 'gangnam style' 워크시트가 열립니다.

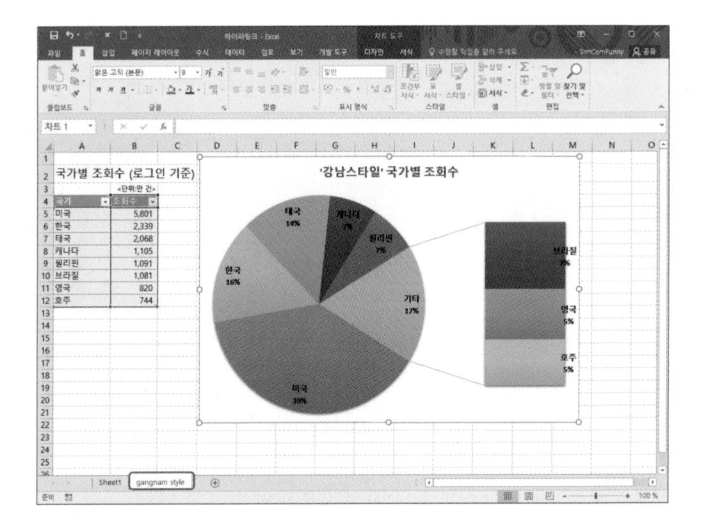

| 하이퍼링크 제거하기

하이퍼링크가 적용된 셀 또는 그림 위에서 마우스 오른쪽 버튼을 클릭한 뒤 단축 메뉴에서 [하이퍼링크 제거]를 클릭합니다. 하이퍼링크가 제거됩니다.

TIP

셀에 연동된 하이퍼링크를 제거하면 셀에 적용되었던 디자인 서식도 기본으로 돌아갑니다. 서식 복사를 이용하면 좀 더 빠르게 셀 서식을 적용할 수 있습니다. 서식 복사에 대한 자세한 내용은 268쪽을 참고하세요.

Step 3

친절한 엑셀의 똑똑한 데이터 관리법

#일이점점 #쉬워지는
#마법의DB관리법

Part 08

데이터 유효성 검사

여러 사람이 공유하는 문서를 취합하는 담당자라면 데이터 유효성 검사를 꼭 배워두세요. 공지를 100번 강조하는 것보다 유효성 조건으로 잘못된 입력 자체를 막는 것은 훨씬 효과적입니다. 비품 주문의 최대/최소 수량, 30분 단위의 출퇴근 시간 등을 공지하거나 출고 일자를 평일로 제한할 수 있게 유효성 검사가 철저히 관리, 감독해 줄 것입니다.

Preview

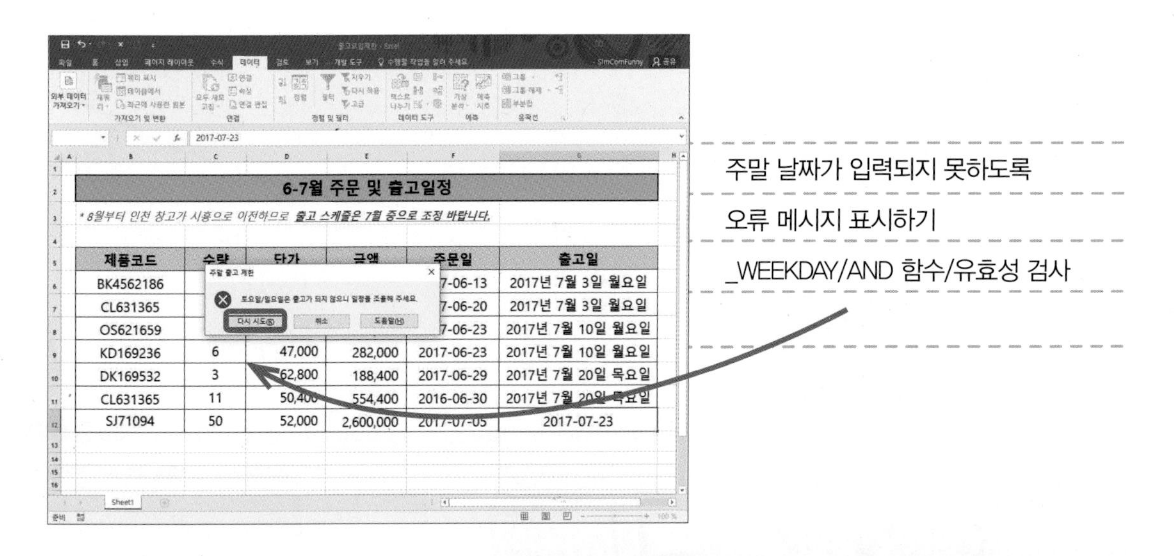

주말 날짜가 입력되지 못하도록

오류 메시지 표시하기

_WEEKDAY/AND 함수/유효성 검사

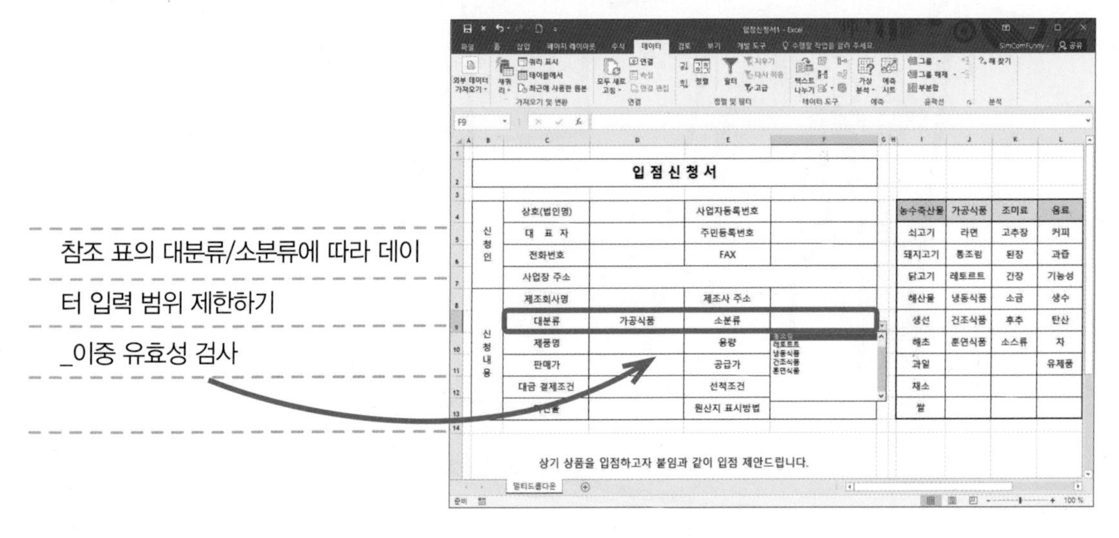

참조 표의 대분류/소분류에 따라 데이터 입력 범위 제한하기

_이중 유효성 검사

079 데이터 유효성 검사로 입력 범위 제한하고 오류 메시지 설정하기

공용 서식에서 입력할 수량이나 금액 등을 제한하고 싶다면 데이터 유효성 검사로 입력 기준을 정할 수 있습니다. 잘못된 데이터를 입력하기 전에 규칙 조건을 알 수 있도록 설명 메시지를 설정해두면 입력할 셀을 클릭할 경우에 메모 형태의 설명 메시지가 나타납니다. 반면 오류 메시지는 유효성 검사의 입력 범위 이외의 데이터를 입력할 때만 나타납니다.

예제 파일 Part08\비품주문서1.xlsx **완성 파일** Part08\비품주문서1_완성.xlsx

1 비품 주문서에서 신청 수량을 20개 이하로 제한하려고 합니다. 데이터를 입력할 [D6:D16] 셀을 선택한 후 [데이터] 탭–[데이터 도구] 그룹–[데이터 유효성 검사]를 클릭합니다. [데이터 유효성] 대화상자–[설정] 탭에서 다음과 같이 설정하고 [확인]을 클릭합니다.

- 제한 대상 : 정수
- 제한 방법 : 해당 범위
- 최소값 : 1
- 최대값 : 20

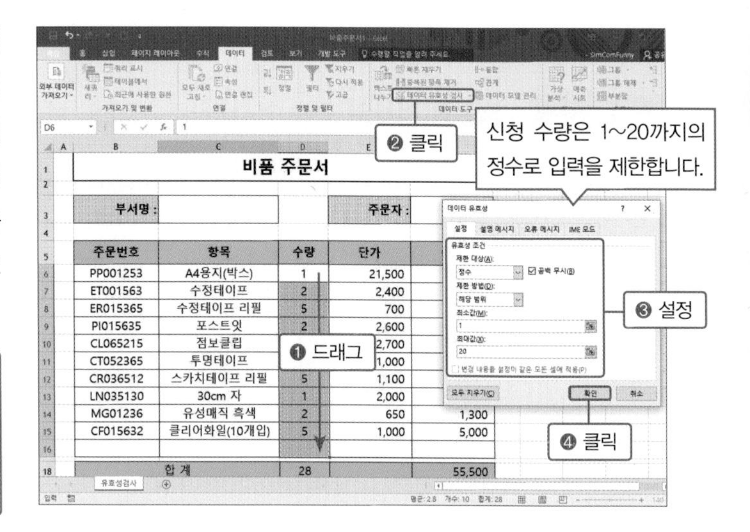

2 [데이터 유효성] 대화상자–[설명 메시지] 탭에서 다음과 같이 '제목'과 '메시지'를 입력합니다.

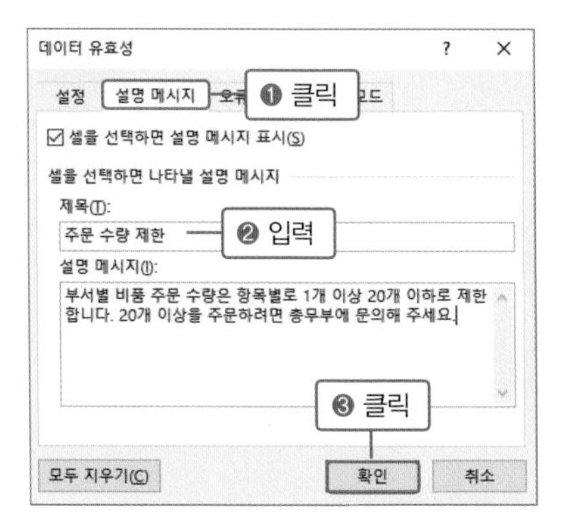

- 제목 : 주문 수량 제한
- 설명 메시지 : 부서별 비품 주문 수량은 항목별로 1개 이상 20개 이하로 제한합니다. 20개 이상을 주문하려면 총무부에 문의해 주세요.

- 제목 : 주문 수량 제한
- 오류 메시지 : 부서별 비품 주문 수량은 항목별로 1개 이상 20개 이하로 제한합니다. 20개 이상을 주문하려면 총무부에 문의해 주세요.

> **TIP**
> 셀을 클릭할 때마다 메시지가 나타나는 것이 보기 싫다면 오류 메시지만 설정합니다.

3 [D6:D16] 셀을 클릭하면 설명 메시지가 나타나서 입력 조건을 미리 확인할 수 있습니다. 또한 수량은 21개 이상 입력할 경우 경고 메시지가 나오고 입력이 되지 않습니다.

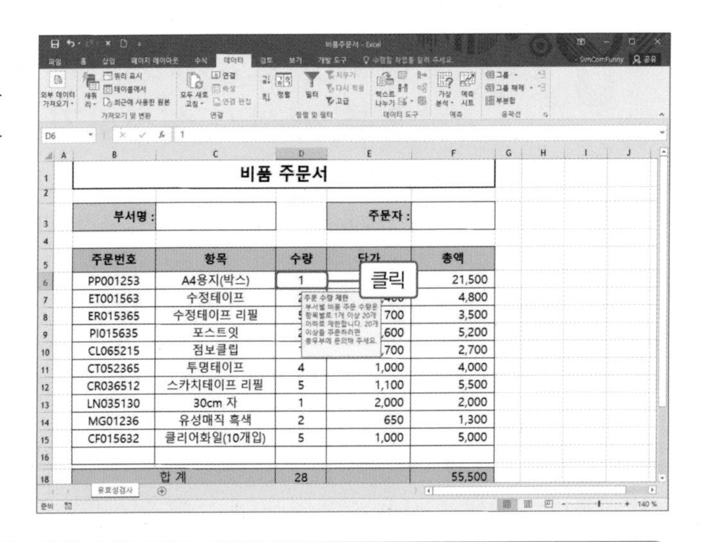

Skill Up 유효성 검사의 오류 메시지 [스타일]의 차이점

유효성 검사는 설정된 조건 이외의 데이터는 입력을 중지시킵니다. 유효성 범위를 벗어난 데이터를 입력했을 때 경고 메시지만 표시하고 입력을 허용하려면 [데이터 유효성] 대화상자–[오류 메시지] 탭에서 [스타일]을 수정합니다. [스타일]에서 '경고'나 '정보'를 선택하면 규칙을 벗어난 데이터를 입력해도 오류 메시지만 나타나고 입력은 허용됩니다.

▲ 경고 : [예]를 클릭하면 허용되지 않은 범위의 데이터도 입력 가능합니다.

▲ 정보 : [확인]을 클릭하면 허용되지 않은 범위의 데이터도 입력 가능합니다.

080 데이터 유효성 검사 수정 및 일괄 삭제하기

데이터 유효성을 설정한 조건을 수정하거나 삭제하려면 유효성 검사가 적용된 셀 전체 또는 일부 셀을 선택합니다. 유효성 검사가 설저된 셀의 일부만 선택할 경우, 수정된 규칙의 적용 범위가 달라질 수 있으므로 안내 메시지를 유의하여 진행합니다.

예제 파일 Part08\비품주문서2.xlsx 완성 파일 Part08\비품주문서2_완성.xlsx

| 데이터 유효성 검사에서 일부 셀의 조건만 수정하기

데이터 유효성이 적용된 범위에서 일부 셀의 수량 제한을 수정해 보겠습니다. [D16] 셀을 클릭한 후 [데이터] 탭–[데이터 도구] 그룹–[데이터 유효성 검사]를 클릭합니다. [데이터 유효성 검사] 대화상자–[설정] 탭에서 '최대값'을 30으로 수정하고, 설명/오류 메시지도 수정한 뒤 [확인]을 클릭합니다.

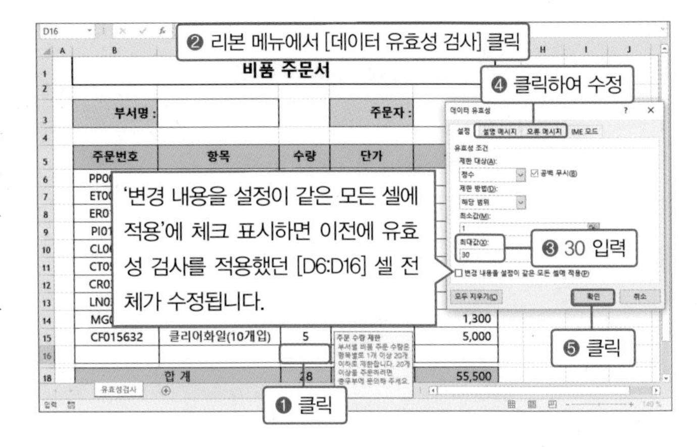

| 데이터 유효성 검사 일괄 삭제하기

[D6:D16] 셀을 선택하고 [데이터] 탭–[데이터 도구] 그룹–[유효성 검사]를 클릭합니다. [D6:D15] 셀과 [D16] 셀의 유효성 검사 조건이 달라서 여러 유효성 유형이 있다는 메시지가 나타나면 [확인]을 클릭합니다. [모두 지우기]를 클릭하고 [확인]을 클릭합니다.

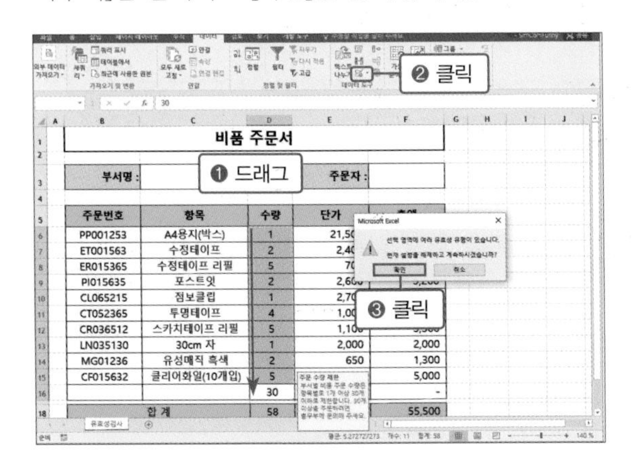

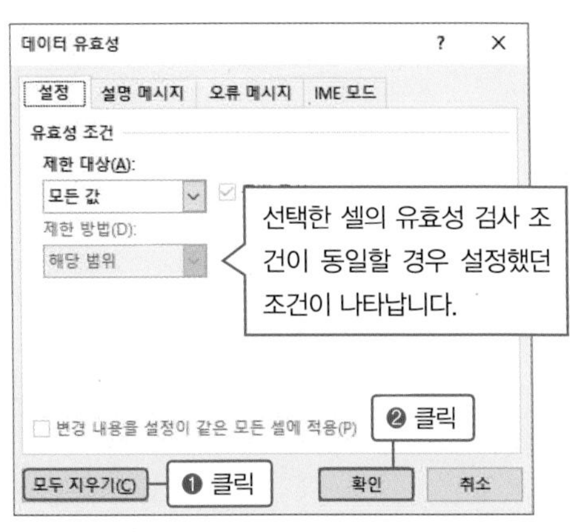

081 날짜 입력 제한하기

날짜를 기준으로 한 유효성 검사를 판단하려면 데이터가 날짜 형식에 맞게 입력되어야 합니다. 입력 방식을 통일하거나 특정 날짜로 제한하기 위해 데이터 유효성 검사에 날짜 형식을 설정해 보겠습니다.

예제 파일 Part08\출고일정제한.xlsx 완성 파일 Part08\출고일정제한_완성.xlsx

1 출고일을 7월 이내로 제한하려고 합니다. [G6:G12] 셀을 선택한 후 [데이터] 탭–[데이터 도구] 그룹–[데이터 유효성 검사]를 클릭합니다. [데이터 유효성] 대화상자–[설정] 탭을 다음과 같이 설정하고, [오류 메시지] 탭도 적절히 수정한 뒤 [확인]을 클릭합니다.

- 제한 대상 : 날짜
- 시작 날짜 : 2017-07-01
- 끝 날짜 : 2017-07-31

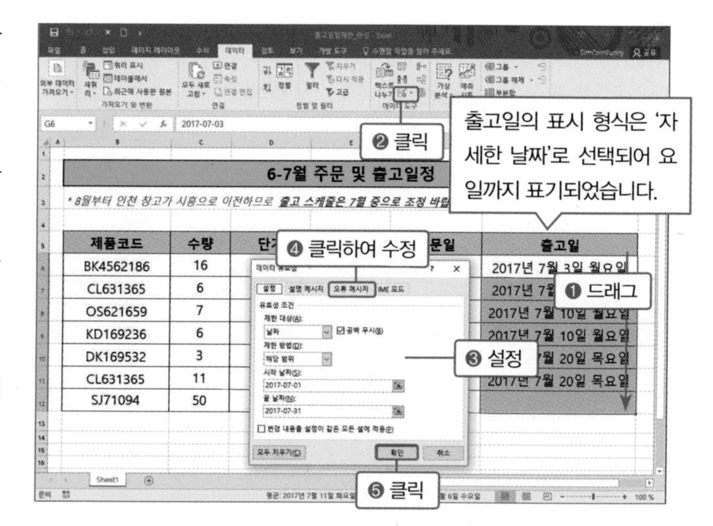

2 [G12] 셀을 클릭하여 7월 이외의 날짜인 8/1을 입력합니다. 오류 메시지가 나타나고 입력이 제한됩니다.

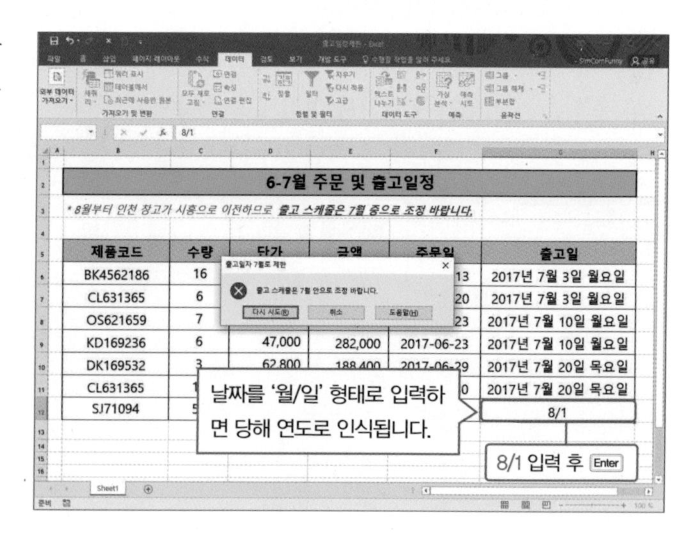

2007 2010 2013 2016 2019

082 수식을 이용하여 주말 날짜 입력 제한하기

유효성 조건에 수식을 이용하면 더욱 다양한 입력 규칙을 만들 수 있습니다. 여러 개의 셀에 적용할 조건을 수식으로 입력할 때는 선택 범위의 첫 번째 셀에 맞춰 셀 주소를 입력합니다. 요일을 반환하는 WEEKDAY 함수와 AND 함수를 중첩하여 주말 날짜의 입력을 제한해 보겠습니다.

예제 파일 Part08\출고요일제한.xlsx **완성 파일** Part08\출고요일제한_완성.xlsx

1 [G6:G12] 셀을 선택하고 [데이터] 탭–[데이터 도구] 그룹–[데이터 유효성 검사]를 클릭합니다. [데이터 유효성] 대화상자–[설정] 탭에서 [제한 대상]을 '사용자 지정'으로 선택하고 [수식]에 다음의 수식을 입력합니다. [오류 메시지] 탭에 적절한 오류 메시지를 입력하고 [확인]을 클릭합니다.

page WEEKDAY 함수에 대한 자세한 내용은 313쪽을 참고하세요.

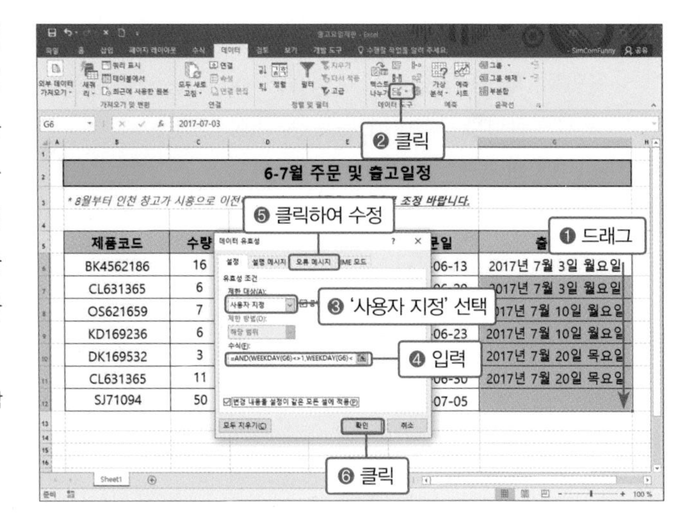

수식

=AND(WEEKDAY(G6)<>1,WEEKDAY(G6)<>7)

WEEKDAY의 수식 결과가 1(일요일) 그리고 7(토요일)이 아닌 값(부등호 < >)만 입력할 수 있습니다. 즉, 주말은 입력되지 않습니다.

2 [G12] 셀을 클릭한 후 일요일 날짜를 입력합니다. 오류 메시지가 나타나고 입력이 제한됩니다.

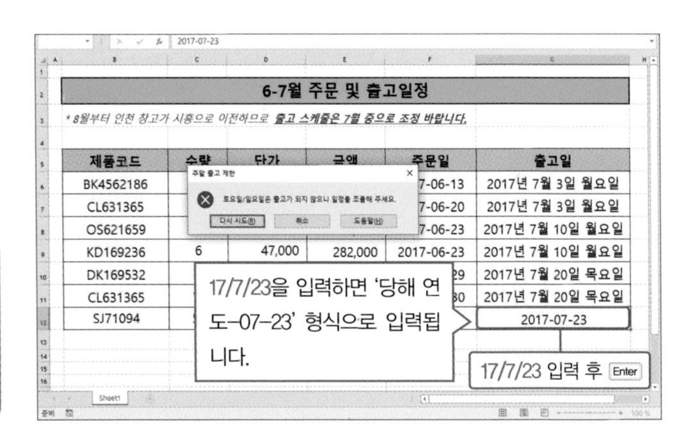

TIP

수식 조건에 참조된 셀 주소는 $ 기호 없이 상대 참조로 입력되었습니다. 유효성 검사를 설정한 범위에서 각 셀의 위치에 따라 셀 주소가 변경됩니다.

083 시간 입력 제한하기

날짜와 마찬가지로 시간을 입력할 때도 엑셀 기준에 맞게 입력해야 유효성 검사를 적용할 수 있습니다. 시간 입력 방식을 통일하거나 특정 시간만 입력할 수 있게 데이터 유효성 검사를 설정해 보겠습니다.

예제 파일 Part08\출퇴근시간제한.xlsx **완성 파일** Part08\출퇴근시간제한_완성.xlsx

1 [C8:D38] 셀을 선택한 후 [데이터] 탭–[데이터 도구] 그룹–[데이터 유효성 검사]를 클릭합니다. [데이터 유효성] 대화상자–[설정] 탭에서 다음과 같이 설정하고 [오류 메시지] 탭에서 오류 메시지를 입력한 후 [확인]을 클릭합니다.

- 제한 대상 : 시간
- 시작 시간 : 9:00
- 종료 시간 : 20:00

2 [D8] 셀에 입력 조건을 벗어난 22:00를 입력합니다. 오류 메시지가 나타나고 입력이 제한됩니다.

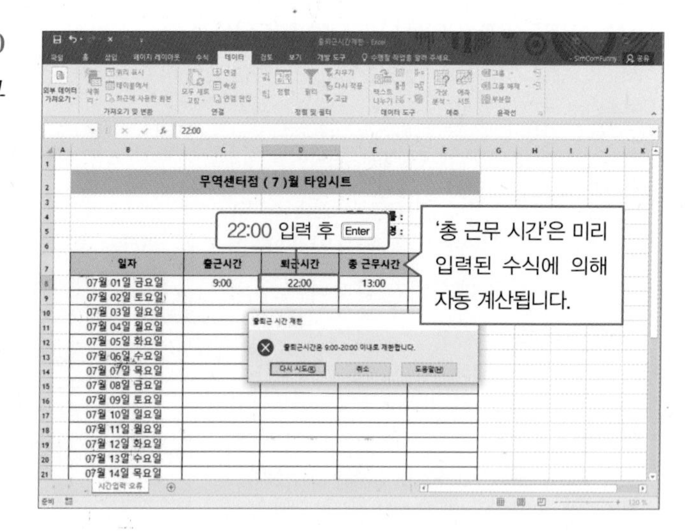

084 중복 값 입력 제한하기

문서에 중복 값이 있는 경우 조건부 서식이나 중복 값 제거 함수 등을 이용할 수 있습니다. 중복 값을 관리하고 제거하기보다 처음부터 중복 값이 입력되지 않도록 유효성 조건에 COUNTIF 함수를 응용해 보겠습니다.

예제 파일 Part08\중복값 입력제한.xlsx **완성 파일** Part08\중복값 입력제한_완성.xlsx

1 [C6:C23] 셀을 선택한 후 [데이터] 탭–[데이터 도구] 그룹–[데이터 유효성 검사]를 클릭합니다. [데이터 유효성] 대화 상자–[설정] 탭의 [제한 대상]에서 '사용자 지정'을 선택하고 [수식]에 다음의 수식을 입력합니다.

수식

=COUNTIF(C:C,C6)=1

C열에 [C6] 셀 값과 같은 셀은 1개입니다. 즉, [C6] 셀은 한 번만 입력되어 중복 값이 없습니다.

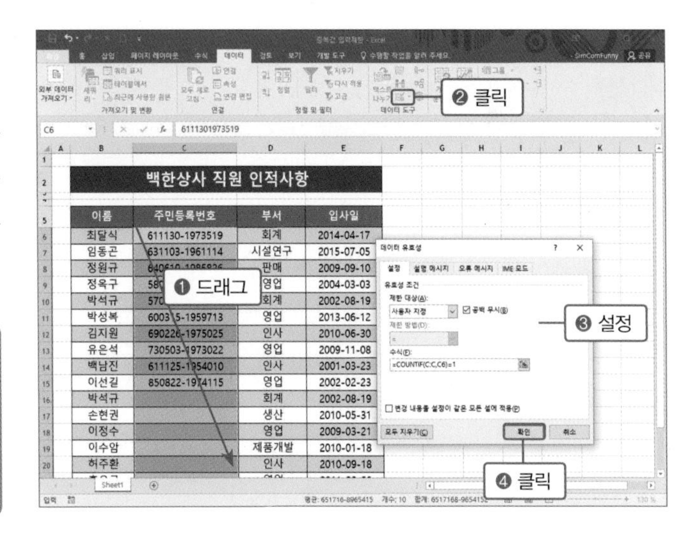

2 [C16] 셀에 [C15] 셀과 같은 주민등록번호 13자리 수를 입력합니다. C열에서 같은 값은 2개 이상 입력될 수 없기 때문에 오류 메시지가 나타나고 입력이 제한됩니다.

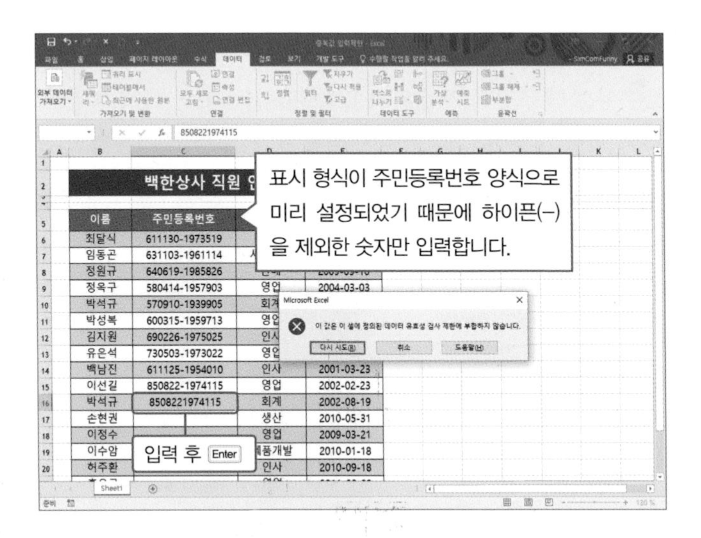

표시 형식이 주민등록번호 양식으로 미리 설정되었기 때문에 하이픈(–)을 제외한 숫자만 입력합니다.
입력 후 Enter

2007 2010 2013 2016 2019

085 입력을 제한하기 위해 선택 목록 만들기

데이터 유효성 검사에서 입력 가능한 내용을 목록에서 선택할 수 있다면 입력을 잘못해서 오류 메시지가 나오는 경우를 줄일 수 있습니다. 또는 제한된 문자만 선택할 수 있어서 데이터를 관리하는 사람은 물론 데이터를 입력하는 사람도 정확하고 편리하게 데이터를 공유할 수 있습니다.

예제 파일 Part08\출장경비내역서.xlsx **완성 파일** Part08\출장경비내역서_완성.xlsx

1 [M7:M10] 셀을 참조하여 지출 내역의 선택 목록을 만들어 보겠습니다. 유효성 검사를 적용할 [E12:E20] 셀을 선택한 후 [데이터] 탭–[데이터 도구] 그룹–[데이터 유효성 검사]를 클릭합니다. [데이터 유효성] 대화상자–[설정] 탭의 [제한 대상]에서 '목록'을 선택합니다. [원본] 입력란을 클릭한 뒤 워크시트에서 [M7:M10] 셀을 선택하면 범위가 입력됩니다.

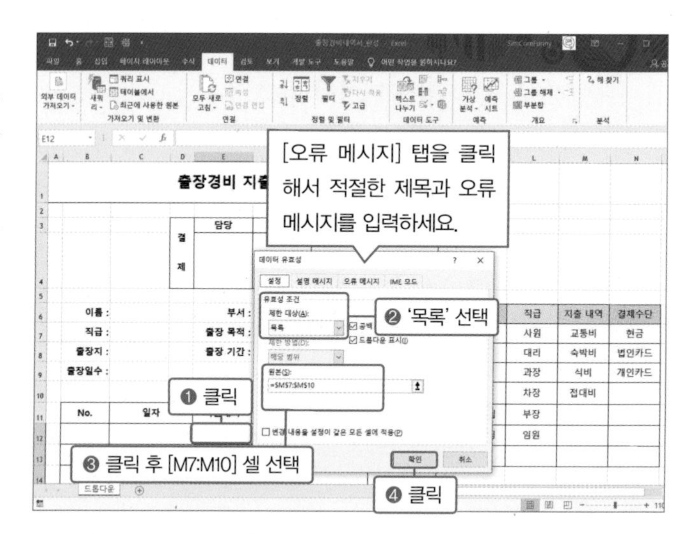

TIP

참조할 범위가 워크시트에 없다면 허용할 단어를 쉼표로 구분해서 직접 입력합니다.

2 유효성 조건이 적용된 [E12] 셀을 클릭하면 목록 버튼이 나타납니다. 목록 버튼을 클릭하면 선택 가능한 입력 내용이 나타납니다. 목록 버튼에 없는 내용을 입력하면 오류 메시지가 나타납니다.

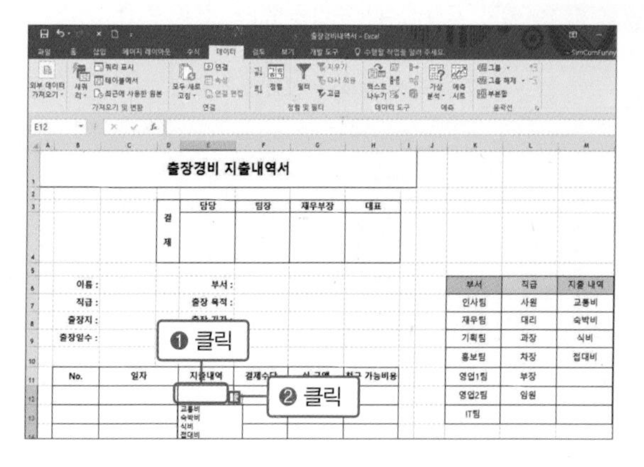

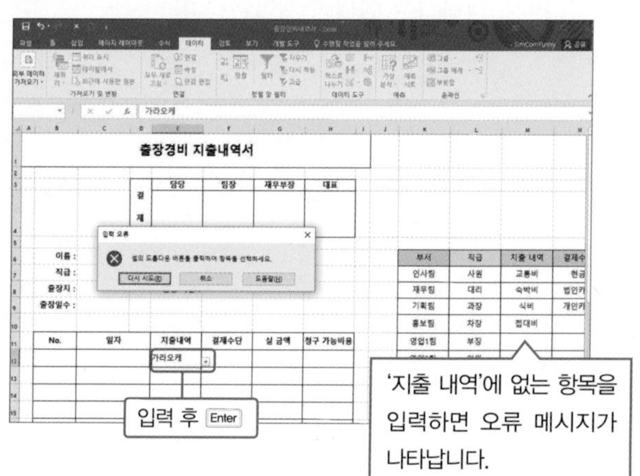

2007 2010 2013 2016 2019

086 목록 범위의 셀 주소를 이름으로 정의하기

유효성 조건의 목록으로 참조할 범위를 이름으로 정의해 놓으면 목록 범위를 구분하기가 더 쉬워집니다. 목록 범위로 참조될 셀을 선택하여 간단한 이름으로 정의해 보겠습니다.

예제 파일 Part08\출장경비_이름정의.xlsx **완성 파일** Part08\출장경비_이름정의_완성.xlsx

1 부서 목록이 입력된 [K7:K13] 셀을 선택한 후 [수식] 탭–[정의된 이름] 그룹–[이름 정의]를 클릭합니다. [새 이름] 대화상자가 나타나면 [이름]에 **부서**를 입력하고 [확인]을 클릭합니다.

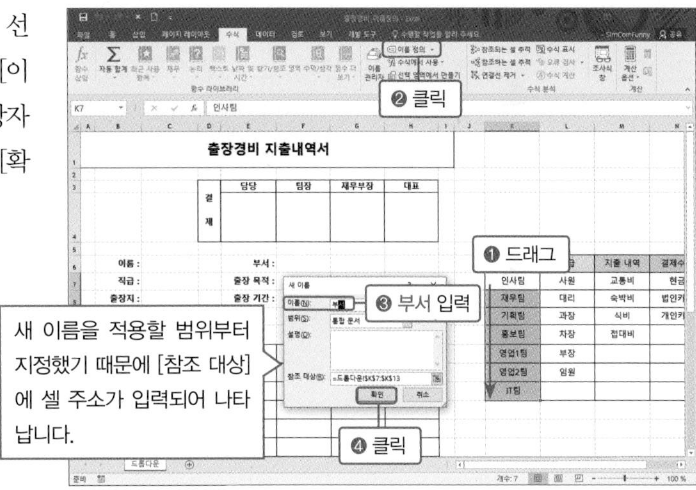

2 부서를 입력할 [F6] 셀을 클릭한 후 [데이터] 탭–[데이터 도구] 그룹–[데이터 유효성 검사]를 클릭합니다. [데이터 유효성] 대화상자–[설정] 탭의 [제한 대상]에서 '목록'을 선택하고 [원본]에 **=부서**를 입력합니다.

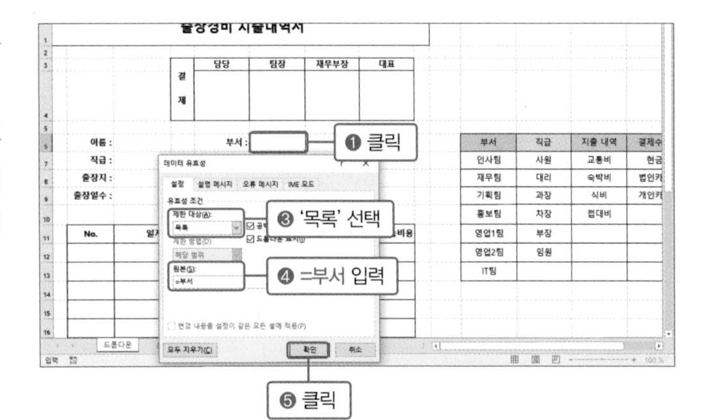

TIP

이름 상자는 셀 주소를 대신하기 때문에 수식 형태로 등호(=)를 입력해야 합니다. 부서라는 글자만 입력하면 드롭다운 목록에는 '부서'라는 글자만 나타납니다.

087 대분류 목록에 따라 소분류 목록 입력 제한하기

참조 표의 머리글에 따라 하위 선택 항목을 제한하려면 이중 유효성 검사를 활용하면 됩니다. 이번에는 대분류 목록에 따라 소분류 목록을 설정해 보겠습니다. INDIRECT 함수를 응용하여 대분류 선택 사항에 따라 하위 조건인 소분류 목록을 제한해 보겠습니다.

예제 파일 Part08\입점신청서.xlsx **완성 파일** Part08\입점신청서_완성.xlsx

1 선택 목록의 참조 표인 [I4:L13] 셀을 선택한 후 [수식] 탭–[정의된 이름] 그룹–[선택 영역에서 만들기]를 클릭합니다. [선택 영역에서 이름 만들기] 대화상자가 나타나면 [이름 만들기] 항목에서 '첫 행'만 체크 표시하고 [확인]을 클릭합니다.

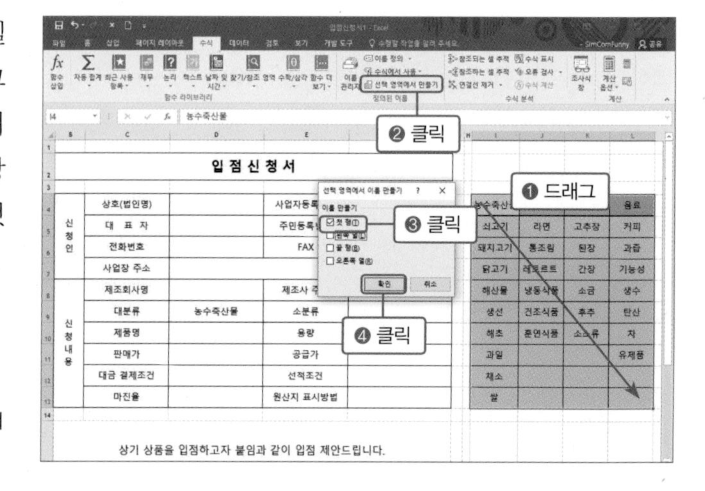

page [D9] 셀의 대분류 목록 범위는 172쪽을 참고해서 설정할 수 있습니다.

2 [F9] 셀을 클릭하고 [데이터] 탭–[데이터 도구] 그룹–[데이터 유효성 검사]를 클릭합니다. [데이터 유효성] 대화상자의 [설정] 탭에서 유효성 조건을 다음과 같이 설정합니다.

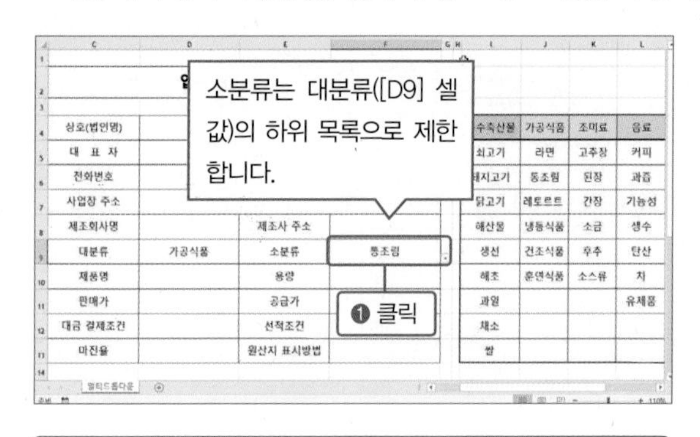

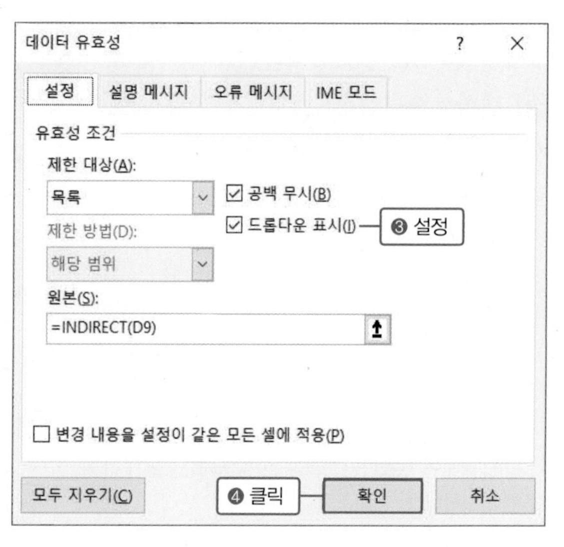

– 제한 대상 : 목록
– 원본 : =INDIRECT(D9)
* [D9] 셀 값은 참조 표의 첫 행인 대분류를 선택하는 것에 따라 달라집니다.

3 [D9] 셀의 목록 버튼에서 '가공식품'을 선택하고 [F9] 셀의 목록 버튼을 클릭하면 '가공식품'의 하위 항목만 나타납니다.

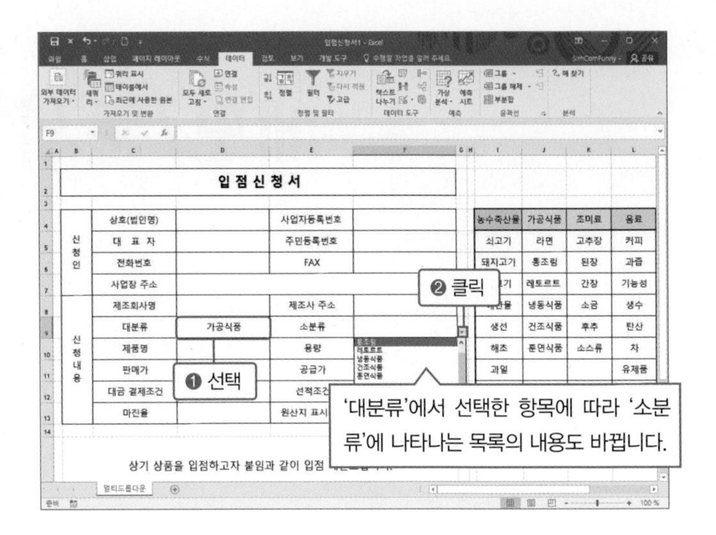

❶ 선택
❷ 클릭
'대분류'에서 선택한 항목에 따라 '소분류'에 나타나는 목록의 내용도 바뀝니다.

Skill Up '원본은 현재 오류 상태입니다.' 오류

[D9] 셀을 빈 칸으로 두고 [F9] 셀에 데이터 유효성 검사를 설정하면 다음의 오류 메시지가 나타납니다. [예]를 클릭하면 됩니다.

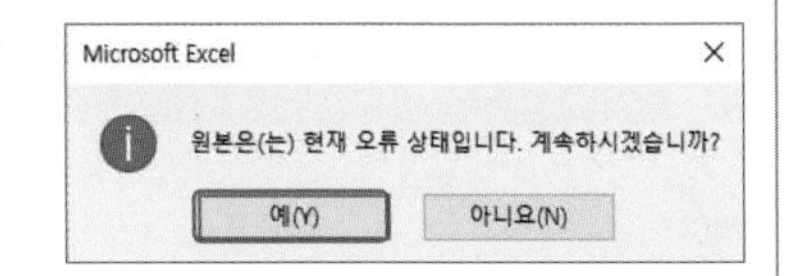

Microsoft Excel
원본은(는) 현재 오류 상태입니다. 계속하시겠습니까?
예(Y)
아니요(N)

Part 09

메모/문서 보호/공유

똑똑하면서도 배려 깊은 엑셀 문서는 다른 사용자와 작업할 때를 고려해서 메모와 공유 기능을 제공합니다. 셀에 삽입된 메모는 마우스를 가져다댈 때만 나타나도록 적절히 숨길 수 있습니다. 바쁠 때는 여러 사람이 동시에 문서를 열람하고 편집할 수 있도록 공유 문서로 전환해 보세요. 변경하면 안 되는 워크시트는 암호를 설정하여 안전하게 보호할 수 있습니다.

Preview

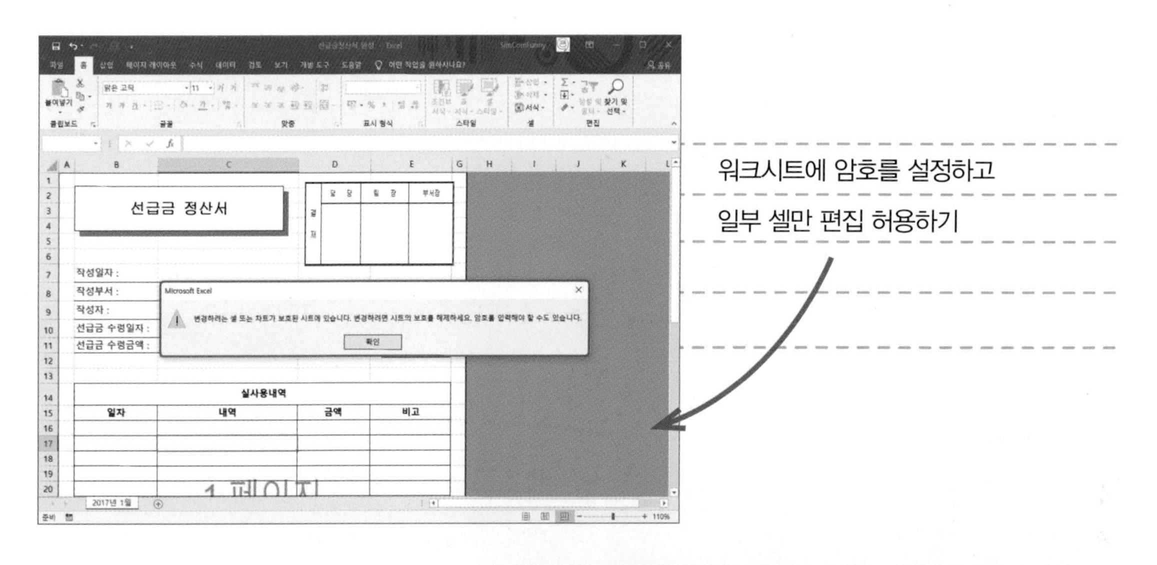

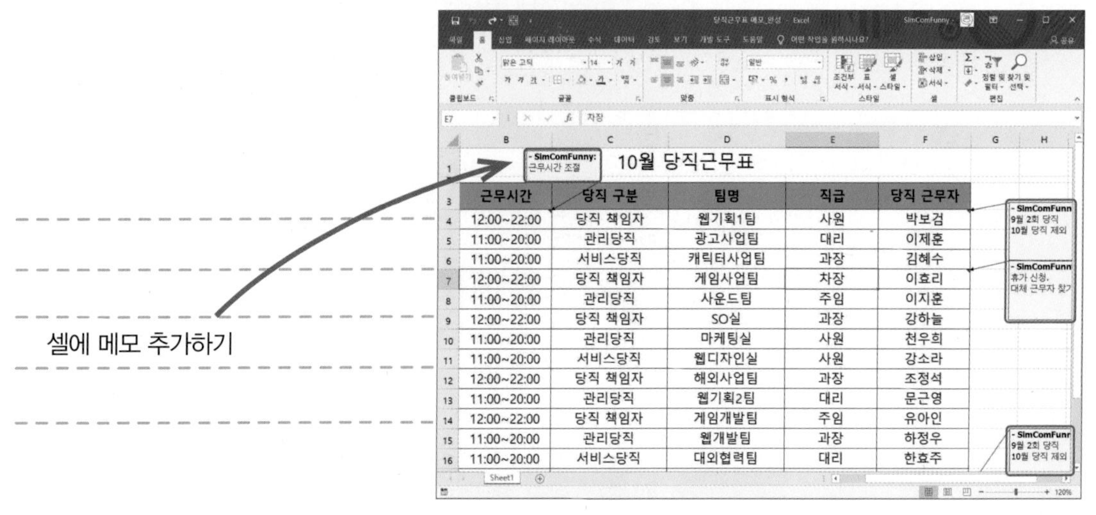

088 셀에 메모 삽입하여 주석 달기

엑셀 문서를 다른 사람과 공유할 경우, 상대방이 참고할 사항을 메모로 남길 수 있습니다. 설명이 필요한 셀에 메모를 삽입하면 셀의 오른쪽 모서리에 빨간색 표식이 나타납니다. 셀에 마우스를 가져다대면 숨겨진 메모를 볼 수 있고 항상 표시할 수도 있습니다.

예제 파일 Part09\당직근무표.xlsx **완성 파일** Part09\당직근무표_완성.xlsx

| 메모 삽입하기

1 메모를 삽입할 [F4] 셀에서 마우스 오른쪽 버튼을 클릭한 뒤 단축 메뉴에서 [메모 삽입]을 선택합니다.

❶ 오른쪽 클릭

❷ 클릭

단축키

메모 삽입 Shift+F2

메모 일괄 선택 Ctrl+Shift+O

2 선택한 셀의 오른쪽 위 모서리에 빨간색 삼각형 표식이 추가되고 메모 입력상자가 나타납니다. 내용을 입력한 뒤 임의의 셀을 클릭하면 메모가 숨겨집니다.

입력

메모 입력상자에서 줄을 바꿔서 입력하려면 Enter를 누릅니다.

TIP

메모의 사용자 이름을 변경하고 싶다면 [파일] 탭-[옵션]을 클릭합니다. [Excel 옵션] 대화상자-[일반] 화면에서 [Microsoft Office 개인 설정]의 '사용자 이름'을 변경하고 [확인]을 클릭하면 됩니다.

| 메모 편집 및 삭제하기

메모가 입력된 셀에서 마우스 오른쪽 버튼을 클릭합니다. 내용을 수정하려면 [메모 편집]을, 메모를 삭제하려면 [메모 삭제]를 선택합니다.

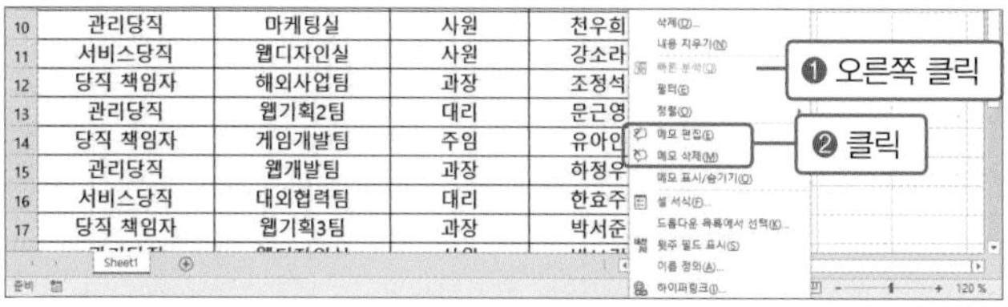

❶ 오른쪽 클릭

❷ 클릭

089 메모 표시하고 크기 및 위치 조절하기

메모를 삽입하면 기본적인 보기 설정은 '숨기기'로 지정됩니다. 메모를 워크시트에 계속 표시하려면 설정을 '표시하기'로 전환해야 합니다. 메모가 표시되면 셀 위에 도형처럼 나타나서 셀을 가리기도 하므로 셀의 크기나 위치를 적절히 조절해 주는 것이 좋습니다.

예제 파일 Part09\당직근무표 메모.xlsx **완성 파일** Part09\당직근무표 메모_완성.xlsx

| 메모 개별 표시하기

메모가 숨겨진 [B4] 셀에서 마우스 오른쪽 버튼을 클릭한 뒤 단축 메뉴에서 [메모 표시/숨기기]를 클릭합니다. 셀 위에 메모가 표시됩니다.

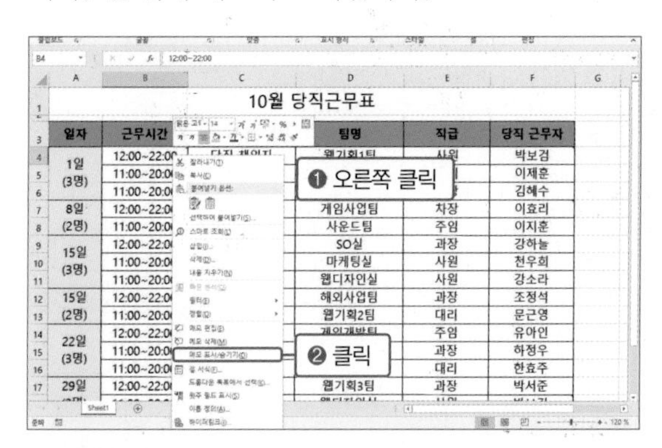

TIP

메모가 표시된 상태에서는 단축 메뉴에 [메모 숨기기]가 나타납니다.

TIP

메모 일괄 표시하기

문서에 입력된 메모를 모두 표시하려면 [검토] 탭-[메모] 그룹-[메모 모두 표시]를 클릭합니다. 입력된 모든 메모가 나타납니다.

| 메모 크기 조절 및 위치 이동하기

메모 상자의 크기 조절점을 드래그하여 크기를 조절합니다. Esc를 누르거나 임의의 셀을 클릭하여 편집 상태에서 빠져나옵니다.

TIP

문서를 인쇄하면 메모는 표시되지 않습니다. 인쇄물에 메모를 표시하려면 97쪽을 참고하세요.

090 문서에 암호 설정하여 열기/쓰기 제한하기

보안 문서의 읽기와 쓰기를 제한하려면 엑셀 문서를 저장할 때 옵션에서 암호를 설정합니다. 문서에 포함된 모든 워크시트를 보호하기 때문에 문서를 열어서 보는 것조차도 암호를 입력하지 않으면 열람이 불가능하게 만들어 보겠습니다.

예제 파일 Part09\직원연봉계약.xlsx **완성 파일** Part09\직원연봉계약_완성.xlsx (암호 : 1234)

| 문서의 모든 워크시트 보호하기

1 문서의 열기 및 쓰기 암호를 설정해서 문서 전체를 보호해 보겠습니다. 예제 파일을 열어 F12를 누릅니다. [다른 이름으로 저장] 대화상자가 나타나면 [도구]를 클릭한 후 [일반 옵션]을 선택합니다.

문서를 처음 저장한다면 Ctrl+S를 눌러 [저장하기] 대화상자를 불러옵니다.

단축키

다른 이름으로 저장 F12

저장 Ctrl+S

2 [일반 옵션] 대화상자가 나타나면 '열기 암호'와 '쓰기 암호'를 1234로 입력합니다.

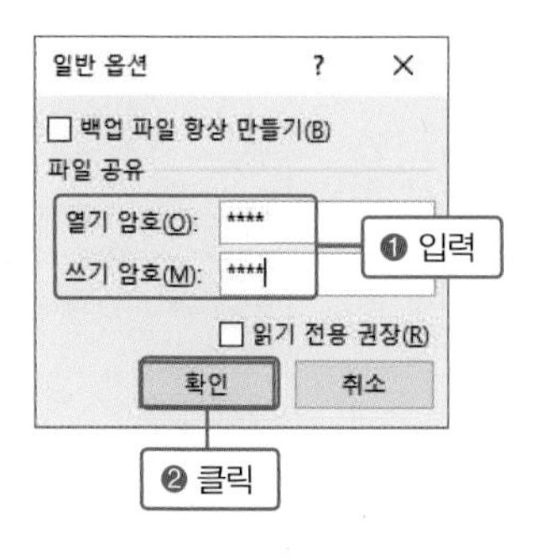

TIP

[읽기 전용 권장]을 체크 표시하여 문서를 열었을 때 암호를 입력하면 다음의 메시지가 나옵니다. 읽기 전용으로 보려면 [예]를 , 편집을 하려면 [아니오]를 선택합니다.

3 [암호 확인] 대화상자가 나오면 열기 암호와 쓰기 암호를 다시 입력하고 [확인]을 클릭합니다. [다른 이름으로 저장] 대화상자로 돌아오면 파일 이름과 저장할 위치를 설정한 후 [저장]을 클릭합니다.

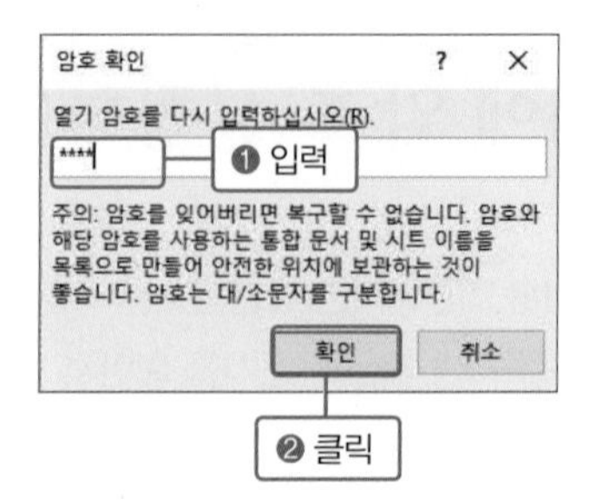

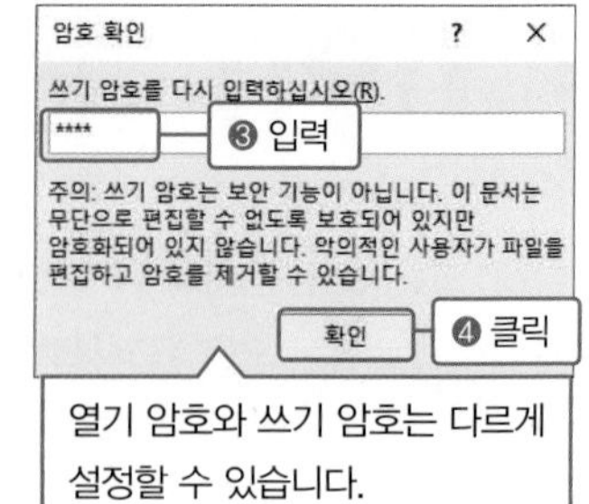

TIP

'열기 암호'를 모르면 문서 열람이 불가능합니다. '쓰기 암호'를 모르면 읽기 모드로 파일을 볼 순 있지만 원본은 편집이 불가능하므로 다른 이름으로 저장해야 합니다.

| 암호가 설정된 문서 편집하기

1 읽기 암호가 설정된 문서를 열면 암호 대화상자가 나타납니다. 앞에서 설정했던 '열기 암호'를 입력합니다.

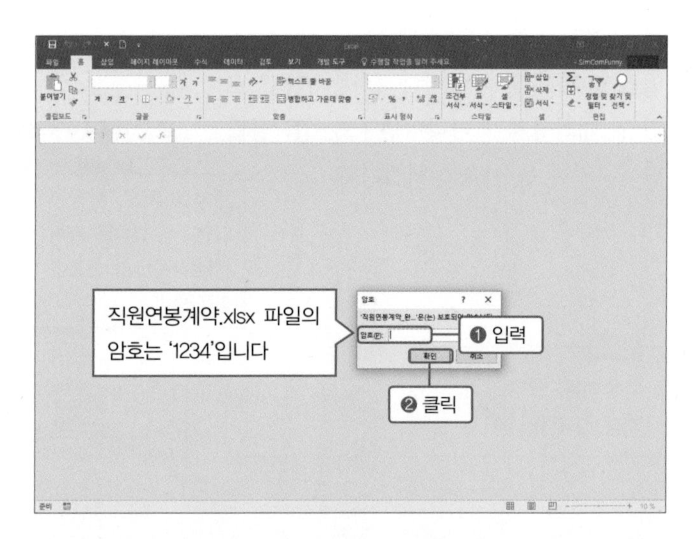

2 쓰기 암호도 설정된 문서의 경우 [암호] 대화상자가 또 나타납니다. '쓰기 암호'를 모를 경우 [읽기 전용]을 클릭합니다.

TIP

쓰기 암호를 입력하고 [확인]을 클릭하면 편집이 가능한 원본 문서가 열립니다.

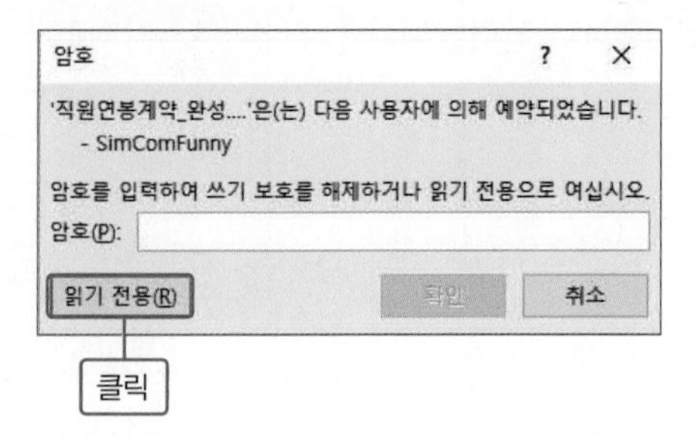

3 제목 표시줄에 [읽기 전용]이 표시됩니다. 워크시트를 수정하고 Ctrl+S를 눌러 저장하려고 하면 오류 메시지가 나타납니다. [확인]을 클릭하면 [다른 이름으로 저장] 백스테이지로 이동합니다. 저장 위치를 선택하면 복사본을 저장할 수 있지만 원본은 수정되지 않습니다.

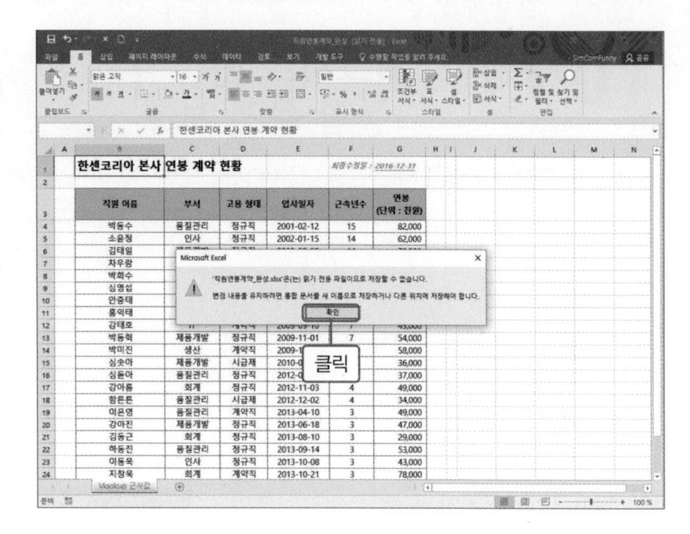

| 암호가 설정된 문서의 읽기/쓰기 보호 해제하기

1 문서를 열고 읽기/쓰기 암호를 입력합니다. F12를 눌러 [다른 이름으로 저장] 대화상자가 나타나면 [도구]에서 '일반 옵션'을 클릭합니다. [일반 옵션] 대화상자가 나타나면 열기 암호와 쓰기 암호를 삭제하고 [확인]을 클릭합니다.

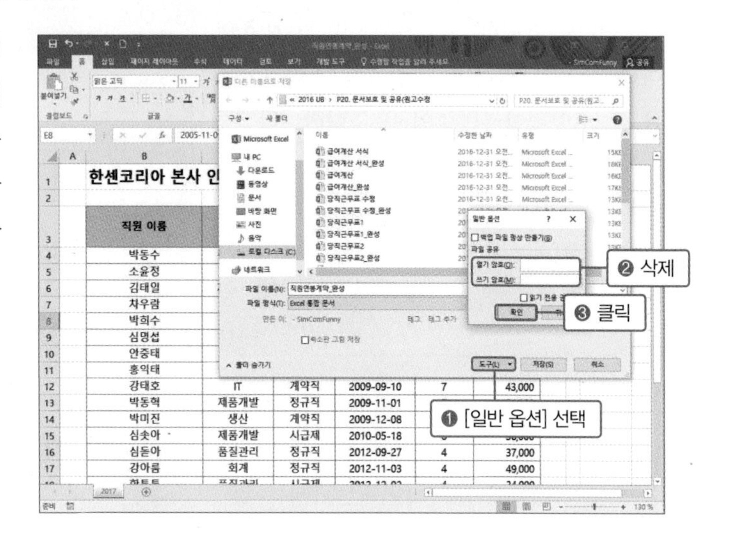

2 파일 이름을 원본 문서와 똑같이 저장하면 '파일이 이미 있습니다. 바꾸시겠습니까?'라는 물음이 나타납니다. [예]를 클릭하면 암호가 없는 상태로 바뀌어 저장됩니다.

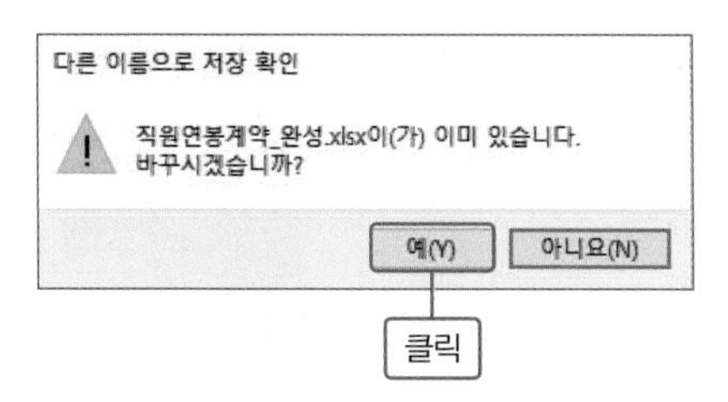

2007 2010 2013 2016 2019

091 워크시트 이름 수정 및 삭제 금지하기 _통합 문서 보호

엑셀의 통합 문서는 잠금 대상에 따라 보호 방법이 달라집니다. 예를 들어 INDIRECT 함수로 셀 주소를 참조한 문서는 워크시트가 삭제되거나 이름이 수정되지 않도록 통합 문서 보호를 설정해야 합니다.

예제 파일 Part09\월별 급여계산.xlsx **완성 파일** Part09\월별 급여계산_완성.xlsx (암호 : 1234)

1 통합 문서에 저장된 모든 워크시트의 이름 변경, 추가, 삭제를 금지해 보겠습니다. [검토] 탭-[변경 내용] 그룹-[통합 문서 보호]를 클릭합니다. [구조 및 창 보호] 대화상자가 나타나면 새 암호를 입력하고, 한 번 더 입력한 뒤 [확인]을 클릭합니다.

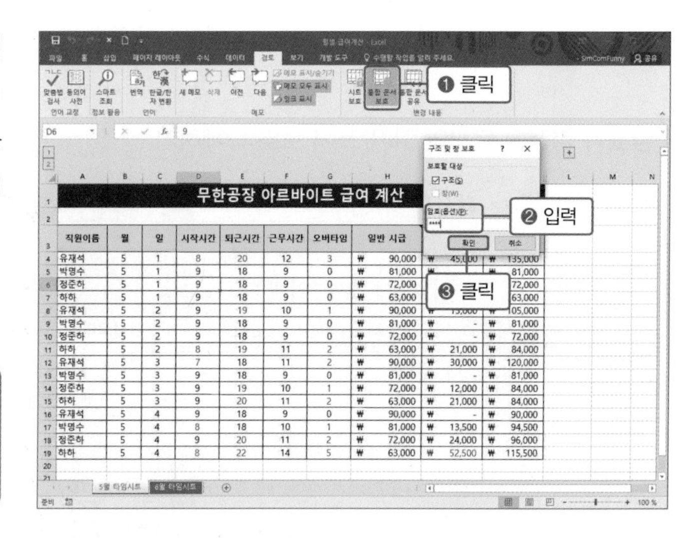

❶ 클릭
❷ 입력
❸ 클릭
무한공장 아르바이트 급여 계산

TIP

[통합 문서 보호]를 적용하면 어떤 워크시트에서 암호를 설정하더라도 모든 워크시트가 보호됩니다.

2 '6월 타임시트' 워크시트 탭에서 마우스 오른쪽 버튼을 클릭하면 단축 메뉴 일부가 비활성화된 것을 볼 수 있습니다.

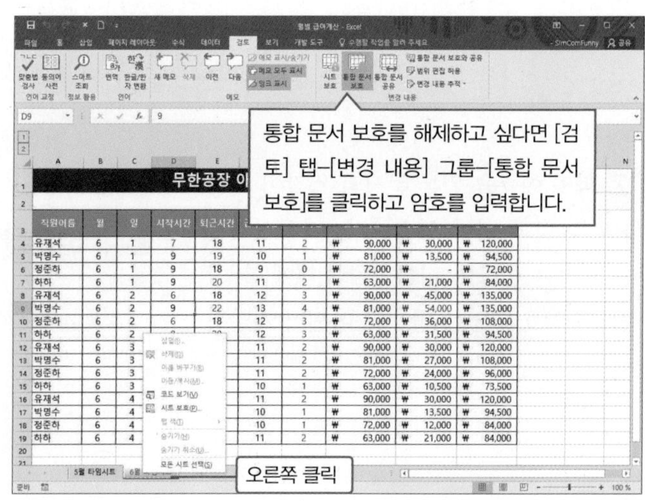

통합 문서 보호를 해제하고 싶다면 [검토] 탭-[변경 내용] 그룹-[통합 문서 보호]를 클릭하고 암호를 입력합니다.
오른쪽 클릭

TIP

워크시트 탭을 더블클릭하면 경고 메시지가 나타납니다.

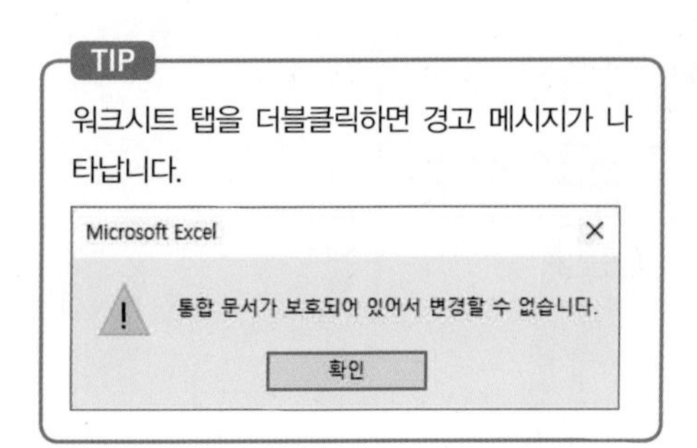

Microsoft Excel
통합 문서가 보호되어 있어서 변경할 수 없습니다.
확인

2007 2010 2013 2016 2019

092 워크시트 셀의 편집 제한하기_시트 보호

워크시트에 입력된 셀의 데이터 편집을 제한하려면 [시트 보호]를 적용하고 암호를 설정하면 됩니다. [시트 보호]는 워크시트 전체 셀 또는 일부 셀 범위의 편집을 제한할 수 있지만 문서 열람 및 워크시트 이름 보호는 별개로 설정해야 합니다.

예제 파일 Part09\급여계산.xlsx **완성 파일** Part09\급여계산_완성.xlsx (암호 : 1234)

| 워크시트의 모든 셀 보호하기

1 워크시트의 셀 전체를 수정하지 못하도록 암호를 설정해 보겠습니다. 워크시트 탭에서 마우스 오른쪽 버튼을 클릭한 뒤 메뉴에서 [시트 보호]를 선택합니다.

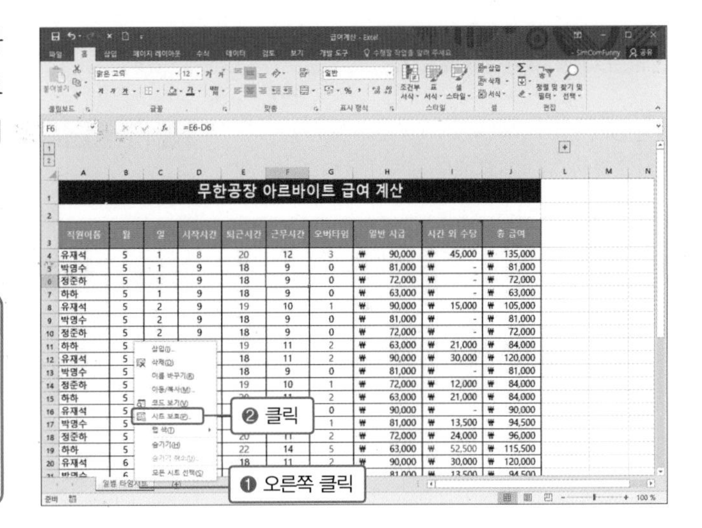

TIP

[시트 보호]를 설정하는 방법

방법 1. 탭에서 마우스 오른쪽 버튼을 클릭한 뒤 단축 메뉴에서 선택

방법 2. [검토] 탭–[변경 내용] 그룹–[시트 보호]

방법 3. [홈] 탭–[셀] 그룹–[서식]의 [시트 보호]

2 [시트 보호] 대화상자가 나타나면 암호를 입력하고 '잠긴 셀 선택'과 '잠기지 않은 셀 선택' 등에 체크 표시를 하고 [확인]을 클릭합니다. 다시 암호를 입력하고 [확인]을 클릭합니다.

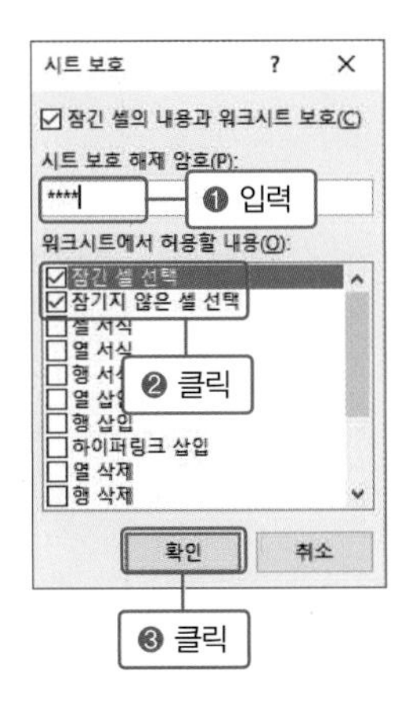

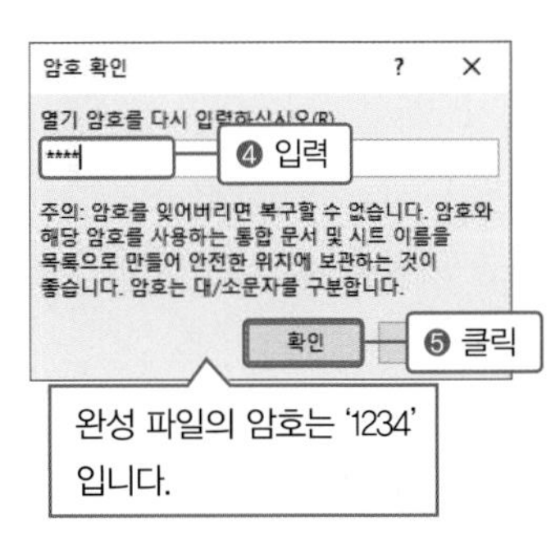

완성 파일의 암호는 '1234' 입니다.

TIP

'잠긴 셀 선택'의 체크 표시를 없애면 잠긴 셀을 클릭하는 것조차 금지됩니다.

3 시트 보호가 적용된 워크시트에서 셀을 수정하려고 더블클릭하면 시트 보호를 해제해야 한다는 경고 메시지가 나타납니다.

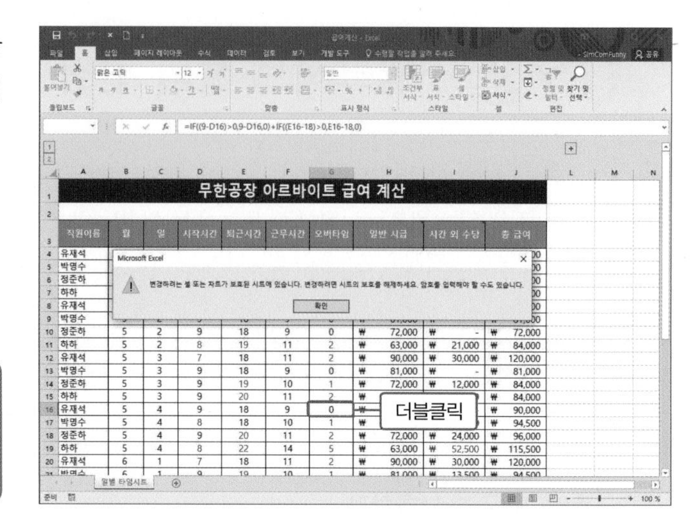

> **TIP**
>
> 해당 워크시트 탭만 시트 보호를 적용했기 때문에 다른 워크시트에는 따로 시트 보호를 적용해야 합니다.

| 워크시트 보호 해제하기

1 워크시트 탭에서 마우스 오른쪽 버튼을 클릭한 뒤 단축 메뉴에서 [시트 보호 해제]를 선택합니다.

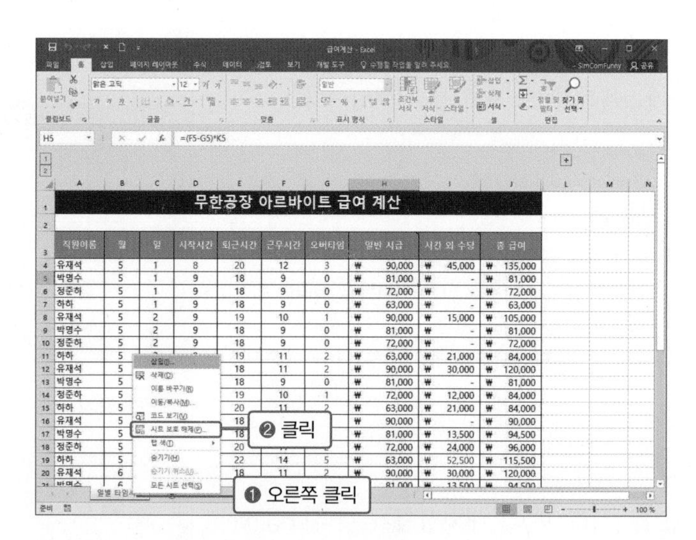

2 암호를 입력하고 [확인]을 클릭하면 시트 보호가 해제되고 워크시트의 모든 셀을 수정할 수 있습니다.

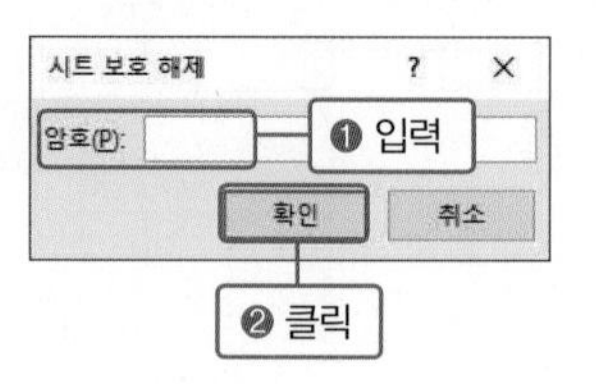

2007 2010 2013 2016 2019

093 워크시트의 일부 셀만 보호하는 암호 설정하기

워크시트에서는 일부 셀만 보호할 수 있게 암호를 설정할 수 있습니다. 예를 들어, 일부 셀이 자동 계산되도록 수식이 입력되었다면 해당 셀만 편집할 수 없게 암호로 잠금 설정을 합니다. '숨김' 기능까지 추가하면 셀을 클릭해도 수식을 확인할 수 없습니다.

예제 파일 Part09\급여계산 서식.xlsx **완성 파일** Part09\급여계산 서식_완성.xlsx (암호 : 1234)

1 모두 선택 버튼을 클릭하여 워크시트 전체를 선택합니다. Ctrl+1을 눌러 [셀 서식] 대화상자를 불러옵니다. 일부 셀만 잠금을 설정하기 위해 [보호] 탭에서 '잠금'의 체크 표시를 없앱니다.

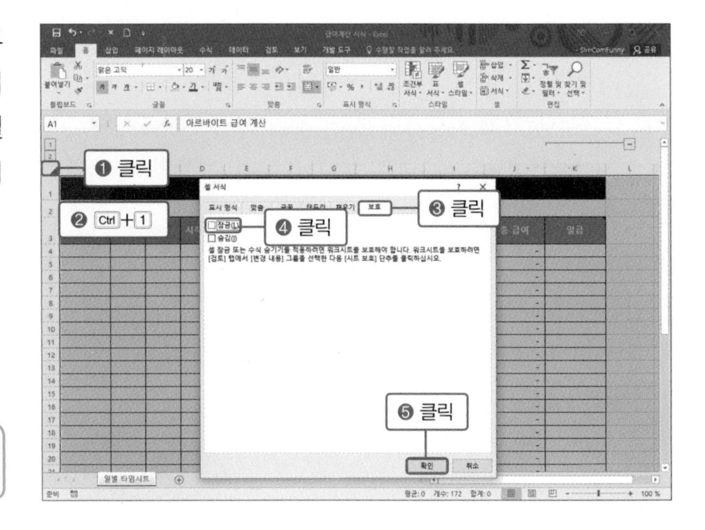

단축키

셀 전체 선택 Ctrl+A

2 수식이 입력된 [F4:J35] 셀을 선택한 후 Ctrl+1을 눌러 [셀 서식] 대화상자를 불러옵니다. [보호] 탭에서 '잠금'과 '숨김'에 체크 표시를 하고 [확인]을 클릭합니다.

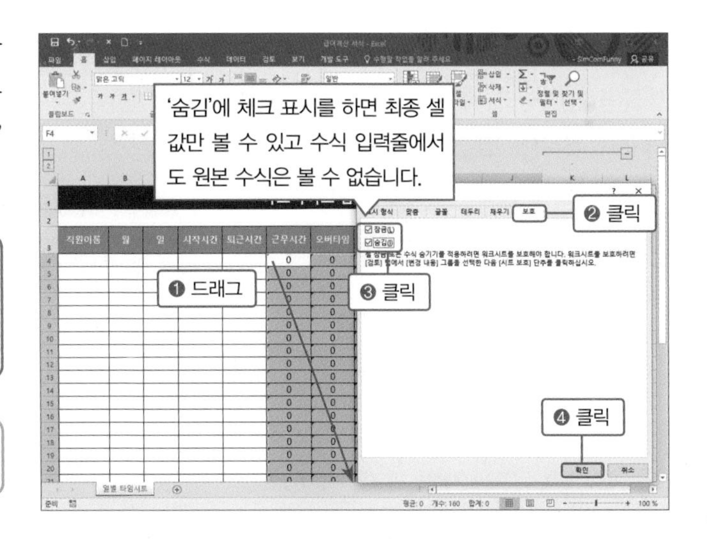

TIP

멀리 떨어져 있는 셀의 모든 수식을 선택하려면 [홈] 탭–[편집] 그룹–[찾기 및 선택]에서 [수식]을 클릭합니다.

단축키

수식만 선택 F5클릭–[옵션]–'수식' 선택 후 확인

3 [검토] 탭–[변경 내용] 그룹–[시트 보호]를 클릭합니다.

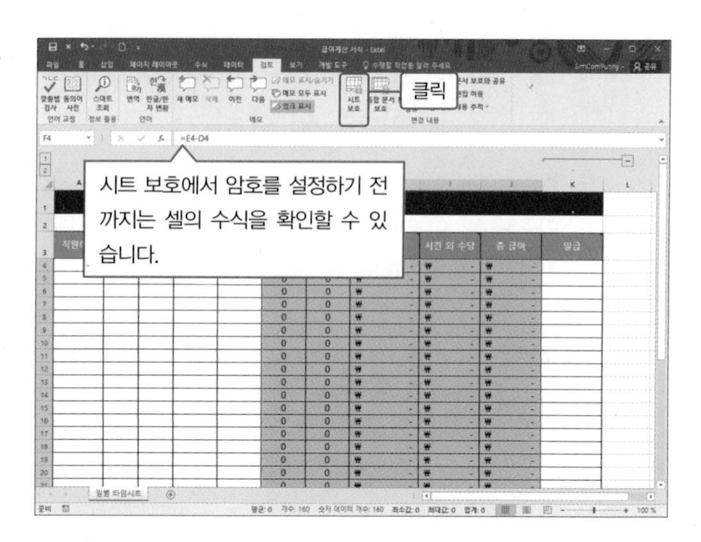

4 [시트 보호] 대화상자의 '잠긴 셀의 내용과 워크시트 보호'에 체크 표시가 되어 있습니다. '잠긴 셀 선택'과 '잠기지 않은 셀 선택'의 체크 표시를 확인하고 암호를 입력합니다. [확인]을 클릭하고 다시 암호를 입력한 뒤 [확인]을 클릭합니다.

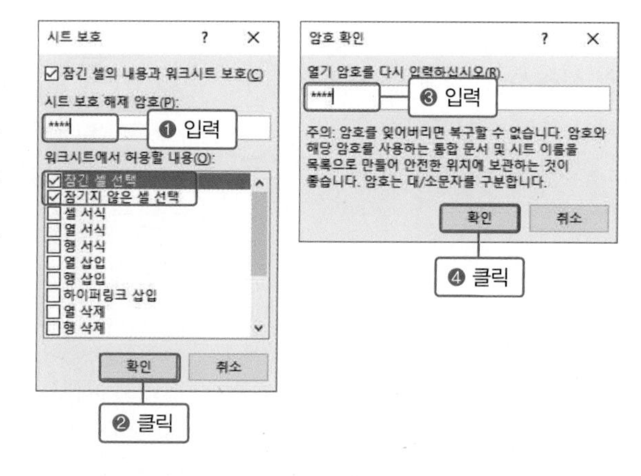

5 잠금이 설정된 셀을 편집하기 위해 더블클릭하면 경고 메시지가 나타나고 편집이 제한됩니다. 잠긴 셀을 편집하려면 시트 보호를 해제하고 편집한 후 다시 해당 셀에만 시트 보호를 설정해야 합니다.

TIP

셀이 보호된 상태에서는 편집이 제한되기 때문에 [홈] 탭의 [글꼴], [맞춤], [표시 형식] 등의 서식 아이콘이 비활성화됩니다.

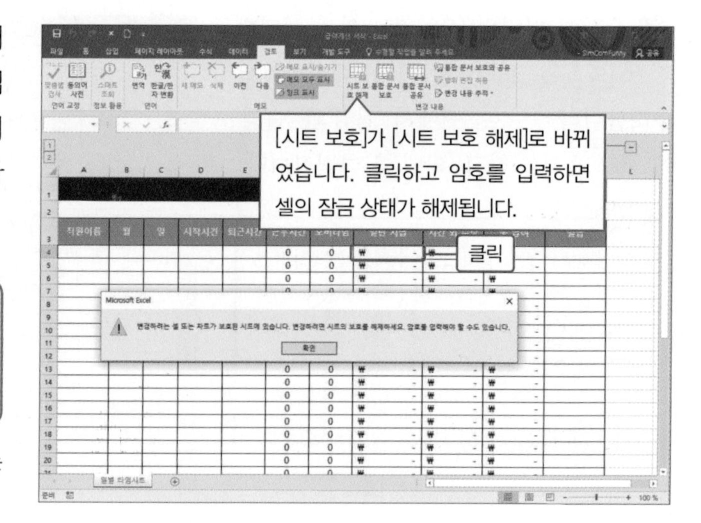

page 수식 셀을 잠그고 해제하는 매크로 버튼을 만드는 방법은 381쪽을 참고하세요.

2007 2010 2013 2016 2019

094 아웃룩 이메일로 엑셀 문서 보내기

MS 오피스 패키지를 설치하면 아웃룩도 사용할 수 있습니다. 아웃룩의 메일 쓰기 화면은 MS 워드와 유사하고 엑셀 문서도 쉽게 첨부할 수 있습니다. 아웃룩이 메일 계정과 연동되어 있다면 완성된 엑셀 문서를 바로 메일로 보낼 수 있습니다.

예제 파일 Part09\정기점검 체크리스트.xlsx

1 아웃룩이 로그인된 상태에서 엑셀 문서의 [파일] 탭을 클릭합니다. [공유] 화면에서 [전자 메일]–[첨부 파일로 보내기]를 클릭합니다.

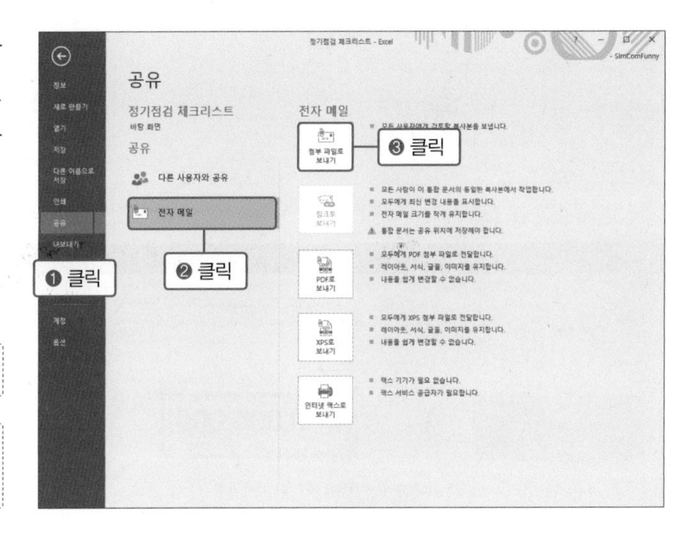

엑셀 2007 | 오피스 단추–보내기–전자메일

엑셀 2010 | [파일] 탭–저장/보내기–전자 메일을 사용하여 보내기–첨부 파일로 보내기

2 연동된 아웃룩 계정의 메일이 실행됩니다. 메일 보내기 화면에 현재 문서가 첨부되어 나타납니다. 메일 제목과 내용을 입력하면 엑셀 문서를 바로 보낼 수 있습니다.

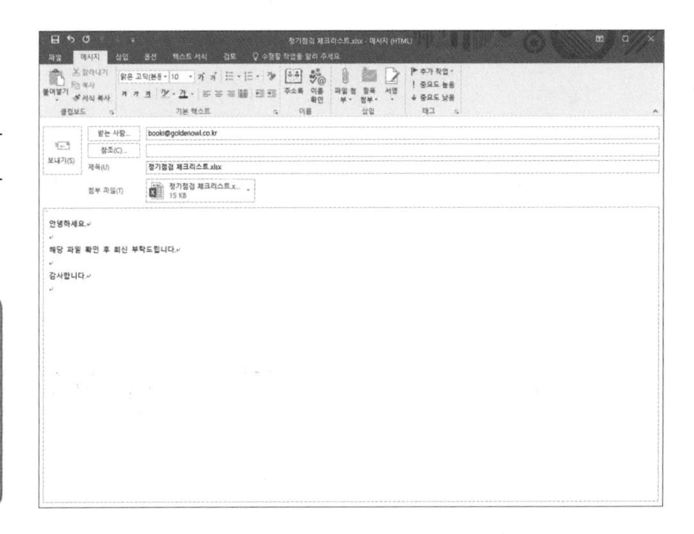

TIP

해당 기능은 PC에 MS 아웃룩이 연결되어야 사용 가능합니다. 네이버나 다음 등 외부 메일 계정을 사용할 경우 각 메일 사이트의 '환경 설정'에서 POP/SMTP 서버명 및 포트를 확인해서 연동하도록 합니다.

Part 10

원드라이브/모바일 앱

엑셀 문서를 PC에서 작업하고 하드 디스크에만 저장하는 시대는 끝났습니다. 스마트폰에 엑셀 앱을 설치하면 어디서든 문서 작업이 가능합니다. 컴퓨터 보안이 걱정된다면 실시간으로 백업되는 원드라이브를 사용해 보세요. 마이크로소프트의 클라우드 서비스인 원드라이브를 활용하면 링크 주소를 공유한 다른 사용자들과 동시에 문서를 열어서 편집까지 끝낼 수 있습니다.

Preview

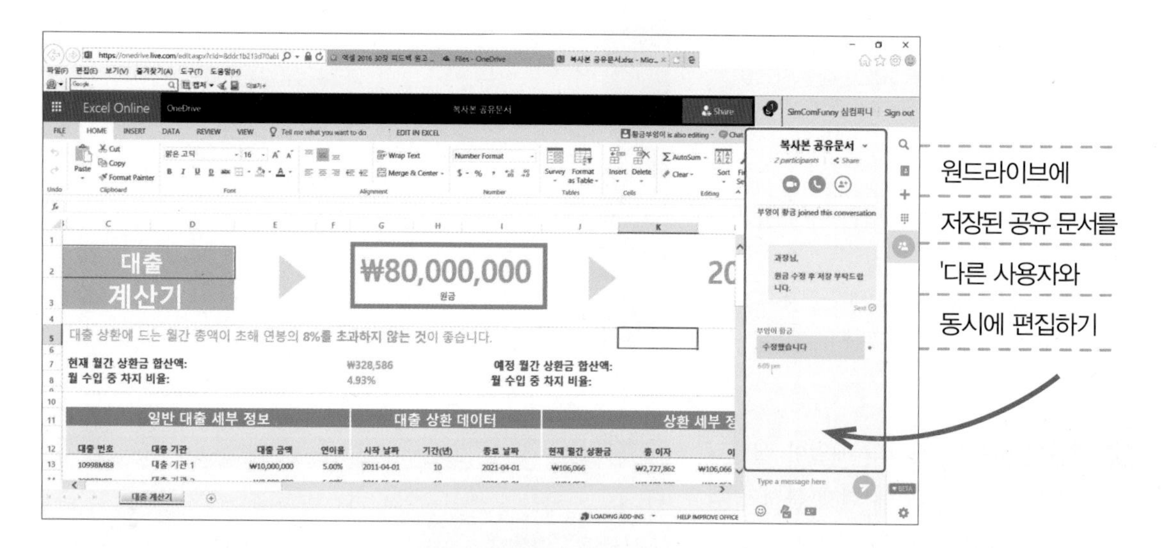

095 원드라이브에 문서 저장하기

원드라이브는 윈도우 10과 윈도우 8.1에서 기본 제공되고, 윈도우 8 이하 및 맥에서는 별도로 설치해야 합니다. 엑셀 2010에서는 [웹에 저장] 메뉴에서 로그인 후 [Window Live에 저장]으로 저장했지만, 엑셀 2013부터는 저장 위치에서 바로 원드라이브를 선택할 수 있습니다. 마이크로소프트 계정에 로그인된 상태에서 온라인으로 원드라이브 문서를 편집하면 실시간으로 문서가 백업됩니다.

1 http://onedrive.live.com에 접속해서 마이크로소프트 계정으로 로그인한 후 '홈' 화면에서 '무료 가입'을 클릭합니다. 새 문서를 원드라이브에 저장해 보겠습니다. [파일] 탭-[다른 이름으로 저장]을 클릭합니다. 마이크로소프트 계정에 로그인한 상태가 아니라면 [로그인]을 클릭해서 아이디와 암호를 입력합니다.

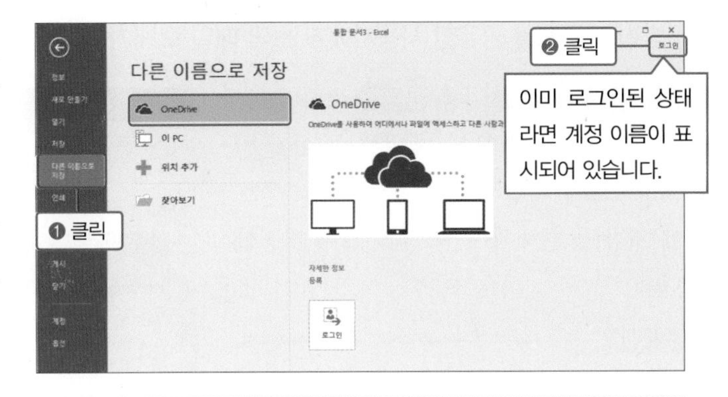

TIP
마이크로소프트 계정에 한 번 로그인하면 다음에 엑셀 프로그램을 열 때 자동으로 로그인됩니다.

엑셀 2010 | [파일] 탭-[저장 및 보내기]-[웹에 저장]-[로그인]을 클릭하고 Windows Live ID로 로그인합니다. 이후 OneDrive 폴더를 선택하고 다른 이름으로 저장합니다.

2 로그인 후 [OneDrive]를 더블클릭합니다. [다른 이름으로 저장] 대화상자가 나타나고 개인 원드라이브 계정이 폴더 경로에 나타납니다. 문서 이름을 입력하고 [저장]을 클릭합니다.

TIP
원드라이브에 저장할 때 PC 로그인 계정이나 보안 상태에 따라 [Window 보안] 대화상자가 나타날 수 있습니다. 사용자 이름과 암호에 마이크로소프트 계정 정보를 입력하고 [확인]을 클릭합니다.

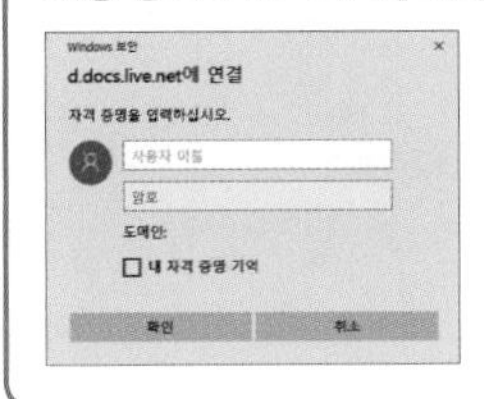

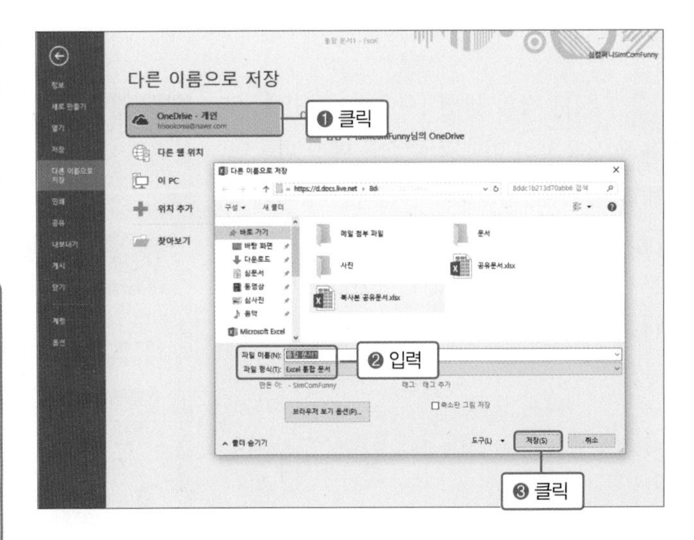

2007 2010 2013 **2016** **2019**

096 원드라이브에 저장된 문서 공유하기

엑셀 2016부터는 같은 네트워크 사용자가 아니라도 원드라이브에 저장된 문서를 다른 사람이 열어보고 동시에 작업할 수도 있습니다. 원드라이브에 저장된 문서의 링크 주소를 마이크로소프트 계정을 가진 사용자에게 초대 메일로 보내면 공유된 엑셀 문서를 온라인에서 동시에 열람하고 편집할 수 있습니다.

예제 파일 Part10\공유문서.xlsx

| 방법 1_문서를 공유할 사용자에게 초대 메일 보내기

1 엑셀 문서에서 [공유]를 클릭하면 [공유] 작업 창이 나타납니다. 문서를 아직 원드라이브에 저장하지 않았다면 [클라우드에 저장]을 클릭하여 원드라이브에 저장합니다.

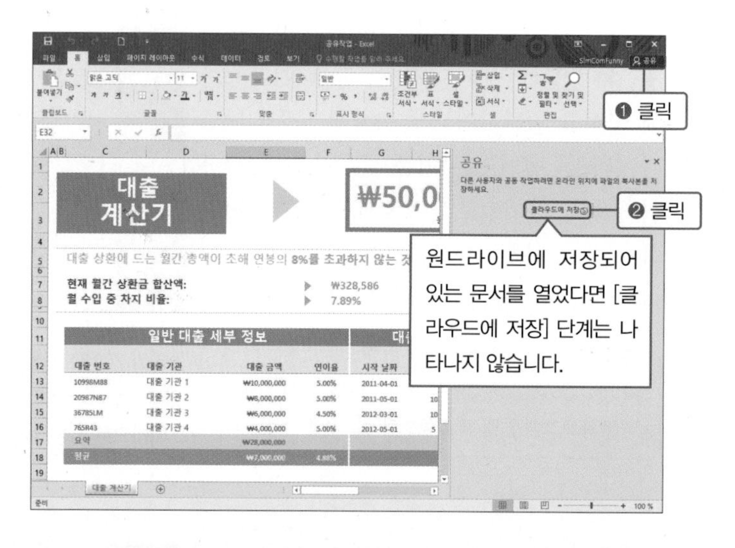
❶ 클릭
대출 계산기
₩50,0
❷ 클릭
원드라이브에 저장되어 있는 문서를 열었다면 [클라우드에 저장] 단계는 나타나지 않습니다.
일반 대출 세부 정보

TIP

원드라이브에 저장된 문서를 여는 방법

방법 1. 엑셀에서 MS 계정에 로그인 후 [파일] 탭–[열기]–[OneDrive] 폴더에서 문서 열기

방법 2. 원드라이브 웹 페이지 접속 후 [파일] 메뉴에서 문서 열기(https://onedrive.live.com/about/ko-kr)

2 [공유] 작업 창의 [사용자 초대]에 공유할 사용자의 이메일 주소와 메시지를 입력합니다. '편집 가능'이 선택된 상태에서 [공유]를 클릭하면 원드라이브에 저장된 문서의 링크 주소가 초대 이메일로 발송됩니다.

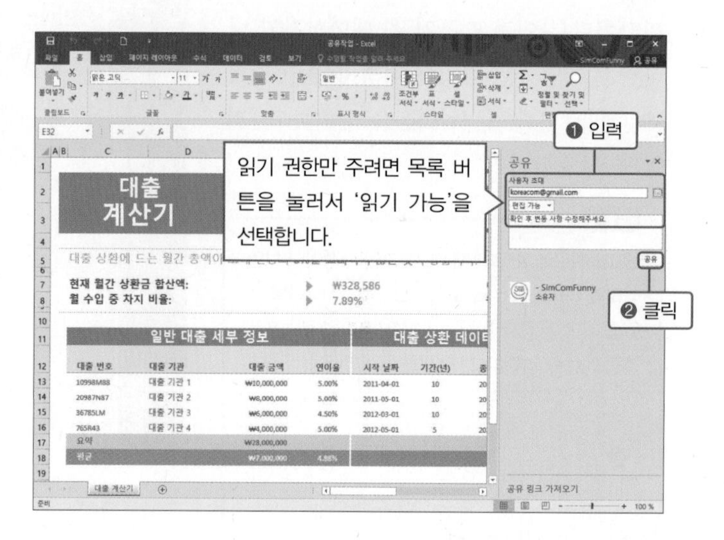
❶ 입력
읽기 권한만 주려면 목록 버튼을 눌러서 '읽기 가능'을 선택합니다.
대출 계산기
❷ 클릭
일반 대출 세부 정보
대출 상환 데이터

page 문서를 공유받은 사용자가 문서를 편집하는 방법은 192쪽을 참고하세요.

3 [공유] 작업 창에 초대 메일이 전송된 이메일 주소가 표시됩니다.

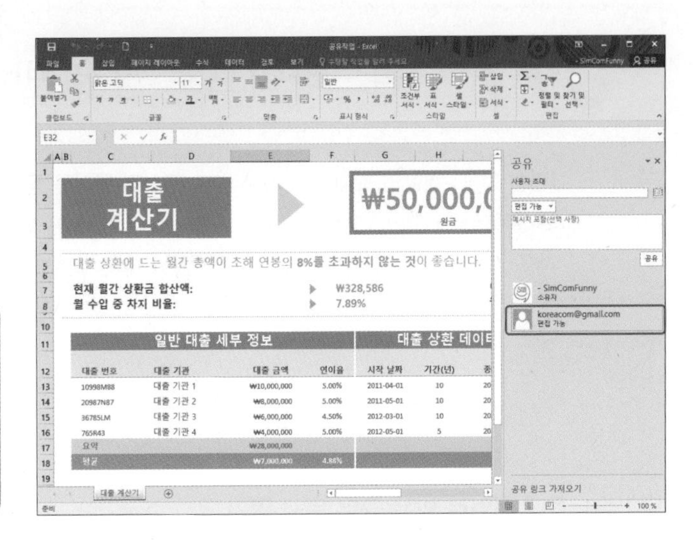

> **TIP**
>
> 공유 대상자의 권한을 읽기 모드로 변경하거나 공유를 해제하려면 공유한 이메일 주소를 마우스 오른쪽 버튼으로 클릭한 뒤 메뉴에서 [다음으로 사용 권한 변경 : 표시 가능] 또는 [사용자 제거]를 선택합니다.

| 방법 2_원드라이브 링크 주소로 공유하기

1 원드라이브에 저장된 문서를 연 상태에서 [공유]를 클릭합니다. [공유] 작업 창 아래 [공유 링크 가져오기]를 클릭합니다.

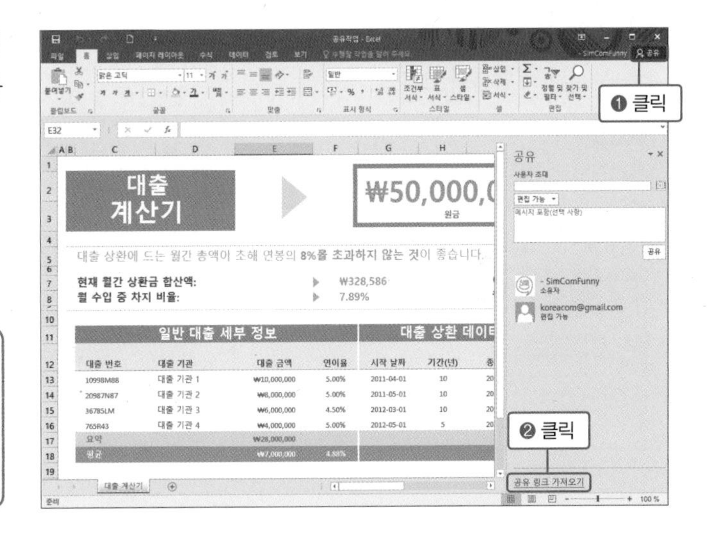

> **TIP**
>
> 문서를 공유받은 사용자는 MS 계정에 로그인하지 않아도 엑셀 온라인 브라우저로 문서를 보고 편집할 수 있습니다. 단, 엑셀 프로그램에서 공유 문서를 열어 보려면 MS 계정에 로그인해야 합니다.

2 공유할 사용자에게 편집 권한을 부여하려면 [편집 링크 만들기]를 클릭합니다. 링크 주소가 생성되면 [복사]를 클릭한 후 메일이나 메신저에 붙여넣기해서 전달합니다.

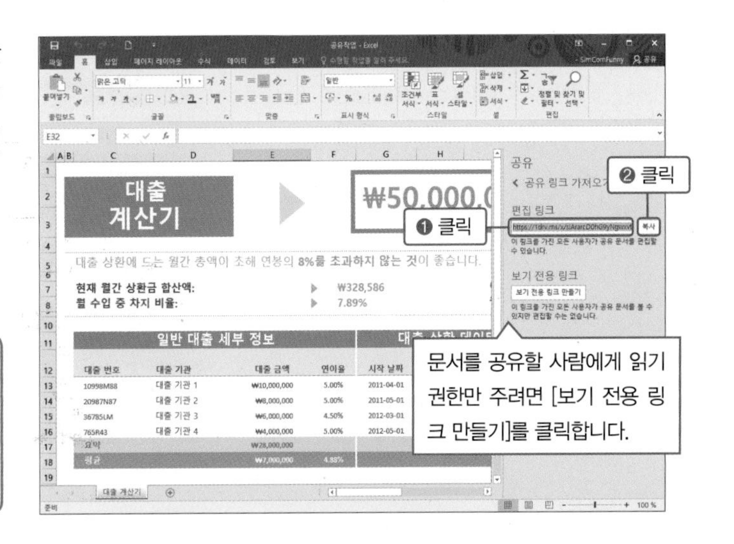

> **TIP**
>
> 원드라이브에 저장된 문서는 수정 사항이 자동으로 저장됩니다. 초대받은 사용자가 문서를 편집하는 것을 제한하려면 [보기 전용 링크]를 사용합니다.

2007 2010 2013 2016 2019

097 원드라이브로 공유 받은 문서 편집하기

[편집 가능] 권한의 초대 메일이나 링크 주소로 문서를 공유 받은 사용자는 엑셀 프로그램이나 온라인 브라우저에서 원본 문서를 열어볼 수 있습니다. 엑셀이 설치되어 있지 않더라도 온라인 브라우저로 문서를 열면 편집도 가능하고 자동으로 백업도 돼서 수정하는 즉시 원본에 반영됩니다.

| 방법 1_초대 메일로 받은 공유 문서 열기

문서를 공유 받은 사용자가 초대 메일에서 'View in OneDrive' 버튼을 클릭하면 Microsoft Excel Online 브라우저를 통해 공유 문서가 열립니다.

TIP

온라인으로 다운로드한 파일을 열 때 컴퓨터의 보안 설정에 따라 보안 메시지가 나타날 수 있습니다. 문서를 열려면 [예]를 클릭합니다.

Microsoft Office

일부 파일에 컴퓨터에 손상을 줄 수 있는 바이러스가 포함되어 있습니다. 이 파일의 출처를 신뢰할 수 있는지 반드시 확인해야 합니다.

이 파일을 여시겠습니까?

프로그램: Microsoft Excel

주소: https://d.docs.live.net/8ddc1b213d70abb6/공유작업.xlsx

예(Y) 아니요(N)

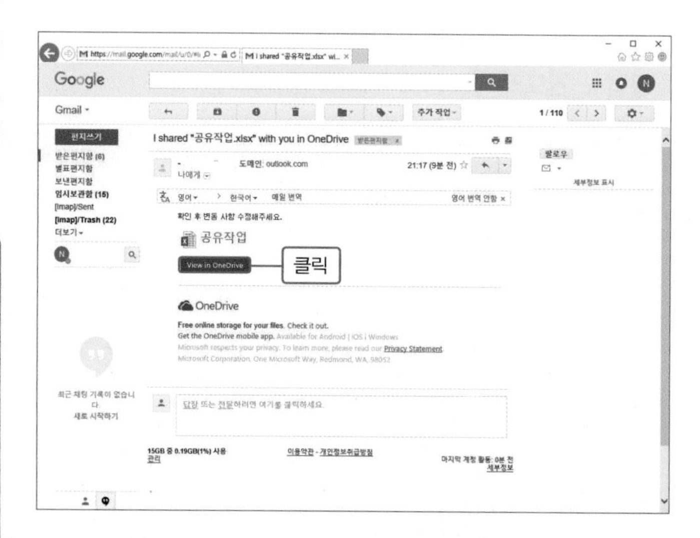

| 방법 2_링크 주소로 받은 공유 문서 열기

링크 주소를 인터넷 주소 창에 붙여 넣고 Enter를 누르면 Microsoft Excel Online 브라우저를 통해 공유 문서가 열립니다.

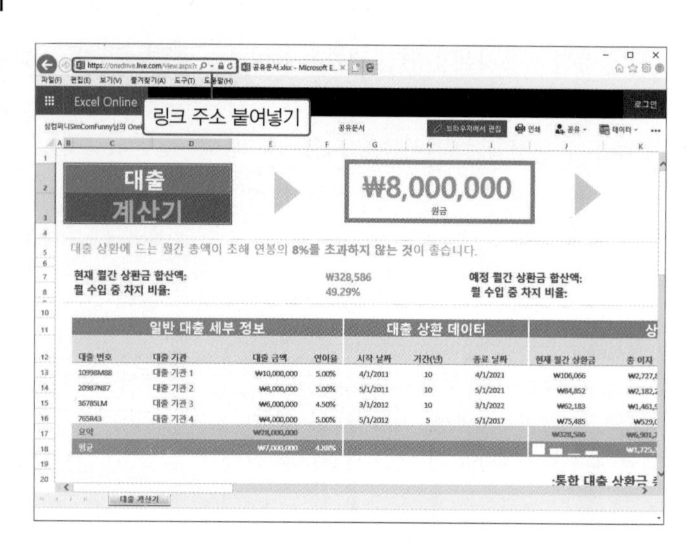

| 엑셀 온라인 브라우저에서 편집하기

1 [편집 가능] 권한을 가진 공유 문서를 열었다면 [브라우저에서 편집]을 클릭합니다.

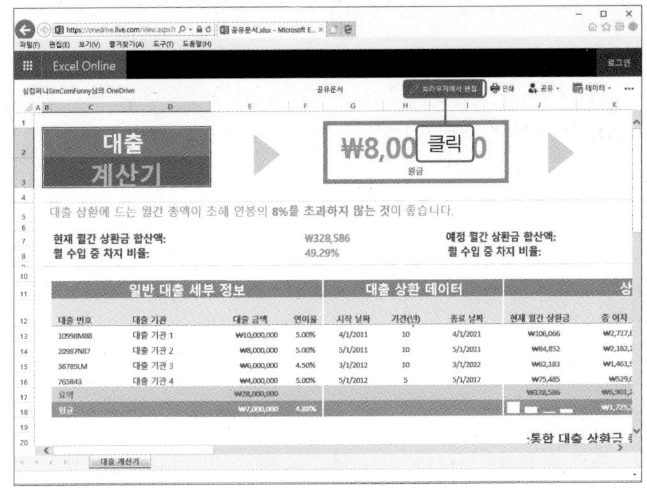

TIP

[보기 가능] 권한만 가진 사용자가 셀을 더블클릭하면 [읽기 전용] 정보 메시지가 나옵니다.

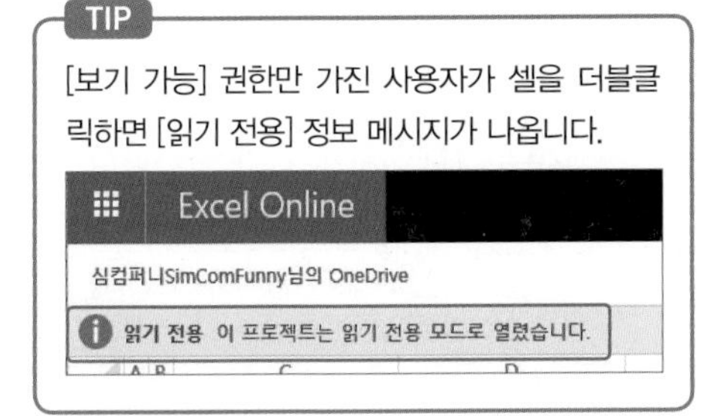

Skill Up 다른 사용자가 이 통합 문서를 잠갔습니다. 〈영구 라이선스 설치형 사용자〉

공유 문서가 다른 사용자의 엑셀 프로그램에서 먼저 열린 경우에는 동시 편집이 불가능합니다. 동시 접속이 가능한 온라인 브라우저와 달리 엑셀 프로그램에서 사용 중인 문서는 실시간으로 편집 상황을 공유할 수 없는 잠금 상태가 됩니다. 엑셀 프로그램에서 공유 문서를 닫으면 경고 메시지가 사라지고 편집 모드로 바뀝니다.
단, [보기 가능] 링크로 공유 문서가 열린 상황이라면 나중에 접속한 사용자가 편집하는 데 제한이 없습니다.
* 이를 개선하기 위해 월 구독 서비스인 오피스 365에서는 [공동 작성] 기능을 추가하여 오프라인 엑셀 프로그램에서도 동시 편집이 가능해졌습니다.

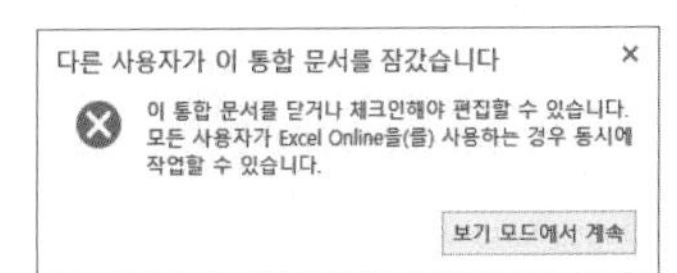

2 화면이 재설정되면서 리본 메뉴가 나타납니다. [C2] 셀을 클릭하고 [홈] 탭-[글꼴] 그룹에서 채우기 색을 변경합니다. 원드라이브 문서는 실시간으로 백업되기 때문에 문서를 그냥 닫아도 원본에 편집 내용이 저장됩니다.

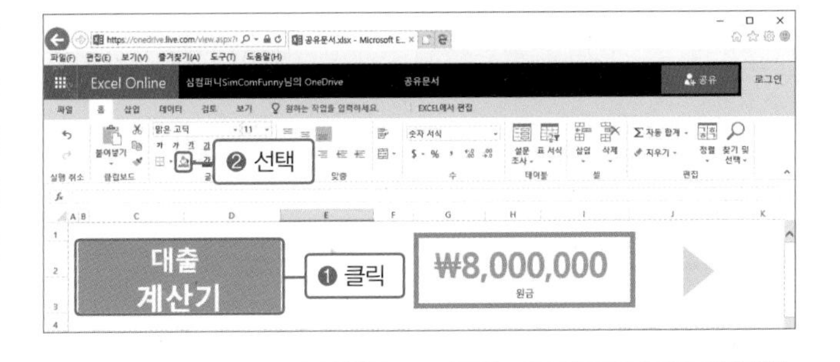

Skill Up 지원되지 않는 기능의 [복사본 편집]

도형이나 그림 등 온라인에서 사용할 수 없는 기능이 포함된 문서를 브라우저에서 열면 오류 메시지가 나타납니다. [복사본 편집]을 선택하면 제한된 기능을 제외한 복사본에서 편집할 수 있습니다. 모든 기능을 활용해서 편집하려면 [취소]를 누르고 엑셀 프로그램에서 편집합니다.

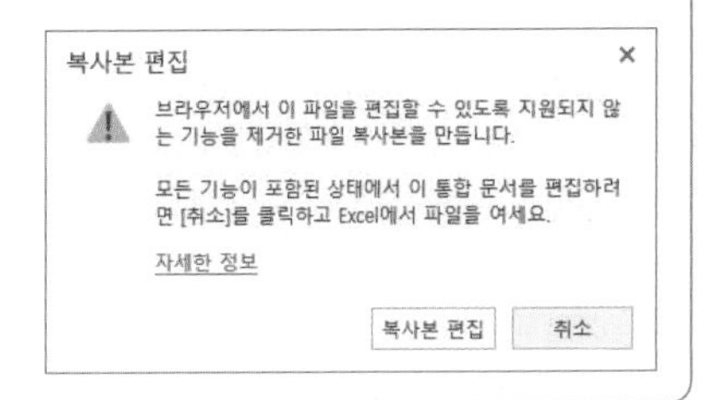

| 엑셀 프로그램에서 편집하기 엑셀 2013 이상

1 MS 계정으로 로그인하고 [통합 문서 편집]-[Excel에서 편집]을 클릭합니다.

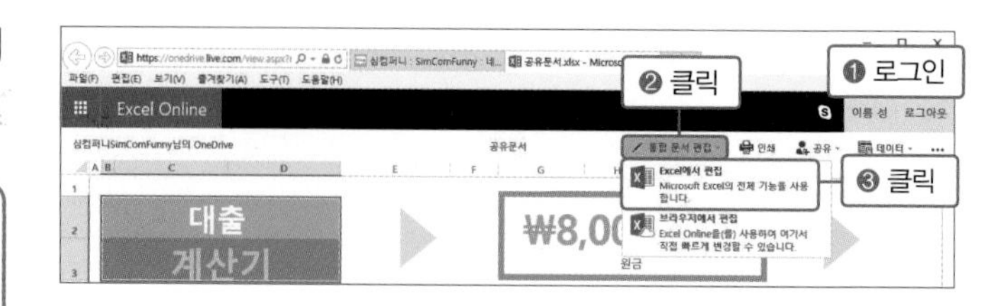

TIP

다른 사용자가 공유 문서를 편집하고 있을 경우, 사용에 제한이 있습니다.

2 온라인 브라우저 화면이 비활성화되고 완료 메시지가 나타난 뒤 엑셀 프로그램에서 문서가 열립니다. 엑셀에 로그인되어 있지 않다면 MS 계정을 다시 입력해야 합니다.

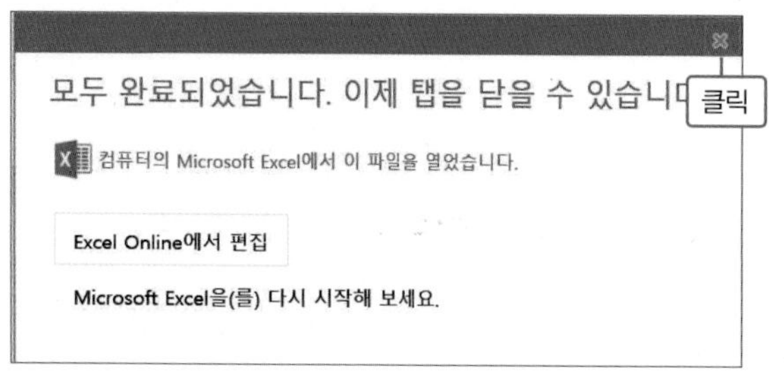

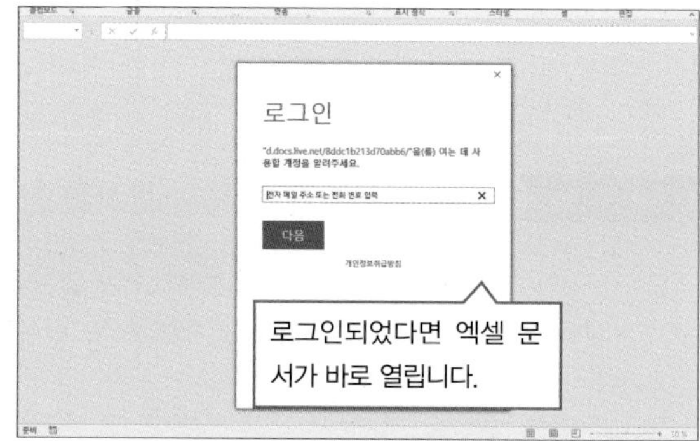

Skill Up 사용 중인 파일〈영구 라이선스 설치형 사용자〉

다른 사용자가 공유 문서를 편집 중일 때, 나중에 접속한 사용자가 엑셀 프로그램에서 문서를 열면 오류 메시지가 나타납니다. 다른 사용자가 공유 문서를 완전히 닫아야 엑셀 프로그램에서 작업할 수 있습니다. 단, 모든 사용자가 온라인 브라우저에서 공유 문서를 실행하면 열람 순서와 상관없이 여럿이서 하나의 문서를 편집할 수 있습니다.

* 모든 사용자가 오피스 365 구독 프로그램을 이용할 경우, [공동 작성] 기능을 통해 엑셀 프로그램에서도 동시 편집이 가능합니다.

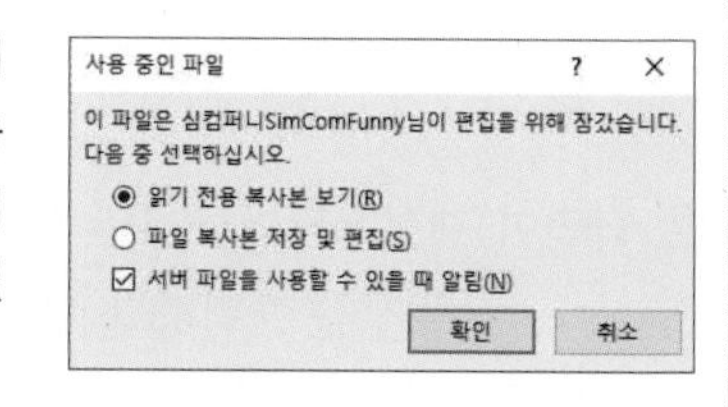

3 엑셀 프로그램에 로그인되면 공유 문서가 나타납니다. 편집한 내용을 원본에 적용하려면 Ctrl+S를 눌러서 저장합니다.

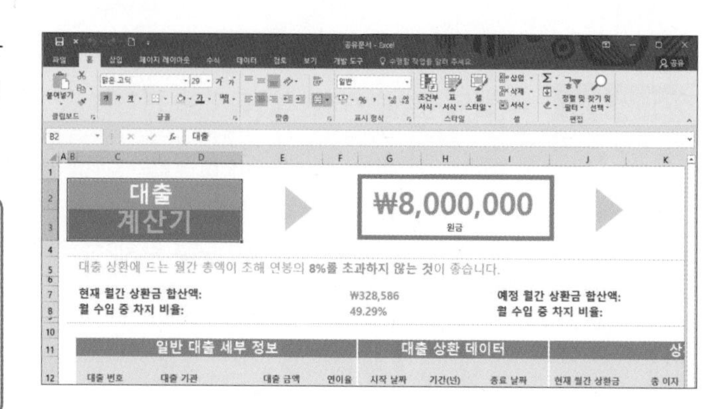

TIP

공유 문서를 엑셀 프로그램으로 연 상태에서 다른 사용자가 온라인 브라우저로 공유 문서를 열면 '다른 사용자가 이 통합 문서를 잠갔습니다'라는 메시지가 나타납니다. 자세한 내용은 193쪽을 참고하세요.

2007 2010 2013 2016 2019

098 공유 문서를 다른 사용자와 동시에 편집하기

편집 권한이 있는 사용자들이 문서를 동시에 편집하려면 엑셀 온라인 브라우저로 문서에 접속하면 됩니다. 상대방의 커서 위치부터 편집하는 내용까지 실시간으로 확인할 수 있습니다. 또한 스카이프 채팅 기능을 이용해서 메시지를 주고받을 수도 있습니다. 오피스 365 구독자끼리는 [자동 저장]을 활성화하면 엑셀 프로그램에서도 동시에 편집이 가능합니다.

1 문서를 공유 받은 사용자(황금부엉이)가 엑셀 온라인 브라우저에서 원본 문서를 열고 [C2] 셀의 채우기 색을 변경했습니다.

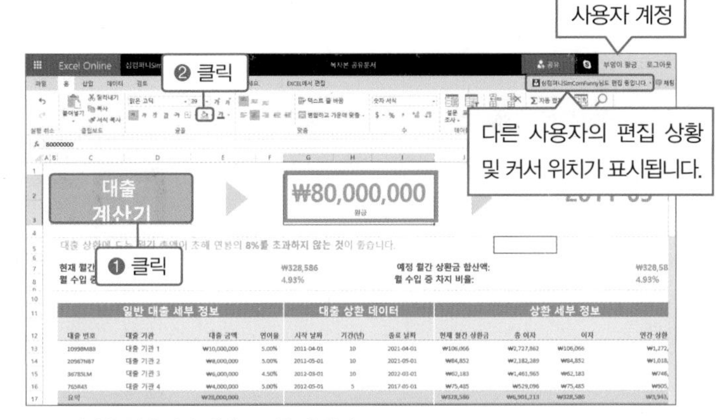

▲ 초대받은 사용자의 엑셀 브라우저 화면

2 원드라이브 소유자(심컴퍼니)의 엑셀 온라인 브라우저에서도 상대방의 편집 상황을 실시간으로 볼 수 있습니다. 채팅을 하려면 [S]를 클릭합니다. 채팅 창이 열리고 메시지를 보내면 상대방의 브라우저 화면에는 [아이콘] 표시로 미확인 메시지 개수가 표시됩니다.

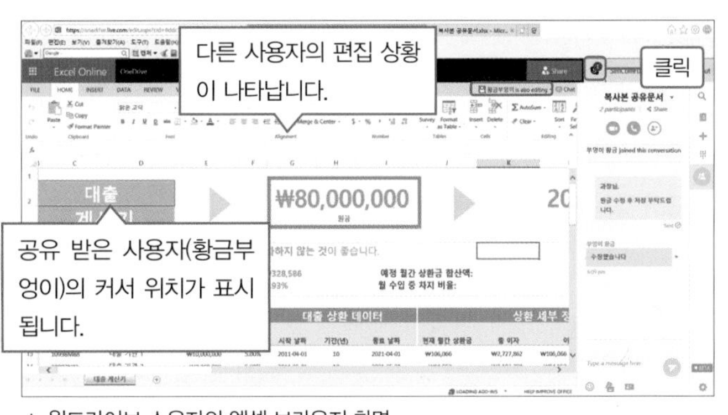

▲ 원드라이브 소유자의 엑셀 브라우저 화면

3 브라우저에서 수정한 내용은 원드라이브 문서에 실시간으로 반영되므로 따로 저장할 필요가 없습니다. 다른 위치에 복사본을 저장하려면 [파일] 탭-[다른 이름으로 저장]을 클릭합니다.

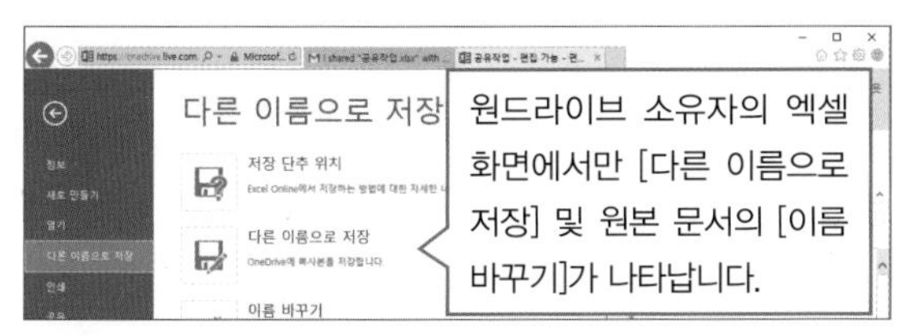

▲ 원드라이브 소유자의 엑셀 브라우저 [파일] 탭

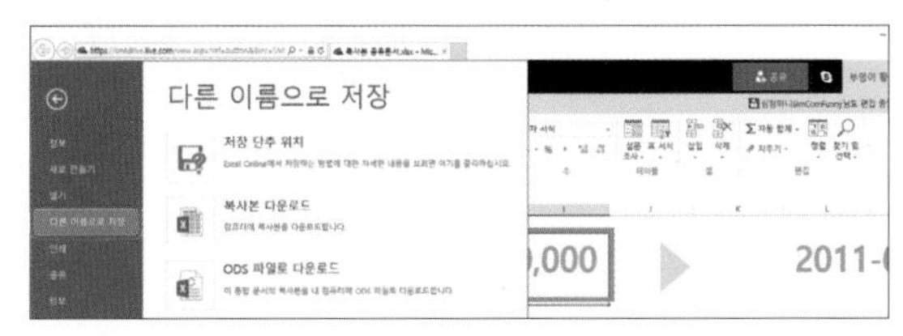

▲ 초대받은 사용자의 엑셀 브라우저 [파일] 탭

099 스마트폰에서 엑셀 문서 확인하기

스마트폰에 [Excel] 앱을 설치하면 컴퓨터에서 작성한 엑셀 문서를 열람하고 편집하는 것은 물론 새 문서 작성도 가능합니다. [Excel] 앱을 사용하려면 1GB 이상의 램이 필요하고 안드로이드 4.4 킷캣 이상의 운영체제에서만 설치가 가능합니다.

| 스마트폰에 [엑셀] 앱 설치하기

구글 플레이 스토어에서 '엑셀'을 설치한 후 마이크로소프트 계정으로 로그인합니다.

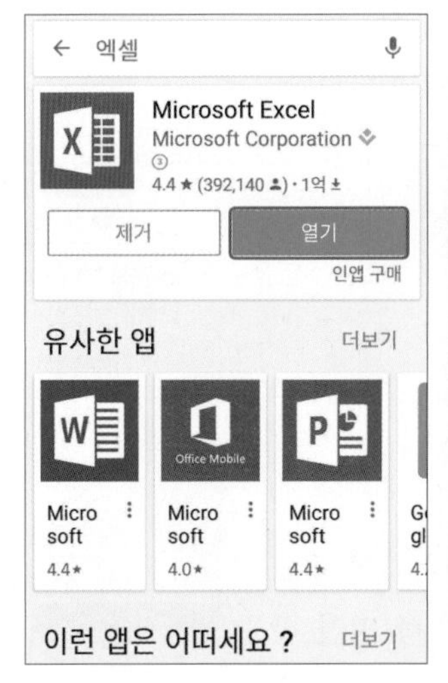

TIP

엑셀 공식 앱의 이름은 [Microsoft Excel]입니다. [Polaris Office]나 엑셀 유사 앱에서도 문서 열람과 편집이 가능하지만 PC 버전과 유사한 기능을 사용하려면 공식 앱을 사용하는 것이 좋습니다.

| 모바일용 엑셀 화면 살펴보기

구글 플레이 스토어에서 '엑셀'을 설치한 후 마이크로소프트 계정으로 로그인합니다. 모바일에서 사용 가능한 엑셀 앱의 기능은 마우스나 키보드를 터치 화면으로 대체해서 정교한 작업은 어려울 수 있지만 화면 구성과 데이터 입력, 드래그하는 방법은 비슷하기 때문에 간단한 문서 작업은 모바일로 쉽게 할 수 있습니다.

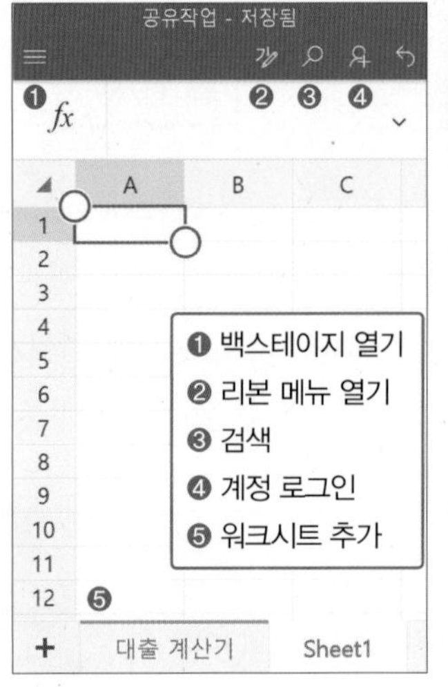

▲ 새 통합 문서

▲ 계정 로그인 시 첫 화면

| 엑셀 앱으로 문서 작업하기

1 문서를 새로 만들려면 메뉴에서 [새로 만들기]를 선택합니다. 저장된 문서를 불러오려면 [열기]를 누르고 문서를 선택합니다.

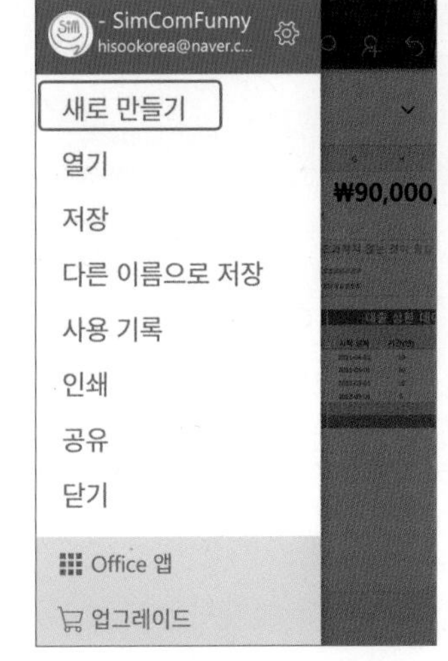

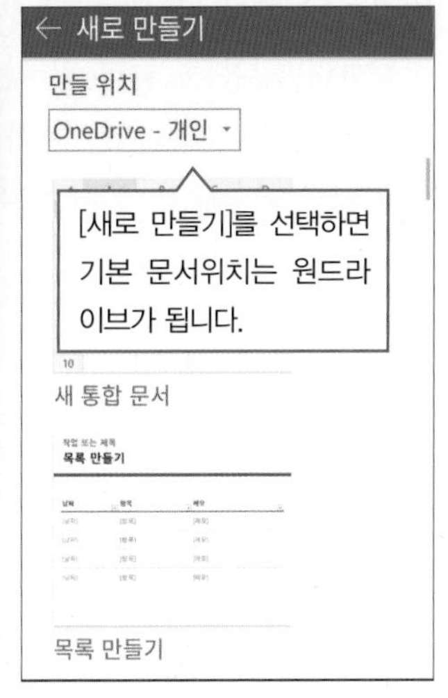

TIP

PC에서 작성된 문서를 원드라이브에 저장하면 모바일에서도 쉽게 문서를 열어서 편집할 수 있습니다.

2 워크시트에서 셀을 연속으로 2번 누르거나 수식 입력줄을 누르면 데이터를 입력할 수 있습니다.

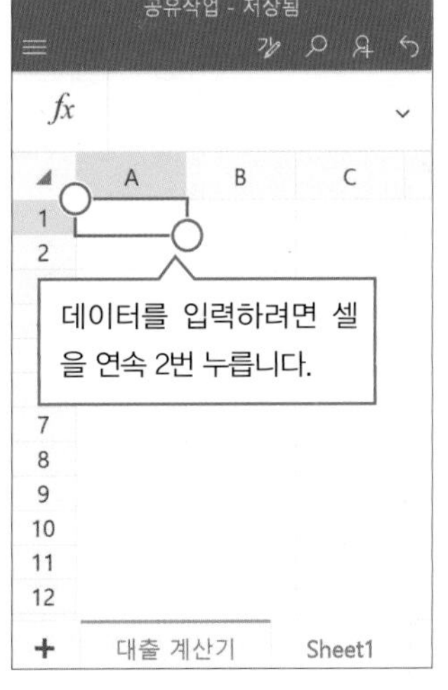

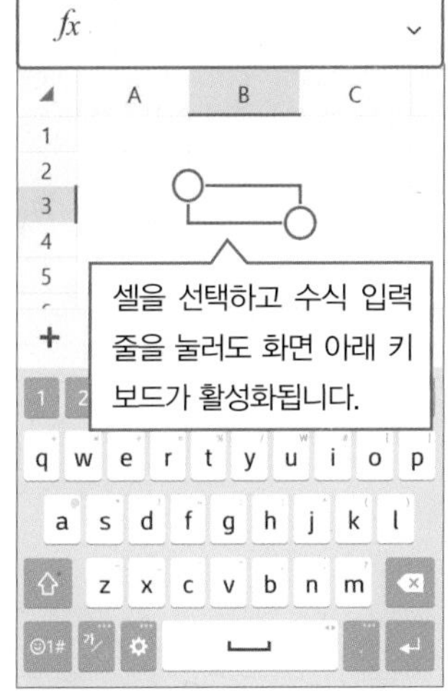

Skill Up 화면 크기

스마트폰에서 사진을 확대/축소하듯이 화면을 키우고 줄일 수 있습니다.

8	월 수입 중 차지 비율:		
10			
11	일반 대출 세부 정보		
12	대출 번호	대출 기	대출 금액
13	10998M88	대출 기	₩10,000,000
14	20987N87	대출 기	₩8,000,000
15	36785LM	대출 기관 3	₩6,000,000
16	765R43	대출 기관 4	₩4,000,000
17	요약		₩28,000,000

25%

3 를 누르면 화면 아래쪽에 [홈] 탭과 명령 아이콘이 나타납니다. 다른 탭으로 이동하려면 [홈]을 눌러 원하는 탭을 선택합니다. 셀을 길게 누른 후 화면에서 손가락을 떼면 잘라내기, 복사, 채우기 등의 편집 메뉴가 나타납니다.

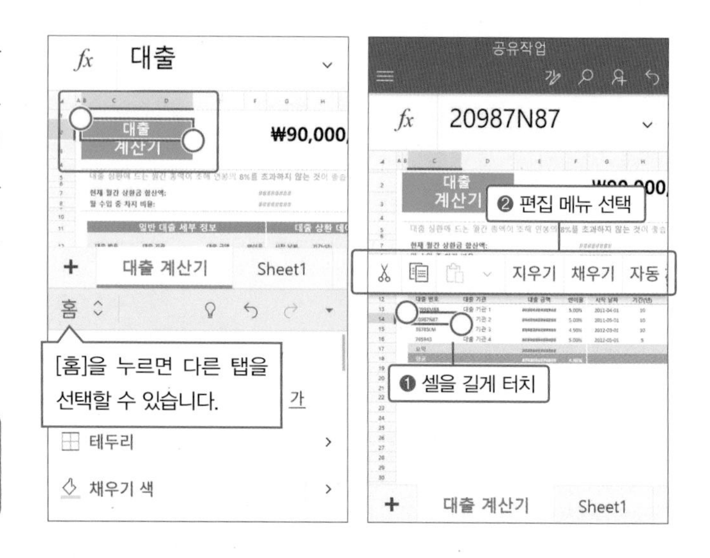

TIP

리본 메뉴를 숨기려면 휴대폰의 뒤로 가기 버튼을 누릅니다.

4 문서를 저장하려면 메뉴에서 [저장]을 누릅니다. [자동 저장]이 '켬'으로 설정되었다면 따로 저장하지 않고 앱을 종료하더라도 마지막으로 수정된 문서가 자동 저장됩니다. 반면 자동 저장이 '끔'으로 설정되었다면 문서 작성 후 '저장'을 따로 눌러줘야 합니다.

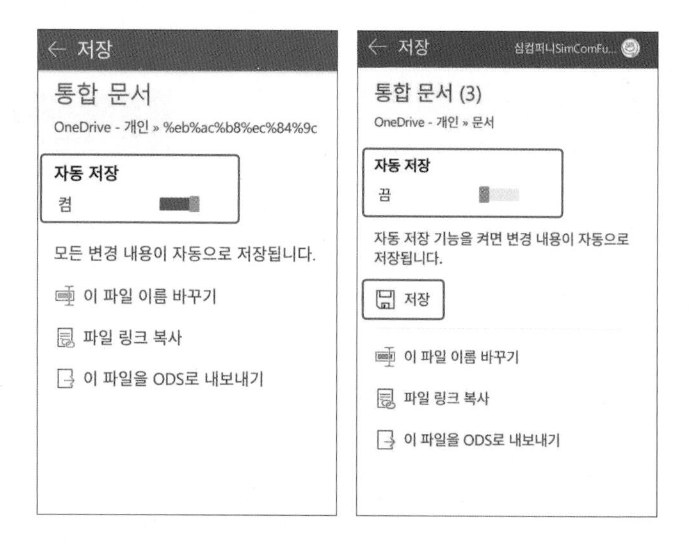

Part 11

정렬/부분합/필터

기업의 입사 지원서를 줄 세워 필터링한다는 말 들어보셨죠? 그 매정한 정렬과 필터 기능이 데이터를 관리할 때는 업무 시간을 단축해 주는 역할을 톡톡히 해냅니다. 깔끔한 성격의 엑셀은 순식간에 가로나 세로 방향으로 데이터의 순서를 변경합니다. 정렬된 데이터는 부분합과 합쳐지면 그룹별 합계나 평균 등을 요약해 줍니다. 원본 데이터에서 필터링한 값만 다른 위치에 표시하려면 고급 필터를 꼭 배워두세요.

Preview

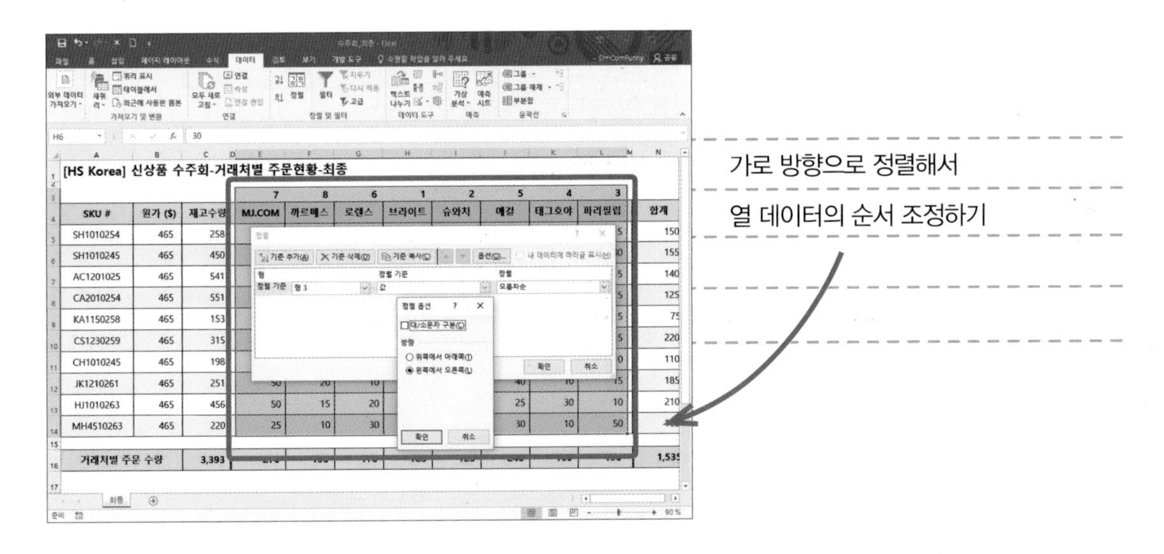

[HS Korea] 신상품 수주회-거래처별 주문현황-최종
가로 방향으로 정렬해서
열 데이터의 순서 조정하기

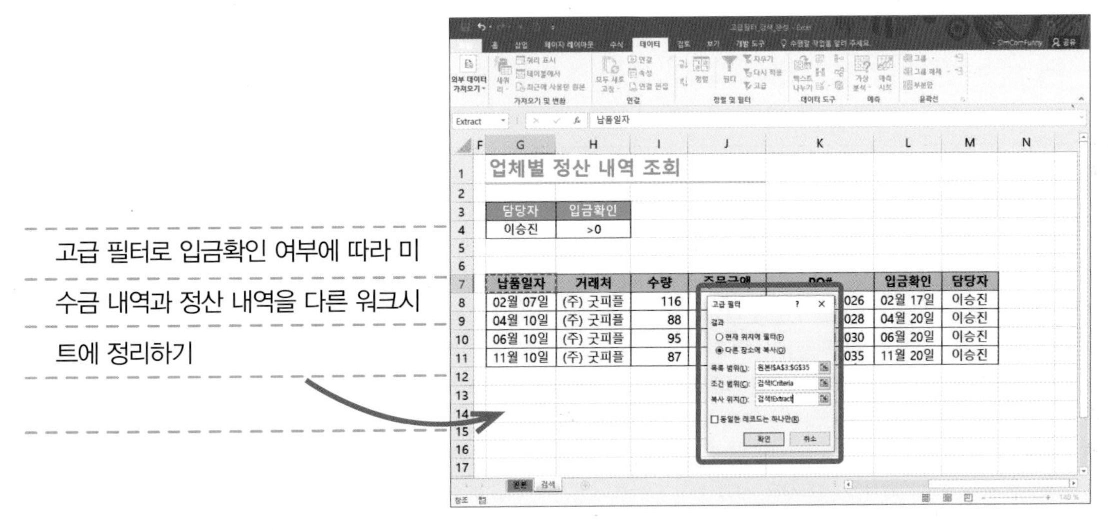

업체별 정산 내역 조회
고급 필터로 입금확인 여부에 따라 미
수금 내역과 정산 내역을 다른 워크시
트에 정리하기

2007 2010 2013 2016 2019

100 정렬 기준을 여러 개 추가하기

정렬 기준이 여러 개일 경우에는 [데이터] 탭에서 [정렬] 대화상자를 이용합니다. 우선 기준 1에 맞춰 정렬되고, 동일한 데이터는 다시 기준 2에 따라 정렬됩니다. 기준이 정해지지 않은 동일한 데이터는 본래 정렬됐던 순서를 기준으로 합니다.

예제 파일 Part11\선적리스트.xlsx **완성 파일** Part11\선적리스트_완성.xlsx

1 목적지>예상 도착일>박스 수량 순으로 3가지 정렬 기준을 한 번에 적용하려고 합니다. 표를 클릭한 후 [데이터] 탭–[정렬 및 필터] 그룹–[정렬]을 클릭합니다.

정렬 기준
1. 목적지를 텍스트 오름차순으로 정렬
2. 동일한 목적지는 가장 빠른 예상 도착일순으로 오름차순 정렬
3. 동일한 날짜는 박스 수량이 많은 순서로 내림차순 정렬

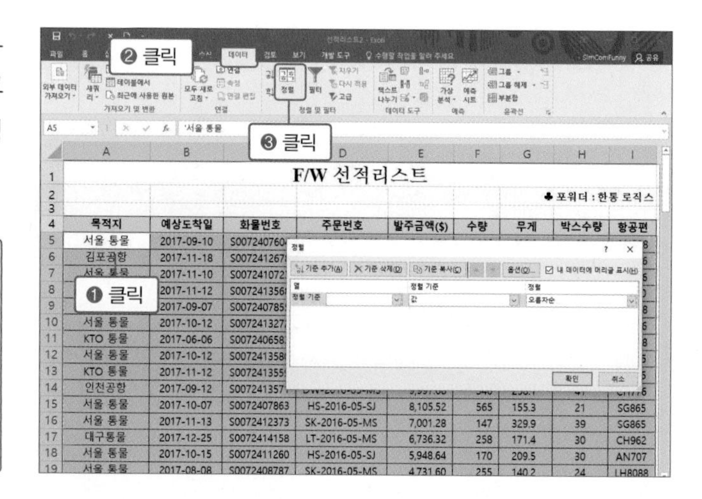

2 [정렬] 대화상자가 나타납니다.

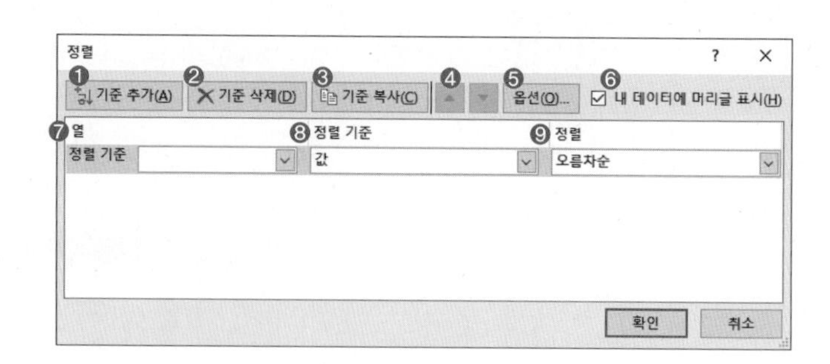

❶ **기준 추가** : 정렬 기준을 추가합니다.
❷ **기준 삭제** : 정렬 기준을 삭제합니다.
❸ **기준 복사** : 정렬 기준을 복사하여 추가합니다.
❹ **위로 이동/아래로 이동** : 정렬 기준의 순서를 조정합니다.
❺ **옵션** : 대소문자, 행/열 정렬 방향 등을 선택합니다. 자세한 내용은 205쪽을 참조하세요.
❻ **내 데이터에 머리글 표시** : '머리글'은 표의 첫 행에 위치한 '필드명'을 의미합니다. 체크 표시를 하면 첫 행은 고정되고 나머지 행만 정렬됩니다. 체크 표시를 없애면 정렬 기준에 따라 같은 행의 데이터(필드)와 같이 순서대로 정렬됩니다.
❼ **열** : 열 방향으로 나열된 필드명을 기준으로 행이 정렬됩니다. ❺ 옵션에서 행 방향으로 바꿀 수 있습니다.
❽ **정렬 기준** : 정렬 기준을 데이터 값, 글꼴 색, 채우기 색, 셀 아이콘 등으로 선택합니다.
❾ **정렬** : 정렬 방법을 오름차순, 내림차순, 사용자 지정 목록 등에서 선택합니다.

Skill Up 병합된 데이터를 정렬할 때 주의점

정렬 범위에 병합된 셀이 포함된 경우 정렬을 실행하면 경고 메시지가 나타납니다. 이때는 셀 병합을 해제해야 정렬을 실행할 수 있습니다. 병합된 제목 행이나 합계 행은 정렬할 표 사이에 빈 행을 삽입해서 구분하거나 정렬할 범위만 먼저 선택합니다.

셀 병합을 일괄 해제해서 빈 데이터를 채우려면 202쪽을, 정렬할 데이터만 선택해서 정렬하려면 204쪽을 참고하세요.

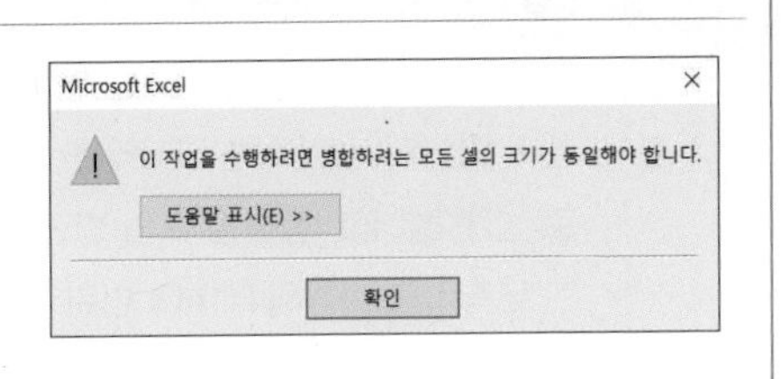

3 '정렬 기준'에서 '목적지', '오름차순'을 선택한 후 [기준 추가]를 클릭합니다. 정렬 기준에 빈 칸이 추가되면 '예상도착일', '오름차순'을 선택한 후 [기준 추가]를 클릭합니다. 추가된 칸에 '박스 수량', '내림차순'을 선택한 후 [확인]을 클릭합니다.

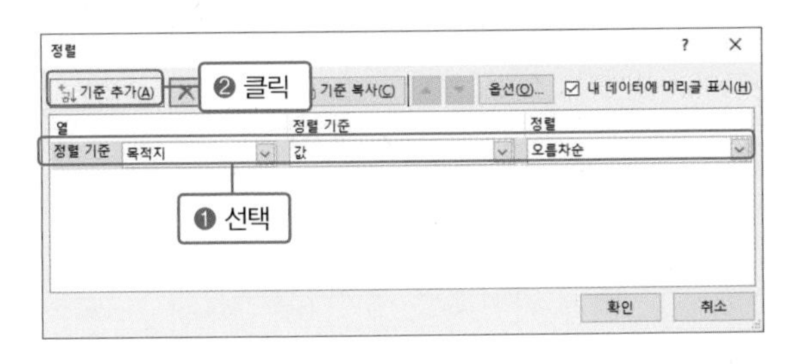

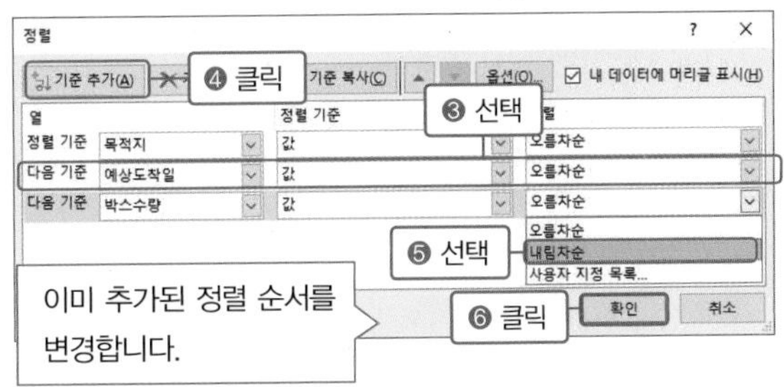

4 [정렬 경고] 대화상자가 나타나면 '일반 숫자와 텍스트로 저장된 숫자를 모두 숫자로 정렬'을 선택하고 [확인]을 클릭합니다.

정렬 경고

다음 정렬 키에는 텍스트로 서식이 지정된 숫자가 들어 있으므로 제대로 정렬되지 않을 수 있습니다.

예상도착일

원하는 작업을 선택하십시오.

◉ 일반 숫자와 텍스트로 저장된 숫자를 모두 숫자로 정렬(N)

○ 일반 숫자와 텍스트로 저장된 숫자를 구분하여 정렬(T)

확인 / 취소 / 도움말(H)

❶ 클릭 ❷ 클릭

[B5] 셀에 입력된 날짜 앞에 작은 따옴표(')가 입력되어 정렬 경고가 나타났습니다.

TIP

숫자 형식인 날짜에 텍스트나 기호 등이 포함되면 텍스트로 인식됩니다. 이처럼 정렬할 데이터에 숫자와 문자가 섞인 경우, 모두 숫자로 인식해서 정렬하거나 숫자와 문자를 구분해서 정렬할 수 있습니다.

5 3가지 정렬 기준에 따라 행의 순서가 조정되었습니다.

F/W 선적리스트

♣ 포워더 : 한통 로직스

목적지	예상도착일	화물번호	주문번호	발주금액($)	수량	무게	박스수량	항공편
KTO 통물	2017-06-06	S0072406583	HS-2016-05-MS	14,840.52	348	684.8	61	AN528
KTO 통물	2017-06-09	S0072409713	HS-2016-05-MS	1,774.80	50	65.6	6	SG865
KTO 통물	2017-09-07	S0072407855	HS-2016-05-MS	19,434.24	932	487.3	80	AN528
KTO 통물	2017-09-07	S0072407855	HS-2016-05-MS	272.28	10	20.2	4	AN528
KTO 통물	2017-09-07	S0072407855	HS-2016-05-MS	390.72	33	29.5	2	AN528

오름차순에서 알파벳은 한글보다 우선순위로 인식됩니다. 'KTO 통물'에 도착하는 선적 중 도착일이 같은 7, 8, 9행은 '박스 수량'이 많은 순서로 정렬되었습니다.

TIP

정렬 순서

· 텍스트 오름차순 : A, B, C…… ㄱ, ㄴ, ㄷ…… 순서

· 숫자 오름차순 : 1, 2, 3…… 순서

101 셀 병합 해제하고 빈 셀은 자동으로 채우기

셀이 병합되어 있으면 데이터를 정렬할 수 없습니다. 병합을 해제하면 첫 행을 제외한 나머지는 빈 셀로 남게 됩니다. 정렬할 표의 병합을 일괄 해제하고, 빈 셀을 자동으로 채우는 법을 알아보겠습니다. 또한 단축키를 이용해 데이터 범위와 붙여넣기 옵션을 빠르게 선택해 보겠습니다.

예제 파일 Part11\항공노선.xlsx **완성 파일** Part11\항공노선_완성.xlsx

| 셀 병합 해제하고 빈 셀 채우기

1 '항공편'을 기준으로 정렬하기 위해 셀 병합을 해제하려고 합니다. [A3:D240] 셀을 선택하고 [홈] 탭–[맞춤] 그룹–[병합하고 가운데 맞춤]을 클릭합니다.

> **TIP**
>
> **단축키로 데이터 범위 선택하기**
>
> 1. [A3] 셀 클릭
> 2. Ctrl+Shift+↓을 눌러서 [A240] 셀까지 선택
> 3. Shift+Ctrl을 누른 상태에서 →를 누르면 병합된 셀을 기준으로 [A3:D240] 셀까지 선택

page 단축키로 데이터 범위를 선택하는 방법은 63쪽을 참고하세요.

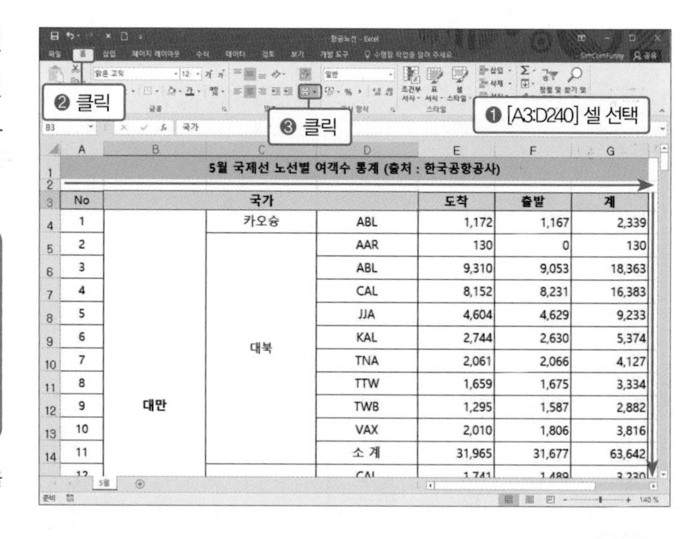

No	국가			도착	출발	계
1	대만	카오슝	ABL	1,172	1,167	2,339
2		대북	AAR	130	0	130
3			ABL	9,310	9,053	18,363
4			CAL	8,152	8,231	16,383
5			JJA	4,604	4,629	9,233
6			KAL	2,744	2,630	5,374
7			TNA	2,061	2,066	4,127
8			TTW	1,659	1,675	3,334
9			TWB	1,295	1,587	2,882
10			VAX	2,010	1,806	3,816
11			소 계	31,965	31,677	63,642

2 병합이 해제되면서 빈 셀들이 생겼습니다. 데이터 범위가 선택된 상태에서 F5를 눌러 [이동] 대화상자가 나타나면 [옵션]을 클릭합니다. [이동 옵션] 대화상자에서 '빈 셀'을 선택하고 [확인]을 누릅니다.

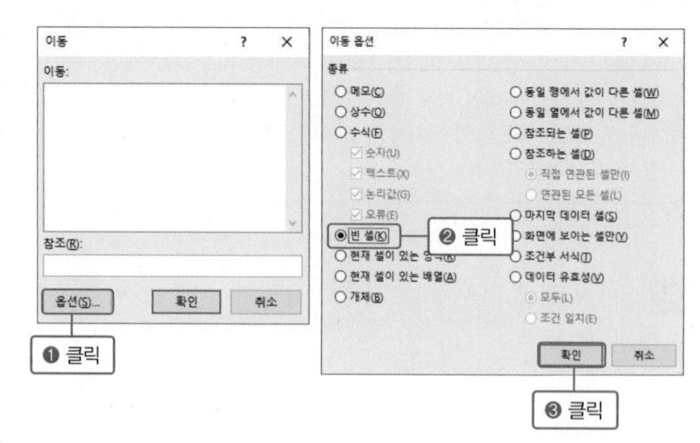

3 선택된 범위의 빈 셀만 선택되고 [C6] 셀에 커서가 나타납니다. =을 입력하고 바로 위의 [C5] 셀을 클릭한 후 Ctrl+Enter를 누릅니다.

TIP

[C5:C14] 셀의 병합을 해제하니 맨 위의 [C5] 셀에만 '대북'이 입력되어 있고 나머지는 빈 셀로 바뀌었습니다. [C6] 셀 값은 [C5] 셀 값과 같고, 나머지 셀도 바로 위 셀에 입력된 값과 같으므로 수식을 입력하여 빈 셀을 채웁니다.

4 빈 셀에는 바로 위 셀에 입력된 셀 값이 자동 입력되었습니다. 수식을 문자 값으로 복사하기 위해 [B5:D240] 셀을 선택하고 Ctrl+C를 누른 후 바로 Ctrl+V를 누릅니다. Ctrl을 눌러서 붙여넣기 옵션이 나타나면 [값]의 단축키 V를 누릅니다.

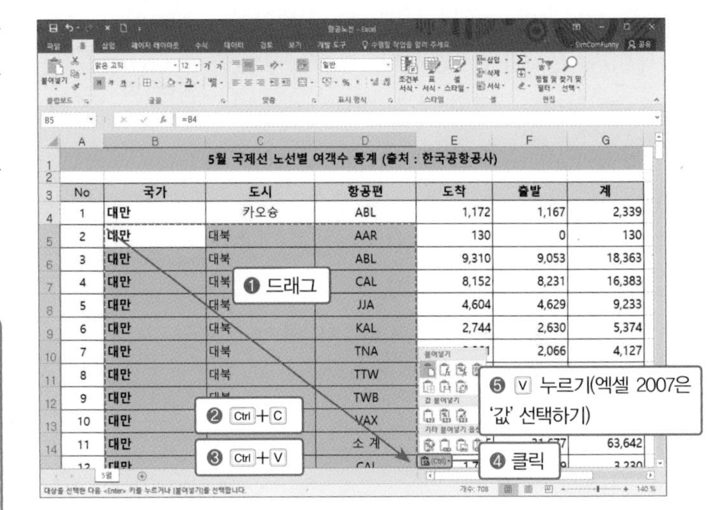

TIP

빈 셀은 바로 위의 셀 값을 입력하라는 수식이 적용된 상태입니다. 만약 =B4 수식이 입력된 [B5] 셀이 정렬 기준에 따라 [B10] 셀로 이동하면 수식은 =B9로 바뀌고 셀 값도 변경됩니다. 즉, 수식은 정렬 순서에 따라 참조 셀 주소가 바뀌고, 셀 값도 계속 변경되므로 수식을 복사하되 '값'으로 붙여넣기합니다.

| 데이터 정렬하기

'항공편'이 입력된 D열에서 셀을 클릭한 후 [데이터] 탭–[정렬 및 데이터] 그룹–[텍스트 오름차순 정렬]을 선택합니다. 영어로 입력된 항공편이 먼저 정렬되고 '소계'는 따로 정렬됩니다.

정렬된 '항공편(소계)' 데이터가 동일한 경우, 나머지 기준은 본래 정렬된 순서대로 정렬됩니다.

2007 2010 2013 2016 2019

102 선택한 열 데이터만 정렬하기

표의 머리글을 기준으로 정렬하면 같은 행의 데이터도 같이 이동합니다. 그러나 같은 행에 입력된 데이터라도 서로 상관관계가 없을 경우, 특정 열 데이터만 부분적으로 정렬할 수 있습니다.

예제 파일 Part11\온라인판매.xlsx **완성 파일** Part11\온라인판매_완성.xlsx

1 '할인품목'이 입력된 B열만 텍스트 순으로 정렬하려고 합니다. B열을 선택하고 [데이터] 탭-[정렬 및 필터] 그룹-[정렬]을 클릭합니다. [정렬 경고] 대화상자가 나타나면 '현재 선택 영역으로 정렬'을 선택합니다.

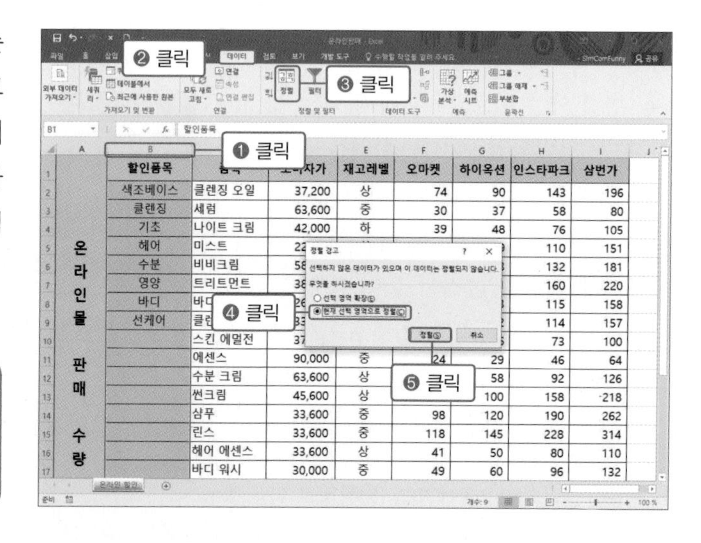

TIP

[정렬 경고] 대화상자에서 '선택 영역 확장'을 선택하면 정렬 범위가 표 전체로 확장되어 같은 행에 위치한 양옆의 데이터도 같이 정렬됩니다.

2 [정렬] 대화상자가 나타나면 정렬 기준에 '할인품목'만 선택되어 있습니다. [정렬]에서 '오름차순'을 선택한 후 [확인]을 클릭합니다. B열의 '할인품목'만 정렬되고 [C:I] 열은 고정된 것을 볼 수 있습니다.

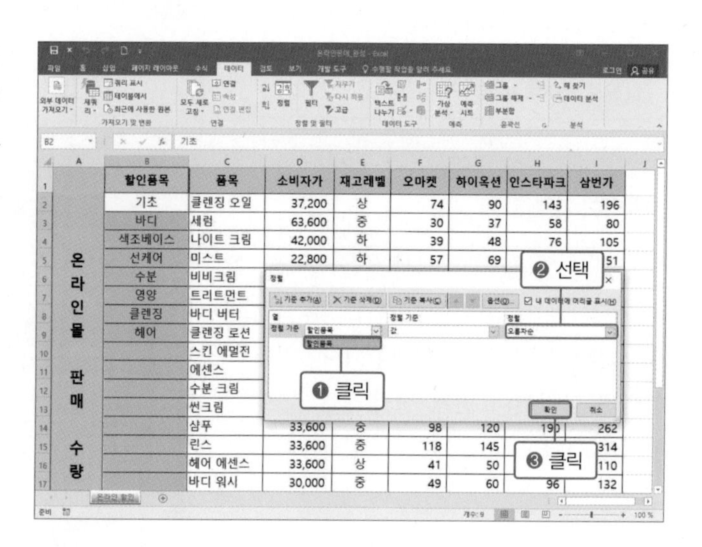

103 제목이 입력된 가로 순서에 따라 정렬하기

데이터 정렬 기준이 텍스트나 숫자의 오름차순/내림차순과 무관할 경우, 데이터의 열 방향 순서를 바꾸기 위해 잘라내기, 붙여넣기로 일일이 수정할 때가 있습니다. 그러나 필드명 위에 정렬 순서를 숫자로 입력하고, 이를 기준으로 가로 정렬을 하면 열 방향 순서를 간단히 변경할 수 있습니다.

예제 파일 Part11\수주회_최종.xlsx　**완성 파일** Part11\수주회_최종_완성.xlsx

1 [E3:L3] 셀에 거래처의 정렬 순서를 입력합니다. [E3:L14] 셀을 선택한 후 [데이터] 탭–[정렬 및 필터] 그룹–[정렬]을 클릭합니다. [정렬 옵션] 대화상자의 [방향]에서 '왼쪽에서 오른쪽'을 선택합니다. [정렬] 대화상자에서 '행3', '오름차순'을 선택합니다. [정렬] 대화상자에서 [확인]을 클릭합니다.

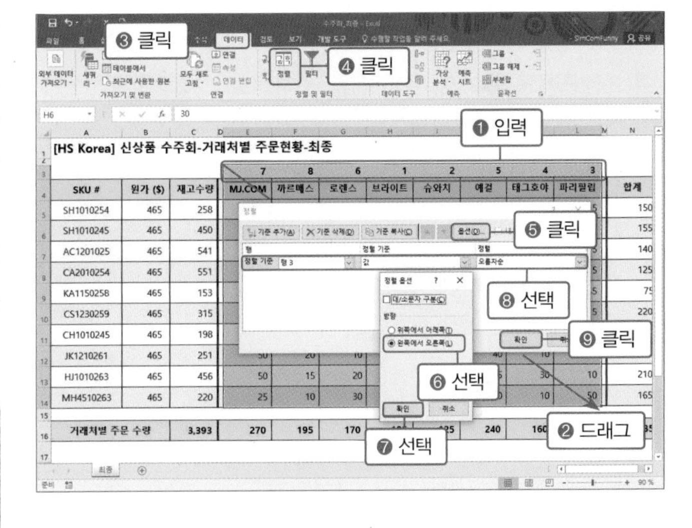

TIP

[E3:L14] 셀에서 하나의 셀만 클릭하고 정렬해도 [E3:L14] 셀이 선택됩니다. 정렬할 범위인 [E3:L14] 셀 주변에 다른 데이터가 연속으로 이어지지 않도록 2행, 15행, D열과 M열에 빈 셀을 추가했기 때문입니다.

2 3행에 입력된 숫자에 따라 필드명과 필드 값이 왼쪽에서 오른쪽으로 정렬되었습니다.

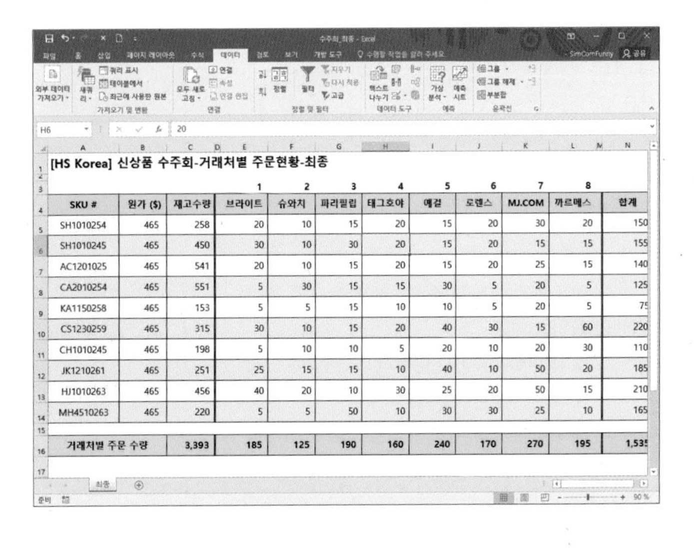

[HS Korea] 신상품 수주회-거래처별 주문현황-최종

			1	2	3	4	5	6	7	8	
SKU #	원가 ($)	재고수량	브라이트	슈와치	파리필립	태그호야	에걸	로렌스	MJ.COM	까르메스	합계
SH1010254	465	258	20	10	15	20	15	20	30	20	150
SH1010245	465	450	30	10	30	20	15	20	15	15	155
AC1201025	465	541	20	10	15	20	15	20	25	15	140
CA2010254	465	551	5	30	15	15	30	5	20	5	125
KA1150258	465	153	5	5	15	10	10	5	20	5	75
CS1230259	465	315	30	10	15	20	40	30	15	60	220
CH1010245	465	198	5	10	10	5	20	10	20	30	110
JK1210261	465	251	25	15	15	10	40	10	50	20	185
HJ1010263	465	456	40	20	10	30	25	20	50	15	210
MH4510263	465	220	5	5	50	10	30	30	25	10	165
거래처별 주문 수량		3,393	185	125	190	160	240	170	270	195	1,535

104 항목별로 합계 요약하기_부분합

부분합은 동일한 데이터 항목끼리 그룹화하고 각 그룹의 위쪽이나 아래쪽에 요약 결과를 표시합니다. 요약 결과는 각 그룹 항목별로 합계, 개수, 평균 등 11가지 계산이 가능합니다. 데이터양이 많더라도 윤곽 기호를 누르면 단계적으로 요약 결과만 간추려 볼 수 있습니다.

예제 파일 Part11\노선별 여객수.xlsx **완성 파일** Part11\노선별 여객수_완성.xlsx

| 정렬 및 부분합 구하기

1 국가별 도착 여객 수 합계를 구하려고 합니다. 부분합을 하려면 그룹화할 항목부터 정렬해야 합니다. '국가' 열에서 셀 하나를 클릭한 후 [데이터] 탭–[정렬 및 필터] 그룹–[텍스트 오름차순 정렬]을 클릭합니다.

TIP

제목이나 합계 행이 데이터 표와 연속으로 입력되었다면 정렬할 범위만 지정하고 정렬합니다.

노선별 도착 여객수 요약

국가	도시	항공편	도착	출발	계
대만	대북	AAR	130	0	130
미국	사이판	AAR	1,306	1,228	2,534
	앵커리지	AAR	0	0	0
	오끼나와	AAR	1,788	1,796	3,584
일본	오사카	AAR	8,863	8,772	17,635
일본	하네다	AAR	20,468	21,612	42,080
중국	광저우	AAR	1,744	1,603	3,347
중국	대련	AAR	142	0	142
중국	북경	AAR	14,574	12,266	26,840
중국	심양	AAR	1,876	1,722	3,598

❶ 클릭 ❷ 클릭 ❸ 클릭

2 [데이터] 탭–[윤곽선] 그룹–[부분합]을 클릭합니다. [부분합] 대화상자의 [그룹화할 항목]은 '국가', [사용할 함수]는 '합계', [부분합 계산 항목]에서 '도착'만 체크 표시한 후 [확인]을 클릭합니다.

TIP

- **새로운 값으로 대체** : 기존에 부분합이 적용된 항목이 있었다면 해제하고 현재의 그룹 항목만 요약합니다.
- **그룹 사이에서 페이지 나누기** : 그룹별로 인쇄될 수 있게 페이지 영역을 나눕니다.
- **데이터 아래에 요약 표시** : 각 그룹의 아래쪽에 요약 행이 추가됩니다.

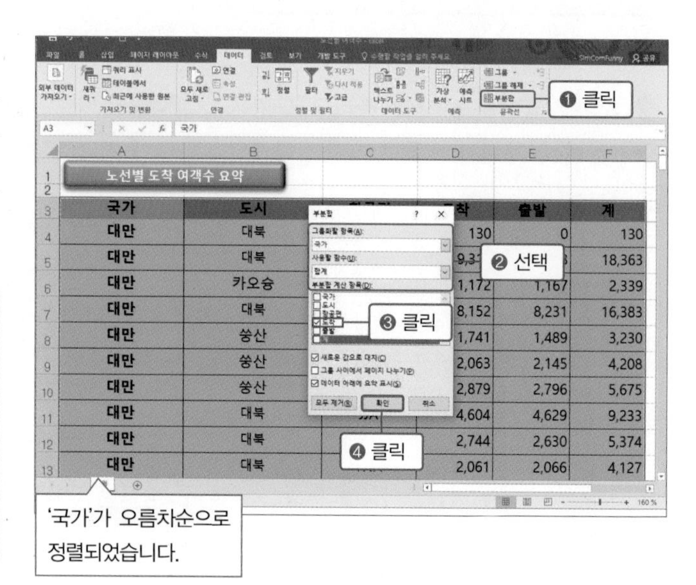

'국가'가 오름차순으로 정렬되었습니다.

3 국가별 합계가 그룹 아래쪽에 추가되고, 왼쪽에는 윤곽 기호와 윤곽선이 나타납니다.

윤곽 기호 3 이 선택된 상태에서는 원본 데이터와 국가별 도착 여객 수 합계, 전체 노선의 합계가 모두 나타납니다.

	A	B	C	D	E	F
			항공편	도착	출발	계
				24,677		
			AAR	0	0	0
				0		
196	홍콩	홍콩	ABL	5,062	4,928	9,990
197	홍콩	홍콩	HDA	6,978	6,146	13,124
198	홍콩	홍콩	HKE	5,282	4,896	10,178
199	홍콩	홍콩	KAL	4,521	4,077	8,598
200	홍콩 요약			21,843		
201	총합계			652,280		
202						

page 부분합은 SUBTOTAL 함수로 계산됩니다. SUBTOTAL 함수에 대한 자세한 설명은 225쪽을 참고하세요.

TIP

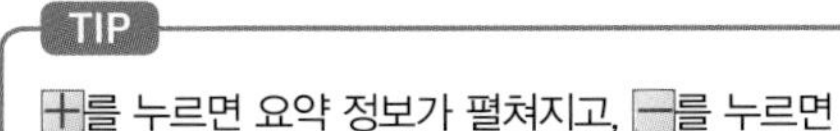

+를 누르면 요약 정보가 펼쳐지고, -를 누르면 펼쳐진 원본 데이터가 숨겨집니다.

| 윤곽 기호에 따라 요약 결과 압축해서 보기

1 전체 요약 결과만 표시하고, 2 은 국가별 요약 및 전체 결과를 표시합니다.

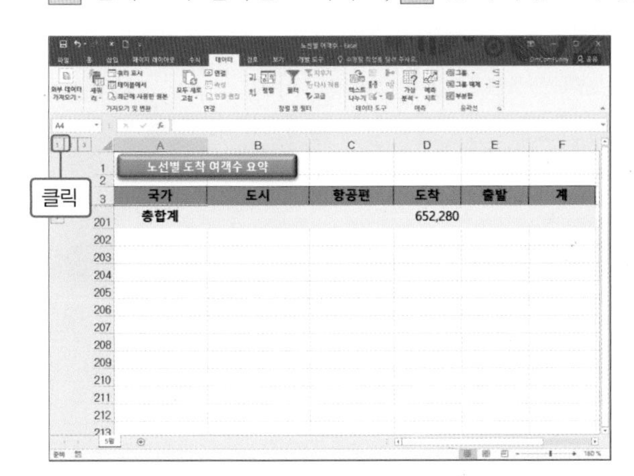

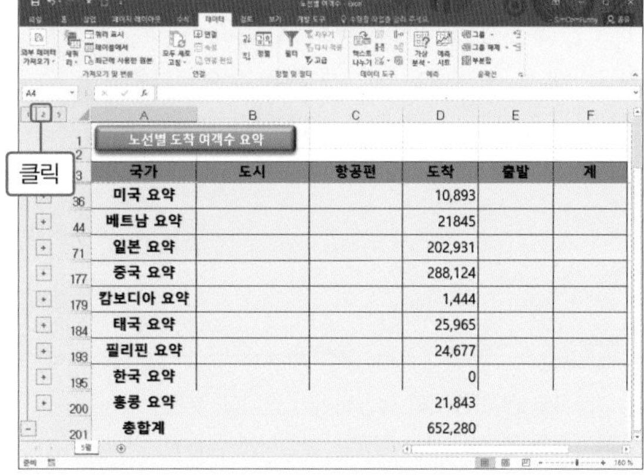

Skill Up 부분합으로 요약된 데이터만 복사하기

화면에 보이는 셀만 선택한 후 단축키 F5를 누르면 [이동 옵션] 대화상자가 나옵니다. '화면에 보이는 셀만'을 선택하고 [확인]을 클릭한 뒤 해당 셀을 Ctrl+C를 눌러서 복사하여, 원하는 위치에 붙여 넣습니다.

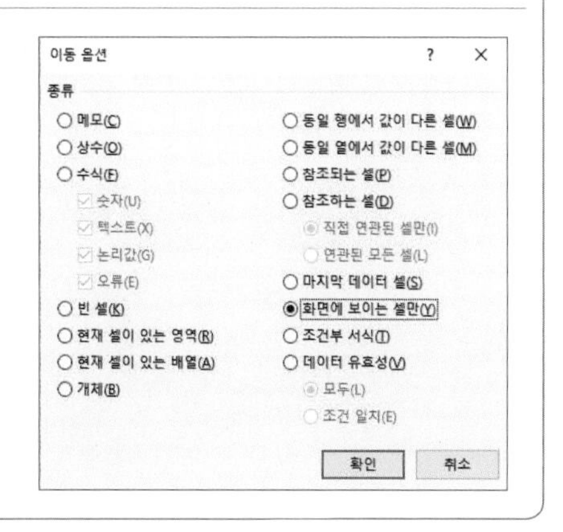

2007 2010 2013 2016 2019

105 부분합의 그룹 항목과 계산 추가하기

이미 부분합이 설정되어 있는 문서라도 추가로 그룹 항목과 계산 항목을 중첩할 수 있습니다. 단, 그룹화할 항목은 모두 정렬되어야 하고 정렬 순서에 따라 그룹별 요약 결과가 달라집니다. 부분합이 적용된 문서에 부분합 요약 항목을 추가해 보겠습니다.

예제 파일 Part11\지역별 도착여객수.xlsx **완성 파일** Part11\지역별 도착여객수_완성.xlsx

1 '국가'별 부분합이 적용된 상태에서 각 국가의 운항 도시 개수를 추가하려고 합니다. [데이터] 탭-[윤곽선] 그룹-[부분합]을 클릭합니다. [부분합] 대화상자가 나타나면 [그룹화할 항목]은 '도시', [사용할 함수]는 '개수', [부분합 계산 항목]에서 '도착'을 체크 표시합니다. '새로운 값으로 대치'의 체크 표시는 없앱니다.

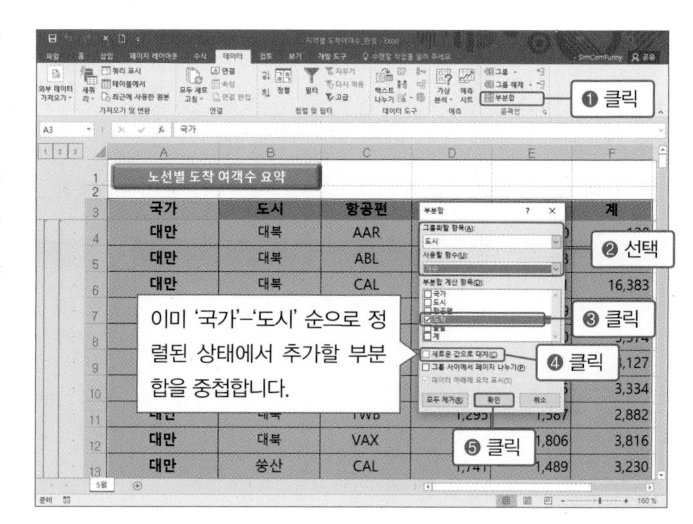

이미 '국가'-'도시' 순으로 정렬된 상태에서 추가할 부분합을 중첩합니다.

TIP

그룹화할 항목은 미리 정렬되어야 합니다. 부분합이 적용된 상태에서 정렬을 실행하면 삽입됐던 요약 행과 그룹화가 모두 해제됩니다.

Microsoft Excel
부분합을 제거하고 전체를 다시 정렬합니다. 부분합 그룹 단위로 정렬하려면 [취소] 단추를 누른 뒤 윤곽을 해제하고 다시 시도하십시오.
확인
취소

2 그룹 항목과 계산 항목이 중첩되고 윤곽 기호 4가 추가되었습니다.

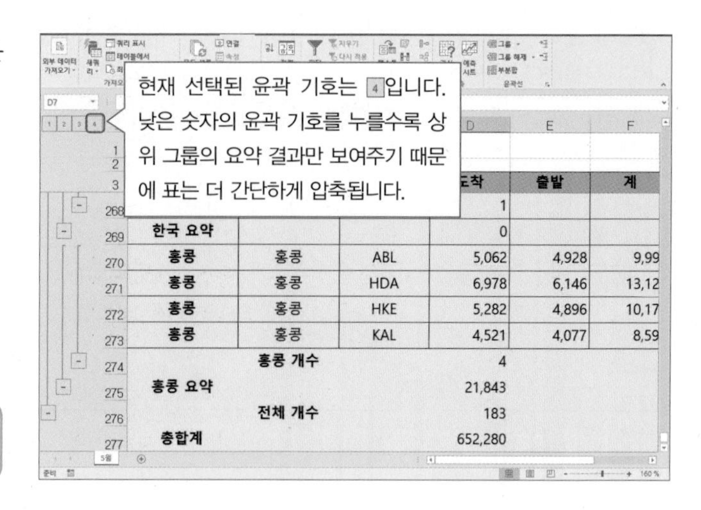

현재 선택된 윤곽 기호는 4입니다. 낮은 숫자의 윤곽 기호를 누를수록 상위 그룹의 요약 결과만 보여주기 때문에 표는 더 간단하게 압축됩니다.

단축키

윤곽선 지우기/다시 나타내기 Ctrl+8

2007 2010 2013 2016 2019

106 자동 필터 적용하기

자동 필터는 정렬 기능은 물론 원하는 데이터를 추출할 수 있는 가장 쉬운 방법입니다. 데이터 표에서 필터 기준에 해당하는 행만 나타나고 나머지 행은 숨겨집니다. 필터가 적용된 상태에서 다른 기준으로 필터를 중첩할 수 있고, 필터를 제거하면 다시 모든 데이터가 나타납니다.

예제 파일 Part11\자동필터.xlsx **완성 파일** Part11\자동필터_완성.xlsx

| 필터로 정렬하기

1 '고객명'을 오름차순으로 정렬해 보겠습니다. 표를 클릭한 후 [데이터] 탭-[정렬 및 필터] 그룹-[필터]를 클릭합니다. [C3] 셀에 나타난 목록 버튼▾을 클릭하면 해당 열에 입력된 데이터의 필드 목록이 나타납니다. [텍스트 오름차순 정렬]을 클릭합니다.

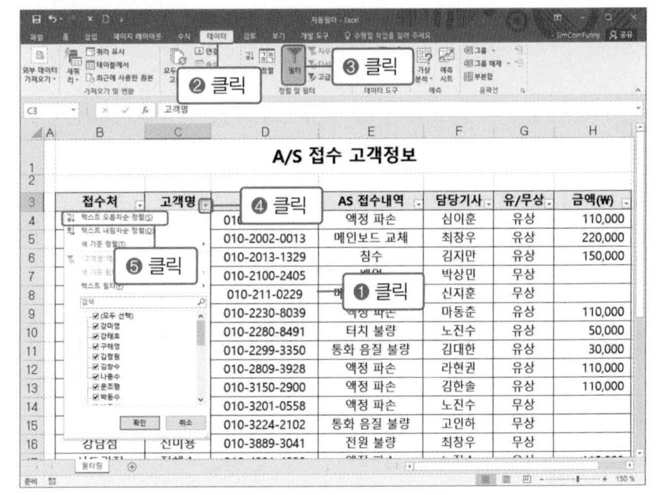

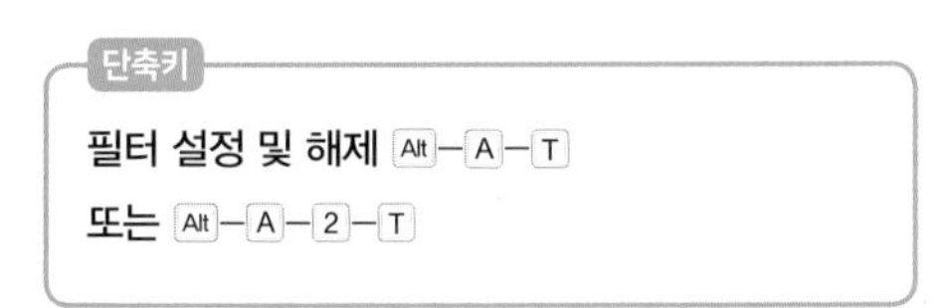

단축키

필터 설정 및 해제 Alt – A – T

또는 Alt – A – 2 – T

TIP

목록 버튼▾의 MS Office 공식 명칭은 'Drop-down arrow'로 번역에 따라 '드롭다운 버튼', '아래 화살표 버튼', '아래 단추' 등으로 다양하게 불립니다. 이 책에서는 '목록 버튼▾'으로 지칭하고, 필터가 적용된 버튼은 '필터 버튼'으로 표기했습니다.

2 '고객명'이 오름차순으로 정렬되었습니다.

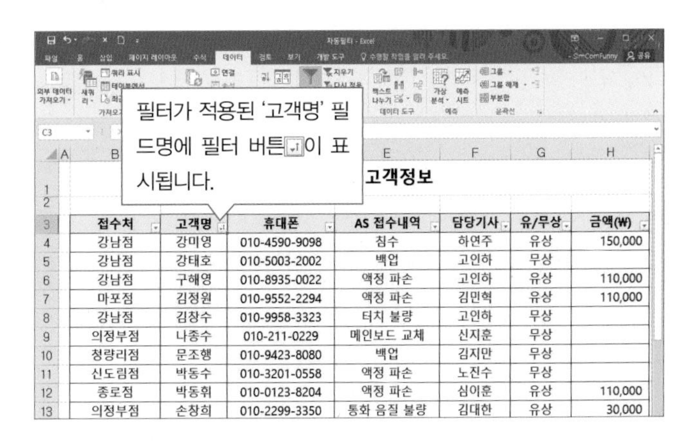

필터가 적용된 '고객명' 필드명에 필터 버튼이 표시됩니다.
고객정보

| 특정 단어만 필터링하기

1 '강남점'과 '신도림점'의 접수 현황만 추출해 보겠습니다. [B3] 셀의 목록 버튼 ▾을 클릭합니다. '(모두 선택)'의 체크 표시를 없애고 '강남점'과 '신도림점'만 체크 표시한 후 [확인]을 클릭합니다.

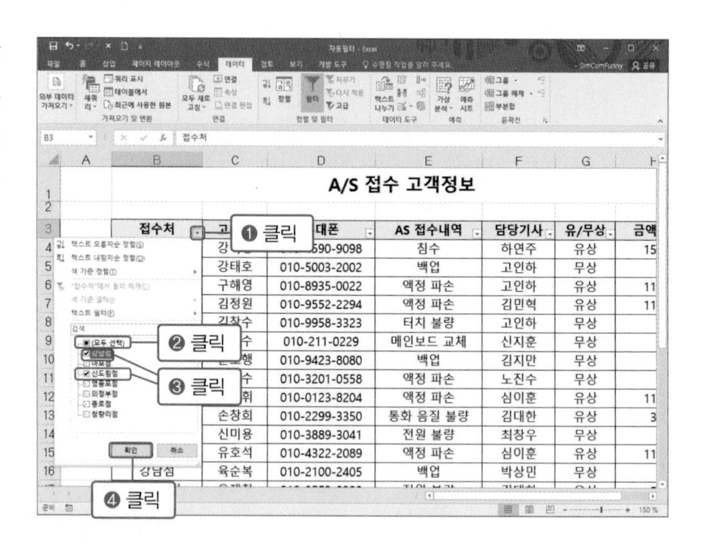

2 '강남점'과 '신도림점'의 접수 고객만 추출되었습니다. 여기에서 AS 접수 내역이 '액정 파손'인 고객만 추출해 보겠습니다. [D3] 셀의 목록 버튼 ▾을 클릭합니다. 검색 창에 **액정**을 입력하면 관련 필드만 체크 표시되어 나타납니다. [확인]을 클릭합니다.

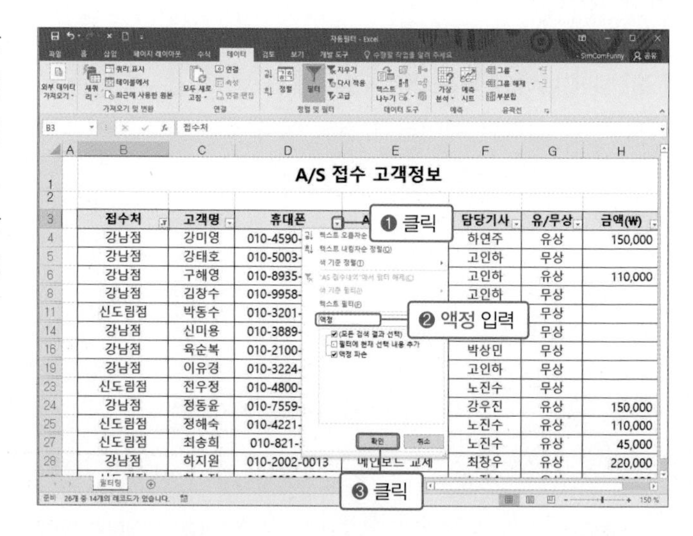

3 '강남점'과 '신도림점' 고객 중 액정 파손으로 접수한 고객만 추출되었습니다.

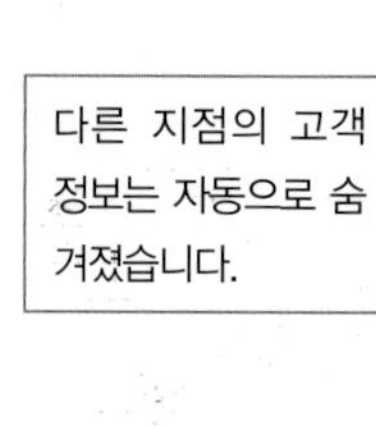

다른 지점의 고객 정보는 자동으로 숨겨졌습니다.

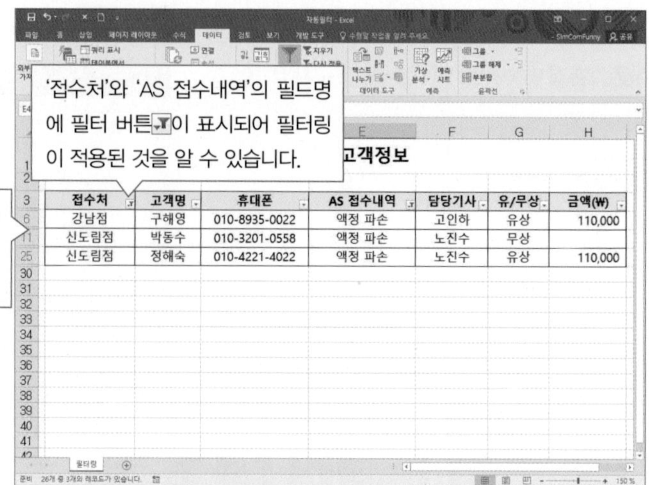

107 자동 필터 해제하기

자동 필터는 기준에 맞는 데이터만 보여주고 나머지 행은 숨깁니다. 그래서 필터링이 적용된 필드명의 필터 버튼을 눌러 확인하지 않으면 숨겨진 데이터를 구분하기 어렵습니다. 필터를 부분적으로 또는 전체적으로 해제해 보겠습니다.

예제 파일 Part11\필터해제.xlsx **완성 파일** Part11\필터해제_완성.xlsx

일부 필터만 해제하기

1 '강남점'과 '신도림점'에서 '액정 파손'으로 접수한 고객만 필터링된 상태입니다. 필터 조건을 전 지점의 액정 파손 접수 건으로 확대해 보겠습니다. '접수처'의 필터 버튼을 클릭한 후 ["접수처"에서 필터 해제]를 클릭합니다.

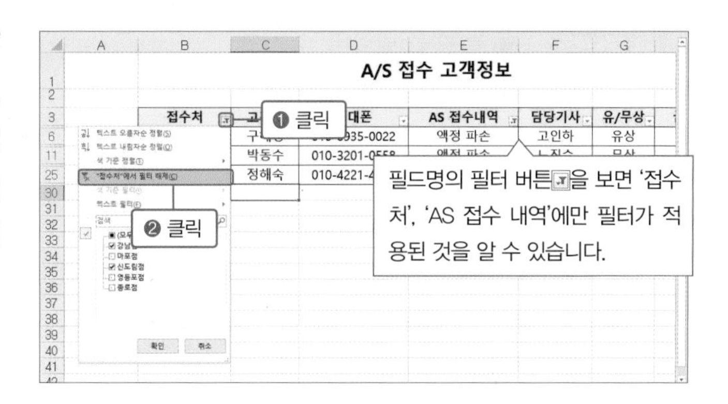

2 '접수처'의 필터가 해제되어 전체 매장이 나타납니다. 'AS 접수내역'에는 여전히 '액정 파손' 고객만 필터링된 상태입니다.

A/S 접수 고객정보

접수처	고객명	휴대폰	AS 접수내역	담당기사	유/무상	금액(₩)
강남점	구해영	010-8935-0022	액정 파손	고인하	유상	110,000
마포점	김정원	010-9552-2294	액정 파손	김민혁	유상	110,000
신도림점	박동수	010-3201-0558	액정 파손	노진수	무상	
종로점	박동휘	010-0123-8204	액정 파손	심이훈	유상	110,000
종로점	유호석	010-4322-2089	액정 파손	심이훈	유상	110,000
마포점	윤지훈	010-3150-2900	액정 파손	김한솔	유상	110,000
영등포점	이유정	010-280			유상	110,000
종로점	이진아	010-223			유상	110,000
신도림점	정해숙	010-422			유상	110,000

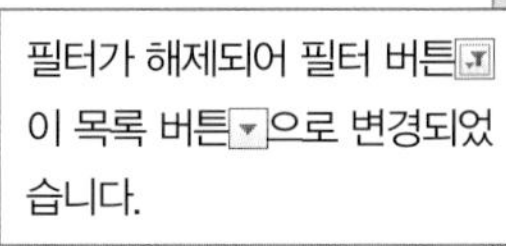

필터가 해제되어 필터 버튼이 목록 버튼으로 변경되었습니다.

전체 접수처에서 액정 파손으로 접수한 고객 정보만 추출되었습니다.

필터 전체 해제하기

[데이터] 탭-[정렬 및 필터] 그룹-[필터]를 클릭하면, 필드명의 목록 버튼이 모두 사라지고 원본 데이터가 모두 표시됩니다.

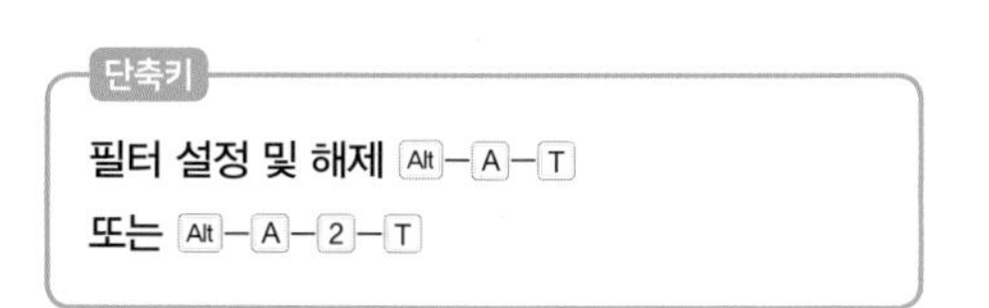

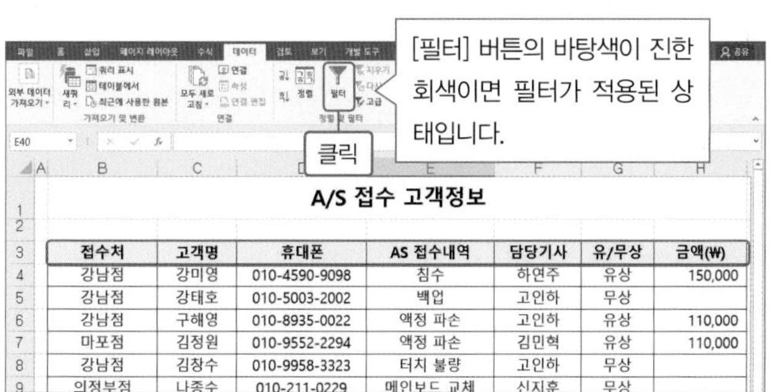

2007 2010 2013 2016 2019

108 필터 결과의 합계/평균/최대/최소값 보기

필드명의 목록 버튼을 클릭하면 각 열에 입력된 데이터(필드)가 나타납니다. 조건에 따라 데이터가 추출되면 화면에 보이는 숫자만 드래그해서 계산 결과를 확인할 수 있습니다. SUMIF 계열 함수에서 조건에 맞는 값의 합계만 계산했듯이 필터로 추출된 값의 합계나 평균을 쉽게 구하는 방법을 알아보겠습니다.

예제 파일 Part11\텍스트필터.xlsx **완성 파일** Part11\텍스트필터_완성.xlsx

| 필터로 추출된 값의 합계/최대값/최소값 보기

1 인천으로 발송될 주문 내역의 박스 수량을 알아보겠습니다. 발송 주소가 '인천'으로 필터링된 상태에서 '박스 수량'이 입력된 F열을 클릭합니다. F열이 선택되고 상태 표시줄에 '합계:266'이 표시됩니다.

거래처별 주문 현황

	주문날짜	주문번호	발주금액(€)	박스수량	발송 주소
8	2017-06-11	2017061120888	937.56	5	인천 중구 운서동 2851번지
10	2017-06-18	20170618707410	4,461.36	14	인천시 중구 운서동 2091-95번지 공항물류단지
11	2017-06-25	20170625733311	1,479.00	5	인천시 중구 운서동 2091-95번지 공항물류단지
20	2017-09-07	20170907759820	2,253.84	5	인천시 중구 운서동 2091-95번지 공항물류단지
22	2017-09-12	20170912357122	9,997.08	41	인천 중구 운서동 2851번지
38	2017-11-12	20171112356838	22,288.20	75	인천시 중구 운서동 2091-95번지 공항물류단지
39	2017-11-12	20171112356739	1,591.20	12	인천시 중구 운서동 2091-95번지 공항물류단지
41	2017-11-15	20171115236541	1,897.20	4	인천 중구 운서동 2851번지
42	2017-11-15	20171115238742	3,699.12	17	인천시 중구 운서동 2091-95번지 공항물류단지
43	2017-11-18	20171118267843	26,118.72	80	인천시 중구 운서동 2091-95번지 공항물류단지
44	2017-11-27	20171127295244	979.20	5	인천시 중구 운서동 2091-95번지 공항물류단지
48	2017-12-19	20171219385348	1,818.96	3	인천 중

클릭

F열에서 필터링된 셀의 숫자만 계산되었습니다.

TIP 데이터가 입력된 셀이 2개 이상 선택된 경우에만 상태 표시줄의 계산 값이 나타납니다.

2 상태 표시줄 위에서 마우스 오른쪽 버튼을 클릭한 후 단축 메뉴에서 '최대값'과 '최소값' 등을 체크 표시하면 다양한 계산 유형을 추가할 수 있습니다.

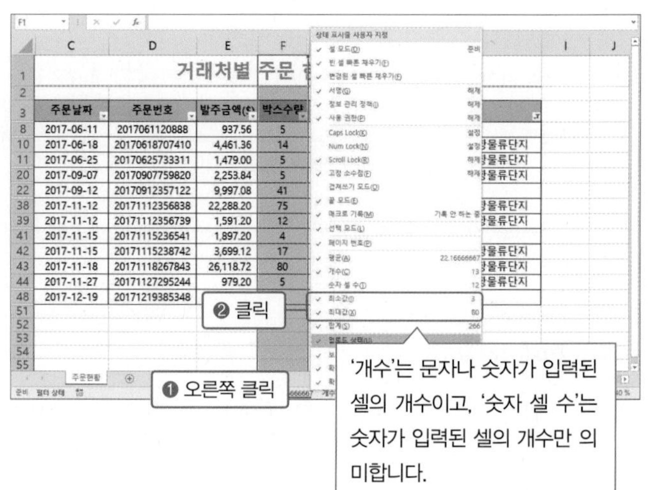

TIP SUMIF 계열 함수를 대신해서 찾는 값만 빠르게 필터링해서 계산할 수 있습니다.

page 필터링한 값만 계산하는 SUBTOTAL 함수에 대한 자세한 내용은 225쪽을 참고하세요.

2007 2010 2013 2016 2019

109 숫자 범위에 맞춰 필터링하기

문자를 필터링할 때는 입력된 데이터와 동일한 문자만 필터링에 적용됩니다. 반면 숫자를 필터링할 때는 셀에 입력되지 않은 숫자라도 기준 값이 될 수 있습니다. 숫자의 필터 조건은 기준 값 이상 또는 이하의 절대 범위부터 상위 10, 평균 이상 등 상대 범위까지 지정할 수 있습니다.

예제 파일 Part11\숫자필터.xlsx **완성 파일** Part11\숫자필터_완성.xlsx

| 특정 범위에 속하는 값만 추출하기

1 '4호봉' 워크시트를 클릭합니다. 대리급 직원 중에서 연봉이 3,500만 원 미만이거나 4,500만 원을 초과하는 직원만 추출해 보겠습니다. [H5] 셀의 목록 버튼▼을 클릭한 후 [숫자 필터]–[보다 작음]을 선택합니다.

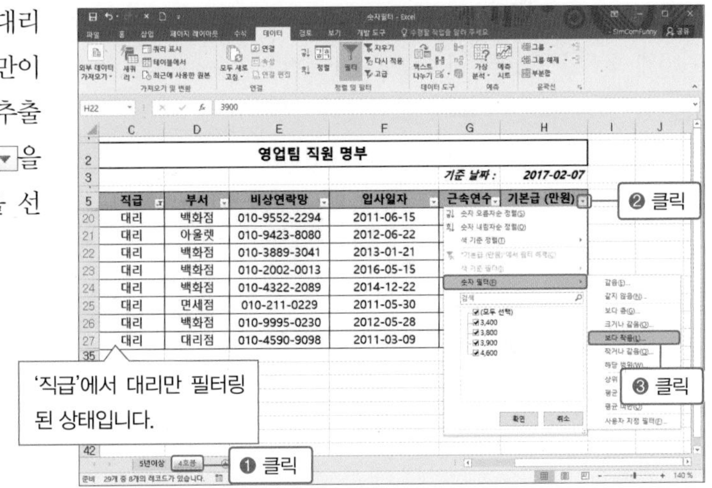
영업팀 직원 명부
기준 날짜 : 2017-02-07
❷ 클릭
❸ 클릭
'직급'에서 대리만 필터링 된 상태입니다.
❶ 클릭

2 [사용자 지정 자동 필터] 대화상자에서 첫 번째 조건으로 **3500**을 입력하고 '또는'을 선택합니다. 2번째 조건에서 〉 기호를 선택하고 **4500**을 입력한 후 [확인]을 클릭합니다.

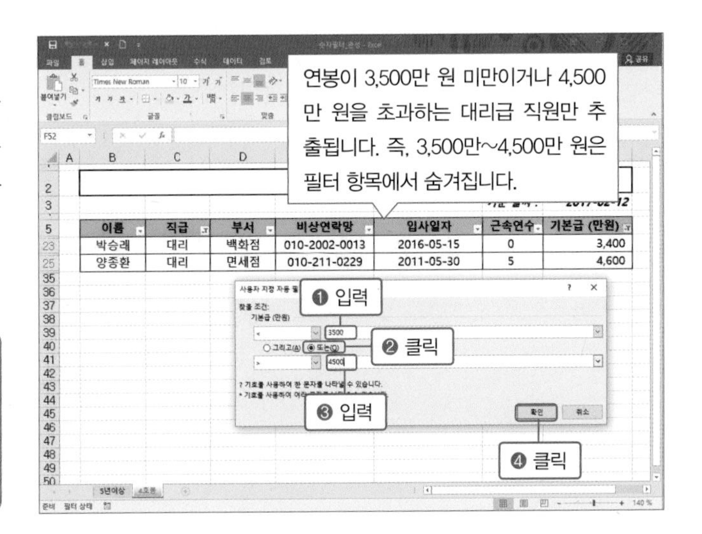
연봉이 3,500만 원 미만이거나 4,500만 원을 초과하는 대리급 직원만 추출됩니다. 즉, 3,500만~4,500만 원은 필터 항목에서 숨겨집니다.
❶ 입력
❷ 클릭
❸ 입력
❹ 클릭

TIP

IF 함수처럼 필터 조건 2가지가 동시에 충족되어야 할 경우, AND와 같은 의미인 '그리고'를 선택하고 둘 중 하나만 충족되는 필터 값을 구할 때는 '또는'을 선택합니다.

2007 2010 2013 2016 2019

110 상위 N개 또는 하위 N% 항목만 필터링하기

숫자 필터의 '상위 10' 필터 조건을 이용하면 해당 열에 입력된 숫자를 상대적으로 비교할 수 있습니다. RANK 함수를 대신해서 전체 대비 상위/하위 N개의 데이터를 추출하는 것입니다. 또는 상위/하위 N%에 해당하는 값을 계산하여 필터링합니다.

예제 파일 Part11\상위10.xlsx 완성 파일 Part11\상위10_완성.xlsx

| 상위 5개 항목 추출하기

1 4년간 지급된 노령연금 합계에서 상위 5개 도시를 추출해 보겠습니다. '상위5개도시' 워크시트에서 표를 클릭한 후 [데이터] 탭–[정렬 및 필터] 그룹–[필터]를 클릭합니다.

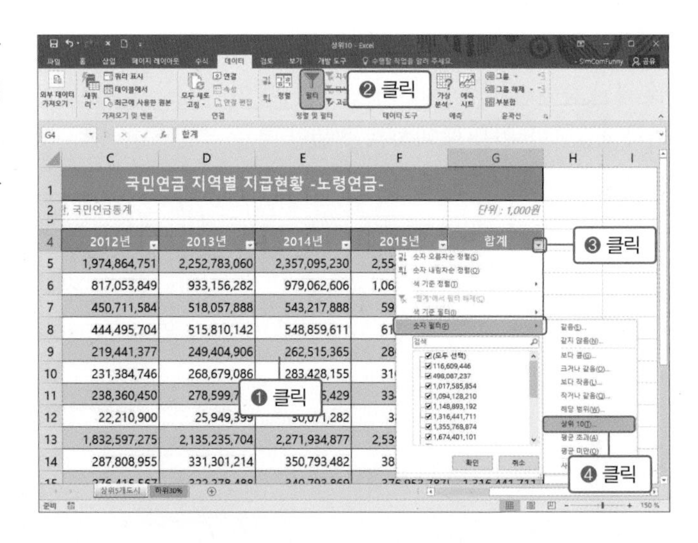

2 [상위 10 자동 필터] 대화상자가 나타나면 '상위', '5', '항목'을 선택하고 [확인]을 클릭합니다.

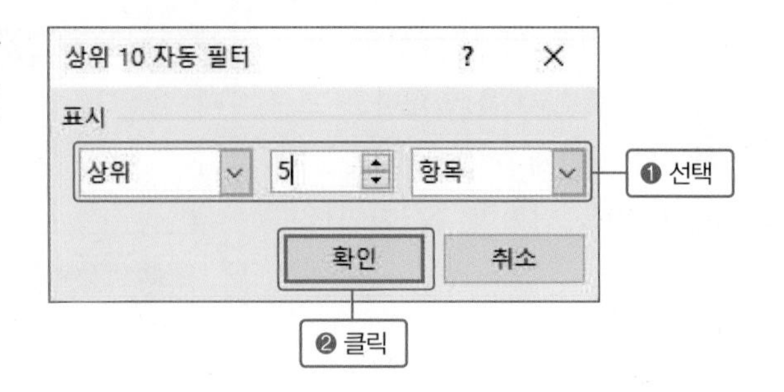

3 4년간 지급된 합계 금액을 기준으로 상위 5개 도시가 추출되었습니다.

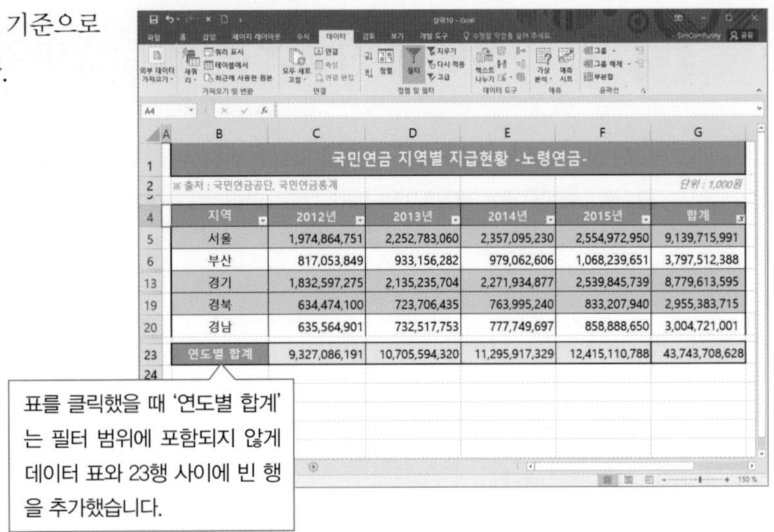

국민연금 지역별 지급현황 -노령연금-

※ 출처 : 국민연금공단, 국민연금통계 / 단위 : 1,000원

지역	2012년	2013년	2014년	2015년	합계
서울	1,974,864,751	2,252,783,060	2,357,095,230	2,554,972,950	9,139,715,991
부산	817,053,849	933,156,282	979,062,606	1,068,239,651	3,797,512,388
경기	1,832,597,275	2,135,235,704	2,271,934,877	2,539,845,739	8,779,613,595
경북	634,474,100	723,706,435	763,995,240	833,207,940	2,955,383,715
경남	635,564,901	732,517,753	777,749,697	858,888,650	3,004,721,001
연도별 합계	9,327,086,191	10,705,594,320	11,295,917,329	12,415,110,788	43,743,708,628

표를 클릭했을 때 '연도별 합계'는 필터 범위에 포함되지 않게 데이터 표와 23행 사이에 빈 행을 추가했습니다.

| 하위 30% 추출하기

1 4년간 지급된 노령연금 합계가 하위 30% 이하인 도시를 추출해 보겠습니다. '하위30%' 워크시트 표에서 [G4] 셀의 목록 버튼▼을 클릭한 후 [숫자 필터]–[상위 10]을 선택합니다. 대화상자가 나타나면 '하위', '30', '%'를 선택하고 [확인]을 클릭합니다.

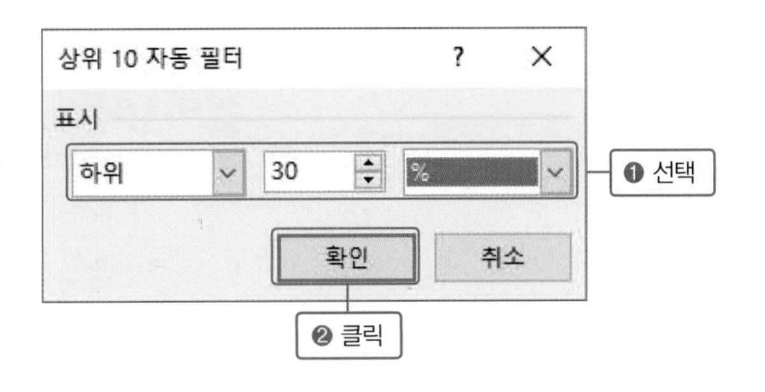

2 4년간 지급된 노령연금 합계 순위가 하위 30% 이하인 도시가 추출되었습니다.

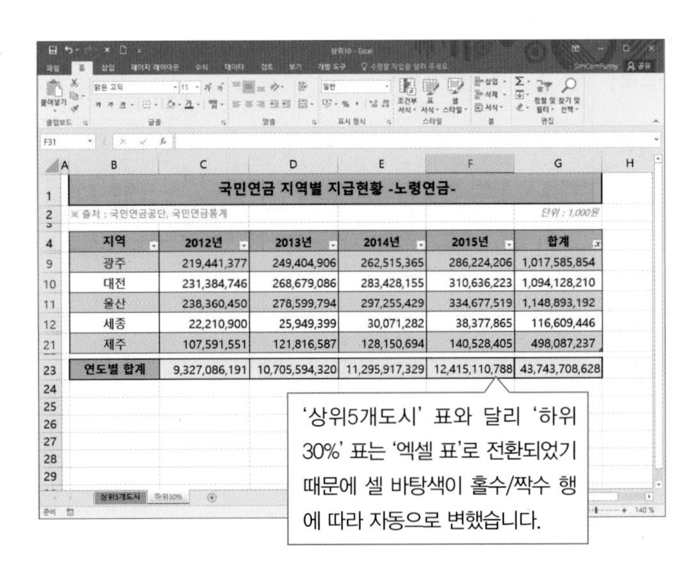

국민연금 지역별 지급현황 -노령연금-

※ 출처 : 국민연금공단, 국민연금통계 / 단위 : 1,000원

지역	2012년	2013년	2014년	2015년	합계
광주	219,441,377	249,404,906	262,515,365	286,224,206	1,017,585,854
대전	231,384,746	268,679,086	283,428,155	310,636,223	1,094,128,210
울산	238,360,450	278,599,794	297,255,429	334,677,519	1,148,893,192
세종	22,210,900	25,949,399	30,071,282	38,377,865	116,609,446
제주	107,591,551	121,816,587	128,150,694	140,528,405	498,087,237
연도별 합계	9,327,086,191	10,705,594,320	11,295,917,329	12,415,110,788	43,743,708,628

page 엑셀 표에 대한 자세한 내용은 84쪽을 참고하세요.

'상위5개도시' 표와 달리 '하위30%' 표는 '엑셀 표'로 전환되었기 때문에 셀 바탕색이 홀수/짝수 행에 따라 자동으로 변했습니다.

2007 2010 2013 2016 2019

111 평균값 기준으로 필터링하기

숫자 필터를 이용하면 함수를 대신하여 값의 상대적인 크기를 자동으로 구할 수 있습니다. 숫자 필터에서 '평균 초과' 또는 '평균 미만'의 조건을 선택하면 IF 함수와 AVERAGE 함수를 대신해 조건에 만족하는 값만 표시하고 나머지 행은 숨길 수 있습니다.

예제 파일 Part11\평균필터.xlsx **완성 파일** Part11\평균필터_완성.xlsx

| 평균 초과 항목 추출하기

1 17개 도시에 지급된 장애연금 합계의 평균을 구해 보겠습니다. '평균초과' 워크시트의 G열을 선택하면 상태 표시줄에 '평균:76,988,338'이 산출됩니다.

2 전체 지역 대비 장애연금을 평균보다 많이 수령한 지역을 추출해 보겠습니다. [G3] 셀의 목록 버튼▼을 클릭하고 [숫자 필터]-[평균 초과]를 선택합니다.

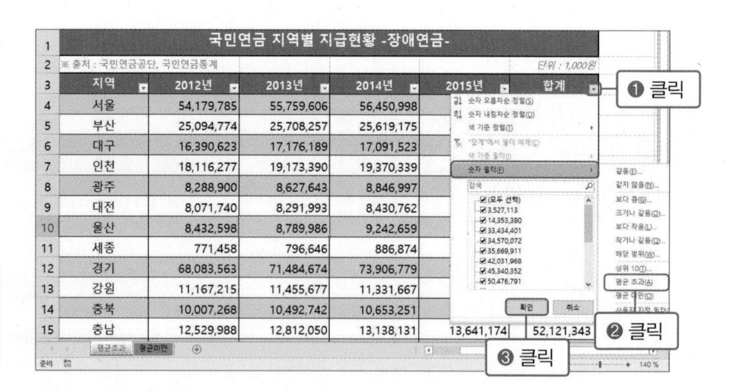

TIP
반대로 '평균 미만'을 선택하면 평균보다 수령금액이 낮은 지역만 추출할 수 있습니다.

3 합계 금액 중 평균을 초과하는 지역이 추출되었습니다. G열에 추출된 '합계' 값은 모두 전체 평균 76,988,338원을 초과하는 것을 알 수 있습니다.

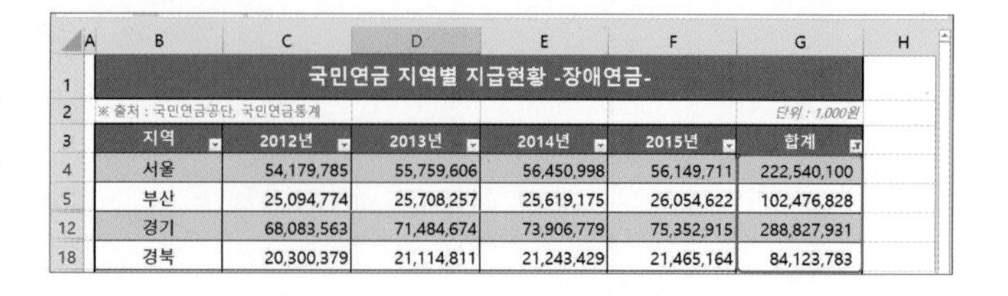

	지역	2012년	2013년	2014년	2015년	합계
4	서울	54,179,785	55,759,606	56,450,998	56,149,711	222,540,100
5	부산	25,094,774	25,708,257	25,619,175	26,054,622	102,476,828
12	경기	68,083,563	71,484,674	73,906,779	75,352,915	288,827,931
18	경북	20,300,379	21,114,811	21,243,429	21,465,164	84,123,783

112 날짜 데이터 필터링하기

날짜 필터를 이용하려면 입력된 날짜가 숫자 형태로 입력되어야 합니다. 기호나 텍스트처럼 문자가 포함되었다면 필터 조건을 숫자와 문자로 따로 구분하기 때문입니다. 날짜 필터를 이용하면 연, 월, 일, 분기 등 기간 단위로 그룹화된 날짜를 쉽게 추출할 수 있습니다.

예제 파일 Part11\날짜필터.xlsx **완성 파일** Part11\날짜필터_완성.xlsx

| 문자 형식으로 입력된 날짜 수정하기

1 표를 클릭한 후 단축키 Alt-A-T 또는 Alt-A-2-T를 순서대로 누릅니다.

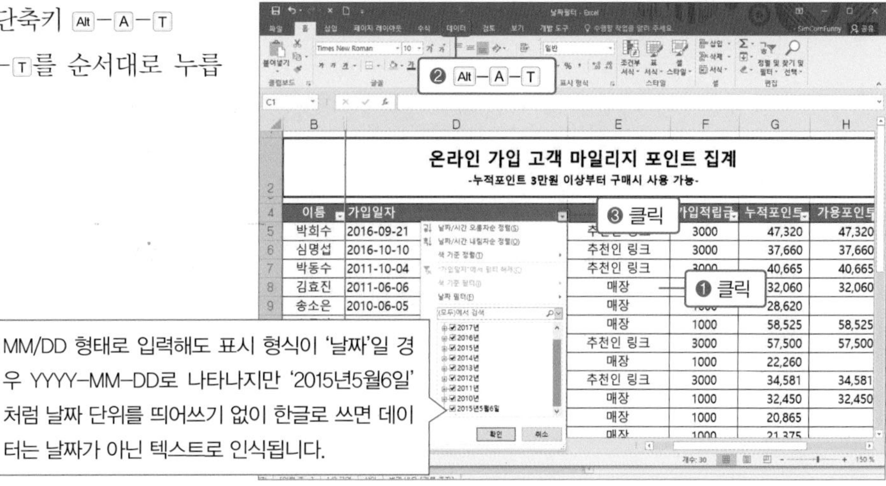

2 문자로 입력된 날짜를 숫자 형식으로 바꾸기 위해 **2015년 5월 6일**처럼 년, 월, 일 사이에 띄어쓰기를 입력하면 숫자형 날짜로 자동 전환됩니다. [D4] 셀의 목록 버튼▼을 클릭해 보면 텍스트로 분리되었던 목록이 2015년 5월 하위 목록에 포함된 것을 알 수 있습니다.

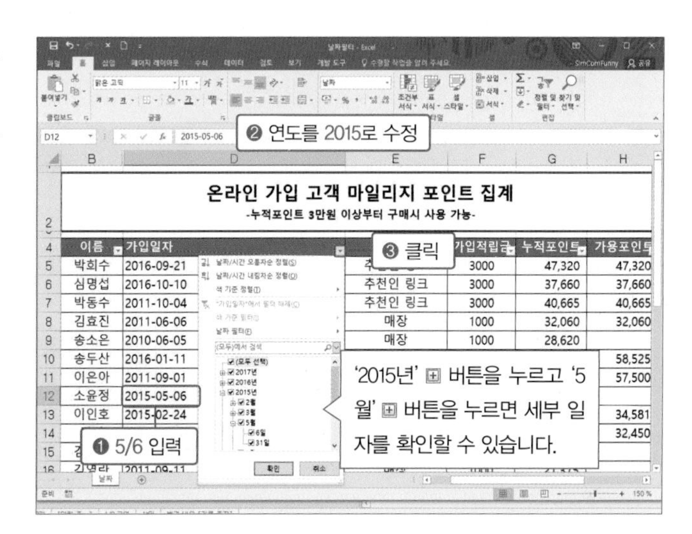

page 문자형식으로 입력된 날짜를 일괄 수정하는 방법은 40쪽을 참고하세요.

| 특정 날짜만 필터링하기

1 2016년 상반기에 가입한 고객을 추출해 보겠습니다. [D4] 셀의 목록 버튼[▾]을 클릭한 후 '모두 선택'의 체크 표시를 없앱니다. '2016년'의 [+] 버튼을 클릭한 후 '1월', '2월', '5월'을 체크 표시합니다.

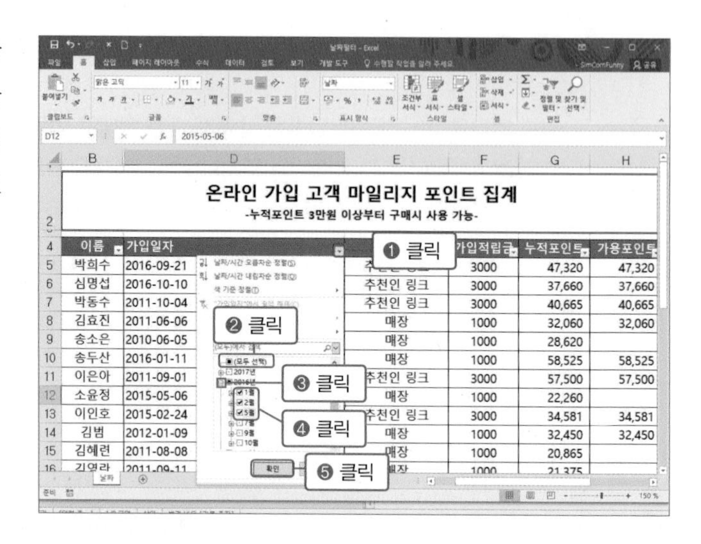

2 2016년 상반기에 가입한 고객 명단이 추출되었습니다. 이번에는 날짜를 체크 표시하지 않고 자동으로 작년의 가입 고객 명단을 추출해 보겠습니다. [D4] 셀의 목록 버튼[▾]을 클릭한 후 [날짜 필터]-[작년]을 클릭합니다.

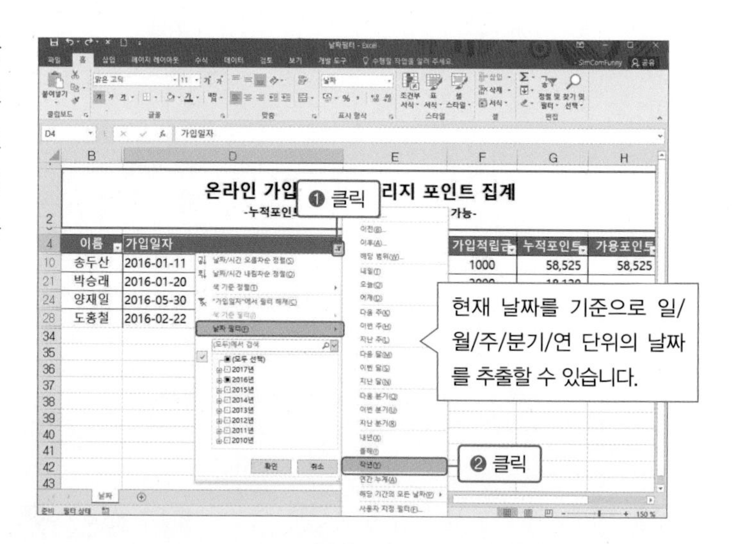

3 앞에서 직접 체크 표시했던 필터 조건이 자동 해제되고, 작년에 가입한 고객만 추출되었습니다.

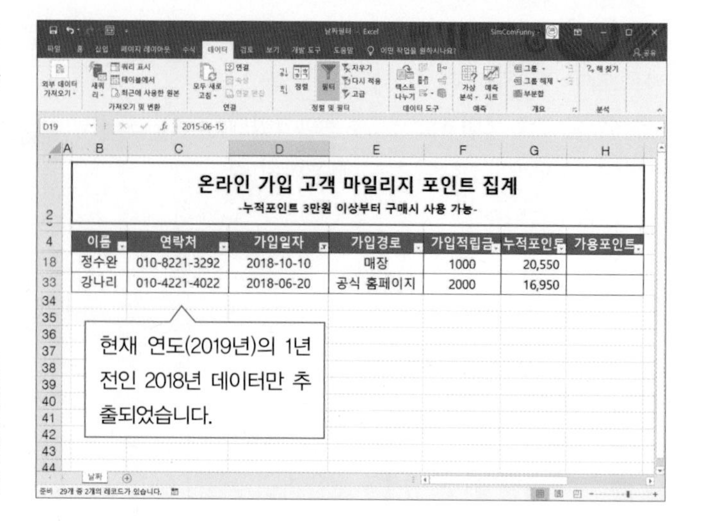

> **TIP**
> 해당 예제가 만들어진 시점은 2019년입니다. '작년', '내년' 등의 추출 결과는 문서를 여는 날짜를 기준으로 합니다.

2007 2010 2013 2016 2019

113 색 기준으로 필터링하기

셀 서식으로 적용된 채우기 색이나 글꼴 색도 필터의 기준이 될 수 있습니다. 예외 사항이나 추후 업데이트가 필요한 정보는 특정 색으로 표시하는 경우가 있는데, 이때 필터 목록의 [색 기준 필터]에서 채우기 색이나 글꼴 색을 기준으로 원하는 데이터만 필터링할 수 있습니다.

예제 파일 Part11\색필터.xlsx **완성 파일** Part11\색필터_완성.xlsx

| 채우기 색 기준으로 추출하기

온라인 가입 고객 중 연락처에 문제가 있어서 채우기 색을 노란색으로 표시한 행만 추출하려고 합니다. [C4] 셀의 목록 버튼 ▼을 클릭한 후 [색 기준 필터]-[셀 색 기준 필터]에서 노란색을 클릭합니다.

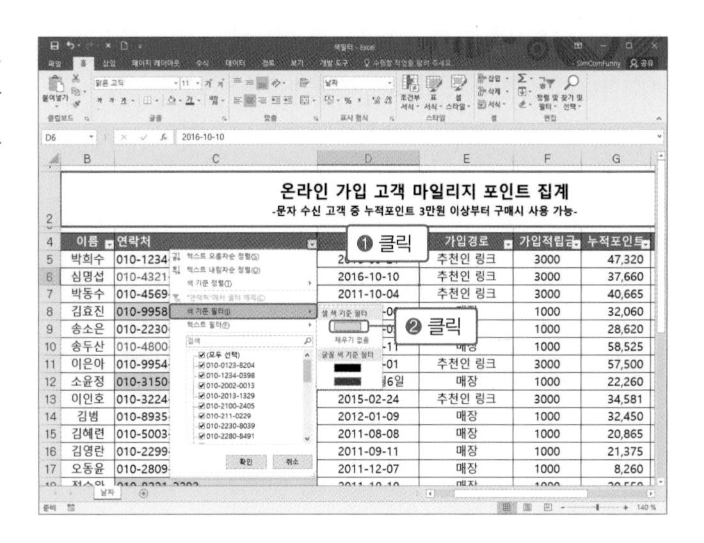

| 글꼴 색 기준으로 추출하기

'누적 포인트'가 3만 점 이상이지만 '문자 수신'을 하지 않는 고객은 포인트 사용이 불가능하여 연락처를 빨간색으로 표시했습니다. 글자 색을 기준으로 해당 고객만 추출하기 위해 [C4] 셀의 목록 버튼▼을 클릭한 후 [색 기준 필터]-[글꼴 색 기준 필터]에서 빨간색을 선택합니다.

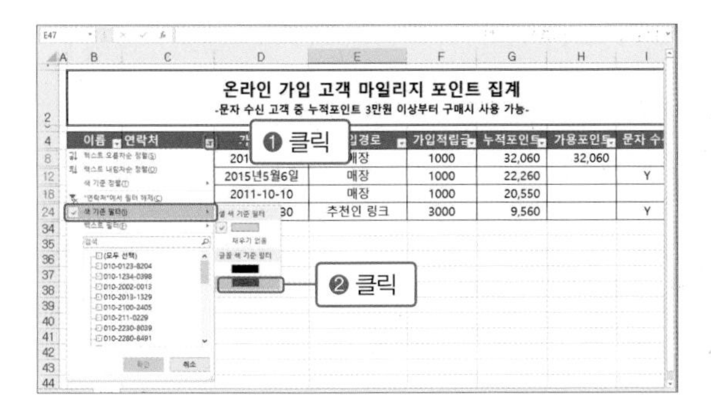

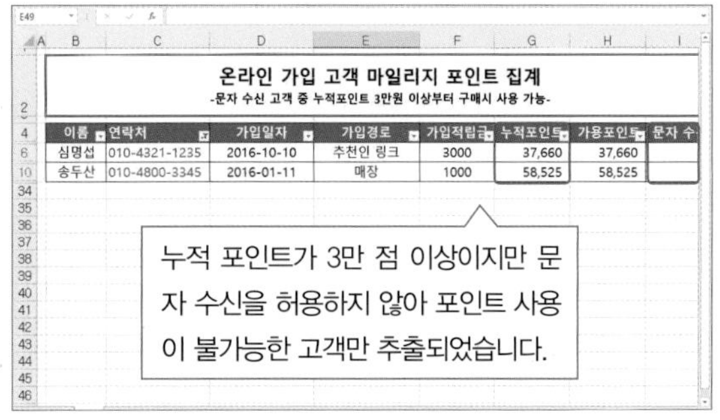

114 고급 필터로 검색 결과를 다른 위치에 복사하기

자동 필터를 적용하면 조건에 맞는 데이터만 남고 나머지 데이터는 숨겨집니다. 고급 필터는 원본 데이터는 그대로 둔 채 필터링된 데이터만 다른 위치에 나타낼 수 있습니다. 목록 버튼에서 필터 목록을 선택하는 것이 아니기 때문에 필터 조건은 따로 입력해야 합니다.

예제 파일 Part11\고급필터.xlsx **완성 파일** Part11\고급필터_완성.xlsx

1 2,000만 원 이상 구매한 여성 고객 중 DM 수신을 허용한 고객 정보만 다른 위치에 표시하려고 합니다. 우선 필터 기준이 되는 필드명과 조건을 다음과 같이 입력합니다.

[J2] 셀 : 성별 [K2] 셀 : 구매금액
[L2] 셀 : DM수신
[J3] 셀 : 여 [K3] 셀 : >=20,000,000
[L3] 셀 : Y

필터 조건은 원문 데이터의 필드명과 동일하게 입력해야 합니다.

성별	구매금액	DM수신
여	>=20000000	Y

입력

2017년 상반기 우수고객 구매 현황

고객명	거주지	성별	등급	구매금액	최근구매월(月)	DM수신
김효진	서울	여	2	10,473,600	2017/05	
강인한	서울	남	V	20,348,650	2017/05	Y
강호실	포항	여	V	21,430,400	2017/06	Y
권순우	광주	남	1	15,681,700	2017/05	
김경원	제주	남	2	14,396,500	2017/06	Y
김광석	인천	남	2	10,690,100	2017/06	Y
김사남	부산	여	2	13,151,100	2017/05	Y
김상우	대구	남	1	17,702,500	2017/05	Y
김석호	경기	남	2	10,009,700	2017/05	Y
김수영	서울	여	V	24,361,800	2017/05	Y

TIP
원본 데이터의 필드명에 입력된 문장부호나 띄어쓰기 등 눈에 잘 띄지 않는 문자를 똑같이 입력하려면 필드명이 입력된 셀을 복사해서 필터 조건에 붙여 넣는 것이 좋습니다.

2 표를 클릭한 후 [데이터] 탭-[정렬 및 필터] 그룹-[고급]을 클릭합니다. [고급 필터] 대화상자가 나타나면 [결과]에서 '다른 장소에 복사'를 선택합니다. [복사 위치]의 빈 칸이 활성화됩니다.

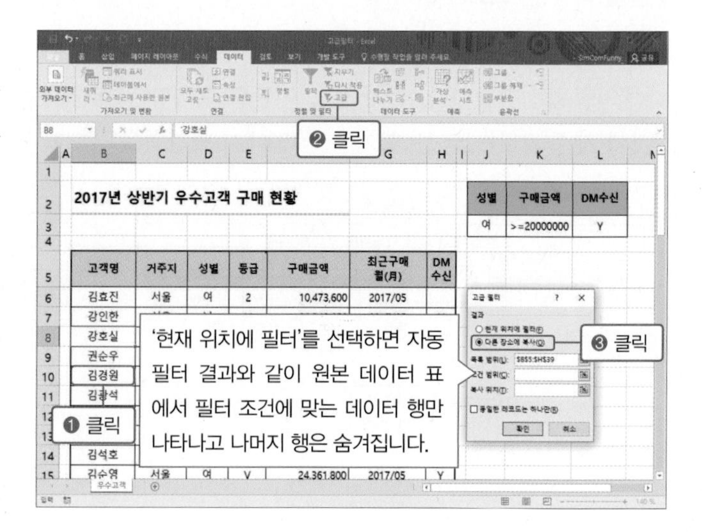

TIP
표를 먼저 선택하고 [고급 필터]를 클릭했기 때문에 '목록 범위'에는 참조할 표 전체의 범위가 나타납니다. 단, 목록 범위의 첫 번째 행은 반드시 필드명이 입력된 셀 범위로 시작해야 합니다.

3 [복사 위치]의 빈 칸을 클릭하고 필터 결과를 표시할 첫 번째 셀인 [J5] 셀을 클릭합니다.

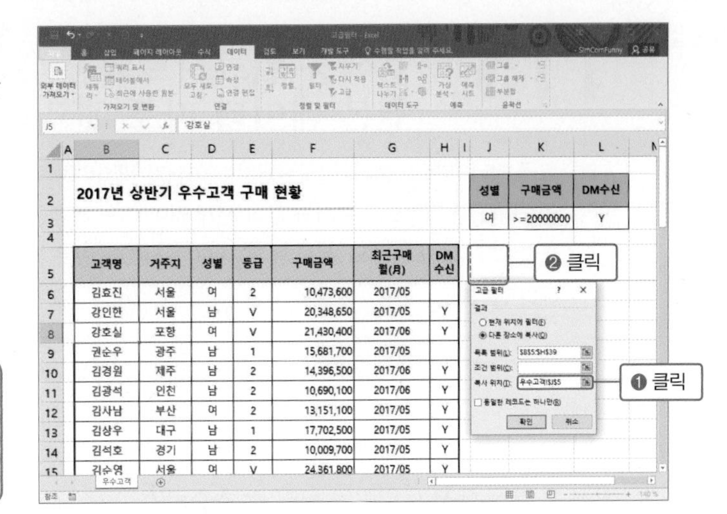

TIP

[복사 위치]는 필터링된 데이터가 표시되는 시작 위치로, 입력될 데이터의 셀 개수를 고려하여 오른쪽과 아래 셀이 비어 있어야 합니다.

4 [조건 범위]의 빈 칸을 클릭하고 필터 조건이 입력된 [J2:L3] 셀을 선택한 후 [확인]을 클릭합니다.

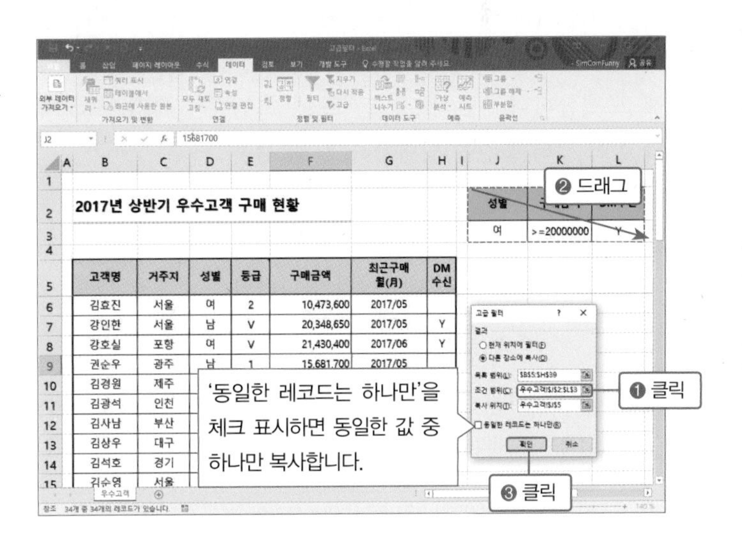

5 [J5] 셀 아래에 조건에 맞는 고객 정보가 추출되었습니다.

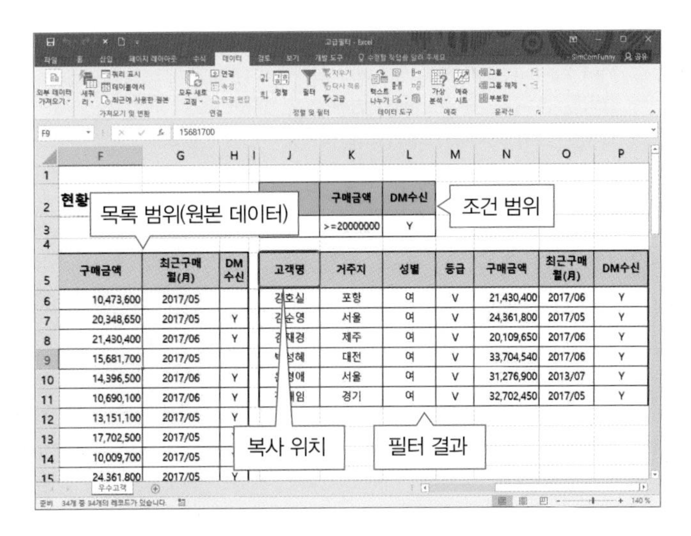

TIP

고급 필터로 추출된 데이터는 값으로 복사되기 때문에 원본 데이터를 수정해도 변하지 않습니다.

115 검색용 워크시트와 원본 데이터 따로 관리하기

고급 필터의 목록 범위가 되는 원본 데이터가 광범위하다면 필터 결과 값을 다른 워크시트에 복사할 수 있습니다. 필터링으로 복사할 값이 전체 열이 아닌 특정 필드라면 복사할 위치에 필드명을 미리 입력해 놓습니다. '복사 위치'와 '목록 범위'가 다른 시트에 있을 경우에는 오류가 나지 않게 설정할 위치를 주의해야 합니다.

예제 파일 Part11\고급필터_검색.xlsx **완성 파일** Part11\고급필터_검색_완성.xlsx

| 빈 셀 또는 특정 문자가 입력된 필터 값 추출하기

1 '원본' 워크시트에서 '이승진' 담당자의 미수금 내역만 '검색' 워크시트에 추출해 보겠습니다. '검색' 워크시트에 그림과 같이 필터 조건을 입력합니다. 빈 셀을 클릭하고 [데이터] 탭–[정렬 및 필터] 그룹–[고급]을 클릭하면 참조 범위가 입력되지 않은 [고급 필터] 대화상자가 나타납니다.

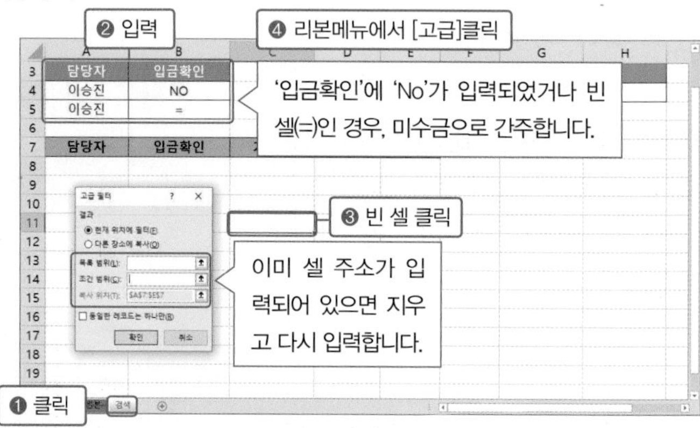

TIP

참조할 [목록 범위]와 필터링 결과를 붙여넣기할 [복사 위치]가 다른 시트일 경우 주의할 점

1. [고급] 버튼은 필터 결과를 표시할 '검색' 워크시트에서 클릭합니다. '원본' 워크시트에서 [고급] 버튼을 클릭하면 [고급 필터] 대화상자의 [복사 위치]를 선택하기 위해 '검색' 워크시트를 클릭했을 때, 다음과 같은 오류 메시지가 나타납니다.

2. [목록 범위]는 필드명과 필드 값을 포함한 2행 이상이어야 합니다. 예를 들어 [A7] 셀만 선택하고 [고급]을 클릭할 경우, 셀 하나만 [목록 범위]로 인식하여 다음과 같은 오류 메시지가 나타납니다.

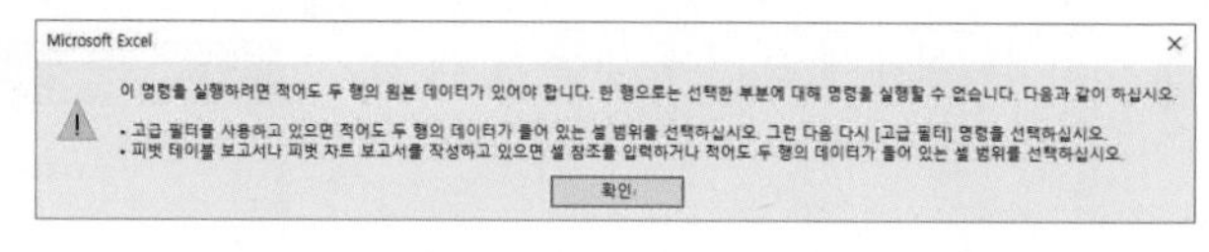

2 [목록 범위]의 빈 칸을 클릭하고 '원본' 워크시트 탭을 클릭합니다. 원본 표로 이동하면 [A3:G35] 셀을 선택합니다. [조건 범위]의 빈 칸을 클릭하고 '검색' 워크시트 탭을 클릭합니다.

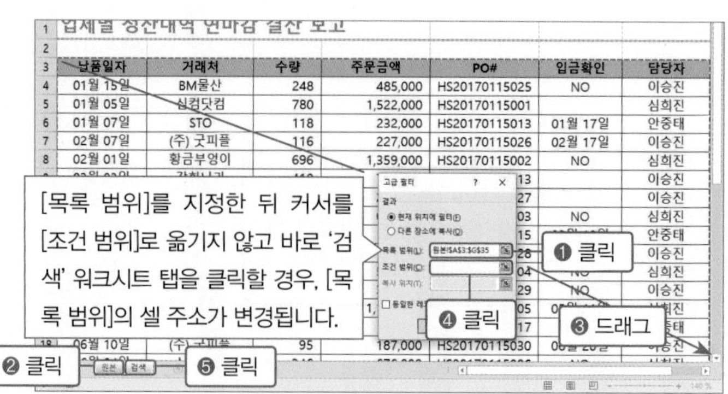

3 '검색' 워크시트 화면에서 조건이 입력된 [A3:B5] 셀을 선택합니다. [결과]에서 '다른 장소에 복사'를 선택하고 [복사 위치]의 빈 칸을 클릭합니다. [A7:E7] 셀을 선택한 후 [확인]을 클릭합니다.

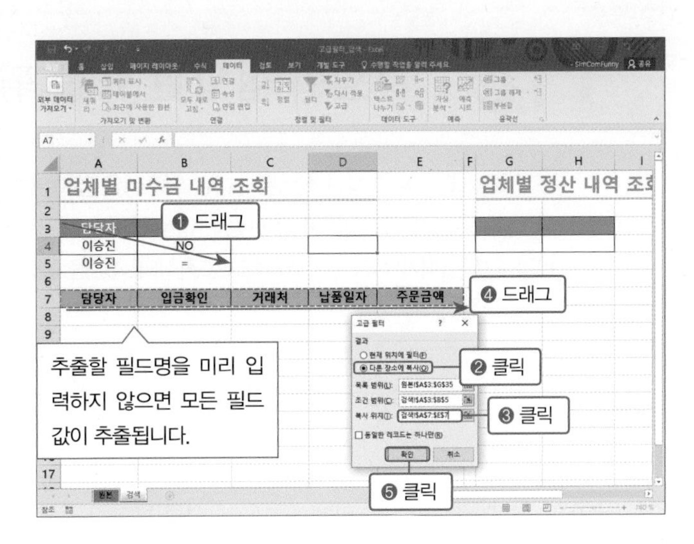

추출할 필드명을 미리 입력하지 않으면 모든 필드 값이 추출됩니다.

4 '원본' 워크시트의 목록 범위에서 필터 조건에 해당하는 필터 값만 추출되었습니다.

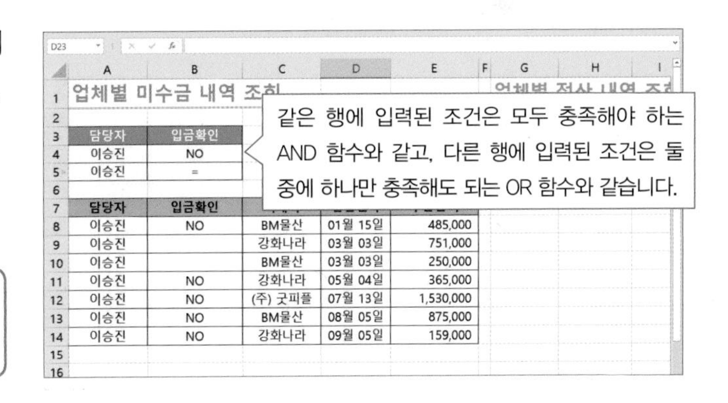

업체별 미수금 내역 조회
같은 행에 입력된 조건은 모두 충족해야 하는 AND 함수와 같고, 다른 행에 입력된 조건은 둘 중에 하나만 충족해도 되는 OR 함수와 같습니다.

TIP

[B5] 셀의 조건 범위를 〈 〉로 입력하면 빈 셀을 제외한 모든 문자를 추출합니다.

| 날짜가 입력된 필드값만 추출하기

[G3:H4] 셀에 다음과 같이 필터 조건을 입력하고 [데이터] 탭–[정렬 및 필터] 그룹–[고급]을 클릭합니다. [고급 필터]의 참조 범위를 다음과 같이 선택하고 [확인]을 클릭합니다. 목록 범위에서 '입금확인'에 날짜가 입력된 정산 내역만 나타납니다.

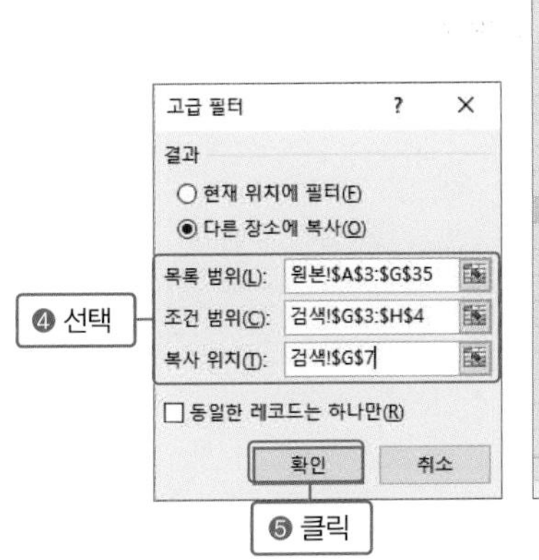

동일한 레코드는 하나만(R)

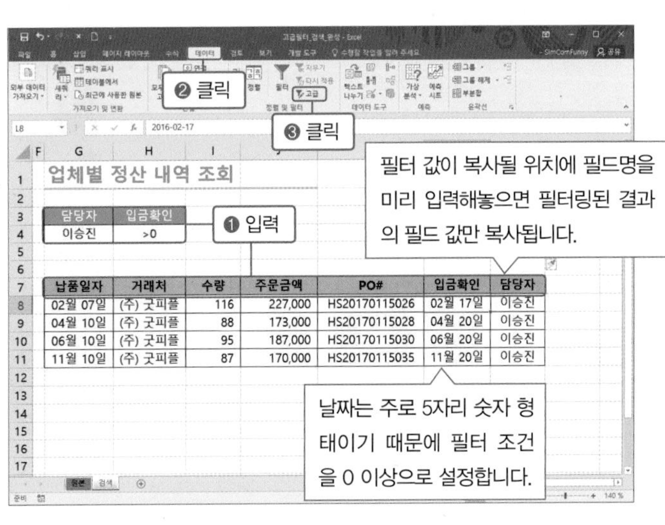

날짜는 주로 5자리 숫자 형태이기 때문에 필터 조건을 0 이상으로 설정합니다.

2007 2010 2013 2016 2019

116 그림이 삽입된 표를 필터링하기

셀의 크기에 맞춰 그림이 삽입된 경우, 같은 행에 입력된 데이터를 필터링해서 그림을 숨길 수 있습니다. 그러나 데이터가 입력된 행만 숨겨지면서 남아 있던 그림이 겹쳐질 때가 있습니다. 이럴 때는 데이터와 같이 필터가 적용될 수 있게 그림 서식의 속성을 설정해야 합니다.

예제 파일 Part11\그림필터.xlsx **완성 파일** Part11\그림필터_완성.xlsx

1 삽입된 그림 하나를 클릭하고 Ctrl+A를 누르면 전체 그림이 선택됩니다. [서식] 탭-[크기] 그룹에서 버튼을 클릭하면 [그림 서식] 작업 창이 나타납니다. [크기 및 속성]의 [속성]에서 '위치와 크기 변함'을 선택하고 닫기 버튼을 클릭합니다.

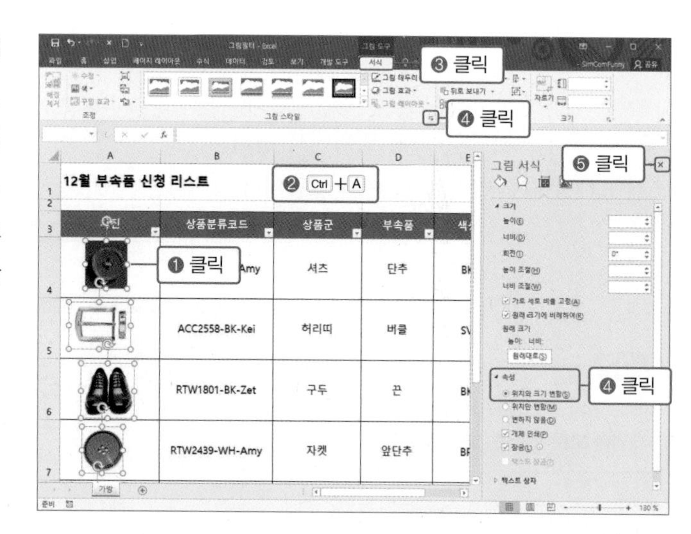

2 [C3] 셀의 목록 버튼을 클릭한 후 '구두'만 체크 표시하고 [확인]을 클릭합니다. 필터링된 데이터의 그림만 나타나는 것을 볼 수 있습니다.

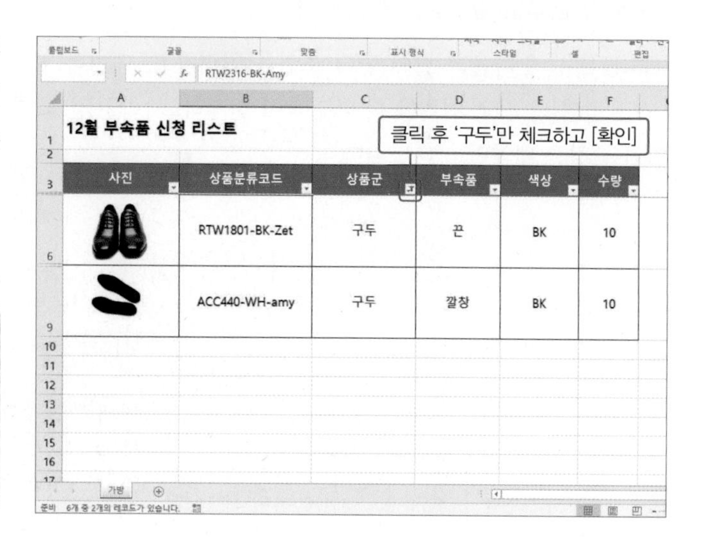

TIP

반대로 셀 값이 없는 빈 행만 선택하고 싶다면 셀의 목록 버튼을 클릭하고, '(필드 값 없음)'에만 체크 표시를 하고 [확인]을 클릭합니다. 필터링된 빈 행만 드래그해서 행을 삭제해도 필터 목록에 숨겨진 데이터 행은 그대로 유지됩니다.

2007 2010 2013 2016 2019

117 SUBTOTAL 함수로 필터 값 계산하기

SUM/AVERAGE 함수 등은 참조 범위의 모든 숫자를 계산에 반영합니다. 문제는 필터나 숨기기, 그룹을 적용해서 일부 행/열이 숨겨져도 참조 범위의 모든 값이 계산에 포함된다는 것입니다. 숨겨진 행을 제외하고 화면에 보이는 셀만 유동적으로 계산하려면 SUBTOTAL 함수를 사용합니다.

예제 파일 Part11\SUBTOTAL함수.xlsx **완성 파일** Part11\SUBTOTAL함수_완성.xlsx

SUBTOTAL 함수

숨겨진 셀을 제외하고 화면에 보이는 데이터 값만 계산합니다. 자동 필터 유무에 따라 옵션 번호는 달라집니다.

=SUBTOTAL(계산 옵션,참조 범위)

계산	함수	옵션 번호	
		자동 필터	자동 필터가 없는 경우
평균	AVERAGE	1	101
숫자 셀 개수	COUNT	2	102
입력된 셀 개수	COUNTA	3	103
최대값	MAX	4	104
최소값	MIN	5	105
곱셈	PRODUCT	6	106
표본의 표준 편차	STDEV	7	107
전체의 표준 편차	STDEVP	8	108
덧셈	SUM	9	109
표본의 분산	VAR	10	110
전체의 분산	VARP	11	111

| 자동 필터로 추출된 행만 합산하기_옵션 번호 9

1 '입금 확인'에 날짜가 입력된 업체의 주문금액을 합산해 보겠습니다. '자동필터' 워크시트의 [G1] 셀에 다음의 수식을 입력하면 합계가 산출됩니다. [F3] 셀의 목록 버튼 ▾을 클릭한 후 '(필드 값 없음)'만 체크 표시를 없애고 [확인]을 클릭합니다.

수식

=SUBTOTAL(9,D4:D35)

[D4:D35] 셀에서 필터로 추출된 셀 값만 더 합니다.

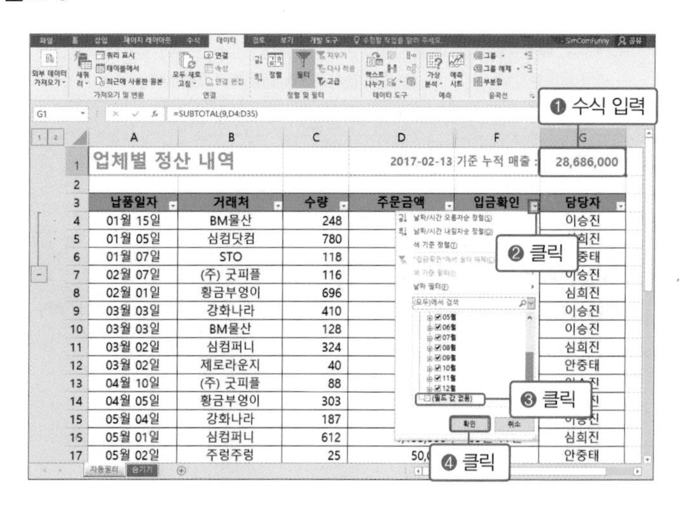

2 입금 확인 날짜가 입력되지 않은 업체 정보는 숨겨지고 화면에 나타난 주문금액만 합산되었습니다. 그룹화된 6행을 숨기기 위해 [1]을 클릭하면 화면에 나타난 주문금액만 다시 계산됩니다.

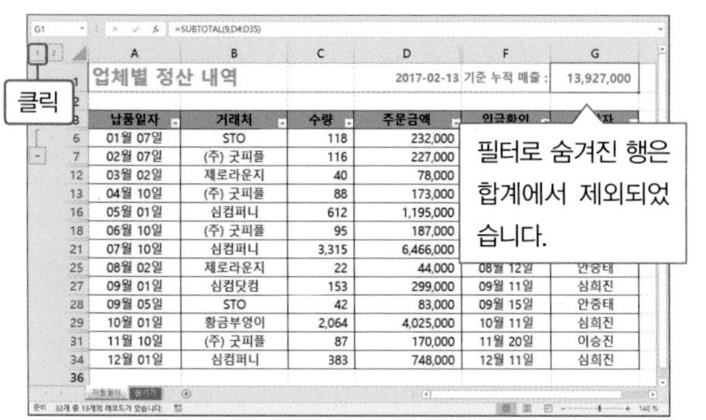

클릭
업체별 정산 내역
2017-02-13 기준 누적 매출 :
13,927,000
필터로 숨겨진 행은 합계에서 제외되었습니다.

그룹 요약으로 숨겨진 행도 합계에서 제외되었습니다.

| 자동 필터가 적용되지 않은 경우, 그룹/숨기기 된 행만 제외하고 합산하기_옵션 번호 109

1 '숨기기' 워크시트의 [G1] 셀에는 SUBTOTAL 함수가 입력되었으나 자동 필터는 적용되지 않았습니다. [1]을 클릭해서 그룹화된 4~6행을 숨깁니다. 14행에서 마우스 오른쪽 버튼을 눌러서 [숨기기]를 클릭합니다. 그룹 요약과 숨기기로 화면에 나타난 주문금액이 축소되었지만 [G1] 셀의 합계 값은 변하지 않습니다.

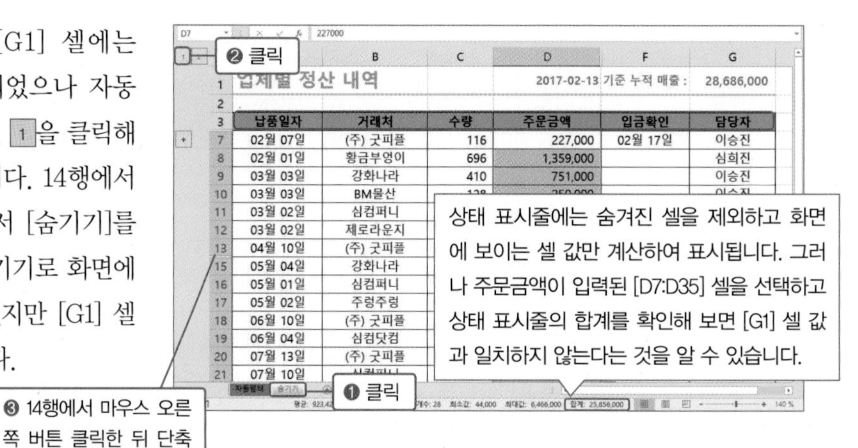

❷ 클릭
업체별 정산 내역
2017-02-13 기준 누적 매출 :
28,686,000
상태 표시줄에는 숨겨진 셀을 제외하고 화면에 보이는 셀 값만 계산하여 표시됩니다. 그러나 주문금액이 입력된 [D7:D35] 셀을 선택하고 상태 표시줄의 합계를 확인해 보면 [G1] 셀 값과 일치하지 않는다는 것을 알 수 있습니다.
❶ 클릭
❸ 14행에서 마우스 오른쪽 버튼 클릭한 뒤 단축 메뉴에서 [숨기기] 클릭

2 [G1] 셀의 함수식에서 첫 번째 인수를 **109**로 수정하고 Enter를 누르면 [G1] 셀의 합계 값이 변경됩니다.

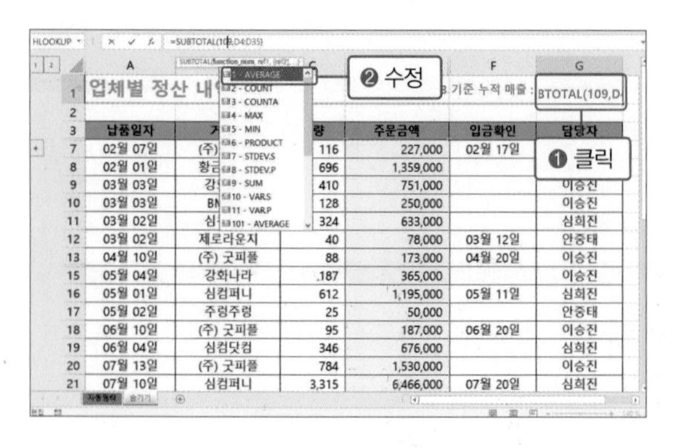

❷ 수정
❶ 클릭
업체별 정산 내역

드래그

[D7:D35] 셀을 선택해서 상태 표시줄의 합계를 확인해 보면 [G1] 셀 값과 일치하는 것 을 알 수 있습니다.

Step 4

데이터 분석의 끝판왕

피벗 테이블

1년 치 데이터를 1분 안에 업데이트해서 비교 분석하려면? 피벗 테이블을 반드시 배워두세요. 차곡차곡 쌓아둔 원본 데이터를 기간별, 항목별로 분석하는 데 피벗 테이블만 한 도구가 없습니다. 피벗 테이블에 추가할 항목 위치만 옮겨주면 함수에 자신 없는 분이라도 수십 년 치 자료를 순식간에 요약할 수 있습니다. 피벗 차트와 슬라이서 기능을 추가하면 좀 더 깔끔하고 효율적인 보고서를 완성할 수 있습니다.

Preview

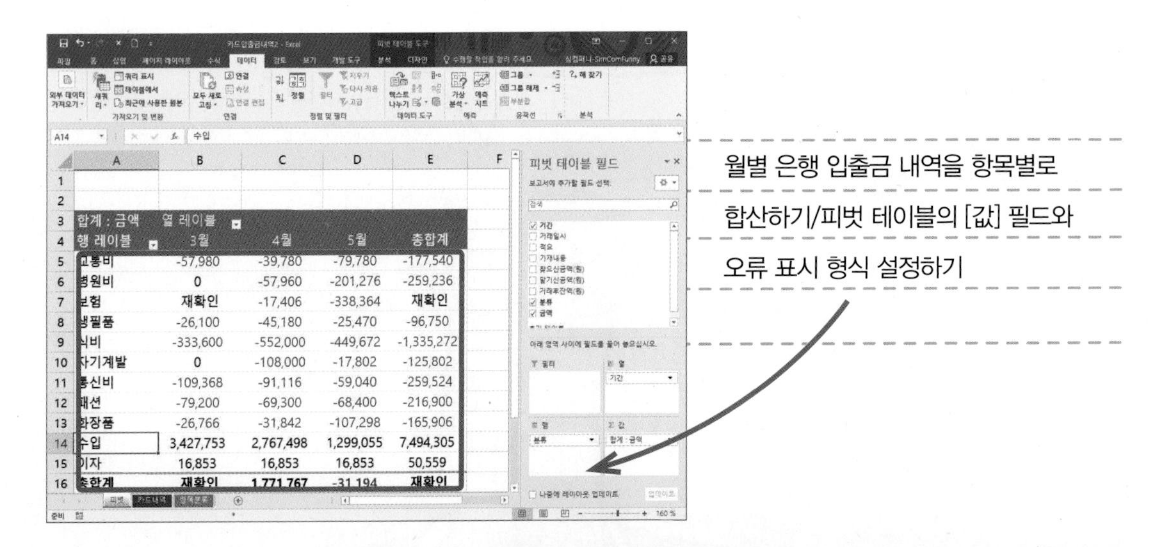

합계 : 금액	열 레이블			
행 레이블	3월	4월	5월	총합계
교통비	-57,980	-39,780	-79,780	-177,540
병원비	0	-57,960	-201,276	-259,236
보험	재확인	-17,406	-338,364	재확인
생필품	-26,100	-45,180	-25,470	-96,750
식비	-333,600	-552,000	-449,672	-1,335,272
자기계발	0	-108,000	-17,802	-125,802
통신비	-109,368	-91,116	-59,040	-259,524
패션	-79,200	-69,300	-68,400	-216,900
화장품	-26,766	-31,842	-107,298	-165,906
수입	3,427,753	2,767,498	1,299,055	7,494,305
이자	16,853	16,853	16,853	50,559
총합계	재확인	1,771,767	-31,194	재확인

월별 은행 입출금 내역을 항목별로 합산하기/피벗 테이블의 [값] 필드와 오류 표시 형식 설정하기

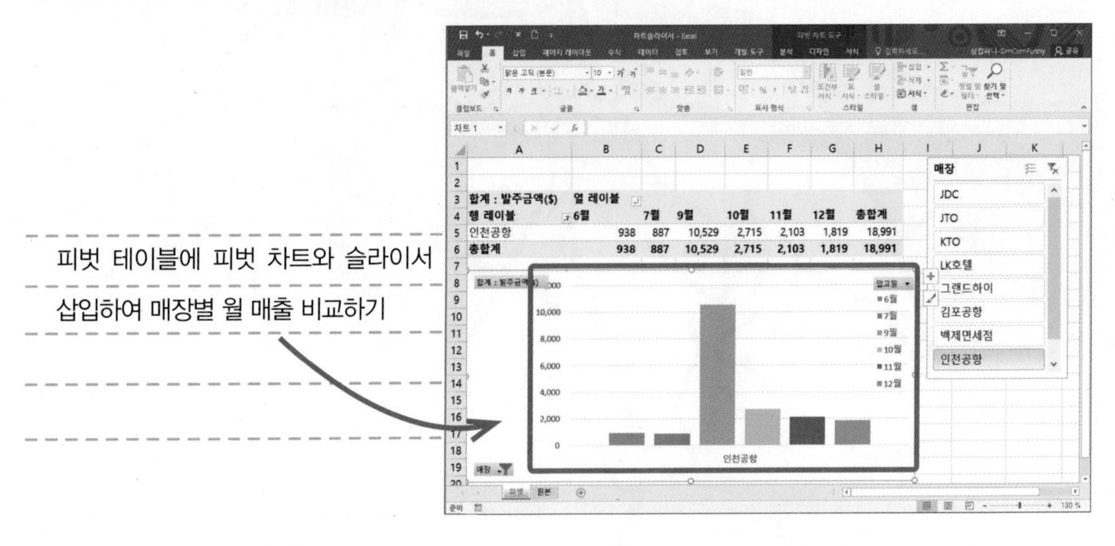

합계 : 발주금액($)	열 레이블						
행 레이블	6월	7월	9월	10월	11월	12월	총합계
인천공항	938	887	10,529	2,715	2,103	1,819	18,991
총합계	938	887	10,529	2,715	2,103	1,819	18,991

피벗 테이블에 피벗 차트와 슬라이서 삽입하여 매장별 월 매출 비교하기

118 피벗 테이블 이해하기

피벗 테이블(Pivot table)은 대량의 데이터를 요약하고 분석하는 데 효율적인 도구입니다. 특정 항목만 추출하여 계산한다는 측면에서 필터와 부분합, SUMIF 함수 등의 기능과 유사합니다. 원본 데이터에서 분석할 항목만 분류하여 표를 재구성하기 때문에 별도의 요약 보고서로 활용하기에 좋습니다.

| 일반 표와 피벗 테이블의 차이점

피벗 테이블은 원본 데이터가 입력된 일반 표를 바탕으로 표를 재배열하거나 요약 결과를 표시합니다. 피벗 테이블을 클릭하면 오른쪽에 [피벗 테이블 필드] 작업 창이 나타납니다. 여기서 '필드'는 원본 데이터의 첫 행인 필드명으로 표시됩니다.

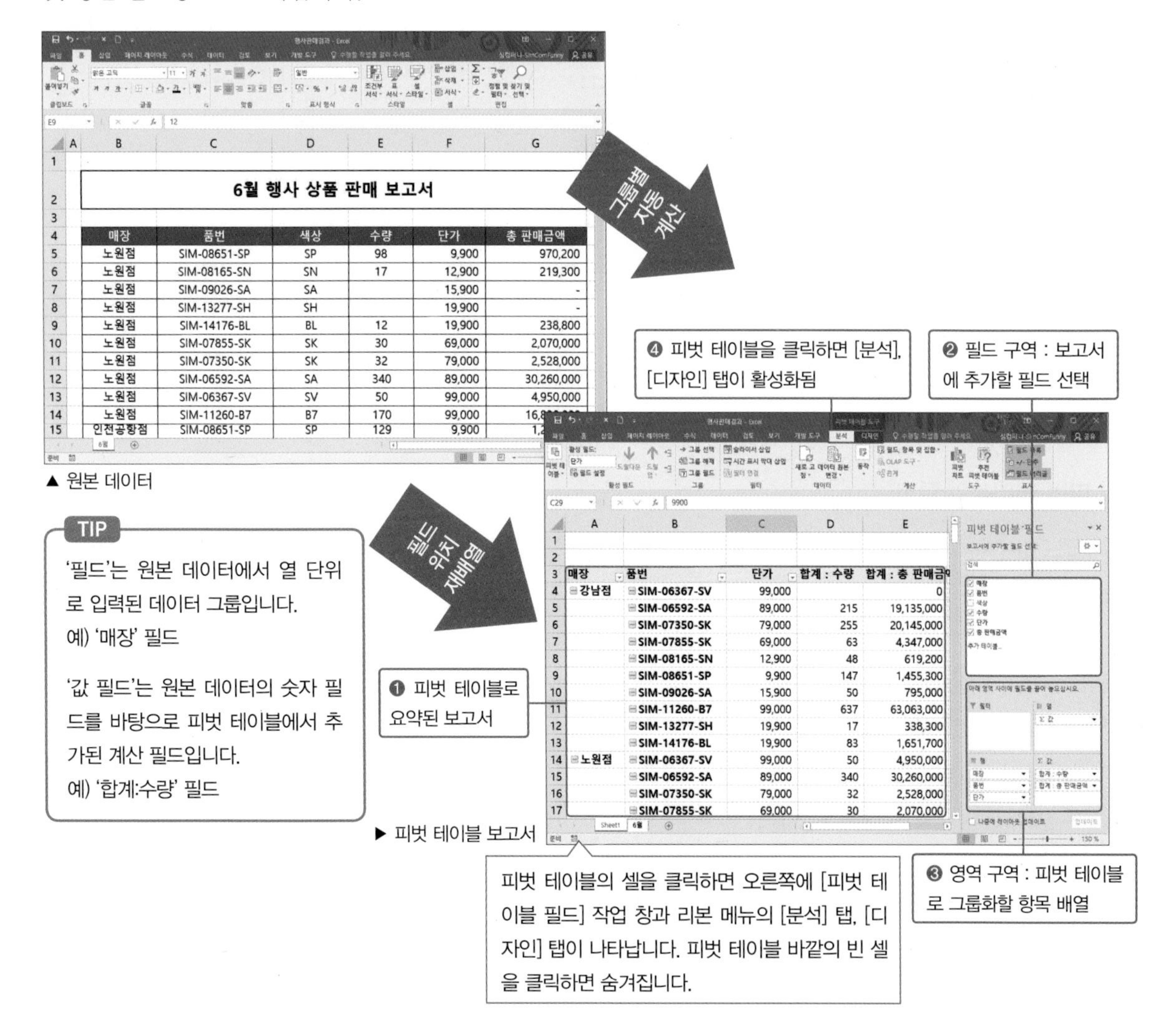
6월 행사 상품 판매 보고서
그룹별 자동 계산
필드 위치 재배열
❹ 피벗 테이블을 클릭하면 [분석], [디자인] 탭이 활성화됨
❷ 필드 구역 : 보고서에 추가할 필드 선택
❶ 피벗 테이블로 요약된 보고서
❸ 영역 구역 : 피벗 테이블로 그룹화할 항목 배열
피벗 테이블의 셀을 클릭하면 오른쪽에 [피벗 테이블 필드] 작업 창과 리본 메뉴의 [분석] 탭, [디자인] 탭이 나타납니다. 피벗 테이블 바깥의 빈 셀을 클릭하면 숨겨집니다.

▲ 원본 데이터

▶ 피벗 테이블 보고서

TIP

'필드'는 원본 데이터에서 열 단위로 입력된 데이터 그룹입니다.
예) '매장' 필드

'값 필드'는 원본 데이터의 숫자 필드를 바탕으로 피벗 테이블에서 추가된 계산 필드입니다.
예) '합계:수량' 필드

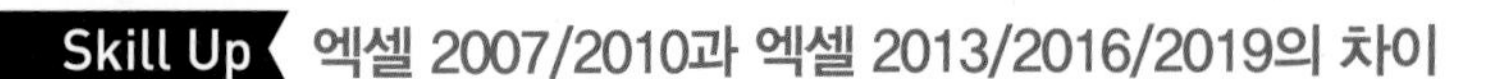

Skill Up
엑셀 2007/2010과 엑셀 2013/2016/2019의 차이

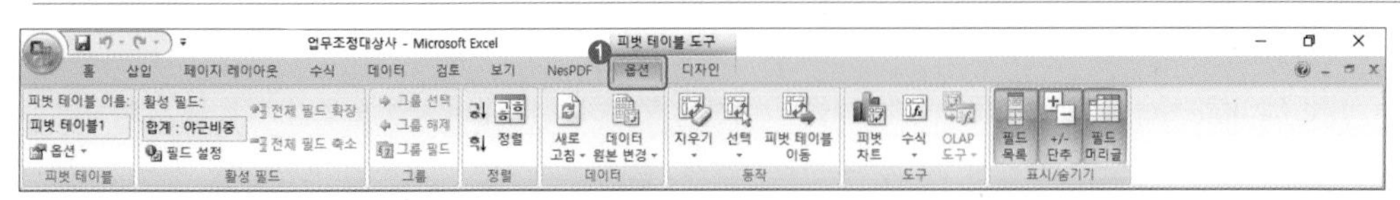

▲엑셀 2007의 [옵션] 탭

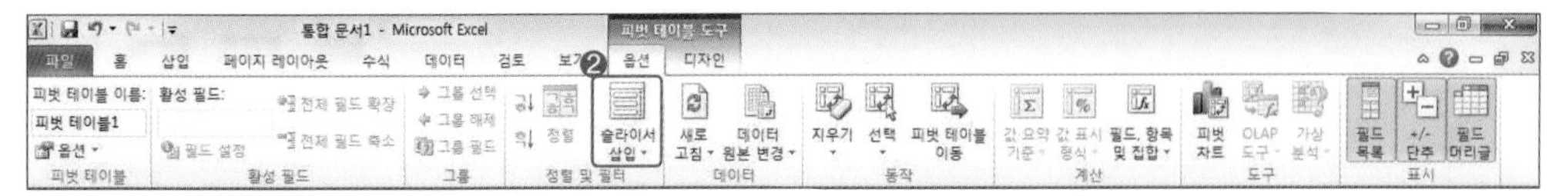

▲엑셀 2010의 [옵션] 탭

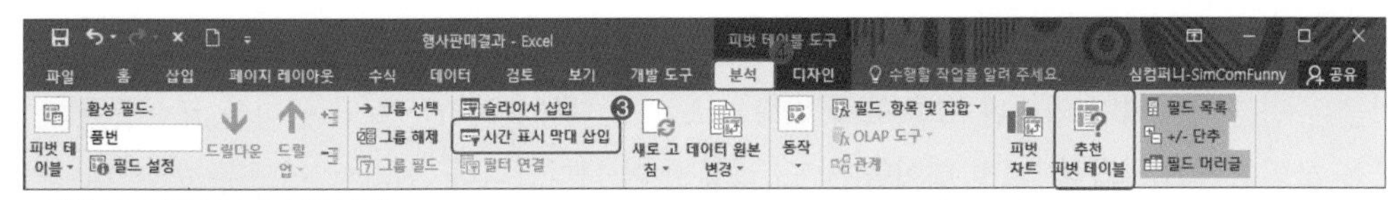

▲엑셀 2013/2016/2019의 [분석] 탭

❶ 엑셀 2007/2010에서는 [분석] 탭 대신 [옵션] 탭이 나타납니다.

❷ 엑셀 2010부터 [옵션] 탭에 슬라이서 기능이 추가되었습니다.

❸ 엑셀 2013부터 [분석] 탭에 [시간 표시 막대]와 [추천 피벗 테이블]이 추가되고 [정렬]이 생략되었습니다.

❹ 엑셀 2019 이상에서는 피벗 테이블을 클릭할 때 나오는 [분석] 탭이 [피벗 테이블 분석]으로 명칭만 바뀌었습니다.

❺ 엑셀 2007/2010의 '보고서 필터', '행 레이블, '열 레이블'로 표시된 영역 구역이 '필터', '행', '열'로 간단히 바뀌었습니다.

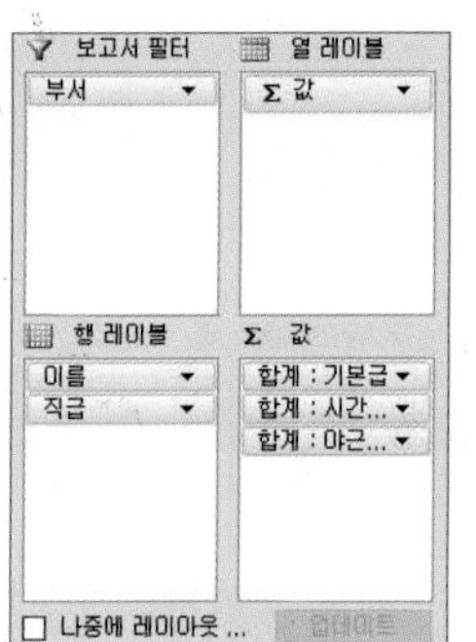

▲ 엑셀 2007/2010 영역 구역

▲ 엑셀 2013/2016/2019 영역 구역

| 피벗 테이블의 특징

– 필드 값 간편 계산

숫자가 입력된 필드를 [값] 영역에 추가하면 수식을 입력하지 않아도 합계, 개수, 평균, 최대값 등을 구할 수 있습니다. 계산 유형을 변경하려면 해당 필드 위에서 마우스 오른쪽 버튼을 클릭한 뒤 단축 메뉴의 [값 요약 기준]에서 계산 유형을 선택합니다.

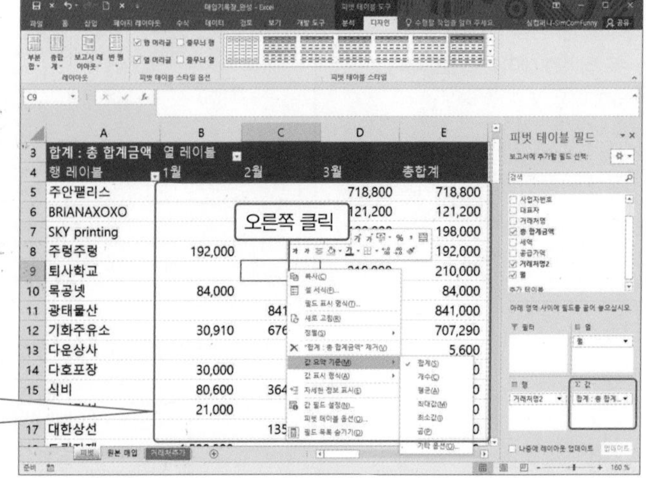

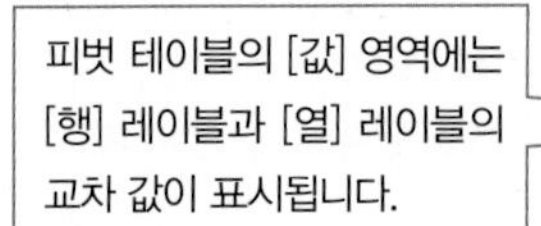

피벗 테이블의 [값] 영역에는
[행] 레이블과 [열] 레이블의
교차 값이 표시됩니다.

– 필드 위치 조정

[피벗 테이블 필드] 작업 창에서 필드명에 체크 표시를 하거나 [행] 영역과 [열] 영역으로 드래그하면 원본 데이터 표의 구성을 쉽게 바꿀 수 있습니다.

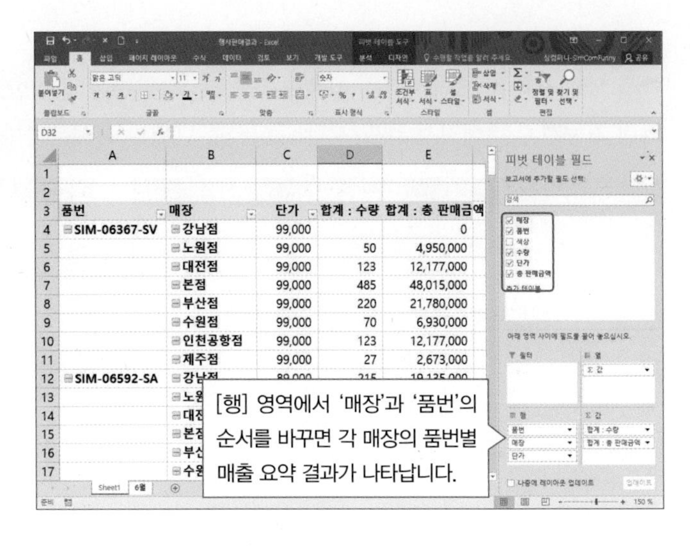

[행] 영역에서 '매장'과 '품번'의
순서를 바꾸면 각 매장의 품번별
매출 요약 결과가 나타납니다.

– 데이터의 그룹화

피벗 테이블에서는 필드를 추가한 순서에 따라 데이터가 그룹화됩니다. 날짜/시간 형식으로 입력한 데이터는 초/분/시/일/월/분기/연 단위로 그룹화해서 볼 수 있습니다.

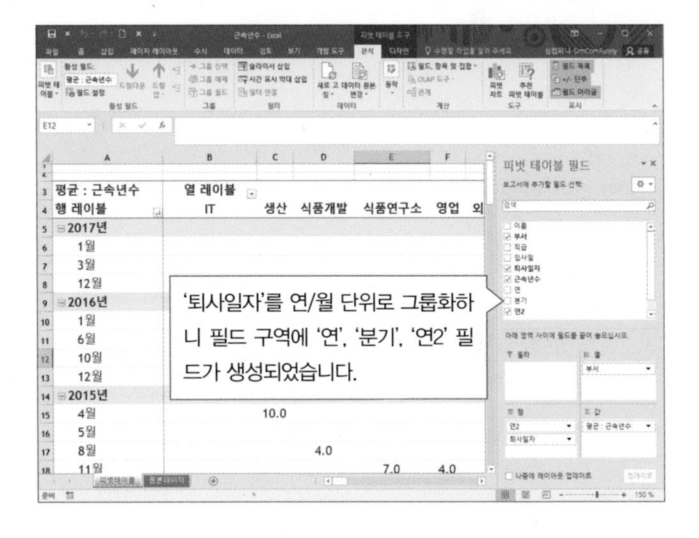

page 자세한 내용은 248쪽을 참고하세요.

'퇴사일자'를 연/월 단위로 그룹화하
니 필드 구역에 '연', '분기', '연2' 필
드가 생성되었습니다.

– 정렬과 필터 기능

피벗 테이블은 [필터] 영역에 필드를 추가해서 필터 메뉴를 따로 만들 수 있습니다.

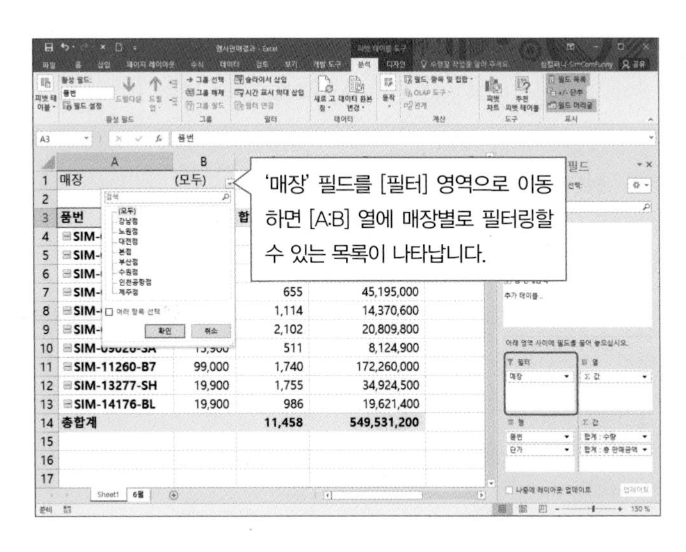

page 자세한 내용은 251쪽을 참고하세요.

'매장' 필드를 [필터] 영역으로 이동
하면 [A:B] 열에 매장별로 필터링할
수 있는 목록이 나타납니다.

– 슬라이서와 시간 표시 막대를 이용한 필터링

엑셀 2010부터는 슬라이서를 이용해서 필터 목록 창을 삽입할 수 있습니다. 엑셀 2013부터는 시간 표시 막대 기능까지 더해져서 날짜/시간 데이터를 단위별로 세분화하기가 쉬워졌습니다.

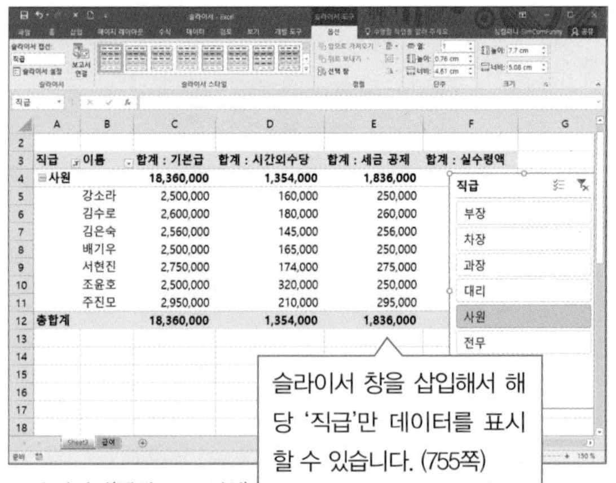

슬라이서 창을 삽입해서 해당 '직급'만 데이터를 표시할 수 있습니다. (755쪽)

▲ 슬라이서(엑셀 2010 이상)

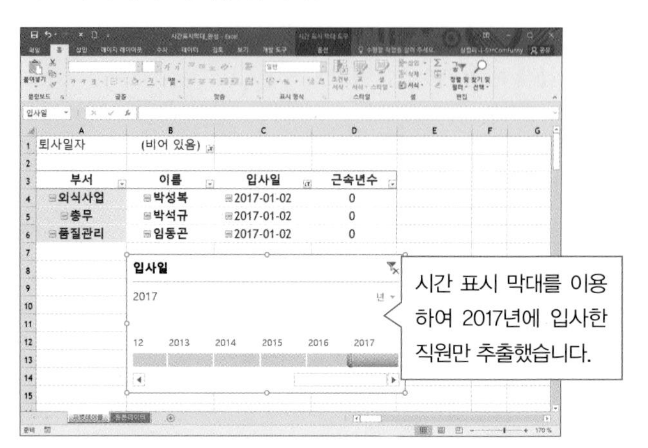

시간 표시 막대를 이용하여 2017년에 입사한 직원만 추출했습니다.

▲ 시간 표시 막대(엑셀 2013 이상)

page 시간 표시 막대에 대한 자세한 내용은 254쪽을 참고하세요.

| 피벗 테이블을 만들 때 주의할 점

1 피벗 테이블이 참조하는 원본 데이터의 첫 행에는 필드명이 입력되어야 합니다. 필드명이 입력되지 않으면 아래에 세부 데이터가 있더라도 피벗 테이블에서 필드를 추가할 수 없습니다.

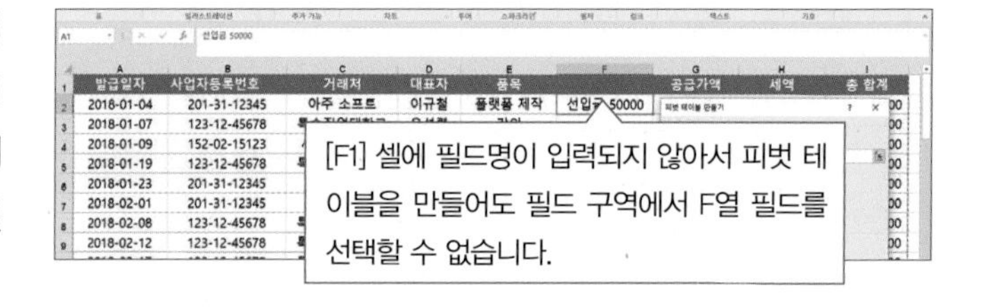

[F1] 셀에 필드명이 입력되지 않아서 피벗 테이블을 만들어도 필드 구역에서 F열 필드를 선택할 수 없습니다.

2 데이터 원본 범위에는 빈 행이 포함되지 않는 것이 좋습니다. 원본 데이터에 빈 행이 있으면 '(비어 있음)'이라는 불필요한 항목이 나타납니다.

page 원본 데이터 범위를 수정하는 방법은 242쪽을 참고하세요.

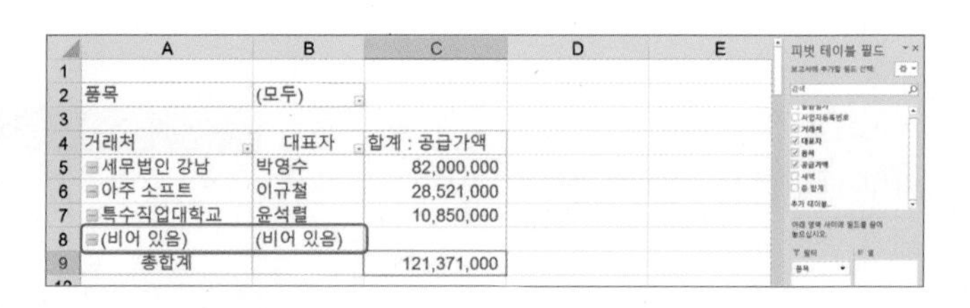

3 원본 데이터가 수정되었을 때는 [모두 새로 고침] 또는 [새로 고침]을 적용해야 피벗 테이블 값이 업데이트됩니다.

page 수정된 원본 데이터를 적용하는 방법은 240쪽을 참고하세요.

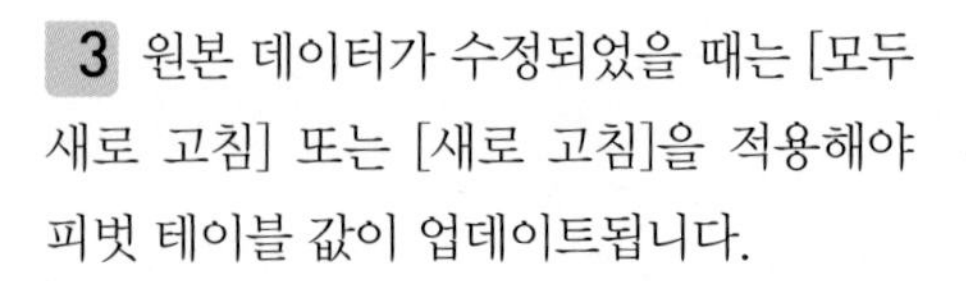

119 피벗 테이블로 요약 보고서 만들기

피벗 테이블은 데이터의 특정 행과 열을 재구성하는 데 용이하고 그룹화된 값을 빠르게 계산합니다. 대량의 데이터 표에서 특정 항목의 총 합계를 계산하려면 SUMIF 함수를 입력할 수도 있지만, 피벗 테이블을 이용하면 새 워크시트에 데이터의 요약 결과만 나타낼 수 있습니다.

예제 파일 Part12\행사판매결과.xlsx **완성 파일** Part12\행사판매결과_완성.xlsx

1 각 매장의 품번별 총 판매금액을 요약하려고 합니다. 엑셀 표를 클릭한 후 [삽입] 탭–[표] 그룹–[피벗 테이블]을 클릭합니다.

page 원본 데이터를 엑셀 표로 변경하는 방법은 84쪽을 참고하세요.

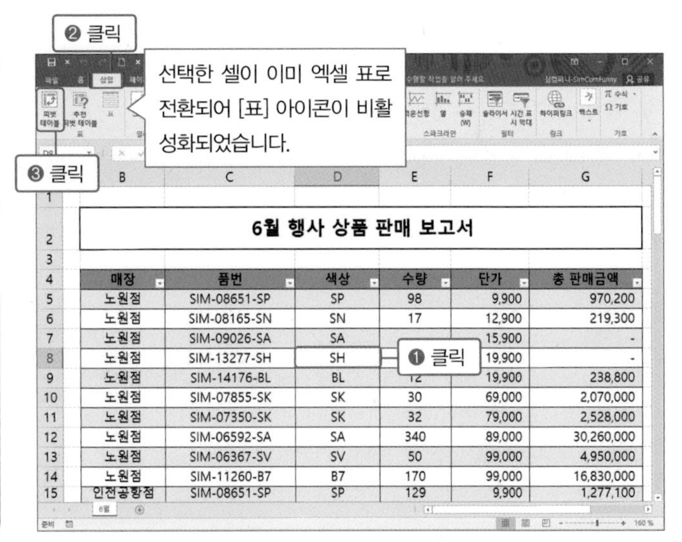

TIP

원본 데이터는 엑셀 표로 전환한 후 피벗 테이블로 만드는 것이 좋습니다. 엑셀 표는 데이터가 입력된 셀을 기준으로 표의 범위를 자동 확장/축소하기 때문에 원본 데이터가 추가/삭제되더라도 피벗 테이블의 참조 범위를 재설정하지 않아도 됩니다.

2 [피벗 테이블 만들기] 대화상자의 '표 또는 범위 선택'에 표 이름이 자동으로 선택되었습니다. 피벗 테이블 보고서를 넣을 위치를 '새 워크시트'로 하고 [확인]을 클릭합니다.

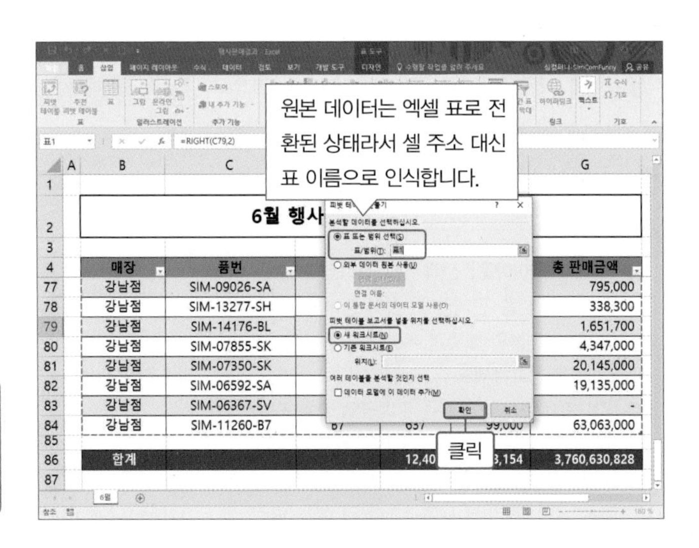

TIP

엑셀 2013 이상은 [추천 피벗 테이블]을 선택해서 원본 데이터의 구성에 맞는 레이아웃을 쉽게 선택할 수 있습니다.

3 화면이 새 워크시트로 이동합니다. 워크시트 왼쪽에는 빈 피벗 테이블 보고서가, 오른쪽에는 [피벗 테이블 필드] 창이 나타납니다. 필드 구역에서 '매장', '품번', '단가', '총 판매금액'을 체크 표시합니다.

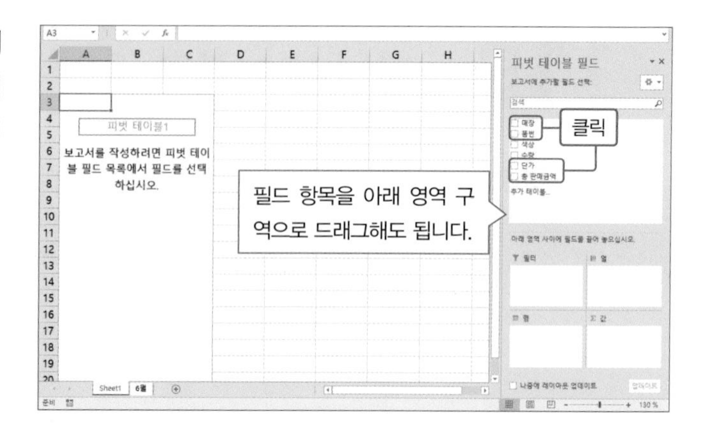

4 체크 표시된 필드는 데이터 유형에 따라 영역 구역에 자동 추가됩니다. '단가' 필드는 합계 값이 아닌 원본 데이터에 입력된 가격만 그대로 표시하면 되므로 [값]의 '합계:단가'를 [행]의 '품번' 아래로 드래그합니다. '매장'은 [필터]로 드래그합니다.

TIP

필드 구역에서 필드 이름에 체크 표시를 하면 데이터의 형식에 따라 영역 구역의 [행]이나 [값]에 자동 추가됩니다. 기본적으로 계산이 가능한 숫자는 [값]에, 텍스트, 날짜, 시간 등은 [행]에 추가됩니다.

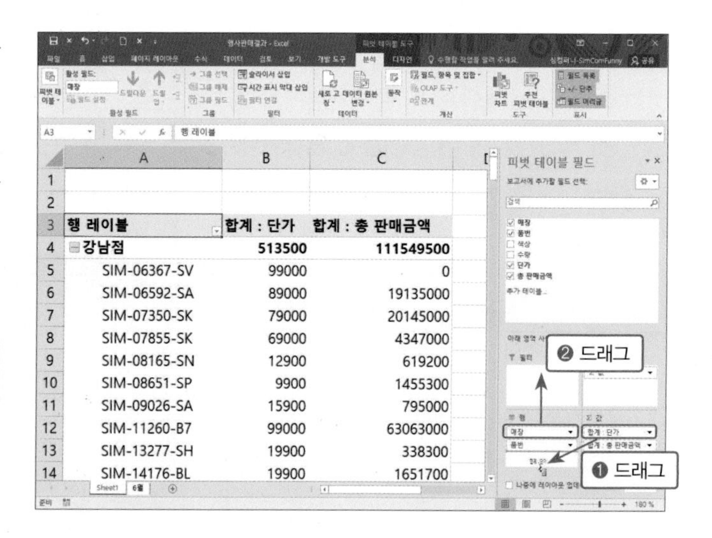

5 전체 매장의 '품번'과 '단가'가 A열의 행 레이블에 배열되고 '총 판매금액'의 합계가 B열에 나타납니다.

TIP

❶ **[보고서 레이아웃] 선택** : 행 레이블의 '품번'과 '단가'의 [총 판매금액] 값이 중복되었습니다. 행 레이블의 배열과 부분합을 수정하려면 235쪽을 참고하세요.

❷ **[값] 표시 형식 변경** : '총 판매금액'에 천 단위 구분기호를 표시하려면 239쪽을 참고하세요.

❸ **[피벗 테이블 필드] 작업 창 닫기** : 피벗 테이블을 클릭하면 나타나고, 그 외의 셀을 클릭하면 숨겨집니다. [닫기] 버튼을 누르거나 [분석] 탭-[표시] 그룹-[필드 목록]을 클릭하면 목록을 숨기거나 다시 펼칠 수 있습니다.

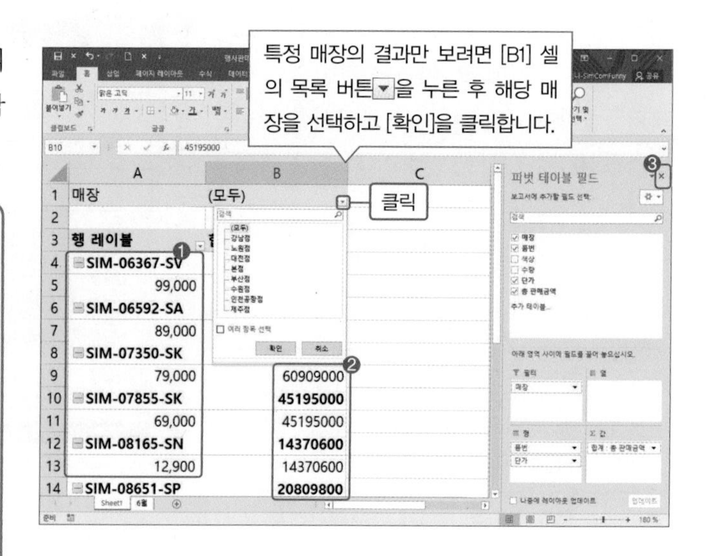

120 보고서 레이아웃 및 디자인 변경하기

피벗 테이블의 기본 레이아웃은 압축 형식으로 표시됩니다. 그룹화된 행 레이블의 위치나 빈 행을 처리하는 방식을 설정하려면 레이아웃을 변경합니다. 피벗 테이블은 표의 속성을 가지므로 자동으로 계산된 부분합을 추가하거나 삭제할 수 있고, 디자인을 일괄 적용할 수 있습니다.

예제 파일 Part12\보고서 레이아웃.xlsx 완성 파일 Part12\보고서 레이아웃_완성.xlsx

| 보고서 레이아웃 종류 살펴보기

피벗 테이블을 클릭하고 [디자인] 탭-[레이아웃] 그룹-[보고서 레이아웃]을 클릭하면 레이아웃 형식과 반복되는 데이터의 표시 여부를 설정할 수 있습니다.

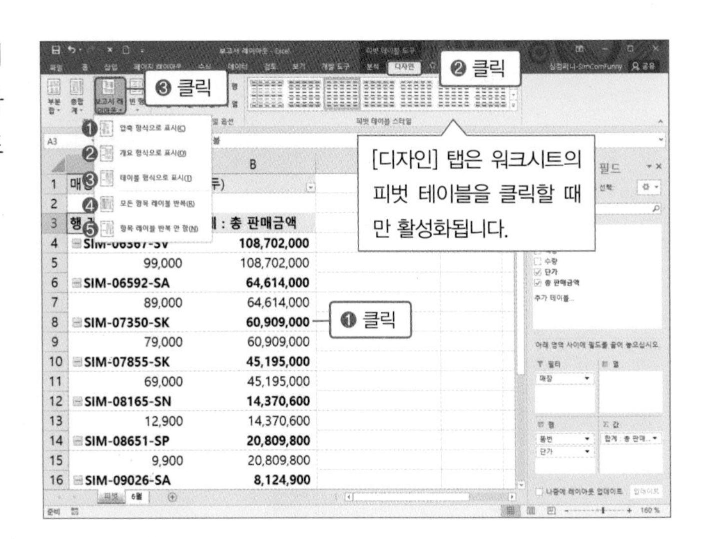
③ 클릭
② 클릭
① 클릭
[디자인] 탭은 워크시트의 피벗 테이블을 클릭할 때만 활성화됩니다.

❶ **압축 형식으로 표시** : 피벗 테이블의 기본 형식. [행]에 추가된 필드는 A열에 일렬로 그룹화해서 나타납니다.

❷ **개요 형식으로 표시** : [행]에 추가된 필드는 각각의 열에 따로 표시됩니다.

❸ **테이블 형식으로 표시** : [행]에 추가된 필드는 같은 행, 다른 열에 표시되어 한 줄로 압축됩니다. 각 [행]의 필드별로 요약 행이 생성됩니다. 요약 행을 생략하려면 [부분합]-[부분합 표시 안 함]을 선택합니다.

❹❺ **모든 항목 레이블 반복/항목 레이블 반복 안 함** : 그룹화된 레이블에 빈 행이 나타나면 바로 위에 입력된 데이터를 반복해서 표시하거나 생략합니다.

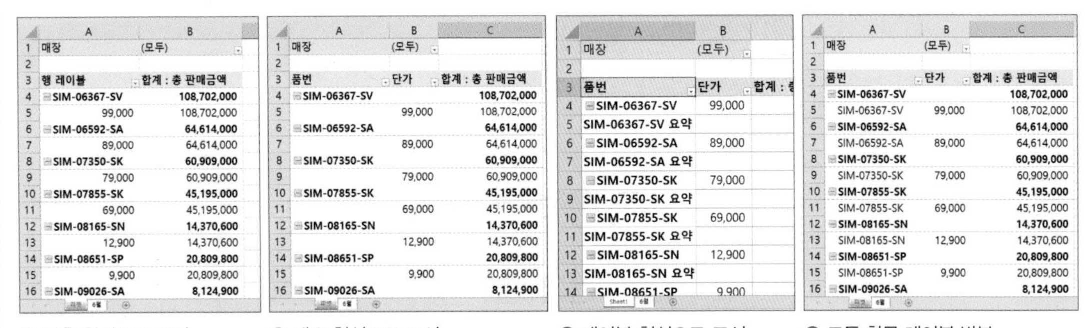

	A	B
1	매장	(모두)
2		
3	행 레이블	합계 : 총 판매금액
4	SIM-06367-SV	108,702,000
5	99,000	108,702,000
6	SIM-06592-SA	64,614,000
7	89,000	64,614,000
8	SIM-07350-SK	60,909,000
9	79,000	60,909,000
10	SIM-07855-SK	45,195,000
11	69,000	45,195,000
12	SIM-08165-SN	14,370,600
13	12,900	14,370,600
14	SIM-08651-SP	20,809,800
15	9,900	20,809,800
16	SIM-09026-SA	8,124,900

❶ 압축 형식으로 표시

	A	B	C
1	매장	(모두)	
2			
3	품번	단가	합계 : 총 판매금액
4	SIM-06367-SV		108,702,000
5		99,000	108,702,000
6	SIM-06592-SA		64,614,000
7		89,000	64,614,000
8	SIM-07350-SK		60,909,000
9		79,000	60,909,000
10	SIM-07855-SK		45,195,000
11		69,000	45,195,000
12	SIM-08165-SN		14,370,600
13		12,900	14,370,600
14	SIM-08651-SP		20,809,800
15		9,900	20,809,800
16	SIM-09026-SA		8,124,900

❷ 개요 형식으로 표시

	A	B	
1	매장	(모두)	
2			
3	품번	단가	합계 : 총
4	SIM-06367-SV	99,000	
5	SIM-06367-SV 요약		
6	SIM-06592-SA	89,000	
7	SIM-06592-SA 요약		
8	SIM-07350-SK	79,000	
9	SIM-07350-SK 요약		
10	SIM-07855-SK	69,000	
11	SIM-07855-SK 요약		
12	SIM-08165-SN	12,900	
13	SIM-08165-SN 요약		
14	SIM-08651-SP	9,900	

❸ 테이블 형식으로 표시

	A	B	C
1	매장	(모두)	
2			
3	품번	단가	합계 : 총 판매금액
4	SIM-06367-SV		108,702,000
5	SIM-06367-SV	99,000	108,702,000
6	SIM-06592-SA		64,614,000
7	SIM-06592-SA	89,000	64,614,000
8	SIM-07350-SK		60,909,000
9	SIM-07350-SK	79,000	60,909,000
10	SIM-07855-SK		45,195,000
11	SIM-07855-SK	69,000	45,195,000
12	SIM-08165-SN		14,370,600
13	SIM-08165-SN	12,900	14,370,600
14	SIM-08651-SP		20,809,800
15	SIM-08651-SP	9,900	20,809,800
16	SIM-09026-SA		8,124,900

❹ 모든 항목 레이블 반복

| 보고서 레이아웃 및 디자인 변경하기

1 압축 형식으로 표시된 보고서의 행 레이블과 총 판매금액을 한 줄로 요약하려고 합니다. 피벗 테이블을 클릭하고 [디자인] 탭–[레이아웃] 그룹–[보고서 레이아웃]에서 [테이블 형식으로 표시]를 클릭합니다.

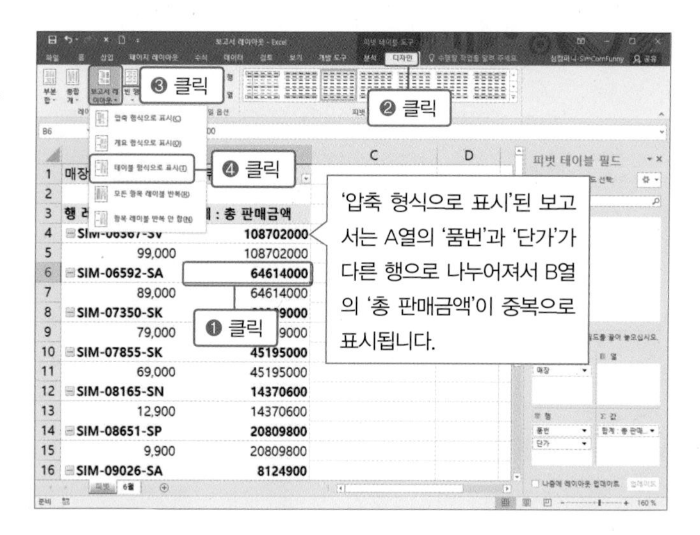

2 품번마다 표시된 요약 행을 없애기 위해 [디자인] 탭–[레이아웃] 그룹–[부분합]에서 [부분합 표시 안 함]을 클릭합니다.

page [값] 필드에 천 단위 구분기호를 표시하려면 239쪽을 참고하세요.

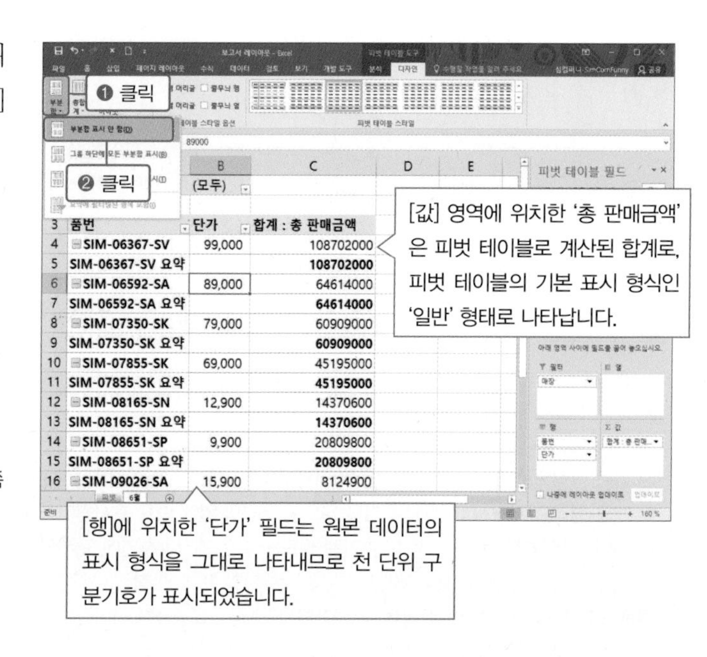

❶ 클릭
❷ 클릭
[값] 영역에 위치한 '총 판매금액'은 피벗 테이블로 계산된 합계로, 피벗 테이블의 기본 표시 형식인 '일반' 형태로 나타납니다.
[행]에 위치한 '단가' 필드는 원본 데이터의 표시 형식을 그대로 나타내므로 천 단위 구분기호가 표시되었습니다.

3 요약 행이 사라지고 보고서가 간단해졌습니다. 피벗 테이블 디자인을 바꾸고 싶다면 [디자인] 탭–[피벗 테이블 스타일]의 확장 버튼을 클릭하여 스타일을 선택합니다.

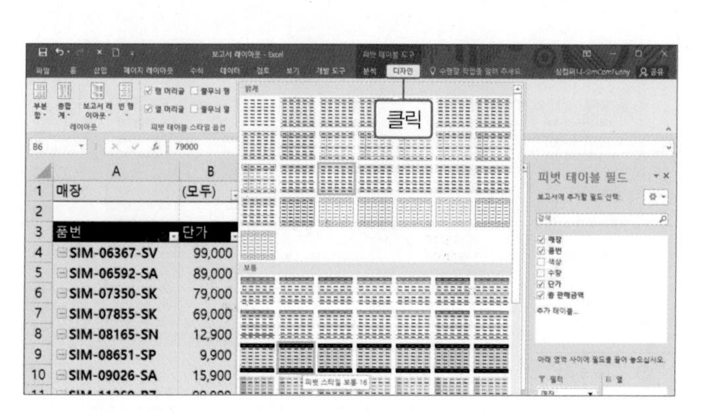

Skill Up 필드 작업 창 너비와 레이아웃 변경하기

[피벗 테이블 필드] 작업 창의 필드 항목이 많아서 영역 구역이 좁아지면 [행]이나 [값]에서 필드 순서를 조정하기 어려울 수 있습니다. 이때 필드 구역과 영역 구역의 구분선을 드래그하거나 작업 창의 레이아웃을 변경하는 방법이 있습니다.

| [피벗 테이블 필드] 작업 창의 영역 너비 조정하기

필드 구역과 영역 구역 사이의 구분선을 위아래로 드래그하면 각 영역의 너비를 조정할 수 있습니다.

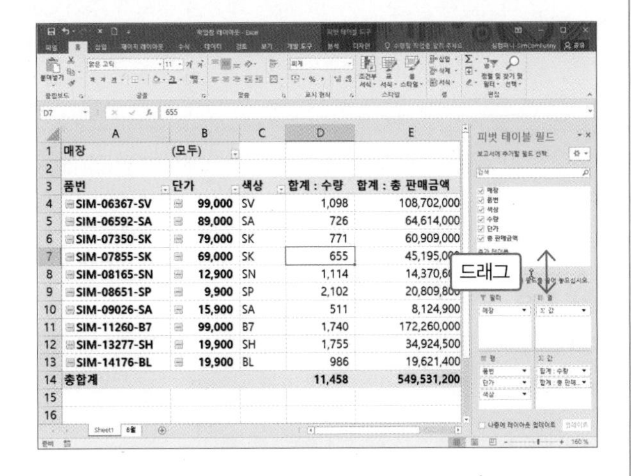

| [피벗 테이블 필드] 작업 창 레이아웃 설정하기

[피벗 테이블 필드] 작업 창의 도구 버튼을 클릭하면 레이아웃을 변경할 수 있습니다.

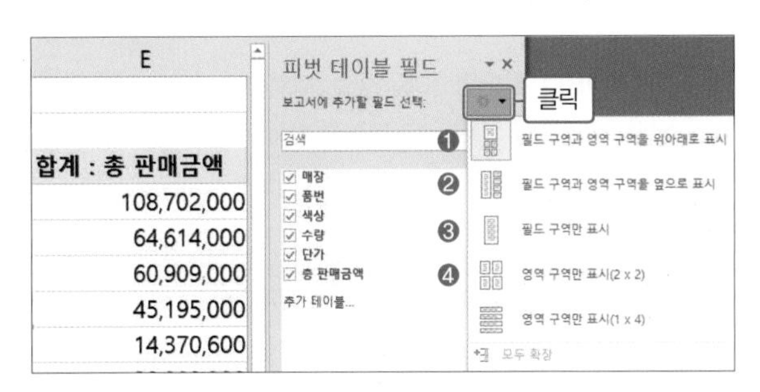

❶ 필드 구역과 영역 구역을 옆으로 표시

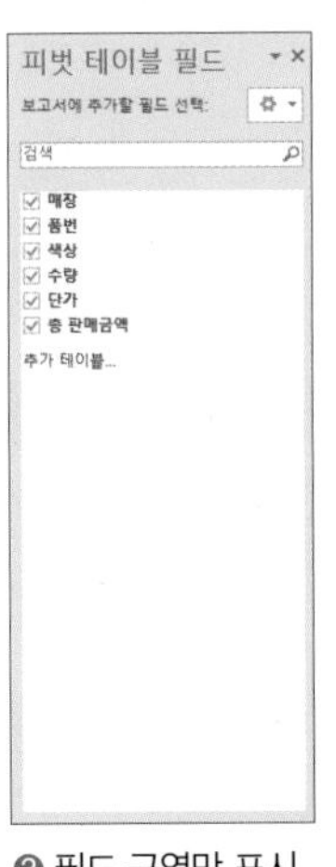

❷ 필드 구역만 표시

❸ 영역 구역만 표시(2×2)

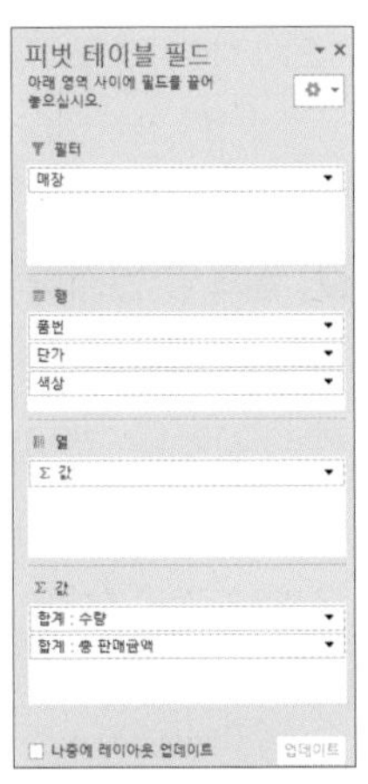

❹ 영역 구역만 표시(1×4)

121 [값] 필드의 계산 유형 및 필드명 변경하기

피벗 테이블 필드 영역에서 숫자가 입력된 필드를 체크 표시하면 자동으로 [값] 영역 구역에 추가됩니다. '합계' 또는 '개수'로 자동 계산된 필드가 추가되고 필드명에 계산 방식이 표시됩니다. 자동 설정된 계산 유형을 바꾸거나 필드명을 변경하는 방법을 알아보겠습니다.

예제 파일 Part12\매장별 평균매출.xlsx **완성 파일** Part12\매장별 평균매출_완성.xlsx

| 계산 유형 변경하기

피벗 테이블의 [값] 필드가 입력된 [C3:C14] 셀에서 마우스 오른쪽 버튼을 클릭한 뒤 단축 메뉴에서 [값 요약 기준]-[평균]을 클릭하면 계산 값이 변경됩니다.

엑셀 2007/2010 | 필드명 [C3] 셀을 제외한 [C4:C14] 셀을 클릭할 때 해당 단축 메뉴가 활성화됩니다.

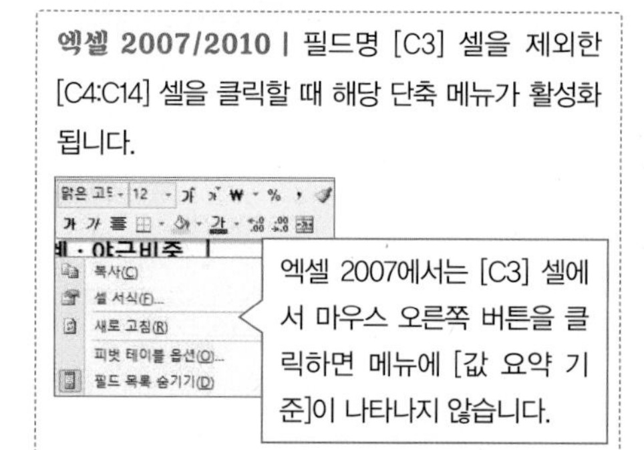

엑셀 2007에서는 [C3] 셀에서 마우스 오른쪽 버튼을 클릭하면 메뉴에 [값 요약 기준]이 나타나지 않습니다.

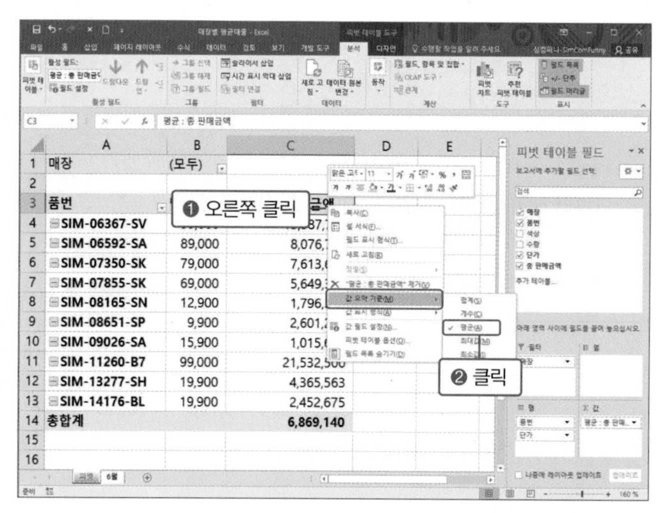

| 계산 유형 및 [값] 필드명 변경하기

피벗 테이블을 클릭하고 [분석] 탭-[활성 필드] 그룹-[필드 설정]을 클릭합니다. [값 필드 설정] 대화상자의 [값 요약 기준] 탭에서 '합계'를 선택합니다. [사용자 지정 이름]에서 필드명을 수정하고 [확인]을 클릭합니다.

TIP

[값] 필드명만 수정하려면 [C3] 셀을 클릭하고 수식 입력줄에서 변경한 뒤 Enter를 누릅니다. 단, 기존의 필드명과 중복되는 이름은 입력할 수 없습니다.

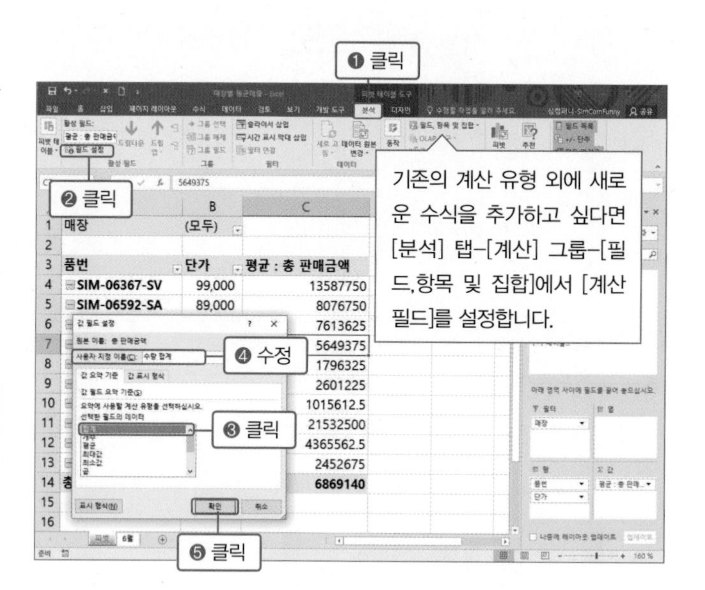

122 [값] 필드의 숫자 표시 형식 변경하기

[행], [열], [필터] 필드는 원본 데이터의 표시 형식대로 나타납니다. 그러나 [값] 필드는 피벗 테이블에 새로 추가된 값이라 '일반' 표시 형식이 기본입니다. 열 전체의 표시 형식을 바꿔도 필드 위치가 바뀌거나 '새로고침'을 하면 '일반'으로 되돌아가기 때문에 필드 속성 자체를 바꾸는 것이 좋습니다.

예제 파일 Part12\피벗 표시 형식.xlsx **완성 파일** Part12\피벗 표시 형식_완성.xlsx

1 피벗 테이블을 클릭하고 [값] 영역의 '판매금액 합계' 위에서 마우스 오른쪽 버튼을 클릭합니다. '값 필드 설정'을 클릭한 뒤 대화상자에서 [표시 형식]을 클릭합니다.

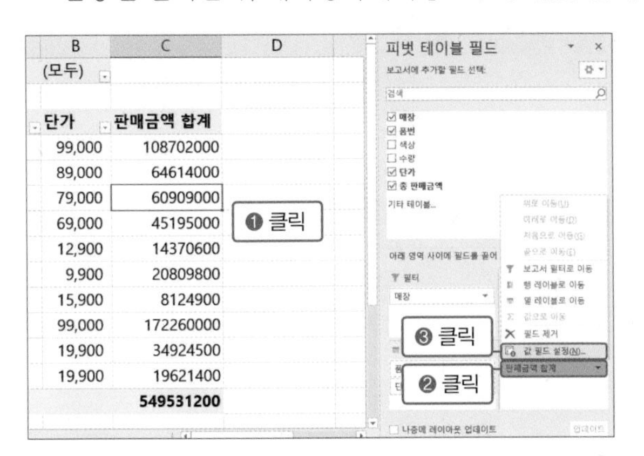

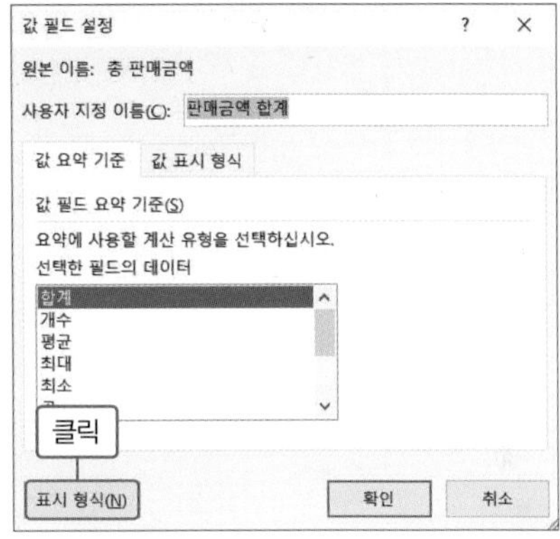

TIP

필드 값인 [C4:C14] 셀만 선택하고 마우스 오른쪽 버튼을 클릭한 뒤 미니 도구 모음에서 쉼표 스타일(,)을 클릭해도 됩니다.

2 [셀 서식] 대화상자가 나타나면 [범주]에서 '숫자'를 선택합니다. '1000 단위 구분 기호 사용'에 체크 표시하고 [확인]을 클릭합니다. 필드 영역의 '색상'에 체크 표시를 하고, '판매금액 합계' 필드를 E열로 이동해도 천 단위 구분기호가 유지됩니다.

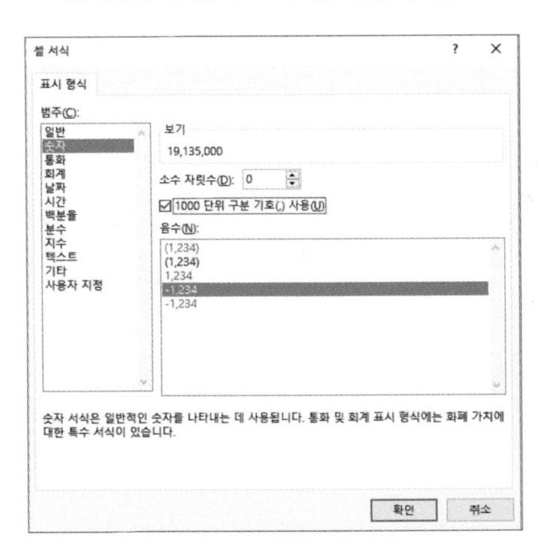

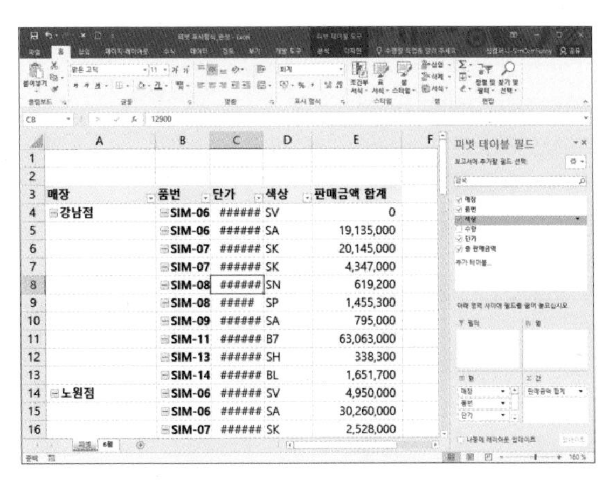

2007 2010 2013 2016 2019

123 수정된 원본 데이터를 피벗 테이블에 업데이트하기

함수와 달리 피벗 테이블은 참조 셀 값이 변경되어도 필드 값에 자동으로 적용되지 않습니다. 특히 [값] 필드는 원본 데이터를 참조하여 계산된 값이기 때문에 피벗 테이블에서 직접 수정하거나 특정 셀만 삭제할 수 없습니다. 원본 데이터를 변경했다면 [새로 고침]을 눌러서 피벗 테이블을 업데이트해야 합니다.

예제 파일 Part12\인사명부.xlsx **완성 파일** Part12\인사명부_완성.xlsx

1 영업부 직원의 인사이동에 따라 피벗 테이블에 요약된 각 부서의 직원 수를 다시 계산하려고 합니다. '원본' 워크시트에서 [C7] 셀을 **인사**로 수정합니다.

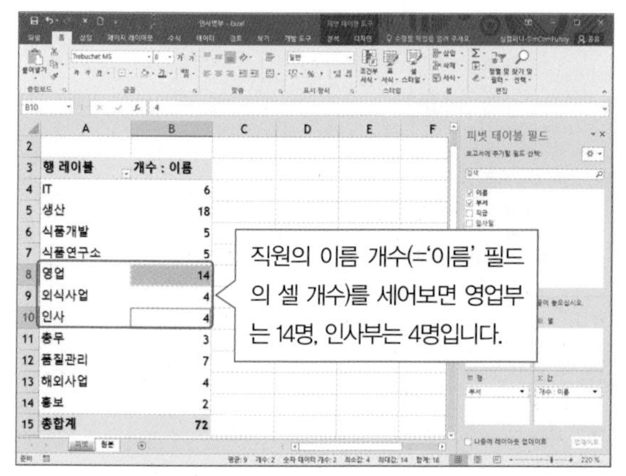

직원의 이름 개수(='이름' 필드의 셀 개수)를 세어보면 영업부는 14명, 인사부는 4명입니다.

▲ 변경 전 '피벗' 워크시트

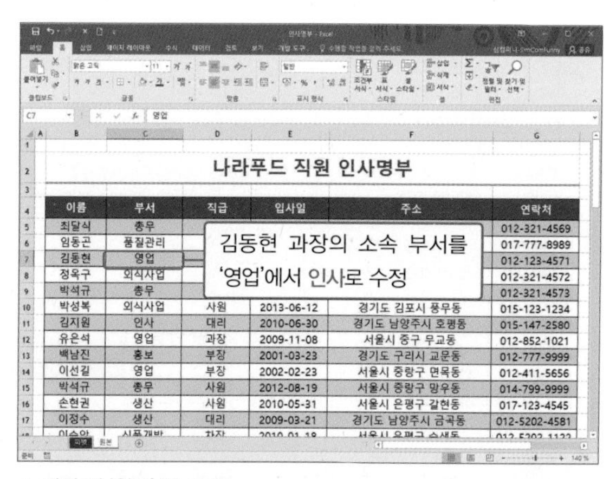

나라푸드 직원 인사명부
김동현 과장의 소속 부서를 '영업'에서 인사로 수정

▲ 변경 전 '원본' 워크시트

2 [데이터] 탭–[연결] 그룹–[모두 새로 고침]을 클릭한 후 '피벗' 워크시트를 확인하면 '영업'과 '인사'의 직원 수가 변경된 것을 알 수 있습니다.

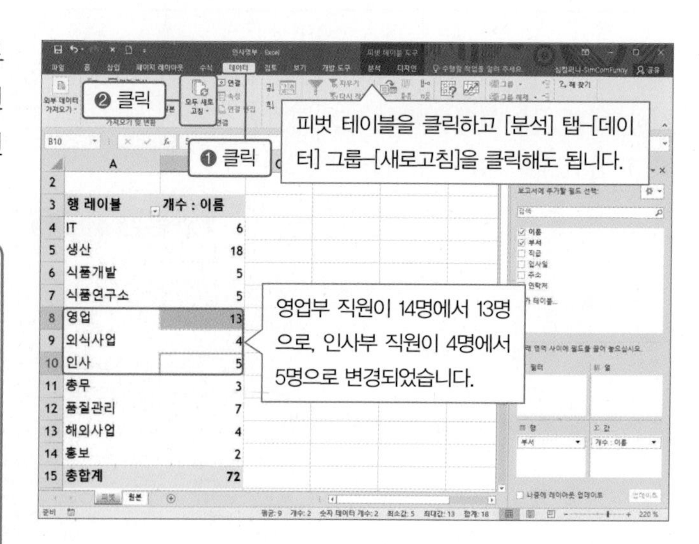

영업부 직원이 14명에서 13명으로, 인사부 직원이 4명에서 5명으로 변경되었습니다.

TIP

[모두 새로고침]과 [새로고침]의 차이점

- **모두 새로고침(단축키 Ctrl+Alt+F5)** : 피벗 테이블이 삽입되지 않은 워크시트나 빈 셀을 클릭한 상태에서도 클릭할 수 있습니다.
- **새로고침(단축키 Alt+F5)** : 피벗 테이블의 셀을 클릭한 상태에서만 [새로고침] 버튼이 활성화됩니다.

124 엑셀 표에 데이터 추가하고 피벗 테이블 업데이트하기

일반 표에 데이터를 추가하거나 삭제하면 참조 범위를 변경해줘야 피벗 테이블에 적용됩니다. 반면 엑셀 표는 연속으로 입력된 범위를 전체 표로 인식하기 때문에 데이터를 추가하거나 삭제한 뒤 새로고침을 누르면 원본 데이터 범위가 자동으로 변경됩니다.

예제 파일 Part12\인사명부 추가표.xlsx **완성 파일** Part12\인사명부 추가표_완성.xlsx

1 '원본' 워크시트의 78행에 다음과 같이 영업부 직원 정보를 추가합니다.

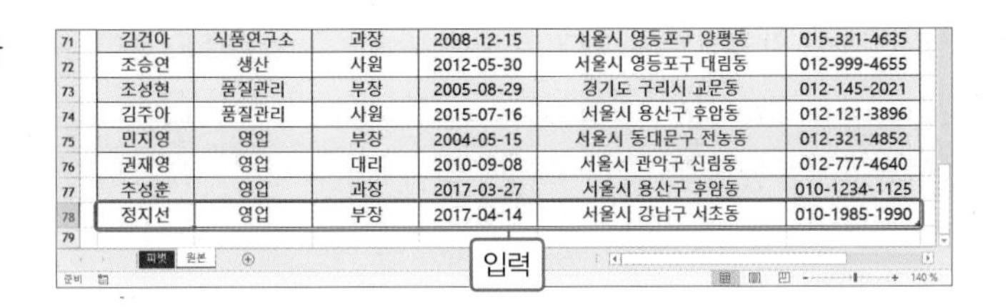

2 '피벗' 워크시트의 보고서를 클릭하고 [새로고침] 단축키 Ctrl+F5를 누르면 영업부 직원 수가 15명으로 변경됩니다. 원본 데이터를 확인하기 위해 [분석] 탭–[데이터] 그룹–[데이터 원본 변경]을 클릭합니다.

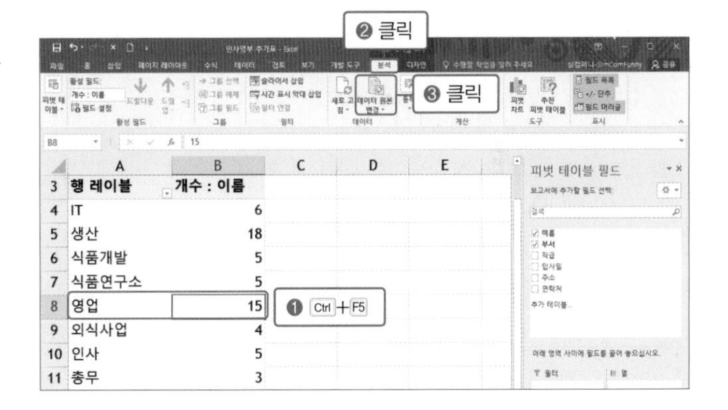

3 [피벗 테이블 데이터 원본 변경] 대화상자의 참조 범위가 78행까지 확장된 것을 알 수 있습니다. [취소]를 클릭하면 다시 '피벗' 워크시트로 이동합니다.

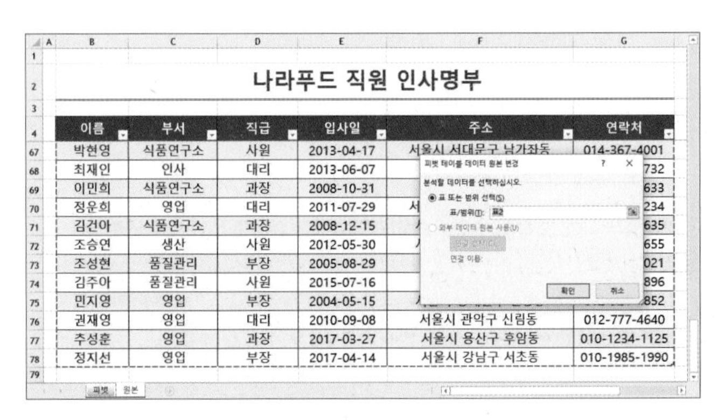

TIP

'피벗' 워크시트에서 [분석] 탭–[데이터] 그룹–[데이터 원본 변경]을 클릭하면 '원본' 워크시트의 참조 범위가 표시됩니다.

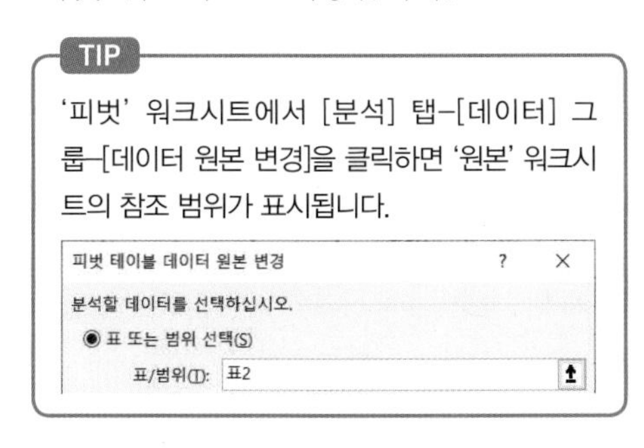
피벗 테이블 데이터 원본 변경 ? ×
분석할 데이터를 선택하십시오.
◉ 표 또는 범위 선택(S)
표/범위(T): 표2

125 일반 표에 데이터 추가하고 피벗 테이블 업데이트하기

피벗 테이블에서 [새로고침]은 참조된 원본 데이터 범위에서만 업데이트됩니다. 엑셀 표에 데이터가 추가되면 자동으로 표의 범위가 확장되지만, 일반 표는 참조 범위의 셀 주소가 고정되어 있습니다. 그래서 행이나 열에 데이터를 추가/삭제했을 때는 원본 데이터 범위를 변경해야 합니다.

예제 파일 Part12\인사명부 추가.xlsx **완성 파일** Part12\인사명부 추가_완성.xlsx

1 '원본' 워크시트 표의 77행에 '영업' 부서의 직원 정보를 추가합니다. 원본 데이터가 추가되었으니 참조 범위도 확장해야 합니다. '피벗' 워크시트 탭을 클릭해서 피벗 테이블로 이동합니다.

TIP

예제 표는 셀에 데이터를 입력하고 테두리만 그은 일반 표로, 241쪽 예제인 엑셀 표와 다릅니다. 표 아래에 데이터를 추가해도 셀 서식이 적용되지 않고 피벗 테이블의 참조 범위도 자동으로 확장되지 않습니다.

나라푸드 직원 인사명부

이름	부서	직급	입사일	주소	연락처
김미정	IT	차장	2001-09-29	서울시 영등포구 대림동	012-321-2630
박현영	식품연구소	사원	2013-04-17	서울시 서대문구 남가좌동	014-367-4001
최재인	인사	대리	2013-06-07	서울시 금천구 가산동	014-387-6732
이민희	식품연구소	과장	2008-10-31	서울시 용산구 남영동	015-398-4633
정운희	영업	대리	2011-07-29	서울시 서대문구 북아현동	015-777-1234
김건아	식품연구소	과장	2008-12-15	서울시 영등포구 양평동	015-321-4635
조승연	생산	사원	2012-05-30	서울시 영등포구 대림동	012-999-4655
조성현	품질관리	부장	2005-08-29	경기도 구리시 교문동	012-145-2021
김주아	품질관리	사원	2015-07-16	서울시 용산구 후암동	012-121-3896
민지영	영업	부장	2004-05-15	서울시 동대문구 전농동	012-321-4852
권재영	영업	대리	2010-09-08	서울시 관악구 신림동	012-777-4640
추성훈	영업	과장	2017-03-27	서울시 용산구 후암동	010-1234-1125

❷ 클릭 ❶ 입력

2 피벗 테이블을 클릭하고 [새로고침] 단축키 Ctrl+F5를 누릅니다. '영업' 부서의 직원 수는 변경되지 않습니다. 원본 데이터 범위를 재설정하기 위해 [분석] 탭–[데이터] 그룹–[데이터 원본 변경]을 클릭합니다.

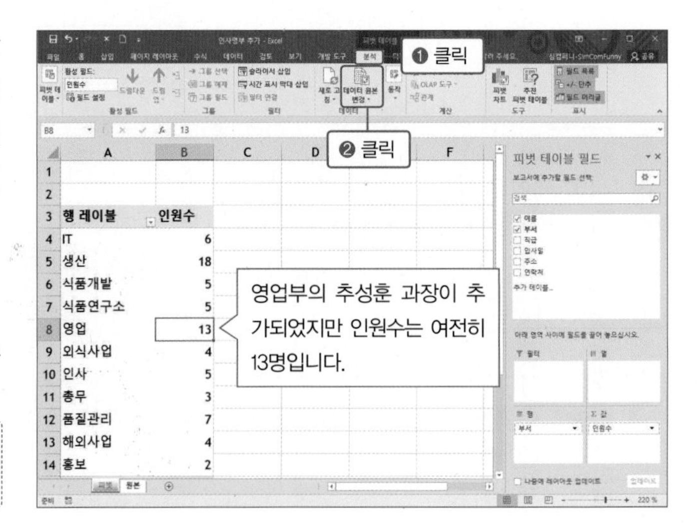

page [모두 새로 고침]과 [새로 고침]의 차이점은 240쪽을 참고하세요.

엑셀 2007/2010 | [분석] 탭 대신 [옵션] 탭에서 선택합니다.

3 [피벗 테이블 데이터 원본 변경] 대화상자가 나타나고 '원본' 워크시트에 참조 범위가 표시됩니다. 추가한 77행이 포함되도록 참조 범위를 선택한 후 [확인]을 클릭합니다.

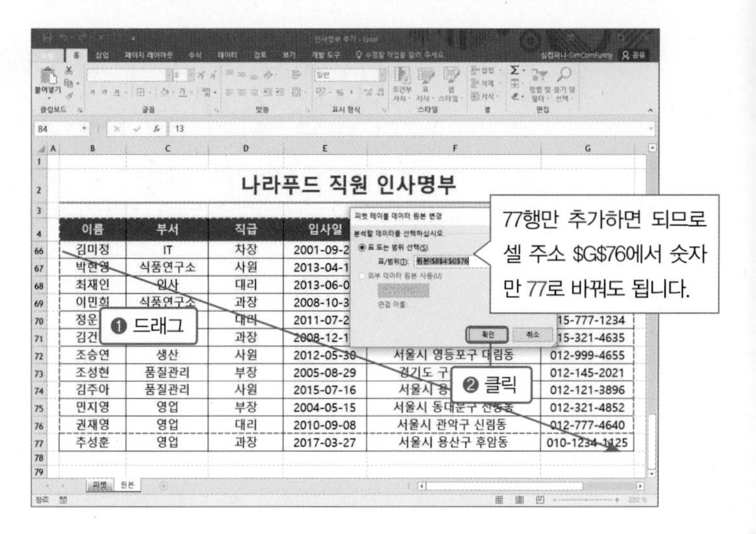

4 다시 '피벗' 워크시트가 나타납니다. 영업부 인원수가 13명에서 14명으로 변경되었습니다.

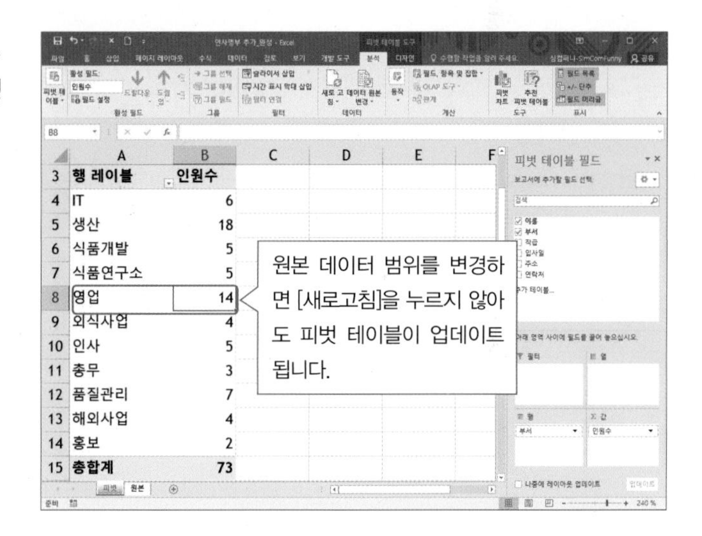

126 [값] 필드의 계산 항목에 다양한 수식 추가하기

[값] 필드는 원본 데이터를 참조하여 합계/평균 등 기본적인 계산 결과를 보여줍니다. 기본 계산 유형 이외에도 피벗 테이블의 필드 값을 참조해서 다양한 수식을 적용하려면 계산 필드를 추가하면 됩니다.

예제 파일 Part12\급여지급대장.xlsx　**완성 파일** Part12\급여지급대장_완성.xlsx

1 직원별 시간외수당 비중을 구하기 위해 [값] 필드에 수식을 추가해 보겠습니다. 피벗 테이블을 클릭한 후 [분석] 탭–[계산] 그룹–[필드, 항목 및 집합]에서 [계산 필드]를 클릭합니다.

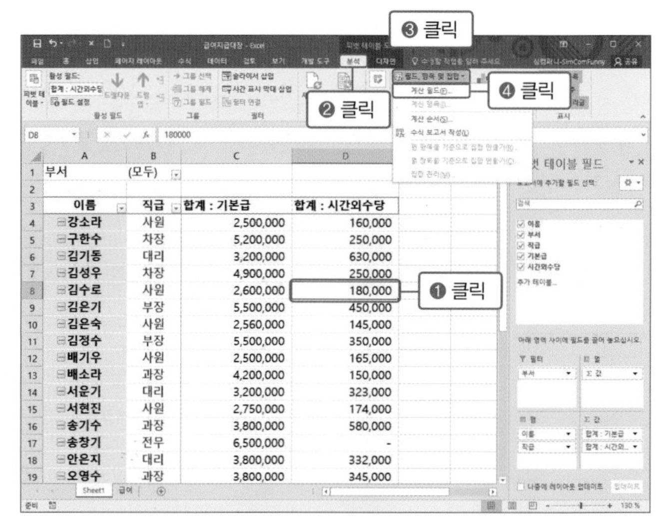

TIP

피벗 테이블 값을 참조하여 빈 셀에 수식을 입력하면 GETPIVOTDATA 함수가 나타나서 수식이 복잡하게 나올 수 있습니다.

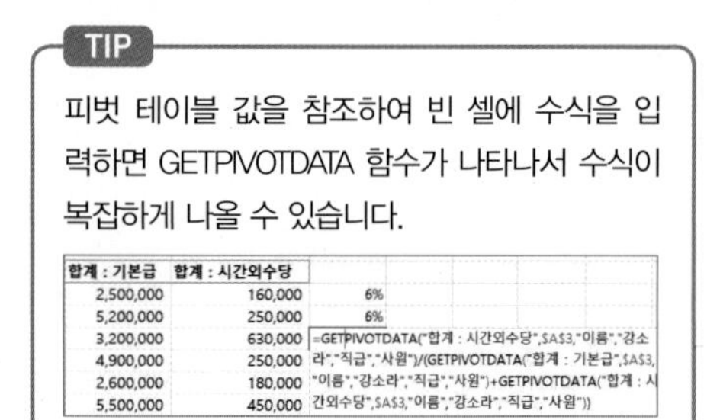

합계 : 기본급	합계 : 시간외수당	
2,500,000	160,000	6%
5,200,000	250,000	6%
3,200,000	630,000	
4,900,000	250,000	
2,600,000	180,000	
5,500,000	450,000	

=GETPIVOTDATA("합계 : 시간외수당",$A$3,"이름","강소라","직급","사원")/(GETPIVOTDATA("합계 : 기본급",$A$3,"이름","강소라","직급","사원")+GETPIVOTDATA("합계 : 시간외수당",$A$3,"이름","강소라","직급","사원"))

2 [계산 필드 삽입] 대화상자가 나타나면 [이름]에 **야근비중**을 입력합니다. [수식]에 **=시간외수당/(기본급+시간외수당)**을 입력하고 [확인]을 클릭합니다.

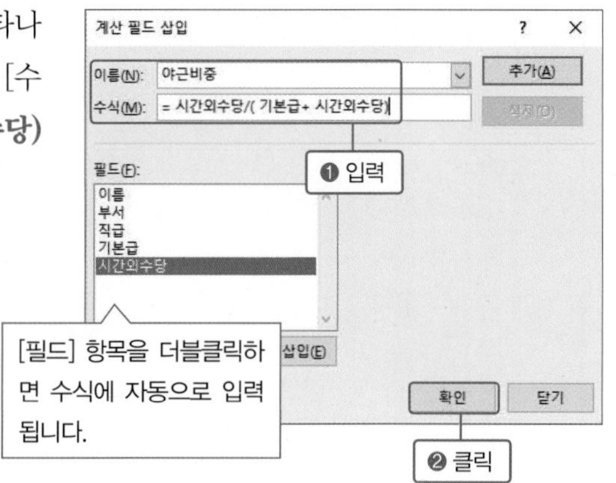

3 '합계:야근비중' 필드에 계산 결과가 추가되었습니다. 백분율로 표시하기 위해 [E4:E33] 셀을 드래그하고 [홈] 탭-[표시 형식] 그룹-[백분율]을 클릭합니다.

page [값] 필드명을 수정하려면 238쪽을 참고하세요.

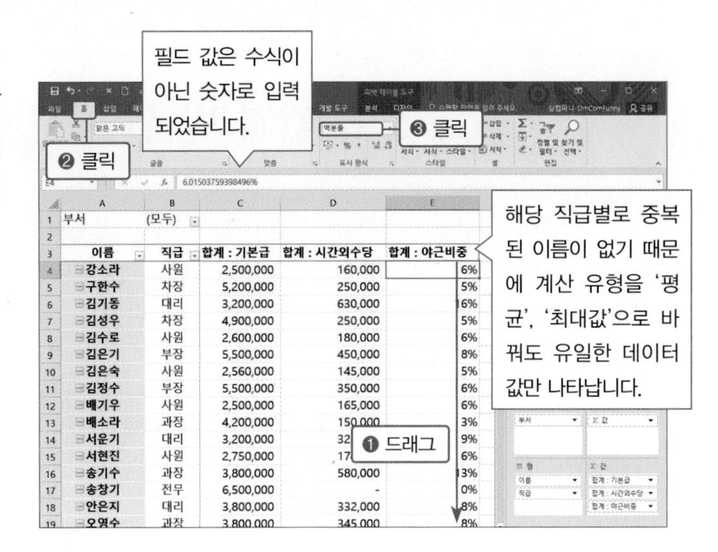

Skill Up 전체 대비 비중을 [값 표시형식]으로 구하기

계산 필드를 [값] 영역에 추가하고, 피벗테이블의 해당 값 위에서 마우스 오른쪽 버튼을 클릭합니다. [값 표시 형식]-[총합계 비율]을 클릭하면 계산 결과가 표시됩니다.

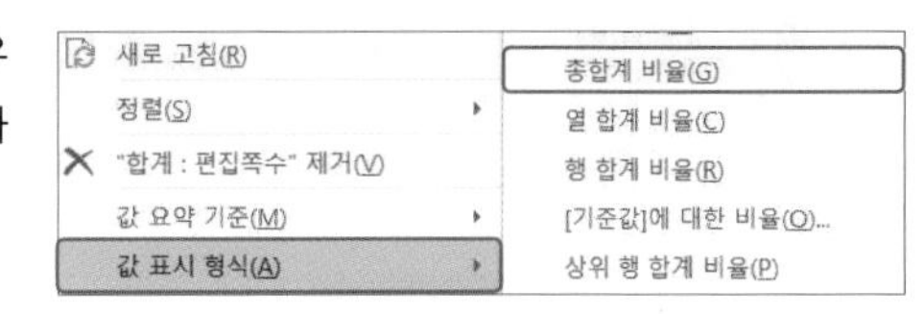

| 계산 필드 삭제하기

1 '야근비중' 필드를 삭제하려면 피벗 테이블을 클릭하고 [분석] 탭-[계산] 그룹-[필드, 항목 및 집합]에서 [계산 필드]를 클릭합니다.

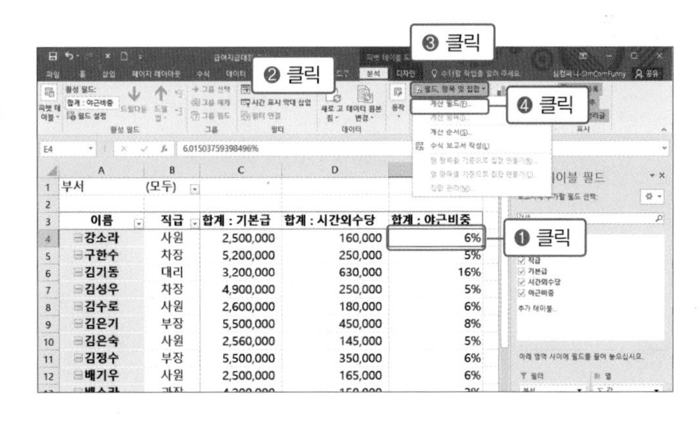

2 [계산 필드 삽입] 대화상자에서 [이름]의 목록 버튼을 클릭하고 '야근비중' 필드를 선택합니다. [삭제]를 클릭한 후 [확인]을 클릭하면 피벗 테이블에서 해당 필드가 삭제됩니다.

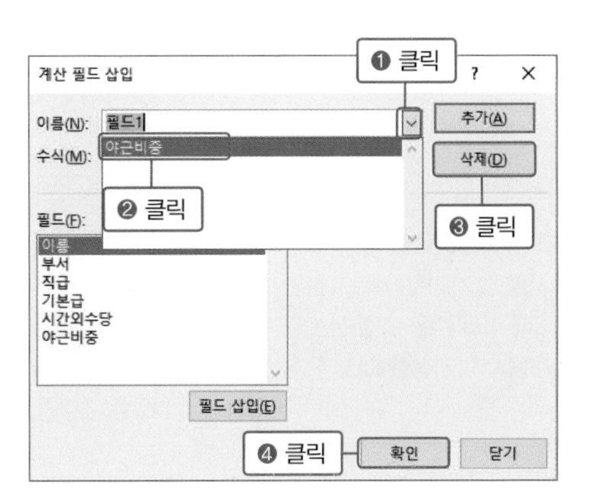

TIP
계산 필드가 삭제된 후 Ctrl+Z로 실행 취소를 해도 삭제된 필드는 다시 나타나지 않습니다.

2007 2010 2013 2016 2019

127 오류 값과 빈 셀 채우기

[행]과 [열] 레이블은 직접 수정이 가능하지만, [값] 필드는 피벗 테이블에서 계산된 결과이므로 수정과 삭제가 불가능합니다. 원본 데이터 값에 따라 피벗 테이블에 오류 값이나 빈 셀이 나타날 수 있는데, 이 때 표시할 값을 설정해 보겠습니다.

예제 파일 Part12\카드입출금내역1.xlsx 완성 파일 Part12\카드입출금내역1_완성.xlsx

1 '피벗' 워크시트의 '합계:금액' 필드에 표시된 #NAME 오류와 빈 셀을 대체하려고 합니다. 피벗 테이블에서 마우스 오른쪽 버튼을 클릭한 뒤 단축 메뉴에서 [피벗 테이블 옵션]을 선택합니다.

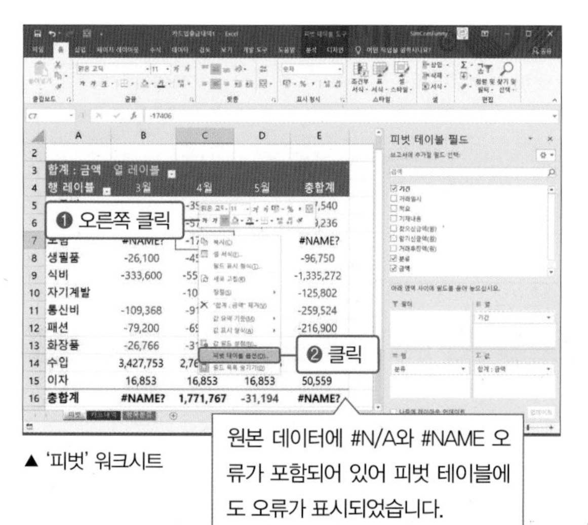

▲ '피벗' 워크시트

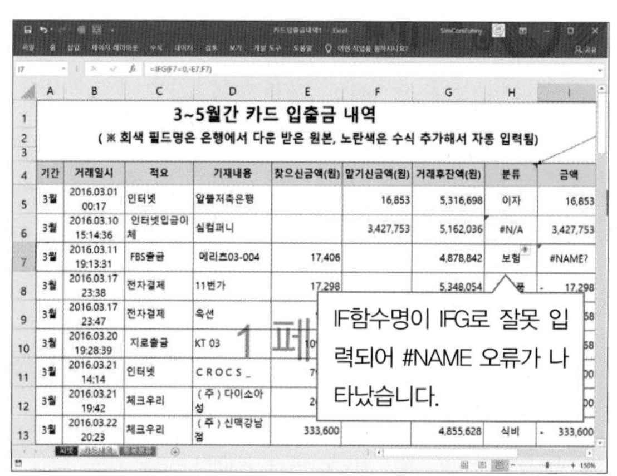

▲ '카드내역' 워크시트

2 [피벗 테이블 옵션] 대화상자–[레이아웃 및 서식] 탭에서 [오류 값 표시]를 체크 표시하고 **재확인**을 입력합니다. [빈 셀 표시]의 체크 표시는 없앱니다.

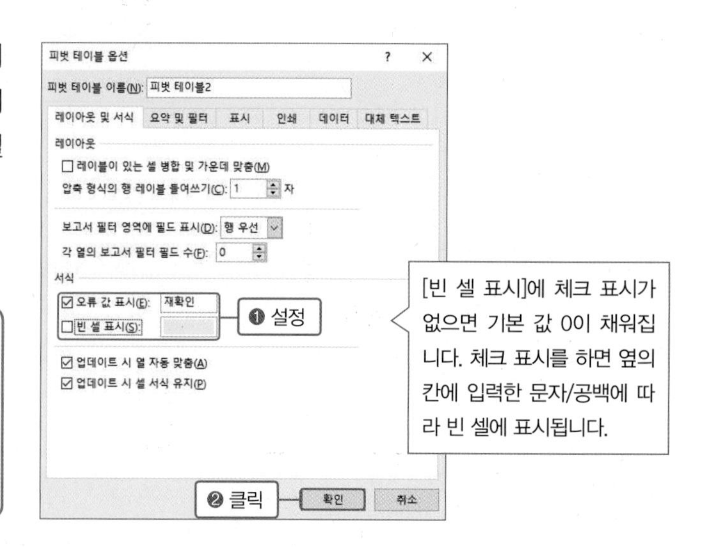

TIP

[피벗 테이블 옵션] 대화상자의 [업데이트 시 열 자동 맞춤]의 체크 표시를 없앨 경우, 새로고침을 할 때마다 데이터 길이에 따라 자동 조정되는 열 너비가 변하지 않고 사용자가 지정한 대로 유지됩니다.

3 열 레이블의 #NAME 오류는 '재확인'으로 대체되고 빈 셀에는 0이 채워졌습니다.

합계 : 금액	열 레이블			
행 레이블	3월	4월	5월	총합계
교통비	-57,980	-39,780	-79,780	-177,540
병원비	0	-57,960	-201,276	-259,236
보험	재확인	-17,406	-338,364	재확인
생필품	-26[illegible]	-45,180	-25,470	-96,750
식비	-333[illegible]	-552,000	-449,672	-1,335,272
자기계발	0	-108,000	-17,802	-125,802
통신비	-109,368	-91,116	-59,040	-259,524
패션	-79,200	-69,300	-68,400	-216,900
화장품	-26,766	-31,842	-107,298	-165,906
수입	3,427,753	2,767,498	1,299,055	7,494,305
이자	16,853	16,853	16,853	50,559
총합계	재확인	1,771,767	-31,194	재확인

TIP

[피벗 테이블 옵션] 대화상자의 오류 값 설정은 [값] 필드에만 적용됩니다. 반면 [행]과 [열]에 추가된 필드 값은 직접 셀을 수정하거나 원본 데이터를 수정하고 [새로고침]을 눌러줍니다.

4 원본 데이터에서 #NAME 오류를 수정하면 피벗 테이블에서 '재확인' 표시를 없앨 수 있습니다. '카드내역' 워크시트에서 3월 보험료가 입력된 [I7] 셀을 클릭합니다. 'IFG'로 잘못 입력된 함수명을 IF로 수정합니다.

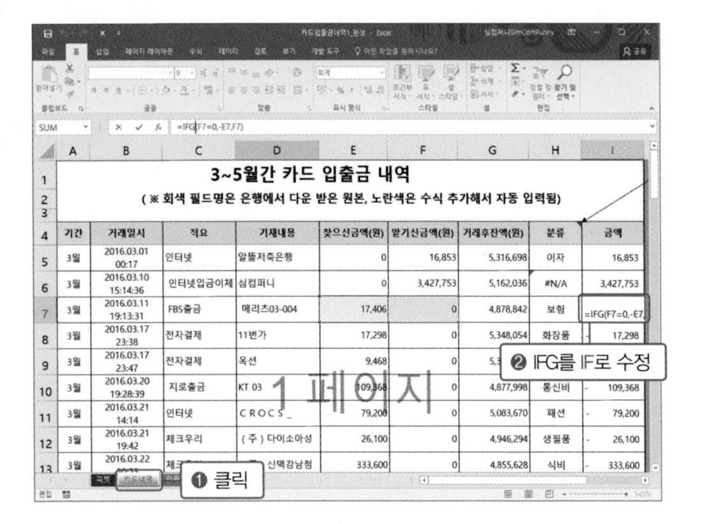

기간	거래일시	적요	기재내용	찾으신금액(원)	맡기신금액(원)	거래후잔액(원)	분류	금액
3월	2016.03.01 00:17	인터넷	알뜰저축은행	0	16,853	5,316,698	이자	16,853
3월	2016.03.10 15:14:36	인터넷입금이체	심컴퍼니	0	3,427,753	5,162,036	#N/A	3,427,753
3월	2016.03.11 19:13:31	FBS출금	메리츠03-004	17,406	0	4,878,842	보험	=IFG(F7=0,-E7,
3월	2016.03.17 23:38	전자결제	11번가	17,298	0	5,348,054	화장품	17,298
3월	2016.03.17 23:47	전자결제	옥션	9,468	0	5,3		
3월	2016.03.20 19:28:39	지로출금	KT 03	109,368	0	4,877,998	통신비	- 109,368
3월	2016.03.21 14:14	인터넷	C R O C S _	79,200	0	5,083,670	패션	- 79,200
3월	2016.03.21 19:42	체크우리	(주) 다이소아성	26,100	0	4,946,294	생필품	- 26,100
3월	2016.03.22	체크	신맥강남점	333,600	0	4,855,628	식비	- 333,600

5 '피벗' 워크시트에서 [데이터] 탭–[연결] 그룹–[모두 새로고침]을 누르면 해당 셀이 숫자로 표시됩니다.

합계 : 금액	열 레이블			
행 레이블	3월	4월	5월	총합계
교통비	-57,980	-39,780	-79,780	-177,540
병원비	0	-57,960	-201,276	-259,236
보험	-17,406	-17,406	-338,364	-373,176
생필품	-26,100	-45,180	-25,470	-96,750
식비	-333,600	-552,000	-449	-1,335,272
자기계발	0	-108,000	-17,	-125,802
통신비	-109,368	-91,116	-59,040	-259,524
패션	-79,200	-69,300	-68,400	-216,900
화장품	-26,766	-31,842	-107,298	-165,906
수입	3,427,753	2,767,498	1,299,055	7,494,305
이자	16,853	16,853	16,853	50,559
총합계	2,794,186	1,771,767	-31,194	4,534,758

128 날짜 단위별로 그룹화하기

원본 데이터에 입력된 날짜와 시간은 피벗 테이블에서 연도/월/분기/시/분/초 단위로 그룹화할 수 있습니다. 단, 날짜 단위로 그룹화할 행 레이블의 원본 데이터는 날짜 형식에 맞춰 제대로 입력되어야 합니다. 날짜에 작은따옴표나 문자가 하나라도 포함되면 텍스트로 구분되어 시간 단위를 그룹화할 수 없습니다.

예제 파일 Part12\퇴사일자 취합.xlsx **완성 파일** Part12\퇴사일자 취합_완성.xlsx

| 기간별 그룹화하기

1 퇴사일자를 연도와 월별로 분류하려고 합니다. 행 레이블에서 마우스 오른쪽 버튼을 클릭한 뒤 단축 메뉴에서 [그룹]을 선택합니다.

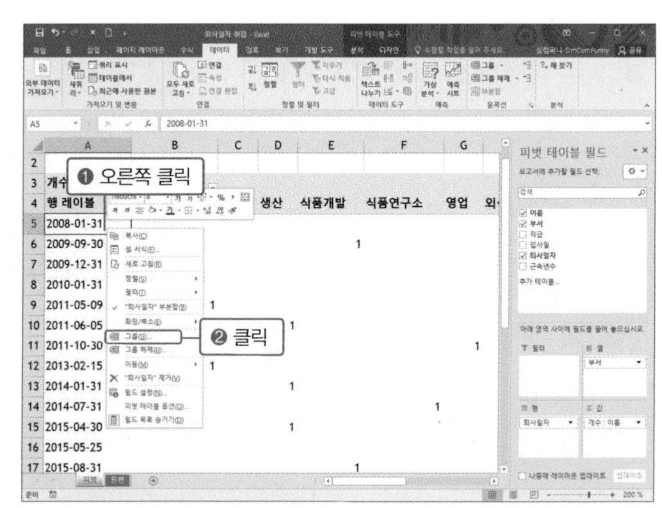

TIP

행 레이블 영역에 날짜 형식이 아닌 문자가 포함된 상태에서 그룹화를 선택하면 오류 메시지가 나타납니다.

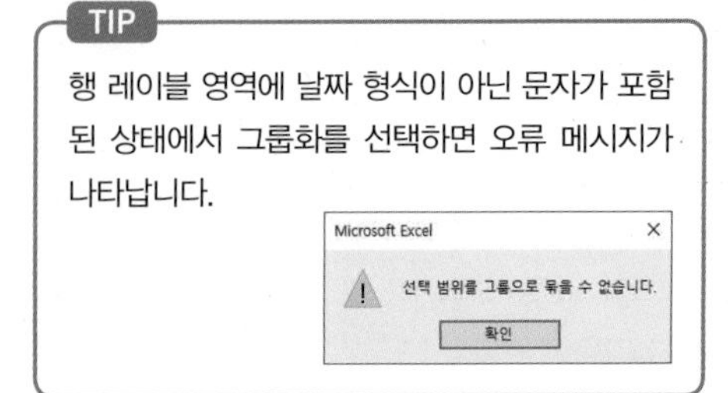

2 [그룹화] 대화상자가 나타나면 [단위]에서 '연'과 '월'을 선택한 후 [확인]을 클릭합니다.

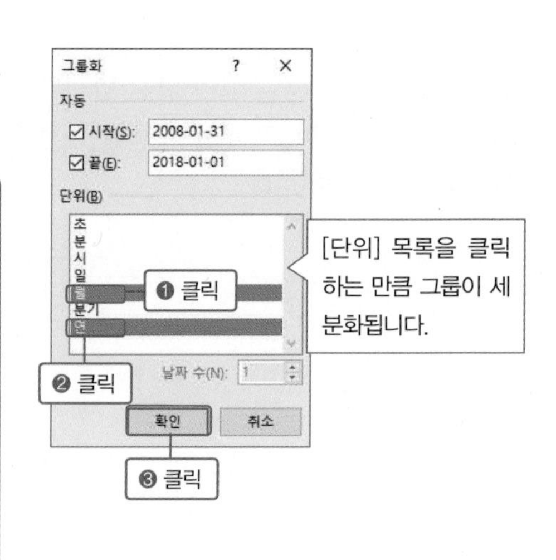

TIP

그룹화할 행 레이블에 문자 형식으로 표기된 날짜가 포함되었을 경우, 목록 버튼 ▾을 클릭하면 '텍스트 오름차순 정렬'이 나타납니다. 필터 목록에는 숫자 형식의 날짜가 먼저 정렬되고 맨 아래쪽에 문자가 포함된 날짜(2008년1월31일)가 따로 정렬됩니다.

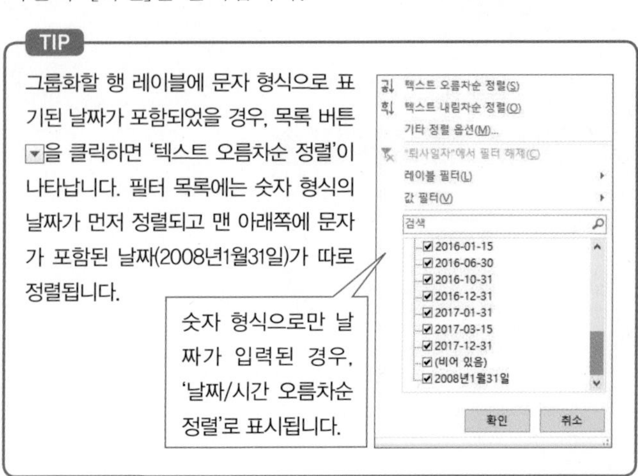

3 퇴사일자가 연도/월별로 그룹화되었습니다.

(비어 있음)은 입사일자만 입력되고 퇴사일자는 아직 입력되지 않은 재직자를 의미합니다.

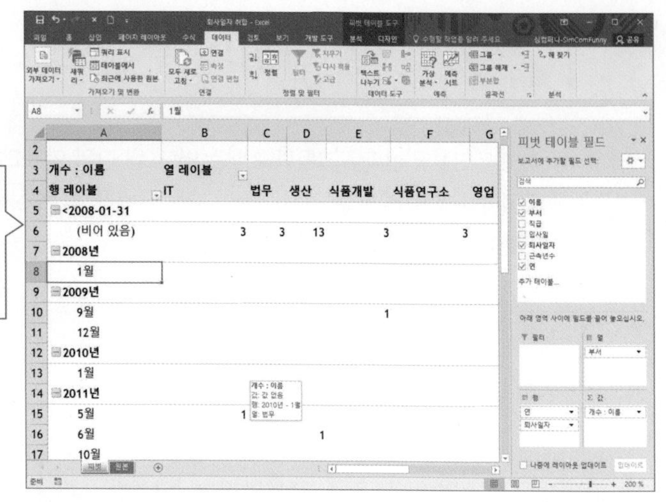

| 그룹화 해제하기

1 기간별 그룹화를 해제하려면 A열의 행 레이블에서 마우스 오른쪽 버튼을 클릭한 뒤 단축 메뉴에서 [그룹 해제]를 클릭합니다.

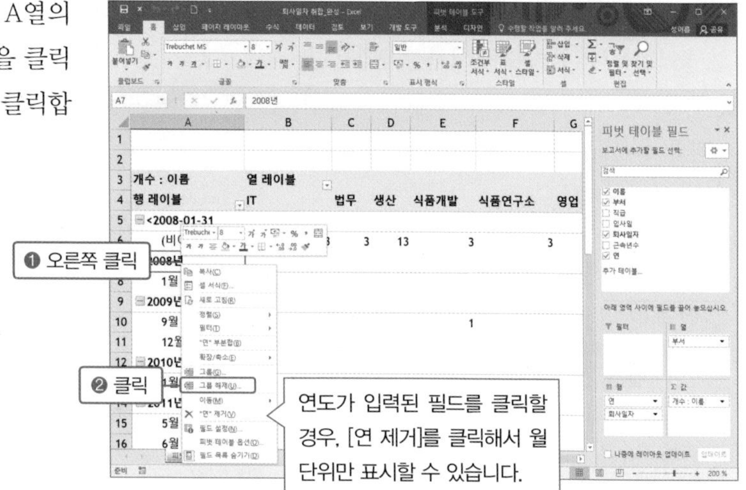

2 원래대로 퇴사일자만 나타납니다.

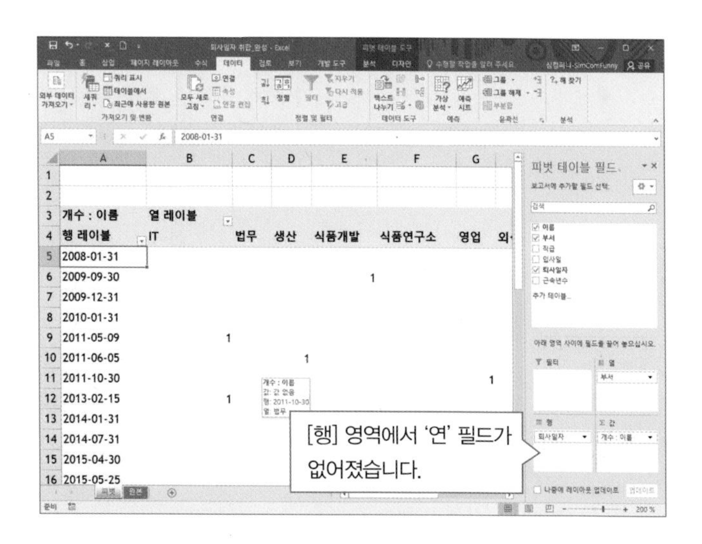

2007 2010 2013 2016 2019

129 7일 단위의 주간보고서 자동화하기

피벗 테이블의 날짜를 그룹화할 때는 연도, 월 단위 외에도 특정 단위를 기준으로 정할 수 있습니다. 일주일이나 15일, 30일 등 기간을 정할 때는 단위가 '일'로 선택되어야 합니다. [값] 필드는 그룹화된 행 레이블에 맞춰 다시 계산됩니다.

예제 파일 Part12\위클리세일즈.xlsx **완성 파일** Part12\위클리세일즈_완성.xlsx

1 판매일자를 일주일 단위로 그룹화하려고 합니다. 행 레이블에서 마우스 오른쪽 버튼을 클릭한 뒤 단축 메뉴에서 [그룹]을 클릭합니다. [그룹화] 대화상자에서 기존에 선택된 단위 목록을 해제하고 '일'만 선택합니다. [날짜 수]에 7을 입력하고 [확인]을 클릭합니다.

TIP

주간 보고서의 시작일자가 월요일이라면 '시작'에 자동입력된 날짜를 월요일로 수정해야 합니다.

2 행 레이블이 일주일 간격으로 변경되고 합계도 다시 계산되었습니다.

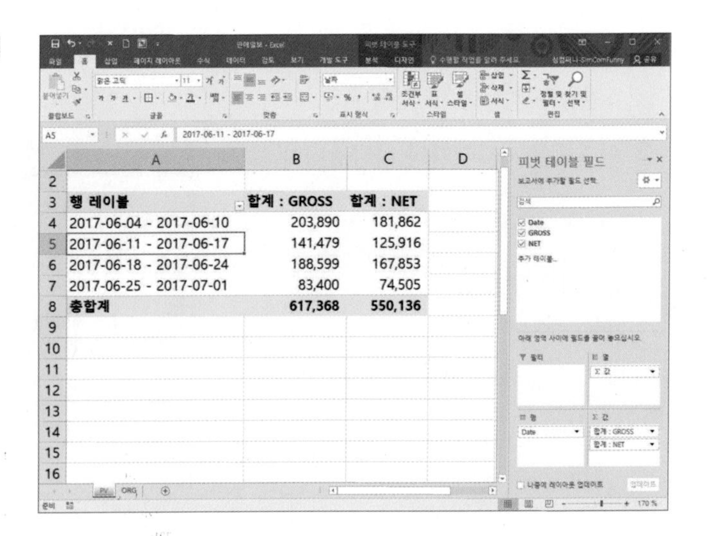

130 행/열 레이블 정렬하기

피벗 테이블의 행 레이블과 열 레이블의 목록 버튼을 클릭하면 원본 데이터의 입력 방식에 따라 텍스트, 숫자, 날짜/시간 형식으로 정렬 방식이 나타납니다. 데이터는 (비어 있음)〉숫자〉문자 순으로 정렬됩니다. 예를 들어 날짜를 내림차순으로 정렬하면 공백, 최신 날짜순으로 정렬되고, 문자 형식으로 입력된 날짜는 맨 아래에 위치하게 됩니다.

예제 파일 Part12\퇴사일자 분석.xlsx **완성 파일** Part12\퇴사일자 분석_완성.xlsx

1 A열에 표시된 퇴사일자를 최신순으로 정렬해 보겠습니다. [A4] 셀의 목록 버튼 ▼을 클릭하고 [날짜/시간 내림차순 정렬]을 클릭합니다.

행 레이블에 날짜 형식 이외의 문자(비어 있음)가 포함되었을 경우 '텍스트 오름차순/내림차순 정렬'로 표시됩니다.

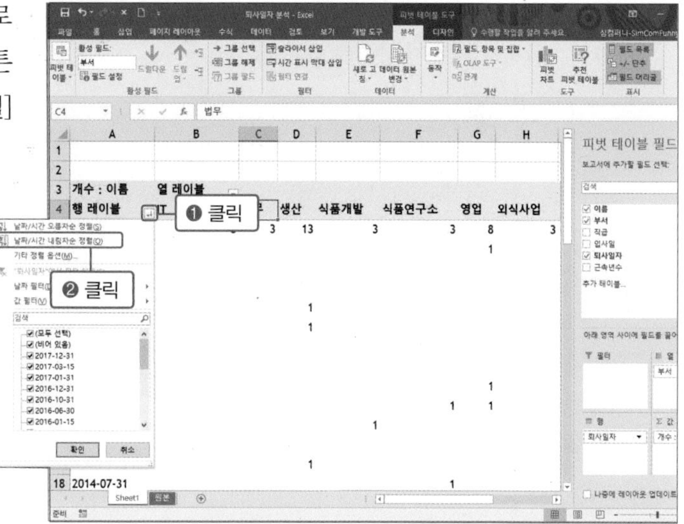

2 퇴사일자가 (비어 있음), 최신 날짜순으로 내림차순 정렬되었습니다.

'(비어 있음)'은 퇴사일자가 입력되지 않은 재직자를 의미합니다.

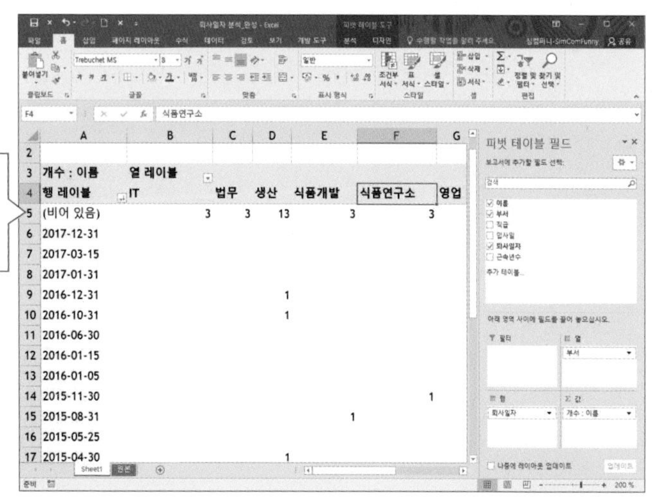

2007 2010 2013 2016 2019

131 슬라이서 추가하여 필터링하기

슬라이서(Slicer)는 필터 메뉴를 별도의 창으로 표시합니다. 앞서 배운 필터 기능은 피벗 테이블의 첫 행이나 [필터] 영역의 목록 버튼을 클릭해서 사용했습니다. 반면, 슬라이서는 도형처럼 개체의 속성을 띠기 때문에 셀 주소와 상관없이 원하는 위치에 검색 창처럼 놓을 수 있습니다.

예제 파일 Part12\피벗 슬라이서.xlsx **완성 파일** Part12\피벗 슬라이서_완성.xlsx

1 피벗 테이블을 클릭한 후 [삽입] 탭-[필터] 그룹-[슬라이서]를 클릭합니다.

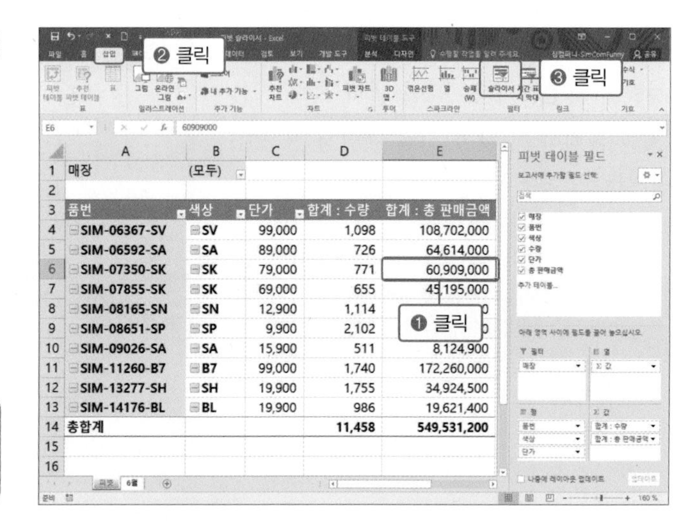

TIP

슬라이서를 삽입하려면 [분석] 탭-[필터] 그룹-[슬라이서 삽입]을 클릭해도 됩니다.

2 [슬라이서 삽입] 대화상자가 나타나면 슬라이서를 삽입할 필드로 '색상'과 '단가'를 체크 표시하고 [확인]을 클릭합니다.

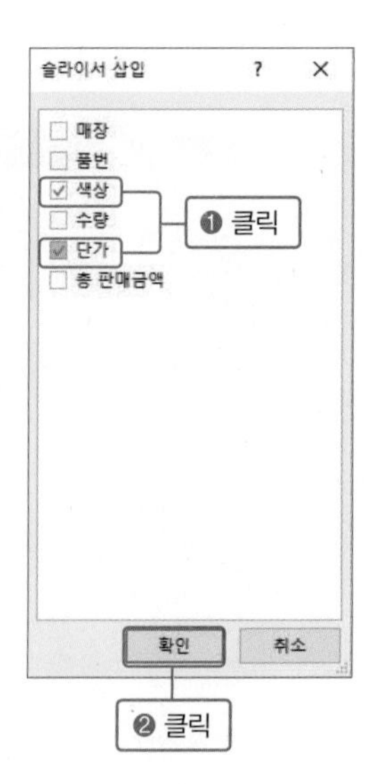

3 선택한 필드의 슬라이서가 나타납니다. '색상' 슬라이서에서 'SA'를 클릭하니 피벗 테이블이 자동으로 필터링됩니다. '단가' 슬라이서에도 'SA' 색상에 해당하는 금액만 활성화됩니다.

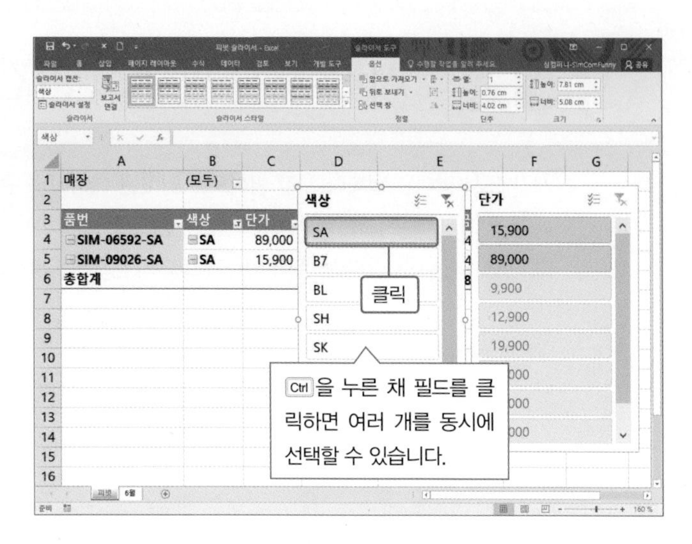

| 필터링 취소 및 슬라이서 창 삭제하기

1 '색상' 슬라이서의 필터 결과를 취소하려면 해당 슬라이서에서 [필터 지우기] 버튼을 클릭합니다.

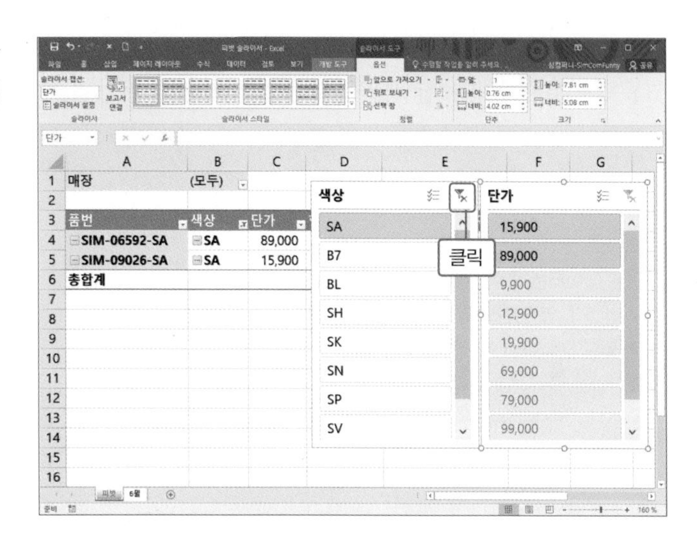

2 필터 조건이 모두 해제되었습니다. 이번에는 슬라이서 메뉴를 모두 없애보겠습니다. '색상' 슬라이서를 클릭하고 Ctrl을 누른 상태에서 '단가' 슬라이서도 클릭합니다. Delete를 누르면 슬라이서가 삭제됩니다.

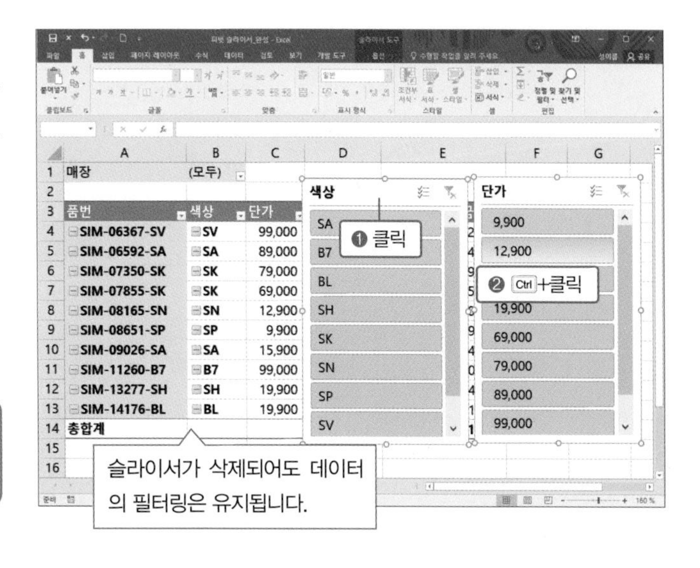

TIP

슬라이서 하나를 클릭하고 Ctrl+A를 누르면 전체 슬라이서를 선택할 수 있습니다.

2007 2010 **2013** **2016** **2019**

132 시간 표시 막대로 기간 필터링하기

시간 표시 막대는 날짜나 시간 형식으로 입력된 데이터를 년/분기/월/일 단위로 쉽게 필터링할 수 있습니다. 앞에서 배운 [그룹화]에서는 선택한 필드를 포괄하는 상위 그룹 행이 피벗 테이블에 추가되었습니다. 반면 시간 표시 막대는 필터 메뉴가 별도의 창으로 나타나서 선택한 기간만 추출해서 볼 수 있습니다.

예제 파일 Part12\시간표시막대.xlsx **완성 파일** Part12\시간표시막대_완성.xlsx

1 세금계산서의 '발급일자'를 분기별로 필터링하려고 합니다. 피벗 테이블을 클릭하고 [삽입] 탭 또는 [분석] 탭에서 [필터] 그룹–[시간 표시 막대 삽입]을 클릭합니다.

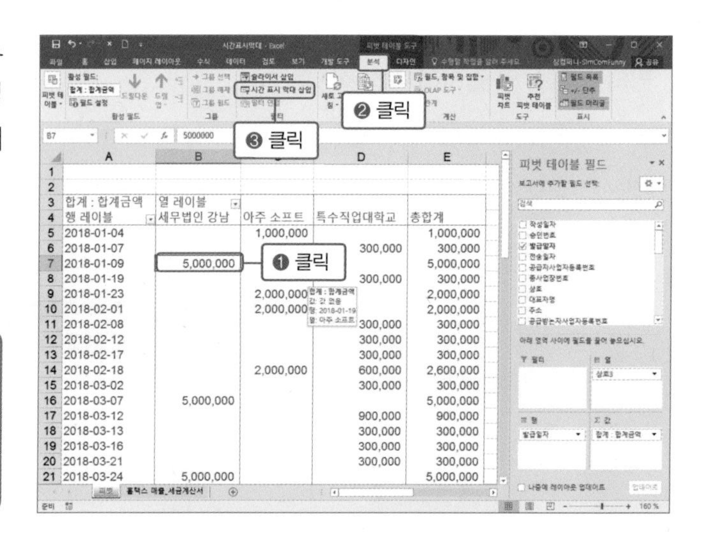

TIP

원본 데이터는 홈택스에서 다운로드한 '세금계산서'입니다. 열 방향으로 데이터가 길게 입력된 경우 필드 영역에서 필요한 항목만 체크해서 피벗 테이블을 간략하게 정리합니다.

2 [시간 표시 막대 삽입] 대화상자에서 '발급일자'를 체크 표시하고 [확인]을 클릭합니다.

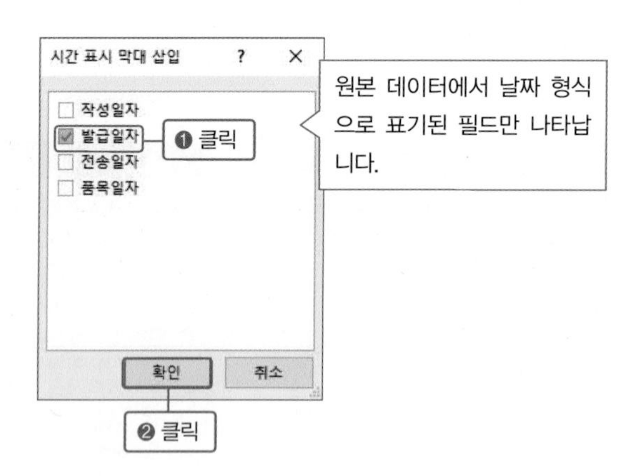

3 '발급일자' 시간 표시 막대가 나타납니다. [월]의 목록 버튼을 클릭하고 '분기'를 클릭합니다.

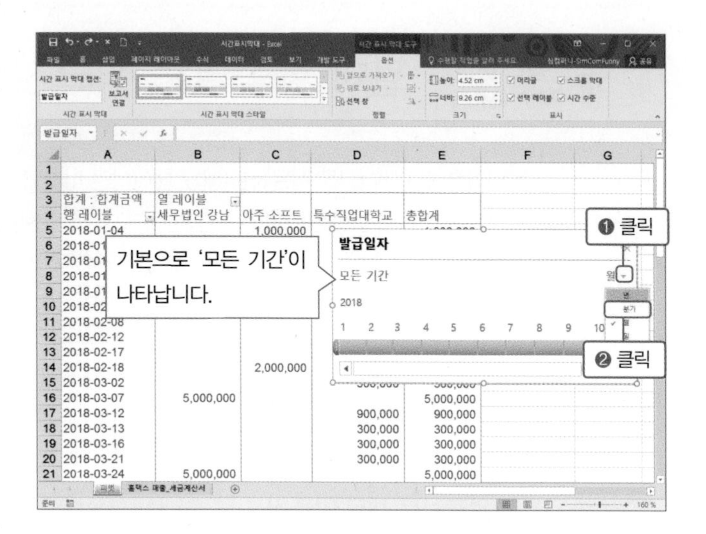

4 시간 표시 막대의 날짜 단위가 '분기'로 바뀌었습니다. 각 분기를 클릭하면 피벗 테이블에는 해당 기간의 데이터만 나타나고 마지막 행에 해당 분기의 합계가 요약됩니다.

TIP

1분기 막대 끝을 2분기까지 드래그하면 상반기만 필터링할 수 있습니다.

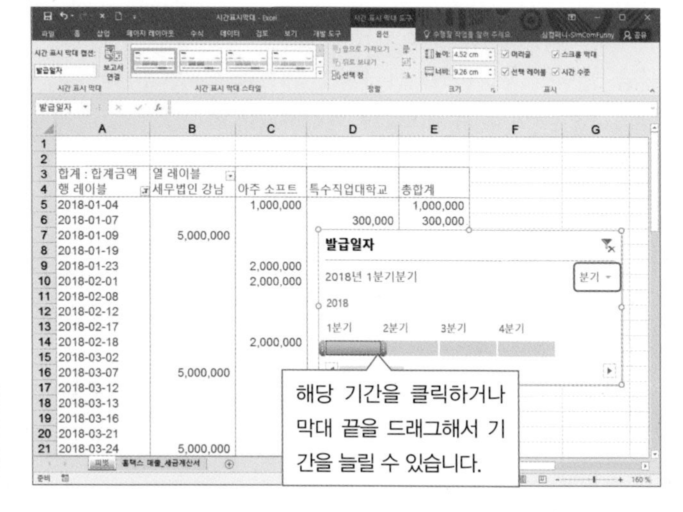

5 시간 표시 막대 창을 클릭하면 [옵션] 탭이 활성화됩니다. [시간 표시 막대 스타일]에서 원하는 색상을 선택합니다.

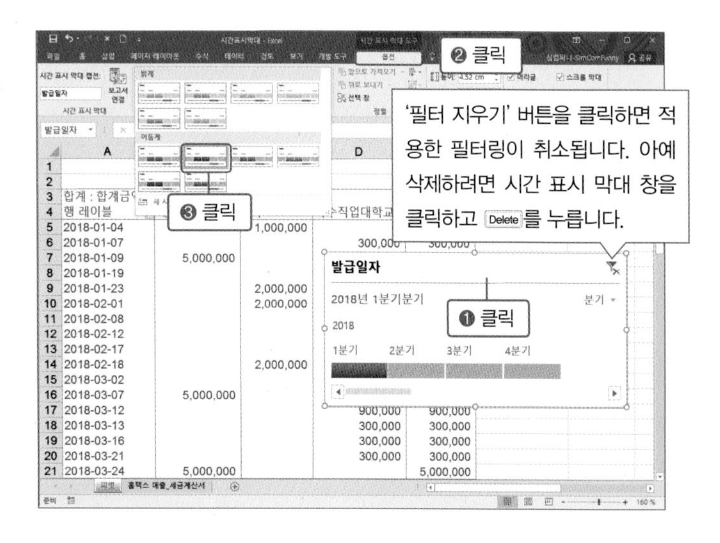

2007 2010 2013 2016 2019

133 필터 항목별로 워크시트 따로 만들기

피벗 테이블에서 필터링을 적용하면 해당 데이터만 나타납니다. 이번에는 전체 피벗 테이블을 유지하되 필터 결과가 적용된 피벗 테이블을 각각의 워크시트로 나누어 보겠습니다. [보고서 필터 페이지 표시]를 이용하면 워크시트 이름도 필터 항목명으로 입력되어 데이터를 필드별로 분류할 수 있습니다.

예제 파일 Part12\계산서발급목록.xlsx **완성 파일** Part12\계산서발급목록_완성.xlsx

| 필터 항목별로 워크시트 새로 만들기

1 [필터] 영역에 추가된 '품목' 필드별로 워크시트를 나누려고 합니다. 피벗 테이블을 클릭한 후 [분석] 탭–[피벗 테이블] 그룹–[옵션]의 목록 버튼을 클릭합니다. [보고서 필터 페이지 표시]를 선택합니다.

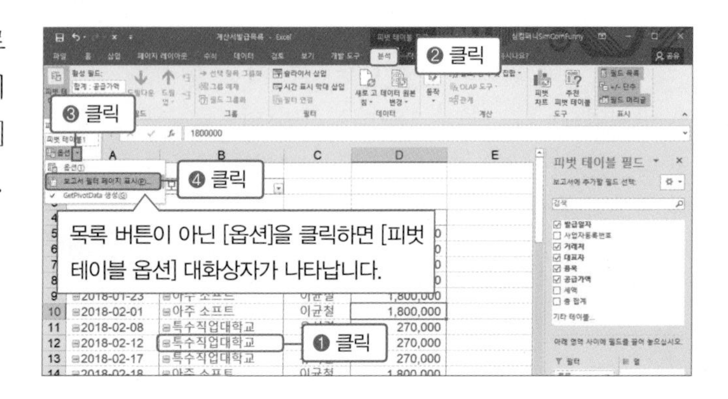

2 [보고서 필터 페이지 표시] 대화상자가 나타나면 '품목'을 선택한 후 [확인]을 클릭합니다.

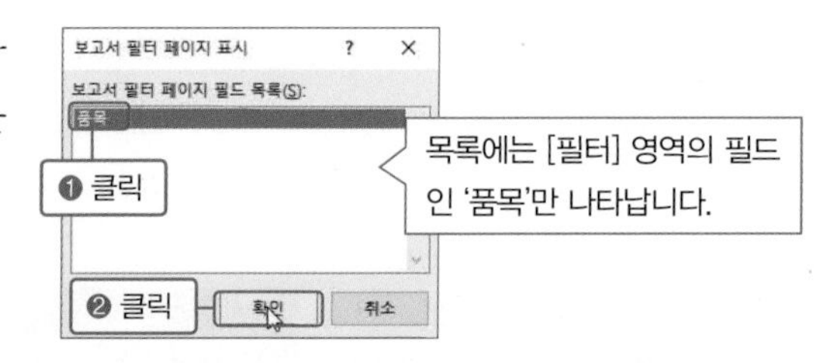

3 '품목'별로 새 워크시트가 만들어졌습니다. 열 너비를 한 번에 넓히기 위해 3개의 워크시트를 선택해서 그룹화한 뒤 열 머리글의 구분선을 조정합니다.

page 워크시트 그룹화에 대한 자세한 내용은 79쪽을 참고하세요.

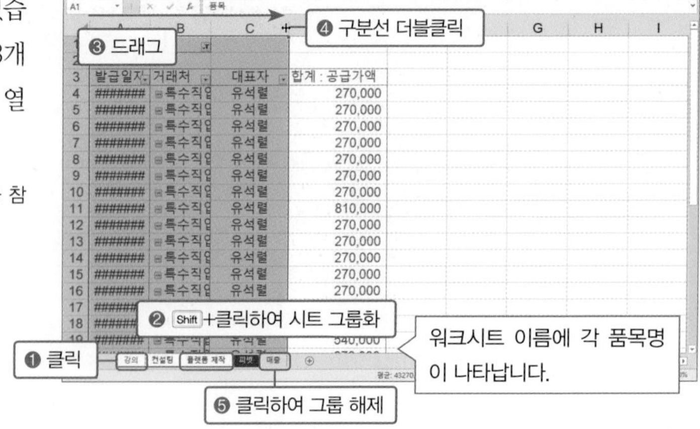

| 수정된 원본 데이터를 모든 피벗 테이블에 업데이트하기

1 '매출' 워크시트의 75행에 데이터를 추가 입력합니다.

	발급일자	사업자등록번호	거래처	대표자	품목	공급가액	세액	총 합계
58	2018-11-01	152-02-15123	세무법인 강남	박영순	컨설팅	4,500,000	500,000	5,000
59	2018-11-04	123-12-45678	특수직업대학교	유석렬	강의	270,000	30,000	300
60	2018-11-06	123-12-45678	특수직업대학교	유석렬	강의	270,000	30,000	300
61	2018-11-10	152-02-15123	세무법인 강남	박영순	컨설팅	4,500,000	500,000	5,000
62	2018-11-16	123-12-45678	특수직업대학교	유석렬	강의	270,000	30,000	300
63	2018-11-20	201-31-12345	아주 소프트	이균철	플랫폼 제작	1,800,000	200,000	2,000
64	2018-11-20	123-12-45678	특수직업대학교	유석렬	강의	270,000	30,000	300
65	2018-11-29	201-31-12345	아주 소프트	이균철	플랫폼 제작	1,800,000	200,000	2,000
66	2018-12-01	152-02-15123	세무법인 강남	박영순	컨설팅	4,500,000	500,000	5,000
67	2018-12-09	123-12-45678	특수직업대학교	유석렬	강의	720,000	80,000	800
68	2018-12-14	201-31-12345	아주 소프트	이균철	플랫폼 제작	270,000	30,000	300
69	2018-12-14	123-12-45678	특수직업대학교	유석렬	강의	270,000	30,000	300
70	2018-12-19	123-12-45678	특수직업대학교	유석렬	강의	270,000	30,000	300
71	2018-12-21	201-31-12345	아주 소프트	이균철	플랫폼 제작	1,800,000	200,000	2,000
72	2018-12-22	123-12-45678	특수직업대학교	유석렬	강의	270,000	30,000	300
73	2018-12-24	123-12-45678	특수직업대학교	유석렬	플랫폼 제작	500,000	30,000	530
74	2018-12-26	152-02-15123	세무법인 강남	박영순	컨설팅	4,500,000	500,000	5,000
75	2018-12-30	152-02-15123	세무법인 강남	박영순	컨설팅	4,500,000	500,000	5,000

입력

> **TIP**
> 원본 데이터가 엑셀 표로 입력되어 스크롤을 내리면 열 번호 대신 표의 머리글이 표시됩니다. 엑셀 표에 대한 자세한 내용은 84쪽을 참고하세요.

2 '피벗' 워크시트는 물론 필터 항목별로 나누어진 모든 피벗 테이블에 추가된 데이터를 반영하려고 합니다. [데이터] 탭-[연결] 그룹-[모두 새로고침]을 클릭합니다.

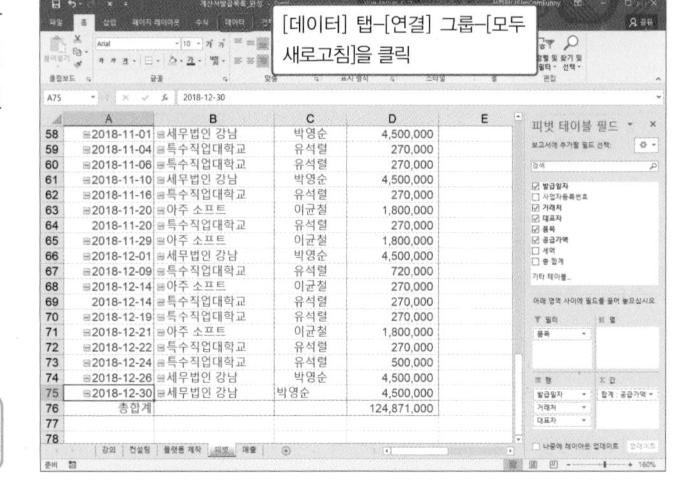

> **단축키**
> 모두 새로고침 Ctrl+Alt+F5

3 '컨설팅' 워크시트를 보면 '매출' 워크시트의 75행에 입력했던 데이터가 추가된 것을 알 수 있습니다.

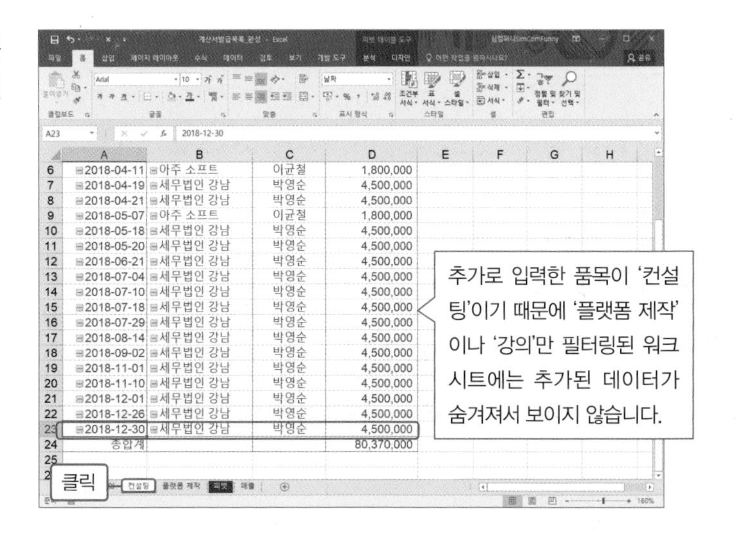

추가로 입력한 품목이 '컨설팅'이기 때문에 '플랫폼 제작'이나 '강의'만 필터링된 워크시트에는 추가된 데이터가 숨겨져서 보이지 않습니다.
클릭

134 피벗 차트 만들기

Part 6에서 살펴본 일반 차트와 달리 피벗 차트는 필터 메뉴를 포함합니다. 필터 목록에서 선택한 값만 그래프로 나타내 쉽고 다양한 분석이 가능합니다. 피벗 차트는 피벗 테이블 값을 참고하여 만들지만 피벗 테이블이 없어도 만들 수 있습니다.

예제 파일 Part12\피벗차트.xlsx **완성 파일** Part12\피벗차트_완성.xlsx

1 피벗 테이블을 클릭한 후 [삽입] 탭–[차트] 그룹–[피벗 차트]를 클릭합니다. [차트 삽입] 대화상자에서 원하는 차트 형태를 선택하고 [확인]을 클릭합니다.

엑셀 2007/2010 | [옵션] 탭–[도구] 그룹에서 [피벗 차트]를 선택합니다.

2 피벗 차트가 삽입되었습니다. 특정 매장만 필터링하기 위해 차트에서 [매장]의 목록 버튼을 클릭합니다. 필터 목록에서 '백제면세점'만 체크 표시하고 [확인]을 클릭합니다.

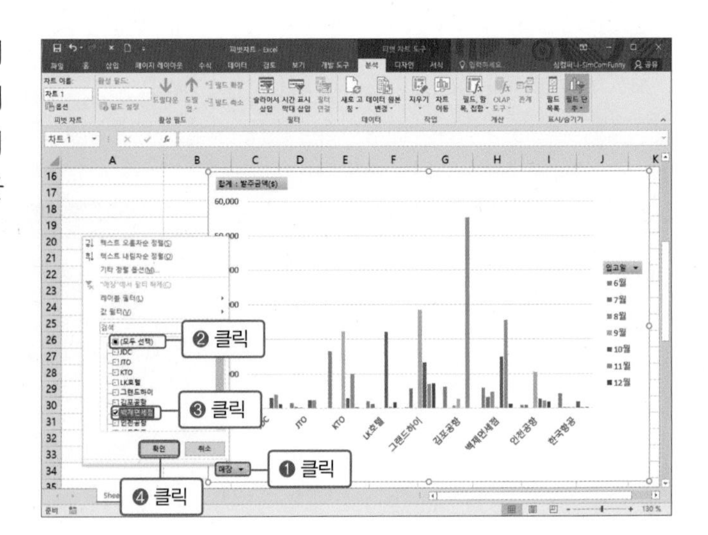

3 피벗 테이블과 피벗 차트에 '백제면세점' 데이터만 표시됩니다.

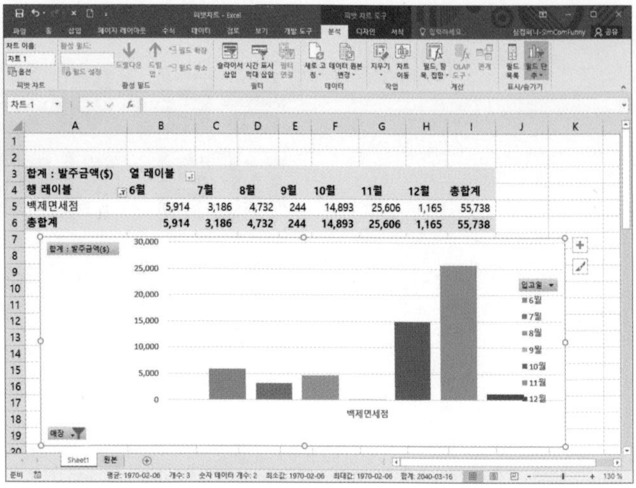

> **TIP**
>
> 피벗 차트는 일반 차트와 달리 차트 영역에 필터 메뉴가 추가됩니다. 차트에서 필터 목록을 선택하면 피벗 테이블에도 적용됩니다.

4 필터링을 해제하기 위해 피벗 차트에서 [매장]의 목록 버튼을 클릭합니다. ["매장"에서 필터 해제]를 클릭합니다.

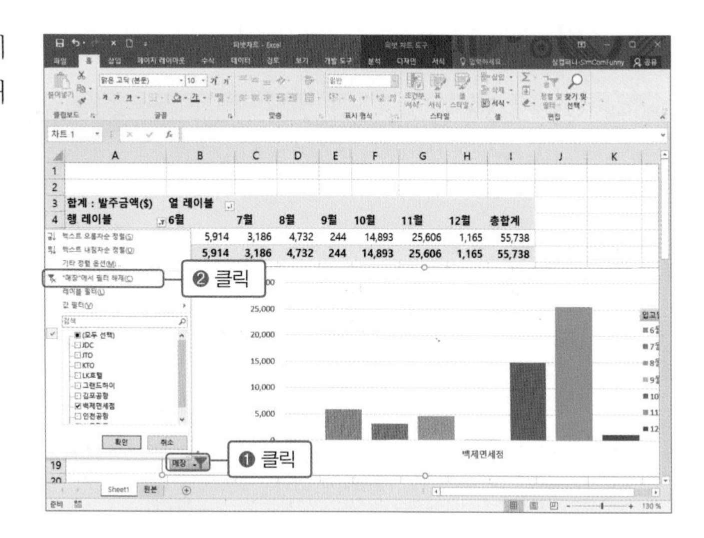

5 다시 피벗 테이블과 피벗 차트에 모든 데이터가 표시되었습니다.

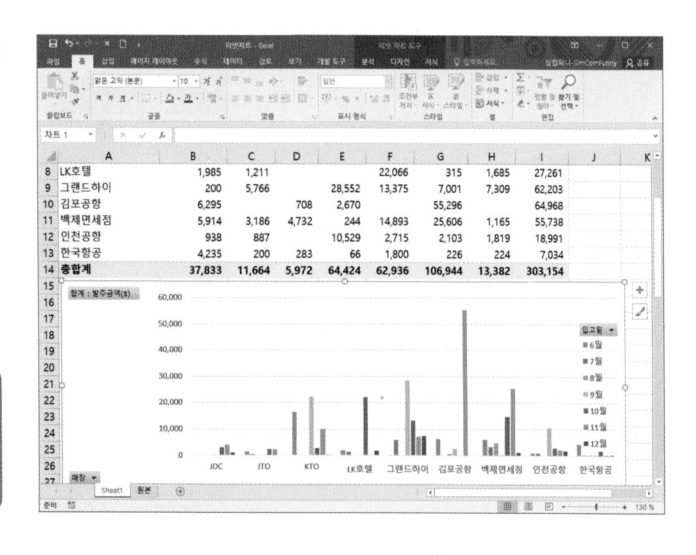

> **TIP**
>
> 슬라이서(252쪽)나 시간 표시 막대(254쪽)를 추가 삽입하면 매장별/기간별 필터 조건을 더 편리하게 연동할 수 있습니다.

통합/빠른 분석/ 파워 쿼리

여러 개의 시트에 나누어진 표를 하나로 합치려면 통합 기능을 활용합니다. 성격이 급한 분들은 빠른 분석을 이용해서 수식을 입력하지 않고도 간단한 계산을 대신할 수 있답니다. 파워 쿼리가 내장된 튼튼한 엑셀은 환율이나 주식 등 인터넷에 있는 표도 URL 주소로 연결해서 실시간으로 인터넷 정보를 업데이트합니다.

Preview

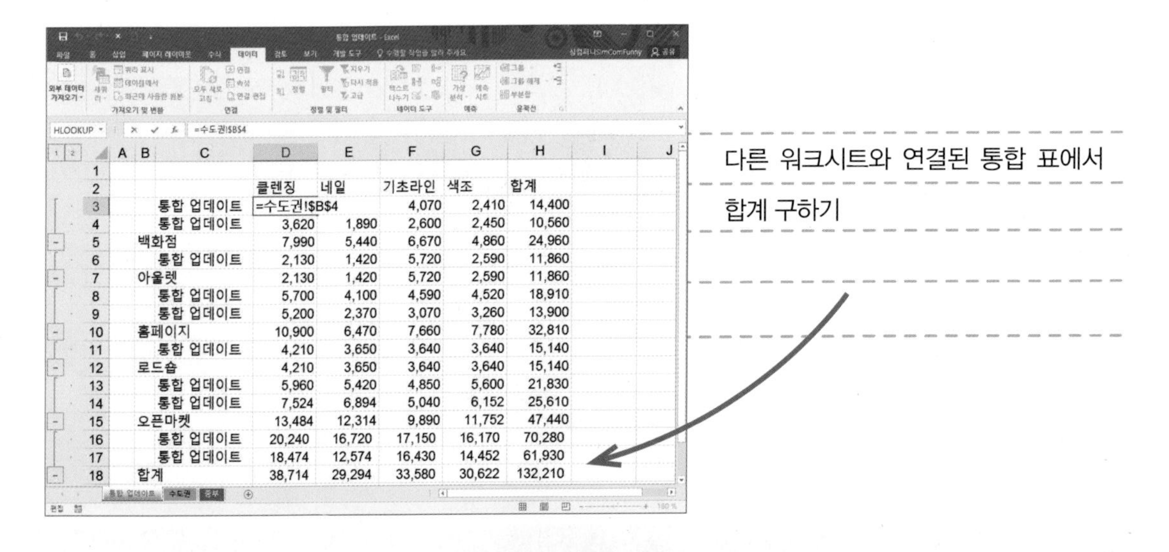

	C	D	E	F	G	H
2		클렌징	네일	기초라인	색조	합계
3	통합 업데이트	=수도권!$B$4		4,070	2,410	14,400
4	통합 업데이트	3,620	1,890	2,600	2,450	10,560
5	백화점	7,990	5,440	6,670	4,860	24,960
6	통합 업데이트	2,130	1,420	5,720	2,590	11,860
7	아울렛	2,130	1,420	5,720	2,590	11,860
8	통합 업데이트	5,700	4,100	4,590	4,520	18,910
9	통합 업데이트	5,200	2,370	3,070	3,260	13,900
10	홈페이지	10,900	6,470	7,660	7,780	32,810
11	통합 업데이트	4,210	3,650	3,640	3,640	15,140
12	로드숍	4,210	3,650	3,640	3,640	15,140
13	통합 업데이트	5,960	5,420	4,850	5,600	21,830
14	통합 업데이트	7,524	6,894	5,040	6,152	25,610
15	오픈마켓	13,484	12,314	9,890	11,752	47,440
16	통합 업데이트	20,240	16,720	17,150	16,170	70,280
17	통합 업데이트	18,474	12,574	16,430	14,452	61,930
18	합계	38,714	29,294	33,580	30,622	132,210

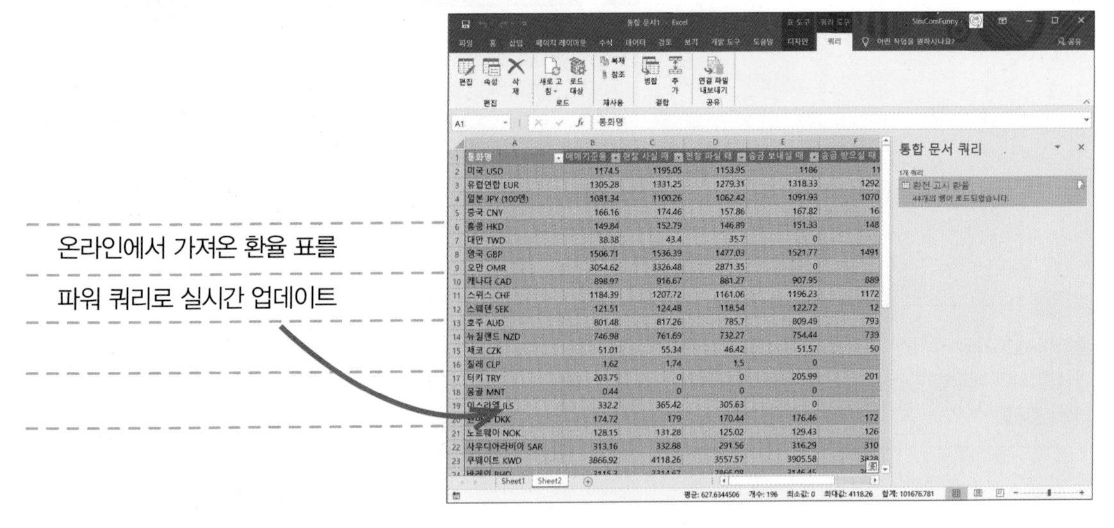

2007 2010 2013 2016 2019

135 참조 표의 수정 사항을 통합 표에 업데이트하기

2개 표의 합산 결과를 통합 표에 나타낼 때 숫자 값으로만 나타내면 수정 사항이 반영되지 않았습니다. 그러나 통합 표를 원본 데이터와 연결하면 참조 표의 셀 값이 변할 때마다 통합 결과도 수정됩니다.

예제 파일 Part13\통합 업데이트.xlsx **완성 파일** Part13\통합 업데이트_완성.xlsx

1 '통합 업데이트' 워크시트에서 [데이터] 탭–[데이터 도구] 그룹–[통합]을 클릭합니다. [통합] 대화상자에서 [함수]는 '합계', [참조]는 '수도권'과 '중부' 워크시트의 [A3:F8] 셀 범위를 각각 선택합니다. [사용할 레이블]에서 '첫 행', '왼쪽 열', '원본 데이터에 연결'을 체크 표시하고 [확인]을 선택합니다.

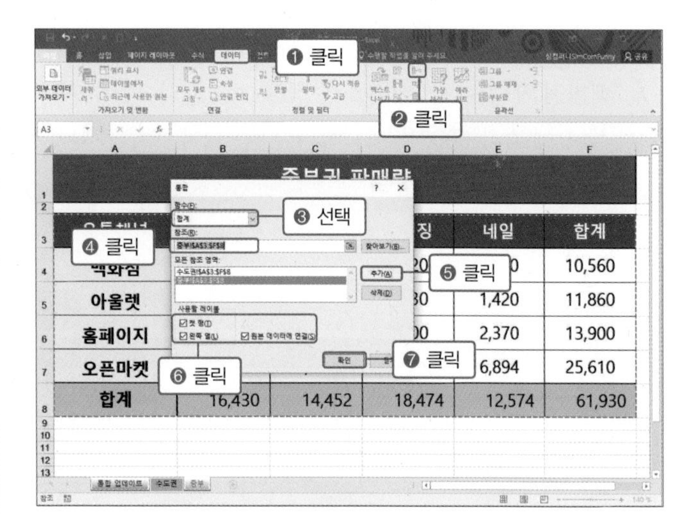

TIP
[통합] 대화상자에는 이전에 선택한 항목, 참조 영역, 체크 표시가 그대로 나타날 수 있습니다.

2 '통합 업데이트' 워크시트에 원본과 연결된 통합 결과가 나타납니다. 윤곽 기호 [2]를 클릭하면 숨겨져 있던 행을 펼쳐 볼 수 있습니다. 셀을 클릭하면 참조한 워크시트의 셀 주소가 수식 형태로 입력되어 있습니다.

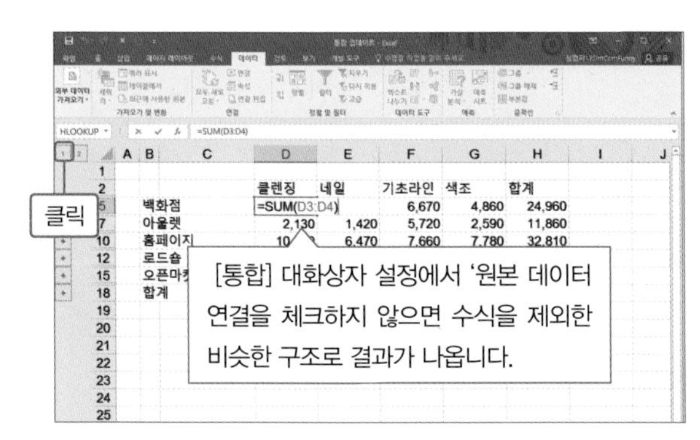

▲ [1]를 클릭한 요약 결과입니다.

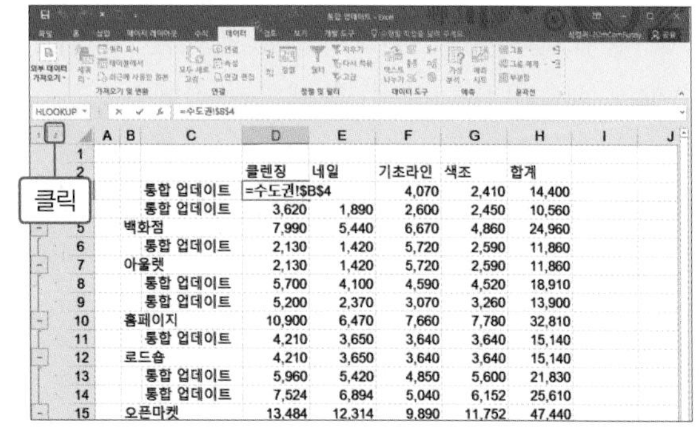

▲ [2]을 클릭한 전체 결과입니다.

TIP
통합 표의 합계가 수식으로 입력되었습니다. 즉, 원본 워크시트의 셀 주소를 참조했기 때문에 원본 값이 수정되면 결과 값도 유동적으로 변합니다.

3 수정된 데이터가 통합 표에 연동되는지 확인하기 위해 '백화점'의 '클렌징' 매출을 수정해 보겠습니다. '통합 업데이트' 워크시트에서 윤곽기호 2를 클릭하면 수도권과 중부 지역 '백화점'의 '클렌징' 매출의 합계가 7,990인 것을 알 수 있습니다.

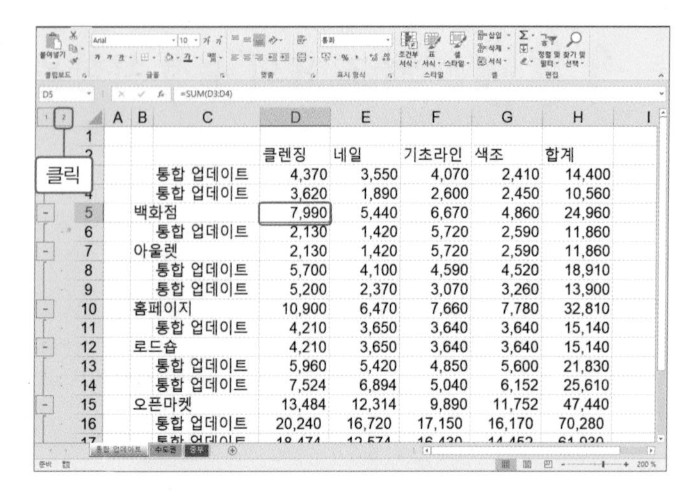
클릭

4 '백화점'의 '클렌징' 매출을 수정해 보겠습니다. '수도권' 워크시트의 [B4] 셀 값과 '중부' 워크시트의 [D4] 셀 값에 각각 **5000**을 입력합니다. 총 합계는 10,000이 될 것입니다.

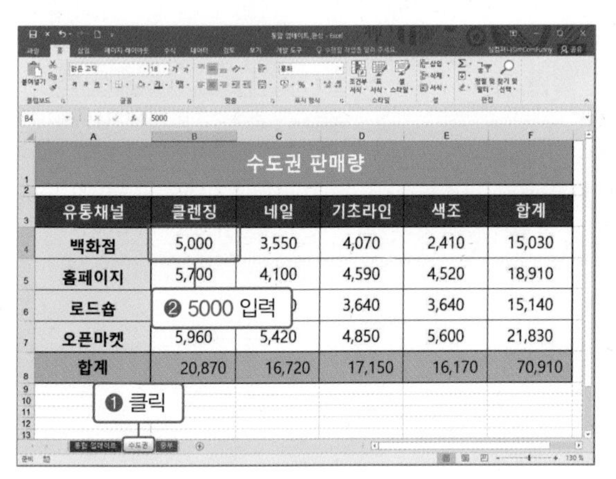
❶ 클릭
❷ 5000 입력

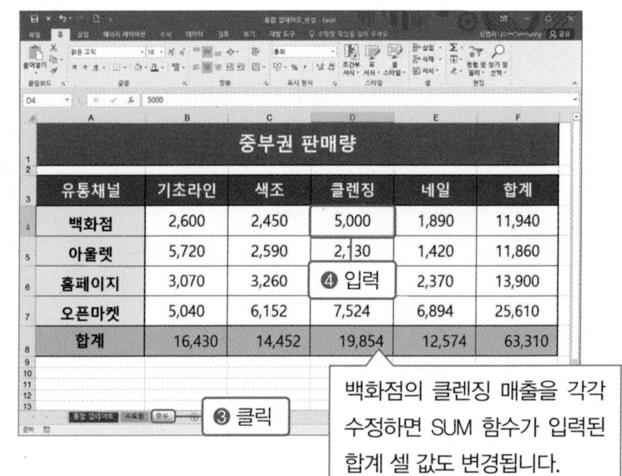
❸ 클릭
❹ 입력
백화점의 클렌징 매출을 각각 수정하면 SUM 함수가 입력된 합계 셀 값도 변경됩니다.

5 '통합 업데이트' 워크시트의 백화점 클렌징 매출([D3:D5] 셀)과 백화점 합계([H3:H5] 셀) 값이 변경된 것을 알 수 있습니다.

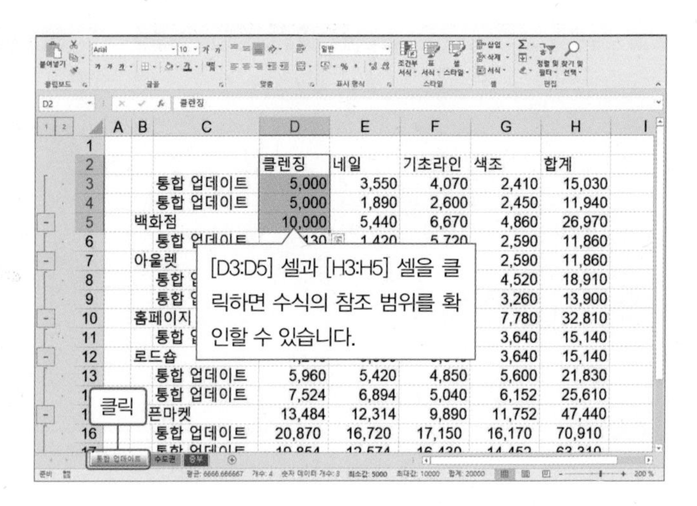
[D3:D5] 셀과 [H3:H5] 셀을 클릭하면 수식의 참조 범위를 확인할 수 있습니다.
클릭

136 여러 개의 표를 통합하여 새로운 서식에 붙여넣기

앞에서는 빈 워크시트에 머리글과 통합 결과만 붙여 넣었기 때문에 표의 서식은 추후에 지정할 수 있었습니다. 그러나 참조할 표와 통합할 표의 머리글이 같다면 미리 만들어놓은 서식에도 통합 결과를 채울 수 있습니다. 단, 원본 데이터와 연결하거나 참조 범위를 잘못 설정할 경우 기존 서식이 어긋날 수 있으니 주의해야 합니다.

예제 파일 Part13\통합 서식.xlsx **완성 파일** Part13\통합 서식_완성.xlsx

1 '전국 판매량' 워크시트에 '수도권'과 '중부' 워크시트의 통합된 평균값을 채워보겠습니다. 통합 표가 입력될 '전국 판매량' 워크시트에는 이미 서식이 지정되어 있고, 이는 2개의 참조 표 서식과 차이가 있습니다.

▲ '전국 판매량' 워크시트(통합 표)

수도권 판매량

유통채널	클렌징	네일	기초라인	색조	합계
백화점	4,370	3,550	4,070	2,410	14,400
홈페이지	5,700	4,100	4,590	4,520	18,910
로드숍	4,210	3,650	3,640	3,640	15,140
오픈마켓	5,960	5,420	4,850	5,600	21,830
합계	20,240	16,720	17,150	16,170	70,280

▲ '수도권' 워크시트(참조 표)

TIP

통합 결과를 붙여 넣을 표와 참조할 표의 행/열 머리글 문자가 일치되어야 결과를 통합할 수 있습니다.

2 먼저 통합할 표에서 행/열 머리글과 통합 값이 채워질 셀 범위를 선택해야 합니다. '전국 판매량' 워크시트에서 [C3:G9] 셀을 선택하고 [데이터] 탭–[데이터 도구] 그룹–[통합]을 클릭합니다. [통합] 대화상자의 [함수]에서 '평균'을 선택합니다. [사용할 레이블]의 '첫 행'과 '왼쪽 열'을 체크 표시합니다. [참조]의 빈 칸을 클릭하고 '수도권' 워크시트를 클릭합니다.

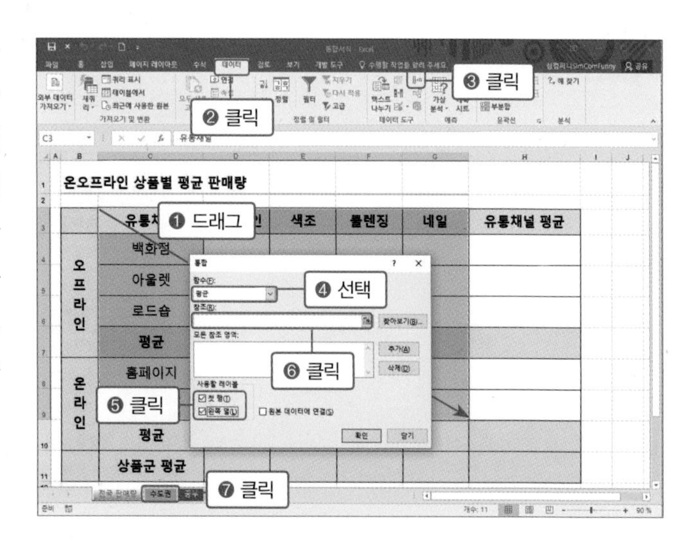

3 [A3:E7] 셀을 선택한 후 [추가]를 클릭합니다. 다시 [참조]칸을 클릭하고 '중부' 워크시트를 클릭합니다.

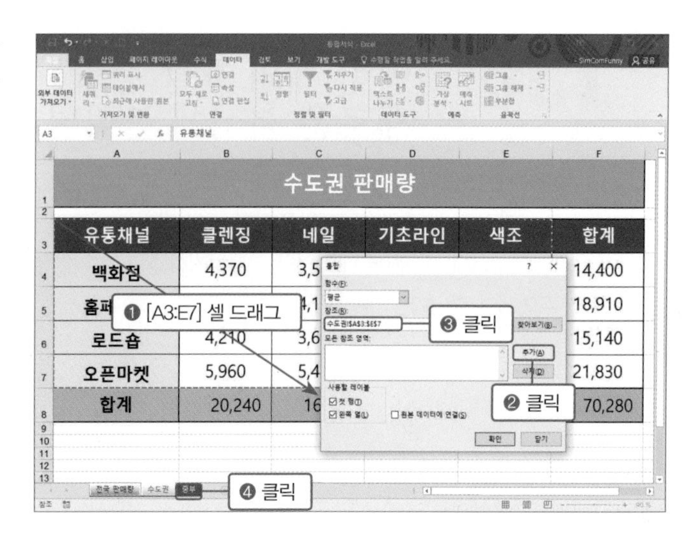

4 이전 워크시트에서 지정한 [A3:E7] 셀이 이미 선택되어 있습니다. 참조할 셀 주소는 동일하므로 [추가]를 클릭하고 [확인]을 클릭합니다.

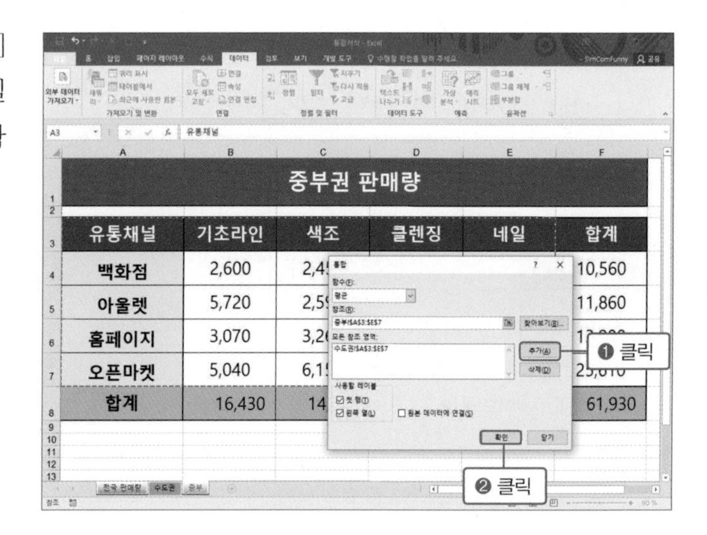

5 '전국 판매량' 워크시트에 두 데이터의 평균이 입력되었습니다.

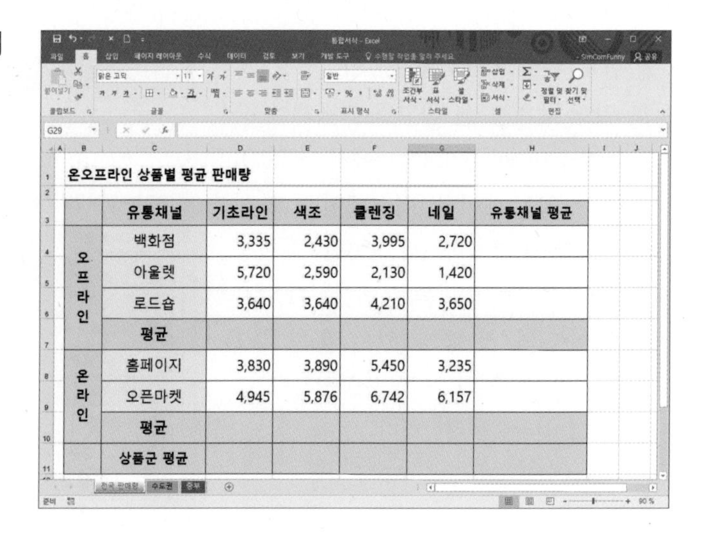

137 수식을 입력하지 않고 빠른 분석 기능으로 계산하기

[빠른 분석]은 데이터가 입력된 범위를 선택하면 계산 및 조건부 서식, 차트 등 자주 쓰는 메뉴를 삽입할 수 있게 해 주는 기능입니다. 특히 숫자가 입력된 2개 이상의 셀을 선택하고 합계, 평균, 비중 등을 선택하면 선택 영역의 아래 행 또는 오른쪽 열에 선택한 수식이 자동으로 입력됩니다.

예제 파일 Part13\빠른분석.xlsx **완성 파일** Part13\빠른분석_완성.xlsx

선택한 범위의 평균값 구하기

1 [D4:D6] 셀의 평균값을 구해 보겠습니다. [D4:D6] 셀을 선택하면 오른쪽 아래에 빠른 분석 버튼이 나타납니다. [합계]-[평균]을 클릭합니다.

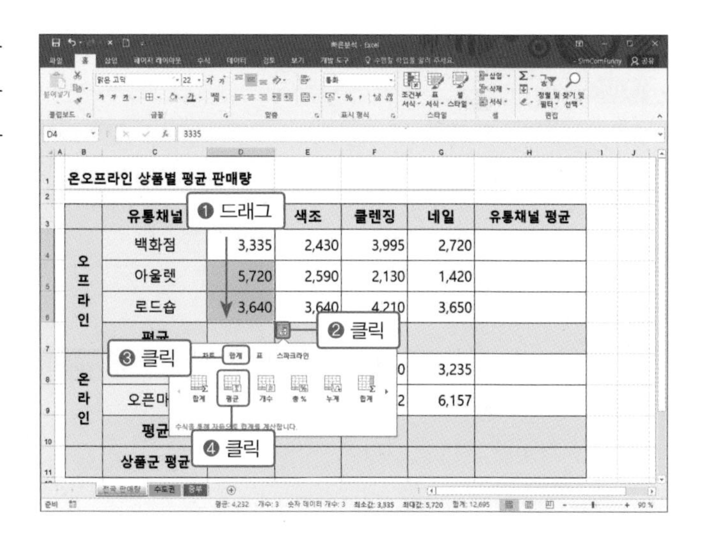

2 [D7] 셀에 AVERAGE 함수가 입력되고 평균이 나타납니다. 채우기 핸들을 드래그해서 [G7] 셀까지 평균을 구합니다. 이와 같은 방법으로 [D10:G10] 셀도 채울 수 있습니다.

TIP
빠른 분석은 선택한 범위 바로 아래 또는 오른쪽 셀에 자동 계산된 결과가 나타납니다.

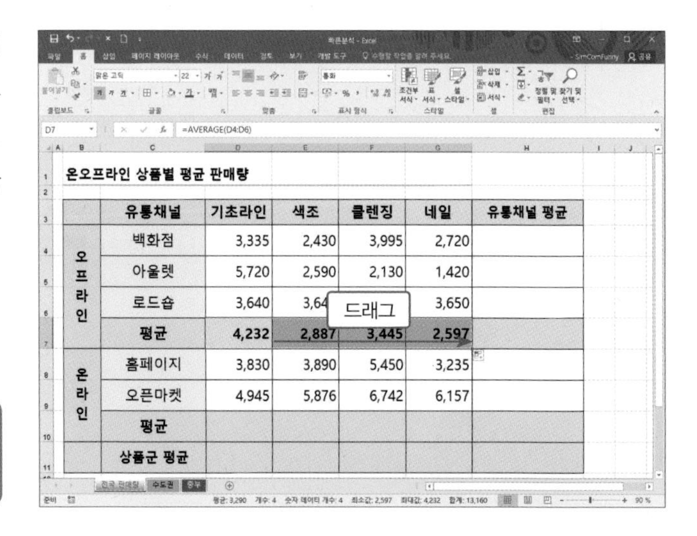

| 선택한 범위의 비중 구하기

1 유통채널별 평균 판매수량의 비중을 [H4:H6] 셀에 입력해 보겠습니다. [D4:G6] 셀을 선택하면 나타나는 빠른 분석 버튼 을 클릭합니다. [합계]-[총%] 에 마우스 포인터를 올리면 [D7:G7] 셀 값이 바뀝니다. 아이콘은 선택한 영역의 아래 행에 값을 채우기 때문입니다. ▶ 버튼을 클릭합니다.

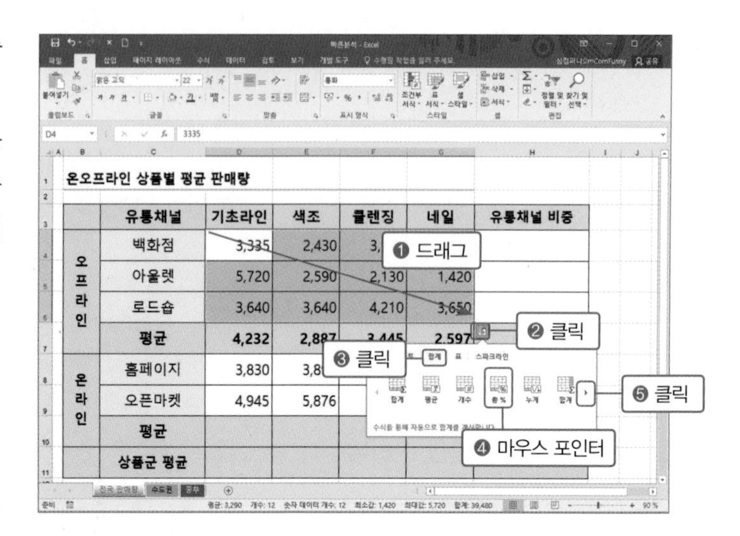

TIP

빠른 분석은 파란색으로 표시된 행 또는 노란색으로 표시된 열 아이콘 선택에 따라 결과 값이 채워질 셀이 달라집니다. 결과가 표시될 셀에 이미 데이터가 입력된 상태라면 다음과 같은 경고 메시지가 나타납니다. [확인]을 클릭하면 기존의 데이터가 빠른 분석의 결과 값으로 대체됩니다.

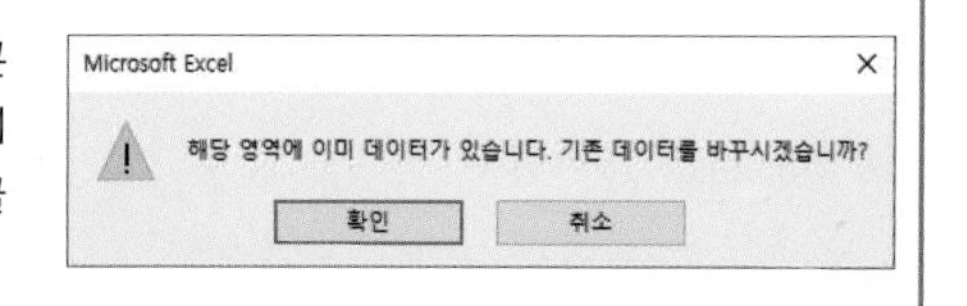

2 [합계]에서 를 클릭하면 오른쪽 열에 비중이 표시됩니다. 해당 셀을 클릭하면 수식을 확인할 수 있습니다.

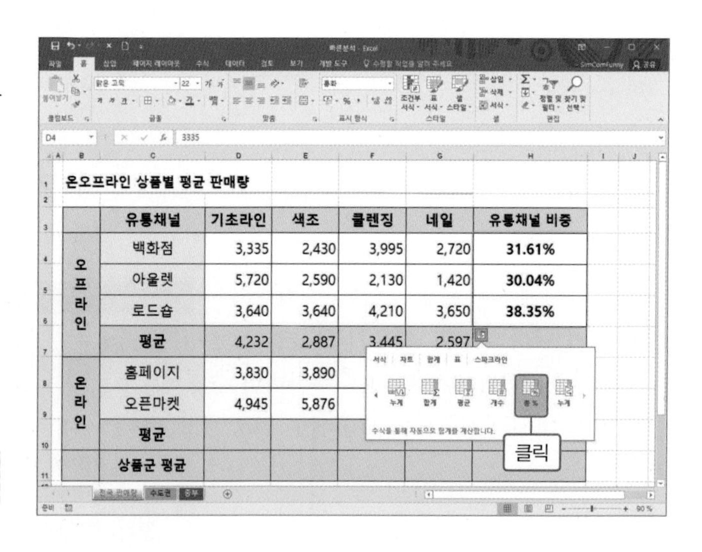

TIP

나머지 셀의 수식은 완성 파일을 참조하세요.

2007 2010 2013 2016 2019

138 텍스트 나누기로 문자열 분리하기

'텍스트 나누기'는 하나에 열에 입력된 문자를 구분 기호나 일정한 너비에 따라 문자를 나누고 서식을 변경해 줍니다. 대용량의 데이터 관리를 위해서는 하나의 셀에는 하나의 데이터 정보만 입력되는 것을 선호하므로 열 단위로 항목을 나누고 기존 서식만 복사해 보겠습니다.

예제 파일 Part13\텍스트 나누기.xlsx **완성 파일** Part13\텍스트 나누기_완성.xlsx

| 텍스트 나누기

1 '상품코드' 열에는 '품목-색상-소재'가 조합된 코드 번호가 입력되어 있습니다. 하이픈(-)을 기준으로 3개의 열로 나누어 보겠습니다. [A2:A28] 셀을 선택하고 Ctrl+C를 눌러 복사한 후 [B2] 셀에 붙여 넣습니다.

page 텍스트 나누기와 비슷한 역할을 하는 LEFT/RIGHT/MID 함수는 298쪽을 참고하세요.

TIP

텍스트 나누기를 이용하면 원본 셀의 값이 여러 개의 셀로 나누어지기 때문에 원본 행을 보존하려면 따로 복사해서 사용하는 것이 좋습니다.

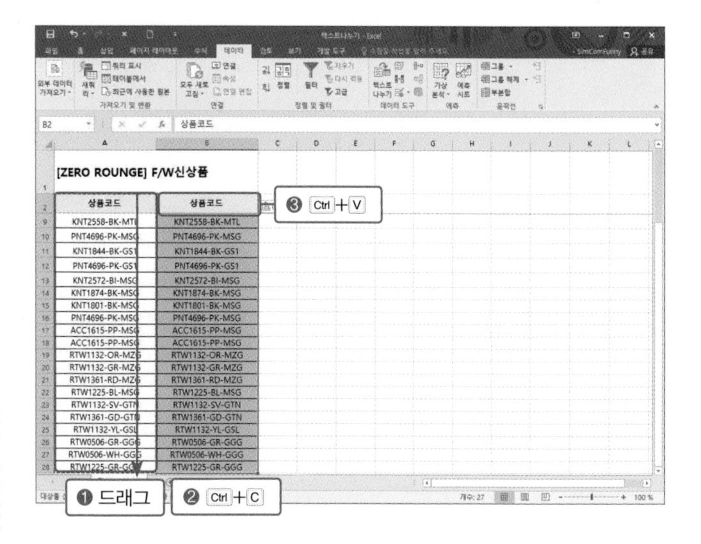

2 B열 전체를 선택하고 [데이터] 탭-[데이터 도구] 그룹-[텍스트 나누기]를 클릭합니다. [텍스트 마법사] 대화상자가 나타나면 '구분기호로 분리됨'을 선택하고 [다음]을 클릭합니다.

TIP

열 전체를 선택할 때 같은 행에 병합된 셀이 있으면 선택하기 어려우므로 제목 행이라도 병합을 해제해 두어야 합니다.

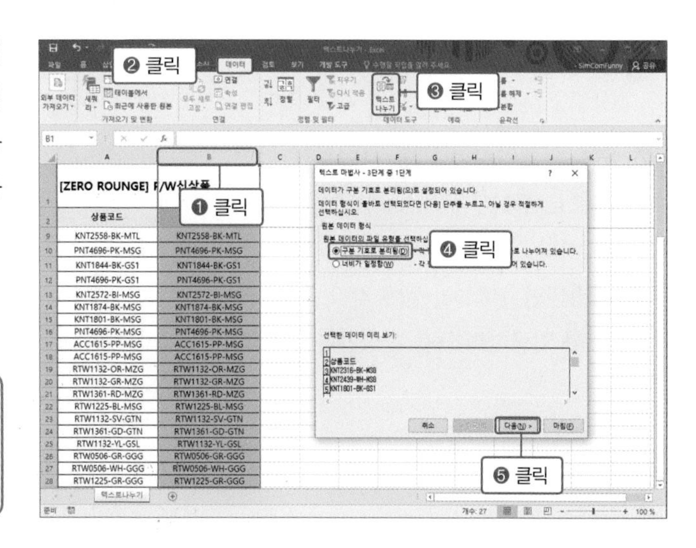

3 [구분 기호]에서 '기타'에 체크 표시를 하고 하이픈(-)을 입력합니다. [데이터 미리보기]에서 하이픈을 기준으로 구분선이 나누어진 데이터를 확인한 후 [다음]을 클릭합니다. 3단계의 [열 데이터 서식]에서 '일반'이 선택된 것을 확인한 후 [마침]을 클릭합니다.

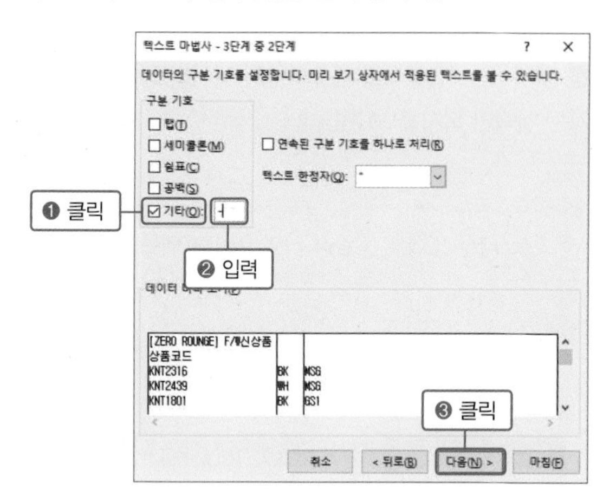

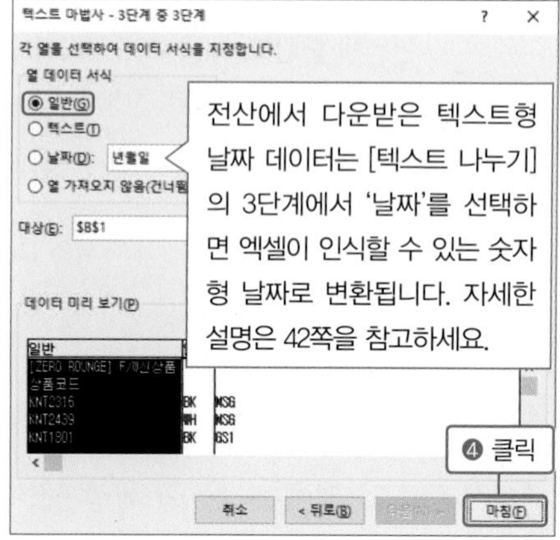

| 서식 복사

1 B, C, D열에 하이픈을 제외한 3개의 데이터 정보가 구분되었습니다. B열의 서식을 C열과 D열에 복사해 보겠습니다. [B2:B28] 셀을 드래그하고 [홈] 탭-[클립보드] 그룹-[서식 복사]를 클릭합니다.

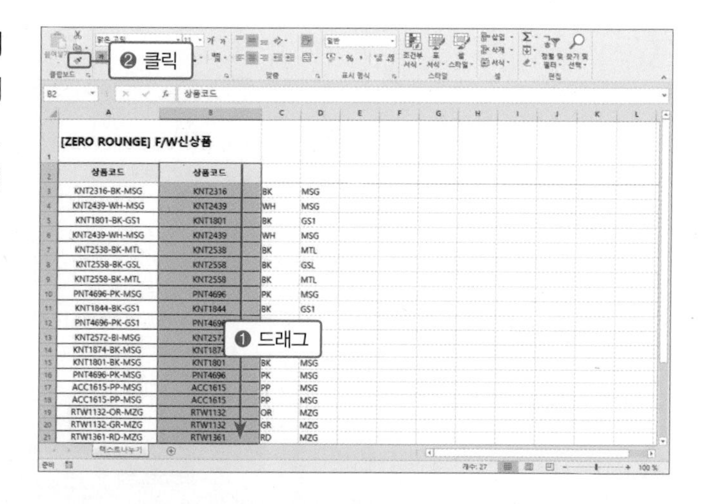

2 마우스 포인터가 [아이콘] 모양으로 변경되면 붓으로 칠하듯 [C2:D28] 셀을 드래그합니다. 머리글 채우기 색과 테두리가 자동으로 지정되면 [B2:D2] 셀에 각각 **품목**, **색상**, **소재**를 입력하여 표를 완성합니다.

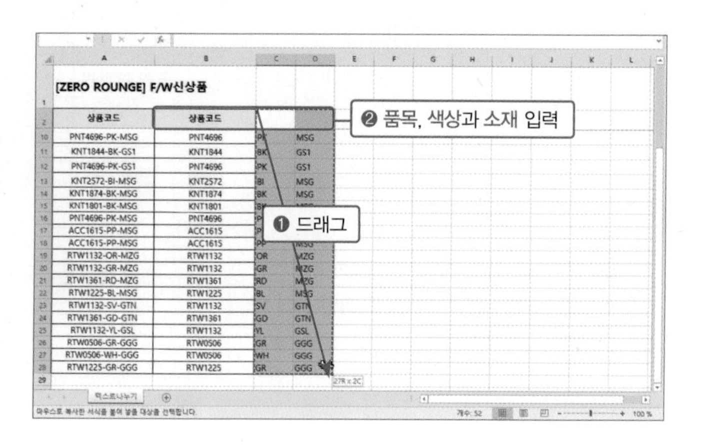

2007 2010 2013 2016 2019

139 중복된 항목 제거하기

중복된 값을 모두 삭제하고 고유 값 하나만 남겨두고 싶다면 [중복된 항목 제거] 메뉴로 리스트를 간소화할 수 있습니다. 머리글(필드명)을 기준으로 중복 값을 분류합니다. 정렬 순서에 따라 가장 작은 행 번호의 데이터를 고유 값으로 보고, 그 아래 입력된 나머지 값만 중복으로 인식하여 삭제합니다.

예제 파일 Part13\중복삭제.xlsx **완성 파일** Part13\중복삭제_완성.xlsx

1 '제품코드'를 기준으로 중복된 데이터를 삭제하려고 합니다. 표를 클릭하고 [데이터] 탭–[데이터 도구] 그룹–[중복된 항목 제거]를 클릭합니다. [중복된 항목 제거] 대화상자에서 [모두 선택 취소]를 클릭합니다. '제품코드'만 체크 표시한 후 [확인]을 클릭합니다.

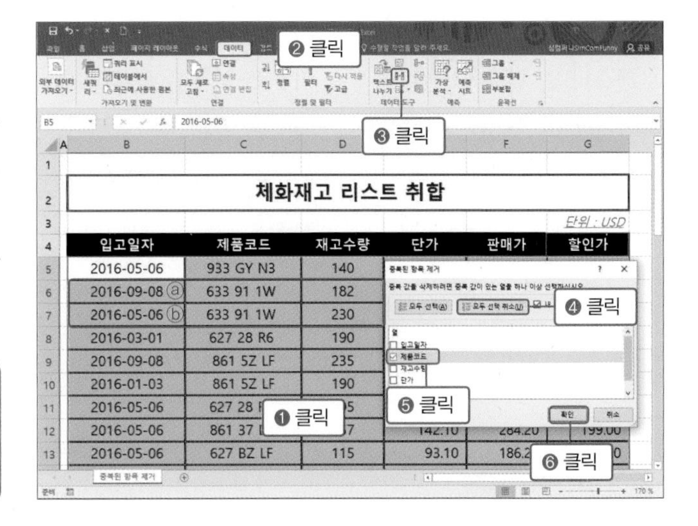

TIP

입고일자나 재고수량이 다르더라도 제품 코드가 같다면 첫 행의 고유 값(ⓐ)만 남겨두고 그 이하의 중복 값(ⓑ)은 모두 삭제합니다.

2 다음과 같은 결과 메시지가 나타납니다. [확인]을 클릭하면 중복된 제품 코드 중 고유 값 하나씩만 남겨두고 나머지 행은 모두 삭제됩니다.

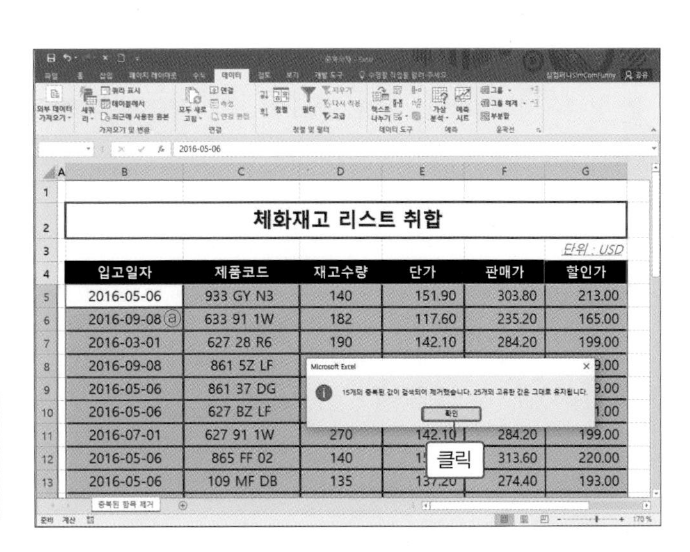

page 삭제할 중복 값을 배열 수식으로 표시하려면 369쪽을 참고하세요.

TIP

'제품코드'가 중복된 행만 자동으로 삭제됐기 때문에 고유 값 ⓐ가 남고 아래의 중복 값 ⓑ는 삭제되었습니다.

2007 2010 2013 2016 2019

140 웹에서 가져온 표로 환율 정보 업데이트하기

파워 쿼리를 이용하면 웹 페이지의 표를 엑셀로 가져올 수 있습니다. 웹 페이지의 표 일부를 복사해서 붙여 넣는 것과 다르게 파워 쿼리는 해당 웹 페이지의 표 정보를 인식하기 때문에 쿼리 편집기나 엑셀 표로 각 필드를 편집하기 쉽습니다. 또한 해당 URL에 연결된 표가 삭제되지 않는다면 인터넷이 연결된 상태에서 새로운 정보를 실시간으로 업데이트할 수 있습니다.

완성 파일 Part13\환율 업데이트_완성.xlsx

1 '네이버 금융' 웹 페이지(http://finance.naver.com/marketindex)의 환율 정보를 엑셀 표로 변환해 보겠습니다. 환율 표에서 마우스 오른쪽 버튼을 클릭한 뒤 단축 메뉴에서 [속성]을 클릭합니다. [속성] 대화상자에서 URL을 선택한 후 Ctrl+C를 눌러 복사합니다.

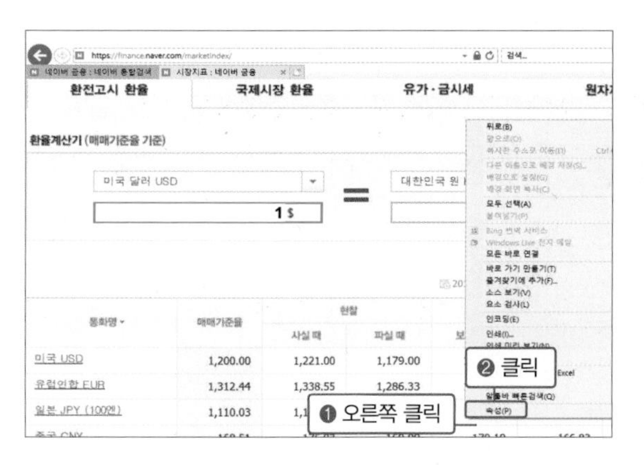

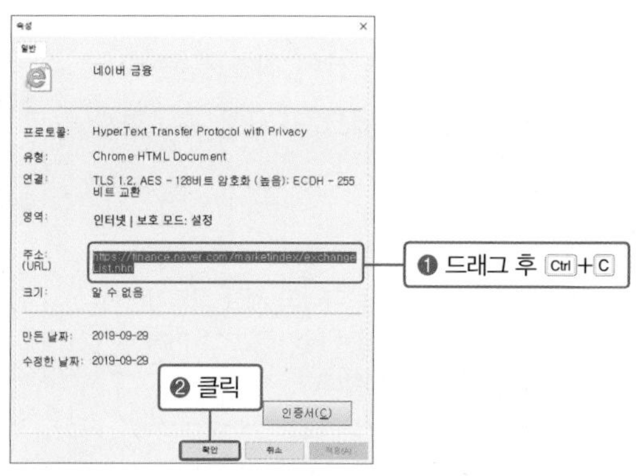

2 엑셀에서 [데이터] 탭–[가져오기 및 변환] 그룹–[새쿼리]에서 [기타 원본에서]–[웹]을 클릭합니다.

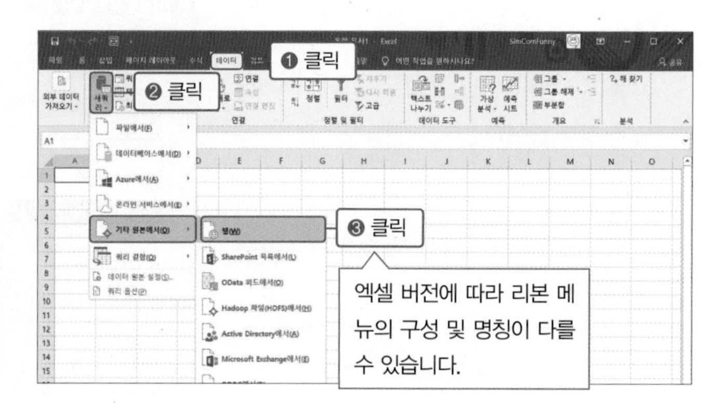

TIP

엑셀의 업데이트 버전에 따라 [웹에서]가 [웹]으로 표기되거나 [FacebooK에서] 등의 하위 메뉴가 [온라인 서비스]에 포함되었을 수 있습니다.

3 [웹에서] 대화상자가 나타납니다. [URL]에 Ctrl+V를 눌러 복사한 웹 페이지 주소를 붙여 넣은 후 [확인]을 클릭합니다.

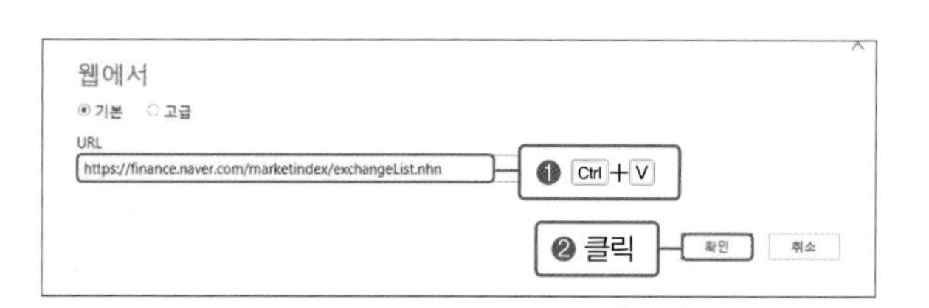

4 웹컨텐츠 액세스 대화상자가 나올경우, [연결]을 누릅니다. [탐색 창]이 열리면 '환전 고시 환율'을 클릭합니다. [테이블 보기] 화면에서는 엑셀에 전환된 표 형식을 볼 수 있습니다. [로드]를 클릭합니다.

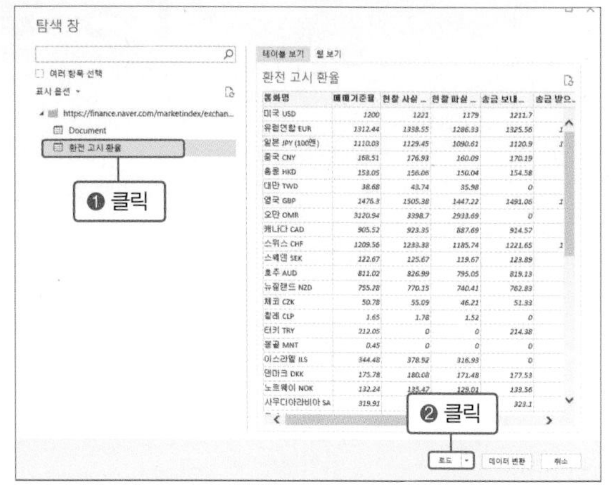

5 새 워크시트에 엑셀 표가 삽입되었습니다. 추후에 업데이트된 환율을 적용하려면 [쿼리] 탭-[로드] 그룹-[새로 고침]을 클릭합니다.

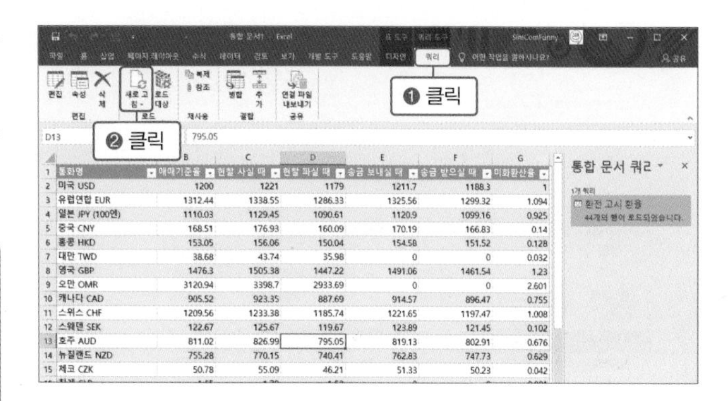

TIP

해당 URL의 표 서식이 변경되거나 삭제된 경우 새로 고침이 되지 않을 수 있습니다. 또한 웹 정보를 가져온 문서는 인터넷과 연결된 상태이기 때문에 [보안 경고]가 나타날 수 있으니 [콘텐츠 사용]을 클릭한 뒤 사용합니다.

가상 분석 및 예측

단순히 데이터를 취합하던 병아리 사원이 중간관리자로 성장하면 고급 분석과 예측 업무를 맡게 됩니다. 경제학을 배우지 않았더라도 [해 찾기]로 목표 매출 및 고정비용을 조절하여 손익분기점을 맞출 수 있습니다. 통계학 전공자가 아니라도 [예측 시트] 사용법만 알면 숫자의 추세를 반영한 예측 값을 그래프로도 나타낼 수 있습니다. 실전 예제로 가상 분석과 예측 기능을 제대로 익혀서 비즈니스 엑셀의 고수로 거듭나보세요.

Preview

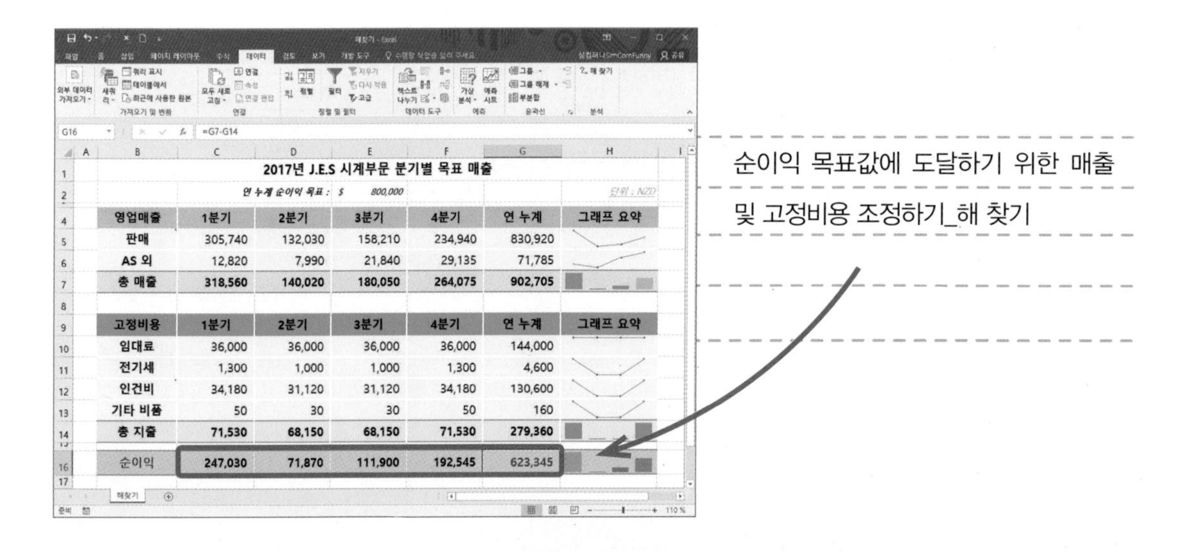

순이익 목표값에 도달하기 위한 매출 및 고정비용 조정하기_해 찾기

인건비 비중에 따른 계약직 고용인원 조정안을 시나리오별로 비교하기

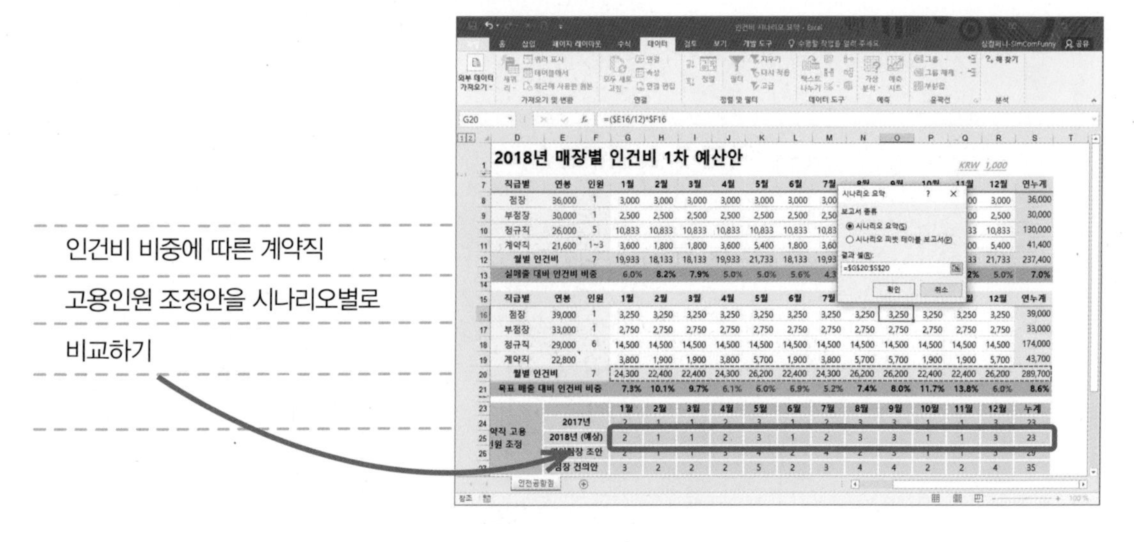

2007 2010 2013 2016 2019

141 목표값을 충족하는 수식의 X값 구하기_목표값 찾기

[목표값 찾기]는 수식 결과가 목표한 숫자에 도달할 수 있도록 역으로 수식의 참조 값을 구합니다. 이는 수학의 1차 방정식과 비슷합니다. 결과 값 Y를 구하는 수식에서 참조 값 X를 구하는 원리와 같습니다. 즉, 수식 결과에 영향을 주는 참조 셀 값을 역으로 계산하고 대신 입력해 줍니다.

예제 파일 Part14\목표값.xlsx **완성 파일** Part14\목표값_완성.xlsx

1 평균 점수 6.0을 받으려면 아직 점수를 받지 못한 'Writing' 과목이 몇 점을 받아야 하는지를 알아보려고 합니다. 평균값 수식이 입력된 [D16] 셀을 클릭한 후 [데이터] 탭–[예측] 그룹–[가상 분석]에서 [목표값 찾기]를 클릭합니다.

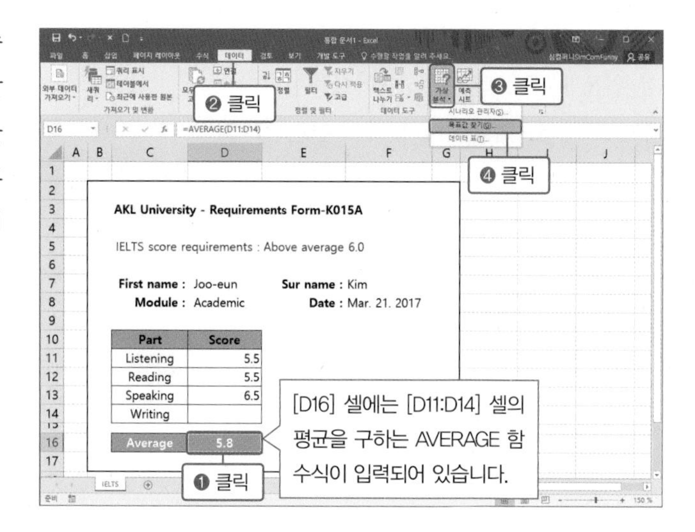

2 [목표값 찾기] 대화상자가 [찾는 값]에는 목표값인 평균 점수 6을 입력합니다. [값을 바꿀 셀]에는 [D14] 셀을 클릭한 후 [확인]을 클릭합니다. [목표값 찾기 상태]로 자동 계산이 끝나면 [D14] 셀에 6.5가 입력됩니다. [D11:D14] 셀의 평균을 구하는 [D16] 셀 값이 '6'으로 변했습니다. [확인]을 클릭하면 변경된 값이 유지됩니다.

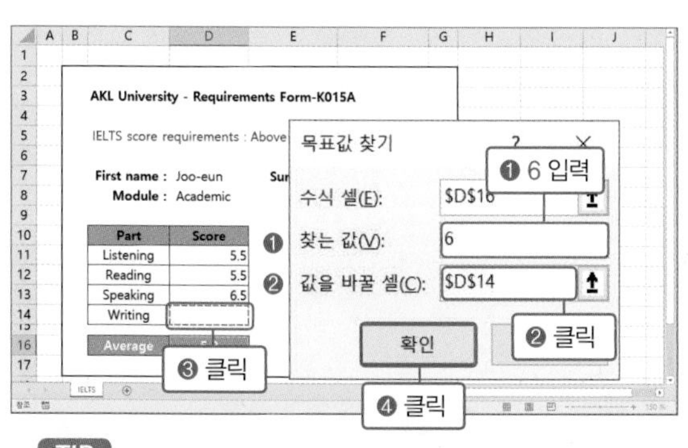

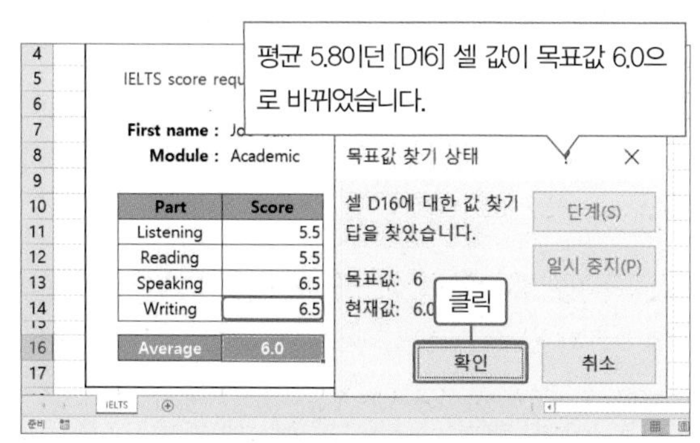

TIP

찾는 값 : 수식의 결과 값
값을 바꿀 셀 : 목표값을 충족하기 위해 바꿀 값

142 해 찾기 메뉴 추가하기

[해 찾기]는 [목표값 찾기]보다 향상된 기능으로써 수식의 결과 값을 목표치에 맞추기 위해 다수의 변수를 조정합니다. 가상 분석 기능인 [해 찾기]는 리본 메뉴에 기본적으로 내장되어 있지 않기 때문에 추가로 설치해야 합니다. 추가된 [해 찾기] 메뉴는 해당 PC의 [데이터] 탭-[분석] 그룹에 표시됩니다.

1 [해 찾기] 메뉴를 리본 메뉴에 추가하기 위해 [파일] 탭-[옵션]을 클릭합니다. [Excel 옵션] 대화상자가 나타나면 [추가 기능] 화면에서 '해 찾기 추가 기능'을 선택한 후 [이동]을 클릭합니다.

엑셀 2007 | 오피스 단추를 클릭하고 [Excel 옵션]을 클릭합니다.

2 [추가 기능] 대화상자가 나타나면 '해 찾기 추가 기능'을 체크 표시한 후 [확인]을 클릭합니다.

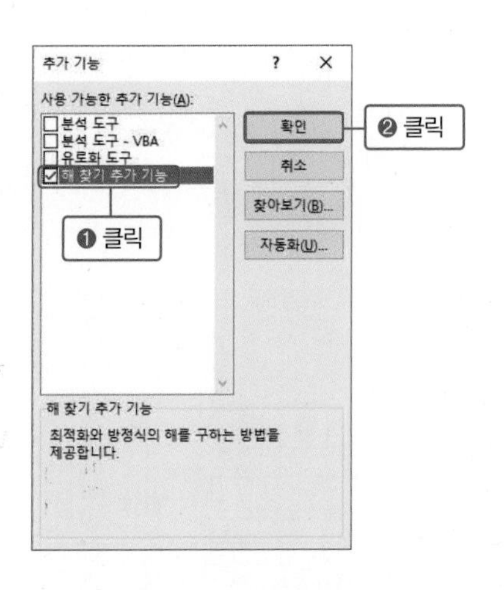

3 [데이터] 탭의 [분석] 그룹에 [해 찾기] 메뉴가 추가된 것을 볼 수 있습니다.

143 순이익 목표값 달성을 위해 매출 및 비용 조정하기_해 찾기

[목표값 찾기]가 1차 방정식이었다면, [해 찾기]는 다수의 참조 셀을 변경하는 3차 방정식이라 할 수 있습니다. 목표값의 증감에 따라 참조 값을 변경할 때, 기존에 입력된 데이터 값의 추이를 반영합니다. 변경할 값의 최대/최소값 등을 제한할 수 있기 때문에 고정비용이나 현실적인 목표 매출을 계획할 수 있다는 장점이 있습니다.

예제 파일 Part14\해찾기.xlsx **완성 파일** Part14\해찾기_완성.xlsx

| 순이익 목표액 달성을 위한 매출과 인건비 예산안 수립

분기별 예상 매출 및 비용을 조정해서 연 누계 순이익을 80만 달러로 상향 조정하려고 합니다. [G16] 셀에는 총 매출에서 총 지출을 뺀 수식이 입력되었습니다. 순이익 목표인 80만 달러에 맞추기 위해 판매 매출과 인건비를 조정해 보겠습니다. 단, 성수기인 1분기 인건비는 최소 인원을 감안하여 4만 달러 이상으로 제한합니다.

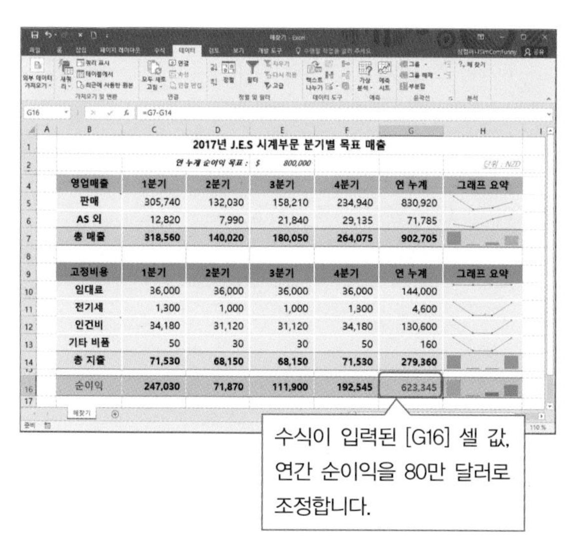

수식이 입력된 [G16] 셀 값, 연간 순이익을 80만 달러로 조정합니다.

2017년 J.E.S 시계부문 분기별 목표 매출

연 누계 순이익 목표 : $ 800,000

영업매출	1분기	2분기	3분기	4분기	연 누계
판매	393,555	148,406	181,724	286,793	1,010,47
AS 외	12,820	7,990	21,840	29,135	71,78
총 매출	406,375	156,396	203,564	315,928	1,082,26
고정비용	1분기	2분기	3분기	4분기	연 누계
임대료	36,000	36,000	36,000	36,000	144,00
전기세	1,300	1,000	1,000	1,300	4,60
인건비	40,000	30,210	30,210	33,082	133,50
기타 비품	50	30	30	50	16
총 지출	77,350	67,240	67,240	70,432	282,26
순이익	329,025	89,156	136,324	245,496	800,00

[해 찾기]로 목표 값을 달성하기 위해 판매 매출과 인건비가 자동 조정되었습니다.

1 [데이터] 탭-[분석] 그룹-[해 찾기]를 클릭합니다.

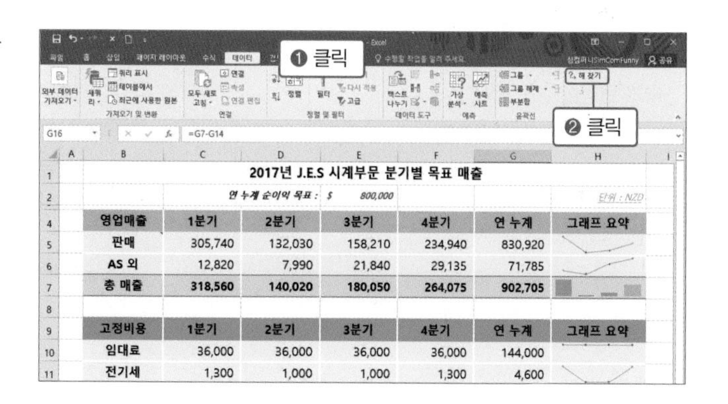

page 해 찾기 메뉴를 추가하려면 274쪽을 참고하세요.

2 [해 찾기 매개 변수] 대화상자가 나타납니다. [목표 설정]에는 '순이익 연누계' 수식이 입력된 [G16] 셀을, [대상]은 '지정값'을 선택하고 800000을 입력합니다. [변수 셀 변경]에서는 분기별 판매 매출인 [C5:F5] 셀을 선택하고 인건비를 추가하기 위해 쉼표(,)를 입력한 후 [C12:F12] 셀을 선택합니다. 단, 1분기 인건비는 4만 달러 이상으로 제한 조건을 설정하기 위해 [추가]를 클릭합니다.

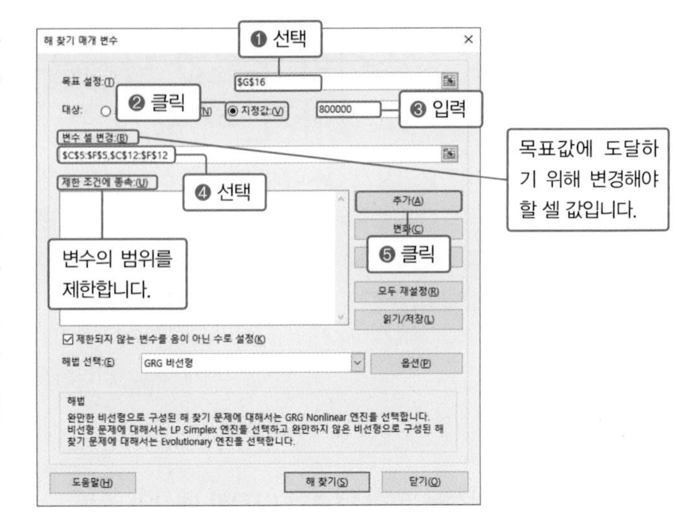

3 [제한 조건 추가] 대화상자가 나타나면 [셀 참조]에서 1분기 인건비가 입력된 [C12] 셀을 클릭합니다. 부호는 >=를 선택하고, [제한 조건]에 40000을 입력한 후 [확인]을 클릭합니다.

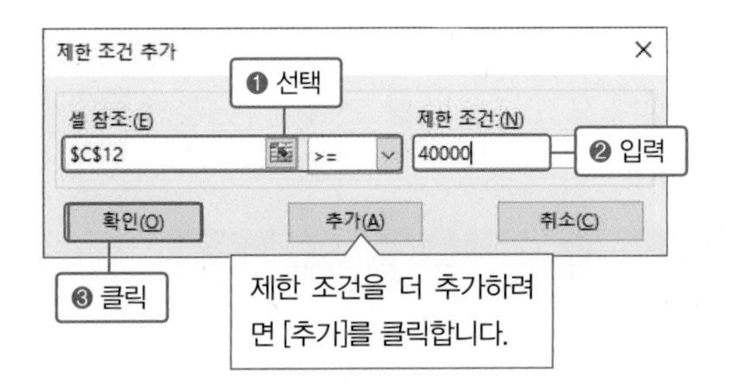

TIP

제한 조건은 [변수 셀 변경]에서 지정한 셀 값에서만 설정합니다. 예를 들어, 임대료는 변수로 지정하지 않았기 때문에 제한 조건을 설정해도 값이 변하지 않습니다.

4 다시 [해 찾기 매개 변수] 대화상자로 돌아오면 [제한 조건에 종속] 목록에 제한 조건이 나타납니다. [해 찾기]를 클릭합니다.

TIP

[해법 선택]은 변수를 조정할 때 사용할 계산 방법으로 기본 'GRG 비선형'을 선택하거나 상황에 따라 변경할 수 있습니다.

- GRG(Generalized Reduced Gradient) : 비선형 해법
- LP Simplex : 선형
- Evolutionary : 비곡선

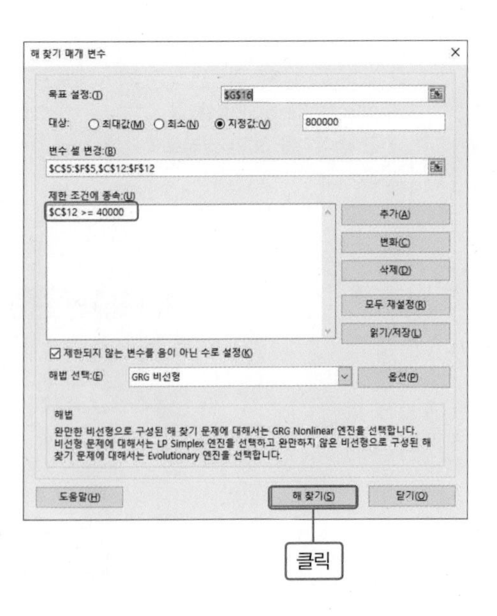

5 [해 찾기 결과] 대화상자가 나타나면 '해 찾기 해 보존'이 선택되어 있는 상태에서 [확인]을 클릭합니다.

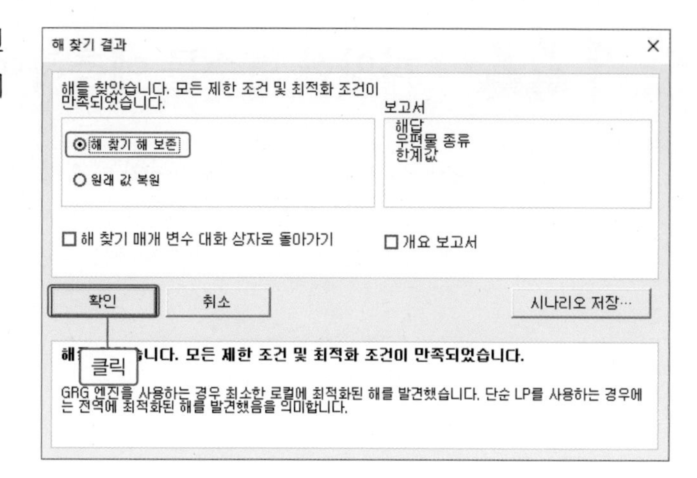

page 시나리오에 대한 자세한 내용은 278쪽을 참고하세요.

Skill Up 해 찾기 결과 따로 저장하기

❶ **시나리오 저장** : 해 찾기로 변경한 값을 해당 문서에 반영하지 않고, 별도로 저장하지 않으려면 [확인] 대신 [시나리오 저장]을 클릭합니다.
❷ **해 찾기 해 보존** : 변경된 목표값이 표시됩니다.
❸ **원래 값 보존** : 초기 값이 표시됩니다.

6 상향된 목표 순이익을 맞추기 위해 [C5:G5] 셀의 판매 매출이 상향 조정되었습니다. [C12:G12] 셀에 입력된 인건비는 1분기만 4만 달러로 상향되고 나머지는 하향 조정되었습니다. 수식의 참조 값이 변경되자 [G16] 셀의 연 누계 순이익은 목표값인 800,000으로 맞춰졌습니다.

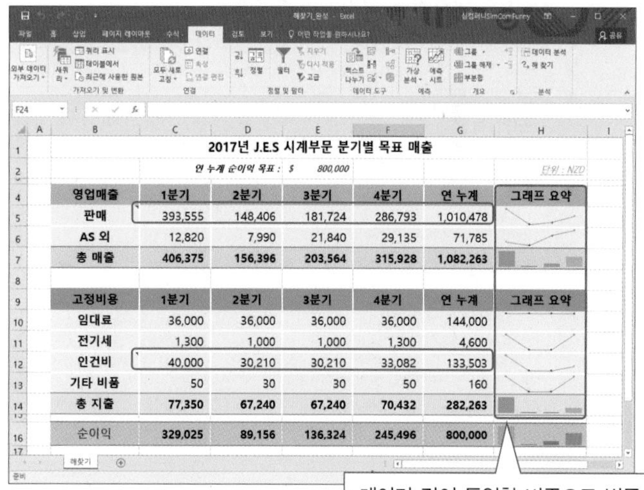

데이터 값이 동일한 비중으로 변동되었기 때문에 그래프 패턴이 유지된 것을 알 수 있습니다.

page 그래프 요약에 표시된 스파크라인은 150쪽을 참고하세요.

144 다양한 변수를 예측하여 시나리오 저장하기

'시나리오(scenario)'는 다양한 변수에 따라 각각 다른 결과를 예측합니다. 앞서 배운 [목표값]과 [해 찾기] 기능은 목표한 결과 값을 충족하기 위해 역으로 변수를 찾아주는 역할을 합니다. 반면 [시나리오]는 다양한 변수를 입력하여 각각의 결과를 비교해서 볼 수 있습니다.

예제 파일 Part14\인건비 시나리오.xlsx **완성 파일** Part14\인건비 시나리오_완성.xlsx

| 월별 계약직 고용 인원에 따른 2가지 시나리오 비교하기

다음은 2017년 매출과 2018년 목표 매출을 반영한 인건비 예산안입니다. 2018년 계약직 고용 인원을 조정하기 위해 영업팀장의 초안(26행)과 점장의 건의안(27행)을 적용했을 경우, 각 시나리오별 예산을 비교해 보겠습니다.

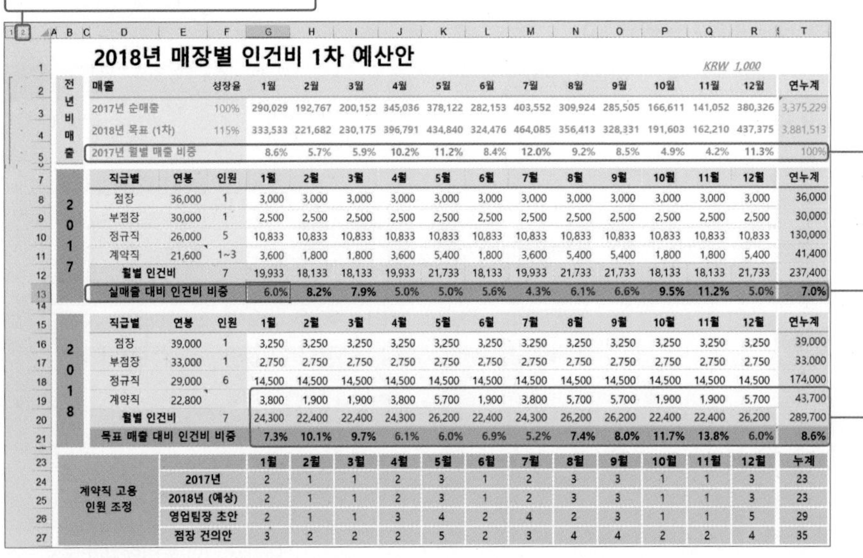

❶ 2를 클릭하면 그룹으로 숨겨져 있는 2~5행이 펼쳐집니다.

2018년 매장별 인건비 1차 예산안

KRW 1,000

전년비매출	매출	성장율	1월	2월	3월	4월	5월	6월	7월	8월	9월	10월	11월	12월	연누계
	2017년 순매출	100%	290,029	192,767	200,152	345,036	378,122	282,153	403,552	309,924	285,505	166,611	141,052	380,326	3,375,229
	2018년 목표 (1차)	115%	333,533	221,682	230,175	396,791	434,840	324,476	464,085	356,413	328,331	191,603	162,210	437,375	3,881,513
	2017년 월별 매출 비중		8.6%	5.7%	5.9%	10.2%	11.2%	8.4%	12.0%	9.2%	8.5%	4.9%	4.2%	11.3%	100%

2017	직급별	연봉	인원	1월	2월	3월	4월	5월	6월	7월	8월	9월	10월	11월	12월	연누계
	점장	36,000	1	3,000	3,000	3,000	3,000	3,000	3,000	3,000	3,000	3,000	3,000	3,000	3,000	36,000
	부점장	30,000	1	2,500	2,500	2,500	2,500	2,500	2,500	2,500	2,500	2,500	2,500	2,500	2,500	30,000
	정규직	26,000	5	10,833	10,833	10,833	10,833	10,833	10,833	10,833	10,833	10,833	10,833	10,833	10,833	130,000
	계약직	21,600	1~3	3,600	1,800	1,800	3,600	5,400	1,800	3,600	5,400	5,400	1,800	1,800	5,400	41,400
	월별 인건비		7	19,933	18,133	18,133	19,933	21,733	18,133	19,933	21,733	21,733	18,133	18,133	21,733	237,400
	실매출 대비 인건비 비중			6.0%	8.2%	7.9%	5.0%	5.0%	5.6%	4.3%	6.1%	6.6%	9.5%	11.2%	5.0%	7.0%

2018	직급별	연봉	인원	1월	2월	3월	4월	5월	6월	7월	8월	9월	10월	11월	12월	연누계
	점장	39,000	1	3,250	3,250	3,250	3,250	3,250	3,250	3,250	3,250	3,250	3,250	3,250	3,250	39,000
	부점장	33,000	1	2,750	2,750	2,750	2,750	2,750	2,750	2,750	2,750	2,750	2,750	2,750	2,750	33,000
	정규직	29,000	6	14,500	14,500	14,500	14,500	14,500	14,500	14,500	14,500	14,500	14,500	14,500	14,500	174,000
	계약직	22,800		3,800	1,900	1,900	3,800	5,700	1,900	3,800	5,700	5,700	1,900	1,900	5,700	43,700
	월별 인건비		7	24,300	22,400	22,400	24,300	26,200	22,400	24,300	26,200	26,200	22,400	22,400	26,200	289,700
	목표 매출 대비 인건비 비중			7.3%	10.1%	9.7%	6.1%	6.0%	6.9%	5.2%	7.4%	8.0%	11.7%	13.8%	6.0%	8.6%

계약직 고용 인원 조정		1월	2월	3월	4월	5월	6월	7월	8월	9월	10월	11월	12월	누계
	2017년	2	1	1	2	3	1	2	3	3	1	1	3	23
	2018년 (예상)	2	1	1	2	3	1	2	3	3	1	1	3	23
	영업팀장 초안	2	1	1	3	4	2	4	2	3	1	1	5	29
	점장 건의안	3	2	2	2	5	2	3	4	4	2	2	4	35

❷ 연 누계 대비 월별 매출 비중이 10% 이상일 경우 글꼴을 빨간색으로 강조하도록 조건부 서식을 적용했습니다.

❸ 인건비 비중이 7%미만일 경우 글꼴 색을 강조하도록 조건부 서식을 적용했습니다.

❹ 계약직 고용 인원(25행)에 따라 [G19:T21] 셀에 입력된 전체 인건비가 변동됩니다.

▲ 고용 인원수에 따른 인건비 예산안

Skill Up 목표 매출 및 인건비 예산안 수립하기

❶ **목표 매출액 계산(3~4행)** : 2017년 매출에 예상 성장률([F4] 셀)을 곱해 목표 매출을 구합니다.

❷ **월별 매출 비중(5행)** : 전체 매출 대비 해당 월의 매출 비중을 파악함으로써 성수기/비수기를 구분합니다.

❸ **매출 대비 인건비 비중(13행, 21행)** : 매출에 비해 인건비가 너무 높지 않도록 목표 매출이나 고용 인원을 조절합니다.

❹ **인원 조정에 따른 예상 인건비 비교(20행)** : 담당자의 의견이나 시기 등을 고려하여 고용 인원(25행)을 조정합니다. [시나리오 관리자] 기능을 통해 각 예산안을 비교할 수 있습니다.

| 예산안 1_'영업 팀장 초안'과 '점장 건의안'에 따른 인건비 구하기

1 [데이터] 탭-[데이터 도구] 그룹-[가상 분석]에서 [시나리오 관리자]를 클릭합니다.

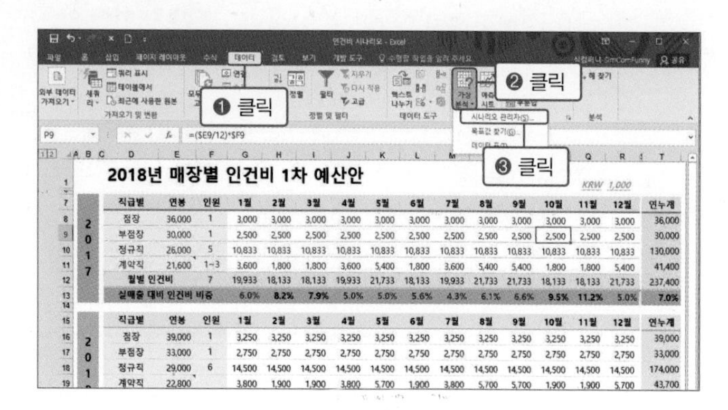

2 [시나리오 관리자] 대화상자가 나타나면 [추가]를 클릭합니다.

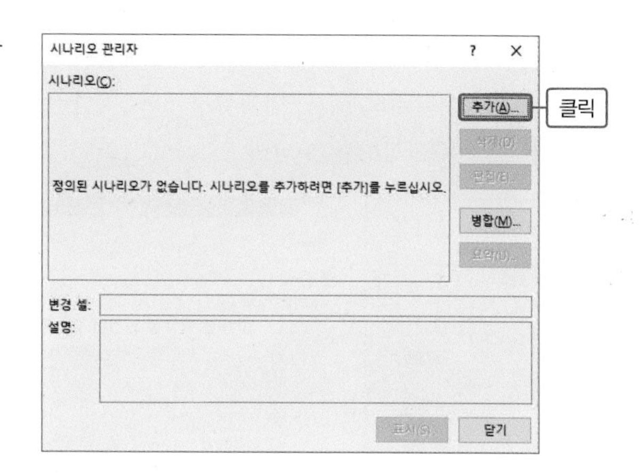

3 [시나리오 추가] 대화상자의 [시나리오 이름]에 **영업팀장**을 입력합니다. [변경 셀]에 예상 고용 인원을 입력하기 위해 [G25:R25] 셀을 선택한 후 [확인]을 클릭합니다.

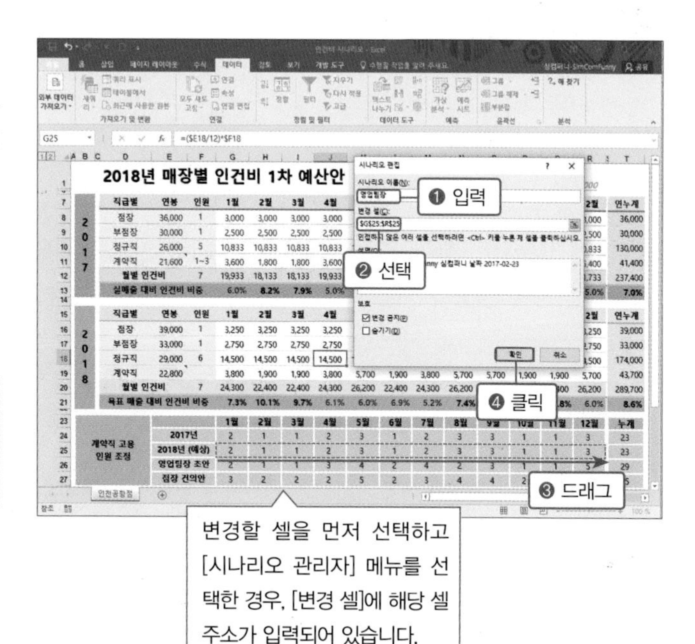

TIP

떨어져 있는 셀을 동시에 선택하려면 Ctrl을 누르고 각 셀을 클릭합니다. 또는 각 셀을 클릭한 뒤 쉼표(,)로 구분해 줍니다.

4 [시나리오 값] 대화상자에는 다음의 표를 참고하여 '영업팀장 초안'에 입력된 인원수를 입력하고 [확인]을 클릭합니다.

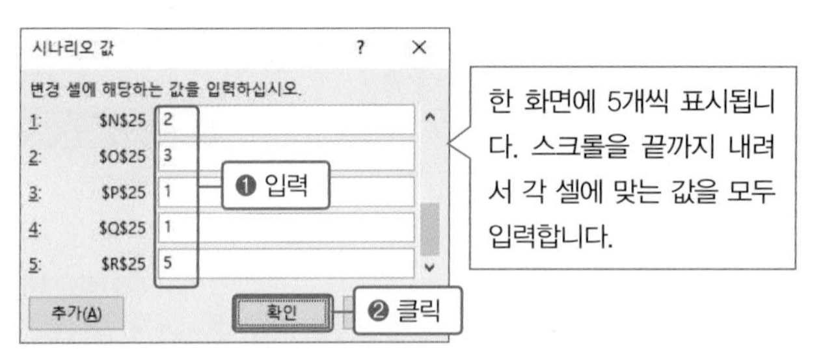

	1월	2월	3월	4월	5월	6월	7월	8월	9월	10월	11월	12월
2017년	2	1	1	2	3	1	2	3	3	1	1	3
2018년 (예상)	2	1	1	2	3	1	2	3	3	1	1	3
영업팀장 초안	2	1	1	3	4	2	4	2	3	1	1	5
점장 건의안	3	2	2	2	5	2	3	4	4	2	2	4

5 [시나리오 관리자] 대화상자에 '영업팀장' 시나리오가 추가되었습니다. 다른 예상안을 추가하기 위해 [추가]를 클릭합니다. [시나리오 추가] 대화상자에서 [시나리오 이름]에 **점장**을 입력합니다. [변경 셀]에 이전에 설정했던 셀 주소([G25:R25])가 남아 있으므로 [확인]을 클릭합니다.

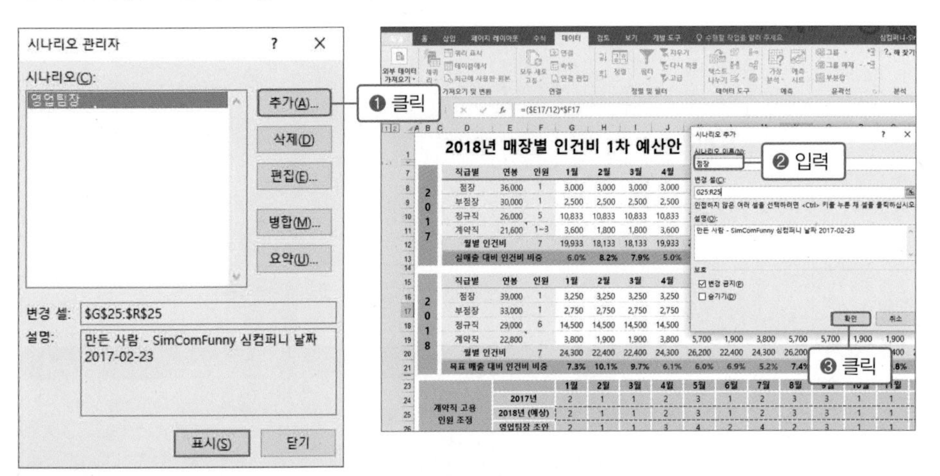

6 **4**의 표를 참고하여 '점장 건의안'에 입력된 인원수를 입력합니다. [확인]을 클릭하면 [시나리오 관리자] 대화상자에 '점장' 시나리오가 추가됩니다. 원하는 시나리오를 선택하고 [표시]를 클릭합니다.

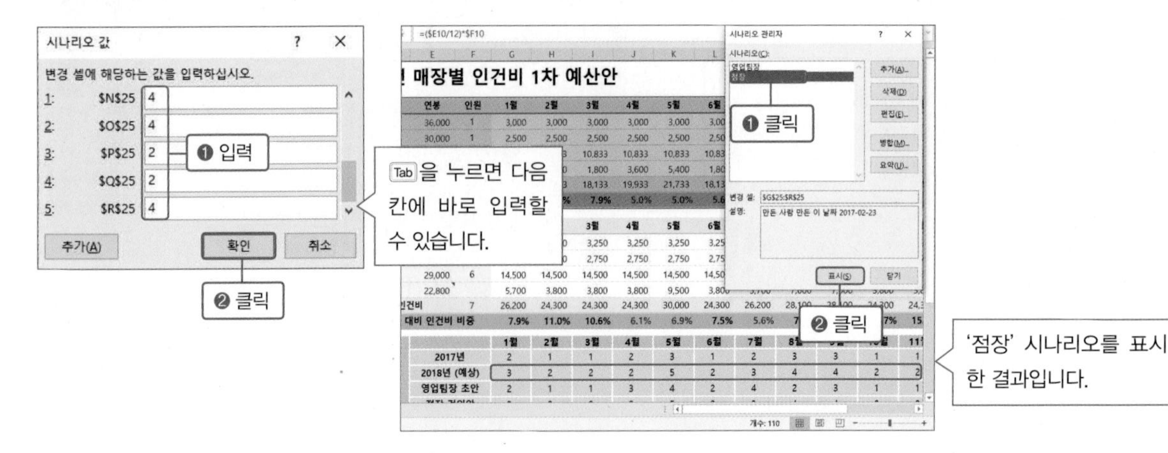

145 시나리오 요약 보고서 만들기

변수에 따른 여러 가지 시나리오 대안을 만들었다면 요약 보고서로 각각의 결과 값을 비교할 수 있습니다. 원본 워크시트에서 해당 시나리오를 [표시]하면 하나의 시나리오 결과만 볼 수 있지만, 새 워크시트에 요약 보고서를 만들면 변경한 셀과 각각의 결과 값만 간단히 비교할 수 있습니다.

예제 파일 Part14\인건비 시나리오 요약.xlsx **완성 파일** Part14\인건비 시나리오 요약_완성.xlsx

1 2017년 고용 인원을 기준으로 '영업팀장'과 '점장'의 계획안을 반영한 '월별 인건비'를 비교하려고 합니다. [데이터] 탭-[데이터 도구] 그룹-[가상 분석]에서 [시나리오 관리자]를 클릭합니다.

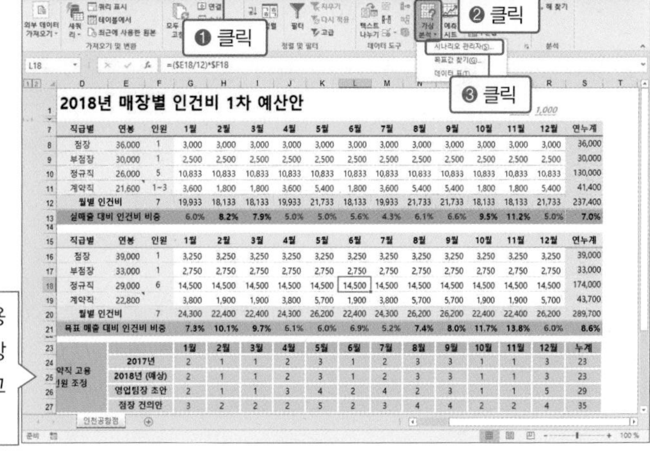

25행에는 2017년 실제 고용 인원수를 입력해서 영업팀장과 점장의 시나리오를 비교하려고 합니다.

2 [시나리오 관리자] 대화상자가 나타나면 [요약]을 클릭합니다.

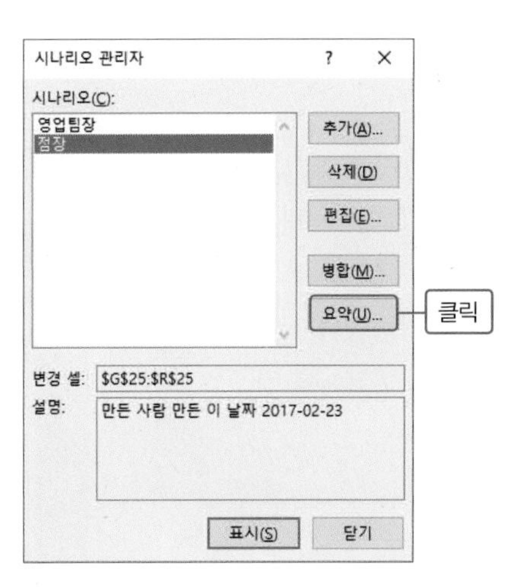

page 요약할 시나리오를 설정하려면 278쪽을 참고하세요.

3 [시나리오 요약] 대화상자의 [보고서 종류]는 '시나리오 요약'이 선택되어 있습니다. [결과 셀]에서 [G20:S20] 셀을 선택한 후 [확인]을 클릭합니다.

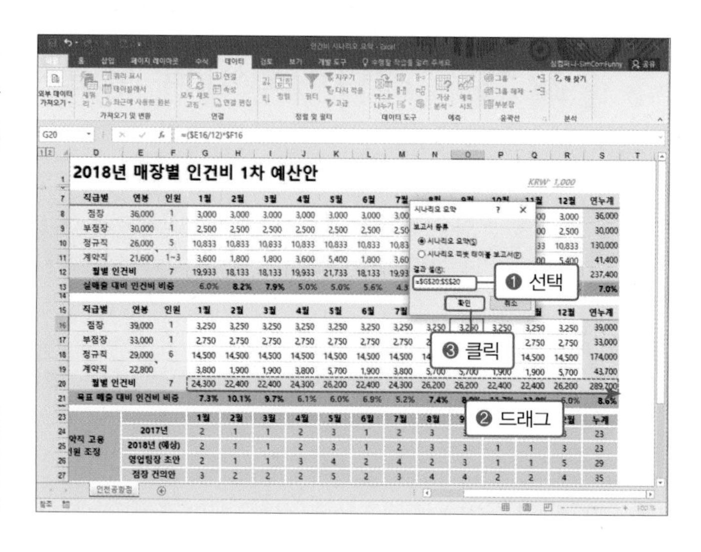

TIP

결과 셀(월별 인건비)은 시나리오 설정 값(계약직 고용 인원수)에 따라 달라집니다.

4 '시나리오 요약' 워크시트에 요약 보고서가 나타납니다. 셀 주소로 표시된 값을 각 항목에 맞춰 수정해 보겠습니다. 원본인 '인천공항점' 워크시트를 참조하여 '$G$25'가 입력된 [C6] 셀에 **1월**을 입력합니다.

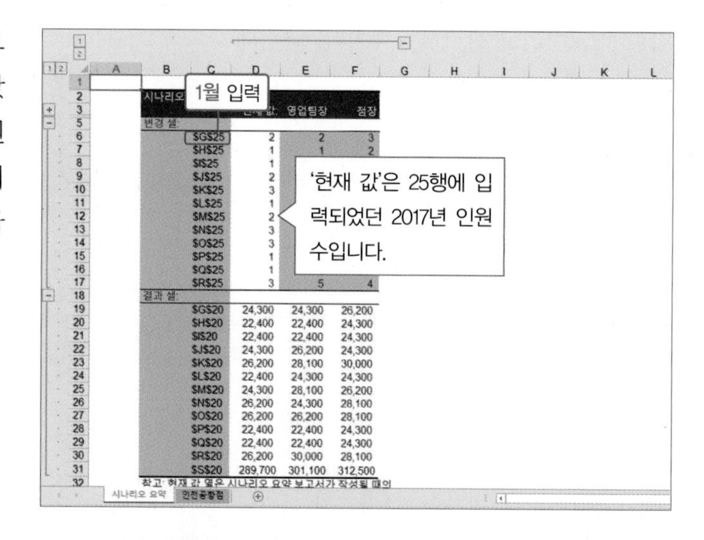

5 채우기 핸들로 [C17] 셀까지 드래그하고 자동 채우기 옵션에서 [서식 없이 채우기]를 선택합니다. [C19:C31] 셀도 마찬가지로 **1월~12월**과 **연누계**를 입력합니다. 3행도 알아보기 쉽게 수정해서 보고서를 완성합니다.

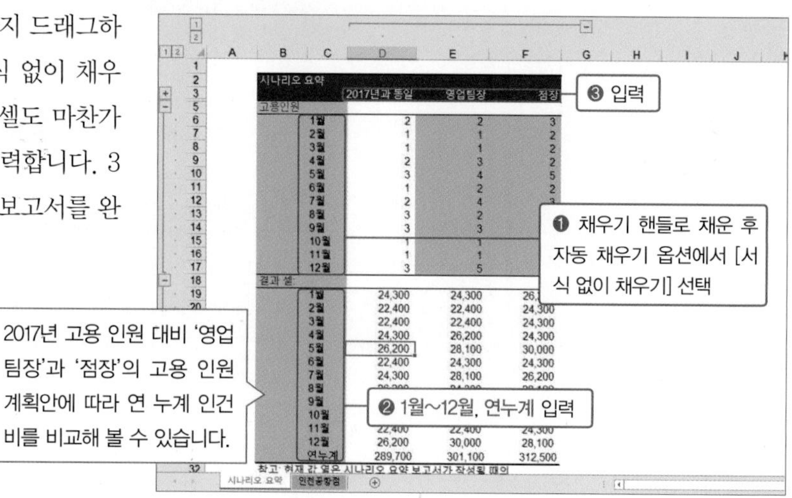

146 데이터 추이에 따른 예측 값 구하기_예측 시트

[예측 시트]는 시간의 흐름에 따른 데이터 추이를 반영하여 예측 값을 구하고 그래프에 표시합니다. 참조 범위의 왼쪽 데이터는 그래프의 X축이 되므로 정렬된 시간 또는 숫자여야 하고, 오른쪽은 그래프로 나타낼 Y값이 됩니다. 신뢰 구간 설정에 따라 오차 범위까지 구할 수 있습니다.

예제 파일 Part14\출생인구 추이.xlsx **완성 파일** Part14\출생인구 추이_완성.xlsx

1 2000~2015년의 인구수 추이에 따라 차후 5년 동안의 인구수를 예측하려고 합니다. 예측 값의 참조 범위로 [B3:C19] 셀을 선택한 후 [데이터] 탭-[예측] 그룹-[예측 시트]를 클릭합니다.

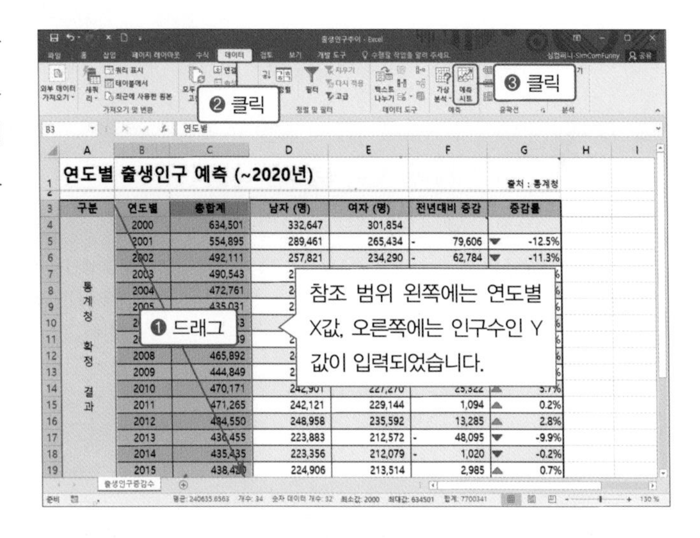

2 [예측 워크시트 만들기] 대화상자가 나타나면 [예측 종료] 지점을 2020으로 수정합니다. [옵션]을 클릭하면 [예측 시작]이 참조 범위의 마지막 시간인 2015년으로 지정되어 있습니다. '신뢰 구간'을 체크 표시하면 그래프에 오차 범위를 선택할 수 있습니다. [만들기]를 클릭합니다.

예측 워크시트 만들기
오차 범위
❶ 2020 입력
❷ 클릭
❸ 클릭
❹ 클릭

TIP
'신뢰 구간'을 높일수록 오차 범위가 넓어져서 주황색 막대 그래프(예측 값) 간격도 커집니다.

3 새 워크시트에 예측 값을 포함한 그래프와 데이터 표가 나타납니다. 예측 값을 '출생인구증감수' 워크시트의 표에 복사해 넣기 위해 [C18:C22] 셀을 선택하고 Ctrl+C를 누릅니다.

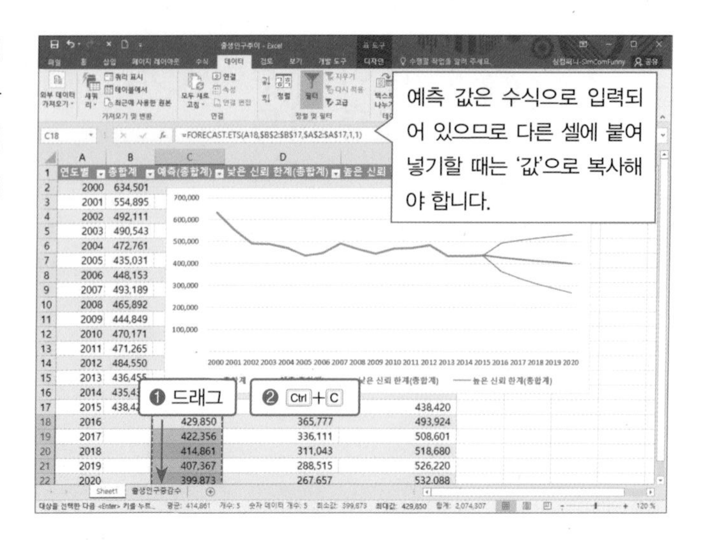

예측 값은 수식으로 입력되어 있으므로 다른 셀에 붙여넣기할 때는 '값'으로 복사해야 합니다.
❶ 드래그
❷ Ctrl+C
=FORECAST.ETS(A18,$B$2:$B$17,$A$2:$A$17,1,1)

4 '출생인구증감수' 워크시트의 [C20] 셀을 클릭하고 Ctrl+V를 눌러 복사한 예측 값을 붙여넣기합니다. 복사된 수식을 값으로 붙여넣기 위해 붙여넣기 옵션 (Ctrl)을 클릭하고 [값 붙여넣기]-'값'을 선택합니다.

'Sheet1'에서 복사한 예측 값은 수식으로 입력되어서 기본 옵션으로 붙여넣기할 경우 오류가 나타납니다.

❶ 클릭 후 Ctrl+V

❷ 클릭

❸ 클릭

엑셀 2007 | 붙여넣기 옵션에서 '값(V)' 또는 '값 및 숫자 서식(N)'을 선택합니다.

5 예측 값이 숫자 그대로 복사되었습니다. 예측 값은 실제 출생인구 추이를 반영하여 적절한 비율로 하락세를 띠는 것을 알 수 있습니다.

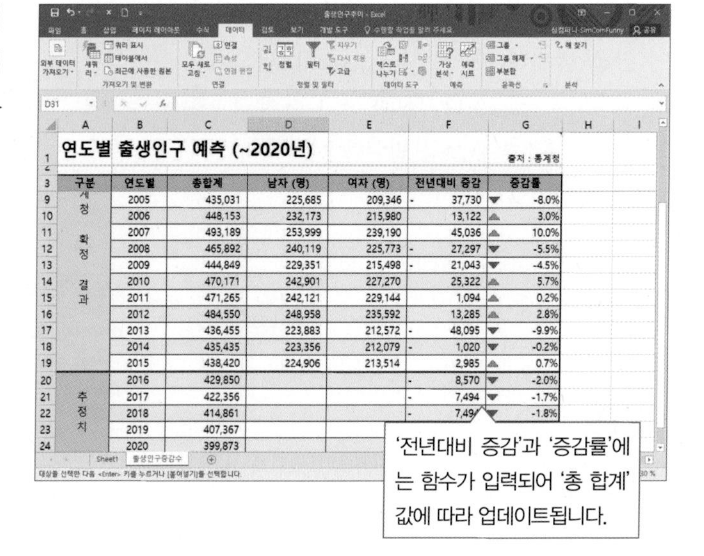

연도별 출생인구 예측 (~2020년)
'전년대비 증감'과 '증감률'에는 함수가 입력되어 '총 합계' 값에 따라 업데이트됩니다.

page G열 증감률의 아이콘 표시는 112쪽의 조건부 서식을 참고하세요.

Step 5

계산기보다 엑셀

#오차값찾아 #밤새두드리는거실화?
#수식과함수

기초 수식/ 텍스트 함수

계산기보다 엑셀을 사랑할 수밖에 없는 이유는? 수식 과정을 쉽게 수정하고 반복된 계산 범위는 함수로 묶을 수 있기 때문입니다. 셀 주소를 참조해서 수식을 하나만 입력하면 자동 채우기로 나머지 값을 빠르게 구할 수 있고, 셀 값이 변경되면 참조 값만 수정해서 결과를 쉽게 갱신할 수 있습니다. 텍스트함수는 문자열 추출부터 대/소문자 변경, 문자 합치기까지 단순 업무를 스마트하게 바꿔줍니다.

Preview

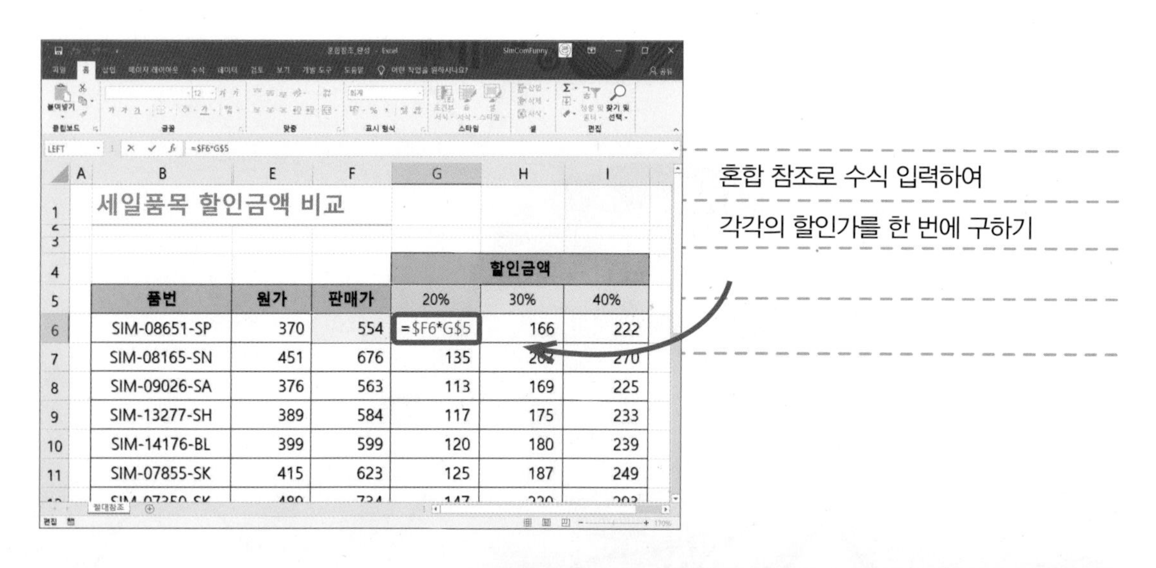

세일품목 할인금액 비교

품번	원가	판매가	할인금액 20%	할인금액 30%	할인금액 40%
SIM-08651-SP	370	554	=$F6*G$5	166	222
SIM-08165-SN	451	676	135	[illegible]	270
SIM-09026-SA	376	563	113	169	225
SIM-13277-SH	389	584	117	175	233
SIM-14176-BL	399	599	120	180	239
SIM-07855-SK	415	623	125	187	249

혼합 참조로 수식 입력하여
각각의 할인가를 한 번에 구하기

SJ패션 강남점 가방 6월 발주내역

* Amy(amy 포함) 라인 구매 시 열쇠고리 증정

상품분류코드	종류	색상	제품라인	주문수량	열쇠고리	하이픈 자릿수	색상 시작 자릿수
LLG316-BK-Amy	LLG	BK	Amy	5	1	7	8
LLG39-WH-amy	LLG	WH	amy	5	1	6	7
LLG1801-BK-Zet	LLG	BK	Zet	5	#VALUE!	8	9
LLG2439-WH-Amy	LLG	WH	Amy	20	1	8	9
LLG2538-BK-Xes	LLG	BK	Xes	30	#VALUE!	8	9
LLG558-BK-Kei	LLG	BK	Kei	5	#VALUE!	7	8
LLG2558-BK-Xes	LLG	BK	Xes	10	#VALUE!	8	9
SLG4696-PK-Amy	SLG	PK	Amy	5	1	8	9
LLG144-BK-Zet	LLG	BK	Zet	20	#VALUE!	7	8
SLG4696-PK-Zet	SLG	PK	Zet	10	#VALUE!	8	9
LLG2572-BI-amy	LLG	BI	amy	10	1	8	9

'상품분류코드'의 첫 번째 하이픈 뒤의 자릿수를 찾아서(FIND 함수) 중간의 2자리 문자 추출하기(MID 함수)

147 연산자로 수식 계산하기

수식은 등호(=)와 숫자 또는 셀 주소, 연산자, 함수 등으로 구성됩니다. 수식은 연산자를 이용하여 셀 값을 계산하거나 함수를 활용하여 특정 값을 추출합니다. 연산자를 이용한 수식은 수학 공식을 입력하는 것과 비슷합니다. 수식의 원리를 알아보고, 사칙연산으로 간단한 계산을 해 보겠습니다.

예제 파일 Part15\연산자.xlsx **완성 파일** Part15\연산자_완성.xlsx

| 수식 이해하기

[D2] 셀을 클릭하면 수식 입력줄에 **=B2*C2**라는 수식이 나타납니다. 워크시트에서 보이는 결과 값은 125,000이지만 실제로 입력한 내용은 등호(=), 참조 범위인 셀 주소, 연산자입니다.
예를 들어 단가가 3,000원으로 올랐다면 [C2] 셀만 수정해 주면 [D2] 셀의 합계 값이 자동으로 업데이트됩니다. 이처럼 엑셀이 계산기보다 정확하고 편리한 이유는 수식의 중간 과정을 확인할 수 있고, 참조할 셀 값만 바꿔주면 계산을 손쉽게 수정할 수 있기 때문입니다.

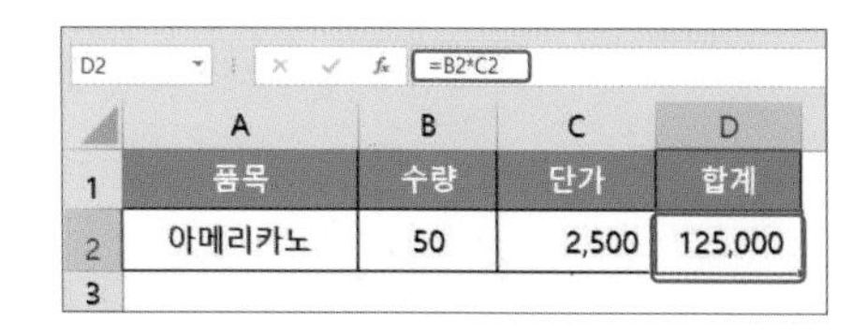

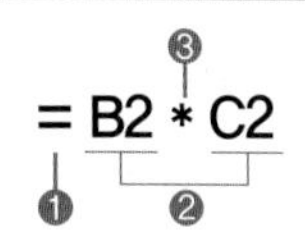

❶ **등호** : 수식을 시작할 때 쓰는 부호입니다.
❷ **피연산자** : 연산자로 계산할 대상으로 셀 주소를 클릭하거나 숫자를 입력합니다.
❸ **연산자** : 피연산자를 참조하여 계산하거나 비교하는 연결 기호입니다.

| 연산자의 종류

연산자의 종류	기호	기능	우선순위
참조 연산자	:	연속되는 셀 범위 참조	1
	,	개별적인 셀 범위 참조	2
	공백	두 범위에서 공통되는 셀 참조	3
산술 연산자	−	음수	4
	%	백분율	5
	^	지수	6
	*, /	곱하기, 나누기	7
	+, −	더하기, 빼기	8
문자열 연산자	&	셀 값 연결하기	9
비교 연산자	=	같다	10
	>	크다	
	<	작다	
	>=	크거나 같다	
	<=	작거나 같다	
	<>	같지 않다	

| 산술 연산자로 계산하기

1 [E4] 셀을 클릭한 후 수식을 작성하기 위해 =을 입력합니다. 셀을 선택하는 대신 숫자를 입력하여 계산해 보겠습니다. 100+50을 입력하고 Enter를 누르면 결과 값이 나타납니다.

D열에서는 수식을 그대로 보여주기 위해 수식 앞에 작은따옴표(')를 입력했습니다. E열에는 수식만 입력해서 결과 값만 표시됩니다.

	B	C	D	E
1	산술 연산자			
3	값 1	값 2	수식	결과
4	100	50	=100+50	150
5	80	40		
6	60	30		
7	40	20		

=100+50 입력 후 Enter

2 이번에는 셀 주소를 입력하여 계산해 보겠습니다. [E5] 셀에 =를 입력하고 [B5] 셀을 클릭하면 수식에 B5가 입력됩니다. 그 뒤에 –를 입력하고 [C5] 셀을 클릭하면 C5가 입력되어 =B5–C5 수식이 완성됩니다. Enter를 누르면 결과 값이 나타납니다.

	B	C	D	E
1	산술 연산자			
3	값 1	값 2	수식	결과
4	100	50	=100+50	150
5	80	40	=B5-C5	40
6	60	30		

❷ 클릭 ❹ 클릭 ❶ = 입력 ❸ – 입력 ❺ Enter

3 [E6] 셀에서는 나눗셈 수식인 =B6/C6을 입력하고 Enter를 누르면 결과 값이 산출됩니다. [E7] 셀에서는 곱하기를 계산하기 위해 =B7*C7을 입력하고 Enter를 누릅니다.

	B	C	D	E
1	산술 연산자			
3	값 1	값 2	수식	결과
4	100	50	=100+50	
5	80	40	=B5-C5	40
6	60	30	=B6/C6	2
7	40	20	=B7*C7	800

❶ =B6/C6 입력 후 Enter

❷ =B7*C7 입력 후 Enter

| 참조 연산자로 셀 참조하기

	B	C	D	E
24	참조 연산자			
25				
26	값 1	값 2	수식	결과
27	10	20	❶=SUM(B27:B28)	40
28	30	40	❷=SUM(B27,C28)	50

❶ 셀 주소 사이의 세미콜론(:)은 연속된 셀 범위를 나타냅니다.
=SUM(B27:B29)는 [B27] 셀부터 [B29] 셀까지 입력된 모든 값을 더하라는 수식입니다.

❷ 떨어진 셀 주소를 참조할 때는 쉼표를 입력합니다.
=SUM(B27,C28)는 [B27] 셀 값과 [C28] 셀 값만 더하라는 수식입니다.

| 연결 연산자로 셀 값 조합하기

연결 연산자 기호인 앰퍼샌드(&)를 이용하면 각각의 셀 값을 조합할 수 있습니다. [E19] 셀에 =B19&C19를 입력하면 [B19] 셀 값과 [C19] 셀 값이 하나로 합쳐진 결과가 나타납니다.

	B	C	D	E
16	연결 연산자			
17				
18	값 1	값 2	수식	결과
19	20	16	=B19&C19	2016
20	EXCEL	2016	=B20&C20	EXCEL2016
21	엑셀 2016	Using bible	=B21&C21	엑셀 2016Using bible

=B19&C19 입력 후 Enter

148 연산 순서 이해하기_이익 증감률 구하기

수학과 마찬가지로 엑셀의 수식도 연산기호의 우선순위가 있습니다. 연산자는 여러 개를 동시에 쓸 경우 우선순위에 따라 수식을 조정해야 합니다. 예를 들어 덧셈, 뺄셈을 곱셈, 나눗셈보다 먼저 계산하려면 괄호로 우선순위를 조정하면 됩니다.

예제 파일 Part15\연산순서.xlsx **완성 파일** Part15\연산순서_완성.xlsx

| 전년 대비 증감률 구하기

1 수식에서 뺄셈부터 계산하려면 괄호로 우선순위를 조절해야 합니다. [E6] 셀에 아래 수식을 입력합니다.

수식

=(C6-D6)/D6

[C6] 셀 값에서 [D6] 셀 값을 뺀 후 [D6] 셀 값으로 나눕니다.

TIP

전년대비 매출 증감률 수식

=매출 증가율/작년 매출

=(올해 매출-작년 매출)/작년 매출

=올해 매출/작년 매출-1

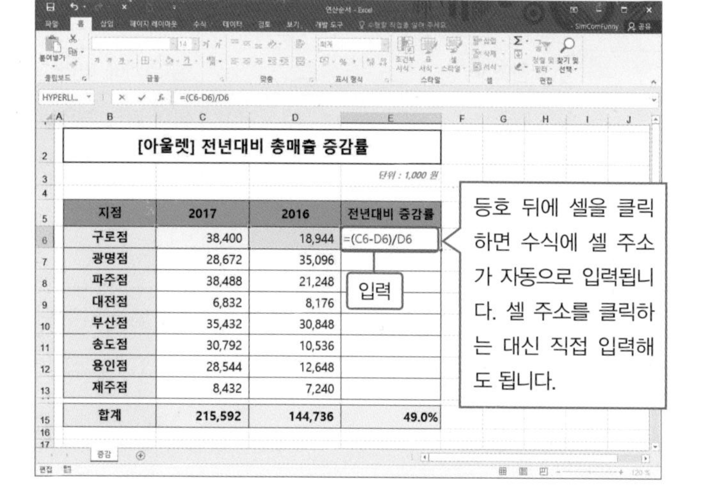

2 괄호 식부터 계산한 뒤 나눗셈을 해서 되어 전년 대비 증감률이 제대로 계산되었습니다. 백분율로 바꾸기 위해 [홈] 탭-[표시 형식] 그룹-[백분율 스타일]을 클릭합니다. [E13] 셀까지 수식을 채우기 위해 채우기 핸들을 더블클릭합니다.

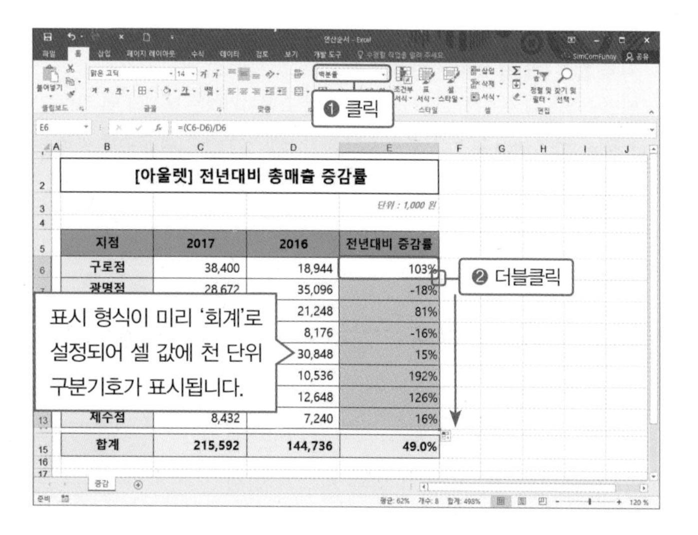

2007 2010 2013 2016 2019

149 셀 참조 이해하기_상대 참조/절대 참조

셀 주소가 입력된 수식을 채우기 핸들로 드래그하면 나머지 셀에도 수식이 채워집니다. 이때 복사된 수식의 셀 주소는 원본 수식과 달리 이동한 칸 수에 따라 상대적으로 바뀌는 것을 상대 참조라고 합니다. 반대로 수식을 붙여 넣는 위치와 무관하게 고정된 셀 주소를 참고할 경우 $기호가 붙은 절대 참조를 이용합니다.

예제 파일 Part15\상대+절대참조.xlsx **완성 파일** Part15\상대+절대참조_완성.xlsx

| 셀 참조 이해하기

종류	[E5] 셀	설명
상대 참조	E5	셀 위치에 따라 행과 열의 셀 주소가 상대적으로 변합니다.
절대 참조	$E$5	붙여 넣는 셀의 위치가 변해도 셀 주소는 변하지 않습니다.
혼합 참조	E$5, $E5	행 주소만 고정시키거나 열 주소만 고정시킵니다.

| 셀 참조 변경하기

빈 셀에 등호(=)를 입력하고 수식에서 [E5] 셀을 클릭합니다. 이 상태에서 F4를 누르면 다음과 같은 순서로 참조 형태가 전환됩니다.

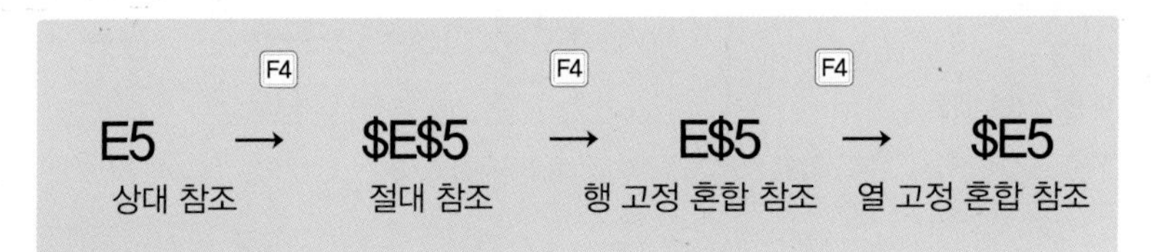

TIP

F4로 참조 형태를 바꾸는 방법

방법 1. $는 셀 주소를 고정시키는 기호로, 고정시키려는 행이나 열 주소 앞에 직접 입력합니다.

방법 2. 여러 개의 셀 주소 참조 형태를 동시에 바꾸려면 셀 주소를 모두 드래그한 후 F4를 누릅니다.

방법 3. 수식 중간에 있는 셀 주소의 참조 방식을 바꿀 경우, 해당 셀 주소 앞에 커서를 놓고 F4를 누릅니다.

| 상대 참조로 계산하기

1 판매가와 수량을 곱한 매출액을 구해 보겠습니다. '상대 참조' 시트의 [E5] 셀에 다음의 수식을 입력한 후 Enter를 누릅니다. 계산된 값이 나타나면 나머지 셀을 채우기 위해 [E5] 셀에서 채우기 핸들을 더블클릭합니다.

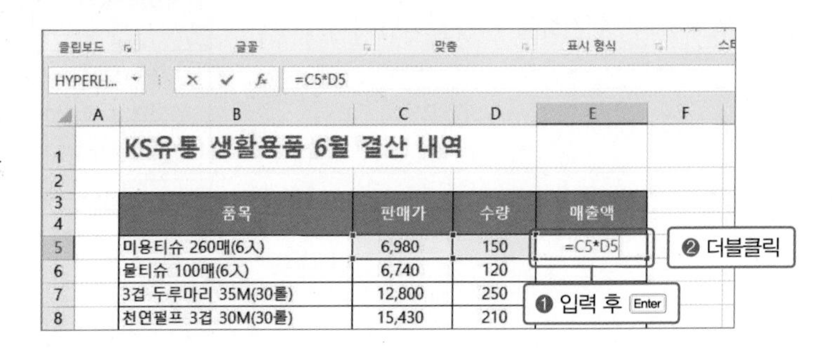

2 나머지 셀에도 계산된 결과가 나타나면 적용된 수식을 확인합니다. [E6] 셀을 클릭하면 수식 입력줄에 =C6*D6이 나타납니다. [E5] 셀에 입력했던 =C5*D5를 복사했으나 입력해야 할 셀 주소가 1칸 이동한 만큼 참조 셀의 주소도 1행씩 이동한 것입니다.

E6 | =C6*D6

KS유통 생활용품 6월 결산 내역

	품목	판매가	수량	매출액
5	미용티슈 26			1,047,000
6	물티슈 100			808,800
7	3겹 두루마리			3,200,000
8	천연펄프 3			3,240,300
9	깨끗한 물티			50,000
10	키친타올 20			280,000
11	2겹 두루마리 50M(30롤)	9,900	70	693,000
12	키친타올 150매(3롤)	4,500	160	720,000
13	미니 미용티슈 250매(6入)	7,900	240	1,896,000
14	빨아쓰는 타올 63매(3롤)	9,200	130	1,196,000

E열의 표시 형식에 천 단위 구분기호가 설정되어 숫자의 천 단위마다 쉼표가 표시됩니다.

| 절대 참조로 계산하기

1 할인율이 입력된 [G3] 셀을 절대 참조하여 '할인금액'을 계산해 보겠습니다. '절대참조' 시트의 [F6] 셀에 다음의 수식을 입력합니다. 이때 [G3] 셀을 클릭한 뒤 바로 F4를 한번 누르면 $G$3과같이 절대 참조 방식으로 전환됩니다.

수식

=E6*$G$3

E열에 입력된 각 판매가에 고정된 할인율 [G3] 셀을 절대 참조하여 계산합니다.

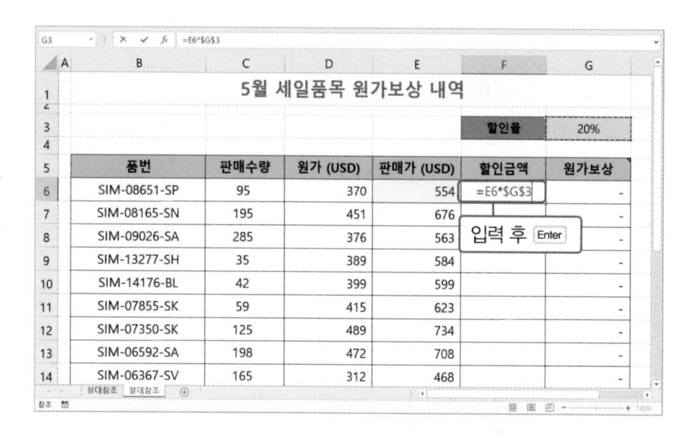
=E6*$G$3
5월 세일품목 원가보상 내역
할인율
20%
입력 후 Enter

2 [F6] 셀의 채우기 핸들을 더블클릭 하여 나머지 셀도 채웁니다. '판매가'는 상대 참조로 셀 주소가 변경되었지만 할인율 [$G$3] 셀은 고정되어 20%만 적용된 것을 알 수 있습니다.

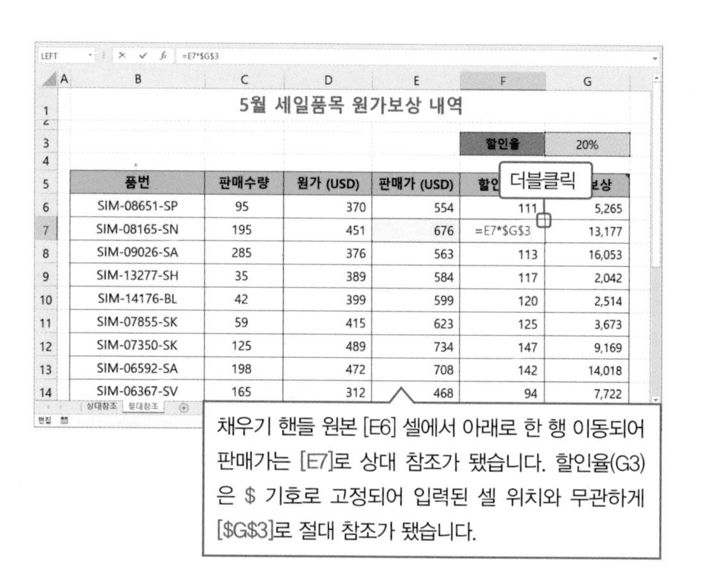
=E7*$G$3
5월 세일품목 원가보상 내역
더블클릭
채우기 핸들 원본 [E6] 셀에서 아래로 한 행 이동되어 판매가는 [E7]로 상대 참조가 됐습니다. 할인율(G3)은 $ 기호로 고정되어 입력된 셀 위치와 무관하게 [$G$3]로 절대 참조가 됐습니다.

150 혼합 참조로 계산하기

혼합 참조는 행이나 열 주소 중 하나만 고정하는 형태입니다. 예를 들어, 마스터 수식을 오른쪽으로 복사해도 열 주소가 고정되려면 셀 주소의 알파벳 앞에만 $ 표시를 붙입니다. 반대로 붙여 넣는 위치가 양옆으로는 움직이되, 행만 위아래로 움직이지 않게 고정하려면 숫자에만 $를 표시합니다.

예제 파일 Part15\혼합참조.xlsx　　완성 파일 Part15\혼합참조_완성.xlsx

| 혼합참조 입력하기

1 C열의 각 '판매가'를 4행의 '할인율'별로 한 번에 구하려고 합니다. [G6:I21] 셀을 선택하면 [G6] 셀에 다음의 혼합 참조 수식을 입력합니다. **=F6**을 입력하고 F4를 세 번 눌러서 $F6으로 변경한 뒤 곱하기 기호(*)를 입력합니다.

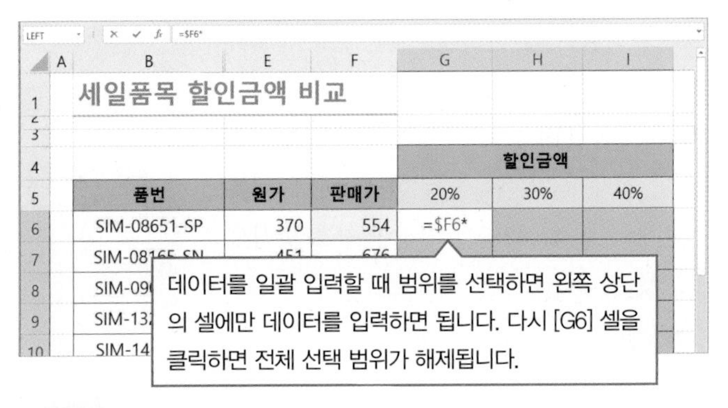

수식

=$F6*G$5

F열에 입력된 각 판매가에 따라 5행에 입력된 할인율을 혼합 참조하여 수식을 일괄 계산합니다.

TIP

혼합 참조 쉽게 이해하기

회사에서 다른 회사로 움직이지 않아야 하는 인재는 연봉, 돈($)으로 붙잡는 경우가 많습니다. F6 셀이 의미하는 '판매가' 역시 참조하는 셀 주소를 읊어보면 (F6,F7,F8,F9…셀) F열만 고정되므로 $표시는 F 앞에만 쓰고 숫자 행은 움직이기 때문에 [$F6] 셀이 됩니다. [G5] 셀이 의미하는 '할인율'도 참조할 셀 주소를 읊어보면 (G5,H5,I5셀) 5행만 고정됩니다. 반대로 알파벳 열은 다른 할인율을 참조하기 위해 열심히 움직여야 하므로 5행만 $ 표시가 붙어서 마스터 수식은 [G$6]이 됩니다.

2 [G6] 셀에 G5를 입력하고 F4를 두 번 눌러서 **G$5**로 변경합니다. 혼합 참조 수식이 완성되면 선택된 모든 칸에 마스터 수식이 입력될 수 있도록 Ctrl+Enter를 누릅니다.

세일품목 할인금액 비교

품번	원가	판매가	20%	30%	40%
SIM-08651-SP	370	554	111	166	222
SI		76	135	203	270
SI		63	113	169	225
SI		84	117	175	233

선택했던 모든 셀에 혼합 참조가 적용된 수식이 일괄 입력되었습니다.

151 이름 상자를 참조하여 계산하기

수식의 참조 범위를 셀 주소로 입력하면 셀이 복사될 위치에 따라 행과 열 번호가 바뀌지 않도록 상대 참조와 절대 참조 등을 구분해 주어야 합니다. 그러나 참조 범위에 이름을 정의하면 복잡한 셀 주소 대신 정의된 이름을 입력하여 간단하게 계산할 수 있습니다.

예제 파일 Part15\이름정의.xlsx **완성 파일** Part15\이름정의_완성.xlsx

1 '기본급' 열에서 [E4:E30] 셀을 선택한 후 이름 상자에 **기본급**을 입력하고 Enter를 누릅니다. '시간외수당' 열에서 [F4:F30] 셀을 선택하고 이름 상자에 **시간외수당**을, '세금 공제' 열에서 [G4:G30] 셀을 선택하고 이름 상자에 **세금**을 입력한 후 Enter를 누릅니다.

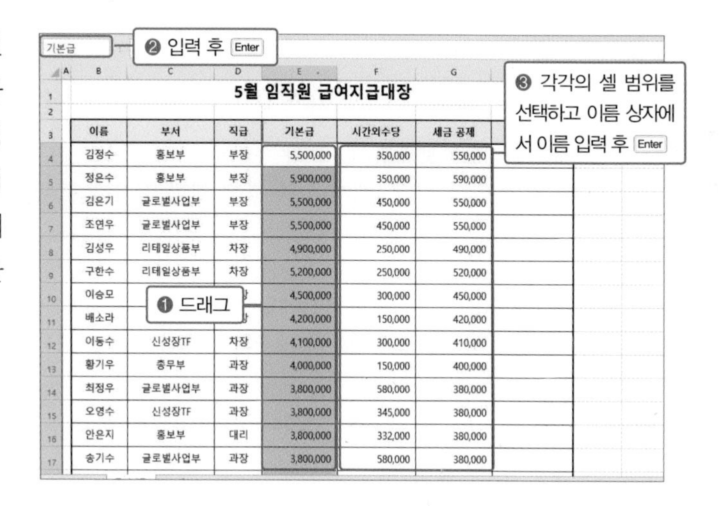

2 이름 상자를 이용해 실수령액을 구해 보겠습니다. [H4] 셀에 **=기본급+시간외수당-세금**을 입력하고 Enter를 누르면 결과값이 나타납니다. 채우기 핸들을 더블클릭하여 나머지 셀을 채웁니다. 서식 테두리를 유지하기 위해 자동 채우기 옵션에서 [서식 없이 채우기]를 클릭합니다.

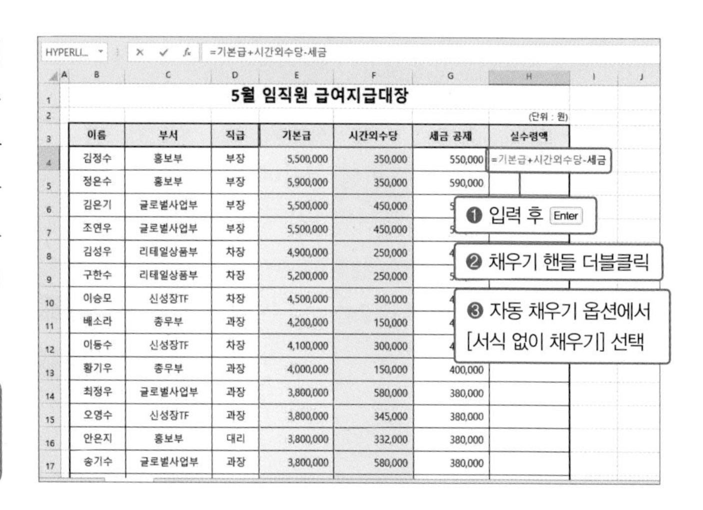

TIP
셀 주소 대신 이름을 입력해도 상대 참조로 수식을 계산할 수 있습니다.

152 함수 작성하기

함수(Functions)는 수식의 일종으로, 자주 사용하는 기능이나 계산을 엑셀이 정한 공식에 따라 채워 넣는 방식입니다. 연산 기호를 이용한 수식이 숫자 계산에 국한된 반면 함수는 조건에 따라 다른 값을 표시할 수 있습니다. 함수는 직접 입력하거나 함수 마법사를 사용하여 입력합니다.

예제 파일 Part15\함수.xlsx **완성 파일** Part15\함수_완성.xlsx

| 함수 이해하기

함수는 크게 함수명과 인수로 나누어집니다. 함수의 종류에 따라 인수는 여러 개일 수도 있고 빈 괄호만 입력할 때도 있습니다. 괄호 안에 들어갈 인수에는 셀 주소, 숫자, 연산기호 등이 있고, 문자는 큰 따옴표(" ") 안에 입력해야 합니다. 예시로 셀 값에 입력된 글자 일부를 추출하는 LEFT 함수를 살펴보겠습니다.

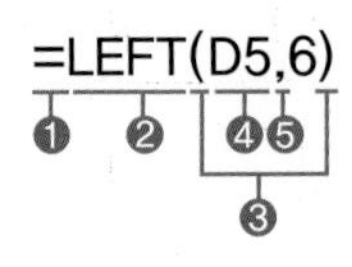

❶ **등호** : 함수를 시작할 때 입력합니다.
❷ **함수명** : 추출할 조건에 따라 함수 이름이 달라집니다.
❸ **괄호** : 괄호 안에 인수를 입력합니다. 인수가 복잡해지면 안에 괄호를 추가할 수 있습니다.
❹ **인수** : 참조 범위나 옵션 값을 입력합니다.
❺ **쉼표** : 인수를 구분할 때 입력합니다.

| 다양한 방법으로 함수 작성하기

방법 1_함수 마법사로 입력하기

1 '응시번호'는 주민번호 앞 6자리와 전화번호 가운데 4자리로 조합된 것입니다. LEFT 함수를 활용해서 주민번호를 추출해 보겠습니다. [E5] 셀을 클릭한 후 [수식] 탭-[함수 라이브러리] 그룹-[함수 삽입]을 클릭합니다.

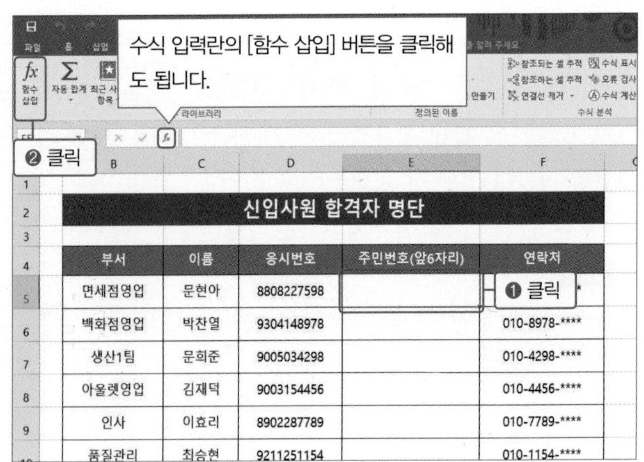

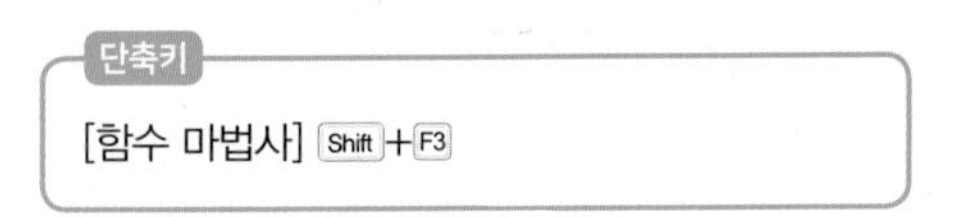

2 [함수 마법사] 대화상자가 나타납니다. [함수 검색]에 **추출**을 입력하고 [검색]을 클릭하면 관련 목록이 검색됩니다. 목록에서 LEFT 함수를 더블클릭합니다.

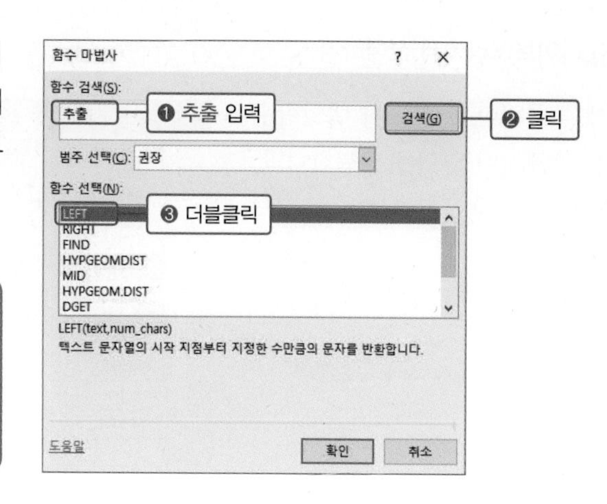

> **TIP**
>
> **LEFT 함수**
>
> =LEFT(참조할 셀 주소, 추출할 문자 개수)
>
> 참조 셀에 입력된 값에서 왼쪽 N개의 문자열을 추출하는 텍스트 함수입니다.

3 [함수 인수] 대화상자가 나타납니다. 커서가 [Text] 입력란에 있으니 [D5] 셀을 클릭해서 참조 셀을 입력합니다. [Num_chars]에 추출할 자릿수 **6**을 입력하고 [확인]을 클릭합니다.

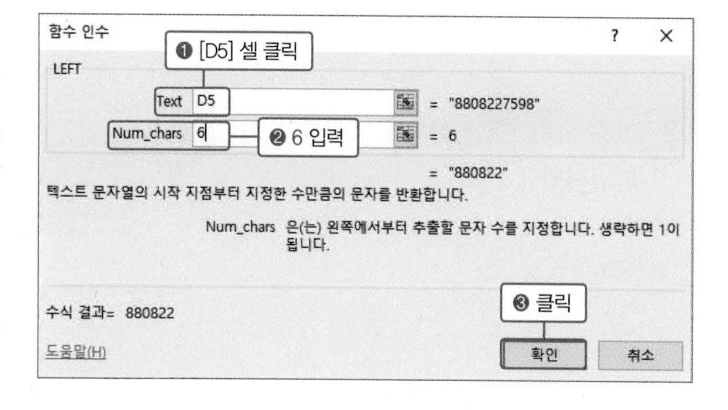

4 [E5] 셀에 주민번호 6자리가 추출되었습니다.

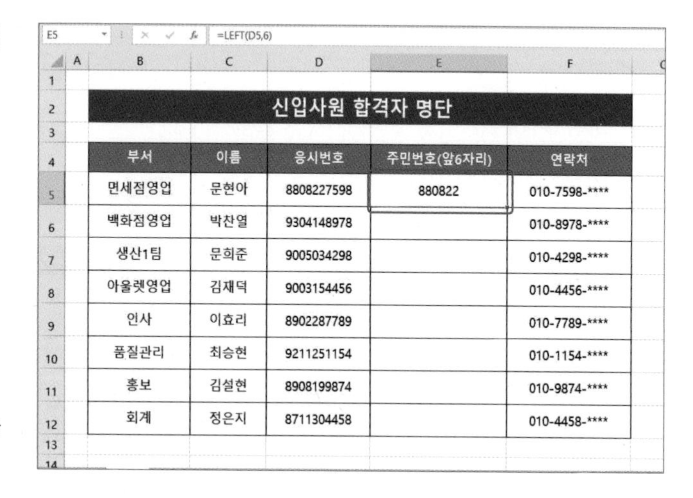

신입사원 합격자 명단

부서	이름	응시번호	주민번호(앞6자리)	연락처
면세점영업	문현아	8808227598	880822	010-7598-****
백화점영업	박찬열	9304148978		010-8978-****
생산1팀	문희준	9005034298		010-4298-****
아울렛영업	김재덕	9003154456		010-4456-****
인사	이효리	8902287789		010-7789-****
품질관리	최승현	9211251154		010-1154-****
홍보	김설현	8908199874		010-9874-****
회계	정은지	8711304458		010-4458-****

page 문자열을 추출하는 LEFT/RIGHT/MID 함수에 대한 내용은 298쪽을 참고하세요.

방법 2_함수 라이브러리에서 선택하기

1 [E6] 셀을 클릭한 후 [수식] 탭-[함수 라이브러리] 그룹-[텍스트]를 클릭합니다. 목록에서 LEFT를 선택합니다.

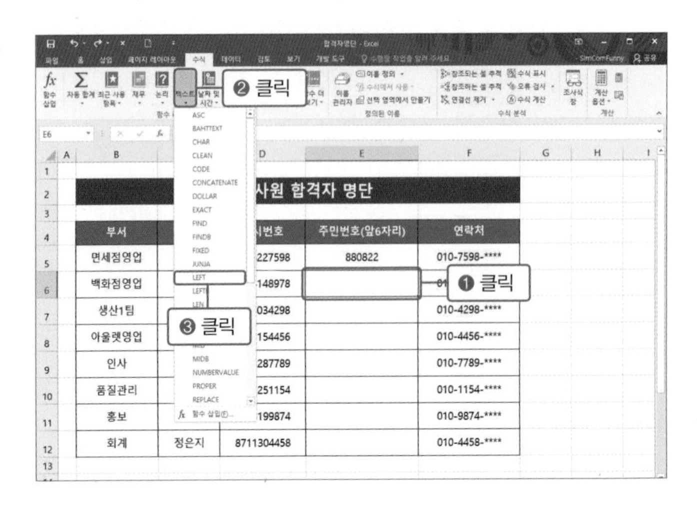

2 [함수 인수] 대화 상자에 [D5]셀이 자동으로 입력됩니다. [Num_Chars] 칸에는 추출할 6자리 숫자 **6**을 입력하고 [확인]을 입력합니다.

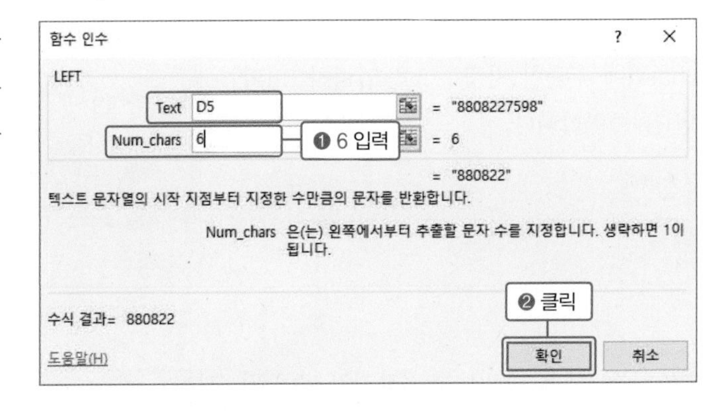

3 괄호 안의 첫 번째 인수에는 추출하려는 문자가 입력된 [D7] 셀을 클릭합니다. 쉼표(,)를 입력해서 인수를 구분합니다. 두 번째 인수는 참조 값의 왼쪽부터 추출할 문자 개수입니다. **6**을 입력하고 괄호를 닫고 Enter를 누릅니다.

E7 =LEFT(D7,6)

신입사원 합격자 명단

부서	이름	응시번호	주민번호(앞6자리)	연락처
면세점영업	문현아	8808227598	880822	010-7598-****
백화점영업	박찬열	9304148978	930414	010-8978-****
생산1팀	문희준	9005034298	=LEFT(D7,6)	010-4298-****
아울렛영업	김재덕	9003154456		010-4456-****
인사	이효리	89❶789		010-7789-****
품질관리	최승현	9211251154		010-1154-****
홍보	김설현	8908199874		010-9874-****
회계	정은지	8711304458		010-4458-****

6 입력 후 Enter

2007 2010 2013 2016 2019

153 합계 및 평균 구하기_SUM/AVERAGE 함수

합계를 의미하는 SUM 함수는 덧셈 연산자 기호(+) 대신 괄호 안에 입력된 참조 범위와 숫자를 모두 더하는 기능을 합니다. 평균을 의미하는 AVERAGE 함수 역시 SUM함수와 같은 인수 형식을 가집니다. 특히 연산자를 이용할 경우 덧셈(+)과 나눗셈(/) 기호로 평균을 구해야 하지만 함수를 이용하면 함수명과 인수에 참조할 숫자만 입력해서 간단하게 계산할 수 있습니다.

예제 파일 Part15\SUM_AVERAGE.xlsx **완성 파일** Part15\SUM_AVERAGE_완성.xlsx

SUM 함수	참조 범위의 숫자를 모두 더합니다. **=SUM(참조 범위 1, 범위 2 …… 범위 255)**
AVERAGE 함수	참조 범위에 입력된 셀 값의 평균을 구합니다. **=AVERAGE(참조 범위 1, 범위 2…… 범위 255)**

| 합계 구하기_SUM 함수

각 지점별 상반기 판매량을 구해 보겠습니다. [H5] 셀에 **=SUM(**을 입력합니다. 괄호 안에는 합계를 구할 범위인 [B5:G5] 셀을 드래그하고 Enter를 누릅니다.

수식

=SUM(B5:G5)

'서울동부' 지점의 1월부터 6월까지의 판매량([B5:G5] 셀)을 모두 더합니다.

H5 =SUM(B5:G5

상반기 지점별 판매량

단위 : 1,000개

지점					5월	6월	합계	평균
서울동부					150	220	=SUM(B5:G5	
서울서부					125	150		
서울남부					230	250		
서울북부	140	150	180	130	160	190		
인천	190	120	150	180	210	230		
경기	320	300	350	320	300	350		
강원	100	80	50	60	80	100		
충북	80	50	70	100	120	120		

괄호를 닫지 않아도 Enter를 누르면 닫힌 괄호가 입력되고 함수 결과 값이 반환됩니다.

| 평균 구하기_AVERAGE 함수

이번에는 월별 평균값을 구하기 위해 [I5] 셀에 **=AVERAGE(**를 입력합니다. 괄호 안에는 [B5:G5] 셀을 드래그하고 Enter를 누릅니다.

수식

=AVERAGE(B5:G5)

'서울동부' 지점의 1월부터 6월까지 평균 판매량([B5:G5] 셀)을 구합니다.

B5 =AVERAGE(B5:G5

상반기 지점별 판매량

단위 : 1,000개

지점 \ 월	1월	2월	3월	4월	5월	6월	합계	평균
서울동부	120	130	200	180	150	220	1000	=AVERAGE(B5:G5
서울서부	100	140	120	80	125	150	715	AVERAGE(number1, [number2], ...)
서울남부	200	220	180	250	230	250	1330	
서울북부	140	150	180	130	160	190	950	
인천	190	120	150	180	210	230	1080	

2007 2010 2013 2016 2019

154 문자열 추출하기_ LEFT/RIGHT/MID/FIND 함수

LEFT/RIGHT/MID 함수는 문자열의 왼쪽, 오른쪽, 가운데 등 시작 위치에 따라 문자를 추출합니다. 만약 MID 함수에서 시작할 위치가 정확하지 않다면 FIND 함수를 중첩해서 특정 문자의 자릿수를 구할 수 있습니다. 즉, 인수 안에 수식 결과 값이 입력된 셀을 다시 참조하거나 함수를 중첩하는 법을 알아보겠습니다.

예제 파일 Part15\LEFT_RIGHT_MID_FIND.xlsx **완성 파일** Part15\LEFT_RIGHT_MID_FIND 완성.xlsx

LEFT 함수	문자열의 왼쪽 방향부터 추출합니다. **=LEFT(문자열, 추출할 문자 개수)**
RIGHT 함수	문자열의 오른쪽 방향부터 추출합니다. **=RIGHT(문자열, 추출할 문자 개수)**
MID 함수	문자열의 중간 위치부터 지정한 개수만큼 추출합니다. **=MID(문자열, 시작할 문자의 자릿수, 추출할 문자 개수)**
FIND 함수	대소문자를 구분하여 특정 문자의 위치를 찾아줍니다. '찾을 문자의 시작 위치'는 숫자로 입력하고, 생략할 경우 첫 번째 문자열을 기준으로 합니다. **=FIND(찾을 문자, 참조할 셀 주소, 찾을 문자의 시작 위치)**

* 36쪽에서 문자와 숫자를 나눈 것과 별개로 함수의 인수에서 일컫는 '문자'는 숫자, 띄어쓰기, 기호 등 입력된 텍스트 모두를 포함합니다.

| 왼쪽/오른쪽 문자열 추출하기_LEFT/RIGHT 함수

상품 분류 코드의 종류와 제품라인을 추출하기 위해 [B4] 셀과 [D4] 셀에 다음의 수식을 각각 입력합니다.

수식

[B4] 셀 수식
=LEFT(A4,3)
❶ ❷

[D4] 셀 수식
=LEFT(A4,3)
❸ ❹

❶ [A4] 셀에 입력된 문자의 왼쪽에서부터 3글자를 추출합니다.
❸ [A4] 셀에 입력된 문자의 오른쪽에서부터 3글자를 추출합니다.

VLOOKUP =RIGHT(A5,3)

	A	B	C	D	E	F
1	SJ패션 강남점 가방 6월 발주내역					
2	* Amy(amy 포함) 라인 구매 시 열쇠고리 증정					
4	상품분류코드	종류	색상	제품라인	주문수량	열쇠고리
5	LLG316-BK-Amy	LLG		=RIGHT(A5,3)		1
6	LLG39-WH-amy				3	#VALUE!
7	LLG1801-BK-Zet				5	#VALUE!
8	LLG2439-WH-Amy				20	#VALUE!
9	LLG2538-BK-Xes				30	#VALUE!
10	LLG558-BK-Kei				5	#VALUE!
11	LLG2558-BK-Xes				10	#VALUE!

❶ 클릭 ❷ 입력

'상품분류코드'는 종류–색상–제품라인 순으로 입력되었습니다.

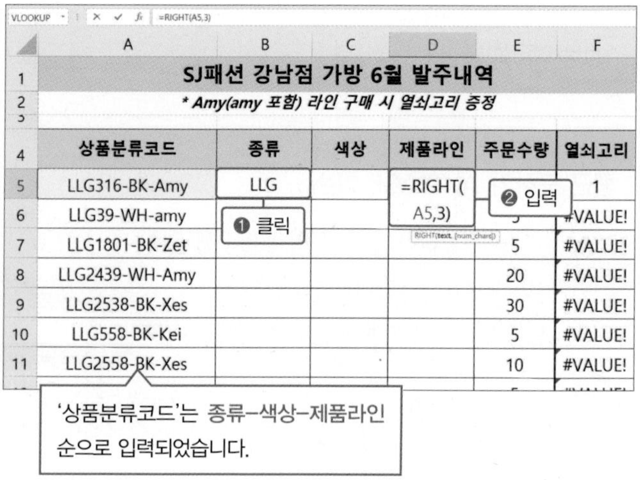

| 중간 문자열 추출하기_MID 함수

상품 분류코드에서 중간에 입력된 색상을 추출하기 위해 [C5] 셀에 다음과 같이 MID 함수를 입력합니다. 5행에 종류/색상/제품 라인이 모두 입력되면 채우기 핸들을 드래그해서 나머지 셀을 모두 채웁니다.

수식

=MID(A4,8,2)

❶ ❷❸

❶ [A4] 셀에 입력된 문자의 ❷ 9번째부터 ❸ 2개의 문자를 추출합니다.

	A	B	C	D	E	F
1	SJ패션 강남점 가방 6월 발주내역					
2	* Amy(amy 포함) 라인 구매 시 열쇠고리 증정					
4	상품분류코드	종류	색상	제품라인	주문수량	열쇠고리
5	LLG316-BK-Amy	LLG	=MID	Amy	5	1
6	LLG39-WH-amy	LLG	(A5,8,2)	amy	5	1
7	LLG1801-BK-Zet	LLG	-B			
8	LLG2439-WH-Amy	LLG	-W			
9	LLG2538-BK-Xes	LLG	-B			
10	LLG558-BK-Kei	LLG	BK			
11	LLG2558-BK-Xes	LLG	-B			
12	SLG4696-PK-Amy	SLG	-P			
13	LLG144-BK-Zet	LLG	BK			
14	SLG4696-PK-Zet	SLG	-P			

LLG와 하이픈 사이의 숫자 자릿수가 다른 경우, 색상의 시작 위치가 달라져서 MID 수식 결과가 정확하지 않은 것을 알 수 있습니다.

| 특정 문자의 자릿수를 찾아서 MID 함수의 시작 위치 참조하기_FIND 함수

1 상품분류코드에서 색상은 첫 번째 하이픈(–)뒤에 시작하는 두 자리 문자라는 패턴을 가지고 있습니다. FIND 함수를 통해 하이픈의 자릿수를 찾고 +1을 해서 색상이 시작하는 두 자리 문자를 추출하기 위해 [G5]셀과 [H5]셀에 다음과 같이 입력하고 채우기 핸들로 나머지 셀을 채웁니다.

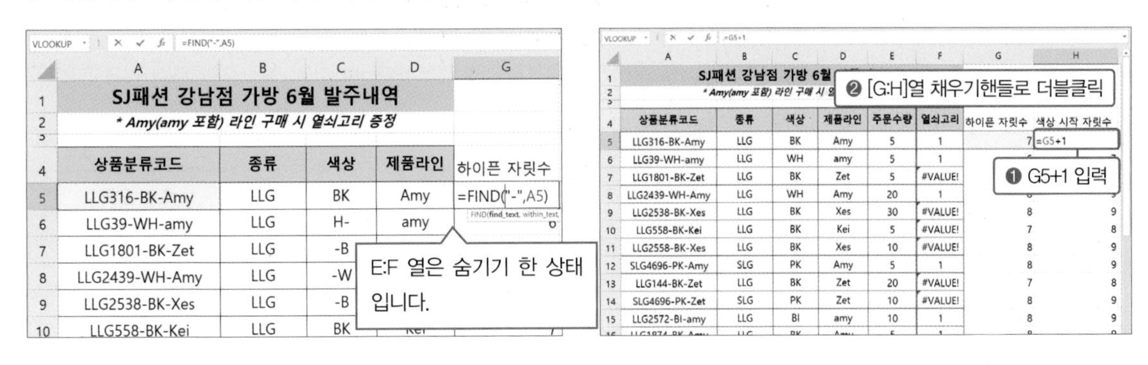

2 색상을 추출하는 [C5]의 두번째 인수인 시작할 자릿수를 고정된 숫자 대신 [H5]셀을 입력하고 채우기 핸들로 나머지 셀도 채웁니다.

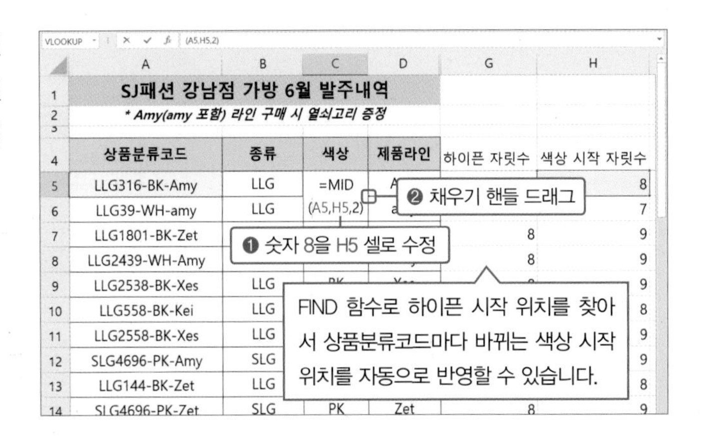

2007 2010 2013 2016 2019

155 문자 연결하기_CONCATENATE/CONCAT/TEXTJOIN 함수

연산기호를 이용하여 문자를 조합할 때는 앰퍼샌드(&) 기호를 붙입니다. 조합할 문자가 많다면 앰퍼샌드 기호 대신 CONCATENATE, CONCAT, TEXTJOIN 함수를 사용합니다. CONCAT 함수와 TEXTJOIN 함수는 엑셀 2019 이상부터 사용가능합니다.

예제 파일 Part15\CONCATONATE.xlsx **완성 파일** Part15\CONCATONATE_완성.xlsx

CONCATENATE 함수	참조 셀 주소에 입력된 값들을 연결합니다. 참조 값 문자를 직접 입력하려면 큰따옴표 안에 입력해야 합니다. **=CONCATENATE(입력 값 1, 입력 값 2……)**
CONCAT 함수 엑셀 2019 이상	CONCATENATE 함수를 축약한 엑셀 2019에 추가된 함수로서. 참조 셀 주소에 입력된 값들을 연결합니다. **=CONCAT(입력 값 1, 입력 값 2…… 또는 참조 범위)**
TEXTJOIN 함수 엑셀 2019 이상	연결할 참조 값 사이에 특정 문자를 추가하고 빈 셀은 제외할 수 있습니다. **=TEXTJOIN(연결 문자, TRUE 또는 FALSE, 참조 범위)** * 참조 범위에 빈 셀이 있을 경우, 빈 셀을 생략하고 연결하려면 TRUE(또는 1), 빈 셀도 포함하려면 FALSE(또는 0)를 입력합니다.

TIP

CONCAT 함수와 TEXTJOIN 함수는 엑셀 2019 이상에서 지원되는 기능입니다. 문서를 다른 버전에서 열람해야 한다면 CONCATENATE 함수로 대체해서 사용합니다.

| 참조 값 연결하기_CONCATENATE 함수

1 [D4] 셀에 다음의 수식을 입력합니다.

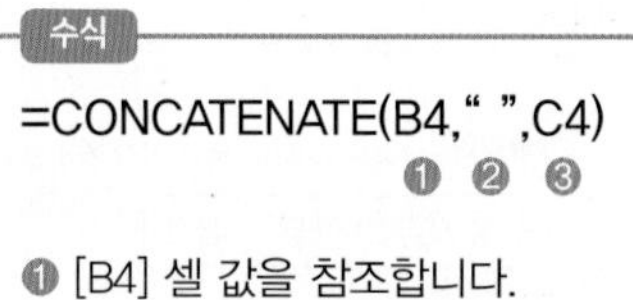

수식

=CONCATENATE(B4,“ ”,C4)
❶ ❷ ❸

❶ [B4] 셀 값을 참조합니다.
❷ 연결할 값 사이에 공백을 넣습니다.
❸ [C4] 셀 값을 참조합니다.

[B4] 셀 값 다음에 띄어쓰기를 한 후 [C4] 셀 값을 붙여 넣습니다.

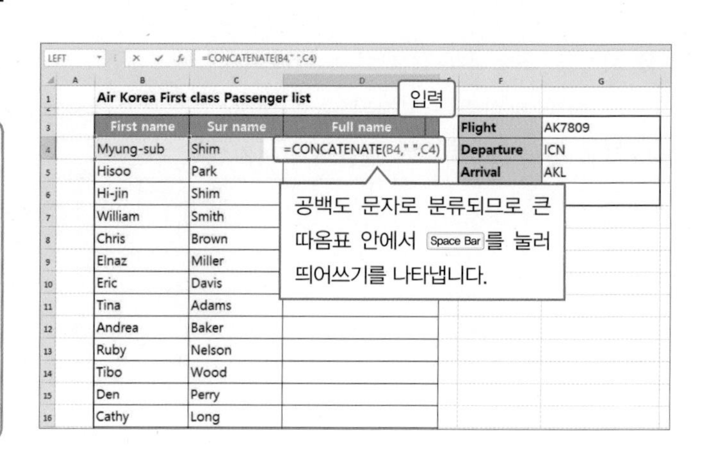

2 [B4] 셀과 공백, [C4] 셀의 내용이 합쳐진 문자열이 나타납니다. 채우기 핸들을 더블클릭하여 나머지 셀도 채웁니다.

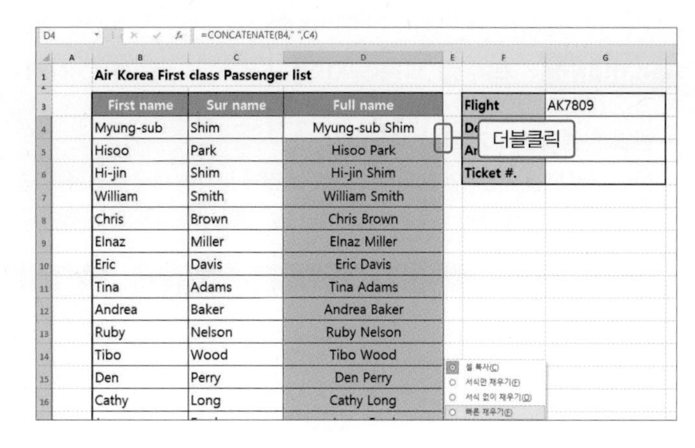

| 참조 범위의 셀 값 연결하기_CONCAT 함수 엑셀 2019 이상

[G6] 셀에 다음의 수식을 입력하면 [G3:G5] 셀의 모든 값이 연결되어 나타납니다.

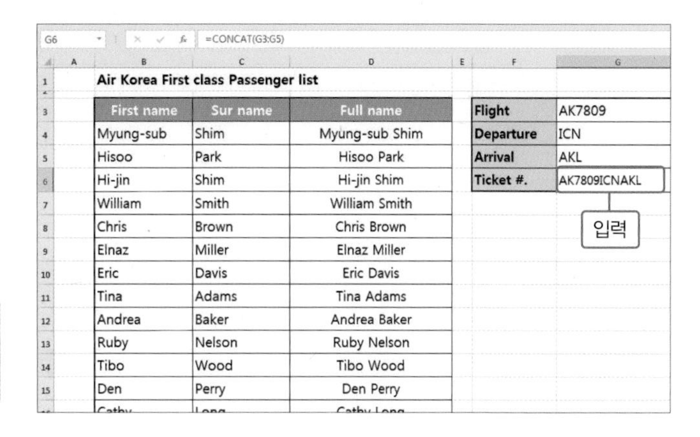

수식

=CONCAT(G3:G5)

[G3:G5] 셀 값을 모두 연결합니다.

| 연결할 셀 값 사이에 문자 추가하기_TEXTJOIN 함수 엑셀 2019 이상

TEXTJOIN 함수를 이용해서 연결할 문자 사이에 하이픈을 추가해 보겠습니다. [G6] 셀에 다음의 수식을 입력하면 빈 셀을 제외한 [G3:G5] 셀 값이 연결되고, 연결 값 사이에 하이픈이 추가됩니다.

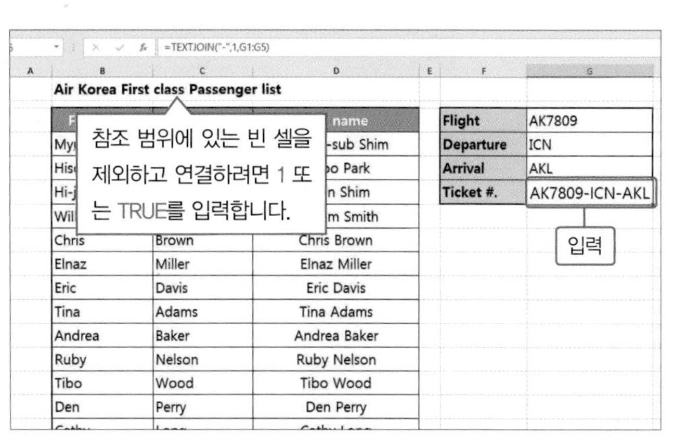

수식

=TEXTJOIN("–",1,G1:G5)

참조 범위의 셀 값 사이에 하이픈을 추가하여 연결합니다. 단, 두번째 인수를 1(TRUE)로 설정해서 참조 범위에 있지만 빈 셀인 [G1:G2] 셀은 연결에서 제외합니다.

Skill Up 함수를 사용하지 않고 각 셀의 문자 합치기

방법 1_앰퍼샌드 기호(&) 사용하기

함수 대신 연결 연산자인 앰퍼샌드(&)로 셀 값과 문자를 모두 묶을 수 있습니다. 단, 문자나 공백은 큰따옴표(" ") 안에 입력해야 합니다. [G6] 셀에 수식 =G3&G4&"–"&G5를 입력한 후 Enter 를 누르면 모든 셀 값과 기호가 연결되어 나타납니다.

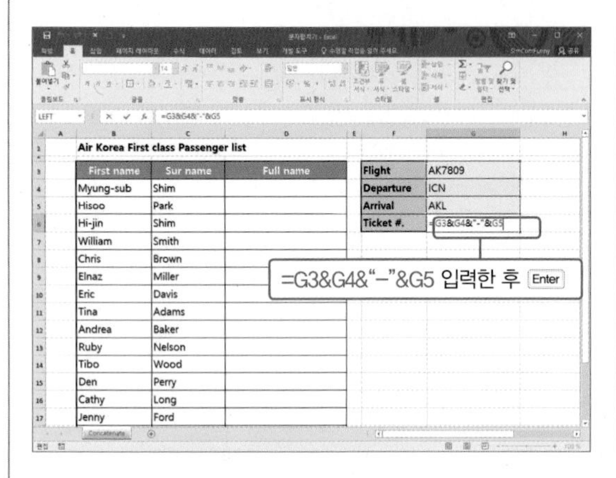

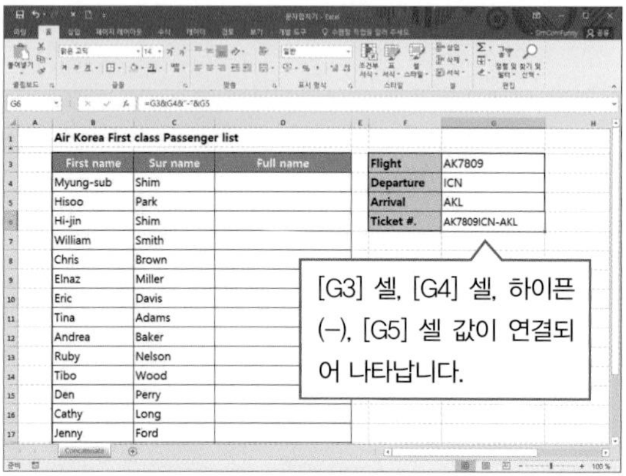

[G3] 셀, [G4] 셀, 하이픈 (–), [G5] 셀 값이 연결되어 나타납니다.

방법 2_'빠른 채우기' 기능 사용하기

'빠른 채우기'는 엑셀 2013부터 추가된 기능으로, 입력된 문자의 패턴을 인식하여 자동으로 문자를 추출하거나 연결합니다. [D4] 셀에 [B4] 셀 값과 공백, [C4] 셀 값인 Myung–sub Shim을 순서대로 입력합니다. 채우기 핸들을 더블클릭하고 자동 채우기 옵션에서 [빠른 채우기]를 선택하면 [D4] 셀에 입력된 패턴대로 모든 셀에 B열과 C열에 공백이 연결된 글자가 채워집니다.

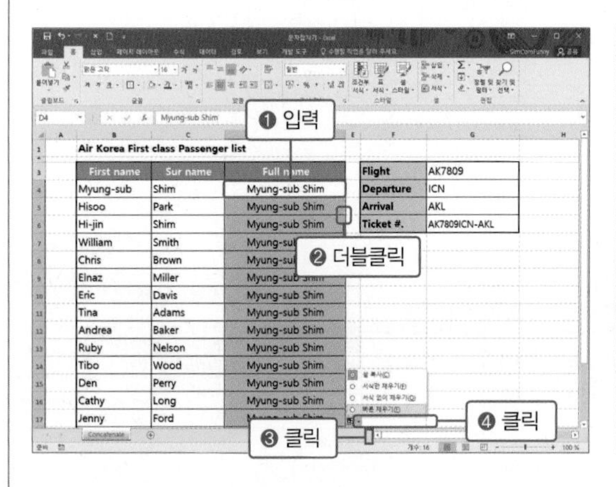

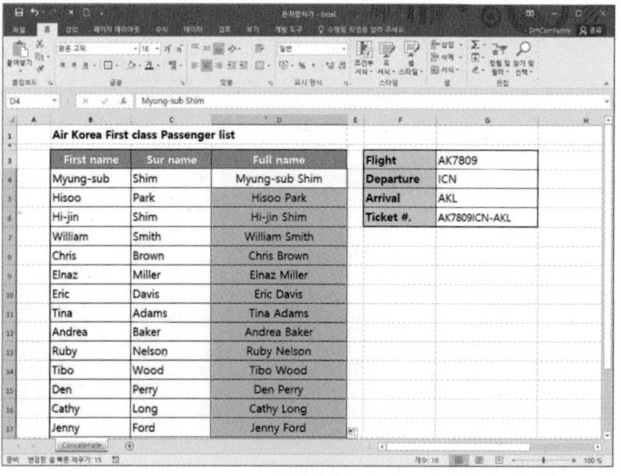

2007 2010 2013 2016 2019

156 대문자/소문자 변경하기_PROPER/UPPER/LOWER 함수

영어로 입력된 데이터는 표기법에 따라 대문자와 소문자를 변경해야 할 경우가 있습니다. 일일이 글자를 수정하려면 시간이 오래 걸리지만 PROPER, UPPER, LOWER 함수를 사용하면 대문자와 소문자를 쉽게 변경할 수 있습니다.

예제 파일 Part15\대문자_소문자.xlsx **완성 파일** Part15\대문자_소문자_완성.xlsx

UPPER 함수	입력된 영어를 모두 대문자로 바꿉니다. **=UPPER(영어가 입력된 셀 주소)**
LOWER 함수	입력된 영어를 모두 소문자로 바꿉니다. **=LOWER(영어가 입력된 셀 주소)**
PROPER 함수	단어의 첫 글자나 띄어쓰기된 첫 문자만 대문자로 바꾸고 나머지는 소문자로 적절히 바꿉니다. **=PROPER(영어가 입력된 셀 주소)**

| 대문자로 변경하기_UPPER 함수

1 B열에 입력된 영문 이름을 대문자/소문자/첫 글자만 대문자로 입력하기 위해 [C4:E4] 셀에 다음의 수식을 입력합니다.

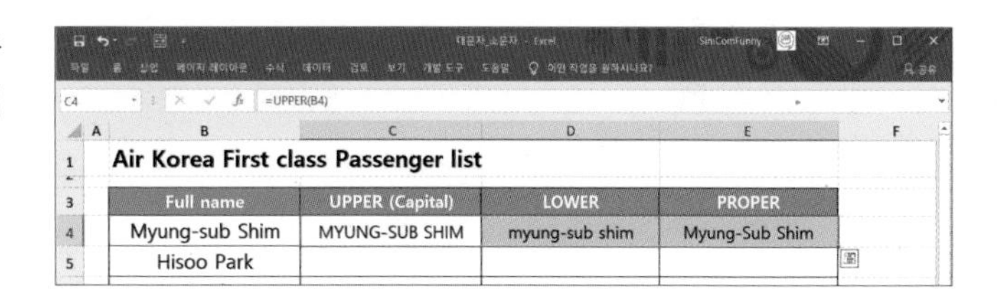

수식

[C4] 셀 수식 =UPPER(B4)

[B4] 셀에 입력된 영어를 모두 대문자로 바꿉니다.

[D4] 셀 수식 =LOWER(B4)

[B4] 셀의 입력된 영어를 모두 소문자로 바꿉니다.

[E4] 셀 수식 =PROPER(B4)

[B4] 셀에 입력된 영어에서 각 단어의 첫 글자만 대문자로 바꿉니다.

2 [C4] 셀에는 대문자로, [D4] 셀은 소문자로, [E4] 셀은 첫 문자만 대문자로 바뀌었습니다. [C4:E4] 셀을 드래그하고 채우기 핸들로 나머지 셀도 채웁니다.

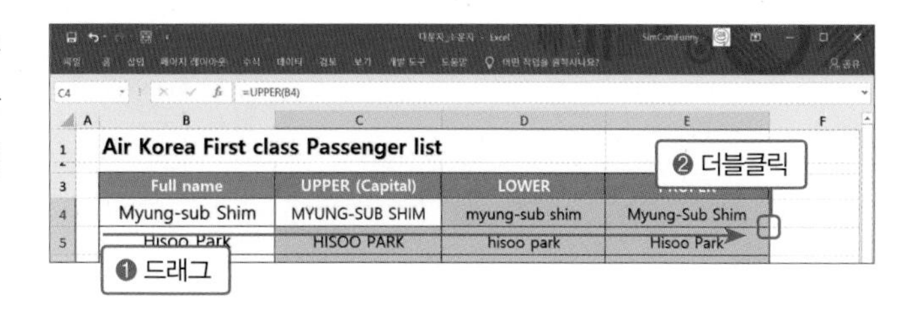

2007 2010 2013 2016 2019

157 자릿수에 맞춰 반복 입력하기_REPT 함수

REPEAT(반복)의 줄임말인 REPT 함수는 특정 문자를 반복해서 입력해 주는 역할을 합니다. 반복할 문자는 직접 입력하거나 셀 주소에 입력된 값을 참조하여 별점이나 그래프로 응용할 수 있습니다.

예제 파일 Part15\REPT.xlsx **완성 파일** Part15\REPT_완성.xlsx

REPT 함수	지정한 횟수만큼 특정 문자를 반복합니다. **=REPT(반복할 문자, 반복 횟수)**

| 특정 문자 반복해서 표시하기_REPT 함수

1 평점 숫자만큼 ★를 표시하기위해 [H6] 셀에 다음의 수식을 입력합니다.

=REPT($G$3,G6)
❶ ❷

❶ [G3] 셀에 입력된 문자를 반복합니다. 단, 채우기 핸들로 수식을 복사하기 위해 절대 참조로 입력합니다.
❷ [G6] 셀 값의 개수만큼 ❶을 표시합니다.

[G3] 셀에 입력된 ★를 [G6] 셀 값(5)만큼 반복해서 입력합니다.

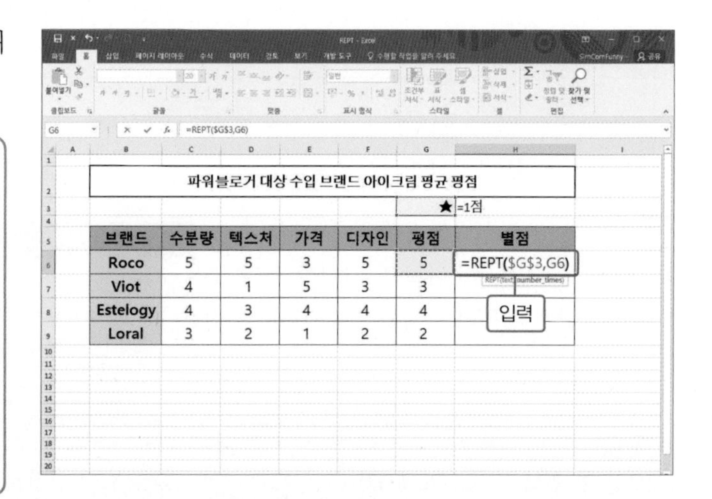

2 '평점'에 따라 별표가 입력됐습니다. 채우기 핸들을 더블클릭하여 나머지 셀을 채웁니다.

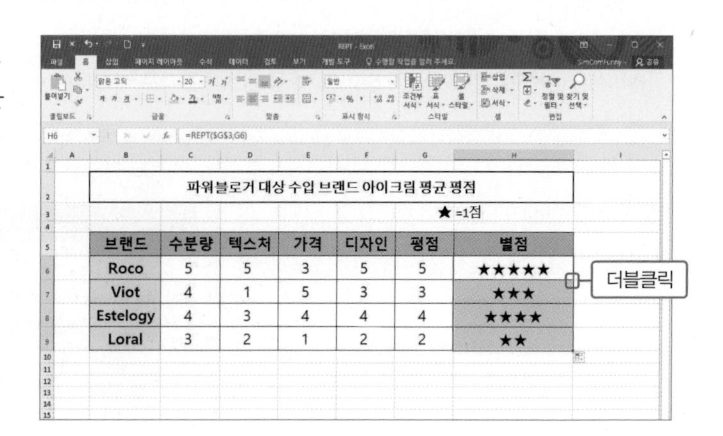

2007 2010 2013 2016 2019

158 셀에 결과 값 대신 수식 표시하기

셀에 수식을 입력하면 워크시트에는 결과 값만 표시됩니다. 수식을 확인하려면 일일이 셀을 클릭하고 수식 입력줄을 확인해야 합니다. 만약 결과 값 대신 입력된 수식을 모두 표시하고 싶다면 [수식] 탭–[수식 표시]를 클릭하여 텍스트로 표시합니다.

예제 파일 Part15\수식텍스트.xlsx **완성 파일** Part15\수식텍스트_완성.xlsx

1 [G6:H9] 범위에 수식이 입력되어 있습니다. 수식 결과 값이 아닌 입력한 수식을 모두 볼 수 있도록 수식을 그대로 표시해 보겠습니다. [수식] 탭–[수식 분석] 그룹–[수식 표시]를 클릭합니다.

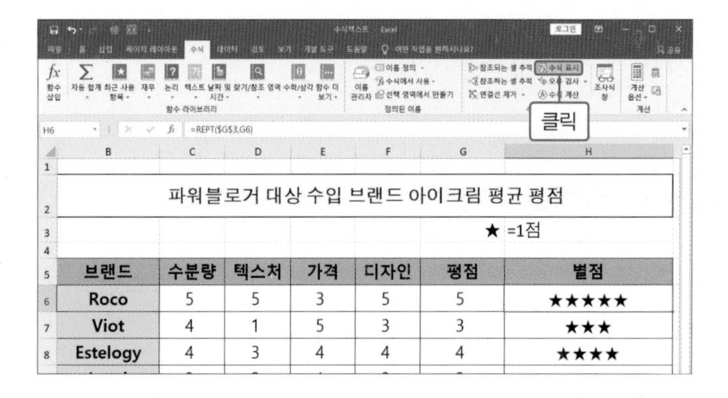

2 셀에 입력된 수식이 표시되면서 열의 너비가 동일하게 확장됩니다. [G:H] 열의 너비를 조절합니다.

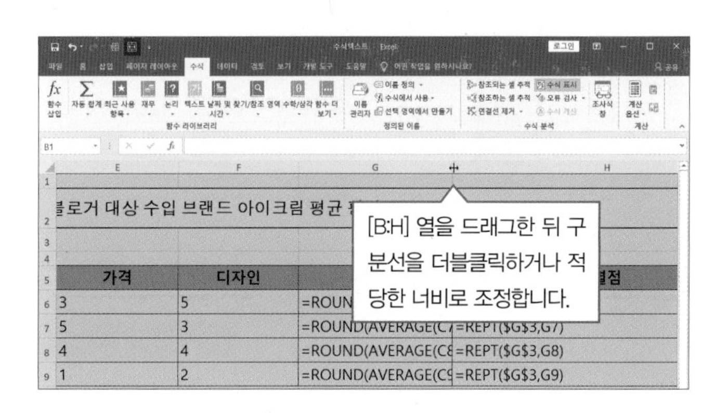

3 원래대로 셀의 결과 값만 표시하고 싶다면 다시 [수식] 탭–[수식 분석] 그룹–[수식 표시]를 클릭합니다. 자동으로 축소된 열 너비가 너무 좁다면 구분선을 더블클릭하여 너비를 조정합니다.

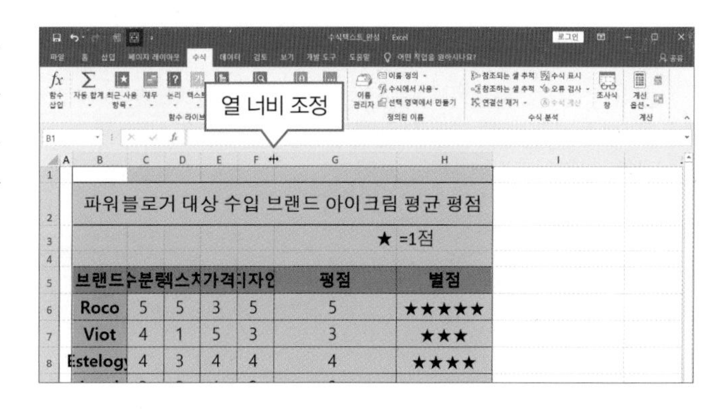

Part 16

날짜/시간/통계함수

월급날까지는 며칠이 남았을까? 현재까지의 근속연수는? 달력에 연필을 콕콕 찍으며 날짜를 세지 않아도 날짜/시간 형식에 맞춰서 입력된 데이터라면 함수를 활용해서 정확한 기간을 계산할 수 있습니다. 수학과 친하지 않았던 문과 출신이라도 통계 함수를 활용하면 매출 순위 집계가 가능합니다. 복잡한 숫자를 반올림하고 랜덤 순서를 정하는 일 정도는 이제 엑셀에게 시키세요.

Preview

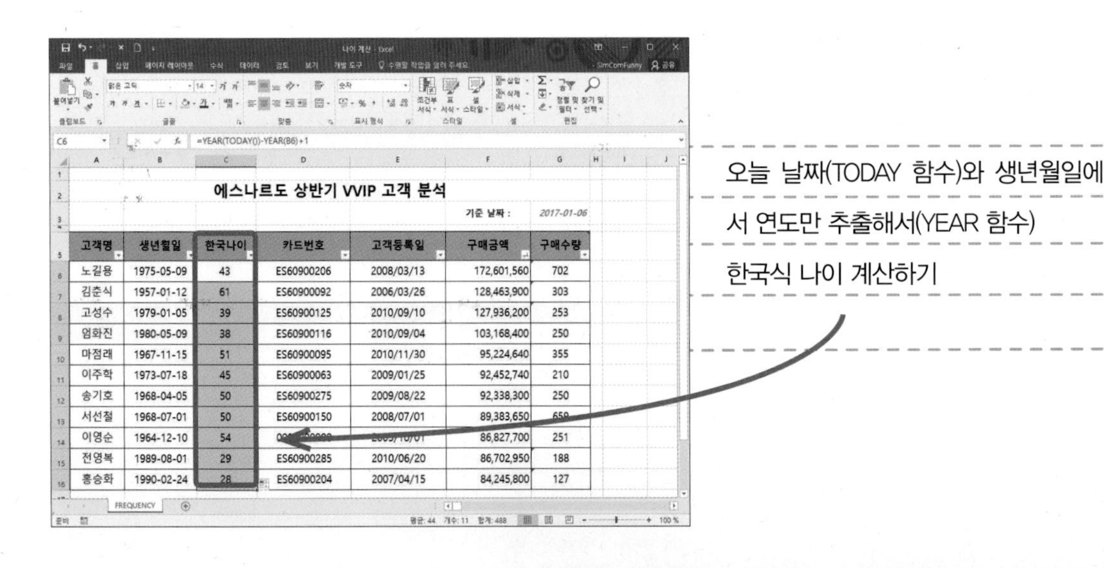

=YEAR(TODAY())-YEAR(B6)+1

에스나르도 상반기 VVIP 고객 분석

기준 날짜 : 2017-01-06

고객명	생년월일	한국나이	카드번호	고객등록일	구매금액	구매수량
노길용	1975-05-09	43	ES60900206	2008/03/13	172,601,560	702
김춘식	1957-01-12	61	ES60900092	2006/03/26	128,463,900	303
고성수	1979-01-05	39	ES60900125	2010/09/10	127,936,200	253
엄화진	1980-05-09	38	ES60900116	2010/09/04	103,168,400	250
마점래	1967-11-15	51	ES60900095	2010/11/30	95,224,640	355
이주학	1973-07-18	45	ES60900063	2009/01/25	92,452,740	210
송기호	1968-04-05	50	ES60900275	2009/08/22	92,338,300	250
서선철	1968-07-01	50	ES60900150	2008/07/01	89,383,650	659
이영순	1964-12-10	54	[illegible]	[illegible]	86,827,700	251
전영복	1989-08-01	29	ES60900285	2010/06/20	86,702,950	188
홍승화	1990-02-24	28	ES60900204	2007/04/15	84,245,800	127

오늘 날짜(TODAY 함수)와 생년월일에서 연도만 추출해서(YEAR 함수) 한국식 나이 계산하기

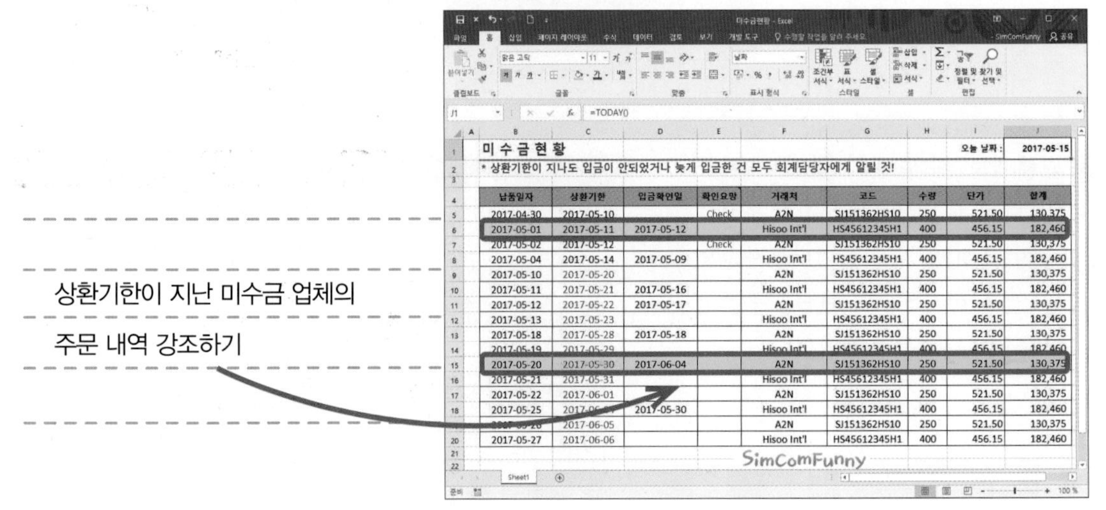

=TODAY()

미 수 금 현 황

오늘 날짜 : 2017-05-15

* 상환기한이 지나도 입금이 안되었거나 늦게 입금한 건 모두 회계담당자에게 알릴 것!

납품일자	상환기한	입금확인일	확인요망	거래처	코드	수량	단가	합계
2017-04-30	2017-05-10		Check	A2N	SJ151362HS10	250	521.50	130,375
2017-05-01	2017-05-11	2017-05-12		Hisoo Int'l	HS45612345H1	400	456.15	182,460
2017-05-02	2017-05-12		Check	A2N	SJ151362HS10	250	521.50	130,375
2017-05-04	2017-05-14	2017-05-09		Hisoo Int'l	HS45612345H1	400	456.15	182,460
2017-05-10	2017-05-20			A2N	SJ151362HS10	250	521.50	130,375
2017-05-11	2017-05-21	2017-05-16		Hisoo Int'l	HS45612345H1	400	456.15	182,460
2017-05-12	2017-05-22	2017-05-17		A2N	SJ151362HS10	250	521.50	130,375
2017-05-13	2017-05-23			Hisoo Int'l	HS45612345H1	400	456.15	182,460
2017-05-18	2017-05-28	2017-05-18		A2N	SJ151362HS10	250	521.50	130,375
2017-05-19	2017-05-29			Hisoo Int'l	HS45612345H1	400	456.15	182,460
2017-05-20	2017-05-30	2017-06-04		A2N	SJ151362HS10	250	521.50	130,375
2017-05-21	2017-05-31			Hisoo Int'l	HS45612345H1	400	456.15	182,460
2017-05-22	2017-06-01			A2N	SJ151362HS10	250	521.50	130,375
2017-05-25	[illegible]	2017-05-30		Hisoo Int'l	HS45612345H1	400	456.15	182,460
[illegible]	2017-06-05			A2N	SJ151362HS10	250	521.50	130,375
2017-05-27	2017-06-06			Hisoo Int'l	HS45612345H1	400	456.15	182,460

상환기한이 지난 미수금 업체의 주문 내역 강조하기

2007 2010 2013 2016 2019

159 날짜에서 연/월/일 추출하기_ YEAR/MONTH/DAY 함수

YEAR, MONTH, DAY 함수를 이용하면 날짜가 입력된 셀의 연도, 월, 일을 따로따로 추출할 수 있습니다. 단, 날짜 함수를 사용하려면 반드시 엑셀이 인식할 수 있는 정확한 형태의 날짜를 입력해야 합니다.

예제 파일 Part16\기간별 가입고객.xlsx **완성 파일** Part16\기간별 가입고객_완성.xlsx

YEAR 함수	날짜가 입력된 셀에서 연도만 추출합니다. =YEAR(날짜)
MONTH 함수	날짜가 입력된 셀에서 월(月)만 추출합니다. =MONTH(날짜)
DAY 함수	날짜가 입력된 셀에서 일(日)만 추출합니다. =DAY(날짜)

1 C열에 입력된 날짜에서 연도/월/일를 추출하기 위해 [D7:F7]셀에 다음의 수식을 입력합니다.

수식

[D7]셀 수식 =YEAR(C7)

[C8] 셀에 입력된 날짜에서 연도를 추출합니다.

[E7]셀 수식 =MONTH(C7)

[C8] 셀에 입력된 날짜에서 월을 추출합니다.

[F7]셀 수식 =DAY(C7)

[C8] 셀에 입력된 날짜에서 일자를 추출합니다.

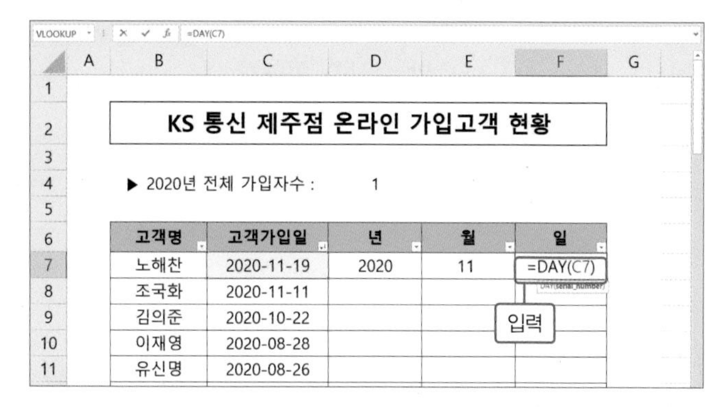

TIP

분기를 구하려면 CHOOSE 함수를 활용하거나 248쪽 피벗테이블의 그룹화를 참고해 보세요.

4 수식이 입력된 [D7:F7]을 선택한 후 채우기 핸들로 나머지 셀을 채웁니다.

TIP

[D4] 셀은 COUNTIF 함수가 입력되어서 D열에 YEAR 함수가 모두 채워지면 해당 연도의 가입자 수가 자동으로 계산됩니다. COUNTIF 함수에 대한 자세한 내용은 334쪽을 참고하세요.

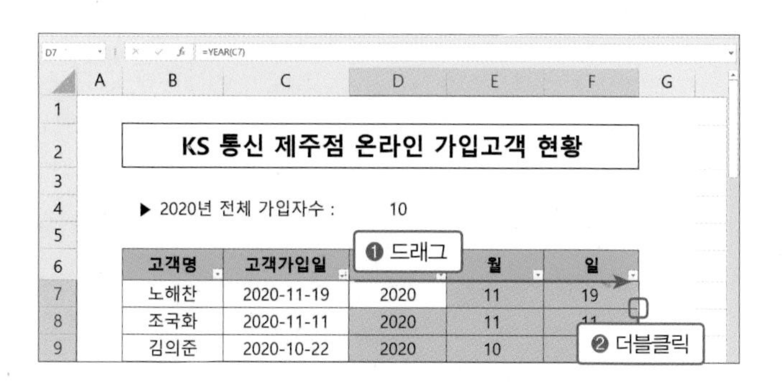

2007 2010 2013 2016 2019

160 오늘 날짜와 현재 시각 추출하기_ TODAY/NOW 함수

TODAY 함수와 NOW 함수는 인수를 따로 입력하지 않고 괄호만 입력합니다. 함수를 입력한 현재 날짜와 시각을 반환하기 때문에 참조할 셀 주소나 날짜가 필요 없기 때문입니다. [셀 서식] 대화상자에서 표시 형식을 바꿀 수 있고, 문서를 다시 열면 현재 시각으로 갱신됩니다.

예제 파일 Part16\TODAY_NOW.xlsx **완성 파일** Part16\TODAY_NOW_완성.xlsx

TODAY 함수	오늘 날짜가 나타납니다. =TODAY()
NOW 함수	오늘 날짜와 현재 시각이 나타납니다. =NOW()

| 오늘 날짜 표시하기_TODAY 함수

1 '발신일자'에 오늘 날짜를 표시해 보겠습니다. [D8] 셀에 다음의 수식을 입력합니다.

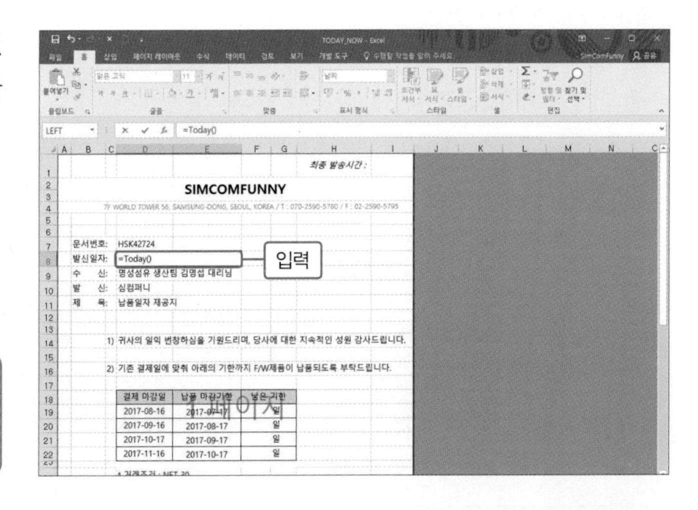

수식

=TODAY()

오늘 날짜를 추출합니다.

2 오늘 날짜가 입력됩니다.

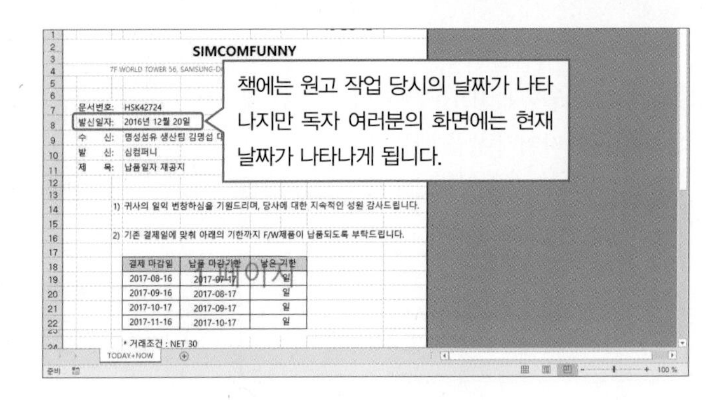

| 특정 날짜까지의 남은 기한 계산하기_TODAY 함수

1 남은 기한을 입력하기 위해 [F19] 셀에 다음의 수식을 입력합니다.

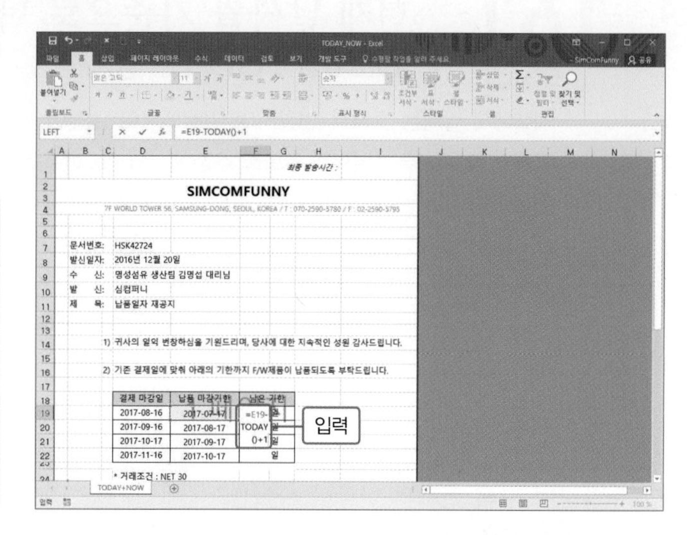

수식

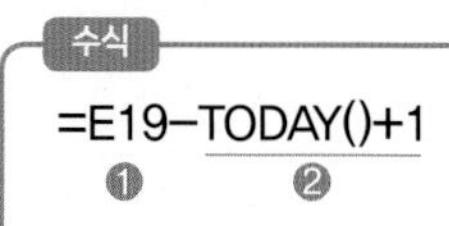

=E19-TODAY()+1
❶ ❷

❶ [E19] 셀에 입력된 마감 날짜
❷ 오늘 날짜+1일

[E19] 셀에 입력된 마감 날짜에서 오늘 날짜를 뺀 기간을 구합니다. 마감 날짜인 당일 하루까지 더해서 남은 기한을 구합니다.

2 남은 기한이 입력됩니다. 채우기 핸들을 더블클릭하여 나머지 셀을 채웁니다.

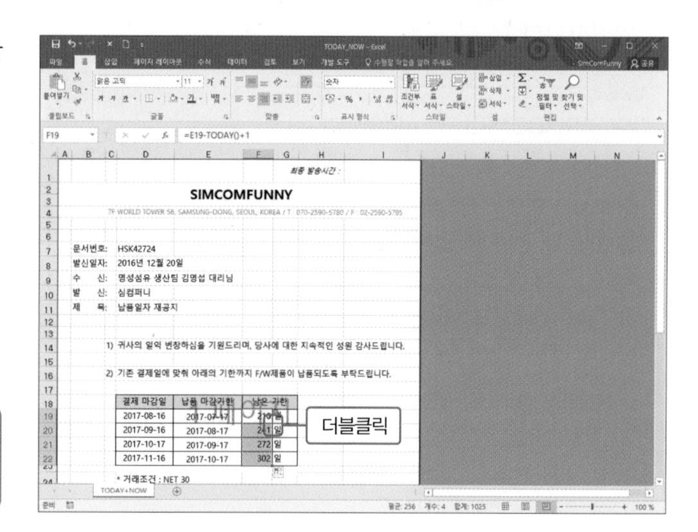

TIP

마감 날짜가 오늘 날짜 이전이라면 마이너스 값으로 표시됩니다.

| 현재 시각 표시하기_NOW 함수

발송 시각을 표시해 보겠습니다. [I1] 셀에 다음의 수식을 입력하면 현재 날짜와 시각이 추출됩니다.

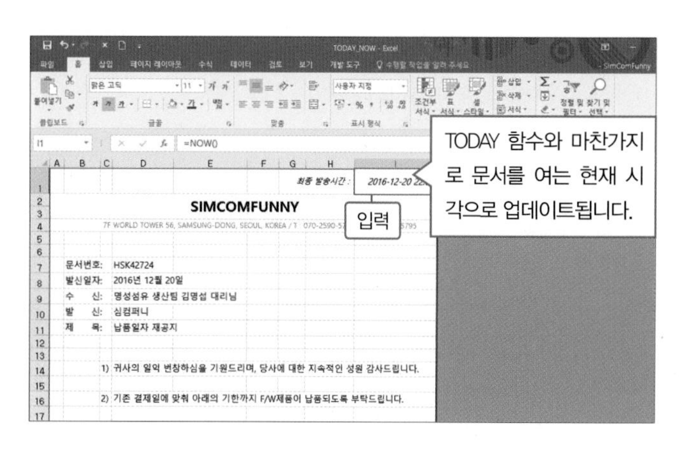

수식

=NOW()

현재 날짜와 시각이 추출됩니다.

TIP

[홈] 탭이나 [셀 서식] 대화상자에서 날짜와 시간의 표시 형식을 변경할 수 있습니다.

161 현재 날짜를 기준으로 나이 구하기_YEAR/TODAY 함수

엑셀에서 날짜는 숫자로 변환하여 인식되므로 계산이 가능합니다. 오늘 날짜를 자동 업데이트하는 TODAY 함수와 특정 날짜의 연도를 추출하는 YEAR 함수를 응용해서 해마다 변경되는 한국식 나이를 구해 보겠습니다.

예제 파일 Part16\나이 계산.xlsx **완성 파일** Part16\나이 계산_완성.xlsx

1 [B6] 셀에 입력된 생년월일에서 연도만 추출하여 당해 연도의 한국식 나이를 구해 보겠습니다. [C6] 셀에 다음의 수식을 입력합니다.

수식

=YEAR(TODAY())−YEAR(B6)+1
(① YEAR(TODAY()), ② YEAR(B6), ③ 1)

① 오늘 날짜에서 연도만 추출합니다.
② [B6] 셀에 입력된 날짜에서 연도만 추출합니다.
③ 당해 연도를 포함하기 위해 숫자 1을 더합니다.

당해 연도에서 [B6] 셀에 입력된 연도를 빼고 1살을 더해 한국식 나이를 계산합니다.

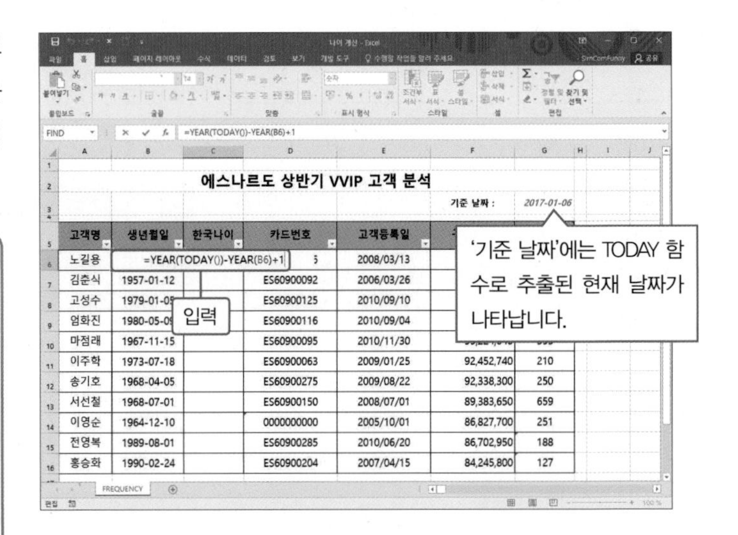

2 TODAY 함수로 추출된 당해 연도를 기준으로 현재의 한국 나이가 계산되었습니다. 채우기 핸들을 더블클릭하면 나머지 고객들의 나이도 계산됩니다.

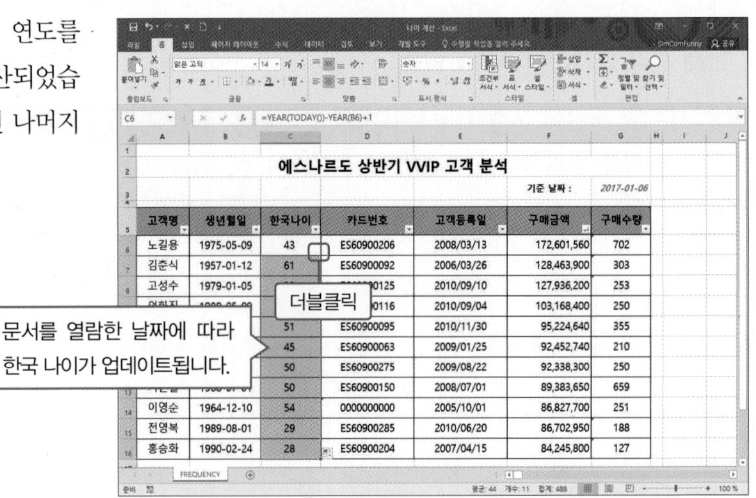

2007 2010 2013 2016 2019

162 조건부 서식에 수식 입력하여 미수금 강조하기 _TODAY 함수/비교 연산자

조건부 서식에 수식을 활용하여 더 다양한 규칙을 만들 수 있습니다. Part 5에서 살펴본 조건부 서식에는 '발생 날짜'에 따라 어제, 주, 월 단위로 선택할 수 있는 기간이 한정되어 있었습니다. 새 규칙에 수식을 활용하여 미수금 또는 입금이 지연된 업체를 강조해 보겠습니다.

예제 파일 Part16\미수금현황.xlsx **완성 파일** Part16\미수금현황_완성.xlsx

| 오늘 이후의 상환기한 강조하기_TODAY 함수

1 '상환기한'이 내일 이후인 건수만 확인하기 위해 TODAY 함수를 응용해 보겠습니다. 조건부 서식을 적용할 범위 [C5:C20] 셀을 선택한 후 [홈] 탭-[스타일] 그룹-[조건부 서식]에서 [새 규칙]을 클릭합니다.

[J1] 셀에는 오늘 날짜를 반환하는 TODAY 함수가 들어 있습니다. [B:C] 열 날짜도 예제 파일을 여는 시점에 따라 변경되므로 해당 서식과 다른 날짜가 표시됩니다.

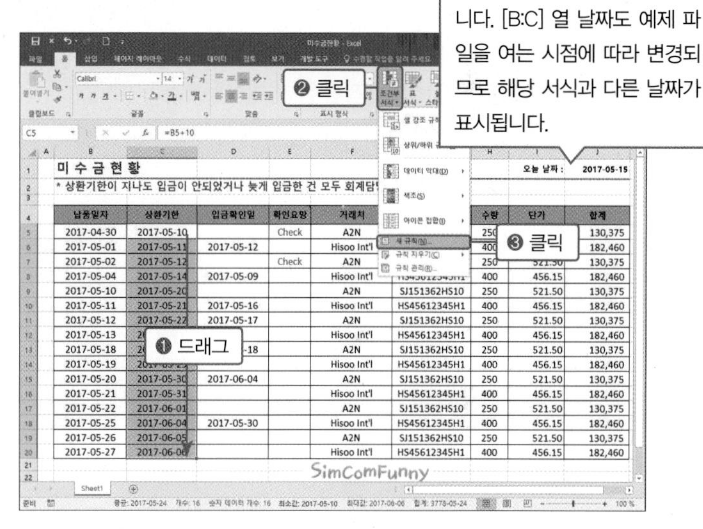

2 [새 서식 규칙] 대화상자가 나타나면 '수식을 사용하여 서식을 지정할 셀 결정'을 클릭합니다. 다음의 수식을 입력하고 [서식]을 클릭하여 글꼴을 빨간색으로 선택한 후 [확인]을 클릭합니다.

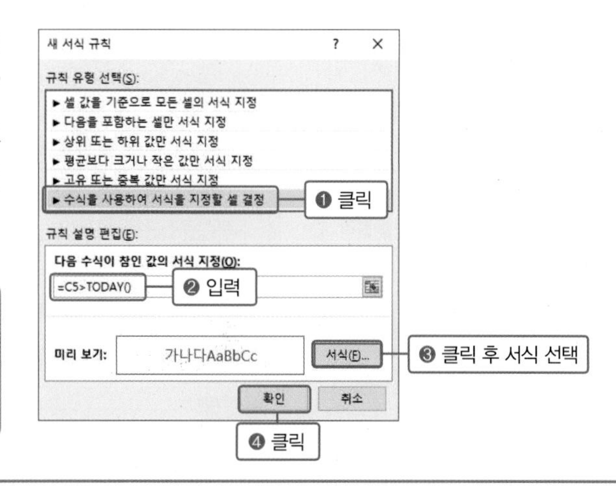

수식

=C5>TODAY()

상환기한이 입력된 [C5] 셀 값이 오늘 날짜보다 클 경우(내일부터)를 조건으로 합니다.

TIP

셀 주소를 직접 입력하지 않고 워크시트에서 클릭하여 선택하면 $ 기호가 붙어 절대 참조로 입력됩니다. 수식을 입력하다가 방향키로 커서를 이동하면 다른 셀 주소가 잘못 입력됩니다. 셀 주소는 직접 입력하거나 수정할 위치에 정확히 커서를 두고 수정합니다.

3 오늘 날짜를 기준으로 내일 이후의 상환 날짜가 빨간색으로 표시되었습니다.

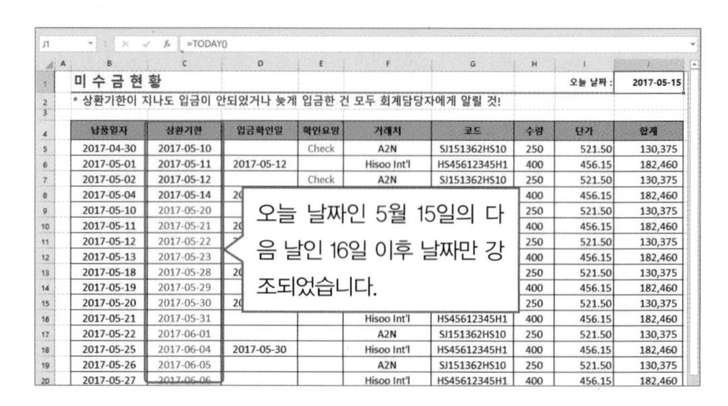

오늘 날짜인 5월 15일의 다음 날인 16일 이후 날짜만 강조되었습니다.

TIP

완성 파일에 적용된 조건부 서식은 예제가 만들어진 날짜(2017-05-15)를 기준으로 하므로 문서를 열람한 시점에 따라 날짜가 달라질 수 있습니다.

| 상환기한보다 늦게 입금된 주문 건의 행 전체 강조하기_비교 연산자

1 '입금확인일'이 '상환기한'보다 늦은 주문 건만 행 서식을 설정해 보겠습니다. 표 전체에 조건부 서식을 적용하기 위해 [B5:J20] 셀을 선택한 후 [홈] 탭-[스타일] 그룹-[조건부 서식]에서 [새 규칙]을 클릭합니다.

page 혼합 참조에 대한 자세한 내용은 292쪽을 참고하세요.

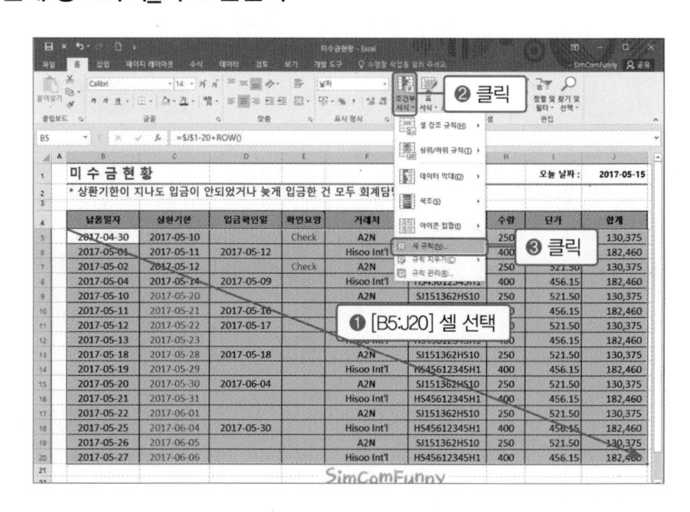

2 [새 서식 규칙] 대화상자가 나타나면 다음과 같이 설정한 후 [확인]을 클릭합니다. 정해진 상환기한보다 늦게 입금된 건의 행 전체가 노란색으로 표시됩니다.

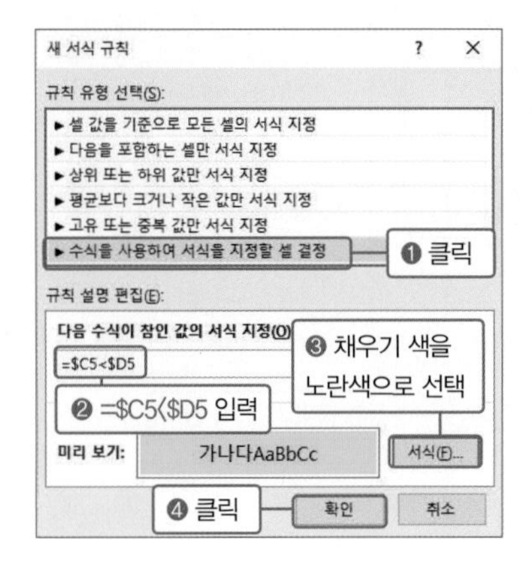

	B	C	D	E	F	G	H	I	J
1	미 수 금 현 황							오늘 날짜 :	2017-05-15
2	* 상환기한이 지나도 입금이 안되었거나 늦게 입금한 건 모두 회계담당자에게 알릴 것!								
4	납품일자	상환기한	입금확인일	확인요망	거래처	코드	수량	단가	합계
5	2017-04-30	2017-05-10		Check	A2N	SJ151362HS10	250	521.50	130,375
6	2017-05-01	2017-05-11	2017-05-12		Hisoo Int'l	HS45612345H1	400	456.15	182,460
7	2017-05-02	2017-05-12		Check	A2N	SJ151362HS10	250	521.50	130,375
8	2017-05-04	2017-05-14	2017-05-09		Hisoo Int'l	HS45612345H1	400	456.15	182,460
9	2017-05-10	2017-05-20			A2N	SJ151362HS10	250	521.50	130,375
10	2017-05-11	2017-05-21	2017-05-16		Hisoo Int'l	HS45612345H1	400	456.15	182,460
11	2017-05-12	2017-05-22	2017-05-17		A2N	SJ151362HS10	250	521.50	130,375
12	2017-05-13	2017-05-23			Hisoo Int'l	HS45612345H1	400	456.15	182,460
13	2017-05-18	2017-05-28	2017-05-18		A2N	SJ151362HS10	250	521.50	130,375
14	2017-05-19	2017-05-29			Hisoo Int'l	HS45612345H1	400	456.15	182,460
15	2017-05-20	2017-05-30	2017-06-04		A2N	SJ151362HS10	250	521.50	130,375
16	2017-05-21	2017-05-31			Hisoo Int'l	HS45612345H1	400	456.15	182,460
17	2017-05-22	2017-06-01			A2N	SJ151362HS10	250	521.50	130,375
18	2017-05-25	2017-06-04	2017-05-30		Hisoo Int'l	HS45612345H1	400	456.15	182,460

TIP

행 전체에 조건부 서식을 적용할 경우, 대표 수식을 입력할 때는 범위 내의 다른 셀에도 적용할 수 있도록 상대 참조 또는 혼합 참조로 입력해야 합니다. $C5의 경우, 상환기한을 참조할 때 C열은 고정하되 아래 행 번호는 6, 7, 8…… 20까지 상대 참조로 변경돼야 하므로 열 고정 혼합 참조로 입력되었습니다. $D5도 마찬가지로 D열만 고정합니다.

2007 2010 2013 2016 2019

163 날짜에서 요일 추출하기_WEEKDAY 함수

엑셀에서 표시 형식을 '숫자'로 바꾸면 날짜는 5자리 정수, 시간은 1 이하의 소수점으로 표시됩니다. 엑셀은 날짜, 시간, 요일을 인식할 때 숫자로 기억하기 때문입니다. 그래서 함수로 요일을 구하면 1부터 7까지의 숫자로 표현되고, 표시 형식에 따라 요일을 한글로 표시할 수 있습니다.

예제 파일 Part16\WEEKDAY.xlsx **완성 파일** Part16\WEEKDAY_완성.xlsx

WEEKDAY 함수

참조 셀에 입력된 날짜에서 요일을 숫자로 추출합니다.

=WEEKDAY(날짜, 요일을 반환하는 형식 옵션)
❶ 날짜 ❷ 요일을 반환하는 형식 옵션

❶ 날짜 형식에 맞게 입력된 셀 주소를 참조합니다.
❷ 요일을 반환하는 순서를 정합니다. 생략하면 기본 값 1로 인식됩니다. 다음 목록에서 벗어난 옵션 번호를 입력할 경우 #NUM! 오류가 표시됩니다.

옵션 번호	순서	옵션 번호	순서
1(생략)	일요일(1)~토요일(7)	13	수요일(1)~화요일(7)
2	월요일(1)~일요일(7)	14	목요일(1)~수요일(7)
3	월요일(0)~일요일(6)	15	금요일(1)~목요일(7)
11(2)	월요일(1)~일요일(7)	16	토요일(1)~금요일(7)
12	화요일(1)~월요일(7)	17(1)	일요일(1)~토요일(7)

| 날짜에서 요일 추출하기

1 [C7] 셀에 다음의 수식을 입력합니다.

수식

=WEEKDAY(B7)

[B7] 셀에 입력되어 있는 날짜에서 요일을 추출합니다. 옵션이 생략되어 기본 값 1의 반환 순서인 일요일(1)부터 토요일(7)로 표시됩니다.

2 수요일을 나타내는 숫자 4가 추출되었습니다.

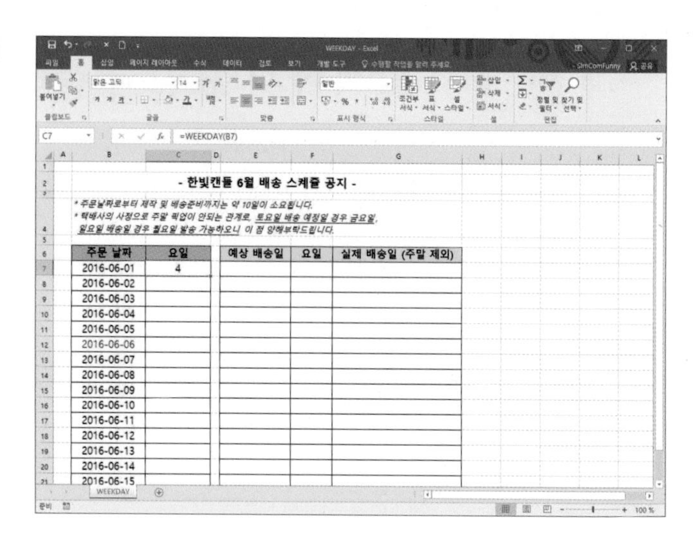

| 요일의 표시 형식 바꾸기

1 숫자로 표시된 요일을 문자 형식으로 바꾸어 보겠습니다. [C7] 셀을 클릭하고 Ctrl+1을 눌러 [셀 서식] 대화상자를 불러옵니다. [표시 형식] 탭에서 '사용자 지정'을 선택하고 [형식]에 **aaaa**를 입력합니다.

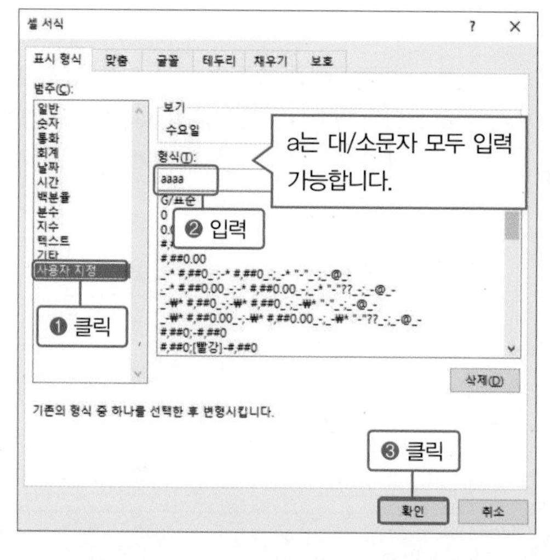

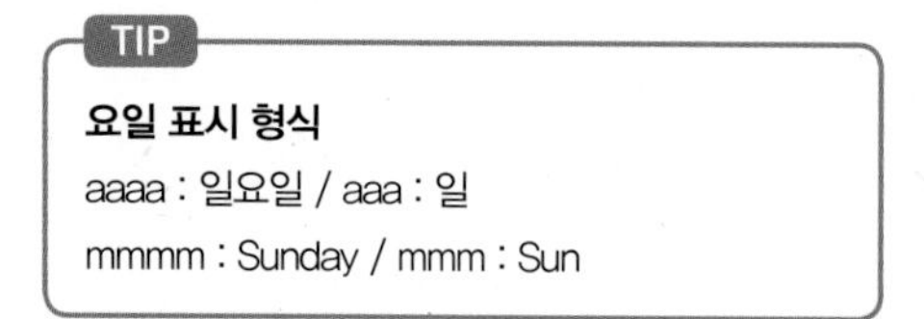
TIP

요일 표시 형식

aaaa : 일요일 / aaa : 일

mmmm : Sunday / mmm : Sun

2 숫자로 표기됐던 요일이 '수요일'로 변경되었습니다. 채우기 핸들로 나머지 셀도 채웁니다.

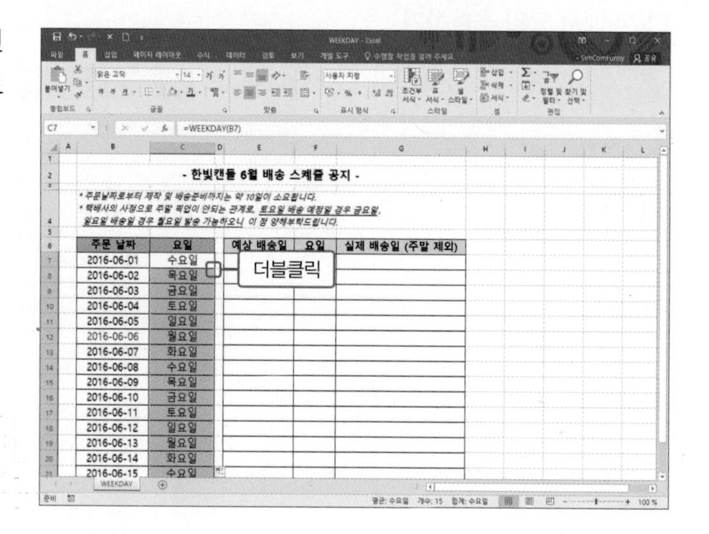

164 근무일 계산하기_ NETWORKDAYS/NETWORKDAY.INTL 함수

NETWORKDAYS 함수는 주말을 제외한 두 날짜 사이의 근무일을 계산합니다. 주 5일제를 기준으로 근무 종료일에서 근무 시작을 빼고 그 사이에 발생한 주말 2일은 제외합니다. 엑셀 2010부터는 주 6일제 근무를 적용하거나 휴일 기준을 바꿀 수 있는 NETWORKDAY.INTL 함수가 추가됐습니다.

예제 파일 Part16\NETWORKDAYS.xlsx **완성 파일** Part16\NETWORKDAYS_완성.xlsx

NETWORKDAYS 함수	근무 시작일과 종료일 사이에 주말과 공휴일을 제외한 주 5일제 근무일수를 구합니다. **=NETWORKDAYS(시작일자, 종료일자, 공휴일 범위)** ❶ ❷ ❸ ❶ 시작일이 입력된 셀 주소를 참조합니다. ❷ 마지막 날짜가 입력된 셀 주소를 참조합니다. ❸ 이 외 공휴일이 입력된 셀 범위를 참조하거나 생략합니다. 단, 공휴일 범위에 주말이 포함되어 있어도 중복으로 계산하지 않습니다.
NETWORKDAY.INTL 함수 엑셀 2010 이상	근무 시작일과 종료일 사이에 추가한 휴일 기준에 따라 주 5일 및 주 6일제 근무일수를 구합니다. **=NETWORKDAYS.INTL(시작일자, 종료일자, 주말 옵션, 공휴일 범위)** ❶ ❷ ❸ ❹ ❶ 시작일이 입력된 셀 주소를 참조합니다. ❷ 마지막 날짜가 입력된 셀 주소를 참조합니다. ❸ 공휴일의 기준을 *옵션에 따라 지정합니다. (*316쪽 참고) ❹ 이외 공휴일이 입력된 셀 범위를 참조하거나 생략합니다.

| 주 5일 근무제에서 토/일요일을 제외한 근무일수 구하기_NETWORKDAYS 함수

'NETWORKDAYS' 워크시트에서 [E6] 셀에 다음의 수식을 입력하고 채우기 핸들로 나머지 근무일수도 채웁니다.

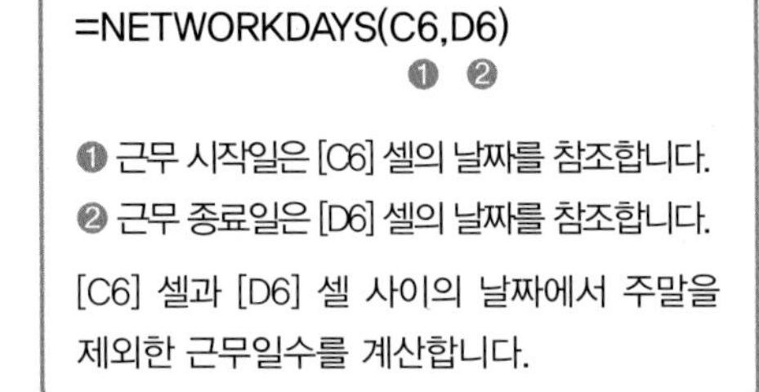
수식

=NETWORKDAYS(C6,D6)
❶ ❷

❶ 근무 시작일은 [C6] 셀의 날짜를 참조합니다.
❷ 근무 종료일은 [D6] 셀의 날짜를 참조합니다.
[C6] 셀과 [D6] 셀 사이의 날짜에서 주말을 제외한 근무일수를 계산합니다.

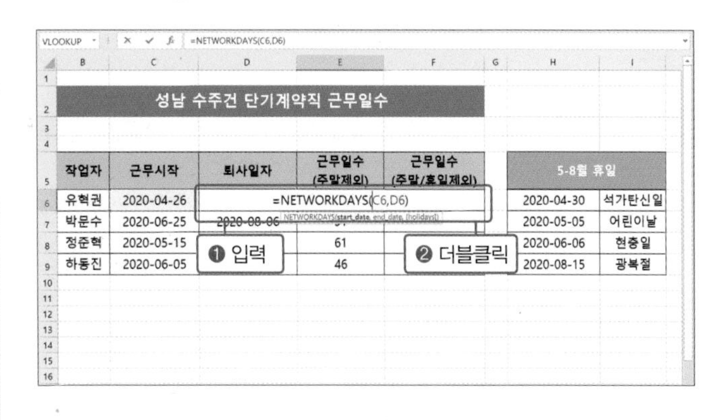

| 주말과 국경일/명절 등의 공휴일을 제외한 근무일수 구하기_NETWORKDAYS 함수

[F6] 셀에 다음의 수식을 입력하고 채우기 핸들로 나머지 셀을 채웁니다.

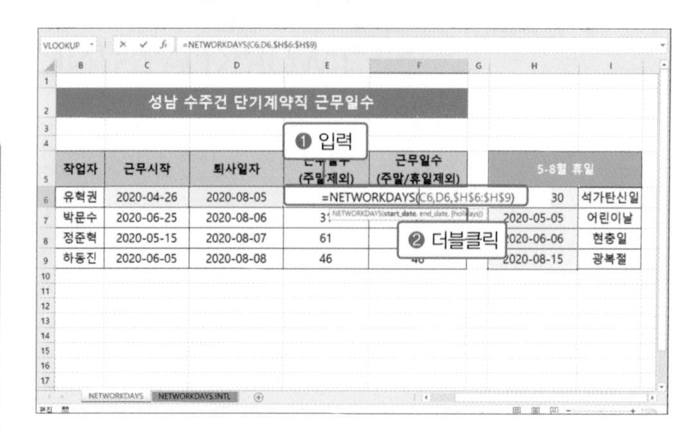

수식

=NETWORKDAYS(C6,D6,$H$6:$H$9)
❶ ❷ ❸

❶ 근무 시작일은 [C6] 셀의 날짜를 참조합니다.
❷ 근무 종료일은 [D6] 셀의 날짜를 참조합니다.
❸ 법정 공휴일 날짜가 입력된 [$H$6:$H$10] 영역을 지정합니다.

[C6] 셀과 [D6] 셀 사이의 날짜에서 주말 및 이 외의 공휴일을 제외한 실제 근무일수를 구합니다.

| 주 6일 근무제에서 일요일을 제외한 근무일수 구하기_NETWORKDAYS.INTL 함수

'NETWORKDAYS.INTL' 워크시트의 [E5] 셀에 다음의 수식을 입력하고 채우기 핸들로 나머지 셀을 채웁니다.

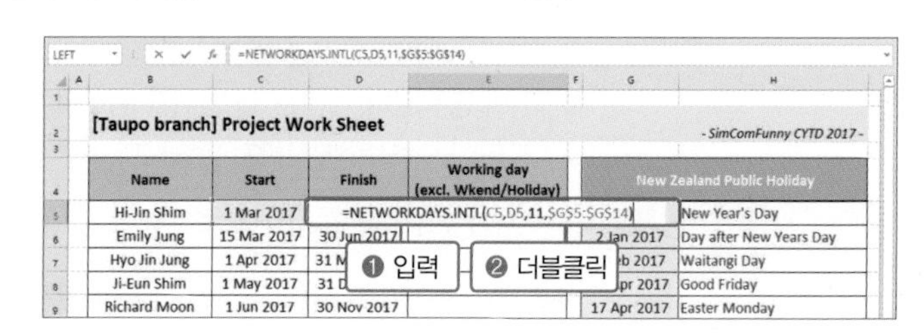

수식

=NETWORKDAYS.INTL(C5,D5,11,$G$5:$G$14)
❶ ❷ ❸ ❹

❶ 근무 시작일은 [C5] 셀의 날짜를 참조합니다.
❷ 근무 종료일은 [D5] 셀의 날짜를 참조합니다.
❸ 일요일을 근무일수에서 제외하기 위해 옵션 번호 11을 입력합니다.
❹ [$G$5:$G$14] 셀에 입력된 법정 공휴일 날짜도 근무일수에서 제외합니다.

주말 하루와 공휴일을 제외한 총 근무일수를 구합니다.

Skill Up NETWORKDAYS.INTL 함수의 공휴일 기준

	번호	공휴일 기준		번호	공휴일 기준
주 5일제	1	토, 일	주 6일제	11	일
	2	일, 월		12	월
	3	월, 화		13	화
	4	화, 수		14	수
	5	수, 목		15	목
	6	목, 금		16	금
	7	금, 토		17	토

2007 2010 2013 2016 2019

165 근속기간 구하기_DATEDIF 함수

DATEDIF 함수는 두 날짜의 차이를 구하고 기간 단위에 따라 연도, 월, 일자를 각각 계산합니다. 입사일과 퇴사일을 참조하여 퇴직자의 근속기간을 구할 수 있고, 재직자의 경우 TODAY 함수를 이용하여 현재까지의 근속기간을 업데이트할 수 있습니다.

예제 파일 Part16\DATEDIF.xlsx **완성 파일** Part16\DATEDIF_완성.xlsx

DATEDIF 함수

시작일과 종료일의 차이를 연도, 월, 일별로 계산합니다.

=DATEDIF(시작일, 종료일, 단위 형식)
❶ ❷ ❸

❶ 시작일이 입력된 셀을 참조합니다.
❷ 종료일이 입력된 셀을 참조합니다. 오늘 날짜를 기준으로 하려면 TODAY 함수를 입력할 수 있습니다.
❸ 두 날짜의 차이를 연, 월, 일 단위로 표시하는 옵션입니다. 인수에 문자를 입력할 때는 큰따옴표 안에 입력합니다.

인수	기간 단위	인수	기간 단위
"Y"	전체 연도 수	"MD"	연, 월의 차이를 제외한 남은 일수만 표시
"M"	전체 개월 수	"YM"	연도의 차이를 제외한 남은 개월 수만 표시
"D"	전체 일자 수	"YD"	연도의 차이를 제외한 남은 일수만 표시 (*개월 수는 일수에 포함됨)

※ MS 공식 홈페이지에 따르면 "MD" 인수는 시작일과 종료일에 따라 부정확한 결과가 나올 수 있다고 제한 사항을 설명합니다.

1 오늘 날짜를 기준으로 '재직기간'을 단위별로 구해 보겠습니다. [F7] 셀에 다음의 수식을 입력합니다.

수식

=DATEDIF(E7,TODAY(),"Y")
❶ ❷ ❸

❶ [E7] 셀에 입력된 시작 날짜를 참조합니다.
❷ ❶부터 오늘 날짜까지의 차이를 구합니다.
❸ 두 날짜 차이에서 연도만 구합니다.

입사일([E5] 셀)에서 오늘 날짜까지의 연도 차이를 계산합니다.

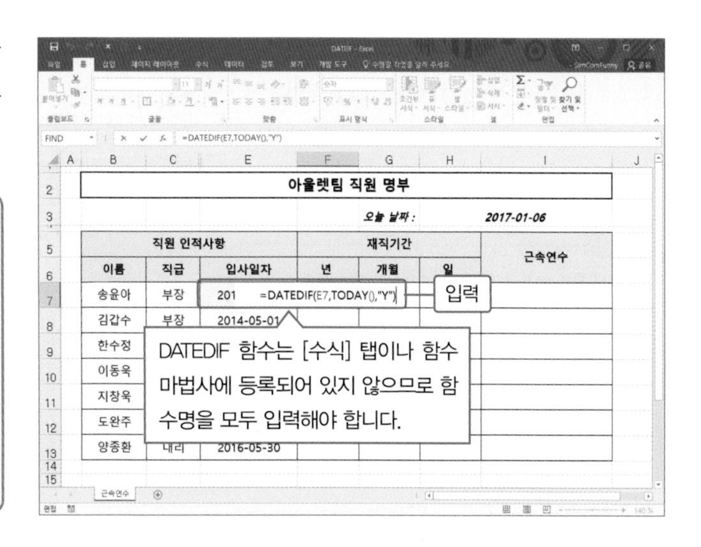

2 [G7] 셀에는 연도를 제외한 개월 수만 구하기 위해 다음의 수식을 입력합니다.

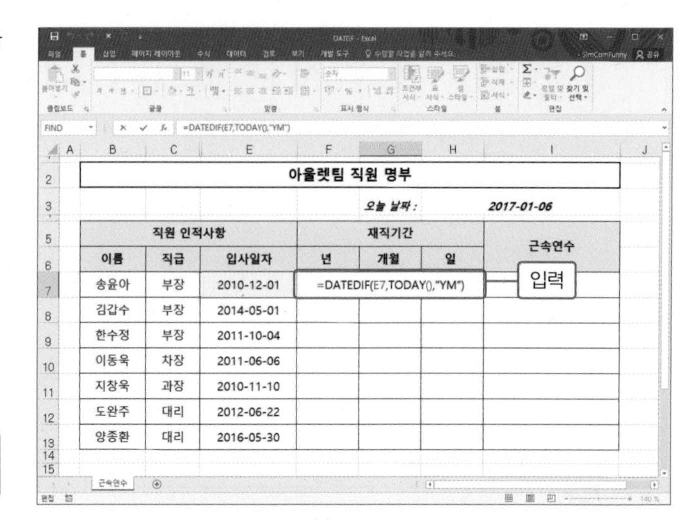

수식

=DATEDIF(E7,TODAY(),"YM")

3 연도를 계산하고 남은 개월 수만 추출됐습니다. [H7] 셀에는 재직 연도와 개월 수를 제외한 일자를 구하기 위해 다음의 수식을 입력합니다.

수식

=DATEDIF(E7,TODAY(),"MD")+1

TIP

엑셀에서는 날짜 차이를 숫자로 계산하기 때문에 당일 날짜를 제외합니다. 입사일과 오늘 날짜를 재직기간에 포함하여 계산하려면 전체 수식에 1일을 더합니다.

TODAY 함수를 참조했기 때문에 문서를 연 날짜에 따라 결과는 다르게 나타납니다.

4 '근속연수' 셀에 재직기간을 모두 연결해서 입력하려면 [I7] 셀에 다음의 수식을 입력하고 채우기 핸들로 나머지 셀을 채웁니다.

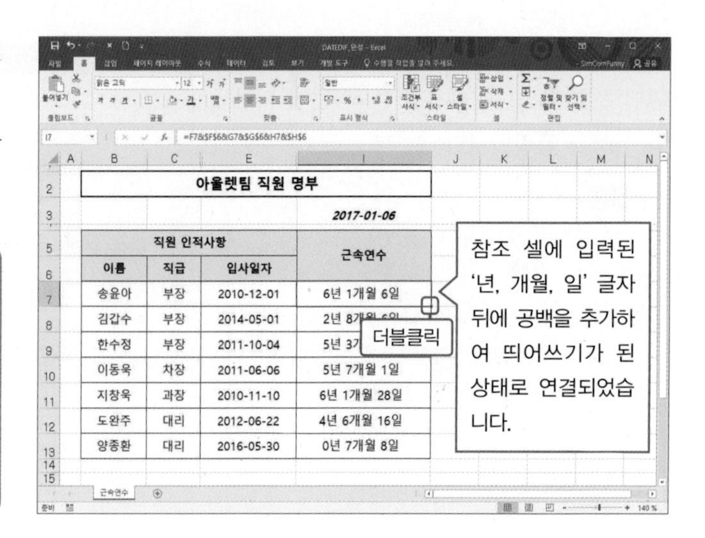

수식

=F7&$F$6&G7&$G$6&H7&$H$6

단위별 재직기간을 모두 연결합니다. 단, '년, 개월, 일'이 입력된 F:H 열은 숨겨져있으며, 참조할 때는 절대 참조로 바꿔야 채우기 핸들로 나머지 행을 복사할 때 셀 주소가 고정됩니다.

166 셀 개수 세기_COUNT/COUNTA/COUNTBLANK 함수

COUNT 계열의 함수는 SUM/AVERAGE 함수처럼 셀 범위를 인수로 갖습니다. 수학함수인 SUM/AVERAGE 함수가 셀 값을 계산하는 반면, 통계함수인 COUNT 계열의 함수는 셀에 입력된 숫자나 특정 문자, 공백을 기준으로 셀의 개수를 셉니다.

예제 파일 Part16\COUNT.xlsx **완성 파일** Part16\COUNT_완성.xlsx

COUNTA 함수	숫자와 문자 등이 입력된 셀의 개수를 셉니다. =COUNTA(참조 범위)
COUNT 함수	숫자가 입력된 셀의 개수를 셉니다. =COUNT(참조 범위)
COUNTBLANK 함수	아무것도 입력되어 있지 않은 빈 셀의 개수를 셉니다. =COUNTBLANK(참조 범위)

| 문자가 입력된 셀의 개수 세기_COUNTA 함수

1 기부명단에 입력된 이름을 세서 전체 인원수를 파악하려고 합니다. [F3] 셀에 다음의 수식을 입력합니다.

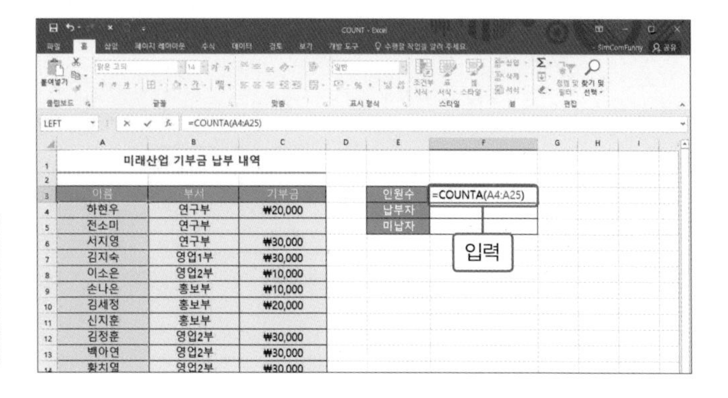

수식

=COUNTA(A4:A25)

[A4:A25] 셀에서 데이터가 입력된 셀의 개수를 셉니다.

2 이름이 입력된 셀의 개수는 22개로 명단에 입력된 전체 인원수를 의미합니다.

| 숫자가 입력된 셀 개수 세기_COUNT 함수

기부금에 숫자가 입력된 셀의 개수를 세서 납부 인원을 구해 보겠습니다. [F4] 셀에 다음의 수식을 입력합니다.

수식

=COUNT(C4:C25)

[C4:C25] 셀 범위에서 숫자가 입력되어 있는 셀의 개수를 셉니다.

TIP

COUNT 함수는 숫자가 입력된 모든 셀의 개수를 셉니다. 숫자 0도 셀의 개수에 포함되므로 기부금을 내지 않았다면 공백으로 둬야 합니다.

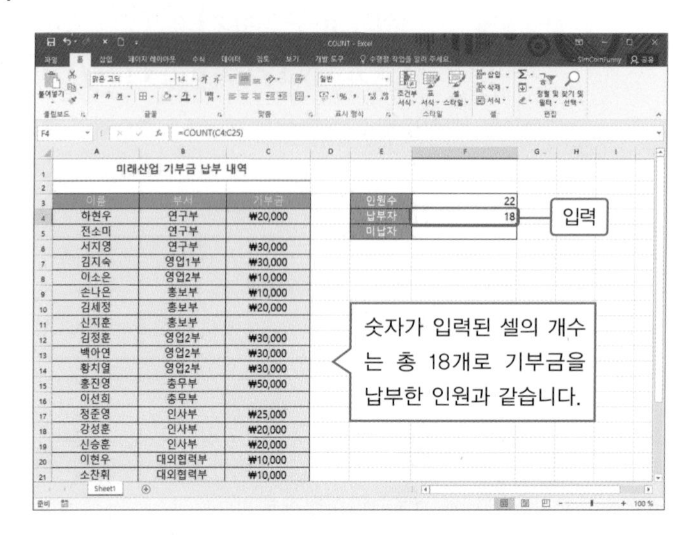

| 아무것도 입력되지 않은 셀의 개수 세기_COUNTBLANK 함수

기부금액이 입력되지 않은 셀의 개수를 세서 미납자 인원을 구하려고 합니다. [F5] 셀에 다음의 수식을 입력합니다.

수식

=COUNTBLANK(C4:C25)

[C4:C25] 셀 범위에서 빈 셀의 개수를 셉니다.

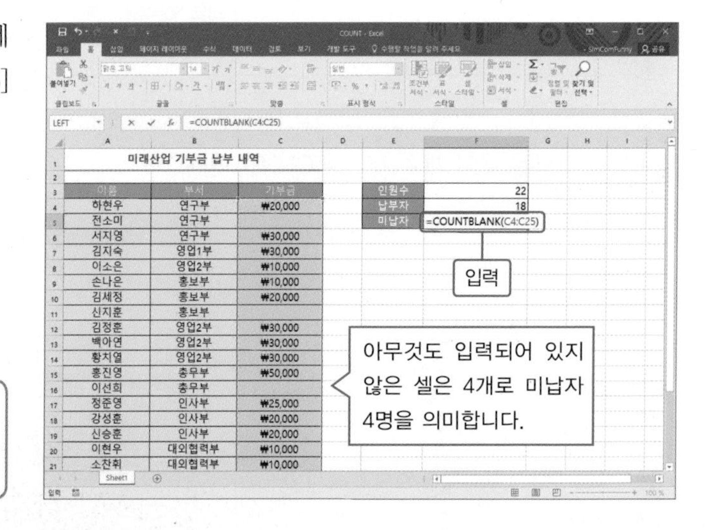

167 최대값과 최소값 구하기_MAX/MIN 함수

통계 함수인 MAX와 MIN 함수는 지정 범위 내에서 가장 큰 숫자(Maximum)와 가장 작은 숫자(Minimum)를 추출합니다. 데이터의 양이 많은 경우, 오름차순/내림차순으로 셀을 정렬하지 않고도 최대값과 최소값을 알 수 있습니다.

예제 파일 Part16\MAX_MIN.xlsx **완성 파일** Part16\MAX_MIN_완성.xlsx

MAX 함수	선택한 범위에서 가장 큰 값을 구합니다. =MAX(참조 범위)
MIN 함수	선택한 범위에서 가장 작은 값을 구합니다. =MIN(참조 범위)

| 최대값 구하기_MAX 함수

C열에 입력된 기부금에서 최고액을 구해 보겠습니다. [F7] 셀에 다음의 수식을 입력합니다.

수식

=MAX(C4:C25)

[C4:C25] 셀 범위에서 가장 큰 값을 구합니다.

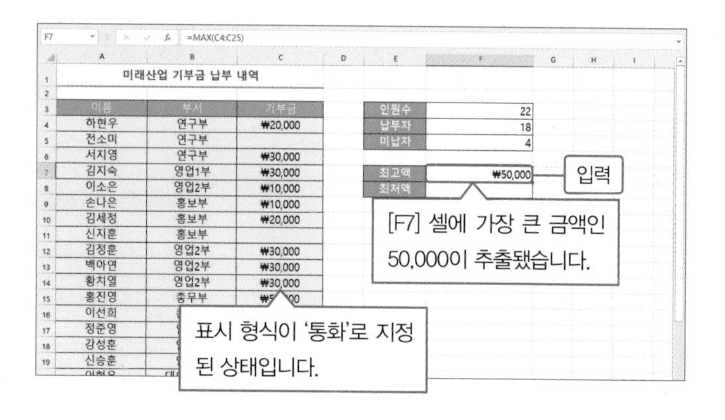

=MAX(C4:C25)
미래산업 기부금 납부 내역
입력
[F7] 셀에 가장 큰 금액인 50,0000이 추출됐습니다.
표시 형식이 '통화'로 지정된 상태입니다.

| 최소값 구하기_MIN 함수

이번에는 기부금의 최저액을 찾기 위해 [F8] 셀에 다음의 수식을 입력합니다.

수식

=MIN(C4:C25)

[C4:C25] 셀 범위에서 가장 작은 값을 구합니다.

F8 =MIN(C4:C25)

	A	B	C	D	E	F
1	미래산업 기부금 납부 내역					
2						
3	이름	부서	기부금		인원수	22
4	하현우	연구부	₩20,000		납부자	18
5	전소미	연구부			미납자	4
6	서지영	연구부	₩30,000			
7	김지숙	영업1부	₩30,000		최고액	₩50,000
8	이소은	영업2부	₩10,000		최저액	₩5,000
9	손나은	홍보부	₩10,000			
10	김세정	홍보부	₩20,000			
11	신지훈	홍보부				
12	김정훈	영업2부	₩30,000			
13	백아연	영업2부	₩30,000			
14	황치열	영업2부	₩30,000			
15	홍진영	총무부	₩50,000			
16	이선희	총무부				
17	정준영	인사부	₩25,000			
18	강성훈	인사부	₩20,000			

168 N번째로 크거나 작은 수 찾기_ LARGE/SMALL 함수

최대값과 최소값이 아닌 특정 순위를 구할 경우에는 LARGE와 SMALL 함수를 사용합니다. LARGE 함수는 N번째로 큰 숫자, SMALL 함수는 N번째로 작은 숫자를 추출해서 특정 순위만 찾아낼 수 있습니다.

예제 파일 Part16\LARGE_SMALL.xlsx **완성 파일** Part16\LARGE_SMALL_완성.xlsx

LARGE 함수	선택한 범위에서 N번째로 큰 값을 구합니다. **=LARGE(참조 범위, 순위)**
SMALL 함수	선택한 범위에서 N번째로 작은 값을 구합니다. **=SMALL(참조 범위, 순위)**

| N번째로 큰 금액 구하기_LARGE 함수

기부금에서 2번째로 큰 금액을 구하기 위해 [F10] 셀에 다음의 수식을 입력하면 상위 2순위 값이 추출됩니다.

수식

=LARGE(C4:C25,2)

[C4:C25] 셀에서 2번째로 큰 숫자를 추출합니다.

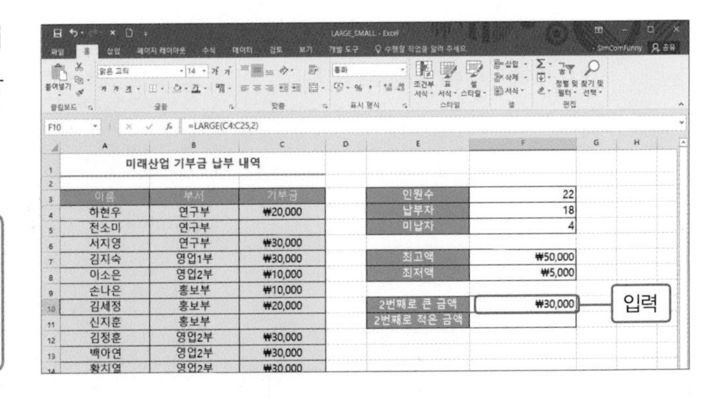

| N번째로 적은 금액 구하기_SMALL 함수

기부금에서 2번째로 적은 금액을 구하기 위해 [F11] 셀에 다음의 수식을 입력하면 하위 2순위 값이 추출됩니다.

수식

= SMALL(C4:C25,2)

[C4:C25] 셀에서 2번째로 작은 숫자를 추출합니다.

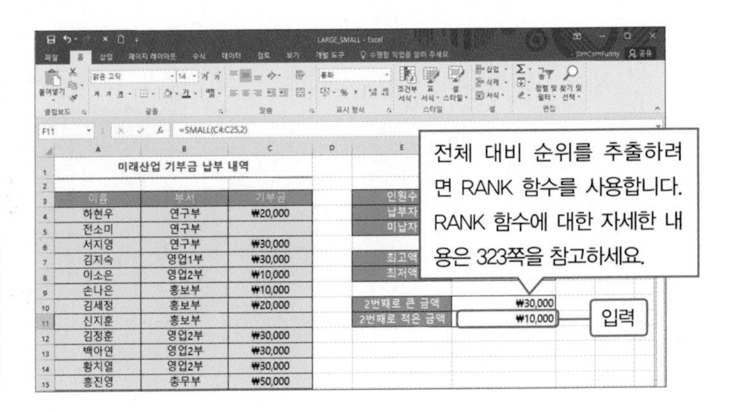

169 순위 구하기_RANK/RANK.AVG 함수

RANK 함수는 순위를 판단하는 통계 함수입니다. 동점자가 발생했을 경우를 보완하기 위해 엑셀 2010부터는 두 함수를 추가했습니다. RANK.EQ 함수는 기존 RANK 함수와 비슷한 반면 RANK.AVG 함수는 동점자에게 평균 순위를 부여합니다.

예제 파일 Part16\RANK.xlsx 완성 파일 Part16\RANK_완성.xlsx

RANK 함수 모든 버전 사용 / RANK.EQ 함수 엑셀 2010 이상	전체 숫자 범위에서 몇 번째로 크거나 작은지 순위를 구합니다. RANK 함수는 모든 버전에서, RANK.EQ 함수는 엑셀 2010부터 사용 가능하며 결과 값은 같습니다. **=RANK(숫자, 참조 범위, 순위 결정 방법)** **=RANK.EQ(숫자, 참조 범위, 순위 결정 방법)** ❶ ❷ ❸ ❶ 순위를 구하려는 숫자입니다. ❷ 전체 숫자 목록입니다. 숫자 외의 값은 무시됩니다. ❸ 순위 결정 방법을 정하는 옵션 번호입니다. 0은 내림차순, 1은 오름차순으로 집계합니다. 생략하면 기본 값 0, 내림차순에 의해 숫자가 큰 순서로 1등부터 순위를 정렬합니다.
RANK.AVG 함수 엑셀 2010 이상	RANK 함수처럼 순위를 추출하되 순위가 같은 숫자들은 평균 순위를 표시합니다. **=RANK.AVG(숫자, 참조 범위, 순위 결정 방법)**

| 순위 구하기_RANK 함수

1 [C5] 셀에 다음의 수식을 입력해 보겠습니다. =RANK(를 입력한 후 순위를 구할 숫자가 입력된 [F5] 셀을 클릭합니다.

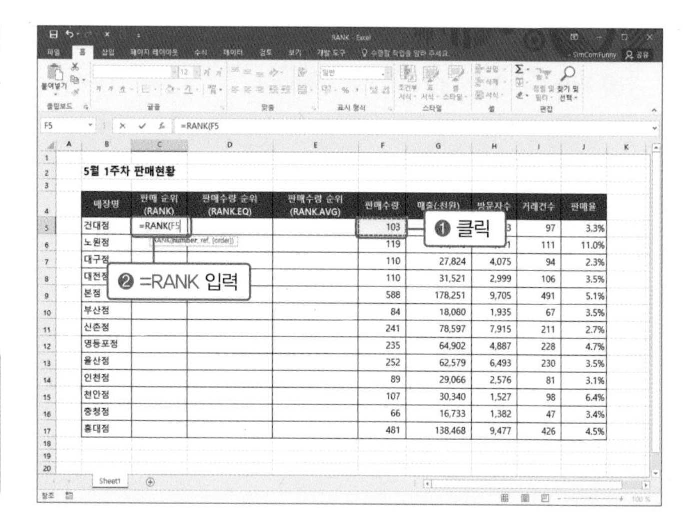

수식

=RANK(F5,F:F)

F열의 전체 판매수량 대비 [F5] 셀 값의 순위를 판매량이 많은 내림차순으로 구합니다.

2 2번째 인수는 순위의 기준이 되는 참조 범위로써 전체 판매수량인 F열을 선택해야 합니다. 다음 인수를 입력하기 위해 쉼표(,)를 입력하고 F열 머리글을 클릭한 뒤 Enter 를 누릅니다.

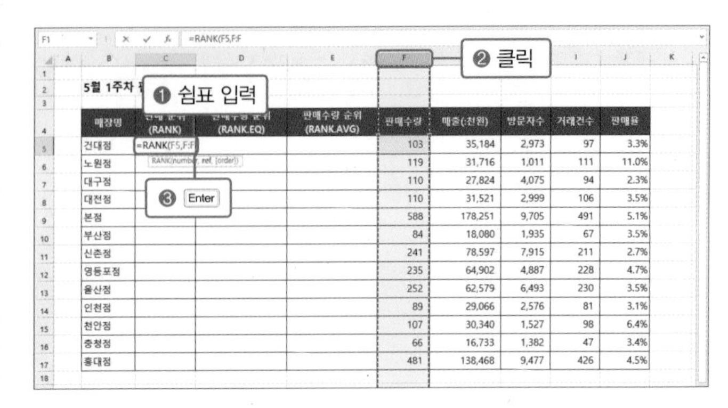

TIP

다른 행의 수식을 채우기 핸들로 복사했을 때 참조 범위의 셀 주소는 고정되어야 하므로 열 전체를 선택하거나 셀 주소를 절대 참조로 바꿔줍니다.

3 전체 판매수량 대비 순위가 구해졌습니다. 엑셀 2010 이상 사용자는 D열에 함수명만 RANK.EQ로 바꿔서 위와 같이 인수를 입력한 뒤 채우기 핸들로 나머지 셀의 순위를 모두 채웁니다.

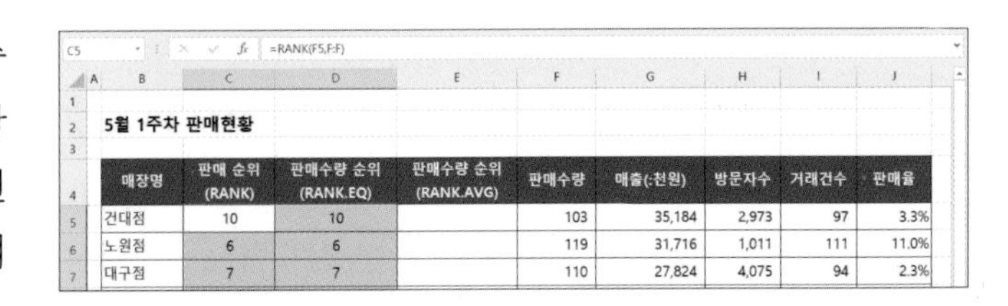

| 동일한 순위는 평균값으로 나타내기_RANK.AVG 함수 엑셀 2010 이상

1 이번에는 RANK.AVG 함수를 사용하여 동일한 순위에는 평균값을 표시해 보겠습니다. [E5] 셀에 다음의 수식을 입력합니다.

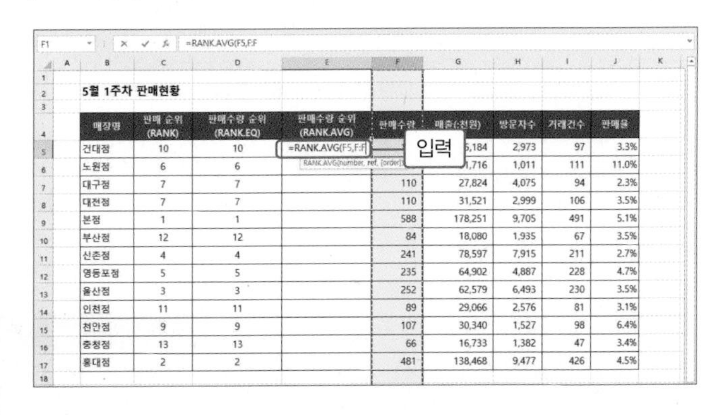

수식

=RANK.AVG(F5,F:F)

F열의 전체 판매수량 대비 [F5] 셀 값의 순위를 판매량이 많은 내림차순으로 구합니다. 단, 동일한 값들은 평균 순위로 표시합니다.

2 순위가 입력되면 채우기 핸들을 더블클릭하여 나머지 셀의 순위도 구합니다. RANK 함수와 RANK.EQ 함수에서 순위가 같았던 대구점과 대전점은 평균 순위인 7.5로 표시되었습니다.

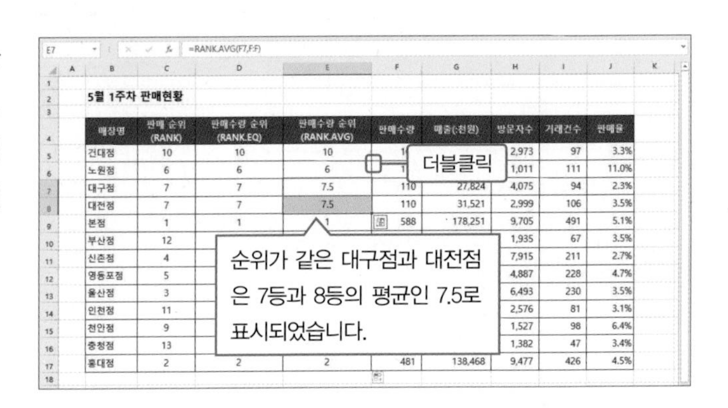

2007 2010 2013 2016 2019

170 올림/반올림/내림값 구하기_ROUND/ROUNDUP/ROUNDDOWN

[홈] 탭의 [쉼표 스타일]로 숫자의 소수점을 변환하면 워크시트 화면에서만 그렇게 보일 뿐, 실제 값은 소수점을 포함한 그대로입니다. 소수점이나 자릿수가 긴 숫자는 ROUND 계열의 함수를 이용해 반올림/올림/내림 값을 구할 수 있습니다.

예제 파일 Part16\ROUND.xlsx **완성 파일** Part16\ROUND_완성.xlsx

ROUND 함수	지정한 자릿수까지 값을 반올림합니다. =ROUND(숫자, 자릿수)
ROUNDUP 함수	지정한 자릿수까지 값을 올립니다. =ROUNDUP(숫자, 자릿수)
ROUNDDOWN 함수	지정한 자릿수까지 값을 내립니다. =ROUNDDOWN(숫자, 자릿수)

자릿수	만	천	백	십	일	.	소수점 첫째자리	둘째자리	셋째자리
두 번째 인수	–4	–3	–2	–1	0		1	2	3

소수점 둘째자리에서 반올림해서 소수점 첫째자리까지만 나타내려면, ROUND의 두 번째 인수는 1이 됩니다. 즉, 소수점 첫째자리의 숫자는 소수점 둘째자리(인수+1) 값에 따라 반올림됩니다.

| 소수점 첫째자리/십의 자리까지 반올림하기_ROUND 함수

1 코드별 총 원가금액(G열)을 반올림하여 소수점 첫째자리까지 표시해 보겠습니다. [I5] 셀에 다음의 수식을 입력합니다.

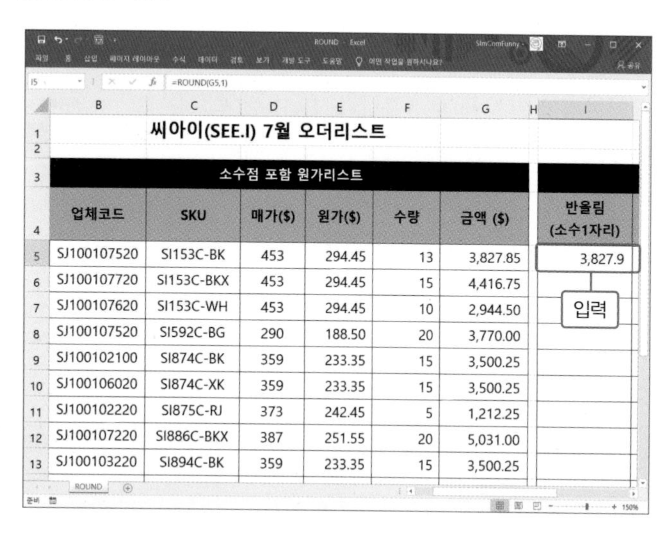

업체코드	SKU	매가($)	원가($)	수량	금액 ($)
SJ100107520	SI153C-BK	453	294.45	13	3,827.85
SJ100107720	SI153C-BKX	453	294.45	15	4,416.75
SJ100107620	SI153C-WH	453	294.45	10	2,944.50
SJ100107520	SI592C-BG	290	188.50	20	3,770.00
SJ100102100	SI874C-BK	359	233.35	15	3,500.25
SJ100106020	SI874C-XK	359	233.35	15	3,500.25
SJ100102220	SI875C-RJ	373	242.45	5	1,212.25
SJ100107220	SI886C-BKX	387	251.55	20	5,031.00
SJ100103220	SI894C-BK	359	233.35	15	3,500.25

수식

=ROUND(G5,1)

[G5] 셀 값을 소수점 둘째자리에서 반올림하여 소수점 첫째자리까지 구합니다.

2 이번에는 금액을 십 단위로 반올림하기 위해 [J5] 셀에 다음의 수식을 입력합니다.

수식

=ROUND(G5,−1)

[G5] 셀 값을 일의 자리에서 반올림하여 십의 자리까지 구합니다.

TIP

십의 자리 이상으로 반올림/올림/내림을 적용하려면 두 번째 인수를 음수로 입력합니다.

J5 =ROUND(G5,-1)

씨아이(SEE.I) 7월 오더리스트

소수점 포함 원가리스트					ROUND별	
SKU	매가($)	원가($)	수량	금액 ($)	반올림 (소수1자리)	반올림 (십의자리)
SI153C-BK	453	294.45	13	3,827.85	3,827.9	3,830
SI153C-BKX	453	294.45	15	4,416.75		
SI153C-WH	453	294.45	10	2,944.50		
SI592C-BG	290	188.50	20	3,770.00		
SI874C-BK	359	233.35	15	3,500.25		
SI874C-XK	359	233.35	15	3,500.25		
SI875C-RJ	373	242.45	5	1,212.25		
SI886C-BKX	387	251.55	20	5,031.00		
SI894C-BK	359	233.35	15	3,500.25		

| 백의 자리까지 올림_ROUNDUP 함수

금액을 십의 자리에서 올림하여 백 단위로 표시해 보겠습니다. [K5] 셀에 다음의 수식을 입력합니다.

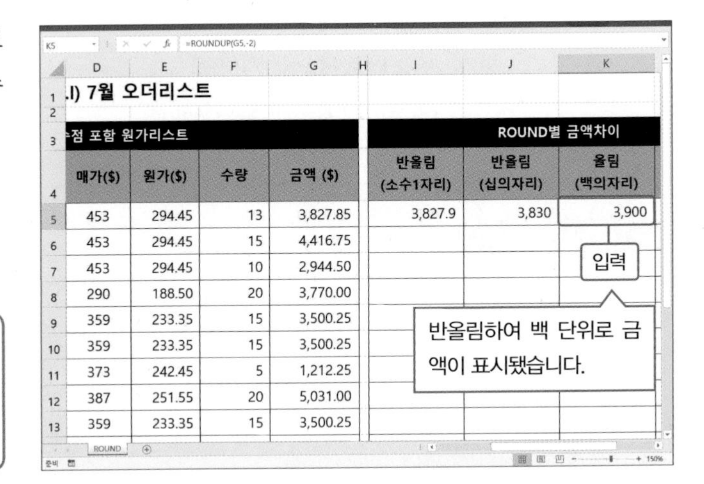

수식

=ROUNDUP(G5,−2)

[G5] 셀 값을 십의 자리에서 올림하여 백의 자리까지 구합니다.

| 일의 자리까지 내림_ROUNDDOWN 함수

금액을 소수점 첫째자리에서 내려서 일의 자리까지만 표시해 보겠습니다. [L5] 셀에 다음의 수식을 입력합니다. 나머지 셀을 한 번에 채우기 위해 [I5:L5]을 드래그하고 채우기 핸들로 19행까지 드래그합니다.

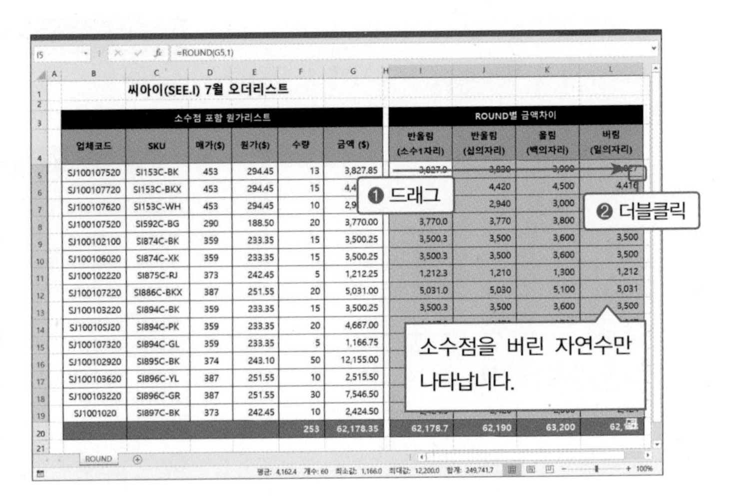

수식

=ROUNDDOWN(G5,0)

[G5] 셀 값의 소수점 값을 버리고 자연수로 표시합니다.

171 N배수로 반올림/올림/내림_ MROUND/CEILING/FLOOR 함수

ROUND 계열 함수는 소수점이나 십, 백, 천 단위의 10진수 숫자를 다루고 MROUND 함수는 500원, 30분처럼 N배수 단위로 자릿수를 정리합니다. '최고 한도'를 의미하는 CEILING 함수는 N배수만큼 올려서 상한가를 만듭니다. 반대로 '바닥'을 의미하는 FLOOR 함수는 N배수로 내려서 하한가를 구합니다.

예제 파일 Part16\MROUND.xlsx **완성 파일** Part16\MROUND_완성.xlsx

MROUND 함수	N의 배수에서 가장 가까운 값으로 반올림합니다. **=MROUND(숫자, 배수)**
CEILING 함수	N의 배수에서 가장 가까운 값으로 올립니다. **=CEILING(숫자, 배수)**
FLOOR 함수	N의 배수에서 가장 가까운 값으로 내립니다. **=FLOOR(숫자, 배수)**

1 금액(G열)을 500 또는 1,000으로 반올림/올림/버림 처리해 보겠습니다. [I5:K5] 셀에 다음의 수식을 각각 입력합니다.

수식

[I5] 셀 수식 =MROUND(G5,500)
[G5] 셀 값을 500의 배수로 반올림합니다.

[J5] 셀 수식 =CEILING(G5,500)
[G5] 셀 값을 500의 배수로 올립니다.

[K5] 셀 수식 =FLOOR(G5,500)
[G5] 셀 값을 500의 배수로 내립니다.

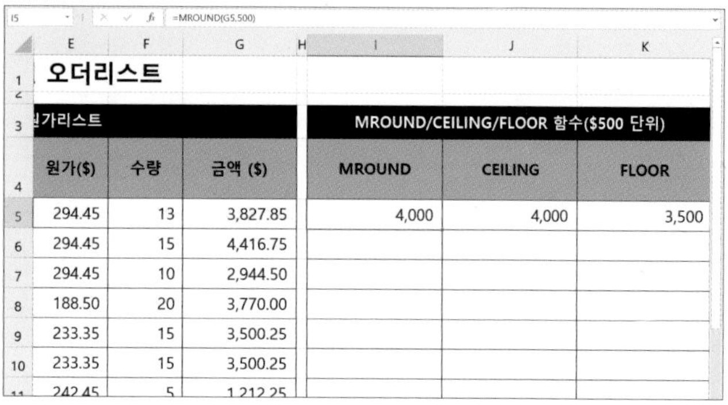

I5 =MROUND(G5,500)

오더리스트

원가리스트			MROUND/CEILING/FLOOR 함수($500 단위)		
원가($)	수량	금액 ($)	MROUND	CEILING	FLOOR
294.45	13	3,827.85	4,000	4,000	3,500
294.45	15	4,416.75			
294.45	10	2,944.50			
188.50	20	3,770.00			
233.35	15	3,500.25			
233.35	15	3,500.25			
242.45	5	1,212.25			

2 [I5:K5] 셀을 선택한 후 채우기 핸들로 나머지 셀도 채웁니다.

수식

=CEILING(G5,500)
[G5] 셀 값을 500의 배수로 올립니다.

I5 =MROUND(G5,500)

씨아이(SEE.I) 7월 오더리스트

소수점 포함 원가리스트						MROUND/CEILING/FLOOR 함수(500원 단위)		
업체코드	SKU	매가($)	원가($)	수량	금액 ($)	MROUND	CEILING	FLOOR
SJ100107520	SI153C-BK	453	294.45	13	3,827.85	4,000	4,000	[illegible]
SJ100107720	SI153C-BKX	453	294.45	15	4,[illegible]	[illegible]00	4,500	4,000
SJ100107620	SI153C-WH	453	294.45	10	2,[illegible]	[illegible]00	3,000	[illegible]
SJ100107520	SI592C-BG	290	188.50	20	3,770.00	4,000	4,000	[illegible]
SJ100102100	SI874C-BK	359	233.35	15	3,500.25	3,500	4,000	3,500
SJ100106020	SI874C-XK	359	233.35	15	3,500.25	3,500	4,000	3,500
SJ100102220	SI875C-RJ	373	242.45	5				
SJ100107220	SI886C-BKX	387	251.55	20				
SJ100103220	SI894C-BK	359	233.35	15				
SJ10010SJ20	SI894C-PK	359	233.35	20				
SJ100107320	SI894C-GL	359	233.35	5				
SJ100102920	SI895C-BK	374	243.10	50				
SJ100103620	SI896C-YL	387	251.55	10				

❶ 드래그
❷ 더블클릭

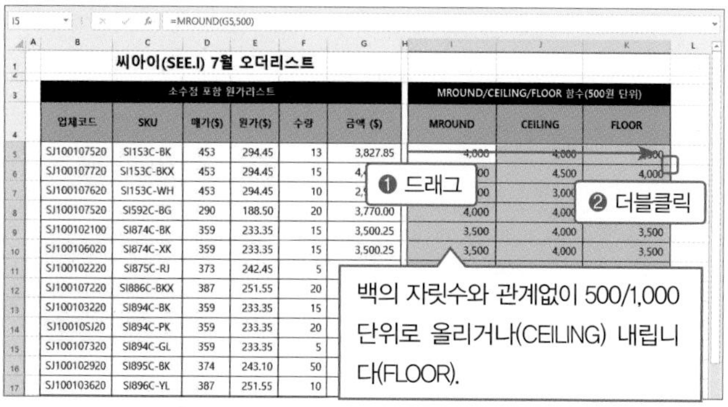

백의 자릿수와 관계없이 500/1,000 단위로 올리거나(CEILING) 내립니다(FLOOR).

172 나머지 구하기_MOD 함수

MOD 함수는 나눗셈에서 구해진 나머지 값을 변환합니다. MOD 함수의 인수는 나눌 값과 나누는 값(제수)으로 이루어지지만 몫은 산출되지 않고 나머지 값만 추출합니다. 즉, 나머지 값은 나누는 단위 값(제수)보다 작습니다. 이를 응용하여 특정 단위로 묶음 처리되는 상품의 나머지 값을 구해 보겠습니다.

예제 파일 Part16\MOD.xlsx 완성 파일 Part16\MOD_완성.xlsx

MOD 함수	특정 단위로 나눈 값의 나머지를 구합니다. =MOD(숫자, 단위)

1 테스터 상품을 박스 묶음 단위별로 분류했을 때, 허용 수량(박스당 샘플수량)보다 적은 수량은 개별 포장하려고 합니다. [F4] 셀에 다음의 수식을 입력합니다.

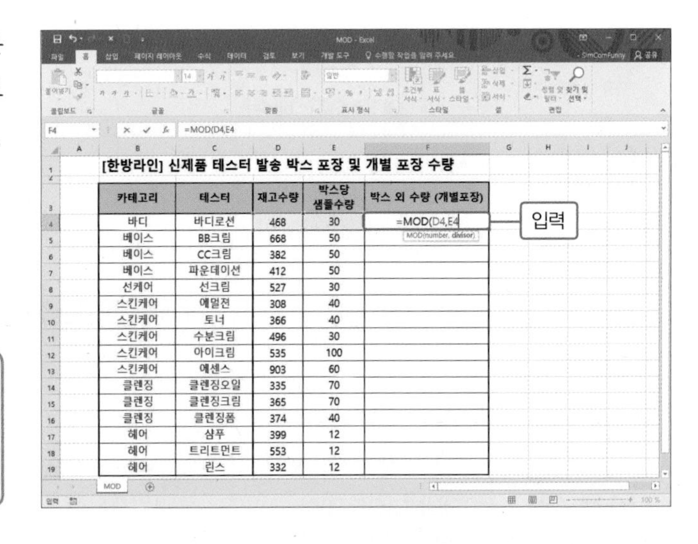

수식

=MOD(D4,E4)

[D4] 셀을 [E4] 셀로 나눈 값의 나머지 값을 구합니다.

2 [D4] 셀 값에서 [E4] 셀 값을 나눈 값의 나머지 값만 추출되었습니다. 채우기 핸들로 나머지 셀도 채웁니다. 자동 채우기 옵션에서 [서식 없이 채우기]를 선택해서 기존 테두리 서식을 유지합니다.

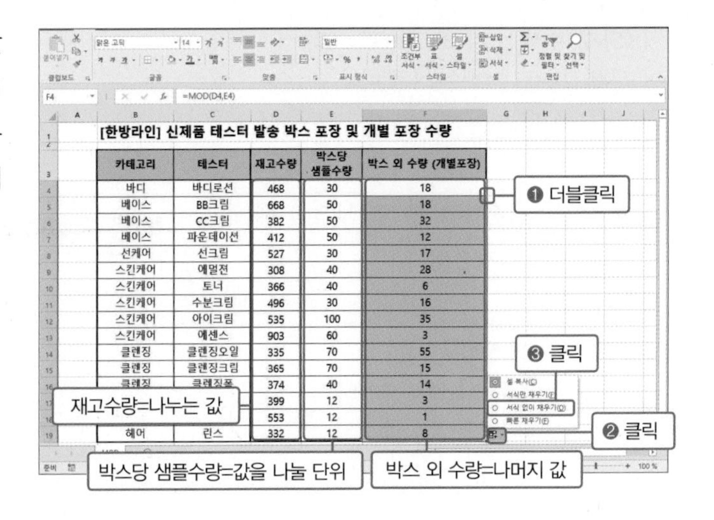

IF계열/참조 함수

전산 프로그램에서 다양한 데이터를 다운로드할 수는 있지만 상사에게는 필요한 정보만 요약해서 제출해야겠죠? VLOOKUP 함수는 여러 개의 시트를 왔다 갔다 하며 복사와 붙여넣기로 시간 낭비하는 것을 막아서 출퇴근 시간을 조금이라도 아껴줄 것입니다. 조건을 따지는 IF 함수는 표시할 값을 골라주는 역할을 합니다. 사회성도 좋아서 다양한 함수와 중첩이 가능하고, IFERROR 함수는 눈치껏 오류만 숨겨줍니다.

Preview

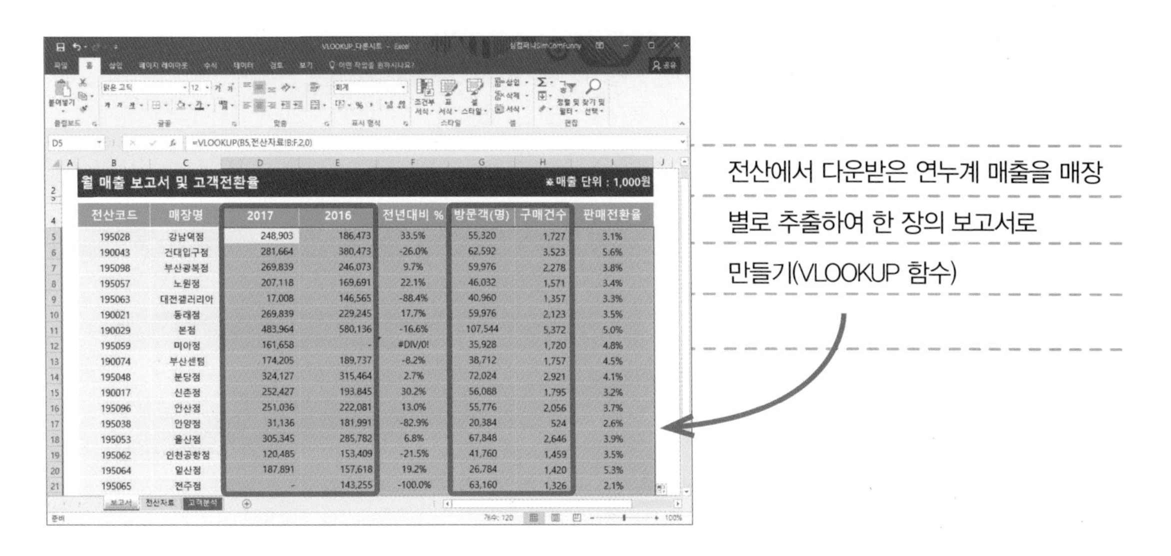

월 매출 보고서 및 고객전환율
※매출 단위 : 1,000원
전산에서 다운받은 연누계 매출을 매장별로 추출하여 한 장의 보고서로 만들기(VLOOKUP 함수)

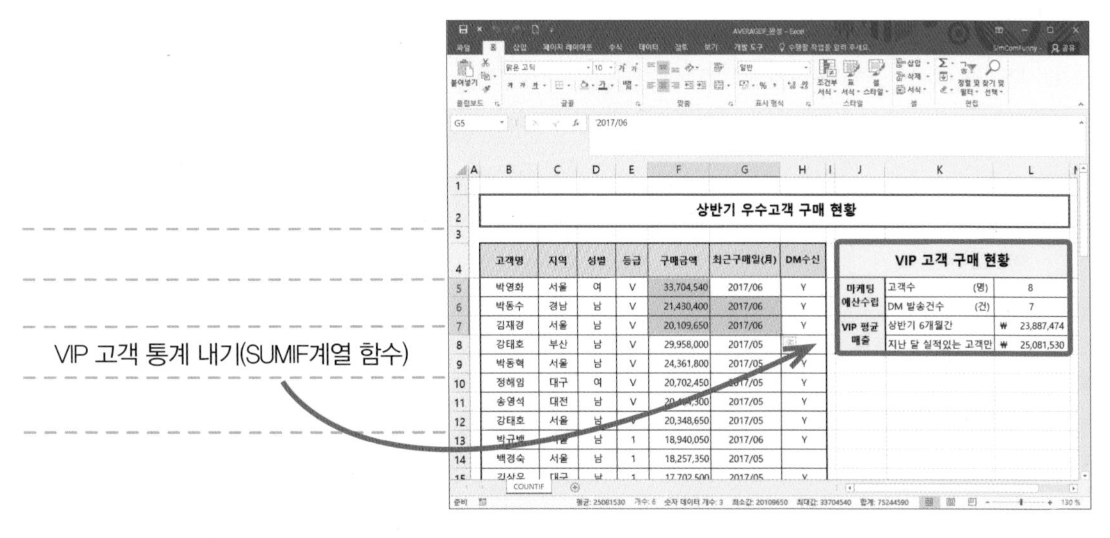

173 조건에 따른 결과 값 표시하기_IF 함수

IF 함수는 If의 의미 그대로 '만약 ~이라면' 하는 조건을 토대로 결과 값을 산출합니다. 함수식을 해석하면 '조건이 충족한다면 A를, 아니라면 B를 입력하라'는 의미와 같습니다. IF 함수는 '조건 함수' 또는 '논리 함수'로도 불립니다. 다양한 조건과 결과 값을 세분화하기 위해 중첩 함수로도 활용됩니다.

예제 파일 Part17\IF.xlsx **완성 파일** Part17\IF_완성.xlsx

IF 함수	지정한 조건을 만족할 경우와 만족하지 못할 경우에 따라 다른 결과 값을 반환합니다. **=IF(조건,조건을 만족할 경우의 값,조건을 만족하지 못할 경우의 값)** ❶ 조건 ❷ 조건을 만족할 경우의 값 ❸ 조건을 만족하지 못할 경우의 값 ❶ 셀 주소, 연산부호 등으로 조합된 수식 형태의 조건을 입력합니다. ❷ 조건을 만족할 경우 표시될 값입니다. 문자를 표시하려면 큰따옴표 안에 입력합니다. ❸ 조건을 만족하지 못할 경우 표시할 값을 입력합니다. 생략하면 FALSE가 표시됩니다.

1 IF 함수를 이용해 식권 지급 대상인 야근 근무자를 추출하려고 합니다. [G6] 셀에 다음의 수식을 입력합니다. 채우기 핸들을 더블클릭하여 나머지 셀도 채우고, 테두리 서식을 유지하기 위해 자동 채우기 옵션에서 [서식 없이 채우기]를 선택합니다.

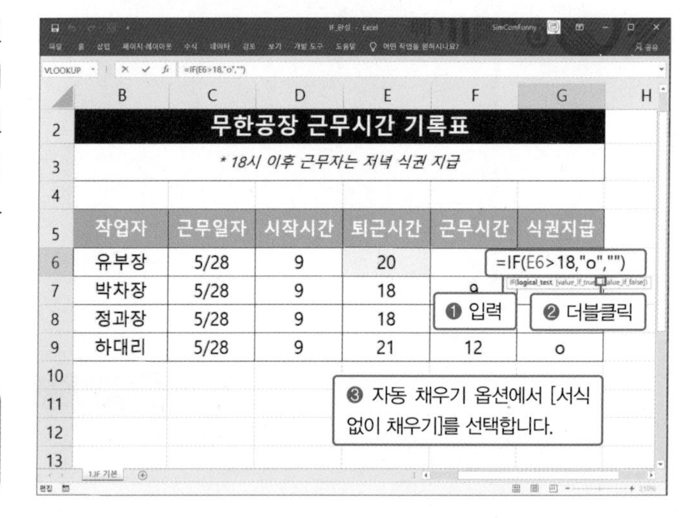

TIP

조건을 19시 이상으로 수정하려면 수식을 〉=19로 대체 수정합니다.

수식

=IF(E6〉18,“o”,“”)

❶ [E6] 셀 값이 18보다 클 경우, 즉 퇴근시간이 18시를 초과하는 조건입니다.

❷ ❶의 조건과 일치하면 ○를 표시합니다.

❸ ❶의 조건과 일치하지 않으면 아무것도 입력하지 않습니다. 공백은 텍스트 기호인 큰따옴표(“”)만 표시합니다.

퇴근시간이 입력된 [E6] 셀 값이 18보다 크면, 식권 지급 입력란인 [G6] 셀에 ○을 표시합니다. 반대로 [E6] 셀 값이 야근 조건인 18보다 작거나 같다면 공백으로 처리합니다.

174 다중 조건을 만족하는 값 표시하기_IF/OR/AND 함수

IF 함수에 OR과 AND 함수를 중첩하여 여러 개의 조건을 추가할 수 있습니다. 조건들 중에서 하나만 만족해도 되는 경우는 OR 함수를, 모든 조건을 만족해야 할 경우에는 AND 함수를 사용합니다.

예제 파일 Part17\OR_AND.xlsx **완성 파일** Part17\OR_AND_완성.xlsx

OR 함수	• 제시된 조건들 중에서 하나라도 만족하면 TRUE를, 하나도 만족하지 못한다면 FALSE를 반환합니다. =OR(조건 1,조건 2,……,조건 255) • IF 함수의 조건식에 OR 함수를 중첩하면 제시된 조건들 중에서 하나라도 만족할 경우와 하나도 만족하지 못할 경우에 따라 다른 결과 값을 반환합니다. **=IF(OR(조건, 조건),조건을 하나라도 만족할 경우의 값,조건을 만족하지 못할 경우의 값)**
AND 함수	• 제시된 모든 조건을 만족해야 TRUE를, 하나라도 만족하지 못하면 FALSE를 반환합니다. =AND(조건 1,조건 2,……,조건 255) • IF 함수의 조건식에 AND 함수를 중첩하면 제시된 조건 모두를 만족할 경우와 하나라도 만족하지 못할 경우에 따라 다른 결과 값을 반환합니다. =IF(AND(조건, 조건),조건을 모두 만족할 경우의 값,조건을 만족하지 못할 경우의 값)

| 다중 조건 중 하나라도 만족할 경우의 값 반환하기_IF/OR 함수

1 4행의 조건문에 따라 면담 대상자를 선별하려고 합니다. '일별 작업량'이 80개 미만이거나 '시간당 작업량'이 8개 미만일 경우 '면담여부'에 '면담'을 표시해 보겠습니다. [I9] 셀에 다음의 수식을 입력합니다.

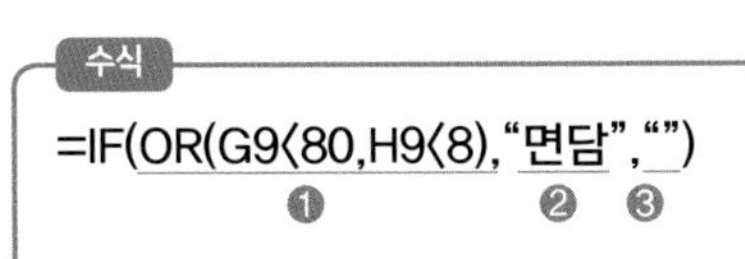

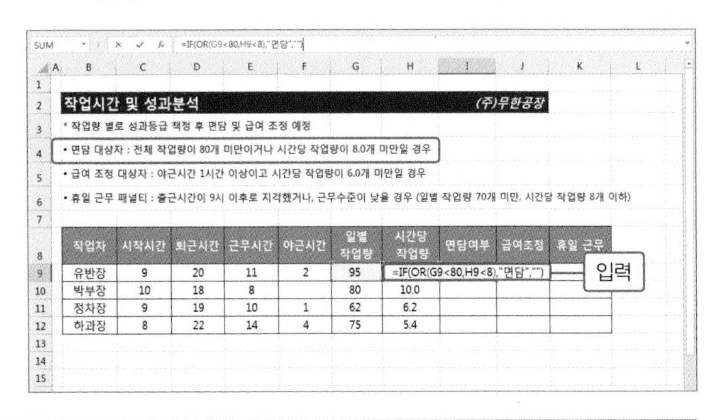

❶ [G9] 셀(일별 작업량) 값이 80 미만이거나 [H9] 셀(시간당 작업량) 값이 8 미만일 경우를 조건으로 설정합니다.
❷ ❶에서 설정한 두 조건 중 하나라도 만족하면 '면담'을 표시합니다.
❸ ❶에서 설정한 두 조건 중 하나도 만족하지 못한다면 아무것도 표시하지 않습니다.
'일별 작업량'이 80 미만이거나 '시간당 작업량'이 8 미만일 경우에만 '면담'이 표시됩니다.

2 유 반장의 경우 '일별 작업량'(95)과 '시간당 작업량'(8.6) 모두 조건에 해당되지 않기 때문에 면담 대상자에서 제외되었습니다. 채우기 핸들을 더블클릭하여 나머지 셀도 채웁니다.

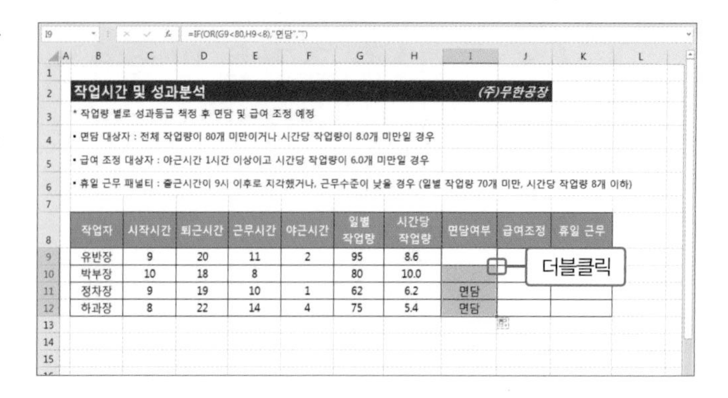

| 다중 조건 모두를 만족할 경우의 값 반환하기_IF/AND 함수

1 5행의 조건문에 따라 급여 조정 대상자를 선별하려고 합니다. '야근 시간'이 1시간 이상이고, '시간당 작업량'이 6개 미만일 경우 '급여 조정'에 '검토'를 표시해 보겠습니다. [J9] 셀에 다음의 수식을 입력합니다.

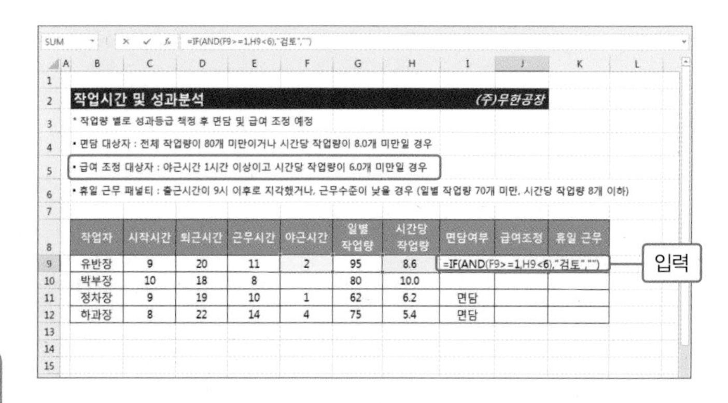

수식

=IF(AND(F9>=1,H9<6),"검토","")
❶ ❷ ❸

❶ [F9] 셀(야근 시간) 값이 1 이상, [H9] 셀(시간당 작업량) 값이 6 미만일 경우 모두를 조건으로 설정합니다.
❷ ❶에서 설정한 두 조건 모두를 만족하면 '검토'를 표시합니다.
❸ ❶에서 설정한 두 조건 중 하나라도 만족하지 못한다면 아무것도 표시하지 않습니다.
'야근 시간'이 1시간 이상이고, '시간당 작업량'이 6 미만일 경우에만 '검토'가 표시됩니다.

2 유 반장의 경우 '야근 시간'(2)은 조건을 만족하지만, '시간당 작업량'(8.6)은 조건을 만족하지 못하여 급여 조정 대상자에서 제외되었습니다. 채우기 핸들을 더블클릭하여 나머지 셀도 채웁니다. 하 과장은 조건을 모두 충족하여 '검토'가 표시되었습니다.

TIP

K열의 '휴일 근무 패널티'는 OR와 AND 함수를 모두 중첩한 IF함수를 응용할 수 있으며, 정답은 완성파일의 [K9]셀을 참고하세요.

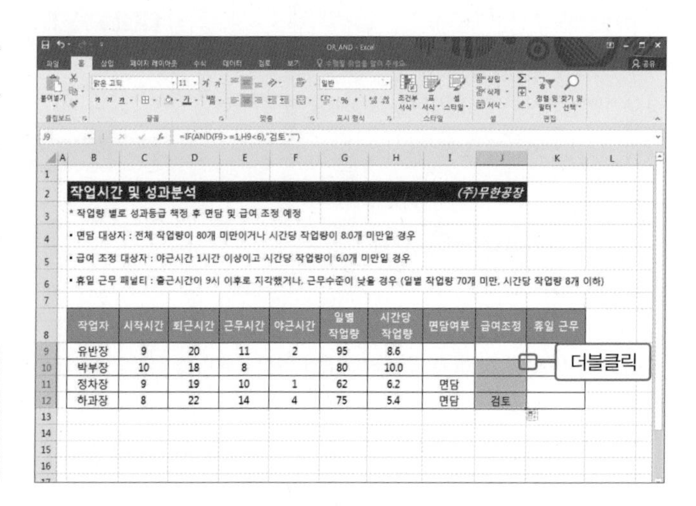

175 조건에 따른 다중 결과 값 표시하기_ IF 함수 중첩

IF문을 중첩하면 조건을 만족하지 못한 경우의 수를 세분화하여 여러 개의 결과 값을 설정할 수 있습니다. 첫 번째 조건을 만족하지 못했을 경우, 또 다른 조건에 따라 결과 값을 나누기 위해 세번째 인수에 IF 함수를 중첩합니다. 이때 인수를 정확히 구분할 수 있게 쉼표와 괄호 수를 잘 맞춰야 합니다.

예제 파일 Part17\IF중첩.xlsx 완성 파일 Part17\IF중첩_완성.xlsx

IF 함수 중첩	첫 번째 조건을 만족하지 못할 경우, 세 번째 인수에 IF 함수를 중첩하여 다양한 조건 값을 추가할 수 있습니다. **=IF(조건, 조건을 만족할 때의 값, 조건을 만족하지 못할 때의 값)** **IF(조건, 조건을 만족할 때의 값, 조건을 만족하지 못할 때의 값)** **IF(조건, 조건을 만족할 때의 값, 조건을 만족하지 못할 때의 값)**

1 '일별 작업량'에 따라 A, B, C, D 등급을 입력하려고 합니다. [J6] 셀의 수식 입력줄에 다음의 수식을 입력한 뒤 채우기 핸들로 나머지 셀도 채웁니다.

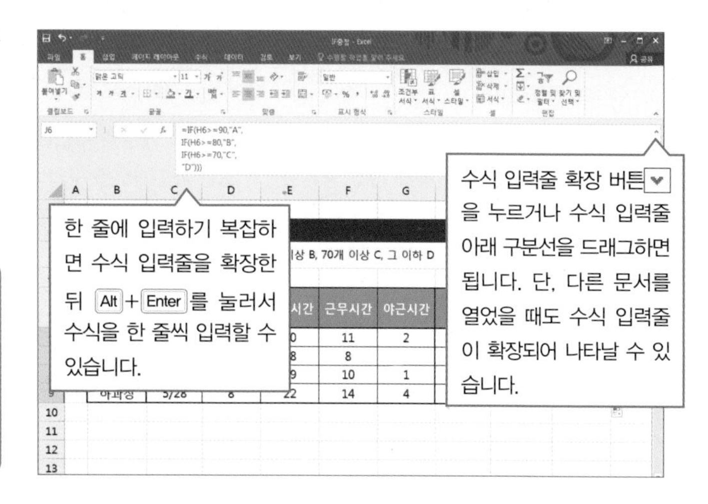

=IF(H6>=90,"A",
IF(H6>=80,"B",
IF(H6>=70,"C",
"D")))
한 줄에 입력하기 복잡하면 수식 입력줄을 확장한 뒤 Alt + Enter 를 눌러서 수식을 한 줄씩 입력할 수 있습니다.
수식 입력줄 확장 버튼을 누르거나 수식 입력줄 아래 구분선을 드래그하면 됩니다. 단, 다른 문서를 열었을 때도 수식 입력줄이 확장되어 나타날 수 있습니다.

TIP

첫 번째 조건을 입력한 IF 함수를 복사해서 붙여넣은 후 작업량(90)과 반환 값(A)만 수정하면 빠르게 수식을 입력할 수 있습니다. 단, 수식의 오류가 날 때는 쉼표 위치와 닫음 괄호의 개수를 제대로 입력했는지 확인합니다.

수식

=IF(H6>=90,"A",IF(H6>=80,"B",IF(H6>=70,"C","D")))

조건 ❶ 조건 ❷ 조건 ❸ 모든 조건을 만족하지 못할 때

❶ [H6] 셀에 입력된 값이 90 이상이면 A를 표시합니다.
❷ [H6] 셀에 입력된 값이 90 미만 80 이상이면 B를 표시합니다.
❸ [H6] 셀에 입력된 값이 80 미만 70 이상이면 C를 표시합니다.
❶❷❸ 조건을 모두 만족하지 않는 70 미만의 수는 D를 표시합니다.

TIP

엑셀 2019부터는 IF 함수를 중첩하기 편하도록 IFS/SWITCH 함수가 추가되었으나 하위버전에서는 NAME?로 표시되는 단점이 있습니다.

2007 2010 2013 2016 2019

176 조건에 맞는 셀의 개수 구하기_COUNTIF/COUNTIFS 함수

COUNTIF 함수는 셀의 개수를 세는 COUNT 함수와 조건의 만족 여부에 따라 결과 값을 반환하는 IF 함수의 특성이 조합된 논리 함수입니다. 하나의 조건에 만족하는 셀의 개수를 구하려면 COUNTIF 함수를, 2가지 이상의 조건을 만족하는 셀 개수를 구하려면 COUNTIFS 함수를 사용합니다.

예제 파일 Part17\COUNTIF.xlsx **완성 파일** Part17\COUNTIF_완성.xlsx

COUNTIF 함수	참조 범위에서 특정 값을 찾아 셀의 개수를 구합니다. **=COUNTIF(참조 범위,찾는 값)** ❶ ❷ ❶ 조건에 부합하는 값을 찾을 범위입니다. ❷ 참조 범위에서 찾을 값입니다.
COUNTIFS 함수	참조 범위와 조건이 각각 2개 이상일 경우 해당 조건을 모두 만족하는 셀의 개수를 구합니다. 단, 모든 참조 범위의 시작과 마지막 행 주소는 같아야 하고 다를 경우 #VALUE! 오류가 나타납니다. **=COUNTIFS(참조 범위 1,조건 1,참조 범위 2,조건 2,…,참조 범위 127,조건 12** ❶ ❷ ❸ ❹ ❶❷ 참조 범위 1에서 조건 1의 개수를 구합니다. (조건1) ❸❹ 참조 범위 2에서 조건 2의 개수를 구합니다. (조건2) 각 참조 범위에서 조건 1과 2를 모두 만족하는 셀의 개수를 구합니다.

| 하나의 조건을 만족하는 셀의 개수 구하기_COUNTIF 함수

1 VIP 고객 수를 구하기 위해 '등급'에서 V가 입력된 셀의 개수를 구해 보겠습니다. 다음의 수식을 순서대로 입력하기 위해 [L5] 셀에 **=COUNTIF(**를 입력합니다.

수식

=COUNTIF(E5:E38,"V")
❶ ❷

❶ [E5:E38] 셀에서 조건에 맞는 셀을 찾습니다.
❷ ❶의 참조 범위에서 V가 입력된 셀의 개수를 셉니다.

VIP 고객 수를 구하기 위해 [E5:E38] 셀에서 V가 입력된 셀의 개수를 셉니다.

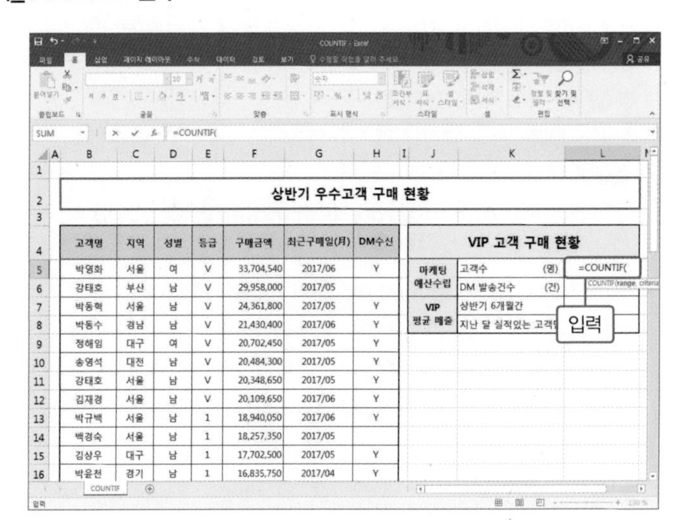

2 첫 번째 인수의 참조 범위로 고객 등급을 선택하기 위해 [E5:E38] 셀을 선택합니다.

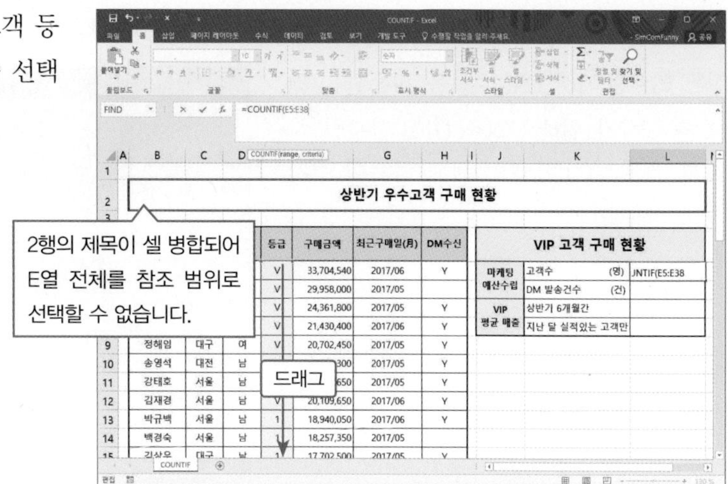

3 2번째 인수와 구분하기 위해 쉼표를 입력합니다. 참조 범위에서 V가 입력된 셀 개수를 세기 위해 찾는 값으로 "V"를 입력하고 Enter를 누르면 수식이 완성됩니다.

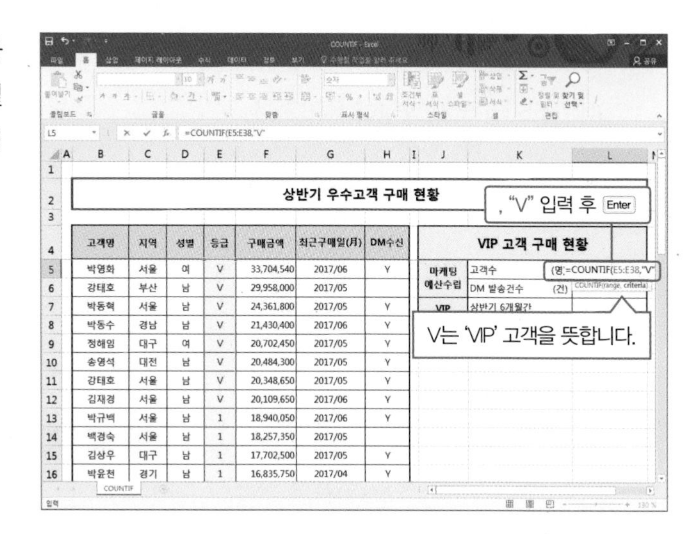

4 [L5] 셀에 8이 추출되었습니다. 고객 등급이 입력된 참조 범위에서 V가 입력된 셀이 총 8개라는 의미로, VIP 고객은 총 8명이라는 것을 알 수 있습니다.

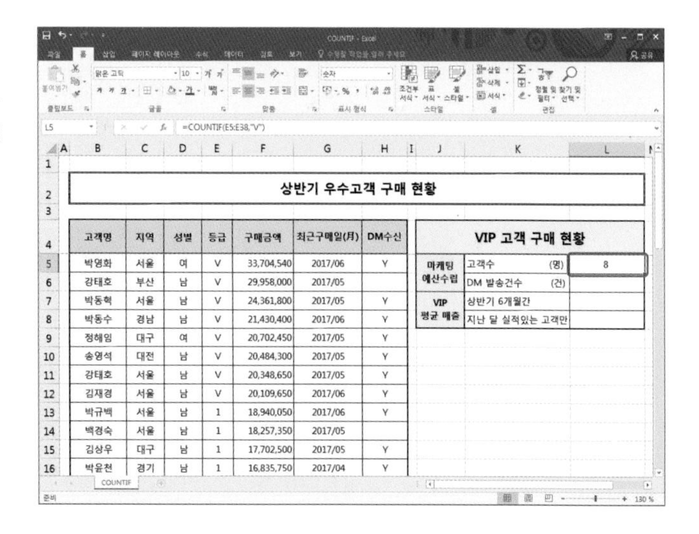

| 다중 조건을 모두 만족하는 셀의 개수 구하기_COUNTIFS 함수

1 VIP 중에서 DM 수신을 허용한 고객 수를 구하기 위해 COUNTIFS 함수를 사용해 보겠습니다. [L6] 셀에 다음의 수식을 입력합니다.

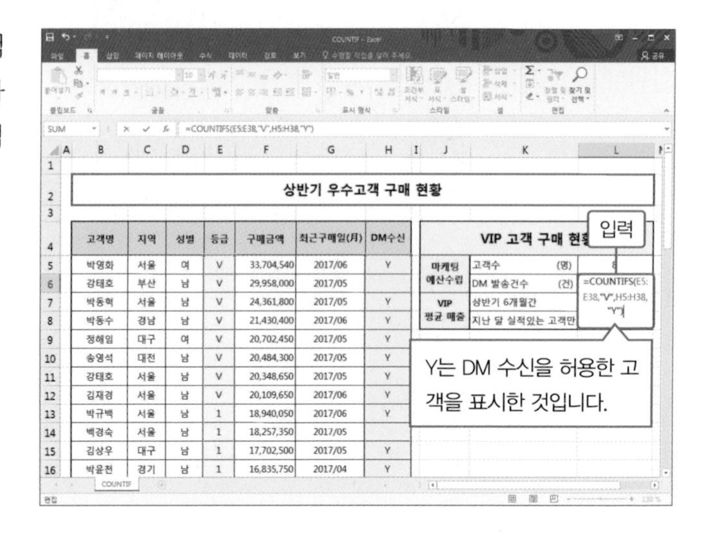

수식

=COUNTIFS(E5:E38,"V",H5:H38,"Y")

❶❷ 고객 등급이 입력된 [E5:E38] 셀에서 V가 입력된 셀의 개수를 구합니다.

❸❹ DM 수신 여부가 입력된 [H5:H38] 셀에서 Y가 입력된 셀의 개수를 구합니다.

'등급'의 참조 범위에서 'V'가 표시되고(VIP 고객) DM 수신 여부에서 'Y'가 표시된 셀의 개수를 구합니다. 즉, VIP 고객 중에 DM 수신을 허용한 고객 수만 추출합니다.

2 [L6] 셀에 7이 추출되었습니다. VIP 고객 중에 DM 수신을 허용한 고객 수는 총 7명이라는 것을 알 수 있습니다.

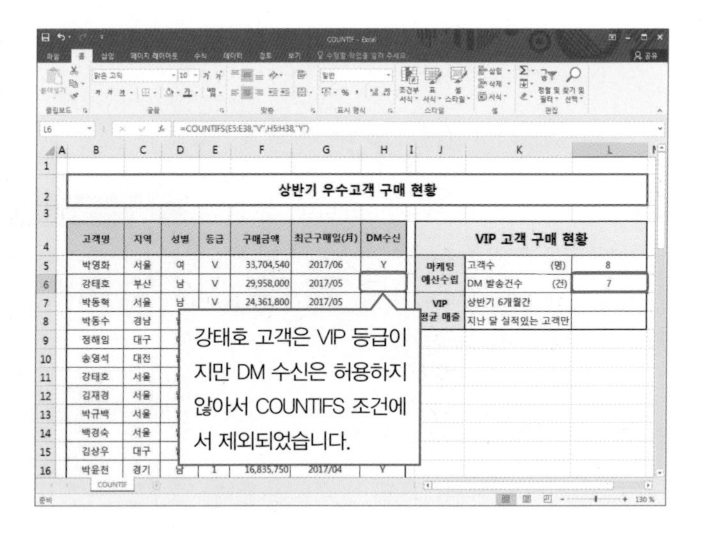

177 조건에 맞는 값의 합계/평균 구하기_SUMIF/AVERAGEIF 계열 함수

조건에 부합하는 값의 합계나 평균을 구할 때, SUMIF/AVERAGEIF 계열의 함수를 사용합니다. SUMIF/AVERAGEIF 함수는 조건이 하나일 때만 사용되며, 엑셀 2007 이상부터는 SUMIFS/AVERAGEIFS 함수가 추가되어 조건을 127개까지 추가할 수 있으며, 조건이 하나여도 사용 가능합니다.

예제 파일 Part17\SUMIFS.xlsx **완성 파일** Part17\SUMIFS_완성.xlsx

SUMIF /AVERAGEIF함수	=SUMIF(조건을 찾을 열 범위, 조건, 합계를 구할 열 범위) =AVERAGEIF(조건을 찾을 열 범위❶, 조건❷, 평균을 구할 열 범위❸) ❶ ❷의 조건 값을 찾을 열 범위입니다. ❷ ❶에서 찾을 조건 값으로써 셀 주소, 텍스트 등을 입력할 수 있습니다. ❸ ❶열에서 ❷를 찾을 경우, 같은 행에 나열된 숫자 ❸열의 값을 모두 더하거나(SUMIF) 평균을 구합니다.(AVERAGEIF)
SUMIFS 함수/ AVERAGEIFS 함수	=SUMIFS(합계를 구할 열 범위, 조건 열 범위1, 조건1, … , 조건 열 범위127, 조건127) =AVERAGEIFS(평균을 구할 열 범위❶, 조건 열 범위1❷, 조건1❸, …❹ , 조건 열 범위127❺, 조건127❻) ❶ 하나 이상의 조건을 모두 만족할 경우, 합계(SUMIFS)나 평균(AVERAGEIF)을 구할 열 범위입니다. ❷❸ 조건을 찾을 하나의 열 범위에서 조건1에 맞는 셀을 찾습니다. ❹❺ 조건을 찾을 하나의 열 범위에서 조건127에 맞는 셀을 찾습니다.

Skill Up 배열에 맞춰 참조하기

SUMIF 계열 함수는 배열 수식의 원리로 조건과 계산할 값을 매칭합니다. 그래서 조건 열 범위와 합계/평균을 계산할 열 범위의 숫자 행이 같아야 합니다. 예를 들어 [L7]셀에 입력된 수식 =SUMIF(E4:E38,"V",F5:F38)의 경우, 조건을 찾을 범위는 4행부터 시작하는데 계산할 범위는 5행에서 시작해서 합계를 구할 열이 어긋나서 계산이 되지 않았습니다.

fx =SUMIF(E4:E38,"V",F5:F38)

D	E	F	G	H	I	J	K	L	M
성별	등급	구매금액	온라인 가입	DM수신		VIP 고객 구매 현황			
여	V	33,704,540	Y			VIP 마케팅 예산수립	고객수 (명)	8	
남	V	21,430,400		Y			DM 발송건수 (건)	7	
남	V	20,109,650		Y		매출 합계	VIP 등급 전체	=SUMIF(E4:E38,"V",F5:F38)	
남	V	29,958,000		Y			온라인 가입 VIP		

page 배열 수식에 대한 자세한 설명은 367쪽을 참고하세요.

| 하나의 조건을 만족하는 값을 추출하여 합계 구하기_SUMIF 함수

등급에 입력된 'V'가 VIP를 의미할 경우, VIP 고객의 총 구매금액을 구하기 위해 [L7] 셀에 다음의 수식을 입력합니다.

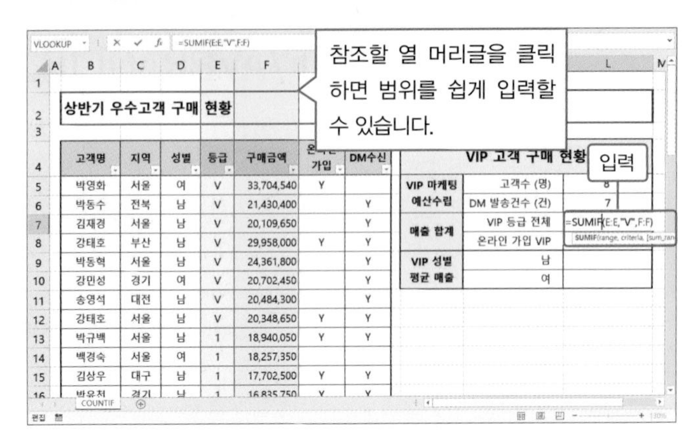

수식

=SUMIF(E:E,"V",F:F)
❶ ❷ ❸

❶ 고객 등급이 입력된 E열에서 ❷의 조건 값을 찾습니다.
❷ ❶의 조건 범위인 '등급'에서 'V'가 입력된 셀을 찾습니다. 단, 텍스트를 입력할 때는 큰따옴표 안에 입력합니다.
❸ ❶의 열 범위에서 ❷조건 값을 찾으면 F열의 같은 행에 있는 금액을 모두 더합니다.

'등급'에 'V'가 입력된 고객만 추출하여 VIP 고객의 총 구매금액을 합산합니다.

| 하나 이상의 다중 조건을 만족하는 값의 합계 구하기_SUMIFS 함수

VIP 고객 중에서 '온라인 가입'에 'Y'를 표시한 고객의 총 구매금액을 알아보기 위해 [L8] 셀에 다음의 수식을 입력합니다. SUMIFS 함수의 인수는 합산(SUM)할 열 범위를 먼저 입력하고, 조건(IF)이 뒤에 이어집니다.

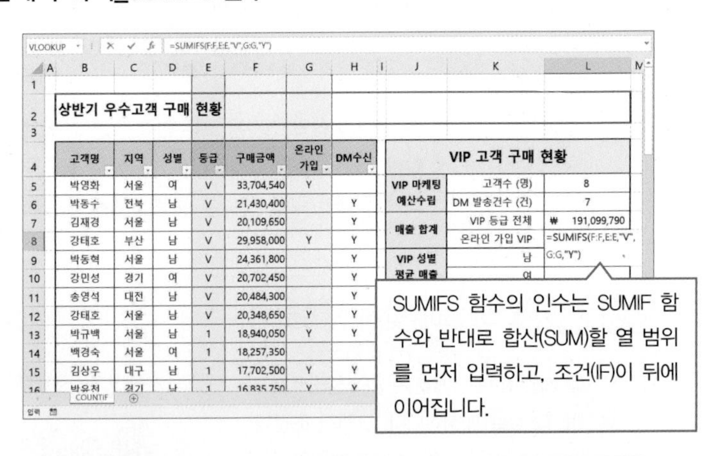

수식

=SUMIFS(F:F,E:E,"V",G:G,"Y")
❶ ❷ ❸ ❹ ❺

❶ 모든 조건을 만족할 경우에 F열에 입력된 구매금액을 더합니다.
❷❸ '등급'이 입력된 E열에서 'V'를 찾습니다. (조건1)
❹❺ '온라인 가입'이 입력된 G열에서 'Y'를 찾습니다. (조건2)

VIP 고객(V) 중에서 온라인 가입 이력이 있는(Y) 경우에만 구매 금액을 합산합니다.

Skill Up 함수 결과 검토하기

4행의 목록 버튼 중에서 등급에는 'V'를, 온라인 가입에는 'Y'만 필터링합니다. 필터 결과에서 구매금액만 드래그하면 화면 하단의 상태 표시줄에 합계와 평균 등의 계산 결과가 요약됩니다.

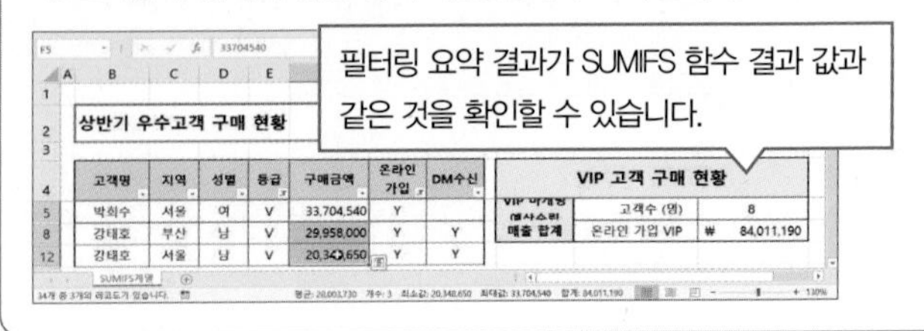

필터링 요약 결과가 SUMIFS 함수 결과 값과 같은 것을 확인할 수 있습니다.

| 수식을 복사해서 다른 조건 값의 평균 구하기_AVERAGEIFS 함수

이번에는 VIP 고객의 성별에 따른 평균 매출을 구하려고 합니다. AVERAGEIFS 함수를 한번만 입력해서 나머지 조건 값은 채우기 핸들로 쉽게 입력해 보겠습니다.

1 [L9] 셀에 다음의 수식을 입력합니다.

수식

=AVERAGEIFS(F:F,E:E,"V",D:D,K9)
❶ ❷ ❸ ❹ ❺

❶ 모든 조건을 만족할 경우에 F열에 입력된 구매금액의 평균을 구합니다.
❷❸ '등급'이 입력된 E열에서 'V'를 찾습니다. (조건1)
❹❺ '성별'이 입력된 D열에서 [K9] 셀 값(남)을 찾습니다. (조건2)

VIP 고객(V) 중에서 성별이 [K9] 셀 값(남)과 같은 경우에만 구매 금액의 평균을 구합니다.

L9 =AVERAGEIFS(F:F,E:E,"V",D:D,K9)

상반기 우수고객 구매 현황

고객명	지역	성별	등급	구매금액	온라인 가입	DM수신
박영화	서울	여	V	33,704,540	Y	
박동수	전북	남	V	21,430,400		Y
김재경	서울	남	V	20,109,650		Y
강태호	부산	남	V	29,958,000	Y	Y
박동혁	서울	남	V	24,361,800		Y
강민성	경기	여	V	20,702,450		Y
송영석	대전	남	V	20,484,300		Y
강태호	서울	남	V	20,348,650	Y	Y
박규백	서울	남	1	18,940,050	Y	Y
백경숙	서울	여	1	18,257,350		
김상우	대구	남	1	17,702,500	Y	Y
박유천	경기	남	1	16,835,750	Y	Y

VIP 고객 구매 현황		
VIP 마케팅 예산수립	고객수 (명)	8
	DM 발송건수 (건)	7
매출 합계	VIP 등급 전체	₩ 191,099,790
	온라인 가입 VIP	₩ 84,011,190
VIP 성별 평균 매출	남	=AVERAGEIFS(F:F,E:E,"V",D:D,K9)
	여	

입력

TIP

조건을 찾을 열 범위에는 '남'이라고 입력되었는데 조건 값인 [K9] 셀이 '남자'와 같이 다르게 입력될 경우, 올바른 계산 결과를 구할 수 없으니 주의합니다.

2 여자 평균 구매 금액을 구하는 수식 =AVERAGEIFS(F:F,E:E,"V",D:D,K10)을 입력하기 위해 [L9] 셀의 채우기 핸들을 [L10]셀까지 드래그합니다. '서식 없이 채우기'를 선택해서 테두리를 유지합니다.

TIP

열 범위는 고정되었지만, 원본 수식의 K9 셀이 한 칸 내려가면서 조건 값인 [K9] 셀도 한 칸 내려가서 [K10] 셀로 바뀌었습니다. 수식의 참조 방식에 대한 설명은 290쪽을 참고하세요.

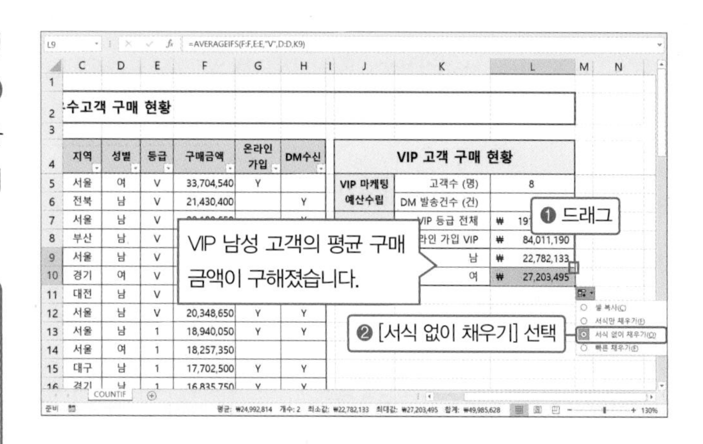

178 조건 범위에서 최대값/최소값 구하기_MAXIFS/MINIFS 함수

MAXIF/MAXIFS 함수는 최대값과 최소값을 구하는 MAX/MIN 함수에 IFS 함수를 더한 통계 함수로, 조건을 충족하는 값 중에서 가장 크고 작은 값을 추출합니다. COUNT/SUM/AVERAGEIFS 함수와 다르게 IF 함수와 IFS 함수의 기능을 모두 가지고 있어서 조건 범위가 몇 개든 인수를 입력하는 순서가 바뀌지 않습니다.

예제 파일 Part17\MAXIFS.xlsx　**완성 파일** Part17\MAXIFS_완성.xlsx

MAXIFS 함수 엑셀 2019 이상	조건에 맞는 값 중에서 가장 큰 값을 추출합니다. **=MAXIFS(최대값을 추출할 범위,조건 범위1,조건1,…조건 범위126,조건126)** 　　　　　　❶　　　　　❷　　❸ ❶ 조건을 만족할 경우, 최대값을 추출할 범위입니다. ❷ 조건을 만족하는 값을 찾을 참조 범위로 최대 126개까지 설정할 수 있습니다. ❸ 참조 범위에서 찾을 값으로 셀 주소, 텍스트 등을 입력할 수 있습니다.
MINIFS 함수 엑셀 2019 이상	조건에 맞는 값 중에서 가장 작은 값을 추출합니다. **=MINIFS(최소값을 추출할 범위,조건 범위1,조건1,…조건 범위126,조건126)** 　　　　　　❶　　　　　❷　　❸ ❶ 조건을 만족할 경우, 최소값을 추출할 범위입니다. ❷ 조건을 만족하는 값을 찾을 참조 범위입니다. ❸ 참조 범위에서 찾을 값으로 셀 주소, 텍스트 등을 입력할 수 있습니다.

* 엑셀 2019 미만에서는 MAXIFS/MINIFS 함수가 등록되어 있지 않아 #NAME? 오류가 나타납니다. 다른 버전에서도 열람하려면 다른 함수로 대체하거나 값 복사를 합니다.

| 조건을 만족하는 값 중 최대값 구하기_MAXIFS 함수

1 VIP 고객 중 최고 구매금액을 구하기 위해 [L9] 셀에 다음의 수식을 입력합니다.

수식

=MAXIFS(F5:F38,E5:E38,"V")
　　　　❶　　❷　　❸

❶ 조건을 만족할 경우, 구매금액 중 최대값을 찾을 범위입니다.
❷ ❸의 조건인 VIP를 찾기 위한 참조 범위입니다.
❸ ❷의 조건 범위에서 찾을 조건 값입니다.

'등급'에 V가 입력된 고객 중에서 최고 구매금액을 추출합니다.

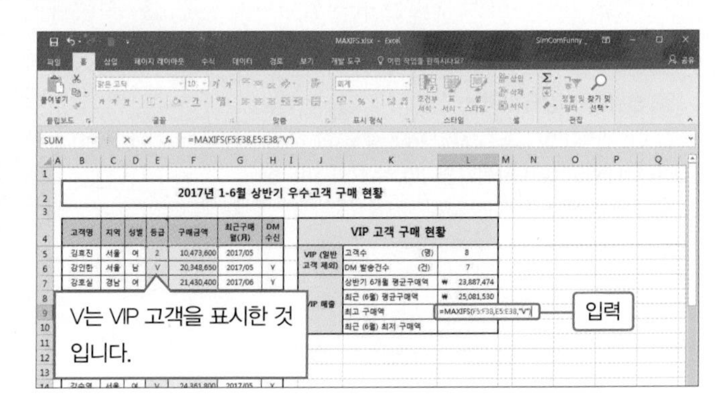

2 [L9] 셀에 추출된 값은 VIP 고객의 최대 구매금액과 같습니다.

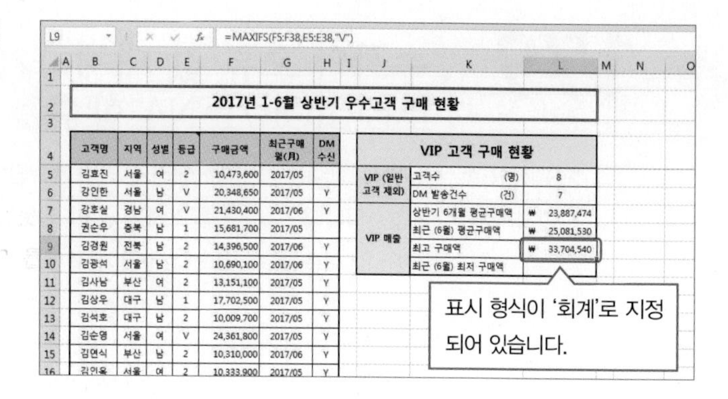

| 다중 조건을 만족하는 값 중 최소값 구하기_MINIFS 함수

1 2017년 6월 구매 기록이 있는 VIP 고객 중 최저 구매금액을 구하기 위해 [L10] 셀에 다음의 수식을 입력합니다.

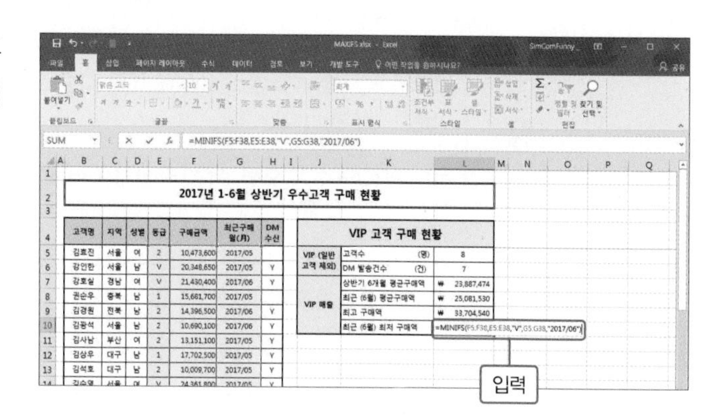

수식

=MINIFS(F5:F38,E5:E38,"V",G5:G38,"2017/06")
❶ ❷ ❸ ❹ ❺

❶ 모든 조건을 만족하는 고객의 구매금액에서 최소값을 구합니다.
❷❸ '등급'에서 V를 찾습니다. (조건1)
❹❺ '최근 구매월(月)'에서 2017/06이 표시되어 있는 고객만 찾습니다. (조건2)

'등급'에 'V'가 표시되어 있고, '최근 구매월(月)'에 '2017/06'이 입력되어 있는 고객만 추출하여 구매 금액의 최소값을 추출합니다.

2 [L10] 셀에 2017년 6월 구매 기록이 있는 VIP 고객의 최저 구매금액이 추출되었습니다.

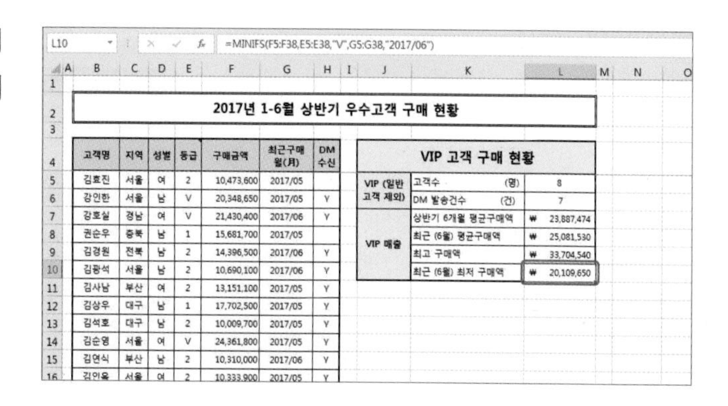

2007 2010 2013 2016 2019

179 수식의 오류 값 대체하기_IFERROR/IFNA 함수

IFERROR 함수와 IFNA 함수는 '만약에 에러가 있다면', '만약에 #N/A 오류가 있다면' 지정한 값으로 반환하라는 논리 함수입니다. 수식을 참조하는 값이 잘못됐거나 찾는 값이 없으면 오류가 나타납니다. 추후 참조 셀이 업데이트될 수 있으니 일일이 오류를 지우는 대신 오류 문자를 대체해두는 것이 좋습니다.

예제 파일 Part17\IFERROR_IFNA.xlsx **완성 파일** Part17\IFERROR_IFNA_완성.xlsx

IFERROR 함수	수식 값에 오류(#N/A, #VALUE!, #REF!, #DIV/0!, #NUM!, #NAME?, #NULL!)가 나타나면 지정한 값으로 표시합니다. 참조 셀의 오류를 다른 문자로 교체하면 관련 수식에서 오류가 있는 셀은 제외하고 계산합니다. **=IFERROR(수식,오류 시 나타낼 값)** ❶ 수식 ❷ 오류 시 나타낼 값 ❶ 오류가 있는지 검사할 수식입니다. ❷ ❶에 오류가 있다면 나타낼 값입니다.
IFNA 함수 엑셀 2013 이상	#N/A 오류가 나타난 경우에만 지정한 값으로 표시합니다. 참조 셀의 오류를 다른 문자로 교체하면 관련 수식에서 오류가 있는 셀은 제외하고 계산합니다. **=IFNA(수식,#N/A 오류 시 나타낼 값)** ❶ 수식 ❷ #N/A 오류 시 나타낼 값 ❶ 오류가 있는지 검사할 수식입니다. ❷ ❶에 #N/A 오류가 있다면 #N/A 대신 나타낼 값입니다.

| 오류 표시를 하이픈으로 대체하기_IFERROR 함수

1 F열에 입력된 매출 증감률이 오류일 경우 하이픈(–)으로 대체해 보겠습니다. 전년 대비 증감률을 구하기 위해 [F5] 셀에 다음의 수식을 입력합니다.

수식

=D5/E5–1

2017년 매출액 [D5] 셀은 2016년 매출액 [E5] 셀대비 약 133%입니다. 2016년 매출액 100%(=1)를 빼면 순수 증감률인 33%만 추출됩니다.

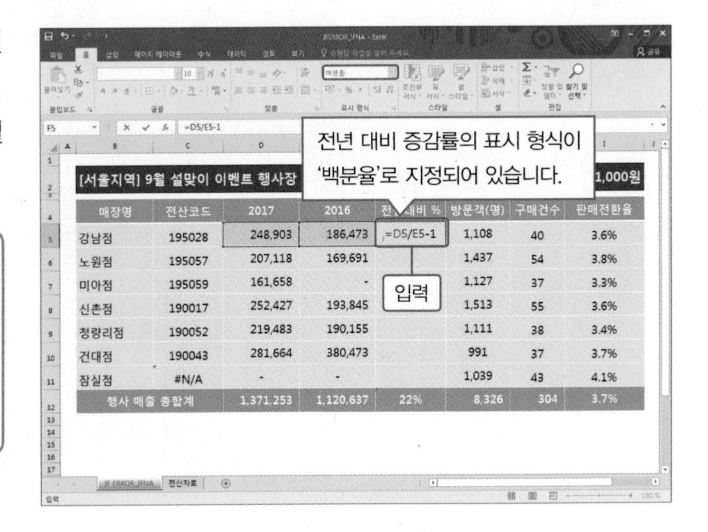

2 [F5] 셀에 결과 값이 추출되었습니다. 채우기 핸들을 더블클릭하여 나머지 빈 셀을 채우면 [F7] 셀과 [F11] 셀에 오류가 표시됩니다.

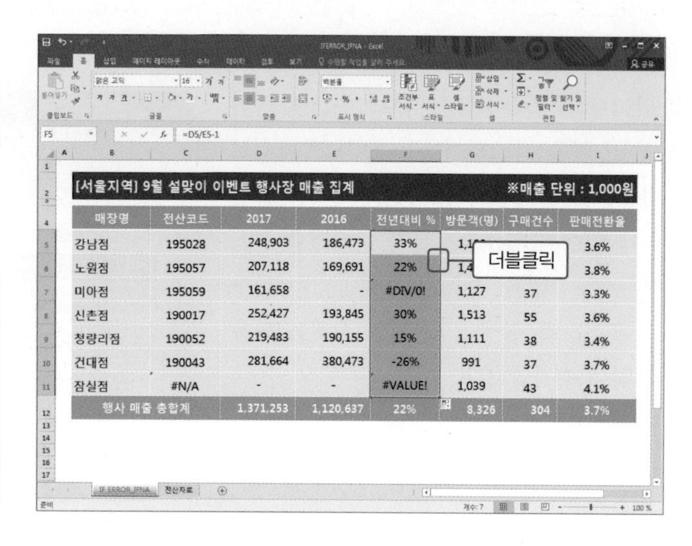

> **TIP**
>
> #DIV/0! 오류는 나누는 수가 빈 셀이거나 0일 경우 나타납니다. 미아점의 2016년 매출액이 입력되어 있지 않아 [F7] 셀에 오류가 생겼습니다. #N/A 오류는 찾는 데이터가 없을 경우 나타납니다. 잠실점은 VLOOKUP 함수로 코드 번호를 찾지 못해 [C11] 셀에 오류가 표시되었습니다.

3 '전년대비(%)' 증감률' 수식에 IFERROR 함수를 중첩하여 오류 표시를 하이픈으로 대체해 보겠습니다. [F5] 셀의 수식을 다음과 같이 수정합니다.

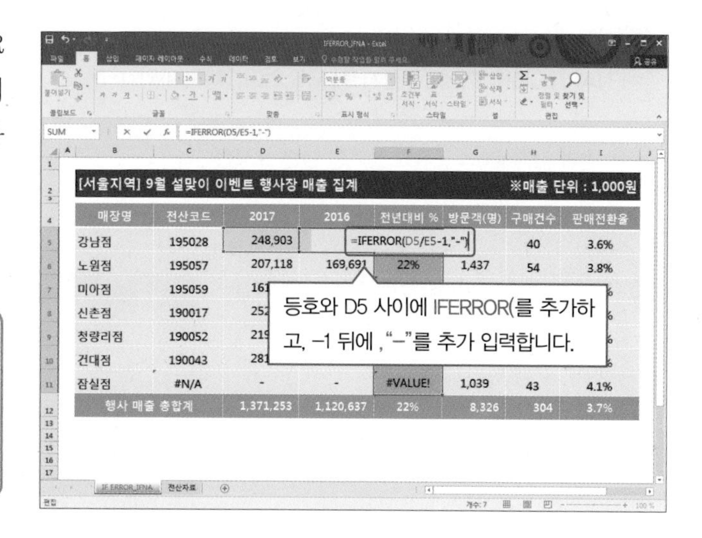

> **수식**
>
> =IFERROR(D5/E5−1,"−")
>
> ❶ ❷
>
> ❶의 계산 값에 오류가 생기면 ❷를 표시합니다.

4 채우기 핸들로 [F11] 셀까지 채우면 오류 값이 하이픈(−)으로 바뀐 것을 알 수 있습니다.

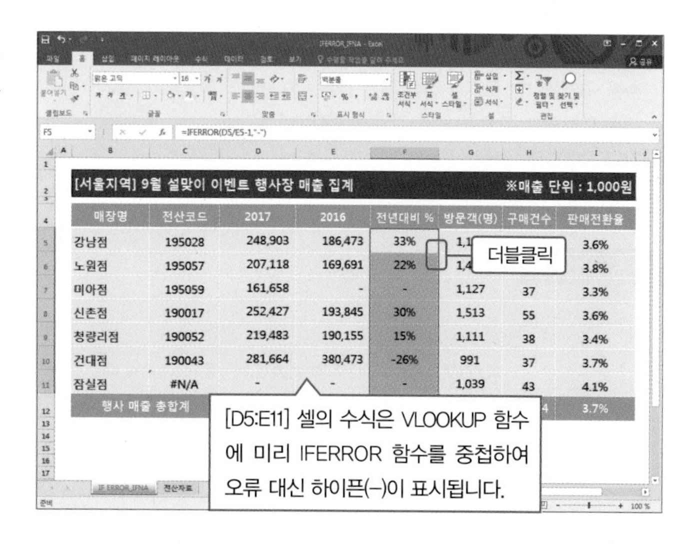

| 오류 표시를 텍스트로 대체하기_IFNA 함수 엑셀 2010 이상

1 [C5] 셀은 '전산자료' 워크시트의 [A:B] 열을 참조하여 VLOOKUP 함수로 매출을 추출했습니다. '잠실점'은 참조 범위에 없어서 #N/A 오류가 나타났습니다. 찾는 값이 없을 경우 '행사제외'라는 문구를 표시하기 위해 [C5] 셀의 수식을 다음과 같이 수정합니다.

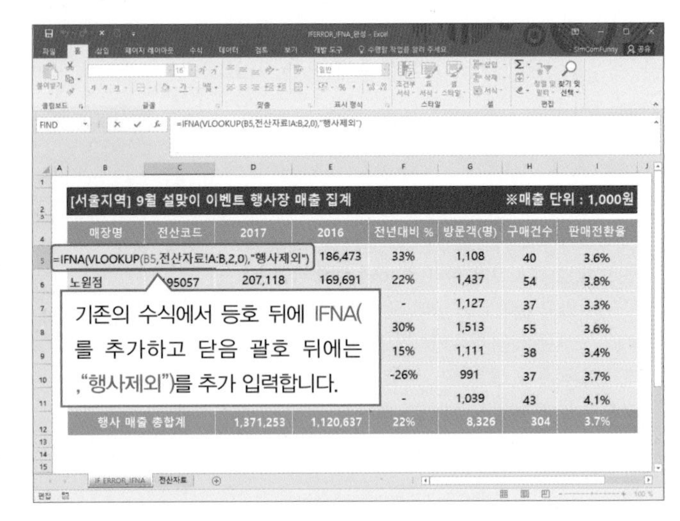

page VLOOKUP 함수에 대한 자세한 내용은 347쪽을 참고하세요.

수식

=IFNA(VLOOKUP(B5,전산자료!A:B,2,0),"행사제외")
❶ ❷

❶의 결과 값에 #N/A 오류가 생기면 ❷를 표시합니다.

2 채우기 핸들로 [C11] 셀까지 드래그합니다. #N/A 오류가 표시됐던 [C11] 셀에 '행사제외'가 표시됩니다.

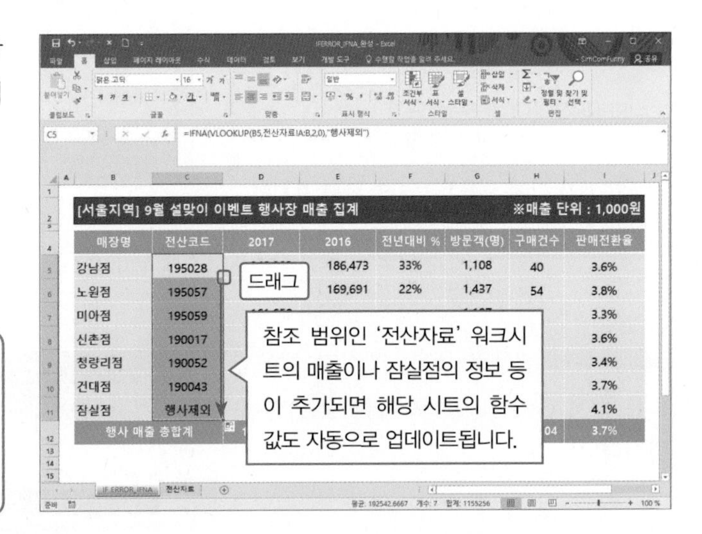

TIP

처음에 수식을 입력할 때부터 IFERROR, IFNA 함수를 추가했다면 오류가 없을 때는 결과 값이 제대로 표시되고, 오류가 있을 경우에는 지정한 문자나 공백으로 대체됩니다.

Skill Up 오류 메시지 종류

오류 메시지	의미
#DIV/0!	나눗셈에서 나누는 값이 0일 때
#REF!	참조 셀이 삭제되었을 때
#VALUE!	연산자나 인수의 형식이 잘못됐을 때
#N/A	참조 범위에서 찾는 값이 없을 때
#NAME	함수명/인수에 문자를 잘못 입력했을 때, 해당 버전에서 지원하지 않는 함수를 입력할 때
#NUM!	인수나 수식이 부정확해서 결과 값이 너무 크거나 작을 때
#NULL!	참조 범위의 교차 부분이 없을 때

2007 2010 2013 2016 2019

180 참조 범위에서 행 번호 값 추출하기_HLOOKUP 함수

HLOOKUP에서 'H'는 'Horizontal'의 약자로 '수평'을, 'Lookup'은 '찾다'를 뜻합니다. 즉, 가로 방향으로 정렬된 열 데이터 중에서 유사하거나 일치하는 값을 찾습니다. HLOOKUP 함수는 참조 범위에서 찾을 값의 행 번호에 따라 추출되는 값이 달라집니다. 인수의 구성을 순서대로 알아보기 위해 함수 마법사를 활용해 보겠습니다.

예제 파일 Part17\HLOOKUP.xlsx **완성 파일** Part17\HLOOKUP_완성.xlsx

HLOOKUP 함수	참조 범위에서 일치 값 또는 근사값을 찾아 지정된 행 번호의 값을 추출합니다. **=HLOOKUP(찾을 값,참조 범위,추출할 값의 행 번호,옵션)** ❶ ❷ ❸ ❹ ❶ 참조 범위에서 찾을 값입니다. ❷ 참조 범위는 찾을 값이 제일 위쪽 행에, 추출할 값이 아래쪽 행에 있어야 합니다. 근사값을 찾을 경우에는 열 참조 범위가 정렬되어야 유사한 값을 추출할 수 있습니다. ❸ 참조 범위의 시작 줄을 행 번호 1로 보고 추출할 값이 몇 번째 위치해 있는지를 셉니다. ❹ 근사값을 찾으려면 생략하거나 TRUE를 입력합니다. 일치하는 문자 값을 찾으려면 FALSE 또는 0을 입력합니다.

* 독자의 정확한 이해를 돕기 위해 이 책에서는 행(열) 머리글과 행(열) 번호를 다음과 같이 정의하였습니다. 행 번호는 '참조 범위의 셀을 기준으로 한 N번째 행'이고, 행 머리글은 '워크시트 왼쪽 가장자리에 입력된 숫자', 즉 셀 주소의 숫자입니다.

1 HLOOKUP 함수를 함수 마법사로 입력해 보겠습니다. [J9] 셀을 클릭하고 [수식] 탭–[함수 라이브러리] 그룹–[찾기/참조 영역]에서 [HLOOKUP]을 선택합니다.

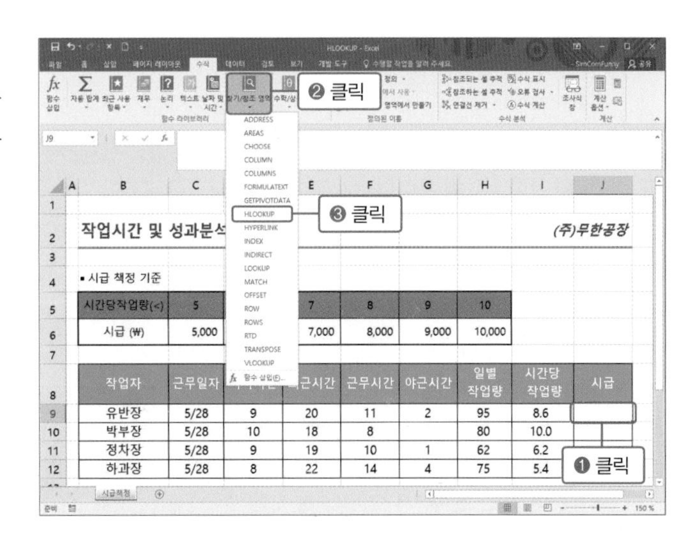

2 [함수 인수] 대화상자가 나타나면 4개의 인수를 선택할 수 있습니다. 'Lookup_value'에는 찾을 값 [I9] 셀을 입력합니다. 'Table_array'에 참조 범위를 입력하기 위해 [C5:H6] 셀을 선택합니다. 셀 주소가 입력되면 F4를 눌러 절대 참조로 변환합니다.

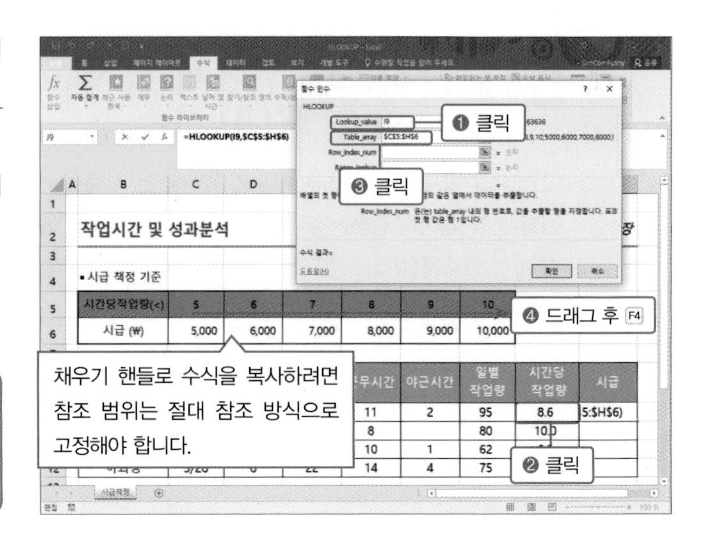

TIP

참조 범위의 시작은 찾을 값이 입력된 행을 기준으로 하고 추출할 값이 입력된 행을 아래에 포함해야 합니다.

3 'Row_index_num'에는 참조 범위에서 추출할 값이 입력된 행 번호 2를, 'Range_lookup'에는 참조 영역에서 찾을 값의 근사치를 추출하기 위해 **TRUE**를 입력하거나 생략합니다. [확인]을 클릭합니다.

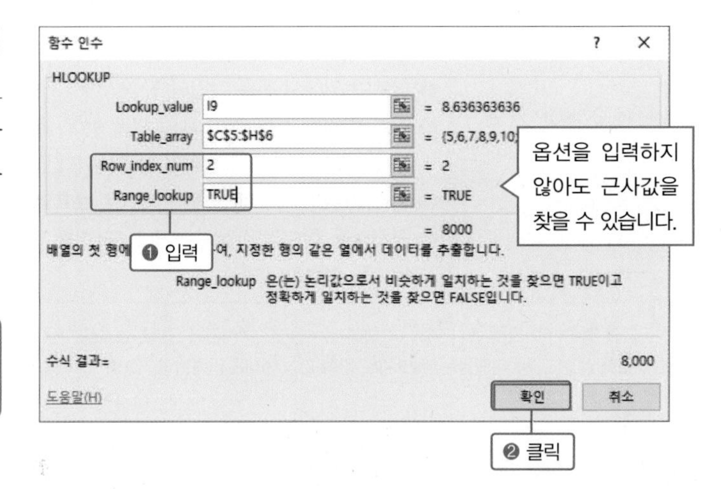

TIP

행 번호는 행 머리글에 표시된 숫자가 아니라 참조 범위의 시작 행으로부터 추출할 행의 순서입니다.

4 [J9] 셀의 수식 입력줄에 함수가 입력된 것을 확인할 수 있습니다. 채우기 핸들을 더블클릭하여 나머지 셀을 채웁니다.

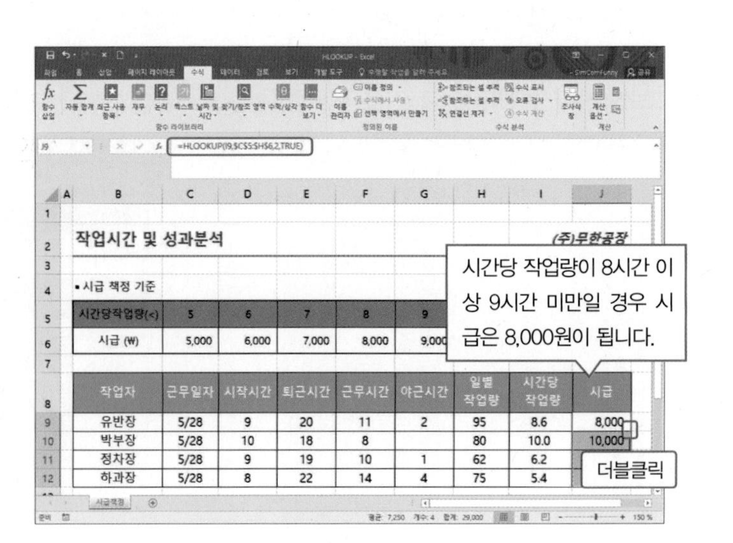

TIP

근사값을 찾을 때는 참조 범위가 정렬되어 있어야 합니다. 여기서는 왼쪽에서 오른쪽으로 오름차순으로 정렬되어서 근사값의 경우 왼쪽의 낮은 시급을 추출합니다.

181 참조할 표에서 근사값/일치값 추출하기_VLOOKUP 함수

VLOOKUP에서 'V'는 'Vertical'의 약자로 '수직'을, 'Lookup'은 '찾다.'를 뜻합니다. 세로 방향으로 정렬된 행 데이터에서 열 번호에 따라 찾을 값을 표시합니다. 숫자 범위에서 비슷한 값을 찾으려면 근사값 옵션을 생략해도 되지만, 코드번호처럼 일치값 옵션을 넣으면 공백이나 오타를 감안하지 않고 정확히 같은 문자만 찾습니다.

예제 파일 Part17\VLOOKUP_같은 시트.xlsx **완성 파일** Part17\VLOOKUP_같은 시트_완성.xlsx

<table>
<tr>
<td rowspan="2">VLOOKUP 함수</td>
<td>참조 범위에서 일치 값 또는 근사값을 찾아 지정된 열 번호의 값을 추출합니다.
=VLOOKUP(찾을 값,참조 범위,추출할 값의 열 번호,옵션)
❶ ❷ ❸ ❹</td>
</tr>
<tr>
<td>❶ 참조 범위에서 찾을 값입니다.
❷ 참조 범위는 찾을 값이 가장 왼쪽 열에, 추출할 값이 오른쪽 열에 있어야 합니다. 근사값을 찾을 경우에는 행 참조 범위가 오름차순으로 정렬되어야 유사한 값을 추출할 수 있습니다.
❸ 참조 범위의 시작 줄을 열 번호 1로 보고 추출할 값이 오른쪽으로 몇 번째 위치해 있는지를 셉니다.
❹ 근사값을 찾으려면 생략하거나 TRUE를 입력합니다. 일치값을 찾으려면 0 또는 FALSE을 입력합니다.</td>
</tr>
</table>

| 연봉 범위에 따른 세율의 근사값 찾기

1 각 직원별로 연봉 구간에 따른 적용 세율을 구하기 위해 [F4] 셀에 다음의 수식을 입력해 보겠습니다. =VLOOKUP(까지 입력하고 첫 번째 인수로 [G4] 셀을 클릭합니다.

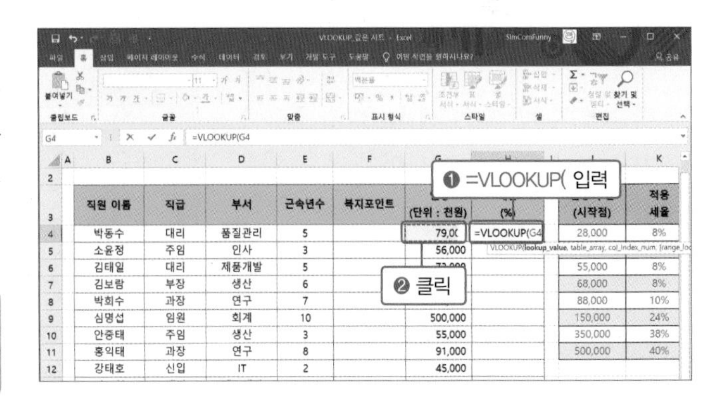

단축키

함수 마법사에서 인수 입력

=함수명까지 입력하고 Ctrl+A

수식

=VLOOKUP(G4,J:K,2)

❶ ❷ ❸

❶ [G4] 셀에 입력된 연봉을 찾습니다.

❷ 찾을 값인 연봉을 시작으로 추출할 값인 적용 세율까지를 참조 범위로 선택합니다.

❸ 참조 범위에서 추출할 '세율'의 열 번호입니다. 옵션을 생략하거나 TRUE를 입력해서 근사값을 찾습니다.

[G4] 셀에 입력된 연봉의 근사값을 찾아 [J:K] 셀의 두 번째 열(적용 세율) 값을 추출합니다.

2 두 번째 인수인 참조 범위를 입력하기 위해 쉼표(,)를 입력합니다. 연봉 시작점과 세율이 입력된 표를 참조하기 위해 [J:K] 열을 선택합니다.

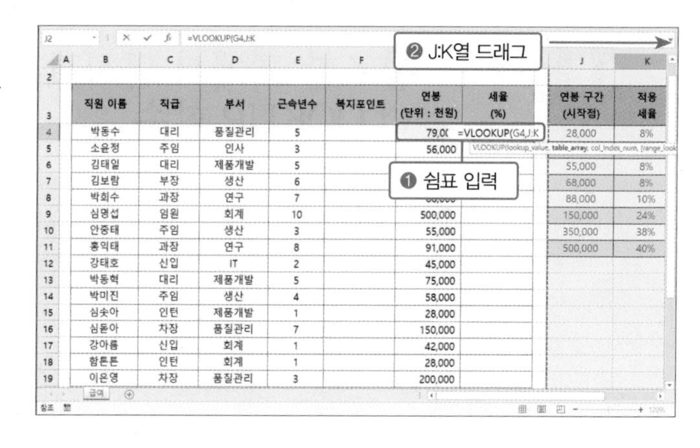

TIP

참조 범위는 표가 입력된 [$J$3:$K$11] 셀만 선택해도 됩니다. 단, 절대 참조로 고정해 주어야 합니다.

3 세 번째 인수를 입력하기 위해 쉼표를 입력하고 추출할 행 번호로 2를 입력합니다. 근사값을 찾을 때는 네 번째 인수를 생략해도 됩니다. 인수를 모두 입력하고 Enter를 누르면 닫힘 괄호가 자동으로 입력됩니다.

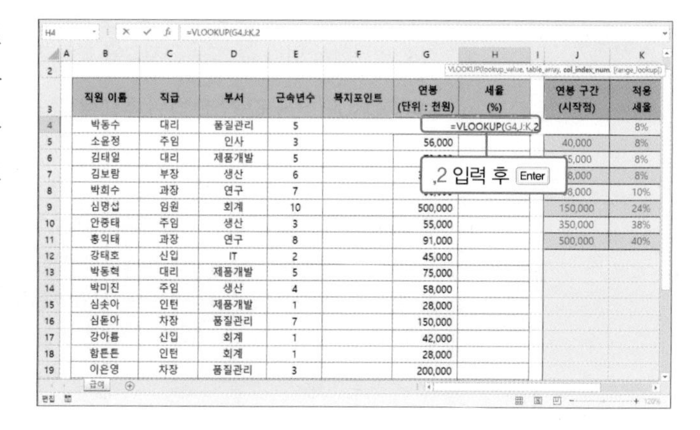

4 참조 범위 J열에서 [G4] 셀의 연봉 7,900만 원과 일치하는 값이 없어서 그보다 작은 6,800만 원의 세율, 8%가 적용됐습니다. 채우기 핸들로 나머지 셀도 채웁니다.

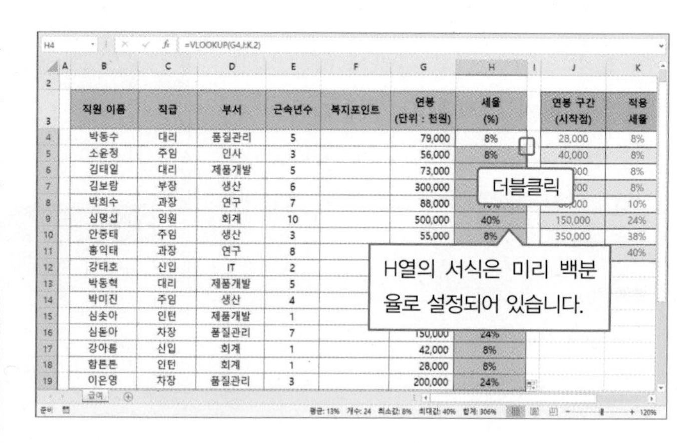

TIP

VLOOKUP 함수에서는 근사값 중에서 위의 행에 입력된 값을 참조합니다. 즉, 참조 범위를 오름차순으로 정렬해놓으면 찾을 값보다 작은 값을 근사값으로 추출하게 됩니다.

직급에 따른 복지 포인트 일치값 찾기

1 이번에는 직급별로 주어진 복지 포인트를 구하기 위해 다음의 수식을 입력해 보겠습니다. =VL까지만 입력하고 Tab을 누르면 =VLOOKUP(까지 입력이 됩니다.

VLOOKUP | =VL

	직원 이름	직급	부서	근속년수	복지포인트	연봉 (단위 : 천원)	세율 (%)		연봉 구간 (시작점)	적용 세율	직급	복지포인트
4	박동수	대리	품질관리	5	=VL	79,000	8%		28,000	8%	인턴	200
5	소윤정	주임	인사	3								
6	김태일	대리	제품개발	5		73,000	8%		55,000	8%	주임	600
7	김보람	부장	생산	6		300,000	24%		68,000	8%	대리	800
8	박희수	과장	연구	7		88,000	10%		88,000	10%	과장	1,000
9	심명섭	임원	회계	10		500,000	40%		150,000	24%	차장	1,200

VLOOKUP 배열의 첫 열에서 값을 검색하여, 지정한 열의 같은 행에서 데이터를 돌려줍니다. 기본적으로 오름차

입력

수식

=VLOOKUP(C4,$L$3:$M$11,2,0)

❶ ❷ ❹ ❺

❶ [C4] 셀에 입력된 직급을 찾습니다.

❷ 직급별 복지포인트가 입력된 표만 참조합니다.

❸ 참조 범위에서 직급이 일치할 경우에만 추출할 복지포인트의 열 번호입니다.

❹ 정확하게 일치하는 값을 찾기 위한 옵션으로 0 또는 FALSE를 입력합니다.

[C4] 셀에 입력된 직급과 일치하는 값만 찾아 [$L$3:$M$11] 범위에서 두 번째 열(복지포인트) 값을 추출합니다.

2 첫 번째 인수로 [C4] 셀을 클릭합니다.

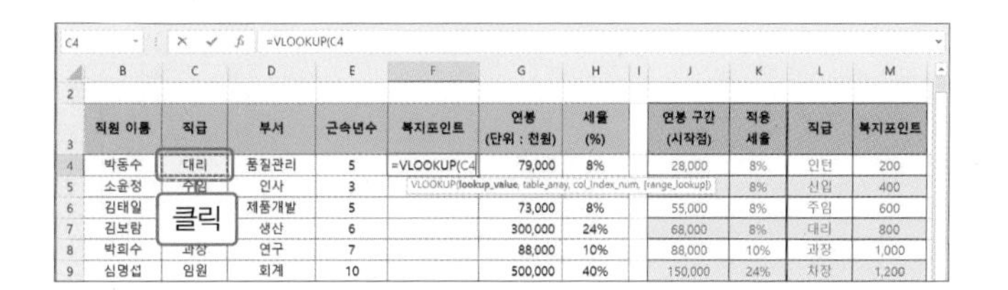

3 쉼표를 입력하고 두 번째 인수는 참조표 [L3:M11] 셀만 선택한 뒤, F4를 클릭해서 절대 참조로 변환합니다. 쉼표를 입력하고 세 번째 인수로 2를 입력합니다. 일치값을 찾기 위해 네 번째 인수를 선택해야 하므로 쉼표를 입력한 뒤 옵션 번호로 0을 입력하고 Enter를 클릭합니다.

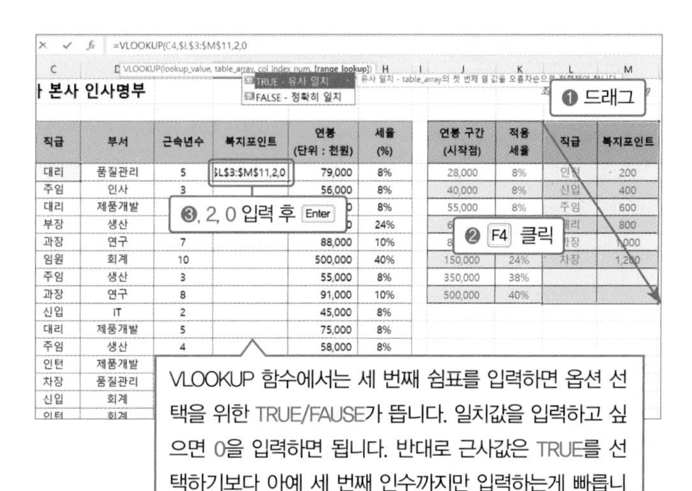

VLOOKUP 함수에서는 세 번째 쉼표를 입력하면 옵션 선택을 위한 TRUE/FAUSE가 뜹니다. 일치값을 입력하고 싶으면 0을 입력하면 됩니다. 반대로 근사값은 TRUE를 선택하기보다 아예 세 번째 인수까지만 입력하는게 빠릅니다. 이때 세 번째 쉼표는 입력하지 않아야 합니다.

TIP

M열에 입력된 날짜는 TODAY 함수로 표시형식이 '일반'일 경우 숫자로 표시됩니다. 만약 L열에 찾을 값(직급)이 입력된다면, 즉 참조범위에 찾을 값이 2개 이상 중복되면 더 위의 입력된 값을 추출하므로 주의합니다.

4 [F4] 셀에 대리의 복지 포인트인 800이 추출되었습니다. 그런데 '부장'과 '임원' 직급은 참조 범위에 없기 때문에 #N/A 오류가 나왔습니다.

=VLOOKUP(C4,$L$3:$M$11,2,0)

아 본사 인사명부

최종수정일 : 2019-08-19

직급	부서	근속년수	복지포인트	연봉 (단위 : 천원)	세율 (%)
대리	품질관리	5	800	79,000	8%
주임	인사	3	600	56,000	8%
대리	제품개발	5	800	73,000	8%
부장	생산	6	#N/A	300,000	24%
과장	연구	7	1000	88,000	10%
임원	회계	10	#N/A	500,000	40%
주임	생산	3	600	55,000	8%
과장	연구	8	1000	91,000	10%
신입	IT	2	400	45,000	8%
대리	제품개발	5	800	75,000	8%
주임	생산	4	600	58,000	8%
인턴	제품개발	1	200	28,000	8%
차장	품질관리	7	1200	150,000	24%
신입	회계	1	400	42,000	8%

연봉 구간 (시작점)	적용 세율	직급	복지포인트
28,000	8%	인턴	200
40,000	8%	신입	400
55,000	8%	주임	600
68,000	8%	대리	800
88,000	10%	과장	1,000
150,000	24%	차장	1,200
350,000	38%		
500,000	40%		

5 참조범위에서 찾을 값이 있는 [L3:L11] 셀 안에 **부장**과 **임원**을 입력해 보겠습니다. 복지포인트는 공란으로 두어도 0이 표시됩니다.

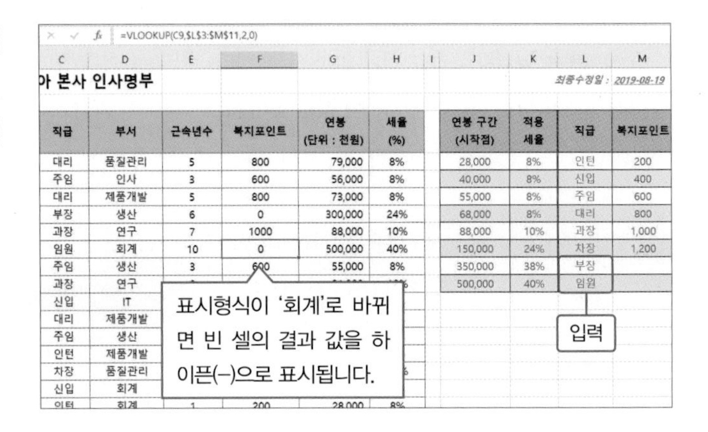

=VLOOKUP(C9,$L$3:$M$11,2,0)

아 본사 인사명부

최종수정일 : 2019-08-19

직급	부서	근속년수	복지포인트	연봉 (단위 : 천원)	세율 (%)
대리	품질관리	5	800	79,000	8%
주임	인사	3	600	56,000	8%
대리	제품개발	5	800	73,000	8%
부장	생산	6	0	300,000	24%
과장	연구	7	1000	88,000	10%
임원	회계	10	0	500,000	40%
주임	생산	3	600	55,000	8%
과장	연구				
신입	IT				
대리	제품개발				
주임	생산				
인턴	제품개발				
차장	품질관리				
신입	회계				

연봉 구간 (시작점)	적용 세율	직급	복지포인트
28,000	8%	인턴	200
40,000	8%	신입	400
55,000	8%	주임	600
68,000	8%	대리	800
88,000	10%	과장	1,000
150,000	24%	차장	1,200
350,000	38%	부장	
500,000	40%	임원	

표시형식이 '회계'로 바뀌면 빈 셀의 결과 값을 하이픈(–)으로 표시됩니다.
입력

182 다른 시트의 표 참조해서 요약 보고서 만들기_VLOOKUP 함수

전산 프로그램에서 다운로드한 원본 데이터를 참조하여 보고서를 만들 때 VLOOKUP 함수를 사용하면 원하는 항목만 요약할 수 있습니다. 다운로드한 자료와 보고서를 다른 시트로 분리하면 필요한 항목만 간단하게 나타낼 수 있고, 원본 데이터를 수정해도 함수로 연결된 요약 보고서의 결과 값은 자동 업데이트됩니다.

예제 파일 Part17\VLOOKUP_다른시트.xlsx **완성 파일** Part17\VLOOKUP_다른시트_완성.xlsx

| 다른 시트의 표 참조해서 연누계 매출 구하기

1 '전산자료' 워크시트를 참조하여 '보고서' 워크시트에 다음의 수식을 입력하려고 합니다. 우선 올해를 2020년이라고 가정하고 매장별 매출을 채워 넣겠습니다. '보고서' 워크시트의 [D5] 셀에 =VLOOKUP(B5,를 입력합니다.

수식

=VLOOKUP(B5,전산자료!B:F,2,0)

2 두 번째 인수는 다른 워크시트에서 참조 범위를 입력하려고 합니다. '전산자료' 워크시트를 클릭하여 전산코드와 연도별 매출 정보가 입력된 [B:F] 열을 드래그하면 수식 입력줄에 워크시트 이름과 셀 주소가 자동으로 입력됩니다.

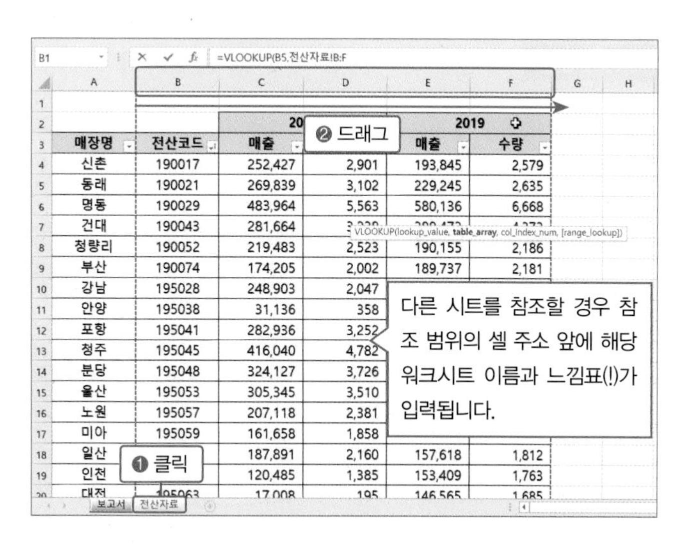
❷ 드래그
다른 시트를 참조할 경우 참조 범위의 셀 주소 앞에 해당 워크시트 이름과 느낌표(!)가 입력됩니다.
❶ 클릭

TIP

'보고서' 워크시트에 입력된 매장명과 '전산자료' 워크시트에 입력된 매장명이 다르기 때문에 전산코드를 참조 범위로 합니다.

3 쉼표를 입력하고 세 번째 인수로 추출할 열 번호 2를 입력합니다. 네 번째 인수에는 일치값 옵션 번호 0을 입력하고 Enter 를 누릅니다.

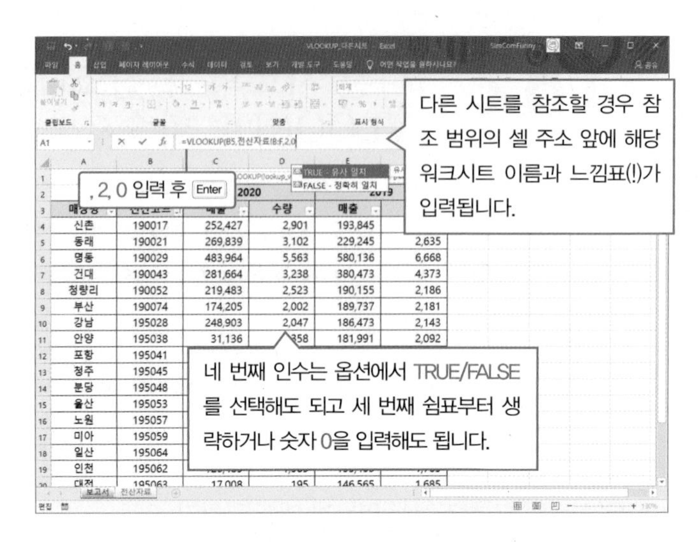

=VLOOKUP(B5,전산자료!B:F,2,0
, 2, 0 입력 후 Enter
TRUE - 유사 일치
FALSE - 정확히 일치
다른 시트를 참조할 경우 참조 범위의 셀 주소 앞에 해당 워크시트 이름과 느낌표(!)가 입력됩니다.
네 번째 인수는 옵션에서 TRUE/FALSE를 선택해도 되고 세 번째 쉼표부터 생략하거나 숫자 0을 입력해도 됩니다.

4 수식이 완성되면 처음에 수식을 입력했던 '보고서' 워크시트로 이동합니다. 함수를 입력했던 [D5] 셀에 2017년 강남역점의 매출이 추출되었습니다.

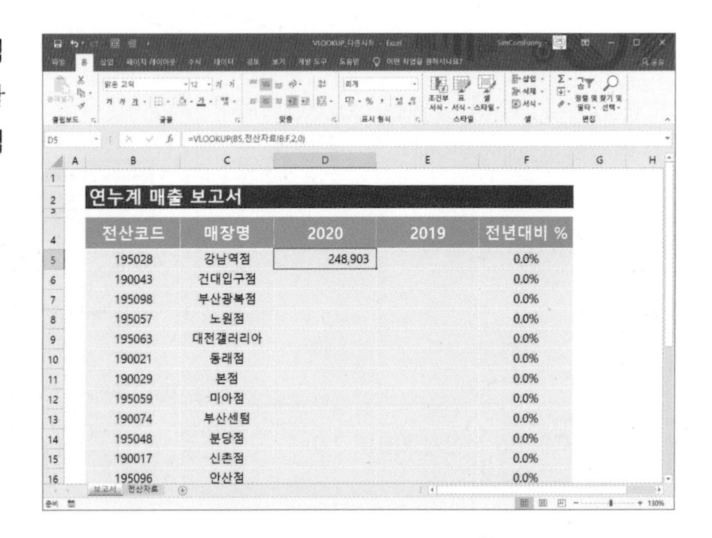

Skill Up VLOOKUP 함수 결과 값 검토하기

찾을 값인 강남점의 전산코드(195028)를 복사하고, 참조 범위 '전산자료' 워크시트에서 Ctrl+F를 눌러서 전산코드(195028)를 붙여넣기합니다. 강남점 행을 찾으면 두 번째 열의 2020년 매출액이 입력된 [C9] 셀 값을 확인할 수 있습니다.

	2020		2019		
매장명	전산코드	매출	수량	매출	수량
신촌	190017	252,427	2,901	193,845	2,579
동래	190021	269,839	3,102	229,245	2,635
명동	190029	483,964	5,563	580,136	6,668
건대	190043	281,664	3,238	380,473	4,373
청량리	190052	219,483	2,523	190,155	2,186
부산	190074	174,205	2,002	189,737	2,181
강남	195028	248,903	2,047	186,473	2,143
안양					2,092
포항					2,991
청주					3,760
분당					3,626
울산					3,285
노원					1,950
미아					-
일산					1,812
인천	195062	120,485	1,385	153,409	1,763

찾기 및 바꾸기
찾기(D) 바꾸기(P)
찾을 내용(N): 195028
옵션(T) >>
모두 찾기(I) 다음 찾기(F) 닫기

| 수식 복사해서 인수의 열 번호만 바꾸기

1 2019년 매출을 입력하기 위해 다음의 수식을 [E5] 셀에 입력하려고 합니다. 수식을 쉽게 입력하기 위해 [D5] 셀을 그대로 복사해서 붙여 넣고 열 번호만 2019년 매출에 해당하는 '4'로 바꿔보겠습니다. 우선 [D5] 셀을 클릭하고 수식 입력줄에서 수식을 복사합니다. Esc를 눌러서 수식 편집을 빠져나옵니다.

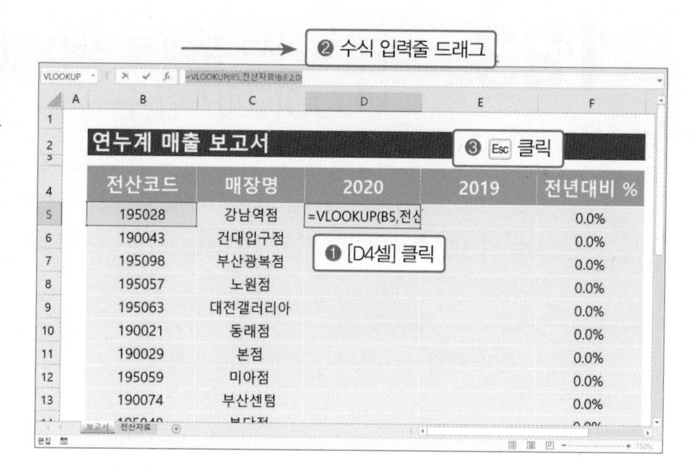

수식

=VLOOKUP(B5,전산자료!B:F,4,0)

TIP

워크시트의 셀에 입력된 수식을 다른 셀에 그대로 복사해서 붙여 넣을 경우, 상대 참조/절대 참조가 적용되어 참조할 셀의 주소가 바뀝니다. 그러나 수식 입력줄의 수식을 복사하면 문자 그대로 복사해서 붙여넣기할 수 있습니다. 단, 수식 입력줄을 클릭하면 편집 상태로 인식하므로 복사 후 반드시 Esc를 눌러서 빠져나온 뒤 붙여넣기할 셀을 클릭합니다.

2 [E5] 셀에 Ctrl+V를 눌러서 붙여넣기를 한 뒤, 쉼표 사이의 세 번째 인수만 4로 수정합니다.

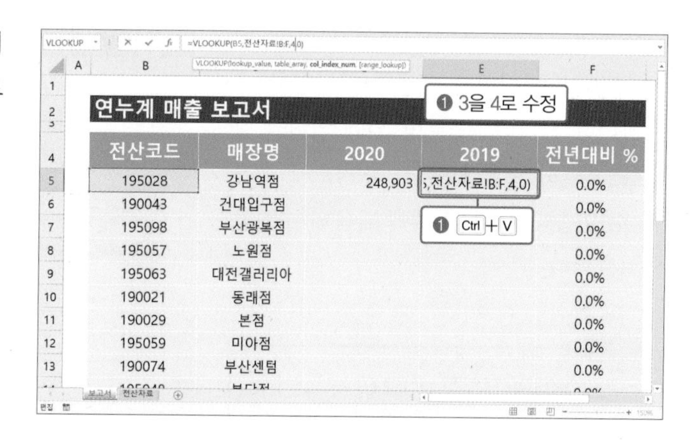

3 참조 범위에서 2019년 강남점 매출이 맞는지 확인하고, [D5:E5] 셀을 드래그 한 뒤 채우기 핸들로 나머지 셀도 채웁니다.

TIP

F열에는 전년대비 증감률을 나타내는 수식과 IFERROR 함수가 중첩되어 2020년과 2019년 매출이 모두 입력되면 자동으로 계산 결과가 보입니다. 자세한 설명은 342쪽을 참고하세요.

183 와일드카드 문자로 찾을 값의 일부 문자만 참조하기 _VLOOKUP 함수

함수에서 찾는 값이 정확히 기억나지 않거나 특정 문자를 포함한 다양한 값으로 범위를 확대하려면 와일드카드를 활용할 수 있습니다. 문자가 입력된 셀 주소와 와일드카드를 이어서 입력하려면 앰퍼샌드(&)로 연결합니다. 단, 와일드카드 기호는 문자에 속하므로 수식에 입력할 때는 큰따옴표 안에 입력해야 합니다.

예제 파일 Part17\VLOOKUP_와일드카드.xlsx **완성 파일** Part17\VLOOKUP_와일드카드_완성.xlsx

*	찾을 값에 입력된 문자의 개수와 텍스트를 전혀 모를 경우 대체할 위치에 한 번만 입력합니다. 앞 글자를 모르면 "*2016", 뒤 글자를 모르면 "엑셀*"와 같이 정확하지 않은 문자를 대체합니다.
?	찾을 값에 입력된 문자의 개수만 알고 일부 텍스트를 모를 경우 대체할 개수만큼 입력합니다. 엑셀 버전을 모른다면 "엑셀 20??"와 같이 뒤의 두 자리만 ?로 대체합니다.

| 뒤에 입력된 텍스트와 자릿수를 모를 때_별표(*)

오른쪽의 '단가표'를 참조하여 왼쪽의 '비품 주문서'에 입력된 제품명의 단가를 추출하려고 합니다. '제품명' 뒤에 입력된 단위를 정확히 모른다면 와일드카드를 응용할 수 있습니다. [E7] 셀에 다음의 수식을 입력합니다.

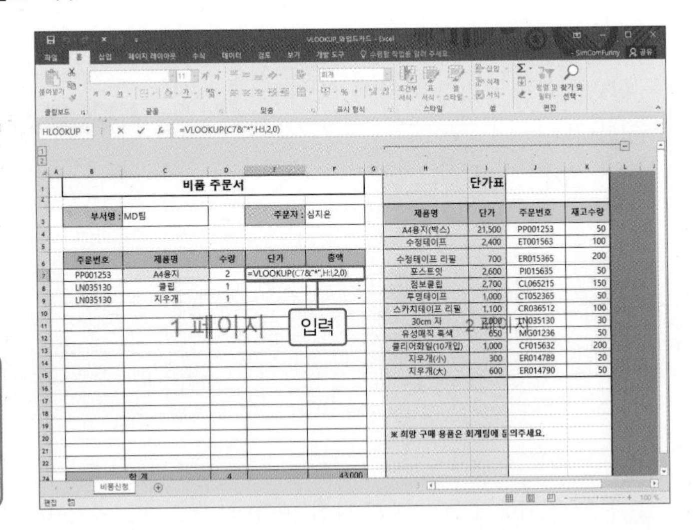

수식

=VLOOKUP(C7&"*",H:I,2,0)

[C7] 셀 값 뒤에 입력된 임의의 문자를 고려하여 찾습니다.

TIP

단가표에서 주문번호를 기준으로 단가를 찾으려면 주문번호(J열)가 참조 범위의 가장 왼쪽에 위치하고 단가(I열)는 오른쪽에 입력되어야 합니다.

| 앞에 입력된 텍스트와 자릿수를 모를 때_별표(*)

제품명의 앞 글자를 모르는 경우에도 별표(*)로 대체해서 입력할 수 있습니다. [E8] 셀에 다음의 수식을 입력합니다.

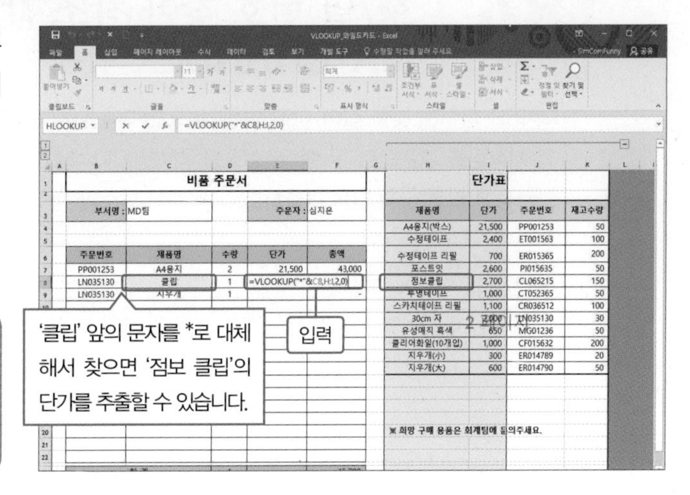

'클립' 앞의 문자를 *로 대체해서 찾으면 '점보 클립'의 단가를 추출할 수 있습니다.

수식

=VLOOKUP("*"&C8,H:I,2,0)

[C8] 셀 값 앞에 입력된 임의의 문자를 고려하여 찾습니다.

| 정확한 텍스트를 모를 때_물음표(?)

1 제품명의 글자 수만 아는 경우에는 글자 수만큼 물음표(?)로 대체해서 입력할 수 있습니다. [E9] 셀에 다음의 수식을 입력합니다.

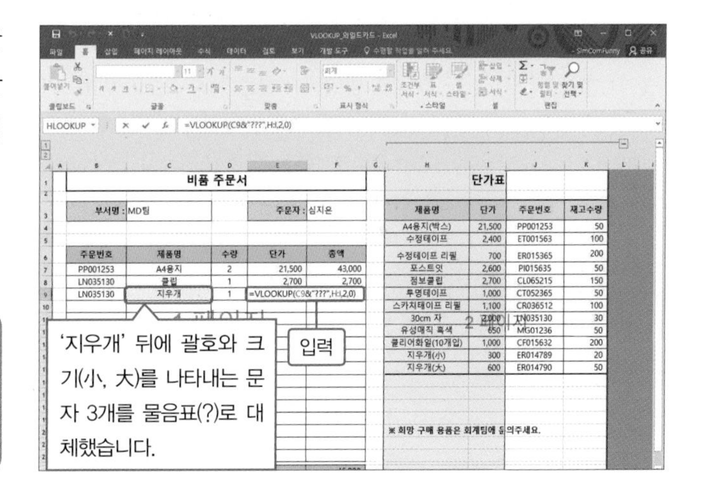

'지우개' 뒤에 괄호와 크기(小, 大)를 나타내는 문자 3개를 물음표(?)로 대체했습니다.

수식

=VLOOKUP(C9&"???",H:I,2,0)

[C9] 셀 값 뒤에 입력된 임의의 3글자를 고려하여 찾습니다.

2 물음표를 이용해 찾을 값의 일부만 참조하여 단가를 구했습니다.

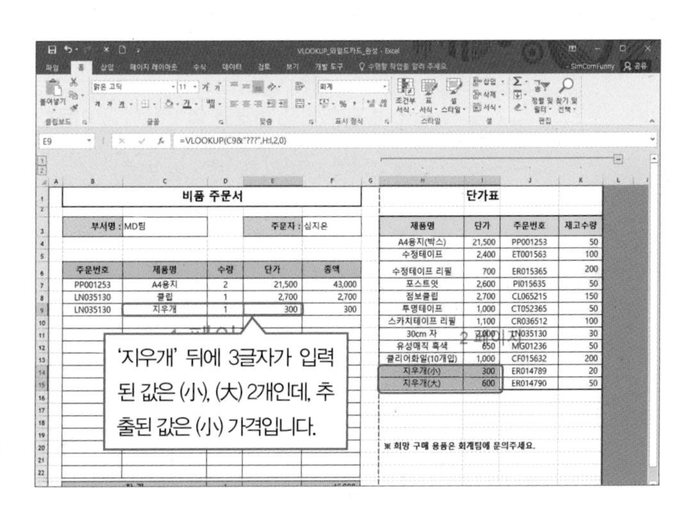

'지우개' 뒤에 3글자가 입력된 값은 (小), (大) 2개인데, 추출된 값은 (小) 가격입니다.

TIP

참조 범위에서 찾는 값이 각각 다른 추출 값을 가질 경우, 숫자가 낮은 행 번호의 값이 추출됩니다.

184 행/열 번호 찾아 참조 값 구하기_MATCH/INDEX 함수

MATCH 함수는 찾을 값이 참조 범위의 몇 번째에 위치했는지를 찾아줍니다. 추출된 숫자는 참조 범위의 시작점을 기준으로 한 행/열 번호를 의미합니다. INDEX 함수는 참조 범위를 기준으로 행/열 번호의 교차점에 입력된 셀 값을 추출하므로 MATCH 함수와 중첩하면 행/열 번호도 대신할 수 있습니다.

예제 파일 Part17\MATCH_INDEX.xlsx, MATCH 유사값.xlsx **완성 파일** Part17\MATCH_INDEX_완성.xlsx

MATCH 함수

참조 범위에서 찾을 값의 행 번호 또는 열 번호를 찾습니다.

=MATCH(찾을 값,참조 범위,찾기 옵션)
❶ ❷ ❸

❶ 참조 범위에서 찾을 값입니다.
❷ 값을 찾을 참조 범위입니다.
❸ 참조 범위에서 찾을 값의 기준이 되는 3가지 옵션입니다.

- 0 : 찾을 값과 정확히 일치하는 첫 번째 값의 행/열번호로 추출합니다.
- 1 또는 생략 : 오름차순(숫자<문자<논리값)으로 정렬된 참조 범위에서 유사값의 행/열번호로 추출합니다. 찾을 값 이하의 참조 범위에서 최대값을 추출합니다.
- –1 : 내림차순(논리값>문자>숫자값)으로 정렬된 참조 범위에서 유사값을 추출합니다. 찾을 값 이상의 참조 범위에서 최소값을 추출합니다.

예) 예산 40만 원과 근접한 항공권 금액 찾기

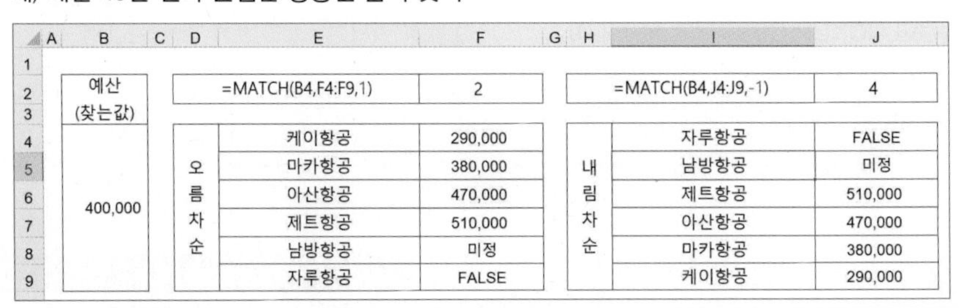

	B	D	E	F	H	I	J
2	예산		=MATCH(B4,F4:F9,1)	2		=MATCH(B4,J4:J9,-1)	4
3	(찾는값)						
4	400,000	오름차순	케이항공	290,000	내림차순	자루항공	FALSE
5			마카항공	380,000		남방항공	미정
6			아산항공	470,000		제트항공	510,000
7			제트항공	510,000		아산항공	470,000
8			남방항공	미정		마카항공	380,000
9			자루항공	FALSE		케이항공	290,000

INDEX 함수

참조 범위에서 행 번호와 열 번호만큼 이동한 교차점의 셀 값을 나타냅니다.

=INDEX(참조 범위,행 번호,열 번호)
❶ ❷ ❸

❶ 값을 찾을 참조 범위입니다.
❷ 참조 범위의 시작을 기준으로 행 방향으로 나열된 순번과 같습니다.
(행 번호가 양수면 아래로, 음수면 위로 순서가 정해집니다.)
❸ 참조 범위의 시작을 기준으로 열 방향으로 나열된 순번과 같습니다.
(열 번호가 양수면 오른쪽으로, 음수면 왼쪽 방향으로 순서가 정해집니다.)

* 단, 참조 범위가 하나의 행(열)일 경우, 열(행) 번호만 입력합니다.

| 행/열 번호 찾기_MATCH 함수

1 3월의 홈페이지 판매건수를 찾으려고 합니다. MATCH 함수로 '월'의 참조 범위에서 행 번호부터 찾아보겠습니다. [E6] 셀에 다음의 수식을 입력합니다.

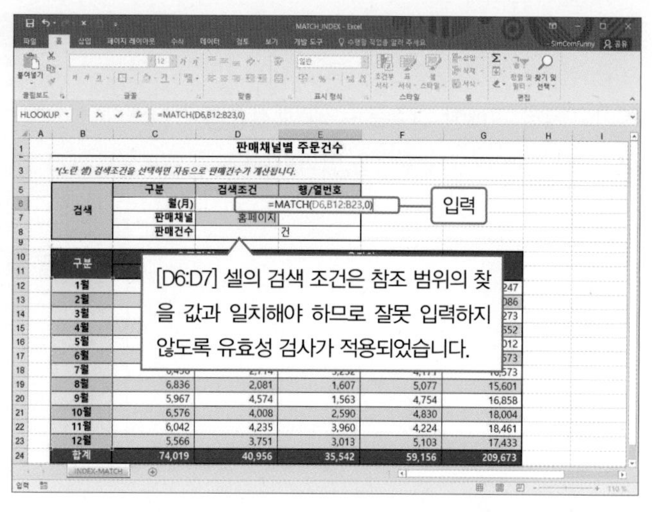

수식

=MATCH(D6,B12:B23,0)
❶ ❷ ❸

❶ [D6] 셀 값(3월)을 찾습니다.
❷ [B12:B23] 셀에서 ❶의 셀 값을 찾습니다.
❸ 정확히 일치하는 값을 찾습니다.

[B12:B23] 셀에서 [D6] 셀 값(3월)과 일치하는 행 번호를 찾습니다.

page 유효성 검사에 대한 자세한 내용은 440쪽을 참조하세요.

2 결과 값 3이 추출되었습니다. 참조 범위에서 수직 방향으로 세 번째 위치했다는 것으로, 이는 행 번호를 의미합니다. 이번에는 '홈페이지'가 입력된 열 번호를 찾기 위해 [E7] 셀에 다음의 수식을 입력하면 결과 값 3이 추출됩니다.

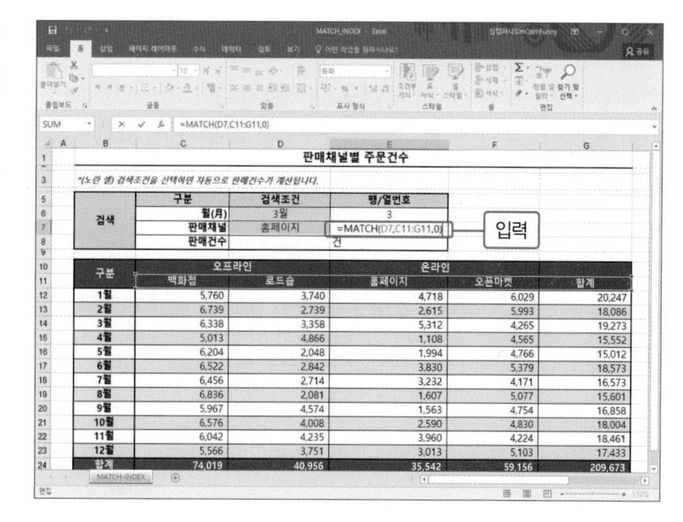

수식

=MATCH(D7,C11:G11,0)

❶ ❷ ❸

❶ [D7] 셀 값(홈페이지)을 찾습니다.
❷ [C11:G11] 셀에서 ❶의 셀 값을 찾습니다.
❸ 정확히 일치하는 값을 찾습니다.

[C11:G11] 셀에서 [D7] 셀 값(홈페이지)과 일치하는 열 번호를 찾습니다.

| 행/열 번호의 교차 값 찾기_INDEX 함수

1 MATCH 함수로 찾은 행 번호와 열 번호를 참조하여 INDEX 함수로 '3월'의 '홈페이지'에서 판매된 건수를 구해 보겠습니다. [D8] 셀에 다음의 수식을 입력합니다.

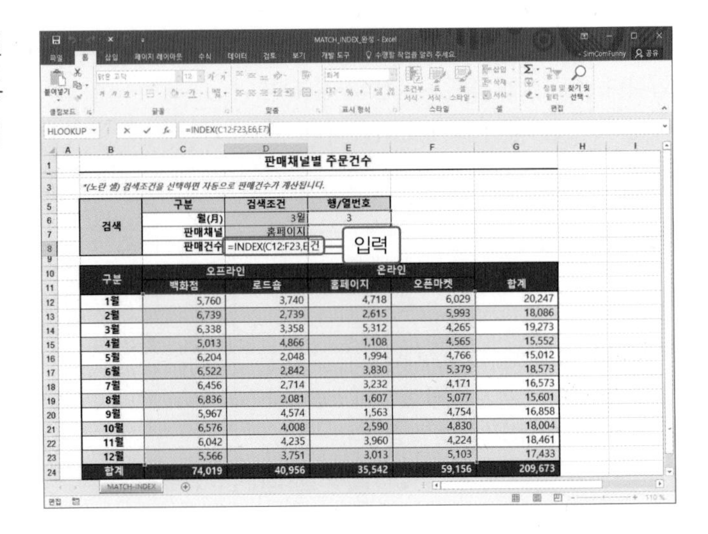

수식

=INDEX(C12:F23,E6,E7)

❶ [C12:F23] 셀을 참조합니다.

❷ 행 번호는 [E6]의 셀 값 3과 같습니다. 참조 범위의 시작점인 [C12] 셀을 포함하여 아래쪽 방향의 세 번째 칸은 14행입니다.

❸ 열 번호는 [E7]의 셀 값 3과 같습니다. 참조 범위의 시작점인 [C12] 셀을 포함하여 오른쪽 방향의 세 번째 칸은 E열입니다.

주문건수의 참조 범위인 [C12:F23] 셀에서 세 번째 행, 세 번째 열의 교차점은 [E14] 셀입니다.

2 전체 판매건수에서 3월에 홈페이지에서 판매된 건수가 추출되었습니다.

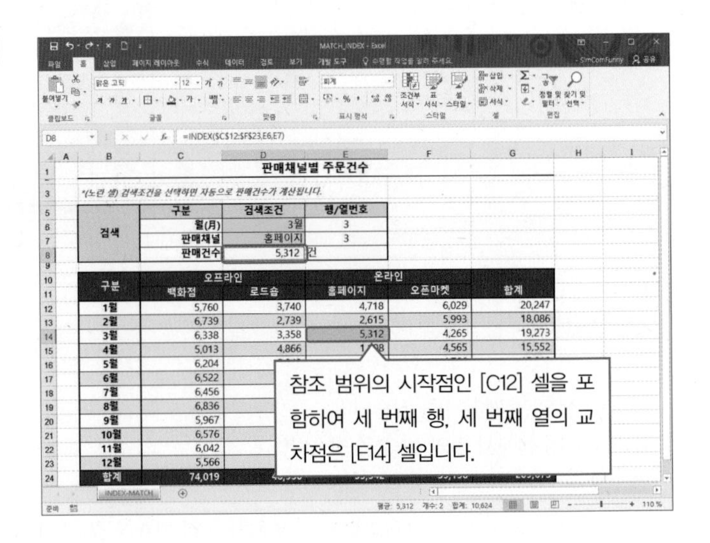

데이터베이스/배열 수식

자동화 서식은 매크로를 알아야 한다? 이런 편견을 깨고 데이터베이스 함수로 나만의 검색용 서식을 만들어 보세요. 성실히 관리된 데이터에 검색 조건만 입력하면 데이터베이스 함수가 열심히 계산해서 결과만 요약해 줍니다. 배열 수식은 수식을 중괄호로 감싸는 독특한 형식을 띠고, 일부 셀만 수정할 수 없다는 까다로운 면이 있지만, 중복 값이나 빈도수를 표시하는 반복 계산도 단번에 해결해 줍니다.

Preview

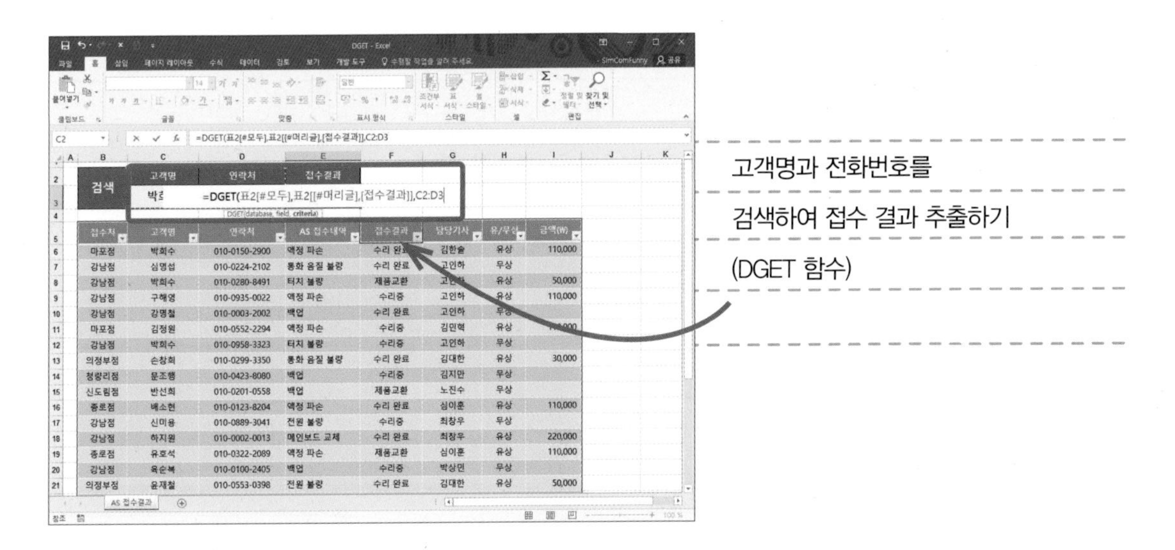

고객명과 전화번호를 검색하여 접수 결과 추출하기 (DGET 함수)

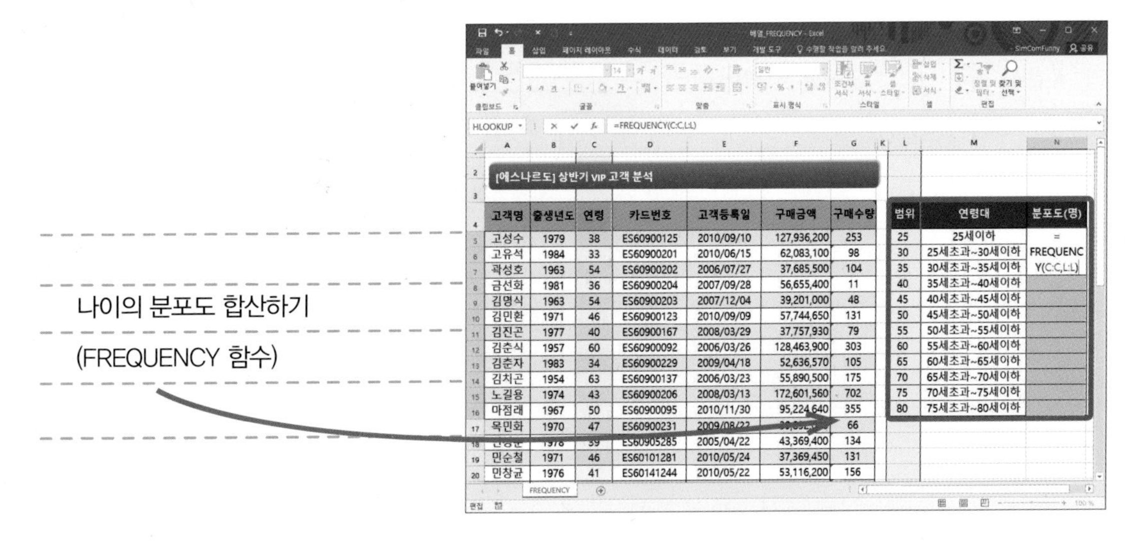

나이의 분포도 합산하기 (FREQUENCY 함수)

2007 2010 2013 2016 2019

185 조건과 일치하는 값의 합계/평균 구하기_DSUM/DAVERAGE 함수

DSUM/DAVERAGE 함수는 데이터베이스 함수로, 조건을 만족하는 값을 찾아 합계와 평균을 구할 때 사용합니다. SUMIF/AVERAGEIF 함수는 조건을 인수에 직접 입력하지만 데이터베이스 함수는 조건이 입력된 셀 주소를 간접적으로 참조합니다.

예제 파일 Part18\DSUM_DAVERAGE.xlsx **완성 파일** Part18\DSUM_DAVERAGE_완성.xlsx

DSUM 함수	참조 범위에서 조건과 일치하는 값의 합계를 구합니다. **=DSUM(참조 범위,추출할 값의 열 번호,조건 범위)**
DAVERAGE 함수	참조 범위에서 조건과 일치하는 값의 평균을 구합니다. **=DAVERAGE(참조 범위,추출할 값의 열 번호,조건 범위)**

TIP

데이터베이스 함수는 함수명이 다르더라도 다음과 같이 동일한 인수 구조를 가집니다.

❶ 참조 범위 : 필드명(표의 머리글)을 비롯해 찾을 값과 추출할 값을 포함해야 합니다.

❷ 열 번호(필드명) : 참조 범위의 시작열을 1로 간주하여 추출할 열의 순서를 숫자로 기입합니다. 추출할 필드명(또는 셀 주소)으로 대체할 수 있습니다.

❸ **조건 범위** : 참조 범위에서 찾을 필드명과 필드 값을 동일하게 입력한 셀 범위입니다.

| 조건과 일치하는 값의 합계 구하기_DSUM 함수

1 1월의 주문금액 합계를 구해 보겠습니다. 먼저 [C3:C4] 셀에 조건 범위를 입력합니다. [C3] 셀에는 참조 범위의 필드명과 똑같이 **월**을, [C4] 셀에는 검색어로 **1월**을 입력합니다.

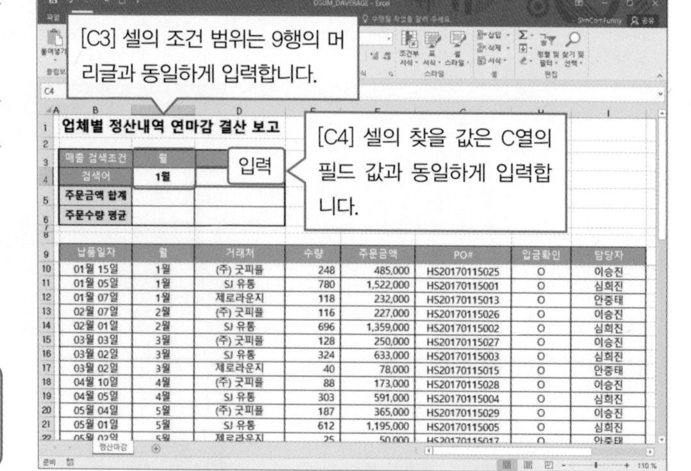

TIP

조건 범위는 표의 필드명/필드와 똑같이 입력해야 동일한 데이터 값을 찾아서 집계할 수 있습니다.

2 [C5] 셀에 다음의 수식을 입력합니다.

수식

=DSUM($B$9:$I$40,5,$C$3:$C$4)
❶ ❷ ❸

❶ [B9:I40] 셀을 참조합니다.
❷ ❸의 조건을 만족할 경우 참조 범위의 다섯 번째 열에 입력된 주문금액을 합산합니다.
❸ [C3:C4] 셀의 검색 조건을 ❶의 참조 범위에서 찾습니다.

참조 범위인 [B9:I40] 셀에서 [C3:C4] 셀에 입력된 조건과 일치하는 행을 찾습니다. 그 중 B열로부터 다섯 번째 열에 입력된 '주문금액'의 합계만 계산합니다.

TIP

수식을 복사하여 다른 함수에도 응용해서 사용하려면 참조 범위와 조건 범위를 절대 참조로 고정하는 것이 좋습니다.

3 1월 주문금액의 합계가 나타납니다. 1월의 주문금액이 입력된 [F10:F12] 셀을 선택하면 워크시트 아래쪽에 나타나는 합계 금액(2,239,000)과 같은 것을 확인할 수 있습니다.

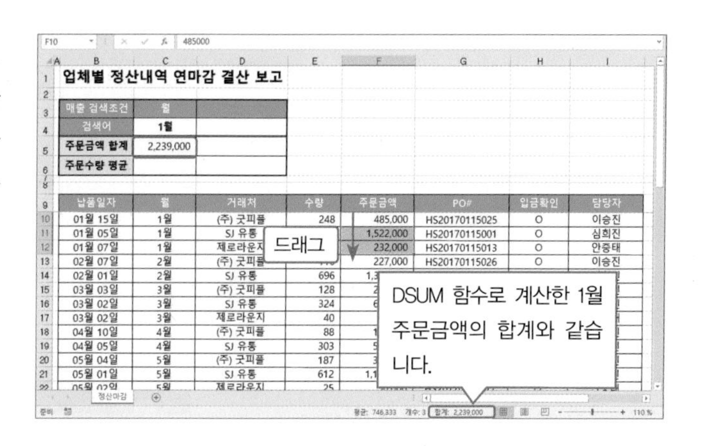

| 조건과 일치하는 값의 평균 구하기_DAVERAGE 함수

1 1월 주문수량의 평균을 구해 보겠습니다. [C5] 셀에 입력된 수식을 복사해서 [C6] 셀에 다음의 수식을 쉽게 입력해 보겠습니다. [C5] 셀의 채우기 핸들을 더블클릭하여 [C6] 셀을 채우고 자동 채우기 옵션에서 [서식 없이 채우기]를 선택합니다.

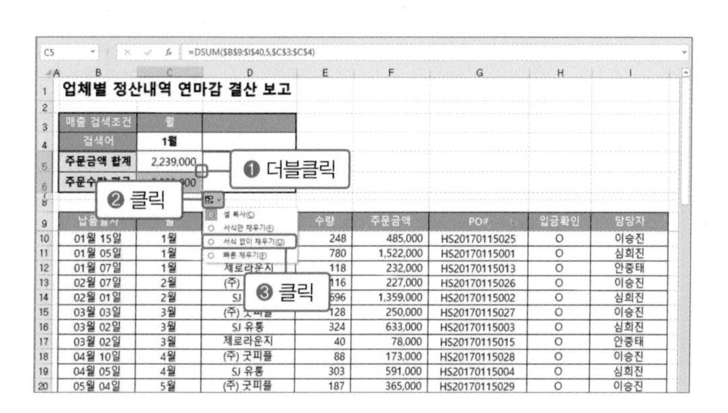

수식

=DAVERAGE($B$9:$I$40,4,$C$3:$C$4)
❶ ❷ ❸

❶ [B9:I40] 셀을 참조합니다.
❷ ❸의 조건을 만족할 경우 참조 범위의 네 번째 열에 입력된 주문금액의 평균을 구합니다.
❸ [C3:C4] 셀의 검색 조건을 ❶의 참조 범위에서 찾습니다.

참조 범위인 [B9:I40] 셀에서 [C3:C4] 셀에 입력된 조건과 일치하는 행을 찾습니다. 그중 B열로부터 네 번째 열에 입력된 '수량'의 평균을 계산합니다.

2 복사된 DSUM 함수를 DAVERAGE 함수로 수정합니다. 참조 범위와 조건 범위는 같지만 추출하려는 값은 주문수량이므로 두 번째 인수의 열 번호를 4로 수정합니다.

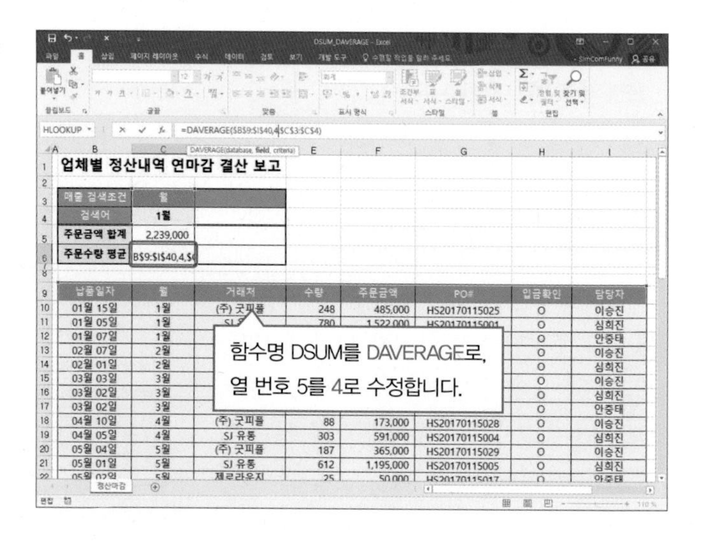
업체별 정산내역 연마감 결산 보고
함수명 DSUM를 DAVERAGE로, 열 번호 5를 4로 수정합니다.

3 1월 주문수량의 평균이 나타납니다. 1월 주문수량이 입력된 [E10:E12] 셀을 선택하면 워크시트 아래쪽에 나타나는 평균(382)과 같다는 것을 확인할 수 있습니다.

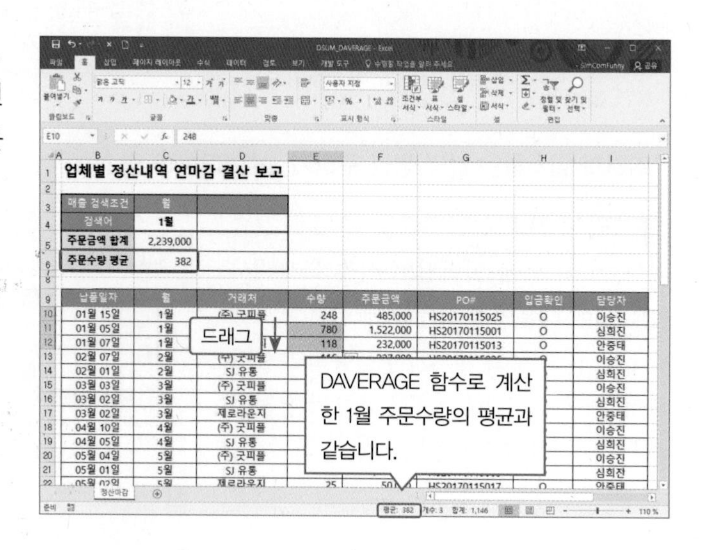
업체별 정산내역 연마감 결산 보고
드래그
DAVERAGE 함수로 계산한 1월 주문수량의 평균과 같습니다.

186 조건과 일치하는 값 중 최대값/최소값 추출하기 _DMAX/DMIN 함수

DMAX/DMIN 함수는 MAXIFS/MINIFS 함수와 비슷합니다. 조건을 만족하는 값 중에서 최대값과 최소값을 추출합니다. 조건 범위는 참조 범위의 필드명과 똑같이 입력해야 하고, 열 번호는 필드명을 직접 입력하거나 셀 주소로 대체될 수 있습니다.

예제 파일 Part18\DMAX.xlsx **완성 파일** Part18\DMAX_완성.xlsx

DMAX 함수	참조 범위에서 조건과 일치하는 값 중 최대값을 구합니다. **=DMAX(참조 범위,추출할 값의 열 번호,조건 범위)**
DMIN 함수	참조 범위에서 조건과 일치하는 값 중 최소값을 구합니다. **=DMIN(참조 범위,추출할 값의 열 번호,조건 범위)**

1 담당자별 최대 주문금액을 구해 보겠습니다. [G3] 셀의 검색 조건은 '담당자'로, [G4] 셀의 검색어는 '이승진'으로 입력하고 다음의 수식을 입력합니다.

수식

[G5] 셀 수식
=DMAX($B$9:$I$40,5,$G$3:$G$4)
[G6] 셀 수식
=DMIN($B$9:$I$40,5,$G$3:$G$4)

HLOOKUP =DMAX($B$9:$I$40,5,$G$3:$G$4)

❶ 입력

'입금 확인 건수'에 이미 DCOUNTA 함수가 입력되어 검색 조건이 변하면 셀 값이 자동으로 업데이트됩니다.

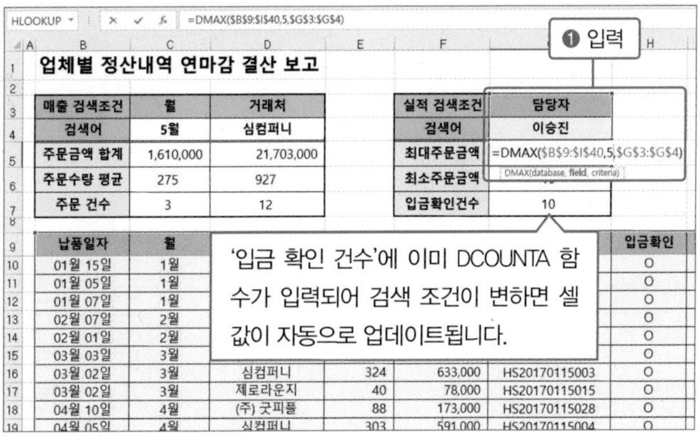

2 결과 값이 나오면 해당 담당자만 필터링하거나 주문금액을 정렬해서 최대/최소값을 확인해 볼 수 있습니다.

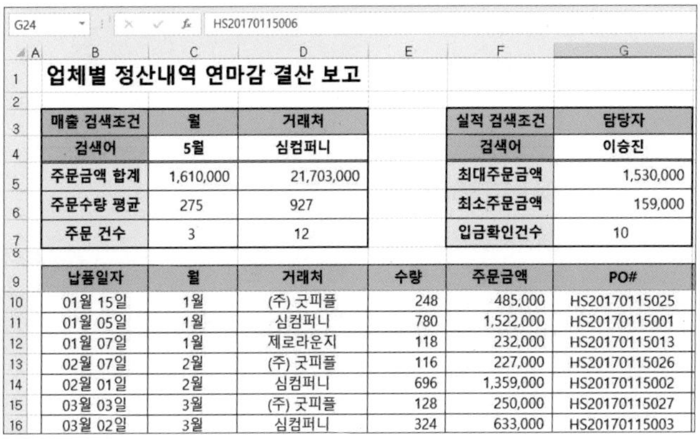

G24 HS20170115006

업체별 정산내역 연마감 결산 보고

매출 검색조건	월	거래처		실적 검색조건	담당자
검색어	5월	심컴퍼니		검색어	이승진
주문금액 합계	1,610,000	21,703,000		최대주문금액	1,530,000
주문수량 평균	275	927		최소주문금액	159,000
주문 건수	3	12		입금확인건수	10

납품일자	월	거래처	수량	주문금액	PO#
01월 15일	1월	(주) 굿피플	248	485,000	HS20170115025
01월 05일	1월	심컴퍼니	780	1,522,000	HS20170115001
01월 07일	1월	제로라운지	118	232,000	HS20170115013
02월 07일	2월	(주) 굿피플	116	227,000	HS20170115026
02월 01일	2월	심컴퍼니	696	1,359,000	HS20170115002
03월 03일	3월	(주) 굿피플	128	250,000	HS20170115027
03월 02일	3월	심컴퍼니	324	633,000	HS20170115003

page 필터에 대한 자세한 설명은 209쪽을, 필터링한 값의 최대/최소값만 구하는 법은 SUBTOTAL 함수를 참고합니다.

2007 2010 2013 2016 2019

187 조건과 일치하는 셀의 개수 세기_DCOUNT/DCOUNTA 함수

DCOUNT/DCOUNTA 함수는 COUNTIFS 함수와 비슷합니다. 조건을 만족하는 필드 값 중에서 문자나 숫자가 입력된 셀의 개수를 셀 때 사용합니다. 인수에서 입력할 조건 범위는 참조 범위의 필드명과 필드를 똑같이 입력해야 합니다. 열 번호는 필드명 또는 셀 주소로 대체될 수 있습니다.

예제 파일 Part18\DCOUNT.xlsx **완성 파일** Part18\DCOUNT_완성.xlsx

DCOUNT 함수	참조 범위에서 조건과 일치하는 숫자 셀의 개수를 셉니다. **=DCOUNT(참조 범위,추출할 값의 열 번호,조건 범위)**
DCOUNTA 함수	참조 범위에서 조건과 일치하는 셀 중 문자나 숫자가 입력된 셀의 개수를 셉니다. **=DCOUNTA(참조 범위,추출할 값의 열 번호,조건 범위)**

조건에 맞는 숫자 개수 구하기_DCOUNT 함수

1 월별 거래처의 총 주문건수를 구해 보겠습니다. [C4] 셀의 검색어로 **5월**을 입력하고, [D4] 셀에 **심컴퍼니**를 입력합니다. [C7] 셀과 [D7] 셀에 다음의 수식을 쉽게 입력해 보겠습니다. [C6:D6] 셀의 채우기 핸들을 아래로 드래그하여 [C7:D7] 셀을 채웁니다.

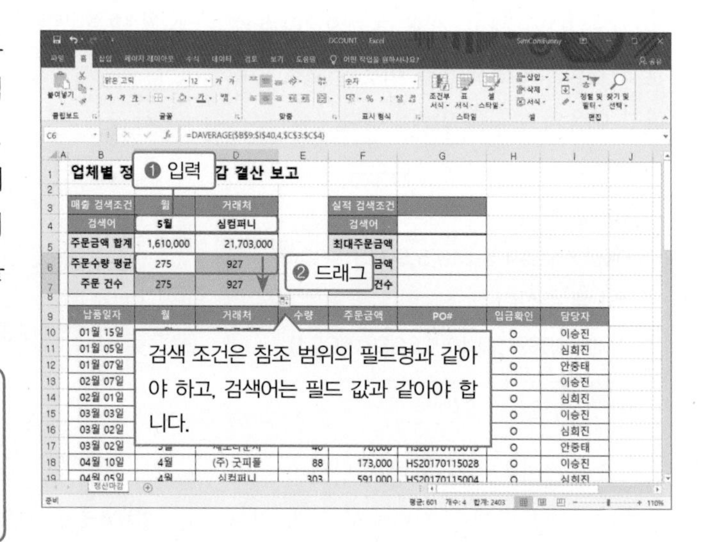

❶ 입력
❷ 드래그
검색 조건은 참조 범위의 필드명과 같아야 하고, 검색어는 필드 값과 같아야 합니다.

TIP

[C5:D6] 셀에는 DSUM/DAVERAGE 함수가 미리 입력되어 있습니다. 그래서 4행에 검색어를 입력하지 않으면 전체 주문금액의 합계와 평균이 계산됩니다.

수식

C7셀=DCOUNT($B$9:$I$40,4,$C$3:$C$4)

D7셀=DCOUNT($B$9:$I$40,4,$D$3:$D$4)

❶ ❷ ❸

❶ 참조 범위인 [B9:I40] 셀에서 ❸ [C3:C4] 셀에 입력된 조건과 일치하는 값을 찾아 ❷ 네 번째 열에 입력된 숫자의 개수를 구합니다.

Skill Up 숫자가 입력된 셀의 개수만 세는 DCOUNT 함수

주문 건수를 세기 위해서는 숫자가 입력되어 있는 열 번호(1, 4, 5)를 참조해야 합니다. 다만 '납품일자'의 경우 표시 형식에 의해 문자가 조합되어 보일 뿐, 엑셀에서 날짜는 숫자로 분류됩니다.

2 [C7:D7] 셀에는 [C6:D6] 셀 수식이 그대로 복사되었습니다. 각각 함수명을 **DCOUNT**로만 수정하면 쉽게 수식이 완성됩니다.

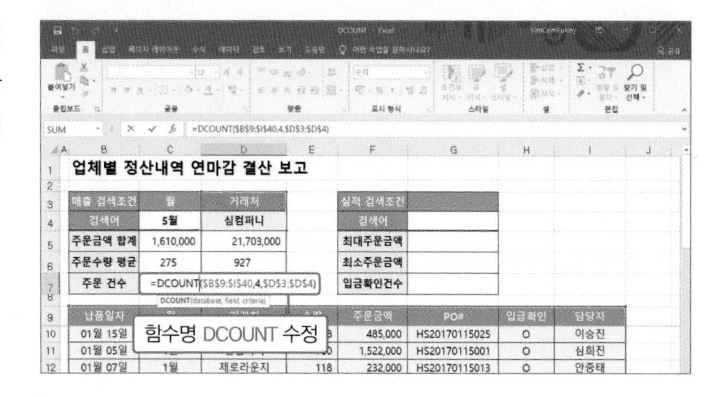

| 조건에 맞는 숫자/문자 개수 구하기_DCOUNTA 함수

1 담당자별 입금 확인 건수를 구하기 위해 [G7] 셀에 다음의 수식을 쉽게 입력해 보겠습니다. [G3] 셀의 검색 조건은 **담당자**로, [G4] 셀의 검색어는 **안중태**로 입력합니다. [D7] 셀을 복사하여 [G7] 셀에 붙여 넣은 후 [G7] 셀의 함수명을 **DCOUNTA**로, 열 번호는 7로 수정합니다.

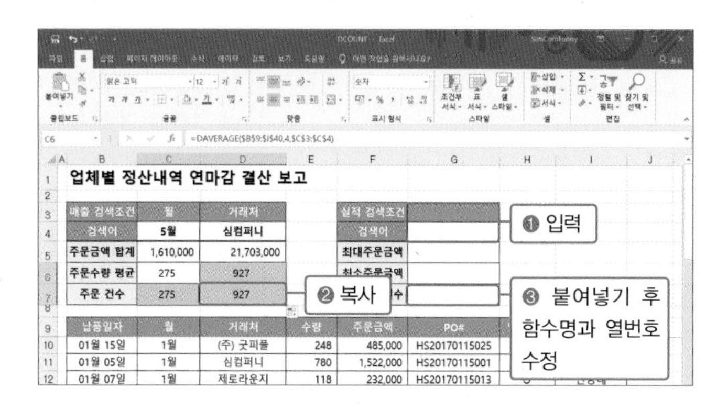

수식

=DCOUNTA($B$9:$I$40,7,$G$3:$G$4)
❶ ❷ ❸

❶ [B9:I40] 셀에서 ❸ [G3:G4] 셀에 입력된 조건과 일치하는 값을 찾은 뒤 ❷ 일곱 번째 열의 '입금 확인'이 표시된 셀의 개수를 구합니다.

TIP

DCOUNT 함수는 숫자의 개수만 세는 반면 DCOUNTA 함수로 공백이 아닌 모든 숫자/문자의 개수를 셉니다.

2 조건 범위를 [$G$3:$G$4]로 수정하기 위해 [D3:D4] 셀 테두리를 [G3:G4] 셀로 드래그하거나 직접 입력합니다. Enter를 눌러 수식을 완성하면 입금 확인이 표시된 셀 개수만 집계됩니다.

2007 2010 2013 2016 2019

188 다중 조건을 만족하는 값 추출하기_DGET 함수

DGET 함수는 IF 함수와 VLOOKUP 함수를 중첩한 결과와 비슷합니다. 참조 범위에서 조건에 맞는 값을 찾아 열 번호에 맞는 값을 추출합니다. 데이터베이스가 입력된 참조 범위를 엑셀 표로 전환하면 데이터가 추가될 때마다 참조 범위도 자동으로 확장되어 문서를 쉽게 업데이트할 수 있습니다.

예제 파일 Part18\DGET.xlsx **완성 파일** Part18\DGET_완성.xlsx

DGET 함수	참조 범위에서 조건과 일치하는 값을 구합니다. **=DGET(참조 범위,추출할 값의 필드명 또는 열 번호,조건 범위)**

고객 정보를 입력하여 접수 결과를 조회해 보겠습니다. [E3] 셀에 다음의 수식을 입력하면 [F6] 셀에 입력된 '수리 완료'가 추출됩니다. '고객명'이 중복될 경우, #NUM! 오류가 나타납니다. 고유값만 찾기 위해 '전화번호'나 '접수처' 같은 검색 조건을 추가했습니다.

page 엑셀 표에 대한 설명은 84쪽을 참고하세요.

수식

=DGET(B5:I31,F5,C2:D3)

❶ [B5:I31] 셀을 참조합니다.
❷ 추출할 열의 필드명(접수 결과)이 입력된 셀 주소 또는 열 번호(5)를 참조합니다.
❸ [C2:D3] 셀의 조건을 모두 만족하는 값을 찾습니다.

[B5:I31] 셀에서 [C2:D3] 셀의 조건을 만족하는 '접수결과' 값을 추출합니다.

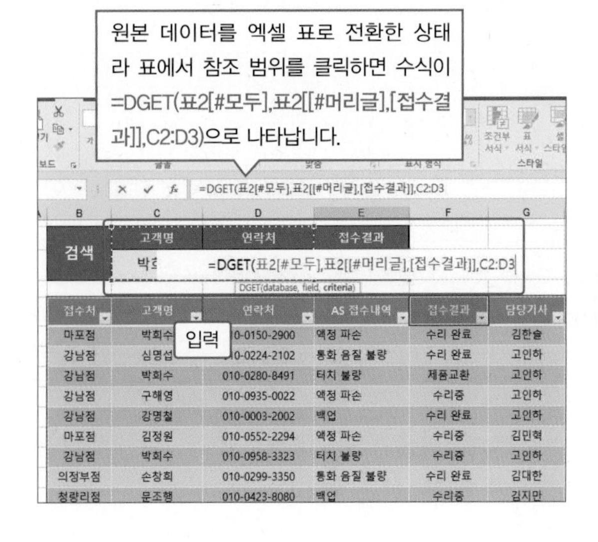

원본 데이터를 엑셀 표로 전환한 상태라 표에서 참조 범위를 클릭하면 수식이 =DGET(표2[#모두],표2[[#머리글],[접수결과]],C2:D3)으로 나타납니다.
입력

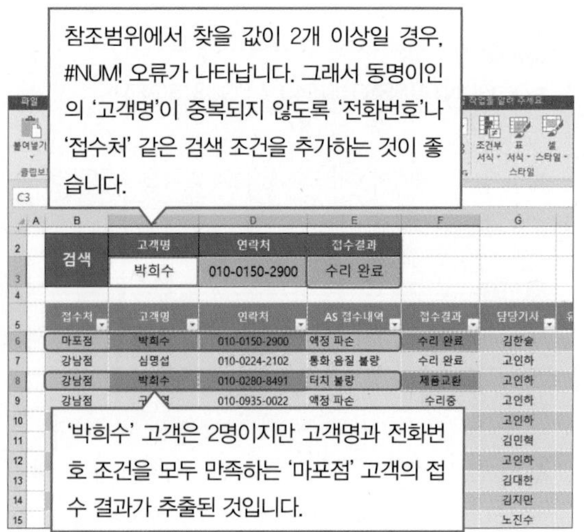

참조범위에서 찾을 값이 2개 이상일 경우, #NUM! 오류가 나타납니다. 그래서 동명이인의 '고객명'이 중복되지 않도록 '전화번호'나 '접수처' 같은 검색 조건을 추가하는 것이 좋습니다.
'박희수' 고객은 2명이지만 고객명과 전화번호 조건을 모두 만족하는 '마포점' 고객의 접수 결과가 추출된 것입니다.

2007 2010 2013 2016 2019

189 배열 수식으로 총 합계 구하기

일반 수식은 참조 값과 연산 기호를 입력해야 하는 반면, 함수는 함수 이름과 인수를 통해 자동 계산됩니다. 배열 수식은 연산 기호와 함수의 형태를 혼합한 형태로, 2개 이상의 참조 범위를 배열 순서에 맞춰 한꺼번에 계산할 수 있습니다.

예제 파일 Part18\배열수식.xlsx **완성 파일** Part18\배열수식_완성.xlsx

| 배열 수식으로 총 합계 구하기

1 총 재고수량과 판매가가 같은 행에 나란히 위치해 있어서 배열 수식을 활용해 보려고 합니다. [G11] 셀에 중괄호({ })를 제외한 다음의 수식을 입력합니다.

수식

{=SUM(F4:F10*G4:G10)}

'총 재고 수량' 열([F4:F10] 셀)과 '판매가' 열([G4:G10] 셀)을 곱한 값을 더합니다.

TIP

재고수량이 입력된 [F4:F10] 셀과 판매가가 입력된 [G4:G10] 셀은 각각 한 줄씩 곱해져야 하므로 두 범위 사이에 곱하기(*) 연산자를 넣어줍니다. 각각의 판매가를 더하기 위해 배열 수식으로 SUM 함수를 중첩합니다.

중괄호({ })를 제외한 수식만 입력하면 기존 함수식의 인수 입력 방법과 다르기 때문에 오류가 나타납니다.

=SUM(F4:F10*G4:G10)

셔츠 재고 수량 및 금액

셔츠 코드번호	서울점	해운대점	제주점	송도점	총 재고수량	판매가(₩)
SH045-WH	42	23	59	84	208	37,510
SH051-PP	34	45	38	42	159	56,700
SH064-BG	30	35	45	24	134	35,000
SH152-PK	42	75	56	26	199	37,900
SH256-BL	48	85	41	34	208	48,300
SH495-PP	26	46	26	52	150	125,2
SH511-YL	42	54	45	24	165	162,000
총 재고수량 및 금액	264	363	310	286	1,223	=SUM(F4:F10*G4:G10)

입력

2 [G11] 셀에 입력된 수식을 배열 수식으로 바꾸려면 수식을 입력한 후 Ctrl + Shift + Enter 를 누릅니다.

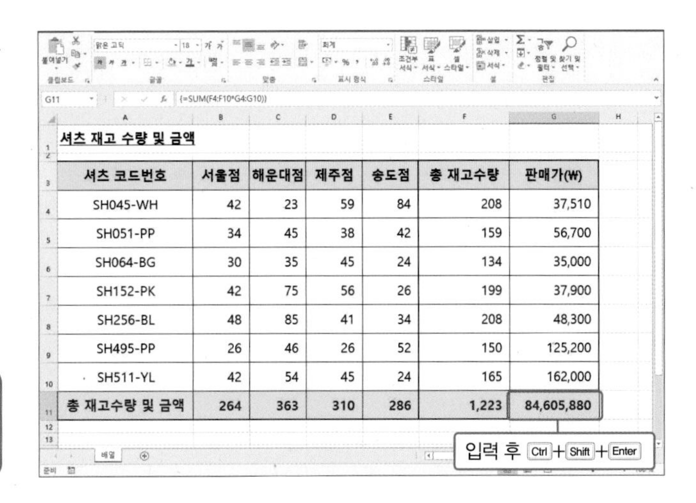

{=SUM(F4:F10*G4:G10)}

셔츠 재고 수량 및 금액

셔츠 코드번호	서울점	해운대점	제주점	송도점	총 재고수량	판매가(₩)
SH045-WH	42	23	59	84	208	37,510
SH051-PP	34	45	38	42	159	56,700
SH064-BG	30	35	45	24	134	35,000
SH152-PK	42	75	56	26	199	37,900
SH256-BL	48	85	41	34	208	48,300
SH495-PP	26	46	26	52	150	125,200
SH511-YL	42	54	45	24	165	162,000
총 재고수량 및 금액	264	363	310	286	1,223	84,605,880

TIP

배열 수식은 참조 범위의 일부만 수정하거나 삭제할 수 없습니다.

Skill Up 곱셈과 덧셈 한 번에 계산하기_SUMPRODUCT 함수

SUMPRODUCT 함수에서 SUM은 합계를, PRODUCT는 곱셈을 구하는 함수로 덧셈과 곱셈을 한 번에 구할 수 있습니다. 앞서 배운 배열 수식과 비슷하게 나란히 배열된 참조 범위를 곱하고 그 곱한 값들을 더해 하나의 셀에 최종 값이 요약됩니다.

예제 파일 Part18\SUMPRODUCT.xlsx **완성 파일** Part18\SUMPRODUCT_완성.xlsx

1. [G5] 셀에 제품별 판매가와 주간 판매수량을 곱한 값의 합계를 구하려고 합니다. [G5] 셀에 다음의 수식을 입력합니다.

수식

=SUMPRODUCT($B$4:$E$4,B5:E5)

[Weekly report] 신상품 주간 판매현황

SKU#	SH045-WH	SH051-PP	SH064-BG	SH152-PK	주간 합계	
판매가	168,000	158,000	129,000	99,000	판매수량	총매출
3월 1째주	42	23	59	84	208	=SUMPRODUCT($B$4:$E$4,B5:E5
3월 2째주	34	45	38	42	159	
3월 3째주	30	35	45	24	134	
3월 4째주	42	75	56	26	199	
상품별 판매량	148	178	198	176	700	

입력

2. [G5] 셀에 3월 첫째 주 매출이 추출되었습니다. [G5] 셀의 채우기 핸들로 나머지 셀을 채운 뒤 자동 채우기 옵션에서 [서식 없이 채우기]를 선택합니다. 셀 값을 확인하려면 [B11] 셀에 =B4*B5을 입력하고 [E11] 셀까지 드래그합니다. 워크시트 아래에 요약된 합계는 [G5] 셀 값과 같습니다.

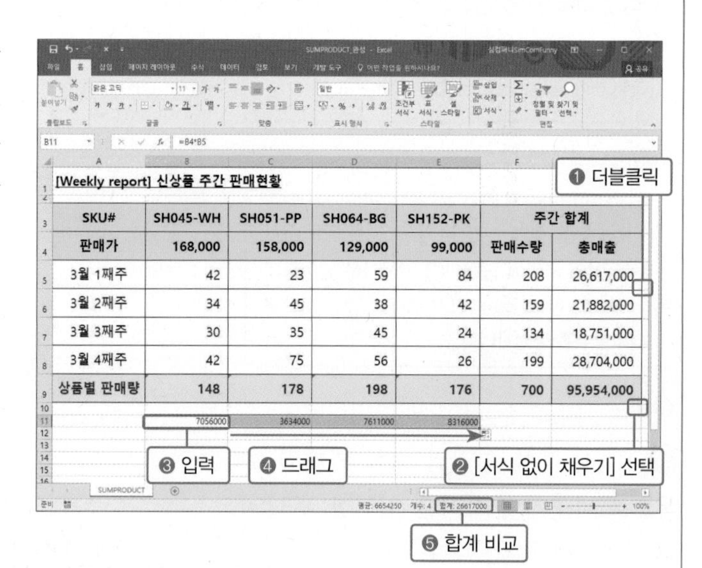

TIP

배열 수식은 셀의 일부만 수정하거나 삭제할 수 없기 때문에 수식에 따라 SUMPRODUCT 함수를 쓰는 것이 더 편리할 수도 있습니다.

2007 2010 2013 2016 2019

190 중복 값 표시하거나 제거하기

조건부 서식에서 중복 값만 표시하는 방법이 있습니다. 그러나 중복되는 내용이 여러 개일 경우에는 같은 서식으로 표시되어 고유 값과 중복 값을 구분하기 어렵습니다. 반면 배열 수식에 IF 함수와 AND 함수를 이용한 조건문을 적용하면 중복 값만 표시할 수 있습니다.

예제 파일 Part18\배열수식_중복 값.xlsx **완성 파일** Part18\배열수식_중복 값_완성.xlsx

| 조건부 서식으로 중복 값 표시하기

'배열-조건부서식' 워크시트에서 [B4:D46] 셀을 선택합니다. [홈] 탭-[스타일] 그룹-[조건부 서식]에서 [셀 강조 규칙]-[중복 값]을 클릭합니다. [중복 값] 대화상자가 나타나면 적용할 서식을 선택하고 [확인]을 클릭합니다. 그러나 중복 값이 입력된 셀에 같은 서식이 적용되어 표가 더욱 복잡해 보입니다.

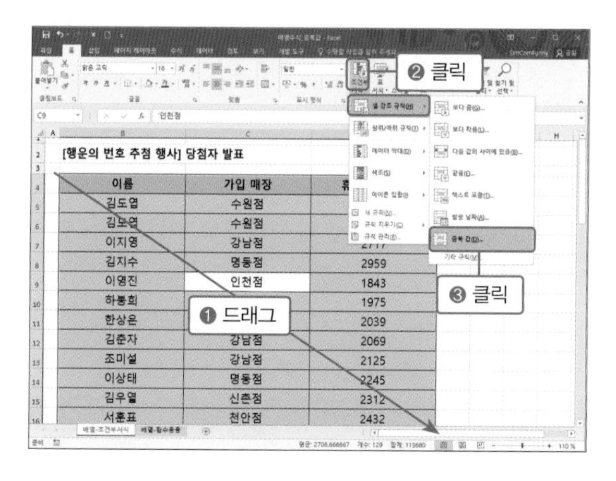

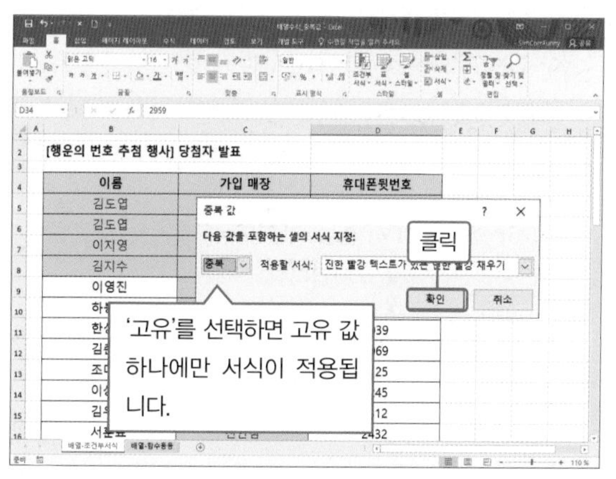

| 배열 수식 이용하여 중복 값 표시하기_IF/AND 함수

1 이름, 가입매장, 전화번호 뒷자리가 모두 같을 경우, 중복 신청으로 표시하려고 합니다. '배열-함수 응용' 워크시트를 선택합니다. 우선 데이터가 정렬되어야 합니다. '이름' 열에서 마우스 오른쪽 버튼을 클릭한 후 단축 메뉴에서 [정렬]-[텍스트 오름차순 정렬]을 선택합니다.

page 정렬에 대한 자세한 내용은 200쪽을 참고하세요.

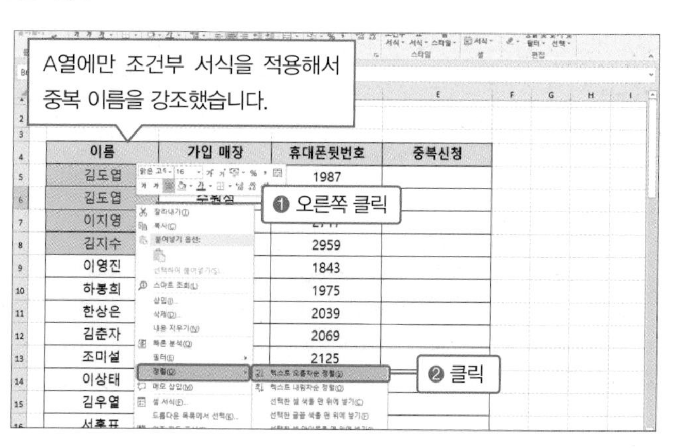

2 이름이 오름차순으로 정렬되었습니다. [E5] 셀에 중괄호({ })를 제외한 다음의 수식을 입력하고 Ctrl+Shift+Enter를 눌러서 배열 수식으로 전환합니다.

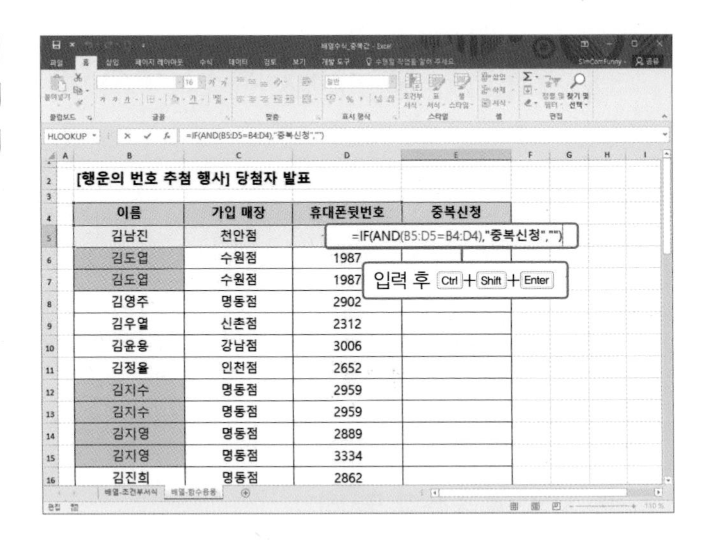

이름	가입 매장	휴대폰뒷번호	중복신청
김남진	천안점		
김도엽	수원점	1987	
김도엽	수원점	1987	
김영주	명동점	2902	
김우열	신촌점	2312	
김윤용	강남점	3006	
김정율	인천점	2652	
김지수	명동점	2959	
김지수	명동점	2959	
김지영	명동점	2889	
김지영	명동점	3334	
김진희	명동점	2862	

수식

{=IF(AND(B5:D5=B4:D4),"중복신청","")}

❶ AND(B5:D5=B4:D4) ❷ "중복신청" ❸ ""

❶ 배열 수식을 이용한 AND의 조건은 비례식과 비슷합니다. [B5] 셀은 [B4] 셀과 같고, [C5] 셀과 [C6] 셀이 같고 [D5] 셀이 [D4] 셀과 같을 경우를 조건으로 합니다.
* 오름차순으로 정렬된 상태에서 해당 셀 값이 위 칸의 셀 값과 같다면 중복으로 인식합니다.
❷ ❶의 조건을 만족한 중복 값에는 '중복신청'을 표시합니다.
❸ ❶의 조건 중 하나라도 일치하지 않으면 아무것도 표시하지 않습니다.

[B5:D5] 셀과 [B4:D4] 셀을 배열 수식으로 전환하여 중복 값을 분류합니다. B, C, D열의 셀 값 모두가 위의 셀과 같을 경우에 '중복신청'으로 표시합니다.

3 [E5] 셀의 결과 값이 공백으로 나타납니다. 채우기 핸들로 나머지 셀에도 배열 수식을 적용합니다. 위의 셀 값과 동일한 셀 값을 가진 고객은 '중복신청'으로 표시됩니다.

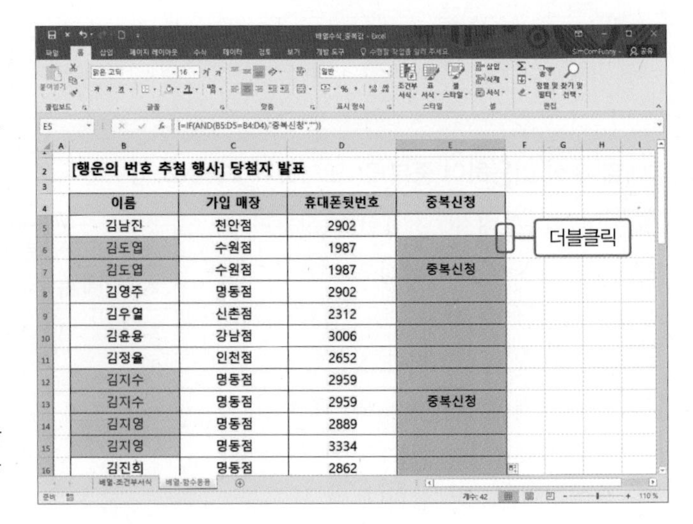

이름	가입 매장	휴대폰뒷번호	중복신청
김남진	천안점	2902	
김도엽	수원점	1987	
김도엽	수원점	1987	중복신청
김영주	명동점	2902	
김우열	신촌점	2312	
김윤용	강남점	3006	
김정율	인천점	2652	
김지수	명동점	2959	
김지수	명동점	2959	중복신청
김지영	명동점	2889	
김지영	명동점	3334	
김진희	명동점	2862	

page 고유 값 하나만 남겨두고 중복 값을 자동 삭제하려면 [중복된 항목 제거]를 사용합니다. 자세한 내용은 269쪽을 참고하세요.

191 배열 수식으로 구간별 빈도 계산하기_ FREQUENCY 함수

FREQUENCY는 '빈도'라는 뜻입니다. FREQUENCY 함수는 해당 셀 값이 특정 범위에서 얼마나 자주 나타났는지를 추출하는 통계 함수입니다. 수식이 입력된 범위 전체를 선택한 뒤 수식을 한 번만 입력하면 나머지 셀도 자동으로 채워집니다. FREQUENCY 함수는 배열 수식으로 입력하며 구간을 나누는 참조 범위가 정렬되어 있어야 합니다.

예제 파일 Part18\배열_FREQUENCY.xlsx **완성 파일** Part18\배열_FREQUENCY_완성.xlsx

FREQUENCY 함수	특정 범위에서 선택한 데이터 값의 발생 빈도를 계산하여 세로 배열 형태로 반환합니다. **{=FREQUENCY(데이터 범위,배열 범위)}** ❶ ❷ ❶ 빈도수를 구할 원본 데이터의 범위입니다. ❷ 분포도를 나눌 기준 범위가 순서대로 입력돼야 합니다.

1 VIP 고객의 연령별 분포도를 [N5:N16] 셀 범위를 선택합니다. 선택 범위의 시작 셀인 [N5] 셀이 편집 상태로 활성화되면 다음의 수식을 입력한 후 Ctrl + Shift + Enter를 누릅니다.

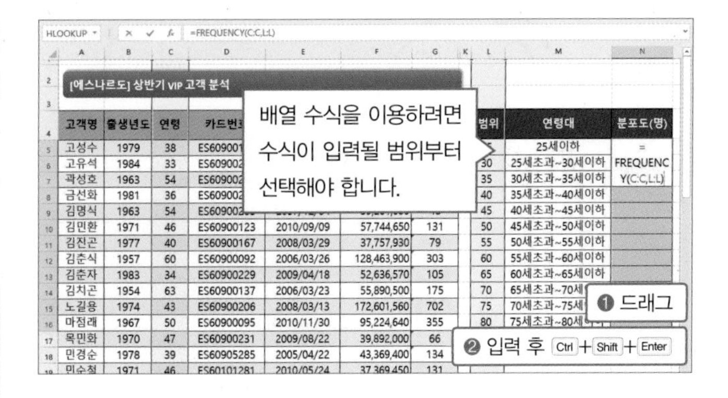

배열 수식을 이용하려면 수식이 입력될 범위부터 선택해야 합니다.

수식

{=FREQUENCY(C:C,L:L)}

고객 나이가 입력된 C열을 참조해서 L열의 나이 구간별에 맞춰 빈도수를 구합니다.

2 선택 범위 전체에 배열 수식이 입력되고 결과 값이 추출됩니다.

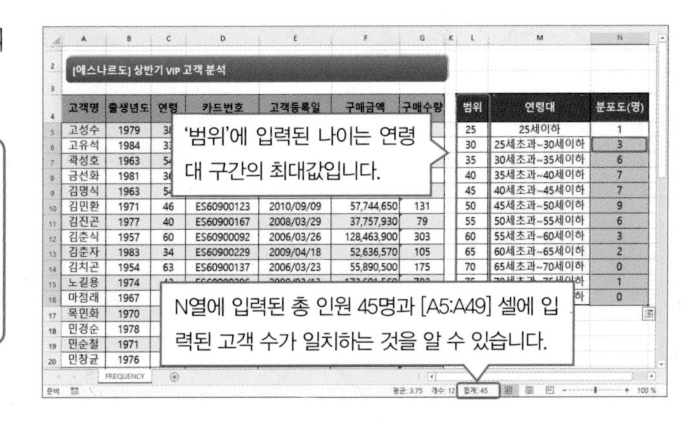

'범위'에 입력된 나이는 연령대 구간의 최대값입니다.
N열에 입력된 총 인원 45명과 [A5:A49] 셀에 입력된 고객 수가 일치하는 것을 알 수 있습니다.

TIP

[N6] 셀 값은 [L6] 셀에 입력된 '30'까지의 빈도수를 추출하되, [L5] 셀에서 구한 25세 이하의 빈도수는 제외합니다. 즉, [N6] 셀은 [L5:L6] 셀 값을 참조하여 25세 초과~30세 이하의 나이대만 추출한 것입니다.

Step 6

칼퇴근의 비결

#나는놀고 #컴퓨터가일하게하라
#들어는봤니 #매크로

매크로 기록기

반복 업무로 아까운 시간을 허비하고 있다면 매크로와 친해져보세요. 매크로(Macro)는 매크로 기록기를 이용하거나 VBA로 직접 명령을 입력합니다. 매크로 기록기에 실행할 작업을 시범으로 보여주면 프로그램 언어(VBA)로 변환되어 실행 버튼만으로 업무를 대신 처리할 수 있습니다. 매크로 문서의 저장 및 기초 원리부터 익히고 실행 버튼을 만드는 방법을 알아보겠습니다.

Preview

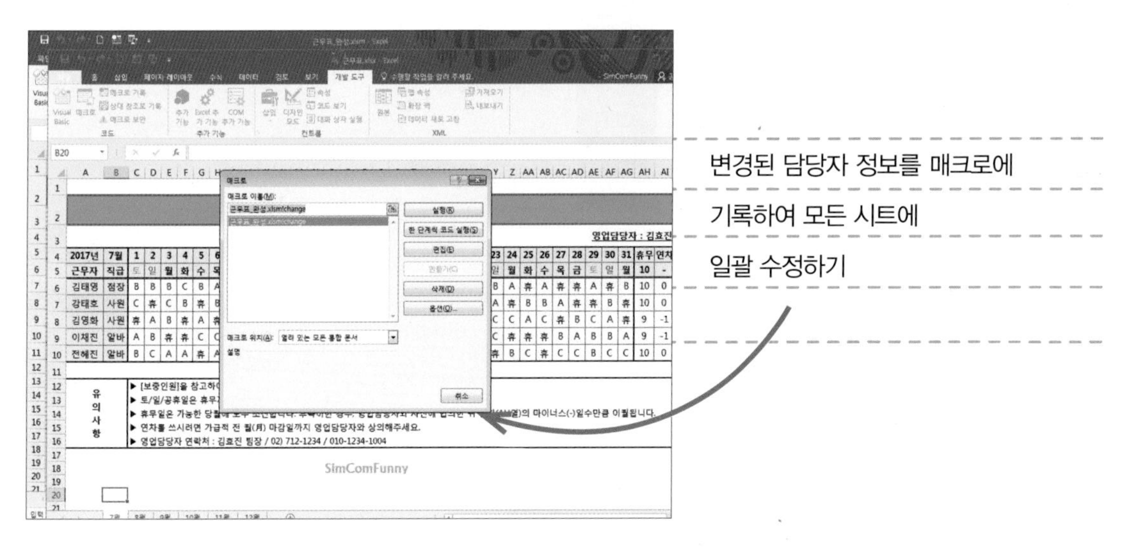

변경된 담당자 정보를 매크로에 기록하여 모든 시트에 일괄 수정하기

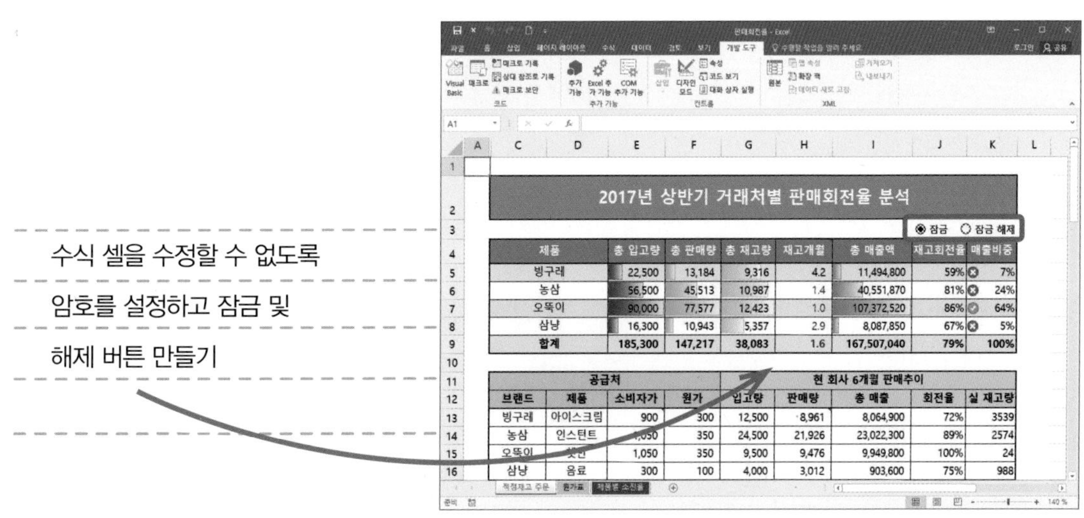

수식 셀을 수정할 수 없도록 암호를 설정하고 잠금 및 해제 버튼 만들기

2007 2010 2013 2016 2019

192 리본 메뉴에 매크로 메뉴 추가하기

매크로 기록기와 비주얼 베이직(Visual Basic)은 [개발 도구] 탭에 속해 있는 메뉴입니다. [개발 도구]는 기본 탭이 아니기 때문에 추가 설정이 필요합니다. [개발 도구] 탭은 한번 추가하면 해당 PC에서 여는 모든 엑셀 문서에 항상 표시됩니다.

1 [파일] 탭–[옵션]을 클릭합니다.

엑셀 2007 | 화면 왼쪽 상단의 오피스 단추 를 클릭하고 [Excel 옵션]을 클릭합니다.

2 [Excel 옵션] 대화상자가 나타나면 [리본 사용자 지정]을 선택합니다. [리본 메뉴 사용자 지정]의 '기본 탭'에서 '개발 도구'에 체크 표시를 하고 [확인]을 클릭합니다.

3 리본 메뉴의 맨 오른쪽에 [개발 도구] 탭이 추가되었습니다.

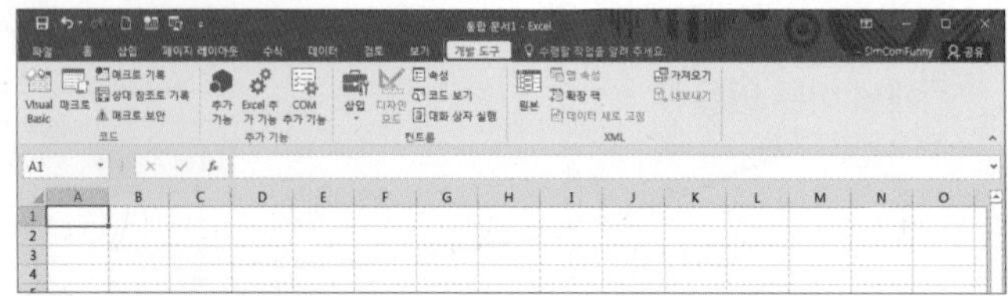

193 매크로 기록하고 실행하기

매크로 기록기는 반복 작업을 쉽게 설계하고 실행할 수 있게 해 줍니다. [매크로 기록]을 누른 상태에서 기록한 명령은 프로그램 언어(VBA)로 변환되어 저장됩니다. [기록 중지]를 누르고 해당 매크로를 실행하면 기록했던 작업이 자동으로 실행됩니다.

예제 파일 Part19\근무표.xlsx

매크로 기록하기

1 매크로에 영업담당자의 이름과 연락처를 변경하는 작업을 기록해서 모든 워크시트에 실행하려고 합니다. '7월' 워크시트에서 [개발 도구] 탭–[코드] 그룹–[매크로 기록]을 클릭합니다.

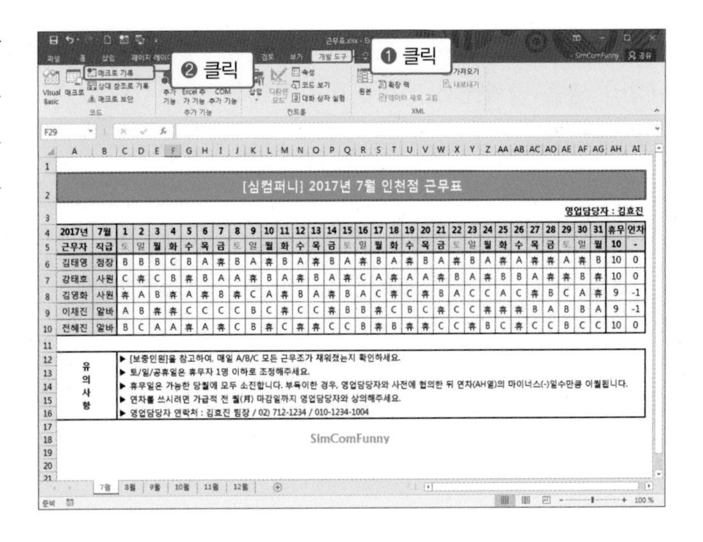

2 [매크로 기록] 대화상자가 나타납니다. [매크로 이름]을 **change**로 입력하고, [매크로 저장 위치]는 '현재 통합 문서'로 선택한 뒤 [확인]을 클릭합니다.

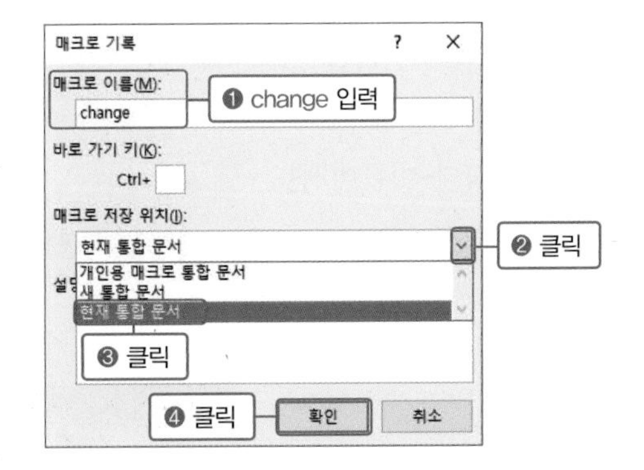

TIP

바로가기 키에는 Ctrl과 같이 쓸 수 있는 단축키를 지정할 수 있습니다. 바로가기 키를 대문자로 입력하면 Shift+Ctrl과 같이 사용해야 합니다. 소문자로 입력하면 Ctrl만 사용해도 됩니다. 단, 바로가기 키를 설정할 때는 Ctrl과 같이 사용하는 단축키와 중복되는 것을 피해야 하므로 Ctrl+A(전체선택), Ctrl+C(복사하기), Ctrl+V(붙여넣기)등은 제외하는것이 좋습니다. 예를 들어, 매크로 바로가기 키로 c를 입력했다면 매크로 실행 바로가기 키는 Ctrl+C가 되어 기존의 복사하기 단축키를 대체하게 됩니다. 이 경우 매크로 파일에는 복사하기 단축키를 사용할 수 없게 됩니다.

Skill Up 매크로 이름과 저장 위치

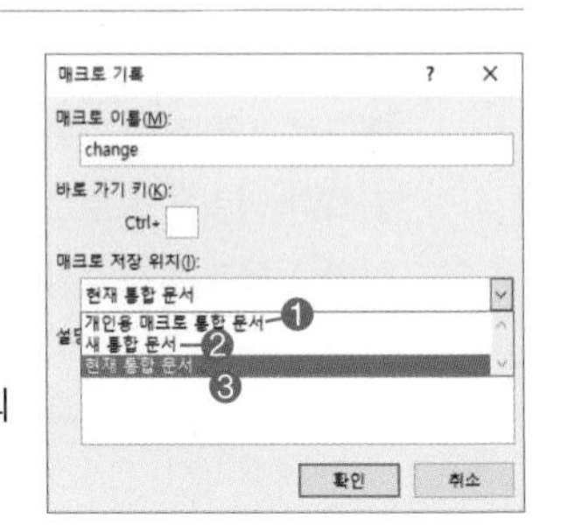

매크로 이름으로 사용할 수 없는 것은 다음과 같습니다.

- 띄어쓰기 및 일부 특수기호. 언더 바는 사용 가능
- 엑셀 영어 메뉴와 같은 이름(Print, Delete, lock 등)

매크로 저장 위치

❶ 개인용 매크로 통합 문서 : 엑셀 문서를 별도로 만들지 않고 실행할 매크로 명령만 PC의 특정 폴더에 PERSONAL.xlsb로 저장합니다.

❷ 새 통합 문서 : 새로 열린 빈 문서에 매크로를 저장합니다.

❸ 현재 통합 문서 : 현재 열려 있는 문서에 매크로 기록을 저장합니다.

3 담당자의 연락처를 변경하기 위해 [C16] 셀을 클릭해서 전화번호를 010-1004-1234로 수정합니다.

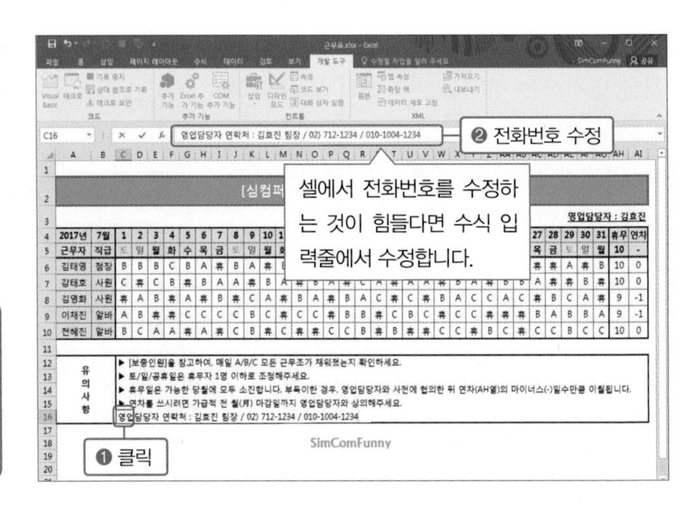

TIP

매크로가 기록 중일 때는 마우스의 움직임부터 메뉴 선택, 오타까지 모두 기록됩니다. 명령이 많아질수록 저장 용량이 늘어나서 매크로 실행 시 속도가 느려질 수 있습니다.

4 Ctrl+H를 눌러 [찾기 및 바꾸기] 대화상자가 나타나면 [찾을 내용]에 **김효진**, [바꿀 내용]에 **박희수**를 입력한 후 [모두 바꾸기]를 클릭합니다. 담당자 이름이 변경되었다면 [닫기]를 클릭합니다.

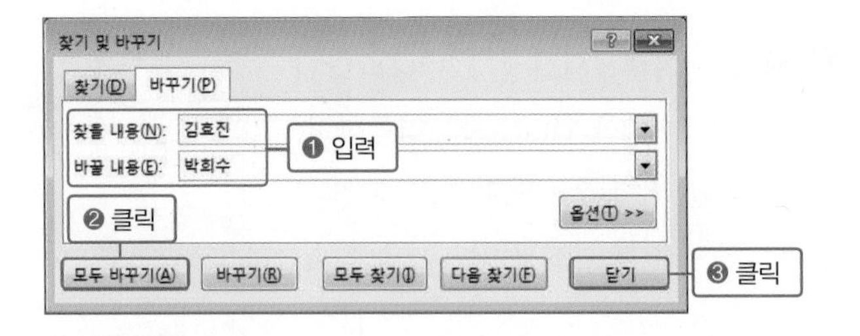

5 매크로 기록이 모두 끝나면 [개발 도구] 탭-[코드] 그룹-[기록 중지]를 클릭합니다.

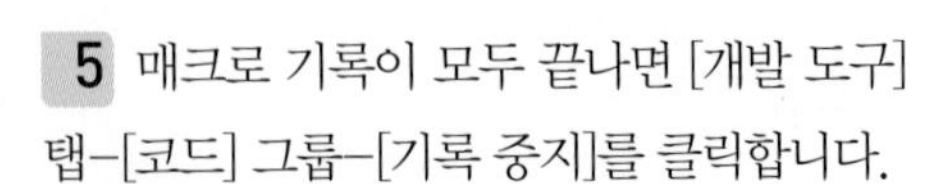

TIP

리본 메뉴에서 [기록 중지]를 클릭하면 명령 아이콘이 다시 [매크로 기록]으로 바뀝니다.

| 전체 워크시트에 매크로 일괄 적용하기

1 '7월' 워크시트에서 기록한 매크로를 다른 워크시트에 적용해 보겠습니다. '8월' 워크시트를 선택한 후 [개발 도구] 탭–[코드] 그룹–[매크로]를 클릭합니다.

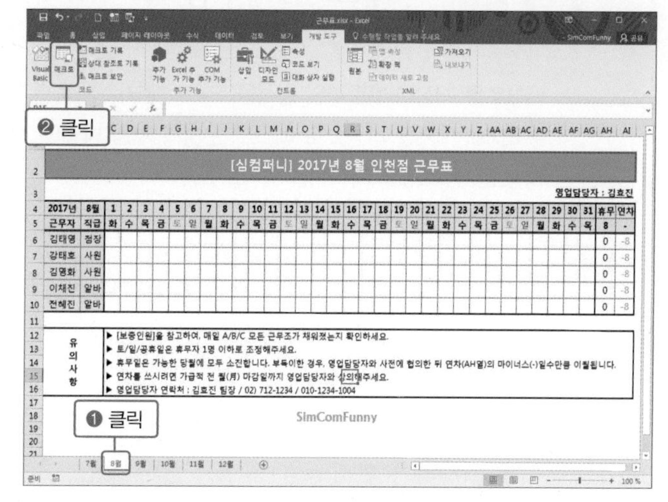

단축키

매크로 실행 창 열기 Alt+F8

2 [매크로] 대화상자가 나타나면 [매크로 이름]에서 'change'를 선택한 후 [실행]을 클릭합니다.

매크로

매크로 이름(M):

change

실행(R) ❷ 클릭

한 단계씩 코드 실행(S)

❶ 클릭

편집(E)

만들기(C)

여러 개의 매크로가 있다면 실행할 매크로를 선택한 후 [실행]을 클릭합니다.

삭제(D)

옵션(O)...

매크로 위치(A): 열려 있는 모든 통합 문서

설명

취소

TIP

매크로 위치

'열려 있는 모든 통합 문서'에 저장된 매크로가 표시됩니다. 목록 버튼▾을 눌러 다른 워크시트에 저장된 매크로도 실행할 수 있습니다.

3 담당자 이름과 연락처가 변경됩니다. 9월~10월 워크시트에서도 위와 같은 방법으로 각각 매크로를 실행합니다.

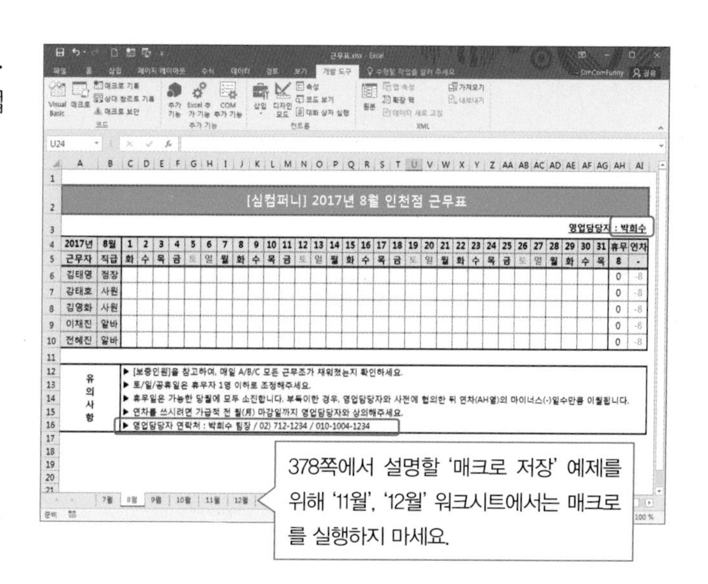

page 매크로 문서를 저장하는 방법은 378쪽을 참고하세요.

2007 2010 2013 2016 2019

194 매크로 저장하기

매크로를 저장하려면 파일 형식을 'Excel 매크로 사용 통합 문서'로 선택해야 합니다. 앞에서 사용한 근무표.xlsx 예제를 바탕으로 매크로 문서의 저장 방법에 대해 알아보고, 일반 엑셀 문서(.xlsx)와 매크로 저장 문서(.xlsm)의 차이점을 살펴보겠습니다.

예제 파일 Part19\근무표.xlsx **완성 파일** Part19\근무표_완성.xlsx

1 375쪽에서 매크로를 기록한 **근무표.xlsx** 문서를 저장하기 위해 Ctrl+S를 누릅니다. 매크로를 포함해서 저장하려면 [아니오]를 클릭합니다.

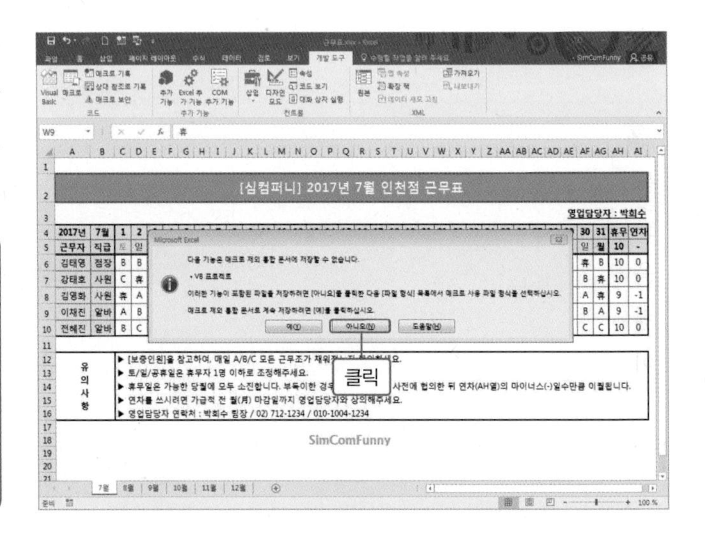

TIP

예제 파일은 일반 엑셀 문서인 기본 확장자(.xlsx)로 저장되었습니다. 매크로 기록을 저장하려면 확장자명을 .xlsm으로 저장해야 합니다. 더 이상 매크로를 실행할 필요가 없다면 대화상자에서 [예]를 클릭하고 일반 문서로 저장합니다. 단, 매크로 기록은 저장되지 않기 때문에 다시 문서를 열면 기록했던 매크로를 실행할 수 없습니다.

2 [다른 이름으로 저장] 대화상자가 나타나면 [파일 형식]을 'Excel 매크로 사용 통합 문서(*.xlsm)'로 선택하고 [저장]을 클릭합니다.

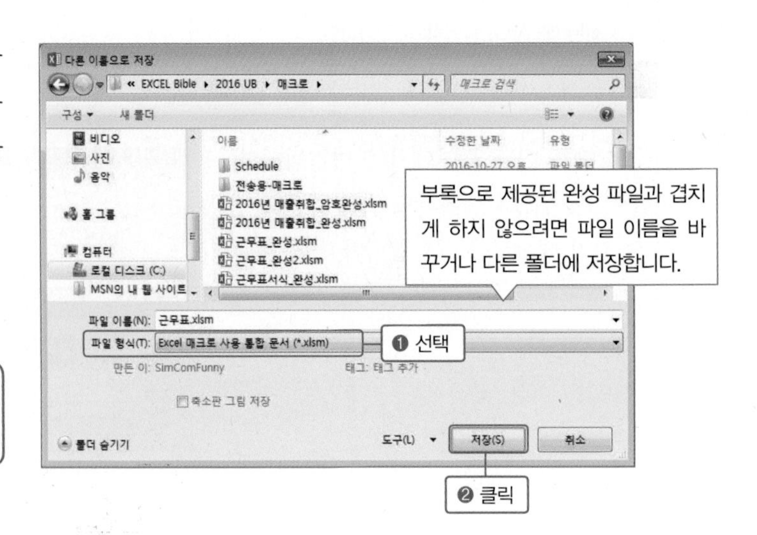

TIP

확장자명이 다를 경우, 파일 이름은 같아도 중복 문서로 인식하지 않습니다.

3 매크로로 저장한 문서를 닫은 후 매크로 명령이 실행되는지 확인해 보겠습니다. 매크로가 저장된 **근무표.xlsm** 문서를 실행합니다. 보안 경고가 나타나면 [콘텐츠 사용]을 클릭합니다. 매크로를 실행하지 않은 '11월' 워크시트를 선택합니다.

page 문서를 열 때 나타나는 보안 경고를 해제하려면 380쪽을 참고하세요.

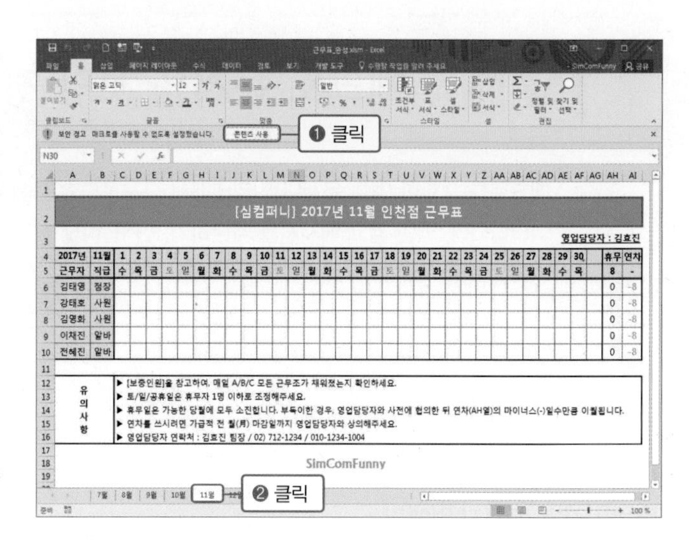

4 [개발 도구] 탭-[코드] 그룹-[매크로]를 클릭합니다. [매크로] 대화상자의 [매크로 이름]에서 'change'를 선택하고 [실행]을 클릭하면 선택된 워크시트에 매크로 명령이 실행됩니다. '12월' 시트에도 위와 같이 연습해봅니다.

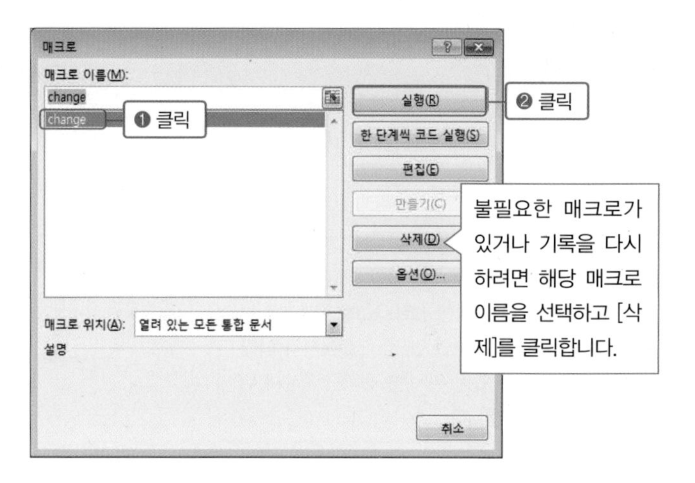

Skill Up 열려 있는 다른 일반 문서(.xlsx)에도 매크로 적용하기

❶ 일반 문서 근무표.xlsx와 매크로 저장 문서 근무표_완성.xlsm을 모두 엽니다. 근무표.xlsx 파일에서 [개발 도구] 탭-[코드] 그룹-[매크로]를 클릭합니다.

❷ [매크로] 대화상자의 [매크로 위치]에서 '열려 있는 모든 통합 문서'를 선택합니다. [매크로 이름]에서 근무표_완성.xlsm!change를 선택하고 [실행]을 클릭하면 근무표.xlsx에 매크로가 적용됩니다.

❸ 근무표.xlsx 문서에는 매크로가 기록되지 않았기 때문에 Ctrl+S를 눌러서 저장하면 일반 문서로 저장됩니다.

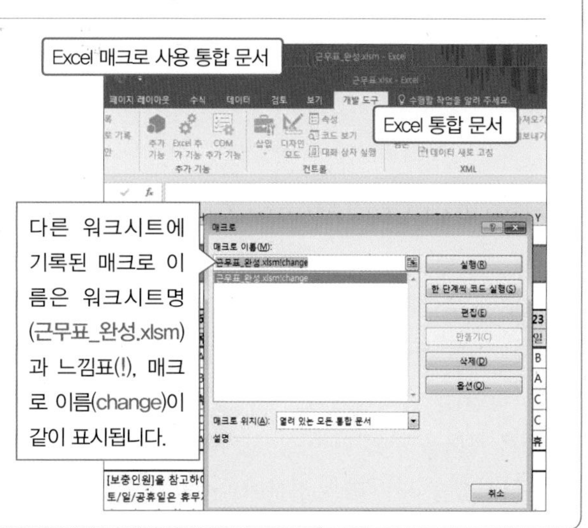

195 매크로 문서의 보안 경고 해제 및 재설정하기

매크로를 포함한 엑셀 문서나 인터넷에서 다운로드한 문서를 열면 수식 입력줄 아래쪽에 보안 경고가 나타납니다. 매번 경고 메시지를 차단하기 번거롭다면 신뢰할 수 있는 위치에 특정 폴더를 추가해 보안 경고를 일괄적으로 해제합니다.

예제 파일 Part19\2016년 매출취합_완성.xlsm

| 보안 경고 메시지 없애기

매크로 문서(.xlsm)를 열고 보안 경고가 나타나면 [콘텐츠 사용]을 클릭합니다. 해당 문서를 닫고 다시 열더라도 이미 신뢰된 문서로 인식되어 보안 경고 메시지가 나타나지 않습니다.

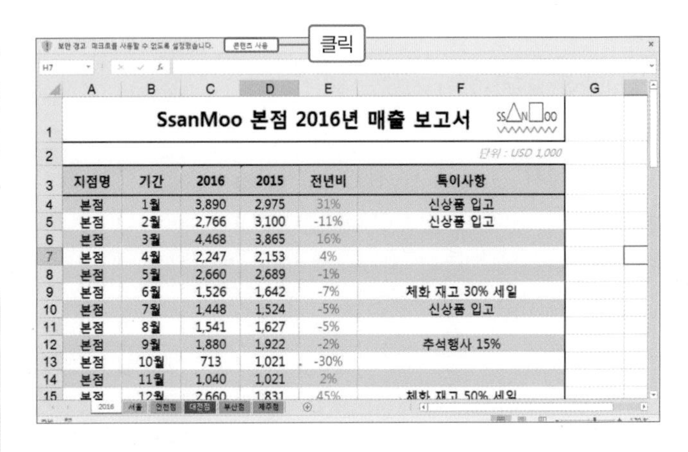

TIP

폴더에 저장된 전체 문서의 보안 경고를 일괄 해제하려면 [개발 도구] 탭–[코드] 그룹–[매크로 보안]을 클릭합니다. [보안 센터] 대화상자가 나타나면 [신뢰할 수 있는 위치]를 선택한 후 [새 위치 추가]를 클릭합니다.

| 보안 경고 메시지 다시 나타내기

1 [개발 도구] 탭–[코드] 그룹–[매크로 보안]을 클릭합니다.

2 [보안 센터] 대화상자에서 [신뢰할 수 있는 문서]를 선택합니다. [지우기]를 클릭하고 [확인]을 클릭합니다. '신뢰할 수 있는 문서 목록을 지워 더 이상 신뢰하지 않도록 하시겠습니까?'라는 질문이 나타나면 [예]를 클릭하고 [확인]을 클릭합니다.

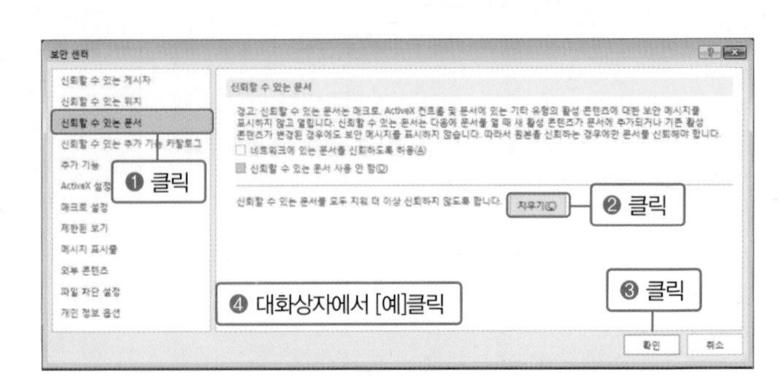

196 수식이 입력된 셀만 잠금 및 해제 설정하기

수식이 입력된 셀을 잠금 설정할 때 셀 범위가 연속되어 있지 않다면, 일일이 수식 셀을 선택하고 잠금을 설정해야 합니다. 이런 번거로운 작업을 좀 더 쉽게 할 수 있도록 수식이 입력된 셀만 자동으로 선택하여 잠금과 해제를 실행하는 매크로를 설정해 보겠습니다.

예제 파일 Part19\판매회전율.xlsx 완성 파일 Part19\판매회전율_완성.xlsm

| 수식이 입력된 셀만 선택하여 잠금 설정하기

1 [개발 도구] 탭-[코드] 그룹-[매크로 기록]을 클릭합니다. [매크로 기록] 대화상자에서 [매크로 저장 위치]를 '현재 통합 문서', [매크로 이름]을 lock_cell로 입력합니다. 수식이 입력된 셀만 잠그기 위해 Ctrl+A를 눌러 전체를 선택한 뒤, Ctrl+1을 누릅니다. 셀 서식 대화상자에서 [잠금]과 [숨김]의 체크 표시를 모두 없애고 [확인]을 클릭합니다.

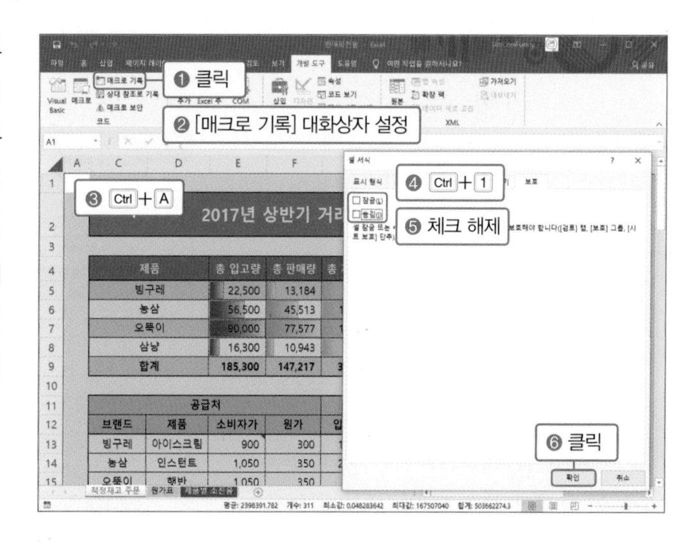

2 F5를 눌러 [이동] 대화상자가 나오면 [옵션]에서 '수식'을 선택합니다. 수식이 입력된 셀만 선택하면 수식 셀만 선택이 됩니다. 다시 Ctrl+1을 눌러 [잠금]과 [숨김]에 체크 표시를 합니다. [홈] 탭-[셀] 그룹-[서식]을 클릭하면 [보호]의 셀 잠금이 선택되어 있습니다. 잠긴 셀에 비밀번호를 설정하기 위해서 [시트 보호]를 선택합니다.

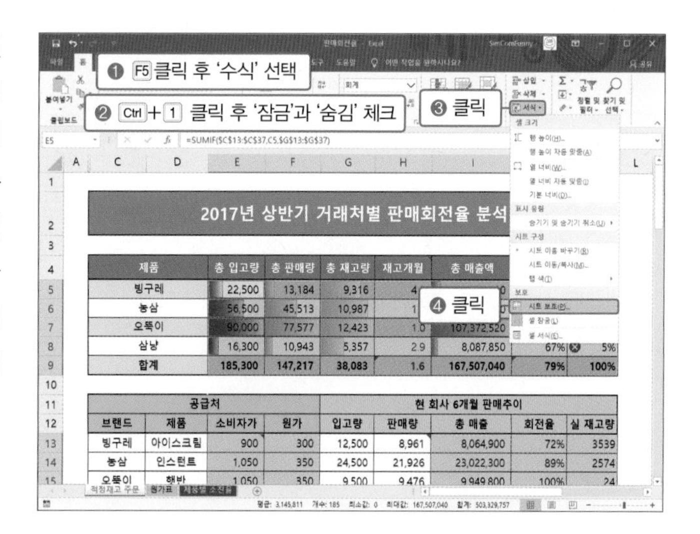

3 [시트 보호] 대화상자가 나타나면 '잠긴 셀의 내용과 워크시트 보호'의 체크 표시를 확인하고 비밀번호 1234를 입력합니다. '잠긴 셀 선택'과 '잠기지 않은 셀 선택'을 체크 표시한 후 [확인]을 클릭합니다. [암호 확인] 대화상자에서 열기 암호를 입력하고 [확인]을 클릭합니다.

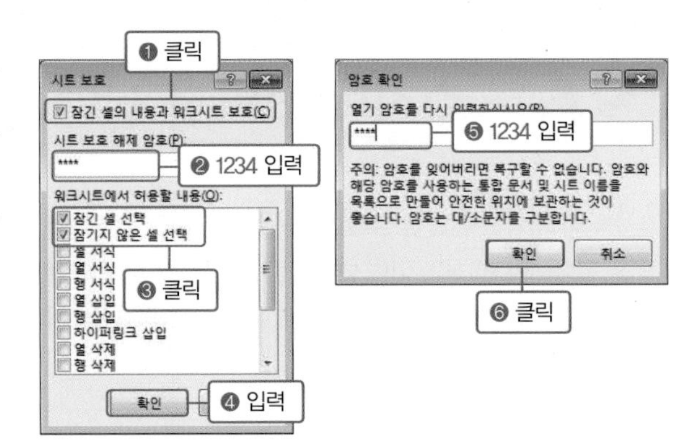

TIP

[시트 보호] 대화상자에서 '잠긴 셀 선택'의 체크 표시를 없애면 수식이 들어간 셀은 클릭조차 허용되지 않습니다. 셀이 보호된 상태인지 모르는 사용자와 문서를 공유할 경우, 오류 메시지도 나타나지 않는다면 사용자는 계속해서 셀을 클릭할 수 있습니다. 계속해서 잠긴 셀을 클릭하면 문서가 멈추거나 강제로 닫힐 수 있으니 가급적이면 잠긴 셀의 클릭 정도는 허용하는 것이 좋습니다. 또한 '개체 편집'을 체크 표시하지 않으면 잠금 상태에서 도형이나 그림, 컨트롤 양식 등 삽입된 개체를 클릭할 수 없습니다.

4 매크로를 중지하기 위해 [개발 도구] 탭-[코드] 그룹-[기록 중지]를 클릭합니다.

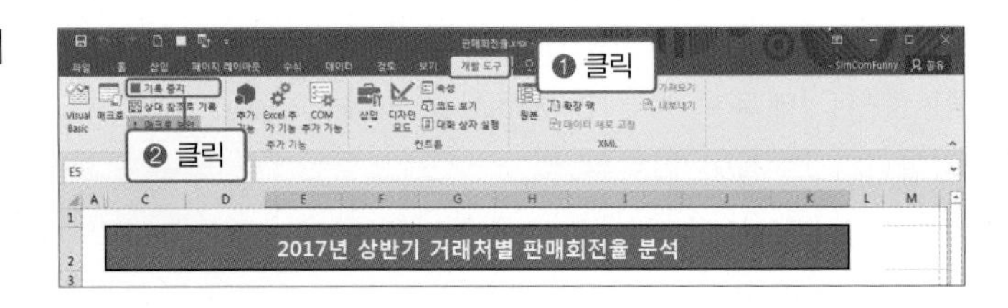

5 수식이 입력된 셀을 클릭해도 수식 입력줄에 수식이 보이지 않습니다. 셀을 더블클릭하면 셀이 보호되어 있다는 경고 메시지가 나타납니다.

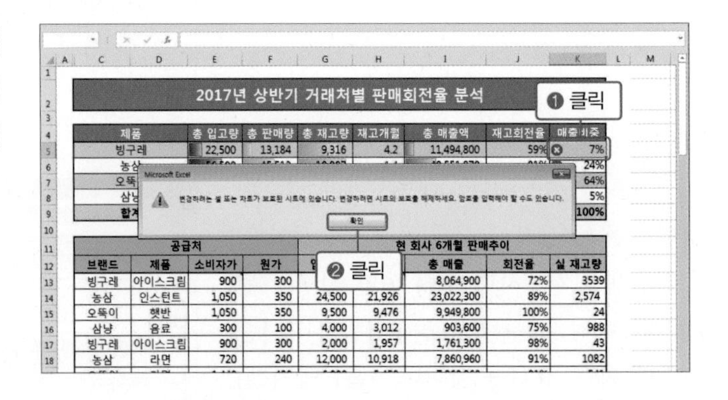

TIP

이미 잠금 상태인 워크시트에 다시 매크로를 실행해서 잠금 명령을 실행할 경우, 런타임 오류가 발생합니다. [종료]를 누르면 경고 메시지 창이 닫힙니다.

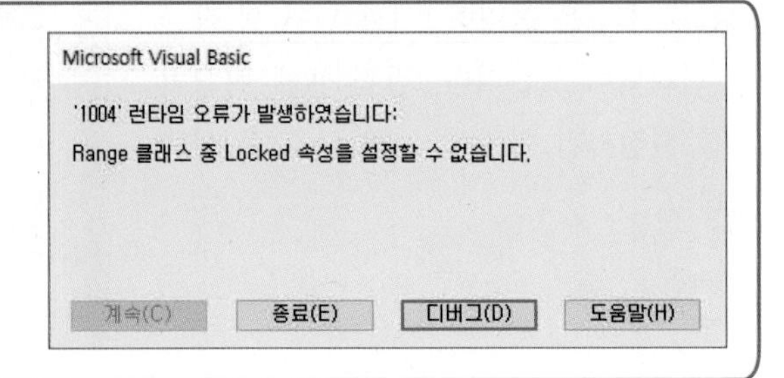

| 잠금을 해제하는 매크로 설정하기

1 [개발 도구] 탭–[코드] 그룹–[매크로 기록]을 클릭합니다. [매크로 기록] 대화상자가 나타나면 [매크로 저장 위치]를 '현재 통합 문서', [매크로 이름]을 **unlock_cell**로 입력하고 [확인]을 클릭합니다.

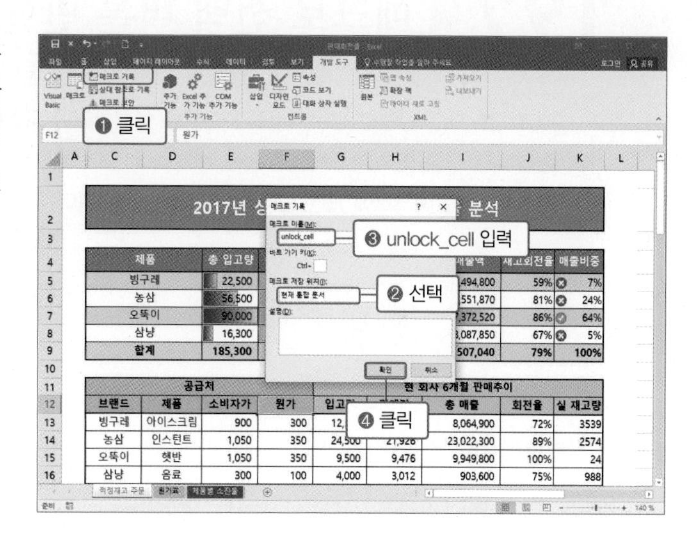

2 수식 셀만 잠금 설정이 되었다면 [홈] 탭–[셀] 그룹–[서식]에서 [시트 보호 해제]를 클릭합니다. [시트 보호 해제] 대화상자가 나타나면 암호 **1234**를 입력하고 [확인]을 클릭합니다.

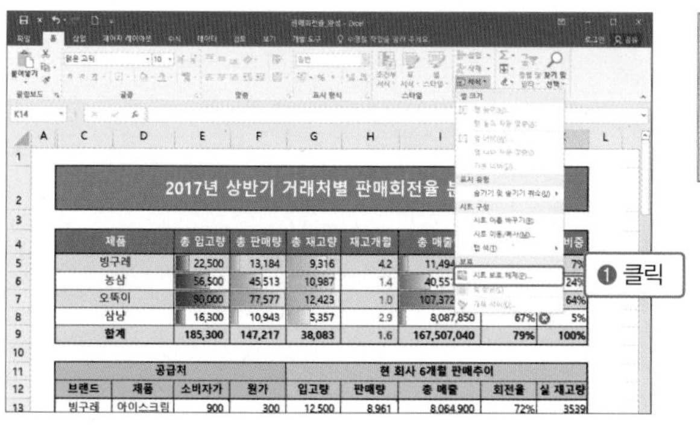

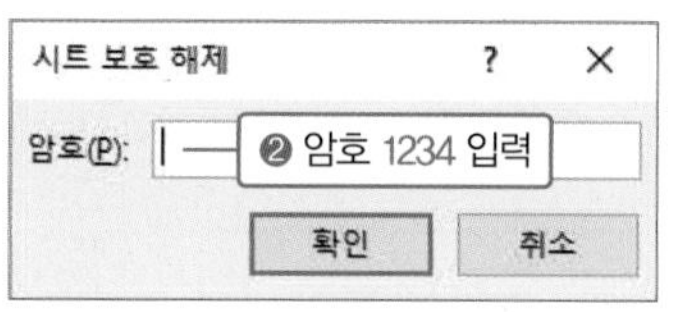

3 매크로를 중지하기 위해 [개발 도구] 탭–[코드] 그룹–[기록 중지]를 클릭합니다. 수식이 입력된 셀을 클릭해 보면 수식 입력줄에 수식이 나타나 시트 보호가 해제된 것을 알 수 있습니다.

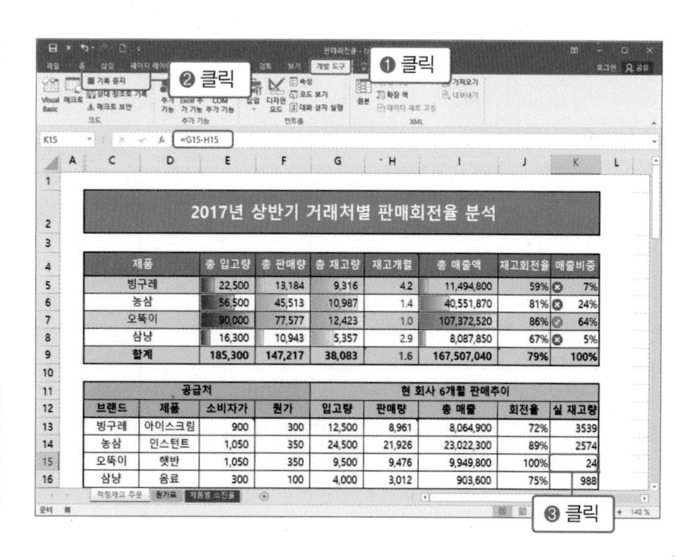

> **TIP**
> 매크로에 기록된 수식 셀 잠금과 해제를 자주 실행한다면 384쪽을 참고해서 양식 컨트롤로 실행 버튼을 삽입해 보세요.

197 매크로 선택 버튼 만들기_양식 컨트롤

매크로를 자주 실행할 경우, 바로가기 키를 설정하거나 도형이나 그림 같은 개체에 매크로를 연결하면 좋습니다. 그중 [양식 컨트롤]은 실행 버튼의 역할에 최적화되어 있습니다. 앞서 기록한 수식 셀의 잠금과 해제 명령 매크로에 옵션 단추를 연결해 보겠습니다.

예제 파일 Part19\판매회전율 옵션.xlsm **완성 파일** Part19\판매회전율 옵션_완성.xlsm

| 양식 컨트롤에 매크로 연결하기

1 [개발 도구] 탭-[컨트롤] 그룹-[삽입]에서 [양식 컨트롤]-[옵션 단추]◉를 클릭합니다. Alt를 누른 상태에서 [J3] 셀을 클릭하면 셀 크기에 맞게 옵션 단추가 삽입됩니다. 개체가 선택된 상태에서 '옵션 단추' 글자를 **잠금**으로 수정합니다.

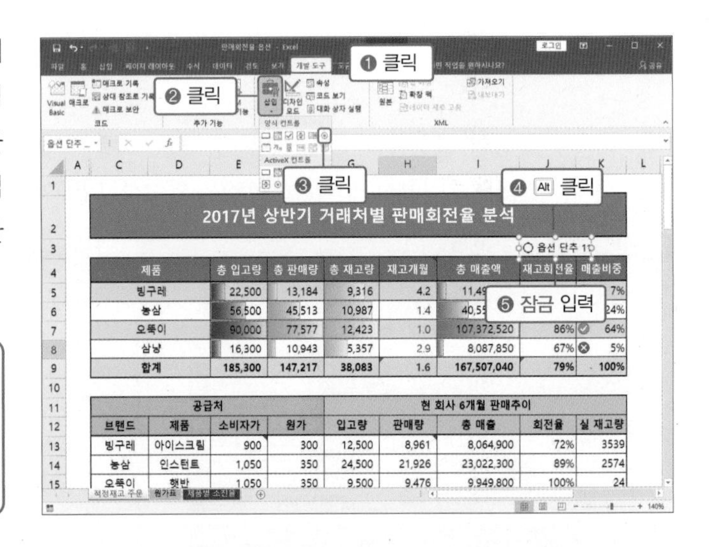

TIP
시트 보호 상태에서는 [삽입] 명령 아이콘이 비활성화되서 클릭할 수 없습니다. 잠금 설정이 되어 있는 경우, 383쪽에서 만든 매크로 사용 통합 문서에서 'unlock_cell' 매크로를 실행합니다.

2 이번에는 잠금 해제 버튼을 삽입하기 위해 다시 [개발 도구] 탭-[컨트롤] 그룹-[삽입]에서 [양식 컨트롤]-[옵션 단추]◉를 클릭합니다. Alt를 누른 상태에서 [K3] 셀을 클릭합니다. 삽입된 '옵션 단추'를 **잠금 해제**로 수정합니다.

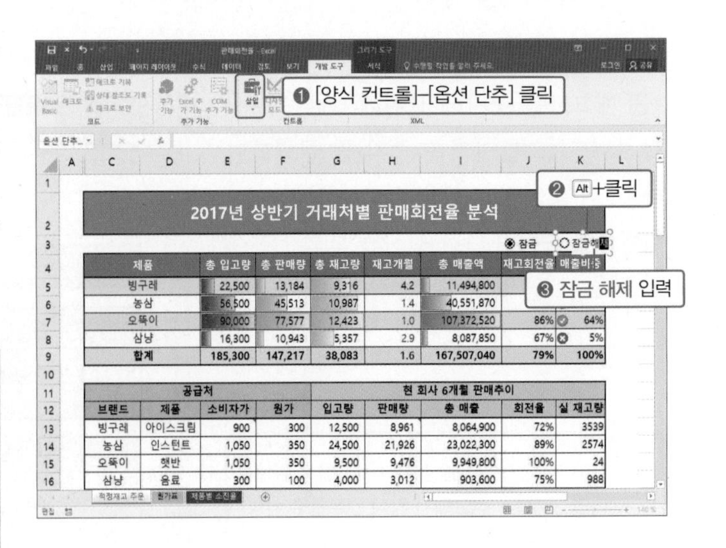

TIP
이름을 변경한 뒤 다른 셀을 눌렀다가 다시 옵션 단추를 누르면 옵션 마크◉만 채워집니다. 개체를 선택하려면 Ctrl을 누른 상태에서 클릭합니다. 다시 이름을 변경하려면 옵션 단추 위에서 마우스 오른쪽 버튼을 클릭한 뒤 단축 메뉴에서 [텍스트 편집]을 선택합니다.

3 옵션 단추에 매크로 명령을 연결하기 위해 '잠금' 옵션 단추 위에서 마우스 오른쪽 버튼을 클릭하고 단축 메뉴에서 [매크로 지정]을 선택합니다. [매크로 지정] 대화상자에서 'lock_cell' 을 선택하고 [확인]을 클릭합니다. 옵션 단추가 선택된 상태이므로 빈 셀을 클릭해서 편집 상태에서 빠져나옵니다.

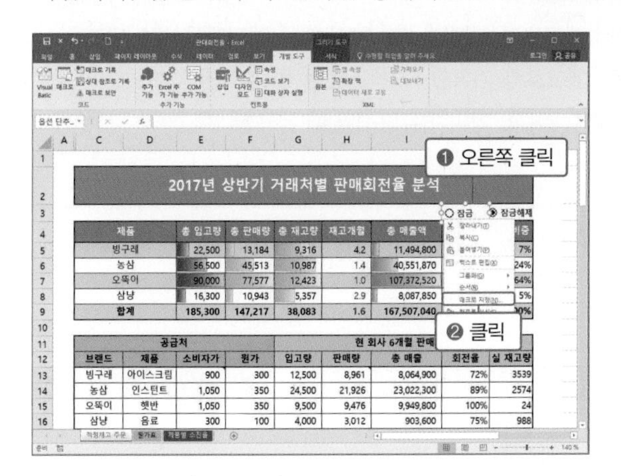

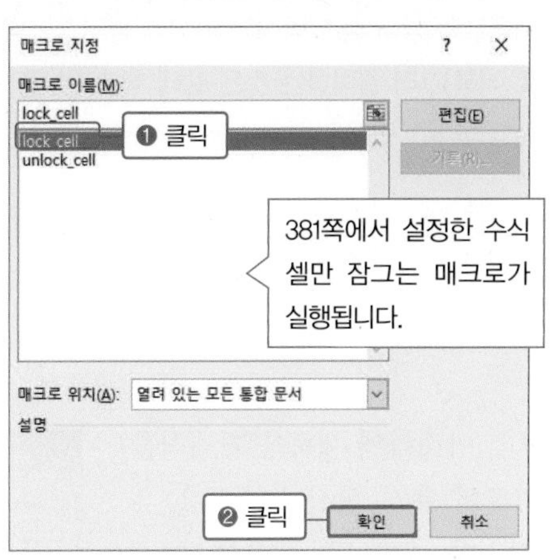

4 **3**과 같이 '잠금 해제' 옵션 단추에도 'unlock_cell' 매크로를 연결합니다. '잠금 해제' 옵션 단추를 클릭하면 수식 셀의 잠금이 해제되어 수식 입력줄에도 숨겨져 있던 수식이 나타납니다.

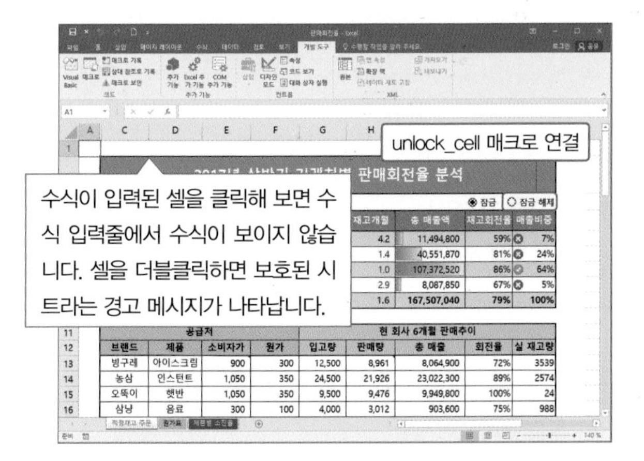

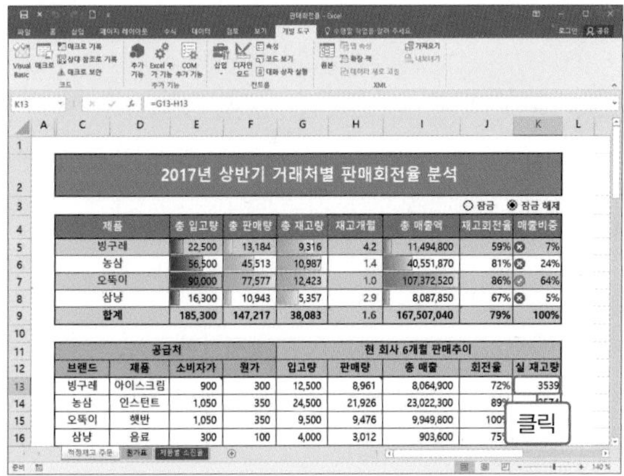

2007 2010 2013 2016 2019

198 상대 참조 방식의 매크로 적용하기

매크로의 상대 참조 방식은 커서가 놓인 지점부터 매크로가 실행됩니다. 앞서 배운 예제에서처럼 [매크로 기록]부터 클릭하는 것은 절대 참조 방식으로, 매크로를 기록할 때 참조했던 셀 주소에만 매크로가 실행됩니다. 반대로 상대 참조 방식은 매크로를 실행해야 할 범위가 유동적일 때 유용합니다.

예제 파일 Part19\거래처현황.xlsx　**완성 파일** Part19\거래처현황_완성.xlsm

1 엑셀 표의 아래쪽에 새로운 거래처를 추가하되 기존의 표시 형식과 수식을 유지하려고 합니다. 데이터를 추가할 [B14] 셀을 클릭하고 [개발 도구] 탭–[코드] 그룹–[상대 참조로 기록]을 클릭한 후 [매크로 기록]을 클릭합니다.

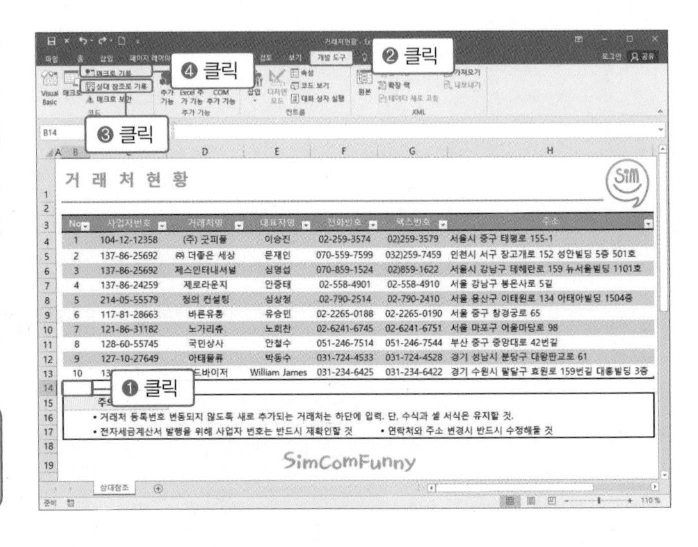

TIP

상대 참조는 매크로의 첫 명령이 기록될 시작점을 지정한 뒤 매크로 기록을 시작합니다.

2 [매크로 기록] 대화상자에서 [매크로 이름]은 **add**, [바로가기 키]는 **d**로 입력하고 [확인]을 클릭합니다.

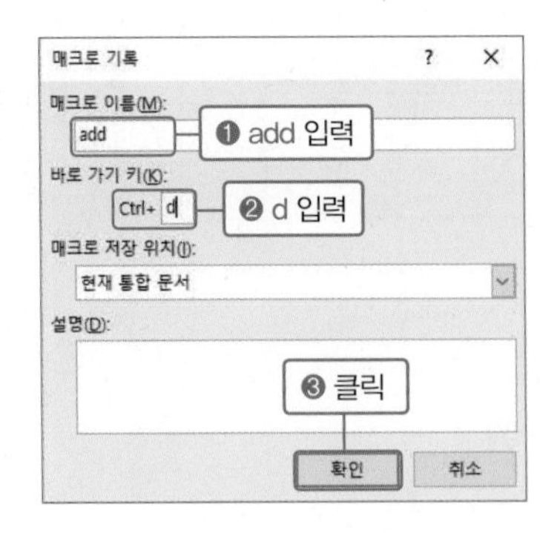

page 매크로 바로가기 키로 권장하지 않는 것들은 375쪽을 참고하세요.

3 [B14] 셀이 선택된 상태에서 행 삽입 단축키 Ctrl + Shift + + 를 누릅니다. [삽입] 대화상자가 나타나면 '행 전체'를 선택한 후 [확인]을 클릭합니다.

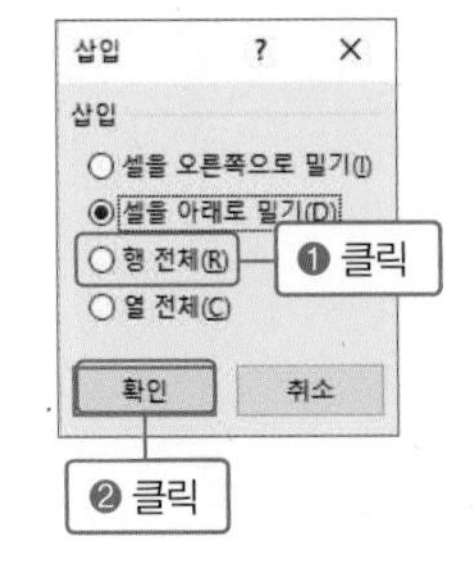

4 기존의 셀 수식과 표시 형식을 복사하기 위해 [B13:H13] 셀을 선택한 후 Ctrl+C를 눌러 복사합니다. [B14] 셀을 클릭한 후 Ctrl+V로 붙여넣기를 합니다. [C14:H14] 셀을 선택하고 Delete를 눌러 순번을 제외한 나머지 데이터를 지웁니다.

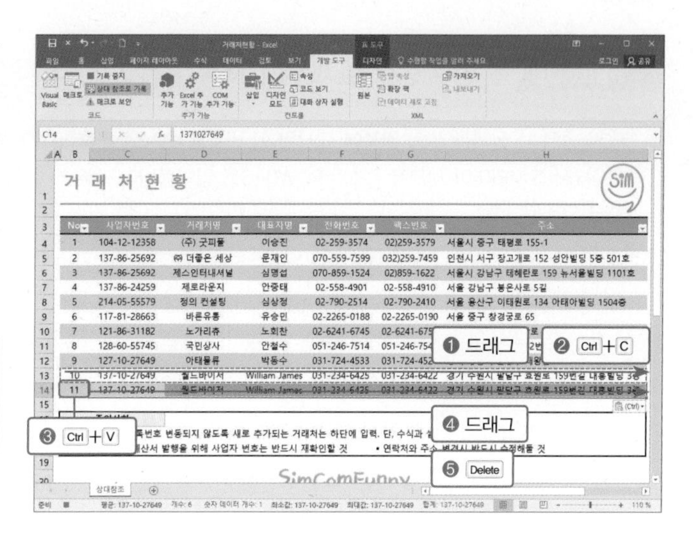

TIP

엑셀 표의 특성상 연속으로 데이터를 입력하면 빈 행에도 표 서식과 수식이 적용됩니다. 그러나 C열에 적용한 사업자번호의 표시 형식(###-##-#####)은 적용되지 않기 때문에 매크로로 서식만 복사해서 붙여 넣습니다.

5 기록을 중지하기 위해 [개발 도구] 탭-[코드] 그룹-[기록 중지]를 클릭하고 [상대 참조로 기록]도 클릭해서 해제합니다. 매크로를 확인하기 위해 [B15] 셀을 클릭한 후 **2**에서 설정한 바로가기 키 Ctrl+D를 누릅니다.

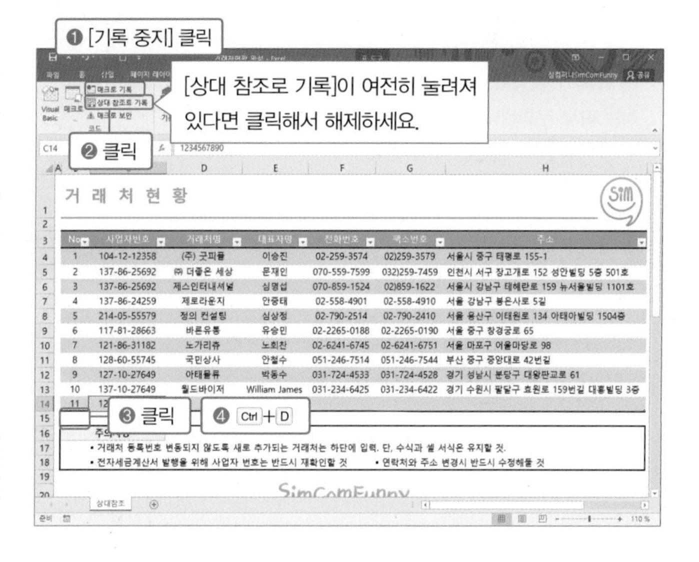

TIP

상대 참조를 적용한 매크로를 실행할 때는 명령을 시작할 셀부터 클릭합니다.

6 매크로에 기록한 서식에 맞춰 행이 추가됩니다. [C14] 셀에 사업자번호 10자리를 임의로 입력해도 표시 형식으로 설정된 하이픈(-)이 자동으로 나타납니다.

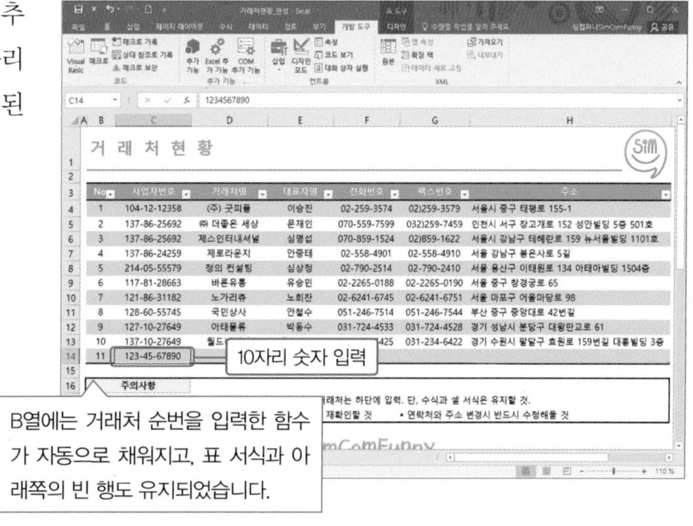

Skill Up 순번 자동으로 채우기_ROW 함수

ROW 함수는 선택한 셀의 왼쪽에 표시된 행 번호를 숫자로 추출합니다. 예를 들어 [B4] 셀의 ROW 함수 값은 4이고 순번은 1부터 표시되어야 하므로 수식 =ROW()-3을 입력합니다. 채우기 핸들로 나머지 셀을 채우면 수식에 따라 순번이 자동으로 입력됩니다.

7 매크로 문서로 저장하기 위해 단축키 F12를 누릅니다. [다른 이름으로 저장] 대화상자가 나타나면 저장 위치를 선택하고 파일명을 수정한 후 파일 형식을 'Excel 매크로 사용 통합 문서(*.xlsm)'로 저장합니다.

TIP

파일 이름을 변경하지 않더라도 원래 열었던 문서(.xlsx)와 확장자명이 다르기 때문에 2개의 문서는 따로 분류됩니다.

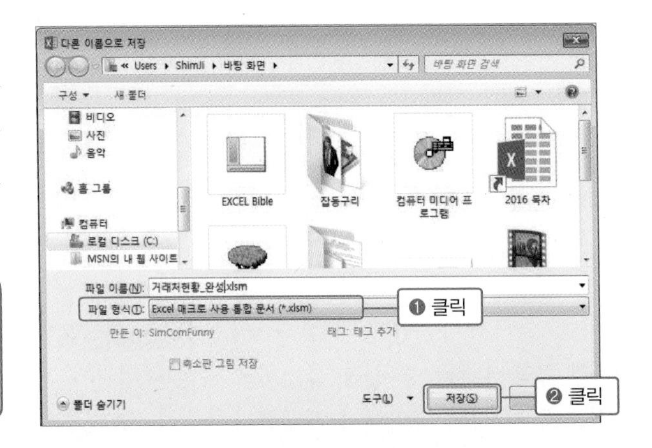

8 확인을 위해 문서를 닫았다가 다시 'Excel 매크로 사용 통합 문서'로 저장된 문서를 엽니다. B열에서 행 서식을 추가할 셀을 클릭한 후 **2**에서 설정한 바로가기 키 Ctrl+D를 누르면 매크로가 실행됩니다.

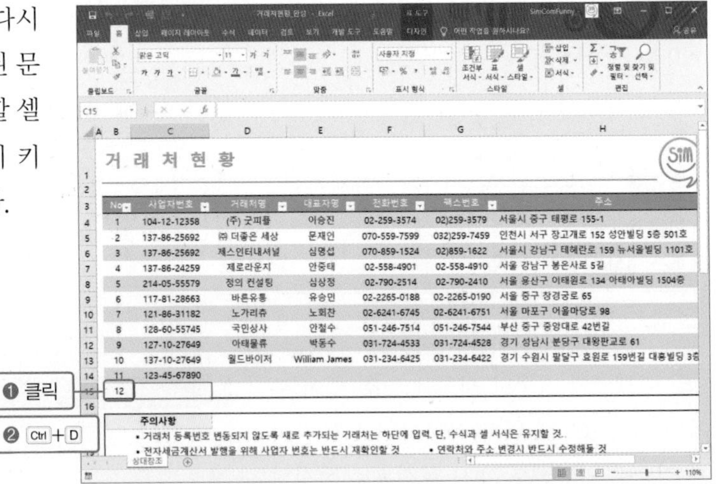

Part 20

VBA

나만의 자동화 서식을 만들고 싶다면 VBA(Visual Basic for Application)라는 마이크로소프트 오피스의 개발 언어를 배워보세요. 개발자들은 C+, Java 등 컴퓨터 언어를 직접 입력해서 프로그램을 설계하지만 초보자라면 복잡한 영어 구문이 어렵게 느껴질 것입니다. VBA를 좀 더 친숙하게 배울 수 있도록 실무에서 필요한 핵심 예제만 뽑아 인터넷에 공개된 오픈 소스를 응용해 보겠습니다.

Preview

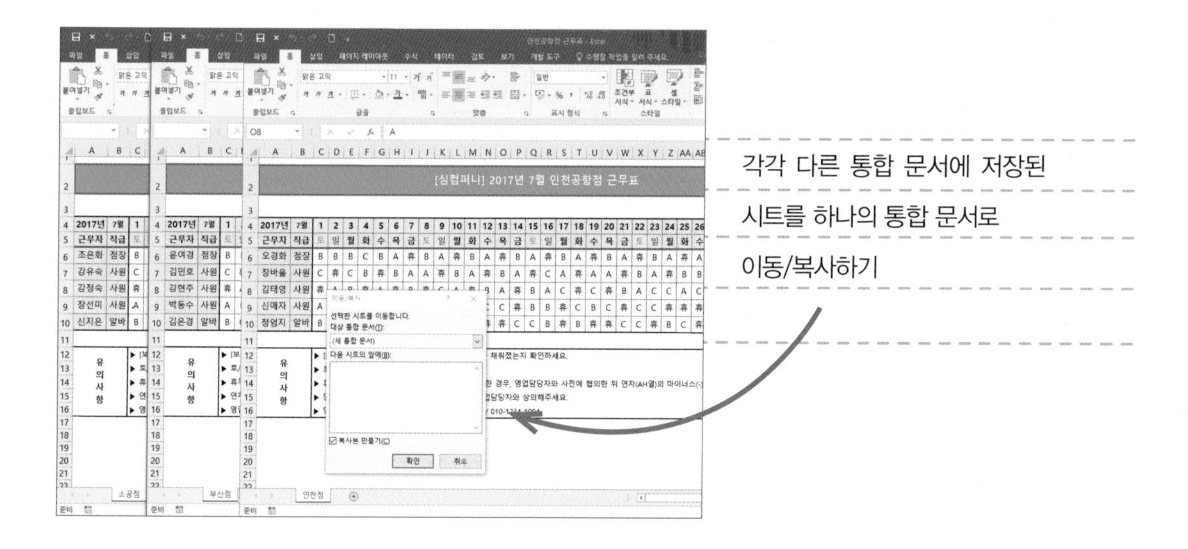

각각 다른 통합 문서에 저장된
시트를 하나의 통합 문서로
이동/복사하기

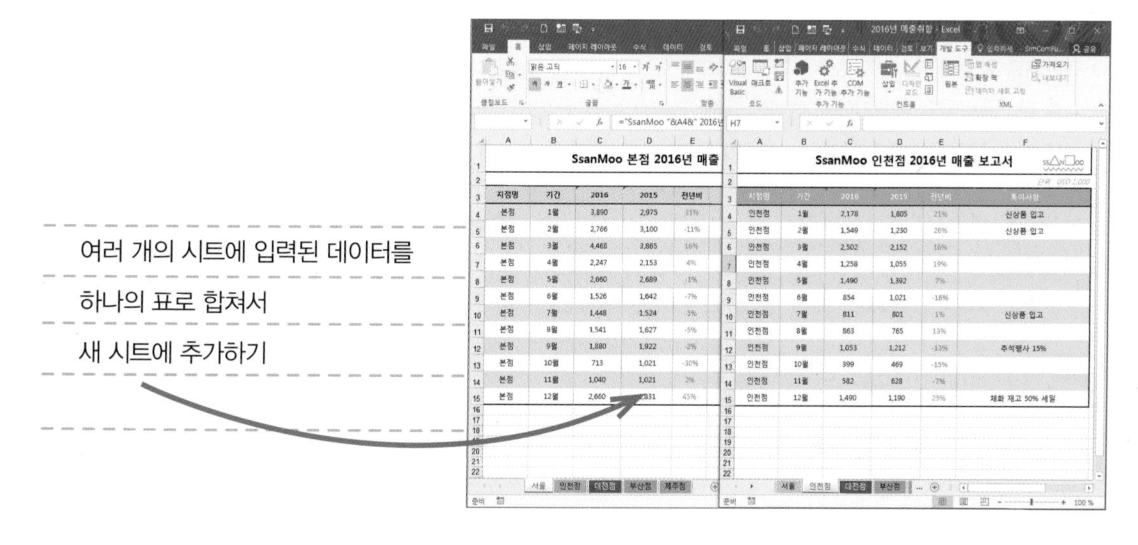

여러 개의 시트에 입력된 데이터를
하나의 표로 합쳐서
새 시트에 추가하기

199 VB 편집기로 매크로 기록하기

VB 편집기(Visual Basic Editor)는 매크로로 실행할 명령 코드를 입력하는 창입니다. 매크로 기록기로 저장한 명령도 컴퓨터가 인식하기 위해 VBA로 자체 변환되어 각각의 모듈(Module)에 저장됩니다. 매크로 기록기에서는 반복할 작업을 직접 실행해서 기록하지만, VB 편집기에는 엑셀이 이해할 수 있는 영어 단어와 함수, 셀 주소 등 컴퓨터 언어로 명령어를 입력합니다.

| VB 편집기 열기

매크로 기록기로 저장한 **근무표_완성.xlsm** 파일을 실행합니다. [개발 도구] 탭–[코드] 그룹–[매크로]를 클릭합니다. [매크로] 대화상자에서 [편집]을 클릭하면 VB 편집기가 열립니다.

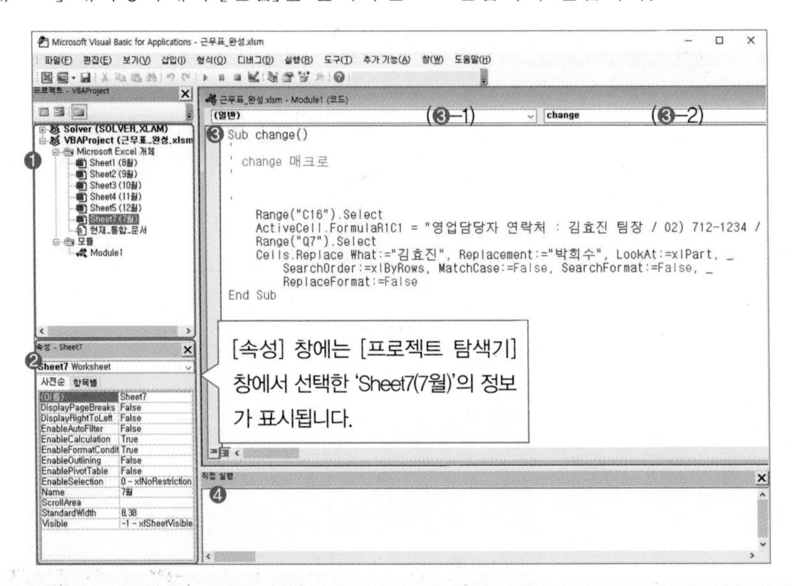

❶ **프로젝트 탐색기 창** : 현재 문서〉워크시트〉모듈〉유저 폼이 단계별로 나타납니다.

❷ **속성 창** : 프로젝트 탐색기에서 선택한 개체(Object)의 속성 정보를 표시합니다.

❸ **코드 창** : VBA 코드를 입력하거나 인터넷에서 공유되는 오픈 소스를 붙여 넣어 편집할 수 있습니다. 화면 위쪽의 왼쪽은 개체 목록(❸–1), 오른쪽은 프로시저 목록(❸–2)이 위치합니다. 코드의 글꼴과 크기 등은 [도구] 메뉴에서 [옵션]을 클릭한 후 [옵션] 대화상자–[편집기 형식] 탭에서 설정할 수 있습니다.

❹ **직접 실행 창** : 코드 입력 창에 입력될 전체 명령 중 일부만 입력하여 각각의 결과를 확인할 수 있습니다. VBA 코드 명령을 단계별로 실행해서 오류를 확인하는 디버깅(Debugging) 작업에 유용합니다.

TIP

개체(Object)

오피스용으로 고안된 VBA는 개발사인 마이크로소프트 사가 'Object'를 '개체'로 번역하여 다수의 엑셀 책에서도 동일하게 사용하고 있습니다. 그러나 Visual Basic, C++, Java 등 전문 프로그래밍 언어에서 'Object'는 '객체'로, 'Entity'는 '개체'로 분리하여 정의합니다.

| VBA 기본 용어와 코드 이해하기

- **코드(Code)와 프로시저(Procedure)** : '코드'는 매크로로 작업할 명령을 엑셀에 인식시키는 프로그램 언어입니다. VBA 코드가 엑셀에게 명령을 내리는 영어 문장이라면, 프로시저는 문장들을 순서에 따라 기록한 명령 선언문(매크로 이름)입니다. 프로시저는 엑셀의 함수 기능처럼 정해진 알고리즘에 의해 명령을 실행합니다. 이는 '모듈(Module)'이라는 공간에 각각 저장되는데, 크게 3가지 방식이 있습니다.
  - 섭(Sub) 프로시저 : 가장 많이 쓰이는 일반적인 명령문으로, 동작만 수행하고 반환 값을 필요로 하지 않습니다.
  - 함수(Functions) 프로시저 : 사용자 정의 함수로써 기존에 없는 함수식을 설계하여 동작 후 반환할 값을 나타냅니다.
  - 속성(Property) 프로시저 : 사용자 정의 속성으로써 Let, Set, Get문으로 접근합니다.

- **개체(Object), 메서드(Method), 속성(Property)** : 개체는 VBA 코드에 포함되는 각각의 통합 문서, 워크시트, 차트, 글자 색 하나까지도 포함하는 코드의 구성원이라고 볼 수 있습니다. 개체를 영어 단어에 비유한다면 메서드는 실행할 동작, 즉 영어의 지시 동사와 같습니다. 속성은 크기나 색상 같은 개체의 특성과 객관적인 정보입니다.

다음은 매크로 기록기로 작업한 **근무표_완성.xlsm** 문서의 코드 입력 창입니다. Sub부터 End Sub까지를 하나의 프로시저로 봅니다. 'change' 프로시저에 입력된 코드는 [C16] 셀에서 전화번호를 바꾸고, 영업담당자 이름을 [찾아 바꾸기]로 일괄 변경하라는 명령을 포함합니다. 초보자를 위해 VBA 코드 구성을 전문 용어 대신 단순한 영어 문장처럼 해석하면 다음과 같습니다.

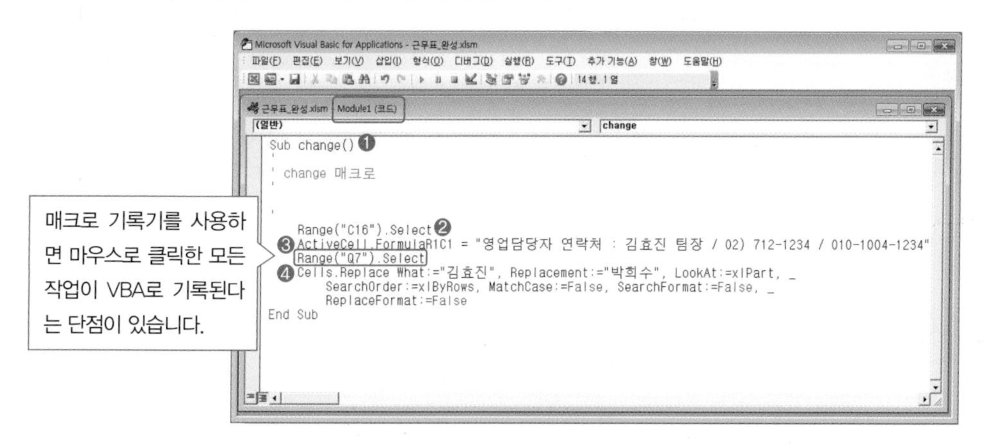

❶ change라는 매크로 이름(프로시저)은 Sub 프로시저 방식으로 Module1에 저장되었습니다.
❷ Range에 담긴 범위를 Select라는 지시 동사(메서드)에 따라 실행합니다. 즉, 해당 영어 문장(코드)은 [C16] 셀을 선택하라는 명령입니다.
❸ ActiveCell.은 현재 커서가 위치한 셀을 의미합니다. FormulaR1C1은 상대 참조 형식으로 1행(Row)과 1열(Column) 위치를 가리킵니다. 문장을 직역하면 '현재 활성화된 셀/한 칸은/다음과 같다(=)/"영업담당자……1234" '로 풀이할 수 있습니다.
❹ Cells./Replace what:="김효진"/, Replacement:="박희수"를 직역하면 '셀들 / "김효진"이라는 문자를 교체한다. / 교체할 값은 "박희수"다', 즉 '김효진'이라는 문자를 '박희수'라는 문자로 수정해서 입력하라는 명령입니다.

page 매크로 기록기로 명령을 기록하고 실행하는 방법은 375쪽을 참고하세요.

2007 2010 2013 2016 2019

200 시트 복사할 때 나타나는 이름 충돌 오류 해결하기

워크시트를 복사해서 사용할 때 '해당 이름이 이미 있습니다.'라는 오류 메시지가 계속 나올 때가 있습니다. 오래된 파일을 계속 복사해서 사용할 경우, 이전의 참조 범위 같은 기록이 쌓여서 오류 메시지가 나타납니다. 이번에는 VBA로 매크로 명령을 설계해서 문서에 남아 있는 모든 이름 상자를 삭제해 보겠습니다.

예제 파일 Part20\복사오류.xlsx, VBA코드.docx **완성 파일** Part20\복사오류_완성.xlsx

| 워크시트를 복사하면 나타나는 이름 충돌 오류

1 워크시트를 복사하기 위해 Ctrl를 누르고 'Sell-out' 워크시트 탭을 오른쪽으로 드래그합니다. 해당 이름이 이미 있다는 오류 메시지가 나타납니다. [예]를 클릭해도 비슷한 대화상자가 계속 나와서 Enter를 여러 번 눌러야 합니다.

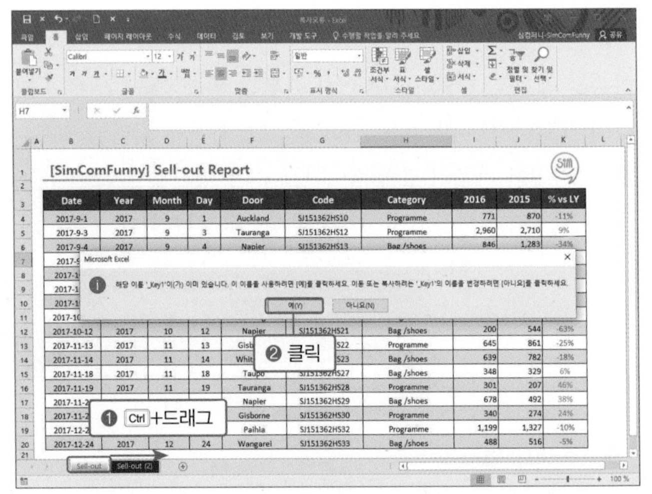

TIP

[아니오]를 클릭하면 [이름 충돌] 대화상자가 나타납니다. [취소]를 누르면 다시 이전의 대화상자로 돌아갑니다.

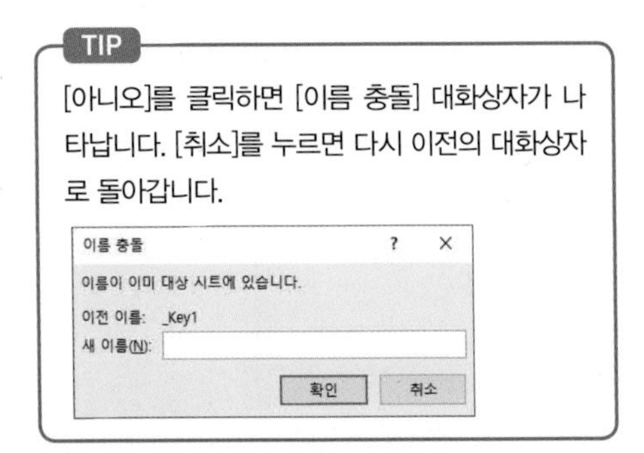

2 [수식] 탭–[정의된 이름] 그룹–[이름 관리자]를 클릭합니다. [이름 관리자] 대화상자에서 이름 목록을 모두 삭제합니다. 그러나 다시 워크시트를 복사해도 여전히 이름 충돌 오류가 나타납니다.

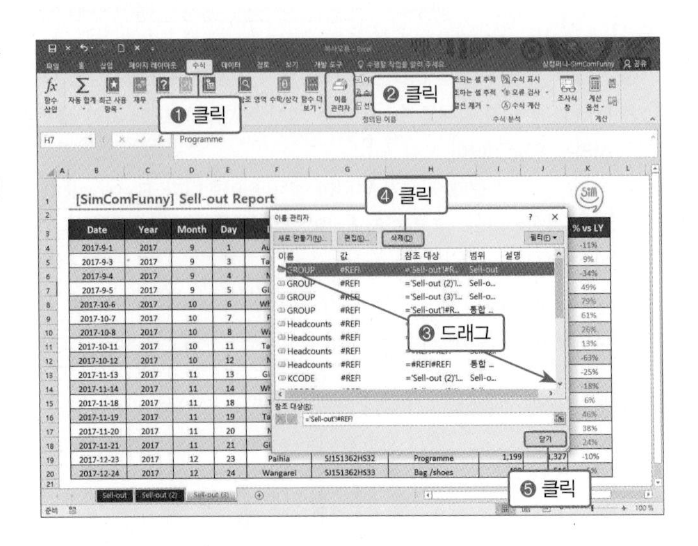

| VBA로 이름 충돌 오류 해결하기

1 [이름 관리자]에서 수동으로 삭제한 이름을 VBA로 일괄 삭제해 보겠습니다. VBA 코드가 입력된 VBA코드.docx 문서를 열고 다음 코드를 복사합니다.

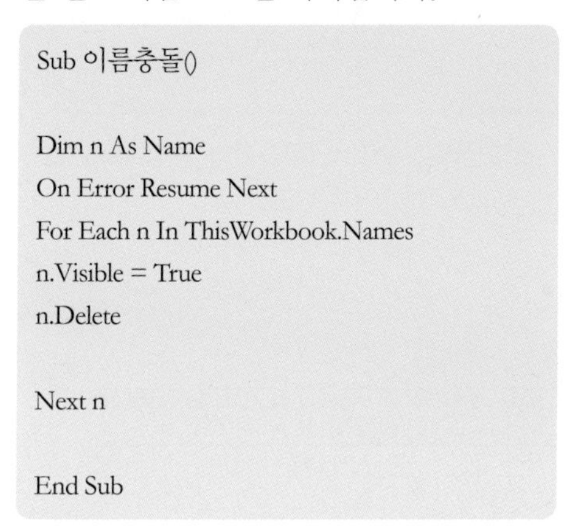

```
Sub 이름충돌()

Dim n As Name
On Error Resume Next
For Each n In ThisWorkbook.Names
n.Visible = True
n.Delete

Next n

End Sub
```

2 엑셀 문서에서 단축키 Alt+F11를 눌러 VB 편집기를 엽니다. [삽입] 메뉴에서 [모듈]을 클릭합니다. 코드 입력 창에 복사한 코드를 붙여 넣은 후 실행 버튼▶을 클릭합니다.

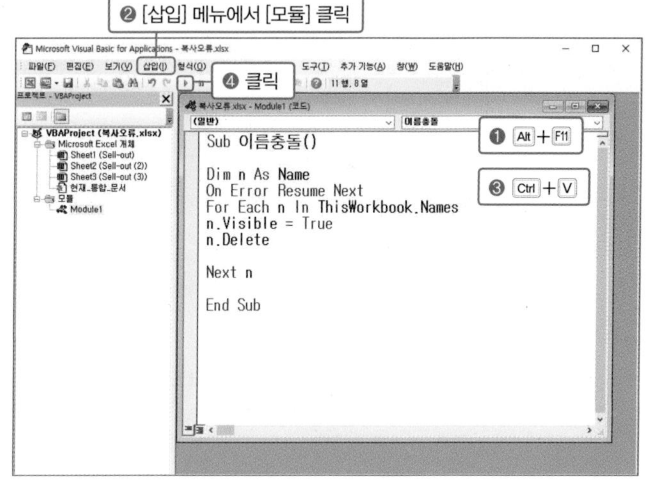

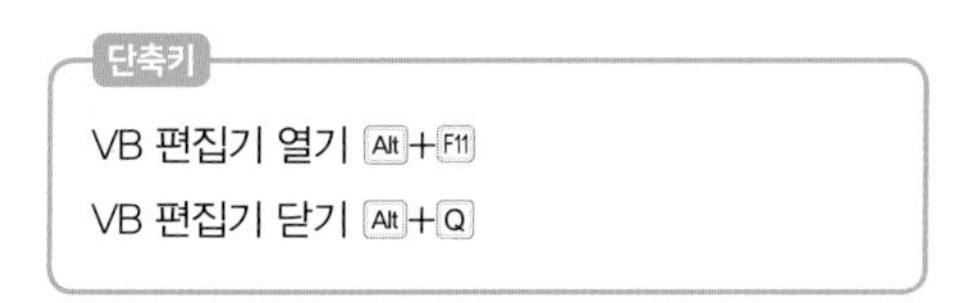

단축키

VB 편집기 열기 Alt+F11

VB 편집기 닫기 Alt+Q

3 VB 편집기 창을 닫습니다. 다시 워크시트를 복사하면 오류 메시지가 나타나지 않습니다. 저장하거나 문서를 닫으면 다음과 같은 메시지가 나타납니다. 매크로는 저장할 필요가 없으니 [예]를 클릭합니다.

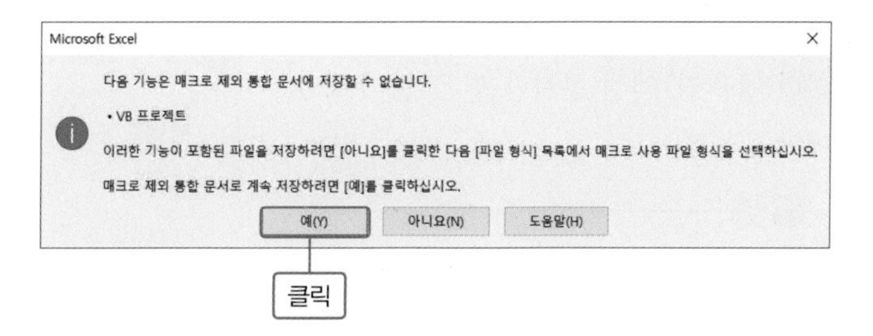

201 폴더 안의 모든 엑셀 시트를 하나의 문서에 취합하기

여러 개의 엑셀 문서에 나누어진 워크시트를 하나의 엑셀 문서로 이동시키려면 각 문서의 워크시트를 이동, 복사해서 옮길 위치까지 일일이 선택해줘야 합니다. VBA를 사용해서 폴더 안에 있는 모든 엑셀 문서의 워크시트를 한 번에 이동시켜 보겠습니다.

예제 파일 Part20\근무표취합.xlsx **완성 파일** Part20\근무표취합_완성.xlsm

예제 미리보기

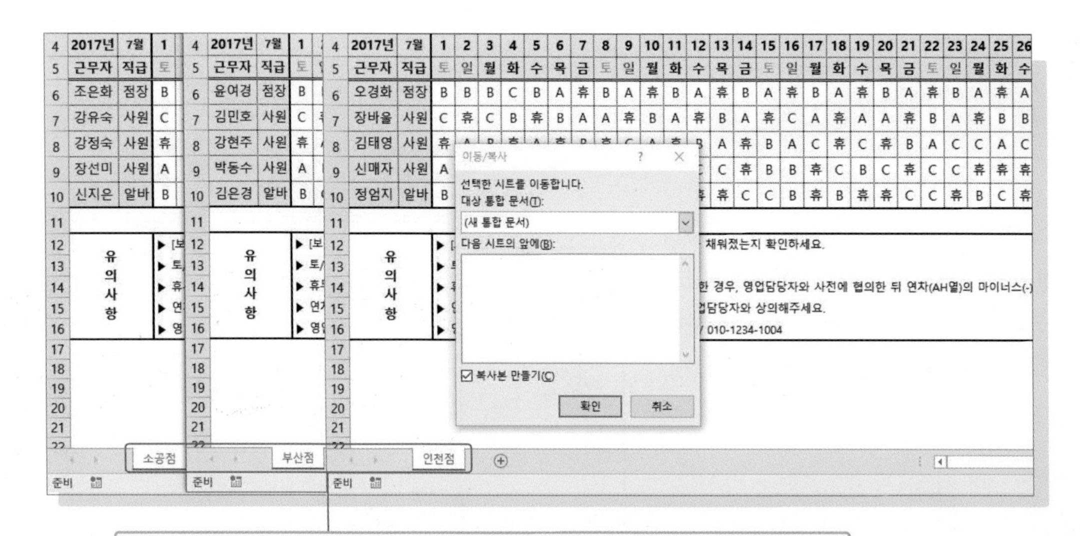

VBA를 이용해서 폴더에 저장된 모든 문서의 시트를 하나의 통합 문서로 복사해 보겠습니다.

| VB 편집기에 코드 입력

1 VBA를 이용해 근무표 문서를 취합하려면 통합할 엑셀 문서만 같은 폴더에 있어야 합니다.

TIP

하나로 취합할 파일들은 동일한 확장자명으로 저장되어야 합니다. 가령 엑셀 97-2003 호환 문서(.xls)와 엑셀 2007부터 사용 가능한 엑셀 통합 문서(.xlsx)를 취합하고 싶다면, 둘 중 하나의 확장자명으로 변환해야 합니다.

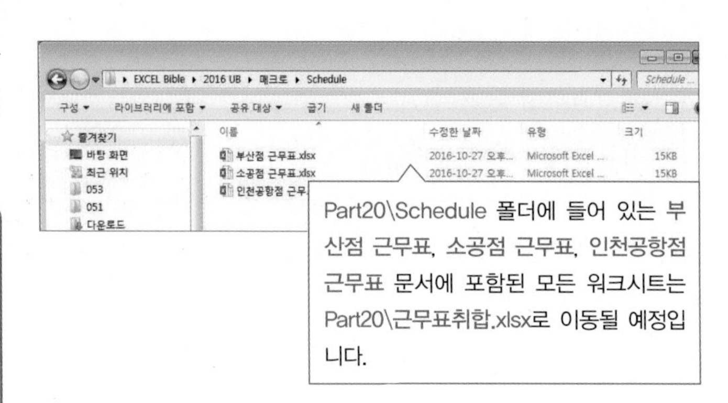

Part20\Schedule 폴더에 들어 있는 부산점 근무표, 소공점 근무표, 인천공항점 근무표 문서에 포함된 모든 워크시트는 Part20\근무표취합.xlsx로 이동될 예정입니다.

2 **근무표취합.xlsx** 문서를 열고 단축키 Alt+F11를 눌러 VB 편집기를 실행합니다. [삽입] 메뉴–[모듈]을 클릭해서 새 코드 입력 창을 불러옵니다.

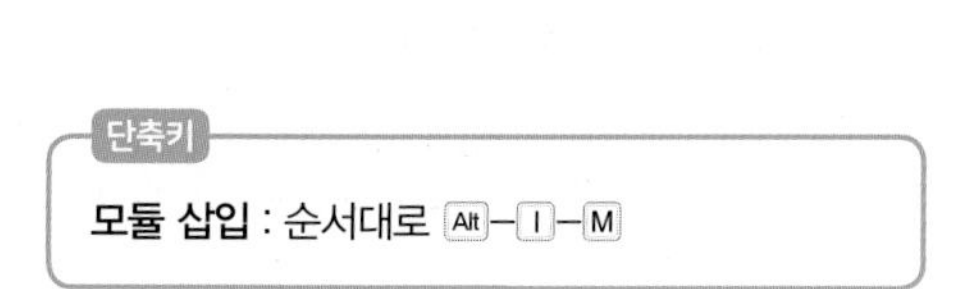

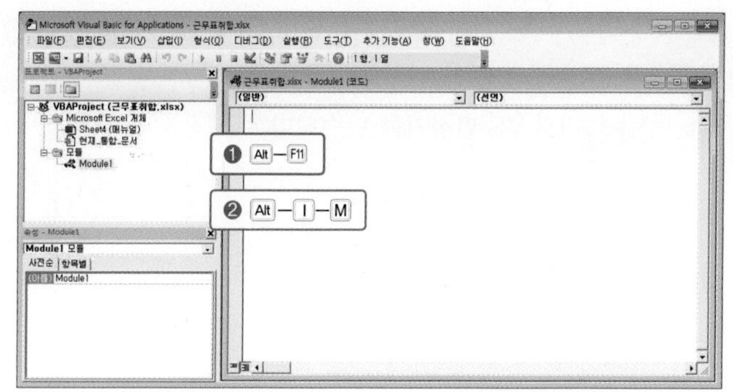

3 **VBA코드.docx** 문서에서 다음의 코드를 복사합니다. 사용자의 컴퓨터 환경과 작업 상황에 맞춰 코드의 일부를 수정합니다.

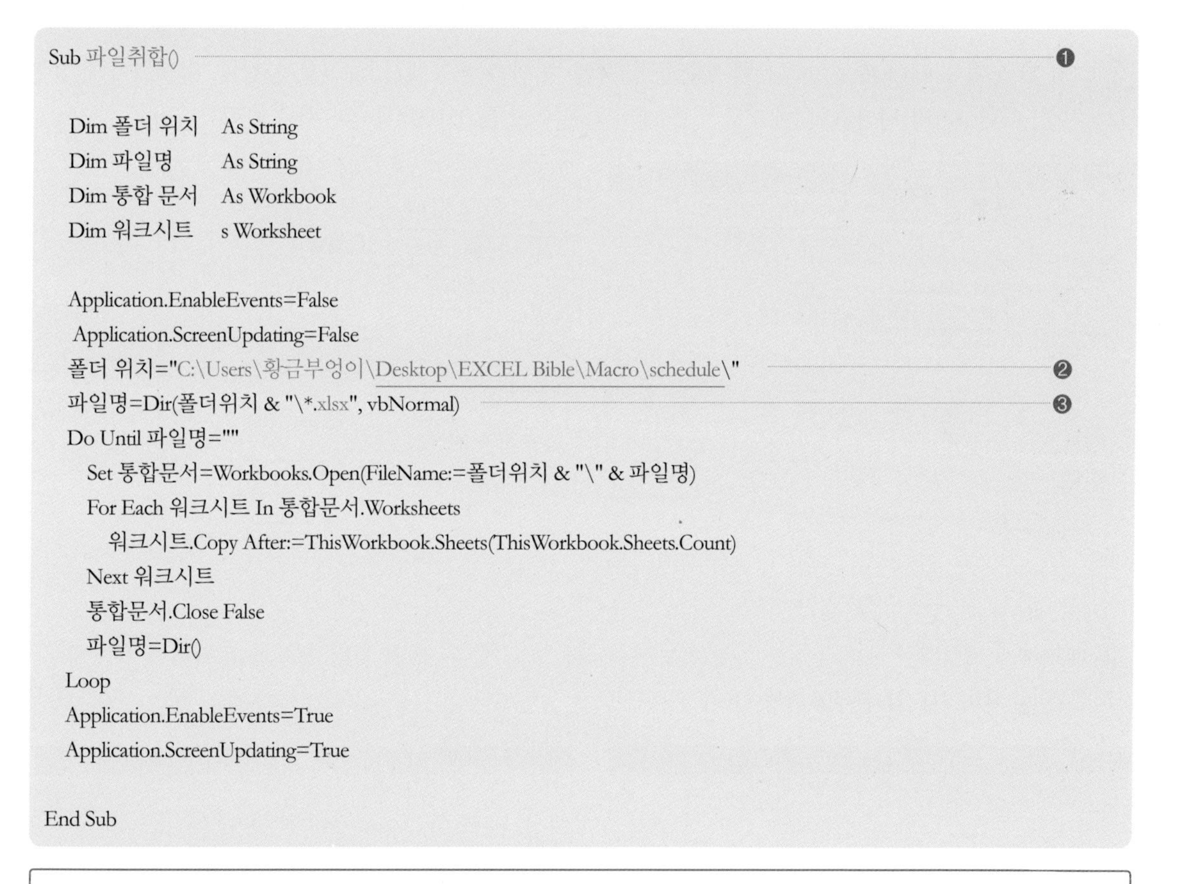

```
Sub 파일취합() ❶

  Dim 폴더 위치   As String
  Dim 파일명     As String
  Dim 통합 문서   As Workbook
  Dim 워크시트    s Worksheet

  Application.EnableEvents=False
   Application.ScreenUpdating=False
  폴더 위치="C:\Users\황금부엉이\Desktop\EXCEL Bible\Macro\schedule\" ❷
  파일명=Dir(폴더위치 & "\*.xlsx", vbNormal) ❸
  Do Until 파일명=""
    Set 통합문서=Workbooks.Open(FileName:=폴더위치 & "\" & 파일명)
    For Each 워크시트 In 통합문서.Worksheets
      워크시트.Copy After:=ThisWorkbook.Sheets(ThisWorkbook.Sheets.Count)
    Next 워크시트
    통합문서.Close False
    파일명=Dir()
  Loop
  Application.EnableEvents=True
  Application.ScreenUpdating=True

End Sub
```

❶ 매크로 이름으로, 공백이나 특수기호의 사용이 제한됩니다.

❷ 사용자 컴퓨터마다 폴더 위치가 다르므로 반드시 수정합니다. 폴더 위치는 사용자의 컴퓨터와 저장 위치에 따라 다르지만 형식은 같습니다. 폴더의 저장 위치를 확인하려면 Part20\Schedule 폴더에 들어가서 주소 입력란을 클릭하면 C:\Users\(사용자명)\상위 폴더명\하위 폴더명\해당 폴더명 형태의 경로가 나타납니다. 폴더 경로를 복사하고 코드 입력창의 밑줄 친 부분만(마지막 \는 유지) 붙여넣기해서 수정합니다.

❸ 엑셀 버전에 따라 확장자명이 다르므로 엑셀 2003 이하에서 만들어진 문서라면 .xls 형식으로 수정합니다.

3 VB 편집기의 코드 창에 코드를 붙여넣습니다. 코드에서 폴더 위치를 수정한 후 Alt+Q를 눌러서 VB 편집기를 닫습니다.

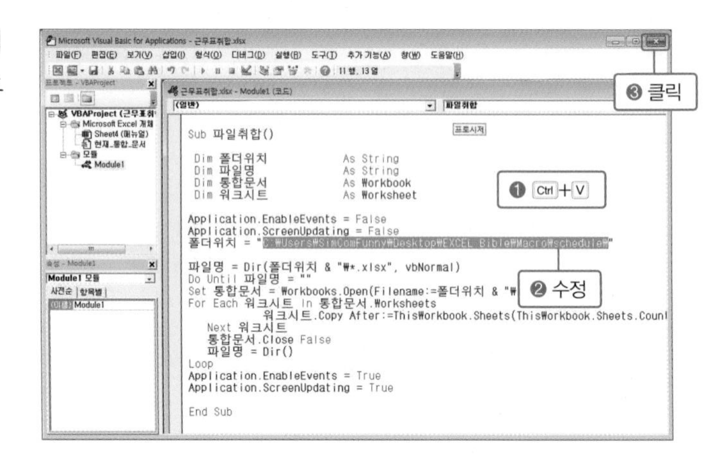

| 매크로 명령을 도형에 연결해서 실행하기

1 [J2] 셀 도형 위에서 마우스 오른쪽 버튼을 클릭한 뒤 단축 메뉴에서 [매크로 지정]을 선택합니다. [매크로 지정] 대화상자가 나타나면 [매크로 이름]에서 '파일취합'을 선택한 후 [확인]을 클릭합니다.

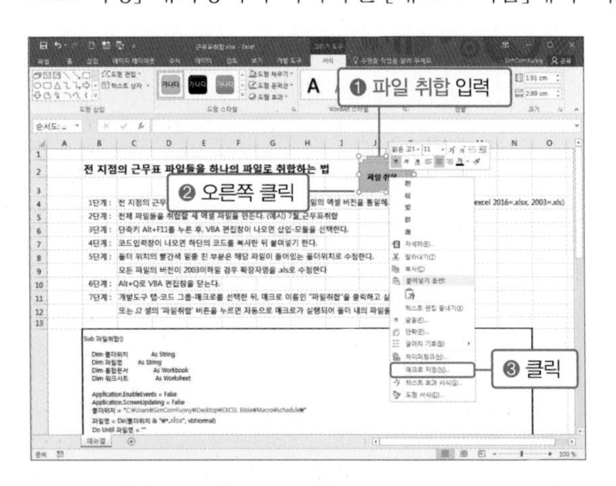

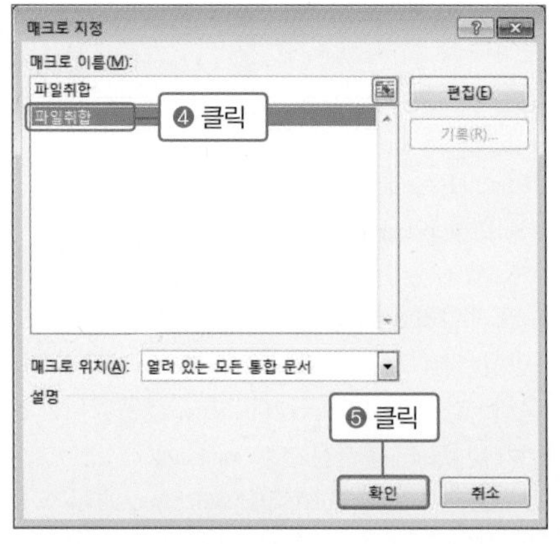

2 매크로를 실행해서 폴더 문서를 취합해 보겠습니다. 방금 만든 '파일 취합' 도형을 클릭하면 폴더에 저장된 모든 문서의 시트가 **근무표취합.xlsm** 문서에 모두 삽입됩니다.

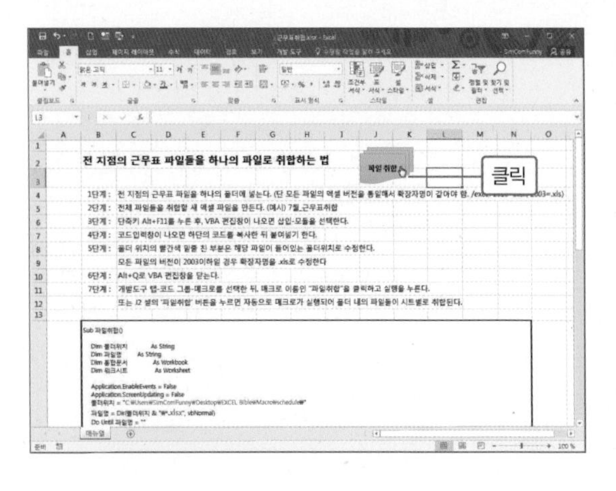

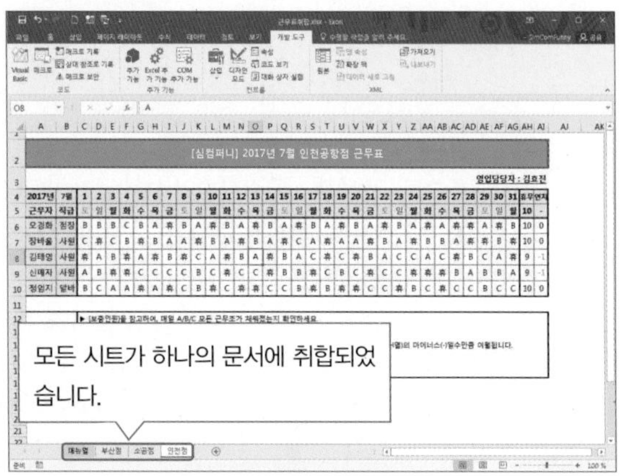

2007 2010 2013 2016 2019

202 워크시트 이름에 따라 오름차순으로 정렬하기

하나의 문서에 여러 개의 워크시트가 있을 경우, 원하는 워크시트를 찾기 어려울 때가 있습니다. 워크시트를 일일이 이동시켜 순서를 배열하는 것 또한 번거로운 작업입니다. 간단한 VBA 코드를 입력해서 워크시트 이름에 따라 오름차순으로 정렬해 보겠습니다.

예제 파일 Part20\시트정렬.xlsx **완성 파일** Part20\시트정렬_완성.xlsm

예제 미리보기

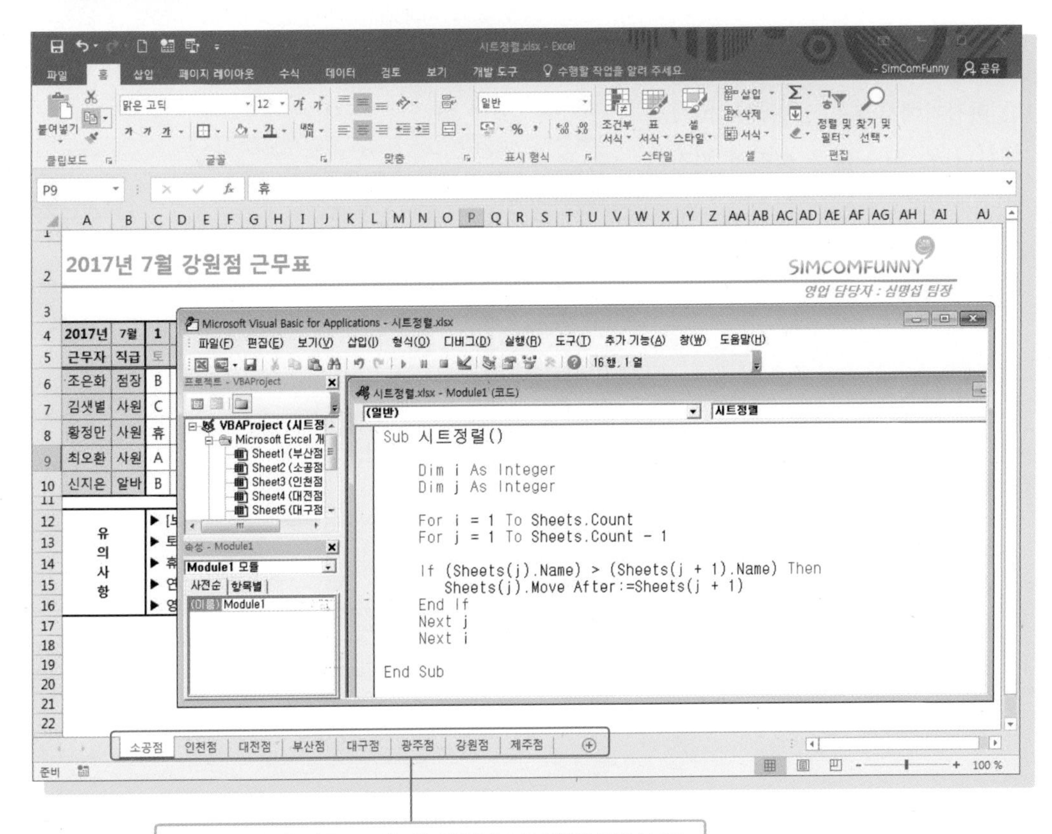

워크시트 이름을 기준으로 시트를 오름차순으로 정렬해 보겠습니다.

1 예제 파일에서 Alt+F11를 눌러 VB 편집기를 실행합니다. Alt-I-M을 순서대로 눌러 코드 입력 창을 엽니다. **VBA코드.docx** 문서에서 다음 코드를 복사하여 VB 편집기 코드 창에 붙여 넣습니다. 매크로 이름을 수정하고 싶다면 Sub의 '시트정렬' 대신 다른 이름을 입력합니다.

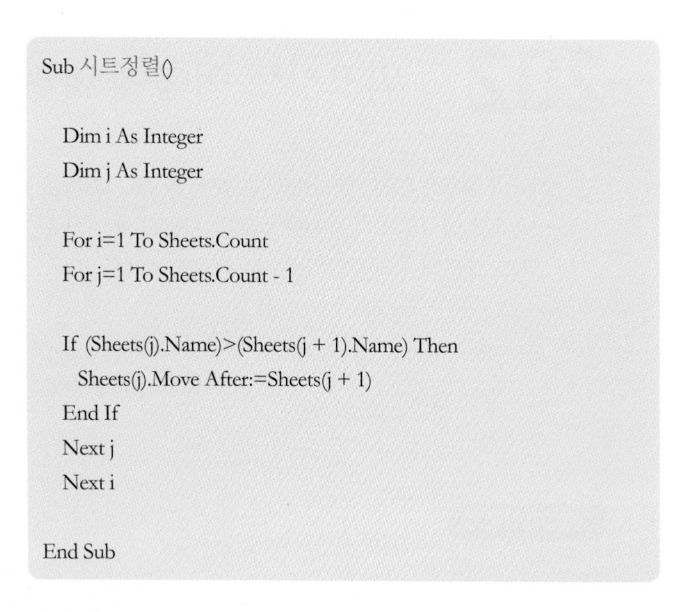

```
Sub 시트정렬()

  Dim i As Integer
  Dim j As Integer

  For i=1 To Sheets.Count
  For j=1 To Sheets.Count - 1

  If (Sheets(j).Name)>(Sheets(j + 1).Name) Then
    Sheets(j).Move After:=Sheets(j + 1)
  End If
  Next j
  Next i

End Sub
```

2 VB 편집기에서 ▶를 클릭해서 매크로를 실행합니다. Alt+Q를 눌러서 편집기를 닫습니다.

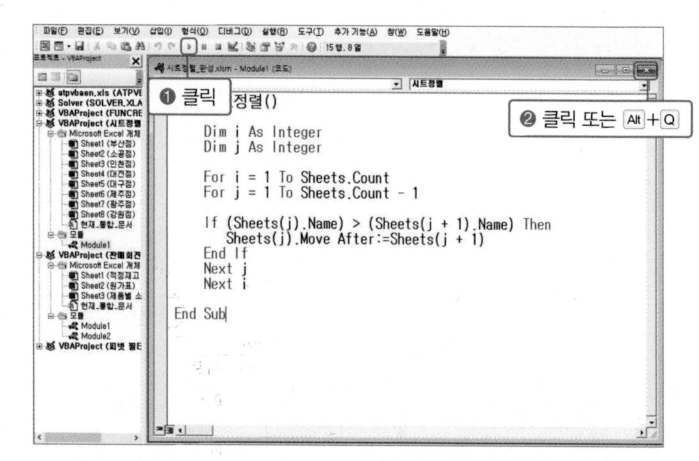

단축키

매크로 실행 F5

3 워크시트 화면으로 돌아오면 워크시트 이름이 오름차순으로 정렬된 것을 볼 수 있습니다.

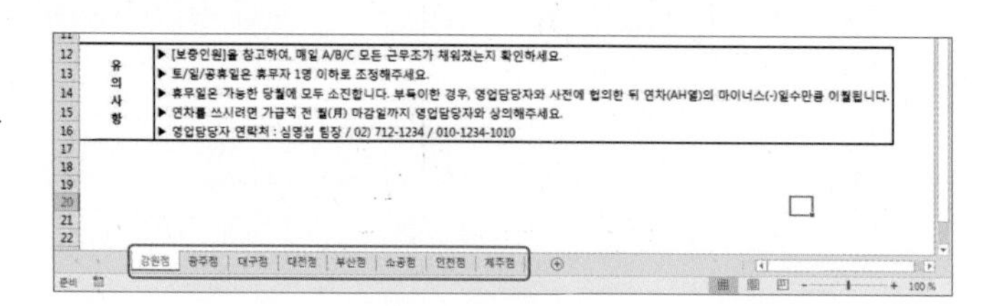

4 저장하거나 문서를 닫으면 다음과 같은 메시지가 나타납니다. 매크로는 저장할 필요가 없으니 [예]를 클릭합니다.

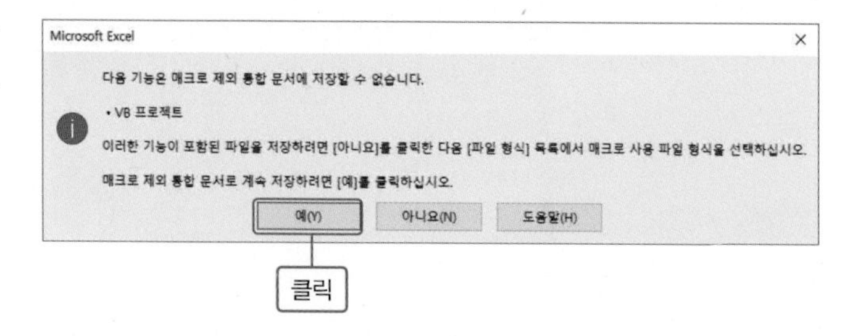

2007 2010 2013 2016 2019

203 여러 워크시트의 표를 하나로 합치기

동일한 서식의 표가 각각 다른 워크시트에 입력된 경우, 각 워크시트의 표를 이어 붙여서 하나의 워크시트에 취합하려고 합니다. 제목은 한 번만 넣고, 나머지 데이터만 순서대로 붙여 넣어 하나의 표로 합쳐보겠습니다.

예제 파일 Part20\2016년 매출취합.xlsx **완성 파일** Part20\2016년 매출취합_완성.xlsm

예제 미리보기

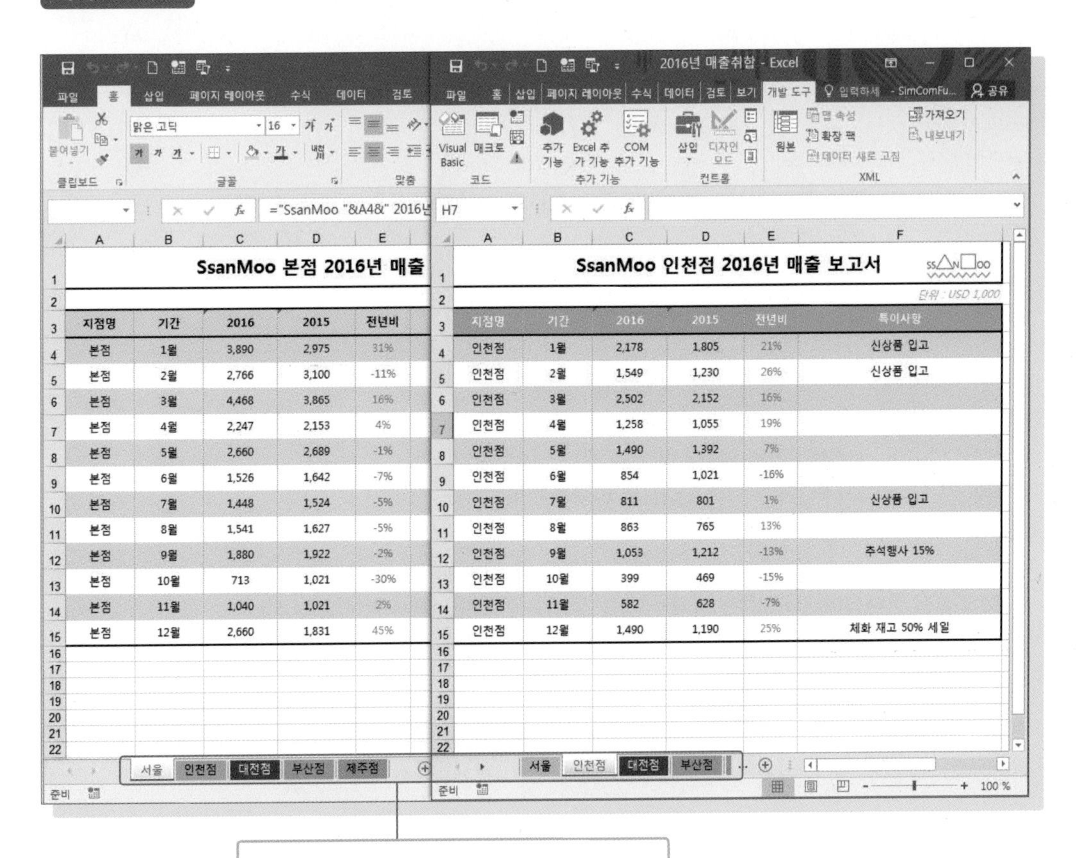

2016년 매출 취합.xlsx 문서의 각 워크시트에 지역별 매출이 입력되었습니다. 모든 매장의 월별 매출 표를 하나로 합치기 위해 새 워크시트에 모든 데이터를 순서대로 붙여 넣어보겠습니다.

1 예제 파일에서 Alt+F11를 눌러 VB 편집기를 실행합니다. Alt-I-M을 순서대로 눌러 코드 입력 창을 엽니다. **VBA코드.docx** 문서에서 다음 코드를 복사하여 VB 편집기 코드 창에 붙여 넣습니다. 다른 문서에도 매크로를 응용하려면 다음의 순서에 따라 다른 색으로 표시된 부분만 수정합니다.

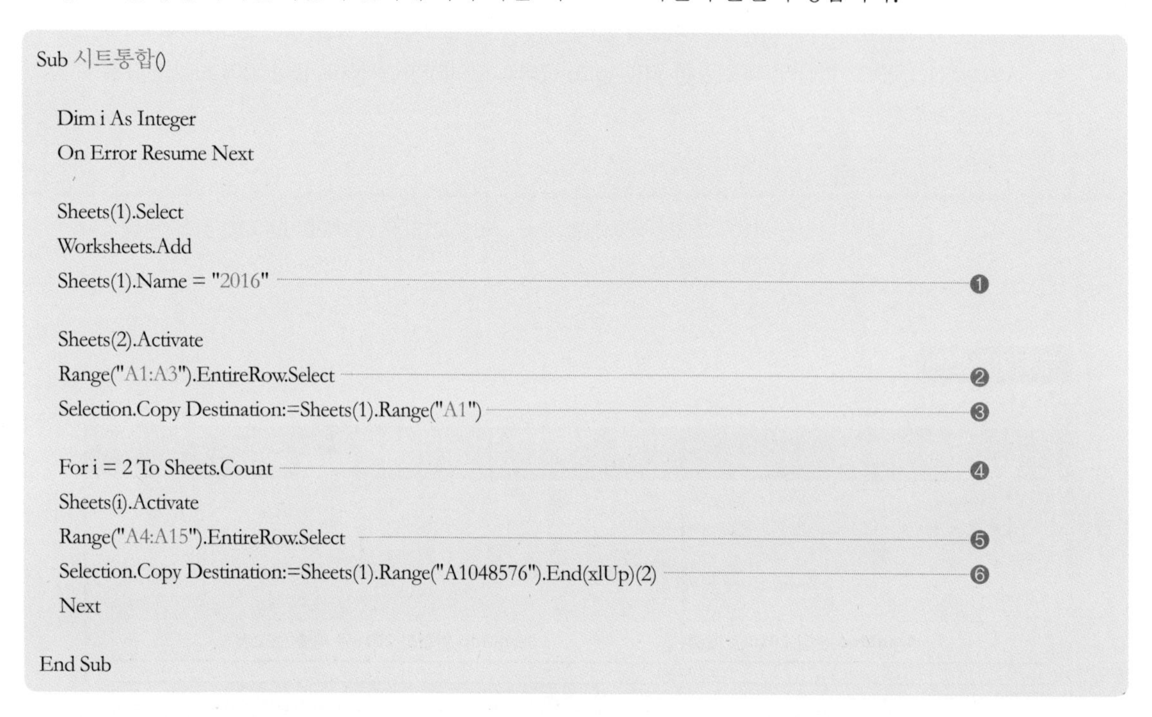

```
Sub 시트통합()

    Dim i As Integer
    On Error Resume Next

    Sheets(1).Select
    Worksheets.Add
    Sheets(1).Name = "2016" ❶

    Sheets(2).Activate
    Range("A1:A3").EntireRow.Select ❷
    Selection.Copy Destination:=Sheets(1).Range("A1") ❸

    For i = 2 To Sheets.Count ❹
    Sheets(i).Activate
    Range("A4:A15").EntireRow.Select ❺
    Selection.Copy Destination:=Sheets(1).Range("A1048576").End(xlUp)(2) ❻
    Next

End Sub
```

❶ 첫 번째 시트에 새로 추가할 시트명으로 2016을 입력합니다.
❷ 두 번째 시트(서울)에서 제목과 필드명이 입력된 1~3행([A1] 셀부터 [A3] 셀의 전체 행)을 선택합니다.
❸ 첫 번째 시트(2016)에 붙여넣기를 시작할 첫 번째 위치는 [A1] 셀입니다.
❹ 두 번째 시트(서울)에서 마지막 시트까지 다음의 명령을 반복합니다.
❺ 활성화된 시트의 4~15행을 선택합니다.
❻ ❺에서 선택된 값을 붙여넣기 할 위치는 첫 번째 시트(2016)입니다. 시트의 마지막 [A1048576] 셀 위에 데이터가 연속으로 입력된 위치(데이터가 입력된 마지막 행)를 찾아 다음 표를 이어서 붙여 넣습니다.

2 [개발 도구] 탭-[코드] 그룹-[매크로]를 클릭하여 '시트통합' 매크로를 실행합니다. 첫 번째 워크시트(2016)가 추가되고, 나머지 시트의 데이터가 순서대로 입력되었습니다. 열 너비와 그림의 위치는 적절히 수정합니다.

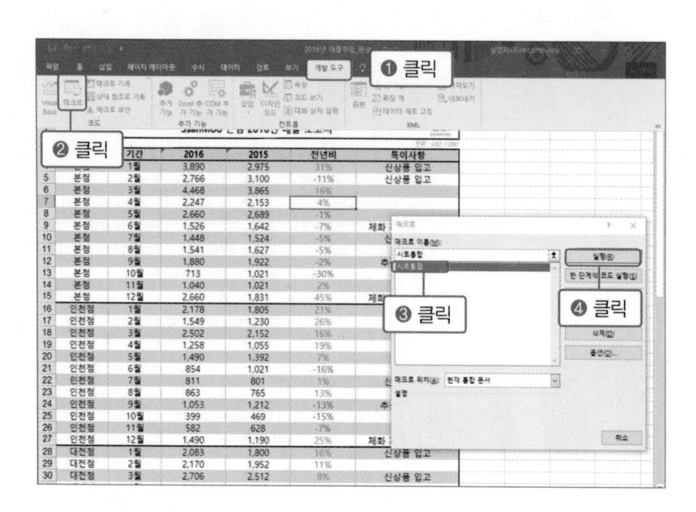

찾아보기

찾아보기

난생처음 실무엑셀 속성과외

2020년 1월 6일 초판 1쇄 발행
2024년 5월 8일 초판 7쇄 발행

지은이 | 심지은
펴낸이 | 이종춘
펴낸곳 | (주)첨단

주소 | 서울시 마포구 양화로 127 (서교동) 첨단빌딩 3층
전화 | 02-338-9151
팩스 | 02-338-9155
인터넷 홈페이지 | www.goldenowl.co.kr
출판등록 | 2000년 2월 15일 제 2000-000035호

본부장 | 홍종훈
전략마케팅 | 구본철, 차정욱, 오영일, 나진호, 강호묵
제작 | 김유석
경영지원 | 이금선, 최미숙

ISBN 978-89-6030-544-1 13000

BM 황금부엉이는 (주)첨단의 단행본 출판 브랜드입니다.